KB037359

EUROPE

1914-1949

To Hell

And Back

TO HELL AND BACK: EUROPE 1914-1949

Original English language edition first published by Penguin Books Ltd, London.

Text Copyright © Ian Kershaw 2015

The author has asserted his moral rights.

All rights reserved.

Korean translation copyright © 2020 by IDEA Book Publishing.

Korean translation rights arranged with PENGUIN BOOKS LTD through

EYA(Eric Yang Agency).

이 책의 한국어판 저작권은 EYA(Eric Yang Agency)를 통한

PENGUIN BOOKS LTD사와의 독점계약으로 이데아가 소유합니다.

저작권법에 의하여 한국 내에서 보호를 받는 저작물이므로

무단전재 및 복제를 금합니다.

유럽 1914-1949

죽다 겨우 살아나다

이언 커쇼 지음 | 류한수 옮김

이데아

1914년의 유럽

범례:
- 독일이 잃은 영토
- 소련이 잃은 영토
- 1914년의 오스트리아·헝가리
- 제1차 세계대전 이후의 국경
- 1-4 주민투표를 거쳐 독일로 반환된 영토

N

0   300 miles
0   500 km

스캐퍼플로

노르웨이

북해

덴마크

함부르크

영국

아일랜드 자유국
더블린

네덜란드
헤이그

런던

독일
(바이)

쾰른
바이미

영국 해협

브뤼셀
벨기에
룩셈부르크
로렌

대서양

콩피에뉴
파리
베르사유

뮌헨

프랑스

스위스
제네바
로카르노

남티

보르도

마르세유

코르시카
(프랑스)

리스본

마드리드

바르셀로나

사르데냐
(이탈리아)

피레네산맥

스페인

세비야

지중해

지브롤터(영국)

탕헤르
(국제도시)
스페인령
모로코

알제리
(프랑스)
알제

튀니지(프랑

제1차 세계대전의 결과로 이루어진 유럽의 영토 변경

나치즘 치하의 유럽, 1942년 말엽

대게르만제국
추축국에 협력한 국가
독일 점령 영토
이탈리아와 그 영토
중립국

0   200   400 miles
0   200   400 km

핀란드

오스틀란트
국가판무관부

소 비 에 트 사 회 주 의

모스크바

공 화 국 연 방

스탈린그라드

폴란드
총독령

키예프

크라쿠프

우크라이나
국가판무관부

카스피해

리

루마니아

불가리아

흑해

그리스

터   키

이란

키프로스

레바논

시리아

이라크

제2차 세계대전의 결과로 이루어진 유럽의 영토 변경

일러두기

- 이 책은 *To Hell and Back: Europe, 1914-1949*, Ian Kershaw, 2016을 한글로 옮긴 것이다.
- 이 책에 나오는 외래어는 표준국어대사전과 국립국어원 '용례찾기'를 기준으로 했으며, 그 밖의 것은 외래어 표기법에 따랐다.
- 본문의 아래에 번호를 매겨 넣은 주는 옮긴이주이며, ●로 표시하여 넣은 주는 원주다.

이 책은 1914년부터 우리 시대까지의 유럽 역사에 관한 책 두 권 가운데 제1권이다. 이것은 내가 손댄 것들 가운데 단연코 가장 힘든 책이다. 내가 쓴 각각의 책은 어느 면에서는 지난날의 한 가지 문제를 더 깊이 이해해 보려는 시도였다. 이 경우에는, 근과거近過去에 지극히 복잡한 온갖 문제가 들어 있다. 그러나 아무리 어렵더라도 근과거에 오늘날의 세계를 빚어냈던 힘들을 더 깊이 이해해 보겠다는 유혹을 떨쳐내기는 힘들었다.

물론, 20세기 유럽사에 다가서는 단 하나의 길이 따로 있지는 않다. 이미 다양한 해석과 구성을 갖춘 뛰어난 역사서가 몇 권이나 나와 있다(그 가운데에는 20세기에 대하여 각기 다른 관점을 보여주는 에릭 홉스봄Eric Hobsbaum, 마크 마조워Mark Mazower, 리처드 비넨Richard Vinen, 해럴드 제임스Harold James, 버나드 와서스틴Bernard Wasserstein의 저작이 있다). 이 책과 뒤따라 나올 《유럽 1950-2017: 롤러코스터를 타다》은 어쩔 수 없이 무척 중대한 한 세기에 다가서는 한 개인의 접근일 뿐이다. 그리고 장기간에 걸친 거대한 파노라마를 모두 다루려는 시도가 다 그렇듯이, 그 접근은 다른 이들의 선구적 연구에 크게 기대야 한다.

나는 모든 문장을 쓸 때마다 숱한 전문 저작, 뛰어난 저작을 이용했다는 사실을 아주 잘 알고 있다. 나는 주로 1918년과 1945년 사이의 독일에 관련된 몇몇 측면에서만 1차 연구를 했다고 주장할 수 있다. 다른 부분에서는 다른 여러 분야의 학자들이 쓴 탁월한 저작에 의존해야 했다. 심지어 내가 가진 것보다 언어 구사력이 더 뛰어났다고 해도 반드시 그래야만 했을 것이다. 유럽 전역에서 자료보존소 작업을 홀로 수행할 수 있는 학자는 있을 수 없을 것이며, 특정한 국가와 특정한 역사학 주제에 관한 전문가가 예외 없이 그 같은 작업을 이미 해놓았으므로 아무튼 그럴 까닭이 없다. 그러므로 내가 내놓는 이 같은 개괄은 다른 이들의 숱한 업적에 기대야 한다.

펭귄 유럽사 시리즈의 전반적 구성 방식 탓에 내가 기댔던 (연구 단행본, 당대 문서집, 통계 분석, 개별 국가의 전문 연구서 등) 역사학계의 필수 불가결한 여러 저작의 서지 사항을 인용할 수 없다. 내가 다른 학자들에게 진 더 중요한 빚의 일부가 참고문헌에 반영되어 있다. 그분들의 저작을 각주에서 언급할 수 없음을 그분들이 용서해 주기를 바란다. 따라서 어떠한 독창성도 오로지 구성과 해석에, 즉 역사 서술 방식 및 근원적인 유형의 주장에 달려 있을 따름이다.

도입부인 〈유럽의 자기파괴 시대〉에서는 이 책의 해석 틀을 짜고, 더불어 (아직 미완성 상태인) 제2권에 다가서는 접근법을 내비친다. 얼개와 관련해서, 나는 주제별로 소단원이 딸린 장들을 연대순으로 배치했다. 그것은 정확히 드라마가 어떻게 전개되는지, 그리고 꽤 짧은 기간에 집중하면서도 그 기간 안에 상이한 형성 요인들을 따로따로 반드시 다룸으로써 사건들이 특정하게 어떻게 형성되는지에 특히 주목하고자 했기 때문이다. 그러므로 경제, 사회, 문화, 이념, 또는 정치에 특별히 할애된 장은 따로 없다. 다만 이 주제들은 꼭 동등한 비중으로는 아니더라도 개별 장 안에 들어 있다.

이 책에서 다루는 20세기 전반기는 전쟁이 지배했다. 이것은 그 나름의 문제를 제기한다. 이것처럼 다루는 범위가 다양한 책 한 권 안에 제1차 세계대전과 제2차 세계대전처럼 어마어마하고 중대한 주제를 다룰 수 있을까? 그 두 전쟁에 관해서는 이미 저작 총서가 존재한다. 그러나 독자가 다른 저작을 찾아서 읽지는 않으리라고 예상해야 마땅하다(이 책의 각각의 모든 주제에서 자연스레 그 저작이 참조될 수 있을지라도 말이다). 그래서 나는 그 두 세계대전을 직접 언급하는 장들을 전선에서 벌어지는 사태에 관한 극히 간략한 개관으로 시작하는 것이 가치 있다고 생각했다. 이 사건들은 아무리 (대체로 방향 설정을 위해, 그리고 그 엄청난 결과를 가져온 재앙의 규모를 가장 간결하게 부각하기 위해) 간결하게 서술되더라도 결정적이었다는 것은 분명하다. 다른 경우에도, 모든 독자가 예컨대 이탈리아에서 파시즘이 대두한 배경이나 스페인 내전의 경과를 훤히 꿰고 있으리라는 것을 당연시해야 할지 곰곰이 생각하고 나서 나는 또다시 짧은 개관이 유용할 수도 있다고 판단했다.

내내, 나는 당대인들의 개인 경험을 섞어서 시간상으로는 무척 가깝지만 성격상으로는 오늘날의 유럽과 무척 다른 이 시대를 헤치고 살아간다는 것이 어떠했을지를 알려주고 싶었다. 물론, 나는 개인 경험은 그저 개인 경험에 지나지 않는다는 것을 인정한다. 그것이 통계학적으로 대표성을 지닌다고 받아들여질 수는 없지만, 시사성은 있다고, 즉 더 폭넓은 태도와 심성을 반영한다고 여겨질 수 있다. 어쨌든 개인 경험을 끼워 넣으면 사람들이 자기 삶을 뒤흔들고 있는 막강한 여러 힘에 어떻게 반응하는지에 관하여, 추상적 관념과 비인격적 분석에서 벗어난 생생한 스냅숏을 볼 수 있고 감칠맛이 돌게 된다.

물론, 유럽사가 여러 국가사의 총합일 리는 없다. 문제가 되는 것은 유럽 대륙을 구성하는 부분들을 모두 또는 대다수 빚어낸 여러 추동력이다. 종합은 당연히 충첨도worm's-eye view, 蟲瞻圖가 아닌 조감도 bird's-eye view, 鳥瞰圖여야 한다. 비록 특이한 사태 전개는 사실상 광각렌즈를 통해서만 눈에 보이게 될지라도, 종합은 특수성을 일반화해야지 특수성에 집중해서는 안 된다. 나는 유럽의 어느 지역도 무시하지 않으려고, 유럽 대륙 동쪽 절반의 유달리 비극적인 역사를 자주 강조하려고 애썼다. 그러나 어쩔 수 없이 몇몇 나라가 다른 나라보다 더 큰(또는 더 나쁜) 역할을 했고, 따라서 마땅히 주목을 더 많이 받았다. 이 책과 다음 책에서 러시아가(그다음에는 소련[1]이) 유럽에 포함된다. 설령 러시아제국의, 그다음에는 소비에트 제국의 광범위한 부분이 지리학적으로 유럽 외부에 있더라도 유럽사에서 그토록 결정적인 행위자를 빼놓을 생각을 할 수는 없을 것이다. 마찬가지로, 비록 오스만제국이 무너지고 터키라는 국민국가가 세워진 1923년 이후에 급격히 축소되었을지라도 유럽의 정세에 중대하게 연루된 부분에서는 터키도 포함된다.

---

1) 정식 명칭은 소비에트사회주의공화국연방, 약칭은 소비에트연방이며, 더 줄여 소련(蘇聯)이라고도 한다. 러시아혁명으로 러시아제국이 무너진 뒤 내전을 거쳐 1922년 12월에 결성되어 1991년까지 존속했다. 러시아연방을 포함하여 15개 안팎의 사회주의 공화국으로 구성되었다.

제1차 세계대전 직전의 유럽을 간략하게 살펴보면서 이 책을 시작한다. 그러고 나서 그 전쟁 자체, 그 전쟁의 직접적 여파, 1920년대 중엽의 짧은 회복기, 대공황의 혹심한 충격, 어른거리는 또 다른 전쟁의 위협, 30년 안에 한 번 더 타오르는 거대한 전쟁의 불길, 이 제2차 세계대전이 불러일으킨 격심한 문명 붕괴에 관한 장들이 뒤를 잇는다. 이 시점에서 나는 연대순 구조를 주제 위주의 한 장(제9장)으로 깨뜨린다. 이 장에서는 앞선 장들의 단기적 연대순 경계선을 넘는 (인구학적·사회경제적 변화, 기독교 교회의 위상, 지식인의 입장, 대중 연예오락의 성장 등) 여러 주제별 장기 발달을 탐구한다. 끝맺음을 하는 마지막 장에서는 연대순 틀로 되돌아온다.

나는 이 제1권을 제2차 세계대전의 실제 전투가 멈추는 1945년에 끝낼 생각을 했다. 그러나 비록 (일본과 벌이는 싸움은 그해 8월까지 계속되었지만) 유럽에서 벌어지던 공식적 교전 행위는 5월에 끝났을지라도 전쟁 자체가, 그리고 전쟁에 대한 반응이 1945~1949년의 운명적 경과를 명백히 결정했으므로 나는 평화가 공식적으로 유럽 대륙에 되돌아온 순간 너머를 보아야 마땅하다고 생각했다. 새로운 전후 유럽의 윤곽은 1945년에는 거의 보이지 않았고, 다만 차츰차츰 시야에 뚜렷이 들어왔다. 따라서 내게는 거대한 폭력이 연장되었을 뿐 아니라 1949년까지 나타난 분단된 유럽을 돌이킬 수 없이 빚어낸 그 전쟁의 직접적 여파를 다루는 마지막 장을 하나 보태야 마땅해 보였다. 그래서 제1권은 1945년이 아니라 1949년에 끝난다.

전후반 사이 휴식 시간이 전세에 두드러진 변화를 불러일으켰을 때 축구 해설자들이 가장 즐겨 쓰는 상투적 표현 가운데 하나가 '이것은 두 절반의 시합입니다'이다. 유럽의 20세기를 어쩌면 1990년 이후에 '추가 시간'이 붙은 두 절반의 세기로 생각하고 싶은 마음이 아주 굴뚝같다. 이 책은 비상하고도 극적인 한 세기의 전반기만 다룬다. 이 시기는 유럽이 두 차례의 세계대전을 치르고, 문명 자체의 토대를 위협하고 자기를 파괴하려고 작정한 듯한 시대였다.

2014년 11월에 맨체스터에서
이언 커쇼

이런 책을 쓸 때면 (때로는 자기가 어떻게 도움이 되고 있는지도 알지 못하는) 분들의 제안과 격려가 큰 힘이 되곤 한다. 나는 조 버긴, 리처드 베셀, 존 브륄리, 프란츠 브뤽게마이어, 크리스 클라크, 폴 코너, 데이비드 딜크스, 크리스토퍼 더건, 리처드 에번스, 데틀레프 펠켄, 위르겐 푀르스터, 노르베르트 프라이, 엘케 프뢸리히, 메리 풀브룩, 딕 기어리, 로베르트 게르바르트, 크리스티안 괴셸, 마이크 해너, 조 해리슨, 줄리아 호프만, 도프 쿨카, 에버하르트 예켈, 마르기트 케털레, 피터 리들, 클라우스 마이어, 마이클 만, 앤디 매리슨, 케임브리지 근현대사 세미나 회원들, 한스 몸젠, 봅 무어, 아이린 닐슨, 프랭크 오고먼, 피터 펄저, 애런 로드리게, 메리 빈센트, 조지 웨델, 한스울리히 벨러, 프리더 바이트브레히트, 샬럿 우드퍼드, 한스 볼러, 조너선 라이트, 베냐민 치만에게 여러모로 감사의 마음을 전한다.

자기의 공동 편저인(그리고 나중에 멋진 영어판으로 출간된) 뛰어나고 권위 있는 제1차 세계대전 백과사전을 보내준 게르하르트 히르슈펠트에게 고마움을 느낀다. 베른트 하그트베트는 무척이나 친절하게도 내가 접하지 못했던 지극히 유용하고 유익한 책 두 권을 내주었다. 더 잘 알려졌어야 마땅한 그 두 책은 전간기 유럽 민주주의의 위기에 관해 디르크 베르크슐로서와 제러미 미첼이 편집한 논문집과 1945년 이후 파시즘에서 민주주의로의 이행에 관한 스타인 우겔비크 라르센의 논문집이다. 또한 얀 스웜카라는 촌장의 흥미진진한 회고록을 비롯해 폴란드에서 일어난 사건들에 관한 여러 1차 서술을 내게 알려준 노먼 데이비스에게, 그리고 폴란드 사료를 추가로 언급해 준 안드레아스 코세르트에게 고마움을 느낀다.

나는 글에 비판적 논평을 해준 많은 분에게 특별한 신세를 졌다. 베벌리 이턴은 오타를 많이 바로잡아 주었다. 트라우데 슈페트는 탁월한 의견들을 내놓았고, 그와 울리히는 내가 뮌헨에 머물 때면 늘 환대를 해주었다. 전문가 수준에서 소중하고 건설적인 비판을 해준 데이비드 캐너다인(펭귄 유럽사 시리즈 편집장)과 로렌스 리스, 니컬러스 스타가트에게 열렬한 감사를 전한다. 그리고 초안이 마무리되었을 때, 리처드 메이슨의 꼼꼼한 교열 작업은 참으로 대단했다.

여느 때처럼, 펭귄 출판사의 탁월한 작업팀과 함께 일하는 것은 즐거운 일이었다. 사이먼 와인더는 늘 그렇듯이 모범적인 편집자였다. 그와 마리아 베드퍼드는 연구하고 사진을 고르는 데 큰 도움이 되었고, 리처드 두구드는 늘 그랬듯이 책 제작을 능숙하게 감독했다. 찾아보기를 능란하게 잘 정리해 준 오리얼 그리피스존스에게도 감사드린다. 더할 나위 없는 저작권 대리인인 앤드루 와일리, 그리고 런던 와일리 에이전시의 제임스 풀런과 세라 샬펀트의 한결같은 도움과 조언에 늘 고마울 따름이다.

베티, 데이비드, 스티븐은 끊이지 않는 샘물처럼 내내 지지와 격려를 보내 주었다. 베티는 본문에 있는 세세한 사항에 관해 적절한 질문을 여럿 해주었다. 디즈버리에 있는 로열오크 맥줏집에서 초고를 놓고 데이비드와 벌인 토론은 건설적인 데다가 무척이나 즐거웠다. 끝으로, 내 손주들 소피, 조, 엘라, 올리비아, 헨리는 늘 신나고 즐거운 기분 전환 거리로 이 책에서 내가 해야만 했던 음울한 이야기에서 벗어날 수 있게 해주었다. 그들과 그들 세대의 다른 아이들이 유럽의 지난날에 어두운 그림자를 드리웠던 분단과 원한, 증오 없이 존재할 수 있는 미래의 유럽을 누리기를 소망해 보자.

2014년 5월에 맨체스터에서

이언 커쇼

유럽의 자기파괴 시대

국민들의 전쟁은 국왕들의 전쟁보다 더 끔찍할 것입니다.

윈스턴 처칠, 1901년

유럽의 20세기는 전쟁의 세기였다. 두 번의 세계대전과 뒤이은 (그 자체가 제2차 세계대전의 직접적 산물인) 40년 이상의 '냉전'이 20세기를 규정했다. 20세기는 예사롭지 않게 인상적이고 비극적이고 한없이 매혹적인 세기였으며, 20세기사는 격변과 굉장한 변혁의 역사였다. 20세기 동안 유럽은 죽었다가 살아났다. 1815년 이후 한 세기 동안 문명의 절정이라고 자부해온 유럽 대륙이 1914년과 1945년 사이에 야만의 구렁텅이에 빠졌다. 그러나 파국적인 자기파괴 시대 뒤에는 (비록 화해 불가능한 정치적 분단이라는 막대한 대가를 치렀을지라도) 예전에는 상상하기 어려운 안정과 번영이 따랐다. 그 뒤로 재통합된 유럽은 거세지는 세계화와 심각한 외부 도전에서 비롯한 엄청난 내부 압력에 직면해서, 심지어는 2008년의 금융 붕괴가 그 대륙을 아직도 해소되지 않은 새 위기 속에 빠뜨리기 전에도 차츰차츰 심해지는 내재적 긴장을 겪었다.

제2권은 1950년 이후 시대를 탐구할 것이다. 이 제1권은 20세기 전반기, 즉 양차 세계대전 시대 유럽의 자기파괴를 살펴보며, 제1차 세계대전에서 뿜어 나오는 위험한 힘들이 어떻게—(제2차 세계대전과는 뗄 수 없는 미증유의 제노사이드와 함께) 파란만장한 20세기 유럽사의 진앙이자 결정적 일화인—제2차 세계대전 동안 상상하기 힘든 강도의 비인간성과 파괴로 끝났는지를 탐구한다.

이후의 장들은 이 대파국의 원인을 탐구한다. 여기서는 오로지 이 수십 년에만 나타나는 포괄적 위기의 맞물린 4대 요인을 찾아낸다. 이 4대 요인이란 다음과 같다. 첫째, 인종주의적 민족주의의 폭발. 둘째, 거세고도 조정 불가능한 영토 개정 요구. 셋째, 격심한 (이제는 러시아의 볼셰비키 혁명을 통해 구체적 구심점을 얻은) 계급 갈등. 넷째, (많은 관찰자가 최종적이라고 생각한) 자본주의의 장기 위기. 볼셰비즘의 승리는 1917년 이후의 중대한 새 구성 요소였다. 1920년대 중엽의 단 몇 해 동안 완화되었을 뿐 거의 늘 위기 상태에 있었던 자본주의도 그러했다. 다른 요인들은, 비록 훨씬 덜 격심한 형태로였을지라도, 1914년 이전에 존재했다. 그 어느 요인도 제1차 세계대전의 제1차적 원인이 아니었다. 그러나 각 요인의 새로운 독성은 제1차 세계대전의 결정적 산물이었다. 이제 그 요인들의 치명적 상호작용은 엄청난 폭력의 시대를 낳았고, 심지어 제1차 세계대전보다 훨씬 더 파괴적인 제2차 세계대전으로 이어졌다. 그 4대 요인의 내적 연동으로 최악의 영향을 받은 곳이 (대체로 유럽 대륙에서 가장 가난한 지역인) 중부 유럽, 동유럽, 남동부 유럽이었다. (스페인은 중요한 예외였을지라도) 서유럽의 형편은 더 나았다.

제1차 세계대전이 끝났을 때 오스트리아·헝가리제국과 오스만제국이 해체되고 러시아혁명 직후의 러시아 내전에서 엄청난 폭력적 격동이 일어나면서 극단적인 통합 민족주의라는 새로운 힘이 풀려났다. 그 민족주의에서는 국민 일체감이 보통은 인종적으로 규정되었다. 인종적인 민족주의 갈등은 (인종이 뒤섞인 유서 깊은 공동체들의 지역인) 더 빈곤한 유럽 대륙 동쪽 절반에서 특히 고질적이었다. 민족주의적인 혐오는 분개와 사회적 참상의 특별한 희생양으로 자주 유대인을 지목했다. 유대인은 서유럽보다 중부 유럽과 동유럽에 더 많았고, 서유럽 국가들의 동일 종교 신자보다 대개·덜 통합되고 하층 사회 계급을 이루었다. 이 지역들은, 독일보다 훨씬 더 그러했는데, 지독한 반反유대주의의 전통적 심장부였다. 일반적으로 서유럽에 존재한 더 큰 인종적 동질성은, 그리고 국민국가가 일반적으로 장기간에 걸쳐 진화해왔다는 사실은 긴장이 서유럽에서 비록 전혀 없지는 않을지라도 덜 심하다는 뜻이었다.

더욱이 제1차 세계대전의 승전국과 대다수 중립국은 서유럽에 있을 터였다. 구겨진 국가 위신과 물적 자원을 둘러싼 분쟁, 공격적인 인종적 민족주의의 사육장이 동쪽일수록 훨씬 더 큰 역할을 했다. 유럽 대륙 한복판에서는 가장 중요한 패전국이고 유럽의 향후 평화에 핵심적인 국가이며 서쪽으로는 프랑스와 스위스부터, 동쪽으로는 폴란드와 리투아니아까지 국경이 뻗어 있는 독일이 승리한 연합국이 자국을 다루는 태도에 큰 분노를 품었고, 베르사유조약 개정론의 포부를 오래지 않아 드러냈다. 더 남쪽과 동쪽에서는 오스트리아·헝가리제국, 러시아제국, 오스만제국의 몰락이 새로운 국민국가를 낳았는데, 이 국민국가는 상상할 수 있는 가장 불리한 상황에서 얼기설기 짜 맞춰지는 경우가 잦았다. 정치에 독이 되는 민족주의적·인종적 혐오가 이 지역들을 제2차 세계대전의 주요 살육장으로 만들었다는 것은 놀라운 일이 아니다.

제1차 세계대전에 뒤이은 유럽의 영토 조정으로 민족주의 분규와 인종적 긴장이 무척 거세졌다. 1919년 베르사유조약의 설계자들은, 아무리 의도가 좋았을지라도, 옛 제국들이 파산하면서 생겨난 새 나라들의 영토 요구를 들어주려고 시도하다가 극복할 수 없는 문제에 맞부딪혔다. 소수민족이 중부 유럽, 동유럽, 남동부 유럽의 대다수 신생 국가의 상당 부분을 형성해서, 심각한 정치 불안의 잠재적 토대를 제공했다. 거의 모든 곳에서 국경 분쟁이 있었고, 흔히 다수민족의 차별을 받은 소수민족의 요구는 해소되지 않았다. 더욱이 베르사유조약의 이 국경 재설정은 부당한 대우를 받는다고 느끼는 나라들에서 위험하게 들끓는 분노를 키웠다. 비록 이탈리아에는 (전쟁이 끝난 뒤에 병합된 남티롤[2]의 독일어 사용 주민을 별도로 하면) 인종적 내부 분열이 없었을지라도, 민족주의자와 파시스트는 제1차 세계대전에서 승리한 열강들 쪽에 선 한 나라가 곧 유고슬라비아로 불릴 영토에서 탐냈던 획득물을 빼앗겼으니 부당하다는 감정을 활용할 수 있었다. 유럽의 지속적 평화에 훨씬 더 위험하게도, (이탈리아처럼 인종적 내부 분열이 없는) 독일에서 전쟁 뒤에 영토가 잘려 나갔다는 심한 분노와

---

2) 南Tyrol. 독일어로는 Südtirol, 이탈리아어로는 Alto Adige. 오늘날 이탈리아 최북단의 볼차노(Bolzano) 지역이다. 오스트리아 제국에 속해 있다가 1919년에 이탈리아 영토가 되었다.

베르사유조약을 개정하라는 요구는 훗날 나치즘 지지 세력을 키웠다. 또한 독일제국의 국경 밖에서는 폴란드, 체코슬로바키아, 그 밖의 다른 나라에 있는 독일계 소수민족의 분노를 부추겼다.

또한 제1차 세계대전 뒤에 등장한 새된 민족주의는 민족 경쟁뿐만 아니라 계급 갈등에서도 추동력을 얻었다. 국가 통합의 감정은 국민국가의 안과 밖에 있다는 계급의 '적'에 초점이 맞춰지면서 한없이 격해질 수 있었다. 전쟁에 뒤이은 경제의 대격변과 1930년대 불황의 혹심한 결과로 말미암아 유럽 전역에서 계급 적대감이 아주 거세졌다. 격렬하기 일쑤였던 계급 갈등은 물론 산업 시대 전체에 걸쳐 띄엄띄엄 일어났지만 제1차 세계대전 이전과 견주면 러시아혁명과 소비에트연방의 설립으로 말미암아 훨씬 더 격심해졌다. 러시아혁명은 대안 사회 모델을 내놓았는데, 그 사회는 자본주의를 뒤엎고 '프롤레타리아독재'[3]를 만들어냈다. 자본가계급을 없애고 국가가 생산수단을 몰수하고 토지를 대규모로 분배한다는 것은 1917년 이후에 빈민 대중 대다수에게 매력적인 제안이었다. 그러나 소련 공산주의의 존재는 정치적 좌파를 쪼개기도 해서, 정치적 좌파를 치명적으로 약화하는 한편으로 극단적인 민족주의 우익 세력을 크게 강화했다. 소생한 우파는 (주로 전통적인 유산 엘리트, 중간계급, 토지 보유 농민 등) 볼셰비즘에 위협을 받는다고 느끼는 이들의 폭력적 에너지의 방향을 새롭고 매우 공격적인 정치 운동으로 돌릴 수 있었다.

---

3) 자본주의와 공산주의 사이에 계급이 아직 사라지지 않은 상태에서 노동계급이 지배계급으로서 권력을 행사하는 중간 단계.

반혁명은 좌파의 혁명적 호소력처럼 계급 갈등의 혹심함과 우려를 활용했다. 반혁명운동은 극단적 민족주의를 맹렬한 반反볼셰비즘과 결합할 수 있는 곳에서 가장 광범위한 호소력을 얻었다. 다시, 볼셰비키[4]의 위협이 크게 어른거려 보이는 중부 유럽과 동유럽의 나라들이 특히 영향을 받았다. 그러나 가장 심각한 국제적 위험은 극단적 민족주의와 피해망상에 가까운 볼셰비즘 혐오가 결합하여 우파 대중운동의 창출을 거든 곳에서 일어났다. 우파 대중운동은 이탈리아에서, 더 뒤에는 독일에서 국가권력을 넘겨받을 수 있었다. 이 경우에 극우를 밀어붙여 권좌에 올려보낸 혐오투성이 반볼셰비키 민족주의 에너지가 대외 공격으로 유도될 수 있었을 때, 유럽의 평화는 큰 위험에 빠졌다.

다른 세 요인을 뒷받침하고 그 세 요인과 상호작용을 하는 넷째 요인은 두 세계대전 사이에 지속된 자본주의의 위기였다. 제1차 세계대전이 세계경제를 크게 교란하고, 영국과 프랑스와 독일이라는 유럽의 주요 경제체제가 매우 허약해지고, 독보적인 경제 열강인 미국이 유럽의 재건에 전적으로 관여하기를 주저한 탓에 재앙이 일어났다. 유럽의 문제는 제1차 세계대전의 세계적 파장으로 말미암아 심각해졌다. 일본이 극동에서, 특히 (정치적 혼란에 시달리는) 중국에서 유럽인들을 밀어내면서 자국 시장을 확대했다. 대영제국은 고조되는 정

---

4)   Bol'sheviki. 러시아 사회민주노동당의 좌익 분파로 출발해서 1903년부터 사회주의혁명을 목표로 삼은 독자 정당으로 활동한 볼셰비키당의 조직원들. 볼셰비키당은 1917년 10월혁명으로 러시아에서 권력을 잡은 뒤 이듬해에 공산당으로 이름을 바꿨다.

치적 도전과 경제적 도전에 직면했는데, 그 경제적 도전은 특히 인도에서 뚜렷했다. 인도에서 토착 직물 산업의 성장과 뒤이은 수출 시장의 상실이 영국의 경제적 재난에 보태졌다. 그리고 러시아가 혁명과 내전의 여파로 세계경제에서 사실상 사라졌다. 자본주의의 위기는 전 지구적이었지만, 유럽에서 특히 심했다.

사상누각으로 판명된 너무나 짧은 한 차례 호황의 앞뒤에는 1920년대 초엽의 인플레이션 위기와 1930년대의 디플레이션 위기가 있었다. 단지 짧은 시간으로 분리되는 격심한 경제적·사회적 탈구의 그 두 국면은 궁핍과 궁핍의 공포가 정치적 양극단을 마구 부추기는 분위기를 조성했다.

경제 혼란만으로 정치의 대격변이 일어나기에는 충분하지 않았다. 정치의 대격변이 일어나려면, 허약해진 핵심 권력층을 대중 동원에서 나오는 새로운 압력에 노출시키는 기존의 이념적 분열과 심한 문화적 분리로 뒷받침되는 국가 정통성 위기가 있어야 했다. 그런데 바로 그 같은 조건이 유럽의 여러 지역에 존재했다. 국가의 위신을 잃고 대열강의 지위에 올라선다는 기대가 좌절되었다는 느낌이 만연하고, 그 느낌에 기대어 극단적인 통합 민족주의가 그 국가가 직면해 있다고 주장하는 사악한 적의 힘에서 에너지를 끌어내는 강력한 운동을 길러낼 수 있는 곳, 그리고 권위가 약해진 국가에서 권력에 도전할 위치에 있는 곳에서는 특히 그러했다.

따라서 유럽을 자기파괴의 벼랑으로 몰고 가는 포괄적인 정치적, 사회·경제적, 이념·문화적 위기가 일어나려면 그 위기의 4대 구성 요소가 맞물려야 했다. 그 같은 상호작용은 이런저런 정도로 대다수 유럽 국가에 영향을 미쳤고, 심지어 서유럽에서도 그랬다. 그러나 특히 한 나라, 즉 독일에서는 4대 요소가 모두 가장 극단적인 형태로 존재했고, 서로를 보완하면서 폭발 효과를 냈다. 그리고 아돌프 히틀러Adolf Hitler가 그 포괄적 위기를 능란하게 이용하면서 힘을 행사하여 그 위기를 극복한다는 발상으로 독일 국가에 대한 자신의 독재적 통제력을 굳힐 수 있었을 때, 유럽에 전반적 파국이 일어날 공산이 눈에 띄게 커졌다. (비록 제1차 세계대전 뒤에 일시적으로 줄어들었을지라도) 독일의 군사적 잠재력과 경제적 잠재력이 매우 컸으므로, 그리고 독일의 베르사유조약 개정 요구와 팽창주의적 야망이 그토록 많은 다른 나라의 영토적 통합성과 정치적 독립에 직접적으로 악영향을 주었으므로, 유럽의 위기가 새 전쟁의 파국으로 귀결될 가능성이 점점 더 커졌다. 그 위기가 유럽 대륙에서 가장 불안정한 지역인 중부 유럽과 동유럽에서 터지리라는 것은 놀라운 일은 아니었고, 일단 전쟁이 시작되면 동쪽 지역들이 가장 심한 파괴와 기괴한 비인간적 행위가 벌어지는 현장으로 바뀌리라는 것도 놀라운 일이 아니었다.

제2차 세계대전으로 말미암은 황폐화는 새로운 극단을 보여주었다. 문명이 이처럼 심대하게 허물어진 도덕적 결과는 20세기의 나머지 기간에, 그리고 그 뒤로도 느껴질 터였다. 그러나 제1차 세계대전으로 생겨난 아수라장과는 극히 대조적으로, 제2차 세계대전은 놀랍게도 20세기 후반기에 유럽의 재탄생으로 가는 길을 닦았다. 제1차 세계대전이 자본주의의 깊고 긴 위기와 더불어 인종·국경·계급 갈등의 고조에서 그 유산을 남겼다면, 제2차 세계대전은 바로 그 파괴의 소용돌이에서 이 연쇄를 흩날려 버렸다. 소련의 동유럽 지배는 내부의 인종적 분리와 소요를 꾹꾹 억눌렀다. 전쟁 직후의 대규모 민족 청소는 중부 유럽과 동유럽의 지도를 재형성했다. 독일이 완전히 패배하고 파괴되고 분단되면서 유럽을 지배한다는 꿈이 깨졌다. 서유럽에서는 협력과 통합을 위해 민족주의적 반감을 기꺼이 누그러뜨리겠다는 새로운 태도가 있었다. 새로운 초열강들의 존재로 말미암아 이제는 국경이 고정되었다. 극우를 부추겼던 예전의 반反볼셰비즘이 서유럽의 국가 이념으로 전환되면서 안정된 보수주의 정치가 육성되었다. 특히 개혁된 자본주의가 (이번에는 미국의 적극적 주도로) 유럽 대륙의 서쪽 절반에서 굉장한 번영을 만들어냈고, 그래서 정치적 안정성이 지탱되었다. 1945년 이후의 이 모든 근본적 변화가 합쳐져서 양차 세계대전의 시대에 유럽 대륙을 거의 파괴했던 위기 요소들의 모태를 제거했다.

　결정적으로, 제2차 세계대전은 비스마르크 시대를 넘어 1815년 나폴레옹 시대의 종결로 거슬러 올라가는 유럽 대열강의 유럽 대륙 지배권 쟁탈전 체제를 단번에 영원히 깨뜨렸다. 비록 이제는 이념과 정치가 갈가리 찢긴 유럽일지라도 다시 태어난 유럽에서 유일하게 남은 열강은 미국과 소련이었고, 이 두 열강은 철의 장막 너머로 서로 노려보면서 자기 형상에 따라 여러 나라와 사회를 재건하는 일을 관장했다. 극히 중요한 요인이 하나 더 있었다. 그 양대 초열강이 1949년에 원자폭탄을, 그리고 4년 안에 파괴력이 훨씬 더 무시무시한 수소폭탄을 보유하자 양차 세계대전으로 말미암은 황폐화를 무색하게 할 수준의 파괴를 일으킬 조짐을 보이는 핵전쟁의 유령이 그 요인이었다. 그것은 정신이 번쩍 들게 함으로써 유럽에서 1945년에는 매우 가망 없어 보였던 평화의 시대를 만들어내는 데 나름의 역할을 했다.

이 요인들이 어떻게 뒤엉켜 동과 서에서 유럽을 바꾸었는지는 제2권의 탐구 주제로 남겨둔다. 제1권에서는 어쩌다 유럽이 그토록 격렬하고 요란한 한 세기의 전반기 동안 깊디깊은 수렁에 빠졌는지, 어떻게 그러고서도 (대단하게도) 이미 1945년에 바닥을 치고 4년 안에 놀라운 회복의(낡은 유럽의 잿더미에서 새 유럽이 뛰쳐나올, 즉 지상의 지옥에서 되돌아오는 길에 나설) 발판을 마련하기 시작했는지 이해해 보려 한다.

1

벼랑 끝에서

우리는 평화주의를 아주 진지하게 받아들입니다!
하지만 포병 예산을 가결해야 합니다.

로베르트 무질의 《특성 없는 남자》(1930~1942)에서 슈툼 장군

1

심지어 당시에도, 전쟁에 뛰어들면 한 시대가 끝날 거라는 조짐이 있었다. 영국 외무장관 에드워드 그레이Edward Grey 경이 1914년 8월 3일 다음과 같이 표현한 예감이 가장 잘 알려져 있다. "유럽 모든 곳에서 등불이 꺼지고 있어. 우리는 그 등불이 다시 켜지는 것을 살아생전에 보지 못할 거야." 테오발트 폰 베트만홀베크Theobald von Bethmann-Hollweg 독일제국 총리는 1914년 7월 말에 전쟁의 전망이 더 가까이 어른거리자 "인간의 힘보다 더 큰 파멸이 유럽과 우리 민족 위에 드리워 있는 것이 보인다"고 외치며 비슷하게 재앙을 시사했다. 그보다 3년 앞서 독일의 사회주의자 아우구스트 베벨이 독일 의회인 라이히스타크[5]에서 열띤 반박과 반대를 받으면서도, 다가오는 거대한 유럽 전쟁의 위험이 고조되고 있으며 그 같은 전쟁이 일어나면 유럽이 파국을 맞이할 거라고 주장한 적이 있다. 베벨은 "부르주아 세계의 '신들의 황혼'[6]이 다가오고 있다"고 선언했다. 그가 시사한 것과 달리, 그 전쟁

---

5)   Reichstag. 근현대 독일 국가의 의회, 또는 그 의회 건물. 독일제국(1871~1918), 바이마르공화국(1919~1933), 나치 독일(1933~1945)의 라이히스타크로 나뉜다.

6)   Götterdämmerung. 북유럽 신화에서 먼 미래에 신화의 주역들이 다 죽는 전

은 자본주의의 붕괴와 사회주의의 승리로 이어지지 않았다. 그러나 그에게는 그 전쟁이 새 시대를 열 거라고 예견하는 예지력이 있었다. 미국 외교관 조지 프로스트 케넌George Frost Kennan은 훗날 그 전쟁을 "시간이 갈수록 더 큰 영향을 미치는 대파국"으로 서술했다. 그가 옳았다. 그 전쟁은 분명히 파국이었다. 그리고 그 전쟁은 유럽 대륙을 자기 파괴로 이끌 뻔한 (20세기의 '30년 전쟁'[7]인) 한 시대의 시작을 알렸다.

황금시대?

향후의 참상 속에서 비극적으로 흩날려 사라진 안정과 번영, 평화의 휘황찬란한 시대 이미지는, 특히 특권계급의 기억 속에서는 제1차 세계대전 뒤에도 좀처럼 가시지 않았다. '도금 시대Gilded Age'가 미국인이 그 시대를 표현하는 방식이었다. 그러나 그 용어에는 유럽인이 전쟁 이전 시기를 생각하는 방식도 포착되어 있다. 파리의 부르주아지는 '좋았던 그 시절'[8]을 프랑스 문화가 세계의 부러움을 사던, 파리가 문

쟁이 벌어지고 대홍수 등의 온갖 자연재해가 일어나는 세상의 종말. 리하르트 바그너의 악극《니벨룽의 반지》제3부 악장극의 제목이기도 하다.
7)　프랑스 왕과 합스부르크 가문 통치자 사이의 권력투쟁을 배경으로 1618년부터 1648년까지 유럽에서 벌어진 전쟁. 싸움을 거의 전담했지만 급료를 받지 못한 용병들이 마을을 약탈해서 전쟁의 주 무대였던 오늘날 독일 지역의 주민이 극심한 해를 입었다.
8)　la Belle Époque. 프랑스에서 19세기 말엽 제3공화국이 수립될 때부터 제1차 세계대전이 일어나는 1914년까지의 기간을 과학기술이 발전하고 문화가 혁신되는 좋았던 시절로 회고하면서 일컫는 표현이다.

명의 중심으로 보이던 시대로 기억했다. 베를린의 유산계급은 '빌헬름 시대Wilhelminische Epoche'를 최근에 통일된 독일에 걸맞은 국격과 부, 안정, 위엄의 시대로 되돌아보았다. 빈도 문화적 영광, 지성적 탁월성, 유서 깊은 제국의 위엄의 정점에 있다고 보였다. 뮌헨, 프라하, 부다페스트, 상트페테르부르크, 모스크바 등과 유럽 대륙 곳곳의 다른 도시들이 다 함께 문화의 꽃을 피웠다. 대담한 창조성이 폭발하는 가운데 새롭고 도전적이고 도발적인 예술 표현 양식이 사실상 모든 형태의 미술, 문학, 음악, 연극을 아울렀다.

런던에서는 경제가 문화보다 중시되었다. 전 지구적 제국의 그 수도에서 제1차 세계대전 이후 세대는 경제가 계속 성장하고 교역이 번창하고 통화가 안정되었던 지나간 '황금시대'를 동경하곤 했다. 그 전쟁 뒤에 영국의 위대한 경제학자 존 메이너드 케인스John Maynard Keynes는 다음과 같은 유명한 글을 썼다. "런던 주민이 침대에서 아침 차를 마시면서 전 세계의 갖가지 생산물을 자기가 보기에 알맞은 양으로 전화로 주문하고는 그 생산물이 집 앞 현관 계단에 일찍 배달되기를 당연히 기다릴 수 있었다." 물론, 이것은 세계무역의 중심인 도시에서 부와 지위를 가진 상위 중산계급 남자가 지닌 매우 특권적인 견해였다. 동유럽의 시테틀,[9] 이탈리아 남부, 스페인, 그리스나 세르비아의 가난한 시골에는, 아니면 베를린, 빈, 파리, 상트페테르부르크 또는 런던의 빈민굴에 옹송그리며 모인 도시 대중 가운데는 그처럼 한가한 삶을 아는 이가 거의 없었을 것이다. 하지만 '황금시대'의 이미

---

9)　shtetl. 홀로코스트 전 중부 유럽과 동유럽의 유대인이 많이 사는 소도시.

1. 벼랑 끝에서

39

지가 전후의 해석일 뿐이었던 것은 아니다.

유럽의 내부 분열과 민족주의적 경쟁이 심한데도, 서로 뒤엉킨 전 지구적 국제 자본주의 경제의 일부로서 상품과 자본의 도도한 움직임을 모든 나라가 공유했다. 경제가 성장할 수 있게 해준 안정성의 바탕은 금본위제를 시티오브런던[10]의 지배에 뿌리를 둔 일종의 기축통화로서 인정하는 데 있었다. 여기서 잉글랜드은행[11]이 세계경제 안정성의 열쇠를 쥐었다. 운송, 보험, 이자, 수출에서 나오는 무형 소득은 영국의 수입 흑자보다 훨씬 더 컸다. 1897~1898년에 금 공급이 크게 늘어났다. 특히 남아프리카산 금이 그랬다. 그러나 잉글랜드은행은 금보유고 초과분을 늘리지도 않았고 줄이지도 않았다. 과도한 금보유고는 다른 나라에 손해를 끼쳤을 것이다. 미국과 독일의 경제는 더 역동적이어서, 영국 경제보다 빠르게 성장했다. 미래의 어느 시점에는 십중팔구 미국이 세계경제를 지배할 것으로 보였다. 그러나 영국은 (줄어들고 있었을지라도) 여전히 세계무역의 최대 지분을 가지고 있었고, 명백히 투자 자본의 최대 수출국이었다. 지구 전체의 경제 수탈을 놓고 대열강 사이에서 벌어지는 경쟁은 틀림없이 국제 자본주의경제의 안정성에 점점 더 중압을 가하고 있었다. 그러나 지난 몇 십 년에 걸쳐 유럽에, 특히 유럽의 산업화된 지역에 그처럼 이로 웠던 시스템은 1914년이 될 때까지 여전히 멀쩡했다. 안정과 번영과

---

10) City of London. 유수한 금융기관이 밀집해 있는 런던시 한복판의 금융 중심 지구.

11) Bank of England. 1694년에 창립한 영국의 중앙은행.

성장이 계속될 거라는 확신이 널리 퍼져 있었다.

1900년 파리에서 열린 대규모 만국박람회의 의도는 유럽을 중심에 두고 번영하는 문명을 과시하고 진보 찬가를 소리 높여 부르는 것이었다. 새 과학기술의 시대가 쇼처럼 전시되었다. 사람들은 거대한 기계들의 힘과 속도에 깊은 인상을 받았다. 전구 5000개로 밝혀진 휘황찬란한 '전기궁전Palais de l'Électricité'은 찾아온 사람들의 눈을 문자 그대로 아주 부시게 만들었다. 아프리카, 아시아, 라틴아메리카의 국가들과 나란히 유럽 국가들은 공들여 세운 자국의 행사용 천막을 전시했고, 다음 여섯 달에 걸쳐 5000만 명 이상이 보통은 경외감에 차서 방문했다. 동유럽이, 가장 두드러지게는 행사용 천막 9개를 가진 러시아가 강력한 존재감을 누렸다. 그리고 유럽의 '문명화 사명'이 눈에 띄게 크게 다뤄졌다. 제국주의가 절정에 이르러서, 머나먼 식민지 소유령의 무척이나 이국적인 묘사가 유럽이 세계를 지배한다는 압도적 인상을 전달했다. 상업, 번영, 평화로 말미암아 이 지배가 무한히 지속될 듯했다. 미래는 밝아 보였다.

그 낙관론은 정당해 보였다. 미래는 말할 것도 없고 과거에 견주어 봐도 19세기는 평화로웠다. 나폴레옹 시대가 1815년에 끝난 뒤로 유럽에서 대륙 전체가 휘말려드는 전쟁은 없었다. 1853년과 1856년 사이에 머나먼 크림에서 벌어진 전쟁은 1871년에 독일과 이탈리아의 통일에서 절정에 이르렀던 단기 전쟁과 마찬가지로, 유럽 대륙 전체의 평화를 위협하지 않았다. 파리 만국박람회 10년 뒤에 영국 작가 노먼 에인절Norman Angell이 세계적인 베스트셀러 《거대한 환상The Great Illusion》을 펴냈는데, 이 책에서 그는 더 나아가 현대의 부가 상업에서 흘러나오고 경제가 전 지구적 차원으로 얽히고설켜 있으니 전쟁은 부질없어졌다고 주장하기까지 했다. 꼭 영국인이 아니더라도 동의하는 이가 많았다. 번영, 평화, 안정이 무한한 미래까지 지속되지 않으리라고, 그토록 빨리 날아가 버릴 수 있다고 상상하기는 어려웠다.

그러나 유럽에는 훨씬 덜 매력적인 또 다른 얼굴이 있었다. 그 대륙 곳곳에서, 사회 구성이 매우 불균등할지언정, 빠르게 바뀌고 있었다. 공업화가 급격하게 이루어지는 지역과 아직도 농업이 근본이고 거의 원시적이기 일쑤인 거대한 지대가 공존했다. 1913년에 세르비아, 불가리아, 루마니아 노동 인민의 5분의 4쯤은 호구지책이 땅에 있었다. 그 비율이 유럽 전체에서는 3분의 2를 넘었고, 오직 영국에서만 10분의 1을 넘지 않았다. 그리고 1913년에 노동 인민의 3분의 2 이상이 공업에 고용되어 있는 나라는 오직 영국과 벨기에, 더 놀랍게도 스위스뿐이었다. 심지어 독일도 아직은 그렇지 못했다. 아직도 유럽인 대다수가 시골 마을이나 소도시에 살았다. 비록 유럽인 대다수가 베를린이나 빈, 상트페테르부르크처럼 급팽창하는 도시의 비위생적인 조건 속에서 일자리를 찾아 우글대는 대중에 합류하든, 아니면 시골에서 위태롭게 근근이 살아가든 아직 비참했을지라도 생활수준은 계속 좋아졌다. 정든 곳을 등지고 떠나는 이가 많았다. 많은 이들이 가난하고 기회가 부족한 고향 땅을 떠날 수밖에 없었다. 번영과 문명의 득을 보기는커녕 마냥 기다릴 수만은 없어서 멀리 떠나가는 유럽인이 수백만 명이었다. 대서양을 건너가는 유럽인이 100만 명을 넘은 1907년에 미국 이민은 최고조에 이르렀다. 오스트리아·헝가리와 러시아에서, 그리고 다른 어떤 곳보다 이탈리아의 빈곤한 남부에서 탈출하는 사람의 수가 20세기가 시작된 뒤 (1890년의 3배로 늘어) 크게 치솟았다.

사회가 빠르게 바뀌면서 새로운 정치적 압력이 생겨났고, 이 압력이 기성 정치 질서를 위협하기 시작했다. 제1차 세계대전 직전에 유럽의 정치권력은 극소수의 손안에 있었다. 산업과 금융자본에서 막대한 부를 끌어내는 신흥 재벌, 그리고 때때로 그들과 혼인 관계를 맺은 지주 엘리트, 즉 옛 귀족 가문이 아직도 대다수 나라에서 통치 계급과 군부를 형성했다. 특히나 유럽은 아직도 세습 군주정의 대륙이었다. (오랫동안 연방 체제였다가 1848년에 근대적인 연방공화국 헌법을 채택한) 스위스, (1870년 이후의) 프랑스, (1910년 이후의) 포르투갈만이 공화국이었다. 마구 팽창해서 5000만 명을 웃도는 다민족 신민을 가진 합스부르크 제국[12]의 수반으로서 1848년 이후로 제위에 있었던 프란츠 요제프Franz Joseph 황제가 오스트리아·헝가리에서 군주제 통치의 내구성을 상징하는 듯 보였다.

그래도 입헌적 통치 구조, (극히 제한된 선거권자들이 선출하기는 하지만) 복수의 정당, 법치 체제가 실질적으로 모든 곳에 존재했다. 차르 니콜라이 2세가 의회, 즉 두마[13]에 권력을 마지못해 내줘야 했던 미완의 1905년 혁명 뒤에는 러시아 전제정조차 양보하지 않으면 안 되

---

12)　유럽에서 가장 유서 깊은 왕실 가문 가운데 하나인 합스부르크(Habsburg) 가문이 다스린 제국. 원래는 동유럽 일대, 이베리아반도, 네덜란드, 이탈리아 남부 등 유럽 곳곳에 영토가 있었지만, 16세기 중반 이후로는 주로 유럽 중부와 동부의 도나우강 일대에 국한된 영토를 다스렸다.
13)　Duma. 1905년부터 1917년까지 존속한 러시아제국의 의회.

었다. 그러나 (의회민주주의의 본산으로 여겨진) 영국에서조차 상당수의 국민이 아직 정치적으로 대표되지 않았다. 몇몇 나라에는 확립된 지 오래된 남성 보통선거 체제가 있었다. 예를 들어, 독일에서는 (매우 제한적인 선거권이 지주의 지배가 지속되도록 보장하면서 독일제국 전체 영토의 3분의 2를 차지하는 프로이센[14]의 의회 선거를 위해 유지되긴 했어도) 1871년의 제국 헌법에 따라 25세 이상의 모든 남성에게 제국의회 투표권이 주어졌다. 이탈리아에서는 남성 보통선거(에 가까운) 제도로 훨씬 더 늦게, 즉 1912년에 바뀌었다. 그러나 20세기의 전환기에는 유럽의 어떤 국가에서도 여성에게 의회 선거 투표권이 허용되지 않았다. 여러 나라에서 페미니즘 운동이 이러한 차별에 도전했다. 비록 제1차 세계대전 전에는 노르웨이와 (러시아제국의 일부인데도 실패한 1905년 러시아혁명 뒤에 일정 수준의 민주적 변화가 도입될 수 있었던) 핀란드 이외에서는 별로 성공하지 못했을지라도 말이다.

핵심적 변화, 그리고 모든 나라의 엘리트가 자기들의 권력에 대한 근본적 위협이라고 본 변화는 노동계급 정당과 노동조합의 등장이었다. 유럽 사회주의 정당들의 '제2 인터내셔널'이 각국 당의 강령 요구를 조정하는 통솔 조직으로서 1889년에 설립되었다. 이 사회주의당 대다수는 카를 마르크스Karl Marx와 프리드리히 엥겔스Friedrich Engels가 밝힌 혁명 교의와 이렇게 저렇게 결부된 채로 남아 있었다. 자본주의

---

14) Preußen. 정확하게는 프로이센 자유주(Freistaat Preußen). 1701년에 세워져 독일제국의 중추를 이루었던 프로이센 왕국을 계승한 행정 구역으로 1918년에 설치되었으며, 1947년에 여러 개의 주로 쪼개졌다.

의 선천적인 수탈적 성격을 공격하고 부의 공정한 분배와 평등에 기반한 새로운 사회를 선전하는 이 정당들은 가난하고 궁핍한 산업 노동계급 다수에게 명백한 호소력을 지녔고, 이 호소력은 차츰차츰 커졌다. 노동자 정당과 자라나는 노동조합을 금지하거나 억누르려는 지배 엘리트의 시도는 실패했다. 노동자들은 이제 자기의 이해관계를 이전보다 더 조직적으로 지켜내고 있었다. 노동조합의 급팽창에는 이것이 반영되었다. 1914년 즈음에 노동조합원 수가 영국에서 400만 명을 넘어섰고, 독일에서는 250만 명, 프랑스에서는 약 100만 명을 넘어섰다.

대다수 유럽 국가에서 다른 종류의 사회주의 정당과 운동이 20세기 초에 목소리를 냈고, 지지세를 차츰차츰 늘렸다. 프랑스의 사회주의자들은 1905년에 분열을 멈추고 단합해서 자기들이 "개량 정당이 아니라 계급투쟁과 혁명의 정당"이라고 선언했다. 제1차 세계대전 직전에 노동자 인터내셔널 프랑스 지부[15]가 일반 투표의 17퍼센트와 프랑스 의회 하원 103석을 얻었다. 독일에서는 사회민주주의를 탄압하려는 비스마르크의 시도가 엄청난 역효과를 냈다. 1890년 이후로 독일 사회민주당[16]은 마르크스주의 강령 아래 유럽에서 가장 큰 사회

---

15)   Section Française de l'Internationale Ouvrière. 프랑스 사회당(Parti socialiste français)과 프랑스의 사회당(Parti socialiste de France)이 1905년에 합당하여 만든 사회주의 정당. 1965년에 프랑스 사회당(Parti socialiste)으로 바뀌었다.
16)   Sozialdemokratische Partei Deutschlands. 사회주의 정당들이 합당하여 1863년에 만들어진 독일의 마르크스주의 정당. 1960년대에 마르크스주의 노선을 포기하고 중도 좌파 정당이 되었다.

주의 운동으로 자라나서, 제1차 세계대전 전에 100만 명이 넘는 당원을 얻었다. 1912년 제국의회(독일 국회) 선거에서 다른 어떤 정당보다 더 큰 지지를 받은 독일 사회민주당은 의석의 거의 3분의 1을 얻어 독일 지배계급의 등골을 오싹하게 했다.

유럽에서 경제가 더 앞선 지역에서는 조직화된 사회주의가, 수사修辞야 어떻든, 노골적인 전투성을 제한하고 그 전투성을 혁명적이지 않은 의회 행동으로 돌렸다. 프랑스에서 장 조레스Jean Jaurès가 소속 정당인 사회당의 수사에 개의치 않고 혁명이 아니라 의회를 통해 사회주의로 가는 경로를 옹호함으로써 큰 지지를 받았다. 독일 사회민주당은 비록 수사에서는 마르크스주의에 얽매여 있었을지라도, 실제로는 투표함을 통한 권력 획득을 추구했다. 영국에서는 (1906년에 당명을 정한) 노동당이 노동조합에서 태어나 자라났고, 어떤 혁명적 유토피아주의보다는 노동자의 이해관계에 관한 노동조합의 실용주의적 관심을 드러냈다. 자본주의는 노동계급에 궁극적으로 이득이 되도록 개선될 수 있으므로 자본주의를 타도할 필요가 없다는 비혁명적 메시지를 선호해서 마르크스주의 메시지는 대체로 무시되었다. 국가권력은 노동계급의 이익을 대변하도록 평화적 수단으로 개선될 수 있는 것으로 여겨졌다. 서유럽·북유럽·중부 유럽의 대다수 노동자는 가난했지만, 찢어지게 가난하지는 않았고 이전 시기보다는 덜 전투적이었다. 그들에게는 쇠사슬 말고도 잃을 것이 더 있었다. 그들은 개량주의 지도자들을 지지하면서 대체로 순응했다.

유럽 대륙의 덜 개발된 지역에서는 상황이 달랐다. 국가권력과의 대결이 더 격했다. 매개 조직을 통한 권력의 분산이나 국가에서 시민에게 지분을 주는 사회구조가 전혀 없거나 거의 없었다. 권력은 대체로 전제적이고 상명하달식이고 강압에 크게 의존했으며, 지배 카스트는 견고하고 관료 집단은 부패하고 대의 기구는 약하거나 없었다. 중부 유럽, 북유럽, 서유럽의 중간계급 사이에서 훗날 사라져 버린 '황금시대'의 느낌의 일부를 이룬 어진 국가권력과 법에 대한 존중을 밑바탕으로 문명이 무한히 진보한다는 인식은 유럽 대륙의 남쪽과 동쪽의 변두리에서는 야릇해 보였다. 예를 들어, 카탈루냐와 바스크 지방에서는 20세기 초에 국가권력과 '부르주아의 지배'에 맞선 파업, 폭동, 지역 차원의 봉기가 증가했다. 보통 국가에 반대하는 산발적 폭력과 연관되는 아나키즘이 토지를 갖지 못한 안달루시아의 일꾼들 사이에서 큰 지지를 받았다. 대지주가 부패한 국가 관리를 좌지우지하던 이탈리아 남부에서는 농촌의 폭력 소요가 끊이지 않았다. 시골을 떠도는 비적단이 범죄와 민중 저항을 뒤섞어서 국가와 대지주의 권력에 맞서 농민과 토지 없는 일꾼들을 지켜냈다. 유럽의 지도자들 사이에서는 혁명적 노동계급에서 나온다고 보이는 위협에 대한 두려움이 1905년에 산업 파업과 격변의 커다란 물결이 이는 동안 특히 격심했다. 차르를 무너뜨릴 뻔한 혁명에 맞닥뜨린 러시아에서는 그해에 상트페테르부르크에서 군인들에게 노동자 200명이 학살되고 몇백 명이 다쳤을 때 국가의 엄혹한 탄압이 노골적인 반혁명적 폭력으로 바뀌었다. 혁명은 진압되었다. 혁신적이기보다는 피상적인 양보가 이루어져서 의회 대의제가 도입되었지만, 차르와 그가 지명한 장관들이 권력을 거머쥐고 놓지 않았다. 권력이 없는 이들에게, 특히 교의적 분열이야 어떻든 사회주의 운동을 이끄는 이들에게 이것은 확연해 보였다. 차르 전제정은 개혁될 수 없고, 타도되어야 했다. 그 결과 러시아 사회주의는 더욱 거세고 거칠게 급진화했다.

좌익 운동에서 나온다는 위협에 대응해서뿐만 아니라 지지 기반을 넓힐 대중의 뒷받침이 전혀 없거나 거의 없는 정부를 돕기 위해서도 포퓰리즘적 대항 운동이 대두했다. 이 대항 운동은 계급에 바탕을 둔 잠재적 반대를 더 통제 가능한 방향으로 돌리고 싶어 하는 기업가들이나 지주들의 직간접적인 지원을 자주 받았다. 그들은 대중을 '국민화'하려고, 즉 기존의 정치 질서에서 이득을 보려는 공세적인 민족주의적·제국주의적·인종주의적 정서를 대중에 불어넣으려고 애썼고, 얼마간은 성공했다. 국제주의적 사회주의 교리에 이끌리는 소수파 밖에서는 호전적인 민족주의와 지독한 반유대주의, 그리고 다른 부류의 인종주의가 흔한 일이었다. 그 같은 영향력은 기초 교육 확대, 문맹률 감소, 값싼 대중 신문으로 말미암아 확장될 수 있었다. 대중 정치는 좌파뿐 아니라 우파에서도 새로운 형태의 동원에 개방되었다. 오래된 확실성은 스러지기 시작했다. 옛 보수주의 엘리트와 자유주의 엘리트의 정치 기득권층은 새로운 불확실성을 감지했다.

대중 동원이 기존 정치·사회 질서를 심각하게 위협할 수 있다는 것에 자극을 받아 프랑스의 심리학자 귀스타브 르봉Gustave Le Bon은 1895년에 대중 행동 분석서인 《군중심리La psychologie des foules》를 펴냈다. 개인이 군중의 비합리적이고 감정적인 충동에 휘둘릴 때 합리성이 사라진다는 그의 주장이 새 세기가 시작할 때 위세를 떨쳐서, 그의 책은 45쇄나 간행되고 17개 번역본이 나왔으며 나중에는 파시스트 독재자가 되려는 자들의 필독서가 되었다. 르봉이 대중의 특징으로 여긴 감정적 충동은 유럽 곳곳에서 민족주의에 대한 호소와 가장 쉽사리 뒤섞일 수 있었다. 유럽의 지배 엘리트는 민족주의를 사회주의만큼 위험한 것으로 여기지 않았다. 민족주의적 열정에 내재한 위험은 제1차 세계대전이 일어나기 전에는 실제로 제어될 수 있었다. 그렇지만 그 위험에는 기성 질서를 뒤흔들고는 급기야 부숴 버리게 될 힘의 뿌리가 있었다.

대외 관계의 긴장이나 외부 갈등 연루와 더불어 정치적 양극화가 거센 어조의 민족주의 수사의 상대적 수준을 형성했다. '민족의 쇄신'이라는 개념을 중심으로 일체성을 만들어내려는 스페인의 시도는 1898년에 처음에는 인기 있는 전쟁이었던 대미 전쟁에서 참패해 식민지를 잃은 뒤 무산되었다. 스페인에서는 내부 분열이 이념 차원에서뿐만 아니라 지역 차원에서도 심했음을 고려하면 이 시도는 어떻든 실패할 운명이었다. 그러나 내부의 적에 대한 투쟁을 거쳐 거듭난 하나의 민족을 만들어내려는 십자군적 열의는 결국은 파멸적 갈등으로 이어질 터였다.

대다수 나라에서 외부의 적뿐 아니라 내부의 적의 형상화는 새로운 수준의 공격성에 이르고 있던 수사 속으로 들어가 하나가 되었다. 대중매체가 (대개는 격하게 외국인 혐오적이고 보통 노골적으로 인종주의적인) 적개심을 자극했고, 정부는 그 적개심을 기꺼이 부추겼다. 영국에서 1899~1902년의 남아프리카전쟁이 극단적인 민족주의적 호전성을 새로 북돋웠고, 이 호전성에는 '징고이즘'[17]이라는 이름이 붙었

---

17)　jingoism. 영국의 저명한 정치활동가인 조지 홀리오크가 《데일리 뉴스(Daily

다. 독일에서는 보수 정부가 1907년의 이른바 '호텐토트 선거'[18]에서 민족주의적 열의를 고취하면서 애국심이 없다며 사회민주당 반정부 세력을 매도했다. (독일 사회민주당이—비록 의석수를 아주 많이 잃기는 했지만—실제로는 표를 더 많이 얻은 것을 보면 징고이즘이 영국에서처럼 노동자보다는 중간계급 사이에서 훨씬 더 잘 통했던 듯하다.)

전독일연맹[19]이나 독일해군연맹,[20] 독일육군연맹[21] 같은 (각각 중간계급과 중하 계급 사이에서 대체로 호소력을 발휘하는) 민족주의 단체들이 더 과격하게 공세적이고 팽창주의적인 대외 정책을 촉구했다. 그 단체들은 1914년 전에는 여전히 대형 압력 단체에 지나지 않았고, 정부는커녕 주류 정치에도 아직은 국외자였다. 그렇더라도 공세적인 민

News))에 보낸 1878년 3월 13일 자 편지에서 처음으로 쓴 정치 신조어. 인기 연예인인 맥더모트(G. H. MacDermott)가 러시아·튀르크 전쟁에서 이스탄불을 노리는 러시아제국의 야욕을 야유하며 영국의 투쟁 의지를 고취하는 내용의 노래를 불렀는데, 이 노래에 나오는 '어림없다'는 뜻의 by jingo라는 구절에서 유래했다.

18) 1910년대 중엽에 독일제국이 오늘날 아프리카의 나미비아를 식민지로 만드는 과정에서 저항하는 원주민을 억압하여 숱한 헤레로족과 나마족이 목숨을 잃었다. 이 문제가 1907년 1월 25일에 치러진 독일 의회 선거 유세에서 큰 정치적 쟁점이 되었고, 따라서 선거에 '호텐토트 선거'라는 별명이 붙었다. 호텐토트는 유럽인이 나마인의 최대 부족을 낮춰 부르던 말이다.

19) Alldeutscher Verband. 1891년부터 1939년까지 존속한 독일의 민족주의 단체. 반유대주의 성향을 띠고 독일의 제국주의 팽창을 지지했으며, 타국의 독일계 소수민족을 옹호했다.

20) Deutscher Flottenverein. 알프레트 폰 티르피츠 제독의 주도 아래 1898년에 만들어져 독일 해군의 확장을 지원하면서 1934년까지 존속한 독일의 사회단체.

21) Deutscher Wehrverein. 1912년에 창립해서 1935년까지 존속한 독일의 대표적인 민족주의 단체.

족주의 사상이 이때쯤이면 실질적으로 사회주의 좌파를 제외한 정치 전체에 스며들었다. 이탈리아에서는 식민지 주둔군이 1896년 아두와에서 에티오피아군에 당한 (이탈리아 군인을 5000명 넘게 잃은) 참담한 패배에 대한 가시지 않는 민족적 치욕, 그리고 자국이 유럽 제국주의 열강들의 주빈 테이블에 자리가 없는 '천민 국가'라는 정서가 거의 종교적인 열정을 띤 민족주의 감정을 북돋아서, 투쟁과 희생을 강조하고 강한 반反사회주의국가, 군사력, 더 공세적인 대외 정책을 옹호했다. 제아무리 시끄럽게 떠들어대도 민족주의자는 심하게 분열된 사회에서 과반 의견을 대표하는 것과는 거리가 멀었지만, 대체로 정부에 골칫거리였다. 그렇더라도 민족주의의 압력은 1911년에 리비아를 침공해 식민지를 얻겠다는 자유주의 정부의 결정에서 역할을 했다. 그 침공은 이탈리아군의 비행선 한 대가 퇴각하는 오스만군에 폭탄을 떨어뜨려서, 항공 폭격이 한몫을 한 최초의 전쟁이 되었다. 과격한 민족주의는 독일에서처럼 이탈리아에서도 아직은 소수 취향이었으며, 제1차 세계대전이 없었다면 아마도 그 상태로 남았을 것이다. 그러나 나중에 독성을 띨 사태 전개의 씨앗이 뿌려졌다.

민족주의는 점점 더 '국가'를 영토가 아니라 민족으로(즉, 그 국가에 속하는 것이 허용되어야 하는 사람들로) 정의하고 있었다. 예를 들어 프랑스의 민족주의자 에드몽 아르슈데콩Edmond Archdéacon은 1902년 선거에서 "공공연한 국제주의 반대자"를 자처하면서 "반유대주의자로서 나는 유대인과 그 하수인 15만 명, 그리고 프리메이슨[22] 2만 5000

22) 18세기 초에 영국을 필두로 유럽 여러 나라에 만들어져 계몽주의와 인도주

명이 프랑스인 3800만 명을 억누르고 해치는 짓을 멈추기를 요구한다"고 선언했으며, 자기는 "진정한 공화국, 프랑스 공화국"을 대표한다고 말했다. 유럽의 다른 나라에서처럼 프랑스에서도 사실상 정치 운동으로서의 민족주의는 내부 분열로 갈라져 있어서 국가권력을 거머쥘 수 없었지만, 그런데도 정부가 대외 정책 시행에서 더 날카로운 목소리를 내게 할 수는 있었다. 그리고 비록 민족주의 정치가 프랑스에서 주변부에 국한되었을지라도, 그 핵심에 있는 (민족은 프랑스에 속하기에는 알맞지 않다고 여겨지는 이들, 특정하게는 유대인을 배제함으로써 정의된다는) 생각은 갈라진 프랑스 문화의 한 부분으로 잦아들지 않은 채로 남았다. 비슷한 주장이 차츰차츰 대부분의 유럽 국가에서 나왔다.

반유대주의는 유럽 대륙 곳곳에 퍼져 있는 오랜 현상인 유대인 혐오를 가리키는 새로운 용어였다. 기독교도가 "예수님을 죽인 놈들"에 품는 전통적 반감은 여러 세기 동안 존재했고 여전히 만연해 있었으며, (개신교, 가톨릭, 정교를 막론하고) 기독교 성직자가 그 반감을 북돋웠다. 유대인 혐오의 또 다른 뿌리 깊은 요인은 해묵은 경제적·사회적 분개심에서 나왔으며, 그 분개심은 유대인이 최근에 얻은 자유에서 이득을 보며 사업과 문화생활에 더 폭넓게 관여하면서 거세졌다. 유대인 혐오는 경제 불황기마다 곧바로 표출되어 유대인을 희

의에 입각해서 우애를 표방하며 자선 활동을 한 비밀 사교 단체의 회원. 주로 지식인과 유명인으로 이루어진 프리메이슨단은 세계 지배를 목표로 삼아 암약하며 각국에서 정부 타도와 혁명을 획책한다는 의심을 사서 탄압을 받았다.

생양으로 삼았다. 19세기 후반기에는 유구한, 흔히 잔혹했던 형태의 유대인 혐오의 위에 훨씬 더 나쁜 것이 얹혔다. 이제는 그 유대인 혐오가 잠재적으로 치명적인 새로운 인종적 교의와 뒤섞였는데, 그 교의는 혐오와 핍박에 사이비 과학의 생물학적 정당성을 부여했다. 분명히 매우 악독한 더 오래된 차별은 유대인이 기독교로 개종하는 것을 허용했다(때로는 강제했다). 생물학적 반유대주의는 이마저도 배제했다. 이 사고에서 유대인은 과학적으로, 즉 인종적으로 '혈통상' 달랐다. 예를 들어, 고양이가 개로 바뀔 수 없듯이 유대인은 프랑스인이나 독일인이 될 수 없었다. 그것은 단지 차별이 아니라 철저한 배제를 시사하는 교의였으며, 더구나 물리적 파괴로 나아갈 수도 있는 길이었다.

반유대주의의 수사는 끔찍했다. 독일의 반유대주의자는 세균학의 언어를 써서 유대인을 서술했다. 오스트리아의 반유대주의 지도자 에른스트 슈나이더Ernst Schneider는 유대인을 "사람 모양의 야수"라고 불렀고, 그전에는 유대인을 모두 큰 배 한 척에 태워 공해에서 가라앉힐 수 있다면 "유대인 문제"가 해결될 거라고 말한 적이 있다. 수사야 어떻든, 적어도 서유럽에서는 정치로서의 반유대주의가 제1차 세계대전 이전의 '황금시대' 동안 쇠퇴하고 있다고 보였다. 이것은 얼마간은 착시였다. 반유대주의가 주류 보수주의에 자주 편입되었기 때문이다. 부정적 이미지는 사그라지지 않았다. 그러나 그 파급력은 제1차 세계대전 전에는 정치적으로 제한되어 있었다. 정치 주변부에 반유대주의가 있기는 했어도, 빌헬름 시대 독일에서 대다수 유대인은 아늑함을 느낄 수 있었다. (한 유대인 육군 장교를 반역죄로 잘못 판결하여 반유대주의 광풍이 휘몰아친) 부끄러운 드레퓌스 사건[23]을 최근에 겪었던 프랑스의 분위기가 유대인들에게는 더 위협적으로 보였다. 그러나 프랑스에서는 새로운 세기의 초기에 상황이 개선되기도 했다. 동유럽 유대인의 상황이 훨씬 더 나빴다. 차르의 경찰과 관리가 자주 부추기는 잔혹한 포그롬[24]으로 유대인 수천 명이 죽고 다쳤으며, 1903년부터 1906년 사이에 러시아 서부의 여러 지역이 훼손되었다. 비이성적인 유대인 혐오가 만연한 다른 지역은 폴란드, 우크라이나, 헝가리, 루마니아, 발트해 연안 3국[25]이었다. 이 같은 지역이 훗날 변화된 환경에서 유럽의 주요 살육장이 된 것이 우연만은 아니었다.

　문명과 진보의 유럽 '황금시대'의 어두운 얼굴은 '우생학', 그리고 그것과 친연 관계에 있는 '사회다원주의social darwinism'라는 또 다른 사고 양식에서 맹아 형태로 모습을 드러냈다. 우생학은 프랜시스 골턴 Francis Galton 경이 런던에서 한 작업에서 싹텄다. 그는 외사촌형인 찰스 다윈Charles Darwin의 진화론을 응용하여, 능력은 유전이며 인종은 유전공학으로 개량될 수 있다고 주장했다. 우생학은 제1차 세계대전 이

---

23)　19세기 말과 20세기 초에 프랑스 육군의 알프레드 드레퓌스(Alfred Dreyfus) 대위의 유무죄를 놓고 프랑스 사회가 두 쪽으로 갈라져 대립한 사건. 프랑스 군사 법정이 1894년에 증거가 없는데도 드레퓌스에게 군사 기밀을 독일에 넘긴 혐의로 종신형을 선고했고, 1898년부터 각각 드레퓌스의 무죄와 유죄를 주장하는 진보 진영과 보수 진영이 치열하게 대립했다. 1906년에 드레퓌스가 무죄판결을 받고 유배지에서 풀려나면서 사건은 프랑스 진보 진영의 승리로 끝났다.
24)　pogrom. 정부의 교사나 묵인 아래 폭도가 유대인을 공격하고 재산을 파괴한 행위. 주로 19세기 말과 20세기 초에 러시아제국이나 동유럽에서 빈발했다.
25)　라트비아, 리투아니아, 에스토니아를 한꺼번에 일컫는 표현.

전에 이미 스칸디나비아, 스위스, 독일을 비롯한 유럽 국가에서, 그뿐 아니라 미국에서도 주의를 끌고 있었다. 우생학은 '진보적' 과학으로 보였다. 예를 들어 영국에서는 존 메이너드 케인스John Maynard Keynes, 윌리엄 헨리 베버리지William Henry Beveridge 경, 허버트 조지 웰스Herbert George Wells, 시드니 웹Sidney Webb, 조지 버나드 쇼George Bernard Shaw 같은 주류 자유주의자나 태생적인 정치적 좌파와 연관된 주요 사상가들이 지지자에 포함되어 있었다. 널리 칭송받는 영국의 소설가 D. H. 로렌스D. H. Lawrence는 나치의 '안락사 조치'[26] 30년 전인 1908년에 쓴 사적인 편지에서 악단이 잔잔하게 연주하는 가운데 "모든 병자, 절름발이, 불구자"가 얌전히 인도되어 들어갈 대형 '무통처리실'의 설치를 긍정적으로 고려했다.

우생학은 범죄, 알코올 중독, 매음, 그 밖의 여러 가지 '일탈' 행동을 일으키는 특성을 사회에서 '제거'할 가능성을 제공한다고 보았다. 우생학은 특정한 인종 유형이 다른 인종 유형보다 선천적으로 더 우월하다는 가정에 입각한 고전적 제국주의 이념인 '사회다윈주의'와 뒤섞였다. 프랜시스 골턴 스스로가 1908년에 우생학의 첫째 목적은 "부적격자"의 출생률을 제한하는 것이라고 썼다. "건강하지 못한 자"를 오랜 시간에 걸쳐 없애다 보면 더 적합하고 건강하고 "좋은" 사회가 생겨날 것으로 가정되었다. 사회의 "열등" 계층 사이에서 번식을 장려하는 사회복지 대책 탓에 인종이 퇴화한다는 공포가 국가 효율

---

26) T4 작전(Aktion T4). 나치가 우생학 이론에 따라 1939년 9월 1일부터 시행한 장애인 안락사 정책.

성이라는 개념 속으로 숨어 들어갔다.

한 독일 잡지사는 1911년에 "열등 인자 탓에 국가와 사회는 어떤 비용을 치르는가?"라는 문제에 관한 경연을 주최했다. 이 경연에서는 (자기의 답변에 거의 모든 복지 비용을 집어넣은) 함부르크의 빈민구호소 관리가 우승했다. '열등 인자'의 불임화는 의학계에서 입지를 얻기 시작한 개념이었다. 독일에서 알프레트 플뢰츠Alfred Ploetz라는 의사가 우생학을 '인종 위생'과 연계하여 '인종위생협회'[27]를 세웠다. 이 협회는 1914년까지 독일 도시에서 350명이라는 소수의 회원과 4개 지부를 보유했다. 또한 그해에 "낙태나 불임화가 의학적으로 바람직해 보이는 곳"이라는 절차 규정을 정관에 두었다. 제1차 세계대전이 일어나기 단 몇 주 전에 제국 정부는 불임화나 낙태의 사회적 또는 우생학적 근거를 기각하고 "생명이나 팔다리에 즉각적 위협"이 있는 경우에만 그 조처를 허용하는 법안을 준비했다. 그 법안이 통과하기 전에 독일이 전쟁에 들어갔다. 반유대주의와 마찬가지로, 우생학은 전쟁이 아니었더라면 급변한 분위기에서 얻게 될 의의를 결코 얻지 못했을지 모른다(인종 위생이라는 그 변형은 말할 것도 없다). 그렇더라도, 사태 전개의 지적 토대는 유럽 문명의 '황금시대'에 닦였던 셈이다.

제1차 세계대전 전의 유럽은 겉으로는 평화로웠어도, 훗날 터질 폭력의 씨앗을 품었다. 실제로 모든 사회가 민족적·종교적·인종적·계

---

27)   Deutsche Gesellschaft für Rassenhygiene. 1905년 6월 22일 베를린에 세워진 독일의 우생학 조직. 창립자인 플뢰츠는 '사회가 건강하고 번영하는, 강하고 아름답고 삶으로 돌아가게' 하는 것을 목표로 삼고, 선택적 생식과 불임화를 통해 북유럽 백인종의 '순수성'을 되찾고자 했다. 제2차 세계대전 이후에 해체했다.

급적 적의와 혐오로 추한 꼴을 보였다. 유럽 대륙에서 유난히 폭력적인 지역이 발칸반도와 러시아제국이었다. 1905년 러시아에서 일어난 혁명이 실패한 뒤에 흔히 경찰이 뒤를 받쳐 주는 원原파시스트 폭력배가 자기들의 적에게 야만스럽게 앙갚음을 했다. 폭행이 난무하는 가운데 유대인이 가장 심하게 고생했다. 1905년 10월에 포그롬 690건에서 유대인 살해가 3000건 넘게 보고되었다. 그 가운데에서도 가장 지독한 포그롬이 오데사[28]에서 일어났는데, 유대인 800명이 살해되고 5000명이 다치고 10만 명 이상이 집을 잃었다. 반혁명의 보복으로 차르정 반대자 1만 5000명이 처형당했다. 이제는 돌이킬 길 없이 쇠락하고 있었을지라도 15세기 이후로 튀르크인이 지배하고 중근동의 대부분에 걸쳐 있던 오스만제국에서는 상황이 훨씬 더 나빴다. 오스만제국에서는 술탄 압둘하미드 2세Sultan Abdul-Hamid II 치하에서 1894년과 1896년 사이에 무지막지한 탄압을 받는 동안 8만 명을 크게 웃도는 아르메니아인이 살해되었다고 추산된다. 이 살육은 아르메니아 민족주의가 대두한다는 튀르크인의 두려움으로 촉발되었고, 또한 경제적 불만과 종교적·계급적 반감으로 부추겨졌으며, 심지어 경찰의 용인까지 받았다. 아르메니아인 학살은 띄엄띄엄 계속 일어났다. 1909년에 추가로 1만 5000~2만 명이 살해되었다.

그러나 유럽의 폭력 대부분은 수출되었다. 심지어 나라 안이 비교적 평화롭고 점점 더 번영하는 경우에도 제국주의 열강들은 해외 영토를 획득하고 식민지 복속민을 지속적으로 지배하려고 크나큰 폭

---

28) 오늘날에는 우크라이나의 영토인 흑해 북부 해안의 항구도시.

력을 썼다. 영국, 프랑스, 러시아가 직간접적으로 전 세계의 5분의 4
를 다스렸다. 제국주의 지배가 도전당하는 곳에서 보복은 지독했다.
빌헬름 2세는 중국의 1900년 의화단 봉기[29]를 아틸라Atilla의 훈족[30]처
럼 진압하라고 독일 군대를 다그쳤다. 중국의 경제적 수탈에 기득권
을 가진 여러 유럽 국가에서 차출된 국제군이, 미국군 및 일본군과
함께 나란히 광범위한 잔학 행위에 참여해서 노략질과 약탈을 저질
렀다. 추산에 따르면, 그와 더불어 자행된 학살에 중국인 10만 명이
희생되었다.

　　몇몇 식민지 영토에서 엄청난 잔학 행위가 거리낌 없이 저질러졌
다. 1885년과 1908년 사이에 (사실상 벨기에 국왕 레오폴트 2세Leopold II의
영지인) 콩고의 원주민 가운데 1000만 명으로 추정되는 어른과 어린
이가 세계의 고무 수요를 활용해 이익을 얻는 식민지 지배자들이 마
구 저지르는 잔학 행위로 목숨을 잃었다. 남아프리카에서 보어인[31]을
물리치고 자국의 완전한 지배권을 확립하고자 1899년부터 1902년까

---

29)　중국인의 종교 비밀결사체인 의화단(義和團)이 부청멸양(扶淸滅洋)을 내세
우며 1899년부터 중국 동부 각지에서 서양인과 기독교도를 공격한 사건. 의화단
이 1900년 4월에 베이징의 외국 공사관 밀집 지역을 포위하자 제국주의 열강 연합
군이 8월에 베이징에 들어가 의화단을 진압하면서 대대적 약탈을 자행했다.
30)　중앙아시아 스텝 지대의 튀르크계 기마 민족이었던 훈(Hun)족은 4세기부
터 유럽에 진출했다. 5세기에는 아틸라의 지휘 아래 흑해 일대에 제국을 세우고
유럽을 압박하면서 유럽인 사이에서 잔학하기 이를 데 없는 군대라는 공포를 불
러일으켰다. 그러나 453년에 아틸라가 급사하자 곧 소멸했다.
31)　Boer. 18세기부터 아프리카 대륙 남단에 정착한 네덜란드계 백인. 흑인 원
주민을 지배하며 지배자 노릇을 하다가 19세기 중엽부터 같은 지역에 진출하는
영국인과 대립하던 끝에 보어 전쟁으로 영국과 충돌했다.

지 격전을 벌인 영국은 무자비한 초토화 전술을 구사하여 적의 재산을 파괴했고, '강제수용소'로 불리게 되는 것을 세워서 주로 보어인 아녀자를 가둬 놓았다. 끔찍하게 과밀하고 비위생적이고 질병이 나도는 조건 속에서 2만 8000명 남짓한 재소자 가운데 (16세 미만이 상당 비율을 차지하는) 4분의 1이 죽었다. 그리고 몇몇 추산에 따르면, 아프리카 남서부(오늘날의 나미비아)에서 1904년과 1907년 사이에 헤레로족과 나마족의 (모두 합쳐 아마 6만 5000명쯤이었을) 80퍼센트가 목숨을 잃었다. 식민지의 독일 군대는 식민 통치에 맞선 반란에 대한 체계적 보복으로 그들을 사막으로 내몰았고, 그곳에서 그들 대다수가 목마름과 굶주림으로 죽었다. (독일인이 영국식 명명법을 넘겨받아 '강제수용소'로 부르기 시작했던) 노예노동 수용소에서 죽도록 일하다가 숨진 이는 더욱더 많았다.

대열강 사이의 국제적 긴장이 높아지기 시작하면서 재무장 압력도 높아졌고, 그 뒤 곧바로 신무기의 파괴력으로 말미암아 전쟁이 여태 경험한 것과는 다를 거라는 인식도 나타났다. 뜻밖에도 러시아의 차르 니콜라이 2세가 "다가오는 세기의 멋진 전주곡으로서" 평화를 보전하고 군비를 제한할 목적으로 1899년에 헤이그에서 열리는 회담에 26개국 정부 대표를 초빙했다. 그 결과는(즉 국제분쟁 해결, 전시 국제법, 5년 기한의 특정 유형 무기 금지에 관한 일반 협약은) 너무나도 빨리 공허한 것으로 드러났지만, 유럽의 평화로운 시대의 지속이 당연시될 수 없다는 인식과 현대식 공업 병기의 위력에 관한 우려를 시사했다. 전쟁 자체의 방지도 방지지만 전쟁 뒤에 일어날 정치적·경제적 대격변의 방지도 화급한 과제라는 인식이 자라나고 있었다. 유럽의 평화를 보전하고 그렇게 해서 지속적인 경제성장과 번영을 확보해야 할 필요성이 새로이 퍼져 나갔다. 그러나 유럽의 지도자들은 평화를 바라면서도 전쟁이 일어나는 우발 사태를(그리고 만약 전쟁이 불가피하다면 신속한 승리를)준비했다.

전쟁 속으로 미끄러져 들어가기?

영국의 정치가 데이비드 로이드 조지David Lloyd George는 훗날 유럽의 국가들이 1914년에 "조금도 걱정하거나 놀라지 않은 채 정신 나간 듯이 전쟁이라는 펄펄 끓는 솥 안으로 미끄러져 들어가" 버렸다는 유명한 글을 썼다. 사무치는 이 문구에는 1914년 7월 마지막 주에 거침없이 전쟁을 향해 치닫는 힘, 즉 사태가 누구의 통제에서도 벗어나 있다는 느낌이 포착되어 있다. 그러나 전부 다 태평했고 걱정을 하지 않았다고 시사한다면 잘못이다. 전쟁이 일어났을 때 그것은 우연, 일련의 비극적 실수, 그 누구도 바라지 않은 결과, 예측 불가능한 뜻밖의 사건을 의미하는 것으로 받아들여져서는 안 된다. 그렇기는커녕 대다수 의사결정자가 대참사를 피할 수 있다는 진심 어린 희망을 품었는데도, 갈팡질팡하고 망설이고 참사를 예언하고 마지막 순간에 두려워했는데도, 막상 일이 닥치니 전쟁 의지가 평화 의지보다 무게가 더 나갔다. 유럽의 지도자들은 사태가 어떨지 뻔히 알면서도 전쟁이라는 전망에 다가섰다.

또한 로이드 조지의 문구에는 전쟁을 일으키려는 명백한 충동은 없었다는, 즉 그 재앙에 모두 책임이 있지 특정한 자에게만 책임이 있지는 않았다는 뜻이 숨어 있었다. 분명히, 유럽의 지도자와 외교관은 한결같이 벼랑으로 치달리는 레밍처럼 행동한다고 보였다. 분명히, 오해가 있고 (핵심 의사결정권자들의 개성이 여기서 한몫한) 전반적 불신이 있어서 유럽의 주요 열강들을 낭떠러지로 밀어붙이는 일을 거들었다. 한 세대 뒤에 그랬던 것과는 달리, 전쟁을 일으키겠다는 어느 한 국가의 명백한 충동이 없었다는 것도 사실이다. 그리고 일어난 사태에 대한 일정한 책임이 모든 대열강에 있었다는 것도 분명하다. 위기가 비등점에 다다르고 있을 때 프랑스가 점점 더 호전적으로 변하는 러시아의 태도를 부추겼다. 영국은 엇갈리는 신호를 보내면서, 갈수록 더 위험해져 결국은 전쟁으로 치닫는 행보에 순순히 따르지 않고 상황의 위험성을 해소하는 행동에 나서지 못했다. 그러나 이렇게 말한다고 해서, 운명적인 발걸음을 내디뎌 유럽 전체에 번지는 불길 속으로 들어간 책임이 균등하게 나뉘지는 않았다.

그 책임의 가장 큰 몫은 전면적인 유럽 전쟁의 위험과 가장 잘 맞물려 있는 화해 불가능한 이해관계와 야망을 가진, 그리고 위기 동안에 결국은 무력을 쓸 수도 있다는 외교적 벼랑 끝 전술을 펼친 열강들에 있다. 1914년 7월에 파열점에 이르렀을 때, 그 위기에서 독일과 오스트리아·헝가리와 러시아가 결정적인 힘이었다. 독일의 역할이 그 가운데에서도 가장 결정적이었다.

독일은 유럽 대륙에서 우세한 열강이 되려는 나름의 포부를 러시아의 지배적 위상과 궁극적 패권에 대한 피해망상에 가까운 공포와 결합했다. 그 포부를 이루고 그 공포가 현실이 되는 일을 방지하고자 독일은 유럽 전체에 대참화를 일으킬 위험부담을 감내할 각오를 했다. 1914년 7월 6일에 독일은 오스트리아·헝가리에 무조건 지지를 (흔히 알려지기로는, '백지수표'를) 확약했다. 이 행보는 사라예보를 국빈 방문 중인 오스트리아 제위 계승자 프란츠 페르디난트Franz Ferdinand 대공과 그의 아내 조피sophie를 6월 28일에 살해한 징벌로서 세르비아에 대항한 제한적 행동이 곧 뒤따르리라는 가정에 입각해 있었다. 그러나 그것은 **다만** 가정이었다. 분쟁이 더 확산되고 유럽의 대열강들이 휘말려들 위험이 분명했지만, 그 확약은 오스트리아의 보복 조치를 금하지 않았다. 받아들일 수 없도록 미리 의도되고 세르비아에 7월 23일 전달된 오스트리아의 최후통첩을 독일이 부추기면서 처음에는 국지적이었던 쟁점이 결정적으로 유럽 전체의 위기로 바뀌었다. 최후통첩에는 암살 음모에 연계된 세르비아 관리들과 군인들에 조치를 취하고, 이름이 거론된 장교 2명을 체포하고, 오스트리아에 반대하는 프로파간다를 억제하라는 요구가 들어 있었다. 세르비아 주권의 수호에 가장 어긋나는 것이 음모를 조사하고 세르비아의 체제 전복 운동을 억압하는 일에 오스트리아·헝가리 대표단이 공동으로 참여해야 한다는 요구였다.

오스트리아·헝가리는 세르비아의 흥기로 발칸반도 통제권이 위태로워지고 다민족 제국이 해체될 위험이 점점 더 커지자 자국 이익에 도움이 되도록 유럽을 전쟁에 휘말려들게끔 만들 각오를 했지만, 독일의 후원에 기댈 수 있다는 조건에서만 그랬다. ('검은 손' 테러단이 사라예보의 암살자들에게 무기를 제공했던 곳을 영토로 가진) 세르비아에 오스트리아가 전달한 선전포고에 일부러 넣은 무리한 조항들은 러시아가 세르비아를 후원할 공산이 크다는 점을 잘 알면서도 제시되었고,

그래서 전면적인 유럽 전쟁의 가능성이 다시금 크게 높아졌다. 그리고 (자국의 포부를 가로막을) 오스트리아·헝가리의 발칸반도 지배를 방지하고 싶은 러시아는 바로 그렇게 반응해서 세르비아를 후원하면 오스트리아·헝가리뿐 아니라 독일과도 전쟁을 하게 될 가능성이 더 커진다는 점을, 그리고 (독일의 전쟁 계획이 러시아뿐 아니라 프랑스도 공격할 것을 상정하고 있다고 알려져 있었으므로) 독일과 전쟁을 하면 반드시 프랑스를, 거의 틀림없이 영국을 끌어들이게 되리라는 점을 알면서도 대놓고 세르비아를 후원했다.

독일과 오스트리아·헝가리, 러시아의 위험천만한 전략이(즉, 설령 각각의 권력정치 목적에 이바지할 전면적인 유럽 전쟁을 의미할지라도, 본질적으로 국지적인 분쟁을 가라앉히기보다는 착착 키워 올리겠다는 용의가) 궁극적으로 1914년의 파국을 불러일으켰다. 그리고 앞서 지적했듯이 이 세 열강 가운데 특히 독일에 책임이 있다. 지원을 보장하는 독일의 '백지수표'가 아니었더라면, 오스트리아·헝가리는 그토록 비타협적인 최후통첩을 세르비아에 보낼 대담성을 보이지 못했을 것이다. 그리고 오스트리아의 공격적인 비타협성이 아니었더라면, 러시아가 뒤따르는 모든 결과를 감수하고 세르비아를 후원하지는 않았을 것이다. 그 '백지수표'는 전면적인 유럽 전쟁의 가능성이 커지면 커졌지, 줄지는 않게 된다는 것을 뜻하는 방아쇠였다.

경쟁하는 동맹 체제에 묶인 영국, 프랑스, 러시아, 독일, 오스트리아·헝가리 등 주요 열강 사이의 점점 더 불안정해지는 균형은 1914년에 아직은, 그러나 가까스로 유지되었다. 1890년대 동안 나타난, 세계열강이 되겠다는 독일의 야망이 하나의 불길한 장기적 사태 전개였고, 긴장 고조로 이어졌다. 그 직접적인 도전은 영국의 세계열강 지위를 향했다. 독일과 영국 사이의 경쟁이 거세졌다. 그러나 유럽 대륙 자체에서는 (1879년 이후에는 오스트리아·헝가리와, 1882년 이후에는 이탈리아와 동맹 관계를 맺은) 강력한 독일이 프랑스와 러시아에 가장 큰 위협을 가했다. 공동의 이해관계가 형성되자 조금은 있음 직하지 않은 친교 관계가 (한 나라는 공화정이고 다른 한 나라는 전제군주정인) 프랑스와 러시아 사이에 맺어졌고, 그 결과로 독일 도전의 무력화를 직접적으로 겨냥하는 동맹이 1894년에 체결되었다. 10여 년 뒤인 1905년에 극동의 전도유망한 열강인 일본의 손에 러시아가 (당시 많은 이에게 놀랍게도) 참패를 당해 차르 제국의 밑동이 흔들리면서 독일의 지위가 강화되었다. 러시아 전제정은 그 패배에 뒤이은 내부 소요를 가까스로 겨우 넘기고 살아남았다. 그러나 신기하게도 경제와 정치가 기민하게 운영되는 가운데 그 뒤 시기는 러시아의 호황기였다. 거액의 프랑스 차관의 도움으로 경제가 눈부시게 성장했다. 군사력이 신속하게 재건되었다. 그리고 허물어지는 오스만제국을 희생해서 보스포루스해협[32]의 통제권을 얻는다는 숙원이 되살아났고, 러시아와 영국의 관계가 크게 개선되면서 그 전망이 드높아졌다.

그 두 나라는 전통적으로 경쟁자였다. 영국은 1854년에 크림반도에서 전쟁을 마다하지 않을 만큼 터키 해협(즉, 지중해와 중동 진입로

---

32)　Bosphorus. 흑해와 마르마라해를 잇는 30킬로미터 길이의 해협. 다르다넬스해협과 짝을 이루어 터키 해협을 구성한다.

를 통제하는 데 결정적인 보스포루스해협과 다르다넬스해협[33])을 러시아가
지배하지 못하게 하기를, 그리고 중앙아시아에서 러시아가 팽창하여
극히 중요한 식민지인 인도에 가할지 모를 어떠한 잠재적 위협도 차
단하기를 오래도록 열망했다. 그러나 일본에 진 뒤 허약해진 바람에
러시아는 (잠재적 분쟁 지역인) 페르시아, 아프가니스탄, 티베트에서 각
각의 세력권을 정해 1907년에 맺은 한 협약에서 영국과 기꺼이 타협
할 태세를 갖추게 되었다. 이것은 비록 독일에 직접적으로는 아닐지라
도 간접적으로는 틀림없이 영향을 미쳤을 것이다. 러시아와 영국 사이
에 맺어진 그 협약은 더 먼저 맺어진 프랑스·러시아 동맹과 (독일의 힘
을 곧장 겨냥해서) 1904년에 프랑스와 영국 사이에 맺어진 영국·프랑스
협상에 바탕을 두고 유럽에서 권력정치의 얼개를 재구성했다. 독일
과 주요 동맹국인 오스트리아·헝가리는(비록 지도자들은 대열강인 척
했을지라도 대열강은 아닌 이탈리아는 덜 믿음직한 동맹국이었다) 새로 창
출된 (그리고 지난날의 적대감에 비춰 보면 놀라운) 영국과 프랑스와 러시
아의 협상 체제와 마주 서게 되었다. 독일제국이 적들에게 에워싸였
다는 이해할 만한 느낌이 독일 안에서 더더욱 강해졌다.

전쟁이 터졌을 때 그 전쟁은 영국 외무부가 (훗날의 핵무기처럼) 공
격을 억지하는 구실을 한다고 본 여러 동맹의 대립 체제로 말미암아
국지전이 아닌 전면전이 되게끔 정해졌다. 그렇지만 그 동맹 체제가
전쟁을 일으키지는 않았다. 비록 전쟁으로 이어지지는 않았지만, 그
전 10년 내내 심각한 위기가 여러 차례 있었다. 1905년에 프랑스가

---

33) Dardanelles. 에게해와 마르마라해를 잇는 60킬로미터 길이의 해협.

모로코에서 행사하는 힘에 독일이 도전했을 때, 그리고 (그전 30년 동안 오스트리아가 점령했을지라도 공식적으로는 아직 오스만제국의 일부인) 보스니아·헤르체고비나를 오스트리아가 1908년에 제멋대로 병합한 뒤에 또다시, 그리고 1911년에 독일이 모로코의 항구도시 아가디르에 포함 한 척을 보내 프랑스에 도발한 뒤에는 대열강 사이의 긴장이 꽤 빨리 진정되었다. 늘 불안정했던 발칸반도에서 세르비아와 불가리아, 그리스의 동맹(자칭 발칸동맹)이 오스만의 취약성을 이용하려고 들면서 1912년에 전쟁이 일어나고 그 뒤를 이어 이듬해 그 제1차 발칸전쟁의 전리품을 놓고 불가리아가 세르비아를 공격해 발칸동맹 구성국 사이에서 또 다른 전쟁이 일어났을 때,[34] 대열강들은 지역 분쟁이 전면적인 대참화로 번지지 않도록 했다.

그렇지만 대열강들 사이의 긴장은 뚜렷했다. 자칫 불타오르기 쉬웠던 이 지역이 두 차례의 발칸전쟁으로 훨씬 더 불안정해졌다. 머지않아 어느 시점에 불길이 또 한 번 치솟을 가능성이 매우 컸다. 더욱이, 이 지역에서 튀르크의 영향력이 줄어들기 시작한 지 오래인 한편으로 이 지역의 다른 주요 열강인 오스트리아·헝가리는 발칸전쟁 동안 심지어 자국의 이해관계가 위협받는다고 보일 때에도 소극적이고 허약하다고 인식되었고, 따라서 발칸반도에서 일어날 가능성이 있는 추후의 분쟁에 노출된 채로 남았다. 러시아의 지도자들은 언젠

---

34) 제1차 발칸전쟁은 1912년 10월 8일부터 이듬해 5월 30일까지 오스만제국과 발칸동맹(불가리아, 그리스, 세르비아, 몬테네그로) 사이에서 벌어져서 오스만제국이 졌고, 제2차 발칸전쟁은 1913년 6월 29일부터 7월 29일까지 불가리아와 나머지 발칸 동맹국 사이에 벌어져서 불가리아가 졌다.

가는 터키 해협을 지배하겠다는, 그리고 (오스트리아의 손에 있는 폴란드의 일부인) 갈리치아[35]를 차지해서 자국 서부 국경의 안전을 확보하겠다는 희망이 아직도 살아 있는 가운데 오스트리아의 허약성을 알아챘다.

유럽 전쟁은 반드시 일어날 사건은 아니었다. 그러나 그 어느 나라도 준비 없이 위험을 감내하고 싶어 하지 않았다. 서로를 의심하면서 군비경쟁이 껑충껑충 뛰듯이 치열해졌다. 대열강 사이에서 방위비 지출이 확 늘어났다. 1911년과 1913년 사이에 독일에서는 30퍼센트, 러시아에서는 50퍼센트 늘었다. 독일과 영국은 가장 막강한 해군을 양성하려고 경쟁하며 막대한 재원을 새 전투함대에 쏟아부었다. 지상군의 규모가 아주 커졌다. 독일이 1913년에 육군의 규모를 키우자 프랑스도 따라 했다. 1905년 일본에 져서 속이 쓰리던 러시아도 1913년까지 육군을 재건하는 데 성공했고, 독일이 알아차리고 두려워하자 규모를 한층 더 키울 계획을 세웠다. 오스트리아·헝가리는 뒤처져서 국지전을 넘어서는 전쟁을 할 태세를 제대로 갖추지 못했다. 오스트리아·헝가리의 징병 정원은 1889년에 정해진 것이었고, 1913년 이 정원을 늘리기 위해 법률을 새로 제정했지만 타국 육군과 벌어지는 격차를 메우기에는 너무 늦은 것으로 드러났다.

그러나 오스트리아·헝가리에서도 유럽 대륙의 다른 지역에서처럼 대단히 높은 비율의 징병 연령대 남성이 전쟁에 대비한 훈련을 받았다. 1914년에는 이미 군 복무 중이거나 예비역인 남성 몇백만 명이

---

35) 동유럽 북부, 우크라이나 서북부부터 폴란드 남동부까지 걸친 지방.

전투태세에 있거나 전투태세를 갖춰가고 있었다. 총동원했을 때 러시아 육군은 350만 명, 독일 육군은 210만 명, 프랑스 육군은 180만 명, 오스트리아·헝가리 육군은 130만 명이었다. 영국은 대규모 예비 보충대가 없는 유일한 대열강이었다. 대개는 식민지 전쟁에 대비한 훈련을 받은 10만 명 남짓한 자원병 군대는 다른 대열강 육군의 규모에 견주면 보잘것없었다. 그러나 영국에는 세계의 해상 교통로를 지배할 수 있게 해주는 해군이 있었고, 이 영국 해군은 제국 지배의 군사적 기반이었다. 또한 영국에는 자국의 세계 제국에서 엄청난 수의 신병을 소집할 잠재력이 있었다.

19세기 내내 기본적으로 유럽의 평화를 유지해온 견제와 균형이 계속 작동할 거라고 가정하는 이가 많았다. 그러나 다른 이들은 머지않아 전쟁을 피할 수 없을 거라고 생각했다. 그저 군사화가 심화하고 긴장이 고조되었다고 그런 것은 아니었다. 그 자체에는 대열강 엘리트 사이의 우려, 즉 조국이 실존적 위협에 맞닥뜨렸다는, 그리고 시간이 조국에 불리하게 작용하고 있다는 우려가 반영되어 있었다. 이것은 이것대로 심각한 전화戰火가 어느 시점에 실제로 일어날 듯하다는 뜻이었다. 어쨌든, 도박꾼이라면 깨지기 쉬운 유럽의 평화가 무한정 유지된다는 데 돈을 걸지는 않았을 것이다.

심지어 프란츠 페르디난트 대공이 1914년 6월 28일에 암살되기 전에도 그랬다. 오스트리아가 1908년에 보스니아·헤르체고비나를 병합한 뒤에 세르비아 민족주의가 급격히 거세졌다. 과격해진 민족주의자들이 군 장교 몇 명을 끼워서 '검은 손'이라는 비밀 조직을 만들었고, 이 조직의 주동자인 ('아피스'[36]로 알려진) 드라구틴 드미트리예비치Dragutin Dimitrijević가 1913년에 세르비아군 방첩대장이 되었다. 페르디난트 대공을 죽이려는 음모가 '아피스'가 관리하는 비밀 조직망 안에서 꾸며졌다. 암살을 수행할 보스니아계 세르비아 젊은이들이 추려졌고, 그들 가운데는 우여곡절 끝에 암살을 해내는 가브릴로 프린치프Gavrilo Princip가 있었다. 목표물인 제위 계승자 프란츠 페르디난트는 슬라브 소수민족에 적대적이기는커녕 제국의 안정화를 위해 '남슬라브인'에게 더 큰 권력을 주고 싶어 했다. 그러나 세르비아 급진주의자들에게는 바로 이 전망이야말로 세르비아 민족주의의 포부에 대한 위협으로 여겨졌다. 암살 자체는 페르디난트 대공과 그의 부인이 사라예보를 국빈 방문하는 동안 있었던 희한한 사건 뒤에 일어났다. 대공이 탄 리무진 무개차의 운전사가 좁은 길에서 방향 전환을 틀리게 했다. 그 운전사가 후진을 하려다가 자동차 엔진이 꺼졌을 때, 뜻밖에도 젊은 세르비아인 가브릴로 프린치프는 광신적인 7인조 세르비아 민족주의자 단체의 다른 단원들이 먼저 행했다가 망쳤던 시도를 벌충할 황금 같은 기회를 얻었다. 그렇더라도 프란츠 페르디난트(와 그의 아내)의 살해가 전면적인 유럽 전쟁의 불을 댕길 명백한 까닭은 없었다. 근래에 암살, 심지어 국왕 암살도 있었지만 중대한 분쟁을 촉발하지는 않았다. 프랑스 대통령 사디 카르노Sadi Carnot가 1894년에 암살되었고, 이탈리아 국왕 움베르토 1세Umberto I가 1900년 7월 29일에 총에 맞아 죽었고, 세르비아 국왕 알렉산다르 1세Aleksandar I와 그의 부인이 1903년 6월 11일에 살해되었으며, 그리스 국왕 요르요스

---

36)   Apis. 황소라는 뜻이며, 심신이 워낙 다부져서 붙은 별명이었다.

1세_{George I}가 1913년 3월 18일에 마찬가지로 살해되었다. 프란츠 페르디난트의 암살이 전면전쟁을 불러일으킬 가능성은 실제로 거의 1914년 7월 말까지는 낮아 보였다.

사라예보의 피살 사건 뒤 3주에 걸쳐 심각한 외교 긴장의 기압계가 급격히 치솟기 시작했다. 7월 마지막 주에야 비로소 런던의 금융 시장이 전쟁의 전망에 신경을 곤두세우기 시작했다. 그리고 심지어 그때도 최악의 상황은 모면할 수 있을 거라는 확신의 조짐이 아직은 있었다. 7월 30일까지도 프랑스의 사회주의자 장 조레스는 "오르락내리락하겠지만, 일이 잘 안 풀릴 리는 없다"고 말했다. 그는 다음날인 7월 31일에 한 정신 나간 극우 민족주의자가 그가 죽어 마땅한 반역자라고 주장하며 쏜 총에 맞아 숨졌다. 그의 '반역'이란 국제 평화를 위한 분투였다.

짧은 징벌 공격으로 (암살에 책임이 있는) 세르비아를 혼내 주고는 만족감을 얻는 것이 프란츠 페르디난트의 암살에 대한 오스트리아의 분명한 대응이었을 것이다. 세르비아의 군대는 최근의 발칸전쟁에서 입은 손실로 심하게 약해져 있었다. 다른 열강들도 합스부르크 제위 계승자 살해의 합당한 보복으로 받아들일 공산이 아주 컸다. 사실상 대부분 이것이 당연하고도 정당한 대응일 것으로 추정되었다. 빈에서는 그것이 합스부르크 군주국의 지위를 대열강으로 확정하는 데 꼭 필요한 위신의 문제로 여겨졌지만, 꼭 빈에서만 그렇지도 않았다. 특히 독일 지도자들은 암살 뒤 약 3주 동안 그 결과로 국지전이 한 차례 벌어질 거라고 생각했다.

그러나 그처럼 제한된 행동조차 조직화하는 데 아주 오래 걸릴 터였다. 그 다민족 제국의 둔중한 정부·외교·군사 기구의 시동을 거는데는 시간이 걸렸다. 오스트리아의 외무장관 레오폴트 베르히톨트Leopold Berchtold 백작이 지지하는 매파 육군 참모총장인 프란츠 콘라트 폰 회첸도르프Franz Conrad von Hötzendorf 백작이 세르비아와 즉시 전쟁을 벌이겠다고 밀어붙이는 동안, 제국의 절반인 헝가리의 정부 수반 이슈트반 티서István Tisza 백작은 "유럽 전쟁이라는 무시무시한 재앙"이 두려워서 신중하라고 다그쳤다. 오스트리아·헝가리 제국 통치자들 사이의 이 불일치야말로 독일의 후원이라는 보장을 추구하는 까닭이었다. 오스트리아는 독일군이 무적이라고 생각했다. 설령 세르비아를 공격하다가 유럽 전쟁이 일어나더라도 독일의 후원은 든든한 보장이었다. 그리고 오스트리아는 베를린에서 만약 전쟁이 불가피하다면 시기 선정이 지금보다 더 좋을 수는 없다는 인상을 받았다.

그러나 합스부르크 제국은 느린 속도와 정지 속도, 딱 두 가지 속도만 알았다. 군 복무에 필요한 남성들 가운데 다수가 당시에는 수확을 하는 데 훨씬 더 절실하게 필요했다. 그러므로 즉각 대응하기가 불가능했다. 세르비아를 치려고 군대를 동원하는 데 적어도 16일이 더 필요하리라는 점이 암살 이틀 뒤에 이미 지적되었다. 상황이 그랬으므로, 오스트리아의 느려터진 대응은 결국은 모든 주요 열강이 휘말려들게 할 완연도화선이었던 셈이다. 위기가 깊어지면서 오래전부터 형성되었던 심성, 목표, 야망, 공포가 행동에 영향을 미쳤다.

1871년에야 비로소 통일되었지만 유럽 대륙에서 가장 강력한 공업 경제를 가진 나라인 독일은 '햇볕을 쬘' 자리를 얻겠다는, 즉 지위와 영향력 면에서 대영제국과 경쟁할 세계열강이 되고 싶다는 포부를 품었다. 한편 독일은 정세가 자국에 유리하지 않다고, 그리고 적국들이 군사력을 합쳐서 자국의 포부를 가로막을 조짐을 보인다고 누구보다 심하게 두려워했다. 일찍이 1912년에 이미 참모총장 헬무트 폰 몰트케Helmuth von Moltke 육군원수는 카이저가 있는 자리에서 자기는 전쟁이 불가피하다고, "그리고 빠를수록 더 좋다"고 본다고 밝혔다. 그는 전쟁이 닥치면 언론이 반反러시아 감정을 불러일으켜서 전쟁의 인기를 높여야 한다고 권고했다. 몰트케는 (독일 자체가 러시아에, 프랑스에, 아니면 두 나라 모두에 협공당하기에 앞서 먼저 공격하는) 예방 전쟁의 주요한 옹호자로 남았다. 전쟁이 일어나기 전 몇 주 동안 그는 어차피 틀림없이 터질 전쟁이라면 독일이 이길 수 있는 위치에 있는 동안 일어나게 해야 한다고 계속 주장했다. 1914년 5월에 그는 러시아가 두어 해 안에 무장 프로그램을 완료할 터이며 그렇게 되면 독일 적국들의 군사력이 너무 커져서 자기가 그것을 어떻게 억제할 수 있을지 모를 것이라고 말했다고 한다. 그는 "우리가 싸움에서 아직도 웬만큼 성공적임을 입증할 수 있기만 하면 예방 전쟁을 수행해서 적을 쳐부수는 것"이 유일한 선택이라는 결론을 내렸다.

그러나 침울한 비관론자인 몰트케는, 독일 군부에서 가장 중대한 직위를 차지하고는 있어도 정부 정책을 결정하지는 못했다. 그리고 베트만홀베크 독일 총리에게는 전쟁의 결과에 관한 현실적 우려가 있었고, 그 우려는 점점 더 커졌다. 그는 전쟁을 "결과를 종잡을 수 없는 가운데 벌이는 무모한 행위"로 여기고 오로지 "가장 엄중한 의무"로서 수행되어야 한다고 보았다. 독일의 몇몇 매파가 주장하고 있었던 것과는 달리, 그는 전쟁이 사회민주주의를 파괴하고 그것이 기존 사회질서에 가하는 위협을 없애기는커녕 실제로는 사회민주주의를 강화해서 "많은 군주를 무너뜨릴 것"이라는 예언까지 했다. 7월 말에 위기가 최종 국면에 접어들고 눈에 띄게 자신의 정치적 주도권이 먹히지 않자, 베트만홀베크는 확연하게 군부에 밀렸으므로 "온 힘을 다해 제동을 걸려고" 애썼다. 그렇더라도 그가 시간이 갈수록 독일의 군사적 입지가 불리해질 수 있는 반면에 러시아의 입지는 견줄 데 없이 더 강해질 거라는, 그러므로 빨리 승리를 거둘 수 있는데 기다리다가 상황 악화를 우두커니 지켜보느니 "나중보다는 차라리 지금" 전쟁을 하는 편이 더 낫다는 군 참모본부의 주장에 마음을 닫지는 않았다. 러시아가 서쪽에 있는 독일의 최대 적국인 프랑스의 동맹국이었으므로, 포위된다는 두려움이 이 무렵이면 구석구석까지 스며들었다.

전쟁을 피할 수 없게 된 시점인 7월 30일에 러시아가 동원을 할 때까지는 아직 독일 군부가 아니라 독일의 민간 지도부가 정책 결정의 통제권을 쥐고 있었다. 그렇다고는 해도, 그 어떤 다른 유럽 국가에서도 군부가 독일에서처럼 민간 정부로부터 그 정도로 자율성을 지니지는 못했다. 그리고 7월 말에 위기가 절정에 이르렀을 때 몰트케와 참모본부의 영향력은 결정적이었다. 군사적 필요성이 정치적 주도권의 역할을 떠맡았다. 몰트케의 분석에 종종 동의한다고 보이던 카이저가 전쟁을 마다하지 않겠다고 엄포를 놓았으면서도 위기 동안 겁을 집어먹고 맨 마지막 순간에는 전쟁에서 물러서며 갈팡질팡했다. 그러나 사실상 카이저는 자기보다 훨씬 더 강한 힘들을 통제할 위치에 있지 못했다. 독일의 군사 계획은 프랑스를 이기고 나서 신속히 러시아를 친다는 오래된 전략을 완고하게 고수했다. 그래서 7월 30일에 카이저가 몰트케에게 프랑스 공격을 취소하고 (이렇게 하면 영국이 반드시 중립을 지킬 거라고 기대하면서) 군대 전체의 방향을 다시 돌려서 러시아와 맞붙으라고 요구했을 때, 카이저의 참모총장은 그렇게는 할 수 없다고 딱 부러지게 대답했다. 그렇게 하면 잘 훈련된 군대가 '뒤죽박죽의 어중이떠중이'에 지나지 않게 되어 버린다는 것이었다. 그는 군대의 전개는 여러 해에 걸친 계획 수립의 결과이며, 난데없이 준비도 없이 뚝딱뚝딱 해치울 수 있는 일이 아니라고 잘라 말했다. 위기 동안 카이저는 명령해서 정책을 확정하기는커녕 자기 정부의 결정에, 그리고 궁극적으로는 군부의 요청에 반응만 할 수 있는 것이 고작이었다.

몰트케의 입장이 최종적으로 받아들여질 때까지, 즉 사태가 7월 말에 절정에 이르자 독일 정부의 행동은 더 앞서 저지른 (세르비아 위기 대처에서 오스트리아에 자유재량권을 주는) 중대한 정책 실수로 말미암아 형성되었다. 그 실수로 유럽에 전쟁의 불길이 일어날 실제 위험이 열렸다. 이 대실수는 독일이 다른 나라들이 일으킨(그리고 어떤 나라의 통제력에서도 벗어나 급속히 고조되고 있었던) 사태에 주로 대처하는 데 7월을 허비했음을 뜻했다.

러시아의 장기적 관심은 러시아의 무역에 극히 중요한 발칸반도와 터키 해협의 통제권에, 그리고 이곳들이 흑해 접근로를 통제하므로 러시아 남부의 안보에 겨눠졌다. 다른 열강이 그 지역을 지배하도록 내버려둘 수는 없었다. 오스만제국의 허약성이 점점 더 명백해지면서, 러시아가 발칸반도에서 가진 이해관계에 대한 주요 위협은 확연하게 오스트리아·헝가리에서 나왔다. 러시아 해군 지도부의 매파는 튀르크가 주문해 놓은 새 드레드노트급 전함 다섯 척을 (영국으로부터) 얻어내기 전에 (러시아인이 아직도 이스탄불을 일컫던 이름인) 콘스탄티노플과 터키 해협을 장악할 전쟁을 빨리 벌이자는 논의까지 했다. 그러나 그 같은 생각은 7월 위기 동안 러시아의 행동을 형성하는 데서 역할을 거의, 또는 전혀 하지 못했다. 러시아의 군사적 준비는 1917년 이전 완료를 목표로 삼지 않았다. 독일과 벌일 머지않은 최종 대결이 1914년에야 비로소(즉, 오스트리아가 세르비아에 보내는 최후통첩의 조건이 7월 24일에 알려지고 나서야) 진지하게 고려되었다. 그 시점 이후로, 러시아가 세르비아를 후원한다는 것은 전면적인 유럽 전쟁에 돌입하기를 멈출 수 없다는 것이나 다를 바 없다는 뜻이었다. 오로지 체면 때문에라도 어느 쪽도 물러설 생각을 할 수 없다는 뜻이었다.

1914년 7월 한 달 동안 전쟁으로 가는 길을 닦는 행동을 한 3대 열강 가운데 최약체인 오스트리아·헝가리는 대체로 자국의 미래가 두려워서 행동에 나섰다. (오스만제국의 영향력이 쇠락한 탓에 높아진) 발칸반도의 불안정성, (오스트리아의 1908년 보스니아·헤르체고비나 병합에 거센 분노를 품고 있다고 알려진) 러시아에 발칸반도의 지배권을 잃는다는 우려, 뒷배를 봐주는 러시아의 비호를 등에 지고 세르비아가 더 많이 보여주는 자신감이 빈의 고관대작 사이에서 커다란 불안감을 불러일으켰다. 따라서 세르비아를 분쇄한다는 것은 1914년 7월에는 (독일의 후원이 보장되고 제한전이 성공적으로 신속하게 실행되기만 한다면) 솔깃한 계획안이었다. 그러나 프란츠 페르디난트 암살의 보복 행위는 빨리 이루어지지 않았다. 그 대신 7월 23일의 선전포고는 격심해지는 분쟁에 러시아가 개입하는 사태를 자초했다.

독일은 일찍이 7월 6일에 전적으로 정당해 보이는 오스트리아의 세르비아 적대 행위에 무조건 지지를 표명했다. 세르비아는 양보를 하든지, 아니면 군사적 응징을 당하든지 할 터였다. 그 결과로 독일의 주요 동맹국의 지위가 발칸반도에서 강화될 터였다. 러시아가 개입하리라고는 생각되지 않았다. 차르가 과연 황족 암살자들을 뒤보아줄 리가 있겠는가? 그리고 러시아는 전쟁을 벌일 군사적 태세를 아직 갖추지 못했다고 믿어졌다. 다른 열강들은 지켜보다가 기정사실을 받아들일 터였다. 독일의 정치적 계산이 얼마나 위태로운지는 곧 분명해질 터였다. 그러나 그 계산이 사실은 중대한 오산일지 모른다는 것, 그리고 그 계산에는 크나큰 위험부담이 따른다는 것이 '백지수표'가 발행되는 바로 그때 인지되었다. 베트만홀베크 총리는 뜻밖에도 "세르비아에 적대하는 행동이 세계대전으로 이어질 수 있다"는 점을, 그리고 그렇게 되면 "존재하는 모든 것이 거꾸로" 뒤집힐 거라는 점을 인정했다.

빈에서 사태가 추가로 지연된다는 것은 국지화된 위기를 신속히 종결한다는 독일의 희망이 처음부터 사실상 실패할 운명이라는 뜻이었다. 세르비아에 보내는 강경한 최후통첩은 본문이 7월 19일에야 마무리되었고, 나흘이 더 지나고 나서야 제출되었다. 이제 사라예보에서 암살이 일어난 지 3주 반이 지났다. 세르비아의 답변을 받으려면 또 48시간이 걸릴 터였다. 놀랍게도, 오스트리아의 공격에서 비롯할 최악의 사태를 두려워한 세르비아는 처음에는 가혹한 조건에 굴복할 각오를 했다. 그랬는데 그 뒤에 비타협적인 최후통첩 조항이 새어나가는 바람에 눈치를 챈 러시아가 세르비아의 결의를 다져 주었다. 러시아 지도자들 스스로는 레몽 푸앵카레Raymond Poincaré 대통령과 르네 비비아니René Viviani 총리가 7월 20일과 23일 사이에 상트페테르부르크를 국빈 방문하는 동안 자국의 동맹국인 프랑스로부터 지지를 확약받고서, 결과야 어떻든, 오스트리아에 강경 노선을 취하고 세르비아를 굳건히 지켜 주기로 용기를 낸 상태였다.

어릴 적에 고향 로렌[37]이 프로이센에 침공당하는 꼴을 겪었던 프랑스 대통령에게는 독일을 적대할 나름의 동기가 있었다. 그는 러시아가 발칸반도에 개입하면 독일과 갈등을 빚을 수 있음을 알고서 1912년에 러시아의 발칸반도 개입이라는 생각을 지지한 바 있다. 그때도 지금처럼 러시아와 군사적으로 충돌해 독일이 유럽에서 차지하는 지위가 약해지는 것이 프랑스에 이익이었다. 1912년에 러시아는 발칸반도의 분쟁에서 벗어나 있는 쪽을 택했다. 상트페테르부르크의 정책 결정자들은 이번에는 주저하는 것이 실수일 거라고 생각했다. 러시아의 전략 목표가 세르비아 지원으로 진전될 터였다. 러시아 지도부의 매파는 설령 그것이 전쟁을 뜻할지라도 독일이 두 전선에서 싸워야 하므로 러시아가 이길 전쟁이라고 믿었다. 그 결정 자체는 선택의 폭이 신속히 좁아진다는 것을 뜻했다. 오스트리아의 최후통첩이 전달되면서부터 사태가 빠르게 진척되었다. 전면전쟁이 일어날 가능성

---

37)　Lorraine, 독일어로는 Lothringen. 벨기에 및 독일과 맞닿아 있는 프랑스 동북부 지방의 역사적 명칭. 1776년에 정식으로 프랑스 영토가 되었다. 프랑스·프로이센 전쟁에서 프랑스가 진 뒤 1871년에 알자스 지방과 함께 독일제국에 양도되었다가 제1차 세계대전이 끝난 뒤 다시 프랑스 영토가 되었다.

이 줄지 않고 늘기 시작했다. 심지어 이때도 전쟁을 멈춰 세울 수 있었을 것이다. 그러나 전쟁을 막으려는 의지가 없었다.

"그것은 유럽 전쟁을 뜻한다"가 이튿날 러시아의 세르게이 드미트리예비치 사조노프Sergei Dmitrievich Sazonov 외무장관이 오스트리아의 최후통첩에 곧바로 보인 반응이었다. 그 직후 그는 전쟁을 일부러 도발한다며 오스트리아를 비난하면서, 오스트리아 대사에게 "귀국은 유럽에 불을 지르고 있습니다"라고 말했다. 그렇지만 사조노프도 너무나 잘 알고 있었듯이, 러시아의 행동이 유럽 대륙의 상황에 불을 지를 가능성을 눈에 띄게 착착 높이고 있었다. 심지어 오스트리아의 최후통첩 시한이 만료되기 전에, 즉 7월 24일에 러시아는 베를린에서 (1억 루블에 이르는) 국가기금 예치금을 모조리 인출했다. 더 의미심장하게도 러시아는 (100만 명을 웃도는) 육군, 그리고 해군의 발트해 함대와 흑해 함대를 몰래 부분 동원하기 시작한다고 결정했다. 7월 25일까지 이른바 '전쟁 준비기'가 개시되었다. 7월 28일까지 공식 선언되지는 않았지만, 부대 이동으로 말미암아 독일이 그 비밀 동원을 금세 알아챘다. 7월 28일은 오스트리아가 마침내 세르비아에 선전포고를 한 날이었다.

전면전쟁으로 치닫는 기세를 막아내기가 이제는 불가능하다고 판명되었다. 유럽이 전면적인 전쟁의 나락으로 빠져드는 사태를 막아보고자 막판에 헛된 외교적 기동이 미친 듯이 시도되었는데, 몇몇 기동은 다른 기동들보다 더 진실했다. 너무 늦었다. 오스트리아의 세르비아 적대 행위를 제어할 수 있고 지역 분쟁으로 국한될 수 있다는 독일의 바람은 물거품이 된 지 오래였다. 그렇다고는 해도, 독일은 러시아가 비밀 동원을 개시한다고 결정한 지 닷새 뒤에도 아직 어떤 결정적 군사적 조치도 취하지 않았다. 7월 29일에도 베를린에서는 여전히 (총동원 전 마지막 단계인) 전시 상태 선언 발령에 주저함이 있었다. 그러나 그날 저녁 러시아 지도부가 총동원을 결정했다. 이튿날인 7월 30일에 차르는 처음에는 승인했다가 신경과민으로 그 명령을 취소해서 지연이 일어난 뒤 마침내 총동원에 동의했다.

베를린에서 이제 군사적 필요가 드디어 외교적 고려를 압도했다. 7월 31일에 '전시 상태 선언'이 발령되었다. 독일의 핵심 관심사는 강성 평화주의까지 포용하는 지지의 스펙트럼을 가진 사회민주당이 반드시 전쟁을 지지하게끔 하는 것이었다. 그러므로 반드시 독일은 방어 전쟁을 하도록 강요되었다고 보여야 했다. 이 정당화를 러시아의 총동원이 제공했다. 하릴없이 "사태가 걷잡을 수 없게 되었고 바위가 구르기 시작했다"고 말했던 베트만홀베크가 이제는 러시아가 가해자로 보일 거라고 만족감을 표현했다. 7월 31일 자정에 독일은 러시아가 동원령을 거둬들이기를 거부하면 독일이 총동원을 한다고 명기한 12시간 시한의 최후통첩을 러시아에 보냈다. 상트페테르부르크에서 아무런 조치가 취해지지 않아서 8월 1일에 그 최후통첩의 기한이 만료되자 독일이 러시아에 선전포고를 했다. 같은 날에 프랑스가 러시아를 지원해서 동원을 했다. 이틀 뒤인 8월 3일에 독일이 프랑스에 선전포고를 했다.

유럽 대륙에서 고조되는 위기보다는 아일랜드에서 내전이 일어날 전망에 더 정신이 팔린 영국은 전쟁의 압박이 커지자 매파에 끼지 않았다. 모든 주요 열강들 가운데 영국은 유럽 전쟁에서 얻을 것이 가장 적은 열강이었다. 이 나라의 지도자들은, 외무장관 에드워드 그레이 경이 7월 23일에 표현한 대로, 전쟁에는 "워낙 거액의 돈이 지출되고 무역에 큰 지장이 빚어지는" 바람에 "유럽의 신용거래와 산업이 완전히 허물어질 것"임을 아주 잘 알고 있었다. 그레이 경은 예언자처럼 "전쟁에서 누가 승리하든 상관없이, 많은 것이 완전히 휩쓸려서 사라지리라"라고 덧붙였다. 그레이처럼 영국의 각료 대다수가 전쟁의 결과를 두려워했고, 평화가 유지될 수 있기를 바랐다. 그다음 한 주 동안 그레이는 중재로 위기를 해소할 가능성을 우물쭈물 타진해 보았다. 러시아 및 프랑스와 맺은 협상의 조건이 영국에게 개입을 구속하지는 않았고, 그레이는 양다리를 걸치는 영국의 모호한 태도를 계속 유지했다. 독일이 (기대하지는 않았을지라도) 소망하던 대로 영국이 단호하게 중립을 선언했다면 밤늦은 시간에라도 전면전쟁이 방지되었을지 모른다. 그러나 그레이의 파멸적인 망설임은 외교가 주도권을 발휘할 여지가 사라진다는 것을 뜻했다. 그리고 궁극적으로 영국은 독일이 유럽 대륙을 지배할 위험을 감수할 수 없었다. 이것이 영국이 싸울 태세를 갖춘 주요 원인이었다. 더욱이 영국 정부에는, 그리고 반대파 사이에도 프랑스와 러시아의 지원을 명예와 위신의 문제로 보는 이들이 있었다. 외무부의 유력한 대변자인 에어 크로Eyre Crowe 경은 대열강으로서 자국의 지위가 낮아지는 꼴을 보지 않으려면 영국에는 중대한 전쟁에서 비켜나 있을 여유가 없다고 주장했다.

마침내 독일에 벨기에의 중립을 존중하라고 요구하는 영국의 최후통첩이 독일군이 8월 4일 자정 국경을 넘어 중립국 벨기에 안으로 들어가면서 무시되었을 때, 선전포고를 할 계기가 영국에 주어졌다.

얄궂게도, 위기를 촉진하는 행위를 했던 오스트리아·헝가리는 8월 6일에야 러시아에 선전포고를 해서 대열강들 가운데 맨 마지막으로 참전했다. 그로부터 닷새 뒤에 프랑스가 오스트리아·헝가리에 선전 포고를 했고, 영국이 하루 더 뒤에 마침내 선전포고를 했다. 처음에 분쟁의 불꽃을 튀겼던 세르비아는 그 뒤 또 14개월 동안 자국 영토에서 전쟁에 맞닥뜨리지 않을 터였다. 그러나 이제 세르비아는 한구석으로 밀려났다. 본 행사가 시작할 참이었다.

전쟁으로 들어서는 이 운명적인 발걸음 뒤에는 두려움이 놓여 있었다. 각 열강은 자국의 미래를 두려워했다. 이 두려움은 어느 정도는 내부의 민주화 압력과 사회주의로, 아니면 두려워하던 대로—오스트리아의 경우에는 특히나—제국의 파열로 끝날 수 있는(그리고 실제로 그리할) 거센 민족주의 요구로 말미암아 생겨났다. 그러나 그 열강들은 대개는 서로를 무척이나 두려워했다. 독일은 적국인 프랑스와 러시아에 에워싸일까 두려웠다. 독일은 특히 러시아를 두려워했고, 자국의 영향력을 확대하는 데 극히 중요하다고 여겨지는 발칸반도를 장차 러시아가 지배하는 상황을 포함해 차르 체제의 군사력이 자국의 군사력을 마침내 따라잡아 앞설까 두려웠다. 러시아는 러시아대로 독일이 발칸반도와 근동을, 그리고 보스포루스해협을 거치는 자국의 중대한 경제 생명선을 통제할까 두려웠다. 겨우 40년 조금 더 전에, 즉 1870년에 프로이센에 침공당했던 프랑스는 독일에 피해망상에 가까운 두려움을 품었다. 영국은 상업 패권의 상실과 독일의 유럽 제패를 두려워했다. 독일이 영국해협 바로 건너편인 벨기에와 프랑스의 해안을 통제한다는 것은 참고 넘어갈 수 있는 생각이 아니었다. 두려움은 군비경쟁을 재촉했다. 또한 두려움은 너무 늦기 전에 행동하겠다는, 적보다 먼저 기회를 잡아서 국면을 장악하겠다는 마음을 재촉했다. 그리고 모든 대열강에게 공통된 것은 벼랑 끝에서 물러서면 체면을 잃는다는 두려움이었다.

기꺼이 전쟁을 무릅쓰겠다는 마음가짐은 그 전쟁이 단기전일 거라는 모든 교전국의 확신으로 부추겨졌다. 어쩌면 그것은 확신이라기보다는 예상으로 치장된 소망이어서, 만약 그렇지 않다면 무슨 일이 벌어질지를 생각하려 들지 않았다. 각국의 (어느 경우에도 한 줌밖에 안 되는 개인인) 의사 결정자들은 전쟁의 중대한 결과에 관한 우려의 목소리를 냈다. 자기 내면의 두려움이야 어떻든 그들은 전쟁이 단기전이 될 것인 양 행동했다. 유럽 국가 지도자나 군사 자문관이 현대식 대포의 엄청난 파괴력이나 새로운 전쟁에서 보병을 내보내서 기관총 사격에 맞닥뜨리면 새로운 전쟁에서 많은 사망자가 발생할 거라는 예상에 관해 결코 무지하지는 않았다. 예상할 수 있는 막심한 사망자 수를 몇 십 년 전에 미국 내전이 미리 맛보여 준 바 있다. 그러나 유럽에서는 이것이 거의 무시되었다. 1870~1871년 프랑스·프로이센 전쟁[38]의 사망자 18만 4000명도 강력한 메시지를 보내지 못했다. 오히려, 현대전은 아주 파괴적이니까 속전속결의 결과가 나올

---

38)　프랑스를 제압하기 위해 비스마르크가 외교 전보를 교묘히 왜곡해 1870년 7월 19일 프랑스의 선전포고를 유도해냈다. 이로써 두 나라 사이에 벌어진 전쟁은 프로이센군이 스당에서 프랑스군을 격파하고 이듬해 1월 28일 파리를 점령하면서 끝났다. 이 전쟁으로 프로이센 주도의 독일 통일이 완성되고 알자스와 로렌이 독일 영토가 되었다.

것으로 여겨졌다. 어쨌든, 프랑스·프로이센 전쟁은 10개월 동안 지속되었을지라도 스당[39]의 그 핵심 전투는 단 6주 뒤에 벌어졌다. 더 최근에는 관찰자들이 1904~1905년 러일전쟁의 높은 전사상자를 널리 보고했다. 그러나 이 전쟁도 (1년보다 훨씬 더 길지는 않았으니) 단기전이었다.

비교적 근래의 경험에 바탕을 두고 또 한 차례의 단기전이 예기될 수 있었다. 따라서 유럽의 군사사상가들은 질질 끄는 장기전과 떼죽음이 일어나는 교착상태의 전망에 질려서 단념하는 대신에 화력 기술의 진보에 강렬한 인상을 받아서 막심한 전사상자 수가 따르더라도 신속한 기동 공세 한 번으로 신속하게 승리하리라고 상상했다. 독일의 군사전략가들이 특히 그 같은 노선에 따라 일했다. 그들은 적국 동맹이 병력 수에서 우월하고 영국의 해상 봉쇄가 독일의 전쟁수행 노력의 숨통을 조일 가능성을 고려해서 어떻게 해서라도 장기 소모전을 피해야 한다는 점을 인정했다. 그러므로 군사 계획 수립을 책임진 참모본부는 공세가 더 신속하고 강력할수록 적군이 적절한 방어 병력을 제때 동원할 수 있기 전에 적군을 쳐부술 수 있고, 따라서 전쟁이 더 빨리 끝날 거라는 결론을 내렸다.

몰트케는 전임 참모총장인 알프레트 그라프 폰 슐리펜이 1905년에 세웠던 계획의 한 이형異形을 채택했다. 이 계획은 양면 전선 전쟁

---

39)   Sedan. 벨기에와 맞닿은 프랑스 동북부의 도시. 프랑스·프로이센 전쟁에서 프랑스의 나폴레옹 3세와 프랑스군 10만 명이 1870년 9월 2일에 프로이센군에 참패하고 사로잡힌 곳으로 알려졌다.

이라는 전제에서 시작하지만 먼저 서쪽으로 빠르게 이동해 막대한 병력의 신속한 공세로 프랑스군을 제압하고 나서 방향을 돌려 러시아군이 공격을 할 수 있기 전에 동쪽에서 적군을 물리친다는 것이었다. 슐리펜은 약 한 달 이내에 돌파해서 승리할 수 있다고 생각했다. 그러나 프랑스가 그 위험을 모를 리 없었고, 비슷한 규모의 1개 야전군을 가지고 나름의 대공세로 공격에 대처할 준비를 하고 있었다. 러시아도 오스트리아령 갈리치아로 치고 들어가서 카르파티아산맥에 이르는 신속한 결정적 공세(독일군을 상대로 동프로이센에서 펼쳐지는 공세는 프랑스에는 분하게도 이 주목표에 종속되어 있었다)의 관점에서 생각을 했다. 오스트리아도 공격이 최선의 방어라고 생각했지만, 세르비아와 맞붙는 한편으로 러시아군을 상대하는 것은 독일이 그 동쪽의 적에 가하는 압도적 공격과 병행해서만 수행될 수 있다고 인식했다. 유럽 대륙의 각 맞상대들은 공격이 으뜸이라고 상정했다. 각국은 공격이 결정적인(그리고 빠른) 승리로 가는 길이라고 믿었다. 대안 행동 방침은 없었다. 신속하게 승리하지 못한다면 어떻게 될지는 진지하게 고려되지 않았다. 그것은 장기 소모전을, 그리고 최종 승리는 군사 역량과 더불어 경제 역량을 더 많이 가진 동맹의 차지가 될 수 있음을 뜻할 뿐이었다.

전쟁은 필수적이고 정당하다는 믿음, 그리고 그 전쟁이 신속하게 승리하고 전사상자는 적은 (짧고 짜릿하고 영웅적인 모험인) 단기전일 거라는 자기 위안적 가정은 유럽의 지배계급을 훌쩍 넘어서 많은 국민 속으로 파고들어 갔다. 이것은 (7월의 마지막 주 전에 기층 수준에서는 겪지 못한) 긴장이 고조되다가 마침내 폭발해서 전면전쟁에 들어가자 각 교전국에서 그토록 많은 사람이 왜 그리 열광했고 심지어 아주 신나 했는지를 설명하는 데 도움이 된다. 물론 그 같은 믿음은 결코 보편적이지 않았고, 열광은 첫인상이 시사할지 모르는 것보다 훨씬 제한되어 있었다. 실제로는 국가, 지역, 사회 계급, 정치적 충성 사이에서 전쟁에 찬성하는 과잉 흥분 상태부터 전쟁에 반대하는 열렬한 평화주의까지, 들뜬 흥분부터 심한 우려까지 상이하고 다양한 감정의 폭넓은 스펙트럼이 있었다. 그러나 적어도 유럽의 여러 거대 수도의 일부 주민 사이에는 전쟁이 머지않았다는 전망에 대한 환희가 널리 퍼져 있었음을 부인할 길은 없다.

세르비아와의 관계가 깨졌을 때, 빈에서 "미친 듯이 기뻐하는" "대군중"이 "꼭두새벽까지 애국적인 노래를 부르면서" 거리를 누비며 몰려다니고 있다고 영국 대사가 보고했다. 오스트리아의 평화주의자 작가 슈테판 츠바이크Stefan Zweig는 훗날 자기가 애국적 열정에 빠져든 그 도시의 분위기에 어떻게 사로잡혔는지를 회고했다. "거리에서 행렬이 나아가고 깃발과 리본이 나부끼고 모든 곳에서 음악이 터져 나왔다. 젊은 신병들이 의기양양하게 행진하고 있었으며, 그들의 얼굴은 환호를 받아 환해져 있었다." 츠바이크는 자기가 "전쟁에 품은 혐오와 반감"이 자기가 "장엄하고 황홀하고 심지어 고혹적이기까지 하다"고 본 것에 일시적으로 밀려나 버렸음을 알아챘다. 전쟁이 차르의 폭정에 맞서 나라를 지키는 싸움이라는 시각이 받아들여지자 그 "전쟁 정서"가 평화를 위협하는 행보에 대한 오스트리아 사회주의권의 초기 항의를 압도하기도 했다.

베를린에서는 러시아군이 동원되었다는 소식이 알려지자 8월 1일에 5만 명 남짓한 시민(주로 중간계급과 학생)이 황궁 앞에 모여서 다음과 같은 카이저의 선언을 들었다. "짐은 향후의 투쟁에서 내 백성 사이에는 어떤 당파도 더는 없다고 알고 있노라. 이제 우리 사이에는 오직 독일인만 있노라." 술집, 식당, 노천 맥줏집에서 사람들이 일어나서 애국적인 노래를 불렀다. 젊은이들이 거리에서 행진을 하면서 전쟁을 요구했다. 독일의 다른 도시들에서도 전쟁에 찬성하는 의기양양한 시위가 벌어졌다. 상트페테르부르크에 있는 겨울궁전[40]의 발코니에서 차르 니콜라이 2세가 환호하는 대군중에 인사를 했다. 그 군중은 마치 명령에 따르는 양 그의 앞에서 무릎을 꿇었고, 깃발을 흔들며 국가를 불렀다. 파리에서는 푸앵카레 대통령이 프랑스인의 '거룩한 단결'[41]에서 내부 분열이 극복된다고 선언하자 애국의 열정이 용솟음쳤다. 사회주의자들이 가세했다. 조레스의 암살에 노동계급이 품은 분노의 방향이 외부의 위협으로 말미암아 애국적 의무에 대한 필요와 독일의 공세에 맞선 도전으로 돌려졌다.

이처럼 비상한 감정의 근저에서는 학교와 대학에서, 군 복무 동안, 애국 단체와 로비 집단에서, 대중 언론에서 여러 해 동안 이루어진 민족주의 주입이 제 효과를 발휘했다. 특히 상류계급과 중간계급에서, 그리고 지식인과 학생들 사이에서 민족주의 열정이 널리 퍼져 있었다. 또한 많은 이에게 전쟁은 민족 부흥으로서, 당대 사회의 이

---

40)   1732년부터 1917년까지 러시아제국 황제의 공식 거처로 쓰인 상트페테르부르크의 궁전. 오늘날에는 예르미타시 미술관 건물로 쓰이고 있다.
41)   Union Sacrée. 제1차 세계대전기 프랑스에서 정부에 반대하지 않고 파업을 일으키지 않겠다는 데 좌파를 포함한 모든 세력이 동의한 정치적 휴전.

른바 도덕적 퇴폐에서 벗어나는 해방으로서 환영받았다. 이탈리아의 〈미래주의 선언〉[42]은 이것을 1909년에 선언하고도 급진적으로 다음과 같이 표현했다. "우리는 세계에서 위생의 유일한 원천인 전쟁을—즉 군국주의와 애국주의와 파괴 행위를—찬미하고 싶다." 전쟁은 영웅적인, 모험적인, 사나이다운 것으로(즉 민족 쇠락의 항체로) 여겨졌다. 내부 분열이 잠시 극복되면서 민족 일체감이 존재했다. 독일 지식인들에게, 새로운 단결은 거의 종교적 각성의 감정인 '1914년 정신'의 구현으로 보였다. 그럼으로써 독일 문화가 영국의 물질주의적 민주주의는 말할 나위도 없고 혁명과 공화주의에 뿌리를 둔 프랑스 문명과 전혀 다를 뿐 아니라 프랑스 문명보다 우월하다는 그들의 느낌이 강해졌다. 우월한 독일 문화의 가치는 수호되어야 했고, 필요하다면 유럽의 나머지 지역에 억지로라도 부과되어야 했다.

이 지성화된 고상한 우월감도 전쟁에 대한 더 폭넓은 열광도 태도를 정확히, 또는 완전히 대표하지는 못했다. 전쟁의 전망에 대한 환희는 대체로 큰 읍과 도시에 국한되었다. 심지어는 거기에서도 환희는 결코 보편적이지 않았다. 평화주의자 철학자 버트런드 러셀Bertrand Russell은 런던에서 "평범한 남녀들이 전쟁의 전망에 기뻐하는 모습"을 놀라서 지켜보았다고 훗날 주장했다. 그러나 당대의 지표는 열렬한 징고이즘보다는 오히려 우려와 초조함의 분위기가 런던과 영국의 다

---

42) Manifesto del Futurismo. 이탈리아 시인 필리포 마리네티(Filippo Marinetti)가 상징주의에 반발하고 현대의 기계문명과 도시 생활의 역동성과 속도를 긍정하는 미래파 사조의 내용을 담아 1909년에 발표한 선언문.

른 지방에 널리 퍼져 있음을 가리켰고, 열렬한 징고이즘은 대체로 중간계급의 일부, 특히 젊은이에 국한되었던 듯하다.

베를린 도심에서 학생들 무리가 내보인 열렬한 애국심은 베를린 공업 지구의 노동자 사이에서는 반향을 얻지 못했다. 거기서는 전쟁에 반대하는 감정(어쨌든 평화를 유지하려는 열망과 결합된 전쟁 전망에 대한 근심)이 우세했다. 시골에서도 전쟁 열광은 별로 통하지 않았다. "우리 나라 농민 가정의 다수가 큰 슬픔에 짓눌려 있다"고, 농촌 주민에게는 아버지, 아들, 형제, 또는 손자가 목숨을 잃을지 모를 때 흥겨워할 마음이 없다고 보고되었다. 러시아 농민은 흔히 자기가 무엇을 위해 싸워야 하는지를 알지 못했다. 프랑스 농촌에는 충격과 비관론, 그리고 병역 의무를 팔자소관으로 받아들이는 태도는 있었지만 푸앵카레의 '거룩한 단결' 선언에 열렬히 기뻐한다는 낌새는 없었다.

공업 노동계급 안에서도, 특히 (국제주의가 강하고 평화주의 경향을 지닌) 사회주의 정당 및 노동조합과 연계된 노동자 사이에서도 징고이즘적인 극단적 민족주의와 노골적인 전쟁 열광은 비교적 확연하지 않았다. 그러나 여기서조차 전쟁 반대는 없는 것이나 마찬가지였다. 모든 나라에서 징병에 대한 저항은 미미했다. 열광하지 않는 곳에서조차 의무감이나 숙명론적인 수용이면 충분했다. 프랑스에서 동원된 이들의 1.5퍼센트만 징집에 저항했다. 정부가 예상해서 감안한 수치는 13퍼센트였다. 독일의 노동조합원들은 전쟁 동안 파업 행위를 보류한다는 데 동의했다. 독일과 프랑스와 영국의 원내 사회주의자 국회의원들은 정부의 전쟁 자금 마련에 지지 투표를 했다. 러시아에서는 (비록 두마의 볼셰비키 의원 5명이 반대투표를 하고 나중에 체포되긴 했지만) 사회주의자 의원들이 기권했다.

　민족주의 전쟁을 지지하도록 국제 사회주의 지지자들을 설득해낸 것은 그 전쟁이 방어 전쟁이고 불가피하다는 믿음이었다. 그 전쟁은 마지못해 치러져야 하는(그리고 제국주의 지배가 아닌 자유를 위한) 전쟁으로 보였다. 후세대는 돌이켜 보고 그 전쟁을 사람 목숨을 쓸데없이 엄청난 규모로 낭비한 전쟁으로 여길 터였다. 1914년 8월에 그 전쟁은 전혀 쓸데없어 보이지는 않았다. 노동자들은 자기들이 외적의 공격에 맞선 정의로운 자기방어 전쟁으로 본 것에서 동포와 동맹국과 함께 나란히 조국을 위해 기꺼이 싸우고자(그리고 죽고자) 했다. 징집병으로서 그들에게 애국심과 규율이 주입되었다. 이제 그들은 우선은 애국자이고 그다음에는 사회주의자임이 드러났다.

　독일에서는 혐오스러운 차르 전제정의 군대에 맞선 방어가 사회주의자들에게 동기를 부여하고 그들을 결속했다. 7월의 마지막 며칠 동안 사회민주당이 독일의 여러 도시에서 전쟁에 반대하는 대규모 집회를 열었고, 이 집회에 총 50만 명으로 추산되는 평화 시위자가 참여했다. 그렇지만 사회민주당은 노동자가 조국에 도움이 가장 절실한 때 기꺼이 조국을 지키고자 한다는 점을 강조하기를 절실히 바랐다. 그 절실함은 "차르 체제에 맞선 전쟁"이었다. 러시아가 동원을 한 뒤에 독일이 선전포고를 했을 때, 분위기가 애국적 방어 전쟁으로 돌변했다. 독일어를 사용하는 오스트리아 사회주의자들이 똑같은 이유로 전쟁을 지지했다. 볼셰비키의 전쟁 반대 의견을 무시하고 러시아 사회주의자도 "인류의 원칙을 모조리 짓밟는다"고 여겨지는 독일에 맞서 '어머니 러시아'[43]를 지킨다는 대의 주위에 모였다. 파업이 멈췄고, 평화주의자와 국제주의자가 유형에 처해졌다. 프랑스 사회주의자는 혐오스러운 독일의 침공에 맞서 파트리[44]를 지킨다는 데 동일한 감정을 품었다. 영국의 노동당도 독일이 패할 때까지 전쟁을 치러야 한다는 것을 받아들였다.

모든 나라에서 신문이 반反외국인 히스테리를 부추겼다. 기특하게도 어떤 이는 그것에 항거했다. 그러나 매체가 불러일으킨 생생한 상상력은 간첩과 제5열[45]이 도처에 있다는 인상을 자아냈다. 외국어 억양을 쓰거나 외국어 이름을 가졌다면 누구라도 위험에 처했다. 알자스[46] 출신임을 드러내는 독일 억양을 지닌 이는 프랑스인에게 공격당할 수 있었다. 뮌헨에서는 프랑스어를 쓰다가 들킨 여자 2명이 경찰에게 구조되어야 했다. 상트페테르부르크에서는 애국심에 찬 군중이 독일 대사관을 부수고 독일 상점을 약탈했다. 극심한 흥분에 반응해서 차르가 러시아 수도의 이름을 페트로그라드[47]로 바꿨다. 상트페테

---

43) Matushka Russiia. 지모신 숭배에서 비롯해 러시아라는 나라를 여성으로 의인화한 표현.

44) patrie. 조국, 국가를 뜻하는 프랑스어 낱말.

45) 적과 내통하는 내부 세력을 일컫는 말. 스페인 내전에서 반란군 4개 부대를 이끌고 마드리드로 진군하던 에밀리오 몰라(Emilio Mola) 장군이 마드리드 내부에 반란군 지지자들이 있다며 이들을 '제5열'이라고 부른 사실에서 비롯한 표현이다.

46) Alsace. 독일어로는 Elsass. 독일과 맞닿아 있는 프랑스 동단 지방의 역사적 명칭. 프랑스 영토가 되었다가 프랑스·프로이센 전쟁에서 프랑스가 진 뒤 1871년에 로렌 지방과 함께 독일제국에 양도되었다. 제1차 세계대전 종결 뒤에 다시 프랑스 영토가 되었다.

47) Petrograd. 오늘날의 상트페테르부르크. 상트페테르부르크는 1914~1924년에는 페트로그라드로 불렸고, 1924년에 죽은 레닌을 기려 레닌그라드로 바뀌었다

르부르크가 너무 독일어처럼 들렸던 것이다.

　독일에서 8월의 첫 며칠 동안 달려가서 자원입대한 남자가 25만 명을 웃돌았는데, 징병제가 거의 모든 남성을 포괄하고 17세가 안 되거나 50세가 넘은 사람만 면제된다는 점을 고려하면 대단한 수치였다. 징병제가 없는 유일한 주요 열강인 영국에서는 군 복무를 자원한 남자가 1914년 8월에 30만 명이었고, 9월에는 45만이 더 자원했다. 공업 도시의 많은 직장 동료와 이웃이 함께 입대했고, '친구 대대'를 형성했다. 입대하라는 사회적 압력은 심했다. 그렇다고는 해도, 다른 나라에서처럼, 그리고 자격이 모두 갖춰졌을 때는 열광의 확산은 명백했고 반대는 미미했다. 처음에 이것은 대중의 전쟁이었다.

　각 교전국에서는 환호하는 군중이 기차역에서 전선으로 떠나는 병사들에게 손을 흔들며 배웅했다. 어머니와 아내와 아이의 눈물 어린 작별 인사와 함께 애국적인 노래가 불렸고, 신속하게 승리하고 빨리 재회하자는 성급한 표현이 나왔다. 그러나 싸우러 떠나는 이 보충병들 가운데 다수가, 아마도 대다수가 가족과 벗에게 겉으로는 어떤 모습을 보여주었든, 얼마간은 꺼림칙해하면서, 그리고 얼마간은 걱정하면서 집과 농장, 사무실, 작업장을 떠날 것이었다. 그들은 "성탄절까지는 모든 게 끝날"거라는 꿈으로 가족과 친지뿐만 아니라 자기 자신을 위안하고 있었다. 1914년 8월 3일에 보충병 수천 명이 빈의 북부역에서 전선행 열차에 타는 모습을 지켜보고는 다음과 같이 말한 오스트리아의 정치가이자 역사가 요제프 레들리히_Josef Redlich_만큼

가 소련이 해체된 1991년에 원래 이름으로 되돌아갔다.

분명한 예감을 가진 이는 거의 없었다. "어머니, 아내, 신부가 흐느낀다. 어떤 불행이 그들을 기다리고 있을지."

동원은 열차 시간표를 따라 진행되었다. 시간표에 따라 군인을 전선으로 실어 나르는 열차가 독일에는 1만 1000량, 프랑스에는 7000량이 있었다. 또한 (엄청난 수의) 말이 전선으로 수송되어야 했다. 오스트리아와 독일과 러시아는 말을 250만 필 가까이, 영국과 프랑스는 수십만 필 넘게 동원했다. 말의 힘에 의존한다는 점에서 1914년의 군대는 나폴레옹 시대와 별로 다를 바가 없었다.

한편, 군복은 대개 칙칙한 카키색이나 회색이 되었다. 그러나 아직도 프랑스군은 앞 시대의 하늘색 상의, 붉은 바지, 빨강·파랑 모자를 착용하고 있었다. 그리고 1914년 8월에 병사의 배낭에는 (프랑스 군인과 영국 군인에게는 1915년에, 독일 군인에게는 그 이듬해에나 지급될) 보호용 철모가, 또는 부적절할지라도 곧 치명적인 새 무기를 막는 필수 보호장구가 될 방독면이 들어 있지 않았다.

1914년에 전쟁에 나선 군대는 19세기 군대였다. 19세기 군대가 20세기 전쟁을 수행할 참이었다.

2

대재앙

말없는 군중 (…) 군부대가 군악대와 함께 행진해 지나간다.
이 병사 모두가 도살장으로 가고 있음을 기억하라.

공무원 미셸 코르데 Michel Corday**의 일지, 파리(1915년 7월 14일)**

2

1914년 8월 이후로는 그 어떤 것도 이전과 같을 수 없었다. 20세기라는 새로운 세기는 이미 열네 살이었다. 그러나 곧 '대전쟁'으로 알려지게 될 것의 발발이 유럽의 20세기의 진정한 시작으로 표시되었다. 달력에 표시된 20세기의 시작 일자와 재앙과도 같은 전쟁으로 미끄러져 들어간 때 사이의 몇 년은 이전 시대에 속했다. 1914년 8월 이후에 온 것은 더 끔찍한 새 시대의 시작이었다.

비극이 펼쳐지다

제1차 세계대전을 두 해 앞두고 함부르크의 교사이자 반전反戰 작가인 빌헬름 람스추스Wilhelm Lamszus가 다가올 전쟁에서 미증유의 규모로 죽음을 생산해낼 고성능 살인 기계들의 공포와 잔혹성을《인간 도살장Das Menschenschlachthaus》이라는 소설에서 으스스하게 묘사했다. 그 소설은 비극적으로 잘 들어맞은 예언이었다. 전쟁 내내 전선에서 부대장으로서 매우 용감하게 열정적으로 복무한 아주 헌신적인 독일 장교였던 에른스트 윙거Ernst Jünger는 8년 뒤에 가장 대단한 제1차 세계대전 문학작품 가운데 하나인 자기의 베스트셀러에《강철 폭풍 속에서

In Stahlgewittern》(뿌리와이파리, 2014)라는 제목을 붙였다. 그는 다음 네 해에 걸친 전쟁에서 유럽 국가들의 군인이 맞부딪힌 것에 더 알맞은 제목은 찾아낼 수 없었을 것이다.

하나는 제1차 세계대전 이전에, 다른 하나는 이후에 나온 그 두 문학작품에는 재앙과도 같은 그 전쟁의 본질적 특성의 여러 측면이 포착되어 있다. 이 전쟁은 이전의 어떤 전쟁보다도 산업화된 대량 살육전이었다. 인간 육체가 살인 기계와 맞섰다. 병사들은 중포, 기관총, 속사 소총, 박격포, 고폭탄, 수류탄, 화염방사기, 독가스와 마주쳤다. 더욱더 대량으로 전개된 현대 무기가 비인간화된 죽음과 파괴를 전례 없는 규모로 일으켰다. 대공세를 계획할 때는 막대한 인명 손실을 감수했다. 포격과 포탄 파편이 싸움터에서 가장 빈번한 사망 원인이었지만, 싸움터의 참혹한 조건으로 말미암아 얻은 부상과 질병으로 죽는 이도 헤아릴 수 없이 많았다.

과학기술 발전의 추동자로서 전쟁은 미래의 진면목을 미리 보여주는 신병기와 대량 살육 방법을 도입했다. 독일군이 1915년 봄 이프르[48] 부근의 연합군 진지를 공격하는 동안 독가스를 전개한 뒤로 독가스가 널리 쓰였다. 1916년에 영국군 대공세의 일부로 전차가 솜[49]에서 첫선을 보였고, 1918년에는 주요 일선 부대에서 사용되었다. 잠수함이

---

48) Ypres. 벨기에 서단의 소도시. 제1차 세계대전 동안 1914년 10~11월, 1915년 4~5월, 1917년 8~11월 세 차례에 걸쳐 치열한 전투가 벌어진 격전지로 유명하다.
49) Somme. 프랑스 북부의 솜강 유역에 있는 주. 1916년 7월부터 11월까지 제1차 세계대전의 가장 치열한 전투 가운데 하나인 솜 전투가 벌어진 격전지로 유명하다.

연합국의 해상 운송에 맞선 독일의 전역에서 1915년 이후로 주요 병기가 되었으며, 해전의 성격을 바꿨다. 특히 항공기 과학기술이 빠르게 발전하면서, 전선의 전투원뿐 아니라 크고 작은 도시의 민간인이 공중폭격을 당할 무시무시한 가능성이 생겨났다. 일찍이 1914년 8월 6일에 독일의 체펠린 비행선[50] 한 대가 벨기에의 리에주[51]에 떨어뜨린 폭탄은 그 공중폭격의 맛보기였다. 폭격에 노출되면서, 그리고 다른 여러 방식으로 민간인은 이제부터 이전과는 전혀 달리 전쟁수행노력을 위해 노동하면서 적의 목표물이 될 터였다. 전시 프로파간다가 대중매체를 이용해 민족 전체에 대한 혐오를 주입했다. 교전국은 자국민을 새로운 방식으로 동원했다. 전쟁은 총력화하고 있었다. 프랑스 언론은 1917년에 전선과 후방이 전쟁수행노력에서 한데 묶인다는 사실을 전달하고자 '총력전la guerre totale'이라는 새 용어를 만들어냈다.

게다가 제1차 세계대전은 비록 유럽이 그 진앙이긴 했지만, 진정으로 전 지구적인 최초의 전쟁이어서 모든 대륙에 영향을 미쳤다. 이렇게 된 까닭은 얼마간 특히 영국의, 그리고 프랑스의 세계 제국 때문이었다. 두 나라 모두 전쟁에 자국의 제국을 동원했다. 영연방 자치령인 오스트레일리아, 캐나다, 뉴질랜드, 남아프리카가 1914년 8월에 참전해 영국을 지지했다. 아프리카인과 인도인이 징집되어 유럽의 대

---

50) 단단한 뼈대를 갖추고 그 안에 가벼운 기체를 넣은 유형의 경식 비행선. 이 유형을 개발해낸 독일의 군인 페르디난트 폰 체펠린(Ferdinand von Zeppelin)에서 이름을 따왔다.
51) Liège. 벨기에 동부의 도시. 제1차 세계대전 초기에 프랑스를 공격하는 독일군의 진격로에 놓여 있어서 격전지가 되었다.

의를 위해 싸웠는데, 사망률이 높았다. 인도인 100만 명이 연합국 편에서 싸웠는데, 그들 가운데 아프리카와 중동에 있는 이가 많았다. 프랑스는 자국 식민지, 주로 아프리카 서부와 북부에서 남성을 60만 명 넘게 징집했다. 군인과 일꾼으로 복무한 아프리카인은 200만 명을 웃돌았다. 이들 가운데 약 10퍼센트가 살아남지 못했다. 전쟁 동안 (무거운 보급품을 나르려고 아프리카 동부에 대거 배치된) 일꾼들의 사망률은 영국 군인 사망률보다 더 높아서, 2배쯤 되었다.

대다수 전쟁처럼 이 전쟁은 멈추기보다 시작하기가 더 쉬웠다. 프랑스 군인 100만 명 가운데 4분의 1이 가족과 친지에게(그리고 스스로에게도) 말했던 대로 성탄절을 지내러 집에 가지 못하고 성탄절 무렵 주검이 되어 누워 있었다. 전사상자(전사자, 부상자, 포로)의 합이 11월 말에 이미 45만 명을 넘어섰다. 이 무렵까지 영국의 손실은 9만 명이어서, 싸우려고 처음에 징모되었던 수보다 더 많았다. 오스트리아·헝가리의 전사상자 수는 8월과 9월에 갈리치아에서 러시아군과 벌인 초기의 전투에서 30만 명을 웃돌았고, 동부전선에서는 전쟁 개시 후 첫 다섯 달 안에 모두 50만 명이었다. 독일은 그해 말까지 80만 명을 잃었고, 이들 가운데 전사자는 (1870~1871년의 프랑스·프로이센 전쟁 사망자 총수의 4배가 넘는) 11만 6000명이었다. 전쟁의 첫 단계에서는 러시아의 손실이 모든 교전국 가운데 가장 컸다. 전쟁의 첫 아홉 달 만에 러시아는 200만 명에 조금 못 미치는 군인을 잃었고, 이 가운데 사로잡힌 이가 76만 4000명이었다. 1914년에 교전국 부대의 전사상자는 군대의 규모에 비례하여 제1차 세계대전의 다른 어떤 시기보다도 높았다.

독일군이 벨기에를 거쳐 공격하면서 민간인이 살육 대상에 곧바로 들어가기 시작했다. 독일군 부대가 전쟁 개시 후 첫 몇 주에 벨기에를 거쳐 지나가면서 (여자와 어린이를 포함해) 6000명을 웃도는 민간인이 살해되고 학대당하고 강제 이송되었다. 독일의 군사훈련은 군인들에게 피해망상적인 게릴라전의 공포심을 주입했다. 군인들은 자주 증오에 휩싸여서 민간인을 저격수가 했다는 (대개는 상상 속의) 행위의, 또는 '우군 사격'이지만 적의 배후 공격으로 오인된 사건에 연대책임을 져야 하는 존재로 간주했다. 심지어 희생자들이 무고하다는 것을 군인들이 알았을 때조차 집단 '징벌'이 가해졌다.

9월 6~9일에 마른Marne의 치열한 전투에서 프랑스군이 독일군의 전진을 파리에서 50킬로미터쯤 떨어진 곳에서 멈춰 세웠을 때, (프랑스군을 재빨리 물리친 뒤에 돌아서서 러시아군을 치기를 바랐던 독일의) 슐리펜 계획에 바탕을 둔 신속한 승리를 위한 전략 전체가 틀어졌다. 서부에서는 신속한 공격의 시간이 끝났다. 이제 절실한 것은 방어였다. 양쪽 군대는 땅을 파서 참호를 만들기 시작했다. 처음에는 엉성하기 이를 데 없던 참호가 나중에는 훨씬 더 정교한 방어물이 되었다. 이 참호들은 머지않아 영국 해협부터 스위스 국경까지 거의 끊긴 데 없이 죽 이어졌다. 엄청나게 많은 군인이 (지그재그 모양으로 구축되고, 앞에는 커다란 가시철조망 얼레를 두고 뒤에는 보급창과 야전병원까지 이어지는 부속 참호를 둔 해충투성이 진흙 진창인) 참호의 이루 말할 수 없이 열악한 생활에 적응해야 했다. 9월 말에는 네 해 더, 즉 1918년까지 지속될 서부전선의 교착상태가 자리를 잡았다.

초기 손실이 엄청났는데도 어느 교전 열강도 전쟁을 끝내려고 들지 않았다. 교전 열강에게는 기댈 막대한 예비 병력이 있었다. 이편저편 가리지 않고 모든 교전국의 기본적인 전략 사고가 적군이 더는 싸울 수 없을 때까지 힘을 쪽 빼놓기였으므로, 그리고 이 소모 목표를 이룰 주요 방법은 참호가 잘 구축된 방어선에 더 많은 인력을 쏟아부어 더 큰 공세를 퍼붓는 것이었으므로, 어마어마한 대량 출혈이 끝없이 계속될 예정이었다.

훨씬 길고 인구밀도가 더 낮은 전선에 걸쳐 있으며 전쟁이 서부전선만큼 기동화하지 못한 동부에서는 상황이 중앙동맹국[52]에 더 유망하게 전개되었다. 은퇴했다가 불려 나왔고 비록 이따금 성급할지라도 유능한 제8군 참모장 에리히 루덴도르프Erich Ludendorff 소장의 보좌를 받는 파울 폰 힌덴부르크Paul von Hindenburg 장군의 지휘 아래 독일군이 8월 하순에 동프로이센의 탄넨베르크[53] 부근에서 러시아 제2군에 참패를 안겨 주었다. 여기서 독일군은 제 나라 땅에서 싸우면서 러시아의 침입을 물리치고 있었다. 독일군은 동프로이센의 일부가 점령된 보름 동안 참패하는 러시아군을 보고 기존의 반反러시아 편견을 다시금 확인했으며, 이는 싸움이 격렬해지는 한 원인이 되었다. 러시아군의 손실은 (5만 명이 죽거나 다치고 5만 명이 사로잡혀서 모두 합치면 거의 10만 명일 만큼) 컸다. 러시아군은 시간이 얼마 지나지 않은 9월 8일과 15일 사이에 마수리안 호수 지역[54]의 전투에서 10만 명을 더 잃었

---

52) 제1차 세계대전 동안 연합국과 대결한 독일, 오스트리아·헝가리, 불가리아, 오스만제국을 한꺼번에 일컫는 표현.
53) Tannenberg. 오늘날에는 폴란드 북쪽의 스템바르크(Stębark) 마을.
54) 호수가 2000개쯤 밀집해 있는 오늘날 폴란드 동북부의 지역.

는데, 그 가운데 3만 명이 사로잡혔다. 오스트리아군과 대치하는 더 남쪽에서는 러시아군이 갈리치아 공격에서 더 큰 성공을 거뒀다. 오스트리아군은 9월 3일께에 훨씬 더 큰 러시아군에 압도되어서, 막대한 손실을 보고 수치스러운 퇴각을 하지 않으면 안 되었다.

벨기에에서 독일군이 그랬듯이, 민간인이 군인들의 공격에 참여하고 있다는 (대개는 틀린) 믿음이 러시아의 갈리치아 점령에 동반된 만행을 키웠다. 특히 (갈리치아에 거의 100만 명이 사는) 유대인이 그 만행의 대상이 되었다. 그 대부분의 폭력에 카자크[55]가 앞장섰다. 러시아군이 전진해 오자, 많은 유대인이 곤경을 예견하고 도주했다. 침공군이 저지르는 포그롬이 이르면 8월 중순에 시작되었다. 점령군의 폭력이 점점 더 심해지면서 유대인 수백 명이 살해되었다. 강탈과 강간은 흔한 일이었다. 유대인 마을이 불태워졌다. 1000명을 웃도는 유대인이 러시아군에 볼모로 붙잡혔다가 강요를 받아 돈을 내고서야 풀려났다. 유대인 재산이 몰수되었다. 5만 명에 이르는 유대인이 (그리고 같은 수의 비유대인이) 1915년 여름에 러시아로 강제 이송되었는데, 그들 가운데 많은 이가 시베리아나 투르키스탄까지 갔다.

오스트리아는 전쟁 초기 몇 주 만에 당혹스러운 패배를 또 한 번 견뎌내야 했는데, 이번에는 다른 '대열강'의 손에 당하지 않고 유럽 전쟁으로 번져 버린 위기의 핵심에 있었던 바로 그 나라인 세르비아

---

55)   러시아 남부와 우크라이나의 변경에 사는 농민 전사 집단. 러시아제국에서 토지 보유 특권을 누리는 반대급부로 기병대원으로 복무했다. 일부 카자크는 러시아 내전에서 반혁명군에, 독소전쟁에서는 독일군에 가담했다.

에 당했다. 프란츠 페르디난트 대공을 암살했다며 세르비아를 '혼내주려던' 군사작전은 오스트리아군이 1914년 8월 12일에 보병 공격을 뒤늦게 개시했을 무렵에는 다른 교전국들에는 거의 잊혀 있었다. 그 '징벌 원정'은 오래가지 않으리라고 예상되었다. 그리고 처음에는 마치 오스트리아군이 금방이라도 베오그라드[56]에 들어설 것처럼 보였다. 그러나 무장은 빈약해도 의욕이 드높은 세르비아군은 사흘 동안 격전을 벌인 끝에 오스트리아군을 용케 물리쳤다. 막심한 전사상자 수가 양쪽에서 기록되었다. 목숨을 잃은 오스트리아 군인이 1만 명에 이르렀고, 다친 군인은 그 3배였다. 세르비아군의 전사사상자 수는 사망 3000~5000명, 부상 1만 5000명이었다. 독일군이 벨기에에서 그랬듯이, 적대적인 민간인 주민이 군대에 맞서 게릴라전을 벌일 준비가 되어 있다는 공포와 저격수의 공포가 부풀려져 오스트리아군이 무척이나 잔혹하게 행동하도록 자극했다. (대다수가 약식 처형된) 민간인 희생자 수는 3500명쯤으로 추산된다.

전쟁은 확장될 예정이었다. 10월 29일에 튀르크 함대가 뚜렷한 까닭도 없이 흑해의 러시아 해군기지를 공격했다. 러시아가 11월 초순에 튀르크에 선전포고를 해서 대응하자, 튀르크군이 캅카스[57]를 거쳐 러시아를 침공했지만 그해 말에 뒤로 밀려났다. 그 패배의 대가로 튀르크군은 적어도 7만 5000명을 잃었는데, 질병과 추위로 숨진 이

---

56) 세르비아의 수도. 유고슬라비아의 수도이기도 했다.
57) 동유럽과 서아시아가 맞닿는 캅카스산맥이 있는 흑해와 카스피해 사이 지역.

가 러시아군 무기에 죽은 이만큼 많았다. 그러나 이듬해인 1915년에
는 튀르크가 대승리를 맛보았다. 이것은 해군본부 수석위원(사실상
영국 해군장관)인 윈스턴 처칠Winston Churchill이 부추겨서 엉망으로 계획
되고 서툴게 수행된, 그해 4월에 다르다넬스해협의 갈리폴리[58]에 상
륙한 대병력으로 튀르크를 침공한다는 연합군의 불운한 시도를 격
퇴하면서 이룬 승리였다. 갈리폴리 전역戰役에 참여한 연합국 군인은
(인도, 오스트레일리아, 뉴질랜드, 프랑스, 세네갈의 군인을 비롯해서) 거의
50만 명이었다. (훗날 아타튀르크Atatürk로 더 잘 알려지는) 무스타파 케말
파샤Mustafa Kemal Pasha 사령관의 영웅적 명성을 확립한 튀르크의 자국
영토 방어는 맹렬했고, 단단히 요새화된 해안은 통과하기 불가능하
다고 판명되었다. 연합국에 그것은 완전한 재앙이었다. 연합국이 어
쩔 도리 없이 작전을 중단하고 철수하기 시작한 12월까지 연합국의
전사상자 수는 (다수가 질병으로 말미암은) 사망자 5만 명을 비롯해 25만
명에 가까웠다. 튀르크도 비슷한 수의 병력을 잃었다.

튀르크가 1915년 위기에 맞닥뜨리면서 제1차 세계대전 동안 최악
의 잔학 행위가 한 지역에서 유발되었다. 아나톨리아[59] 동부에서 이슬
람을 믿는 튀르크인 및 쿠르드인과 기독교를 믿는 아르메니아인 사
이의 경합하는 영역 요구, 민족 갈등, 종교 대립에 바탕을 둔 무시무
시한 학살은 그 지역의 전쟁 이전 역사의 끔찍한 일부였다. 1913년의

---

58) Gallipoli. 터키어로는 겔리볼루. 마르마라해와 지중해가 맞닿는 곳에 있는
터키의 반도.
59) Anatolia. 터키어로는 아나돌루. 오늘날 터키의 영토에 해당하는 서남아시아
의 반도.

쿠데타 이후 국내 정책을 통제하는 과격 민족주의 지도부는 이미 전쟁 전부터 튀르크 내부의 더 강한 민족적·종교적 동질성을 추구하고 있었다. 큰 소수민족인 아르메니아인이 이것에 명백히 장애가 되었다. 그러더니 오스만제국과 러시아제국 사이에 전쟁이 일어나서 아나톨리아의 접경지대와 캅카스에서 긴장이 급격히 고조되었다. 이제 특히 튀르크인과 아르메니아인 사이의 긴장이 치솟아 극도의 흥분 상태에 가까워졌다.

러시아 국경 지대에도 걸쳐 살고 튀르크의 지배에서 풀려나기를 바라던 아르메니아인은 대체로 러시아에 동조했다. 아르메니아인은 그 전쟁을 자기 시대의 새벽으로 여겼다. 러시아가 아르메니아인을 부추겼고, 오스만제국은 상트페테르부르크에 있는 간첩을 통해 아르메니아인 봉기 획책 계획을 알아챘다. 이것은 오스만제국에 위험을 의미했다. 아르메니아인이 중대한 전략 요충지에 살기 때문에 특히 그랬다. 튀르크 지도자들은 아르메니아인을 자국의 적과 협력하는 부역자로, 그리고 자국의 전쟁 계획에 대한 위협으로 여겼다. 격렬한 국지적 공격에 시달리는 아르메니아인은 러시아를 돕는 부역을 더 나쁜 학살에 맞서는 최선의 방어로 여겼다.

그러나 1915년 4월 중순에 반시[60]에서 아르메니아인의 반란이 시작되고 더불어 모든 편, 즉 사방에서 아르메니아인과 튀르크인과 쿠르드인의 잔학 행위가 일어났을 때, 러시아에서는 아무런 도움도 오지 않았다. 아르메니아인은 홀로 남았다. 다르다넬스해협을 거쳐 오

---

60) Van. 오늘날 터키 동단에 있는 고도시.

는 서방 연합군의 공격에 맞닥뜨리고, 러시아군이 캅카스를 거쳐 가하는 위협에 편집증적 반응을 보이고, 소수민족인 아르메니아인을 러시아의 트로이 목마로 보는 튀르크는 잔혹한 앙갚음을 할 태세였다. 그리고 전쟁이 인종적 동질화라는 이념 목표를 추구할 기회를 주었다. 봉기 뒤에 곧 강제 이송이 개시되었고, 규모가 단계적으로 커지고 폭력이 수반되었다. 몇 주 안에 튀르크 지도부가 아나톨리아반도 동부의 아르메니아인 주민(150만 명) 전체를 시리아사막 한복판으로 강제 이송하라고 명령했다. 강제 이송 도중에, 또는 수용소 안에서 질병이나 학대 탓에 죽은 이가 많았다. 튀르크 지도자들이 뒷받침하는 끔찍한 살육 프로그램의 일부인 무시무시한 대학살에서 죽은 이는 더 많았다. 아르메니아인 사망자 수 추산은 60만 명과 100만 명 사이를 오르내린다.

서부전선의 병력 수에서 연합군이 독일군에 점점 더 우위를 차지했는데도, 어디에서도 교착상태가 끝나지 않았다. 따라서 (지난 9월에 몰트케를 대체했던) 에리히 폰 팔켄하인Erich von Falkenhayn 독일군 참모총장은 희망을 동부에 걸었다. 그는 러시아를 몰아붙여서 담판을 짓는 것이 서부의 전쟁에서 승리하는 열쇠라고 생각했다.

그러나 동부에서 독일은 자국의 주요 동맹국인 오스트리아·헝가리의 더 확연해지는 군사적 취약성에 대처해야 했다. 오스트리아군은 1914~1915년의 한겨울에 카르파티아산맥의 산악 고지대에서 참담한 공세를 펼치다가 잘 훈련된 마지막 예비 병력을 포함해 80만 명쯤을 잃었다. 얼어 죽거나 병들어 죽은 이가 많았다. 수천 명이 사로잡혔다. 중앙동맹국은 동서 양쪽 모두에서 독일의 군사력에 점점 더 의존하고 있었다.

오스트리아로서는 이탈리아가 1915년 5월 23일에 영국, 프랑스, 러시아의 협상국 편에 서서 참전해 남부전선을 열었을 때 상황이 훨씬 더 나빠졌다. 놀랍게도, 아무리 약해졌을지라도 오스트리아·헝가리군은 이탈리아군에 맞서 잘 버텨냈다. 한편 독일군은 2월에 동프로이센의 마수리안 호수 지역에서(러시아군 손실 9만 2000명), 그다음으로 봄과 여름에 폴란드에서 러시아군에 심각한 패배를 안겨 주고 있었다. 러시아는 6월에 갈리치아를, 7월과 8월에 (예전에 러시아가 다스리던) 폴란드 입헌왕국[61]의 나머지 대부분을 잃었다. 바르샤바 자체가 1915년 8월 4일에 독일군의 손에 떨어졌다. 여름 대공세의 기세가 결국은 소진되었을 때, 독일군은 쿠를란트(라트비아 서부의 해안 지대)와 리투아니아도 정복했다. 5월과 9월 사이에 차르의 군대는 200만 명을 웃도는 어마어마한 병력을 잃었고, 그 가운데 90만 명 이상이 사로잡혔다.

중앙동맹국은 가을에 발칸반도에서도 입지를 강화했다. 독일군과 오스트리아·헝가리군의 사단들이 드디어 10월 초순에 싸움의 최초 원천인 세르비아를 침공했다. 한 달 전에 동맹국 편에 서서 전쟁에 뛰어들었던 불가리아도 군대를 보내 세르비아 전역에 가세했다. 11월 초까지 세르비아는 중앙동맹국의 지배 아래 놓였다. 오스만제국에

---

61) Królestwo Kongresowe. 1815년 빈회의의 결정에 따라 분할된 폴란드의 러시아령 구역에 수립된 국가. 러시아 황제가 국가수반이었으며, 차츰차츰 러시아제국에 흡수되어 1867년에는 러시아 직할령이 되었다.

무기를 보내 주는 육상 경로가 확보되었다. 러시아가 심각하게 약해지고, 발칸반도를 점령하고, 허약한 오스트리아군마저 남쪽에서 이탈리아군을 저지하고 있었으므로 독일은 이제 한 해 전보다는 서부에서 승리를 쥐어짜 내려는 시도를 하기에 무척 더 나은 위치에 있었다. 하지만 시간은 독일 편이 아니었다. 서부에서 승리하기 위한 대공세는 오래 미룰 수 없었다.

　팔켄하인의 계획은 파리 동쪽 200킬로미터쯤에 있는 뫼즈강의 대형 요새 체계의 중심인 베르됭을 묵직하게 들이쳐서 프랑스군을 쳐부순다는 것이었다. 그는 베르됭에서 프랑스군에 궤멸적 패배를 안겨 주는 것이 서부에서 총체적 승리로 가는 크나큰 한 걸음이 될 거라고 생각했다. 베르됭은 1916년 2월부터 7월까지 혹심한 포위 상태에 처했고, 격전이 추가로 12월까지 계속되었다. 프랑스군에 베르됭 방어는 프랑스 자체를 지키는 싸움의 상징이 되었다. 손실은 어마어마해서—프랑스군 37만 7000명(사망자 16만 2000명)과 독일군 33만 7000명(사망자 14만 3000명)으로—70만 명을 웃돌았다. 그러나 독일군의 돌파는 이루어지지 못했다. 프랑스로서는 나라가 구제되었다. 독일로서는 막대한 손실이 헛일이 되었다. 그리고 최대 살육의 현장은 7월 중순에 이미 솜으로 옮아갔다.

　솜에서는 영국과 영연방 자치령의 군대가 '대대적 공세'의 근간을 이루었다. 훗날 베르됭이 프랑스에 전쟁의 참상을 상징하는 것으로 보였다면, 솜은 영국인의 기억에서 똑같이 상징적인 위상을 차지했다. 그러나 차이점이 하나 있었다. 베르됭은 프랑스를 구하려는 막대했지만 필수적이었던 애국적 희생으로 기억될 수 있었다. 솜에서 영국과 영연방 자치령의 군대는 자국 영토를 방어하려고 싸우고 있지 않았다. 많은 사람에게 자기가 과연 무엇을 위해 싸우고 있는지가 십중팔구 불분명했을 것이다. 그 공세 계획은 대체로 1915년 12월 이후로 영국군 총사령관인 더글라스 헤이그Douglas Haig 장군(나중에는 육군 원수)의 작품이었다. 실제로, 공격의 목표가 원래의 구상에서 바뀌었다. 처음에는 결정적 돌파를 해낼 의도로 주로 프랑스군이 주도하여 공세를 퍼부으려 했지만, 베르됭에 있는 프랑스군에 가해지는 압력을 덜어 주고자 주로 영국군이 주도하는 공격으로 전환되었다. 독일군이 소모되고 상당히 약해질 것으로 기대되었다. 그러나 승리를 위한 결정적 대공세는 기다려야 할 터였다. 솜에서 '참호를 뛰쳐나가 돌격하기'에 나설 참인 부대원들이 장교에게 듣는 애국적 단결 구호와 사기를 북돋는 연설이야 무엇이었든, 전략 목표는 그들 대다수에게 생존보다 덜 중요했을 공산이 매우 컸다. 그러나 심지어 공세 첫날에 수만 명이 살아남지 못할 터였다. 영국에게 솜은 그 같은 막심한 인명 손실의 무의미성을 상징하게 되었다.

격렬한 집중 포격이 1주일 넘게 지속된 뒤, 1916년 7월 1일 첫날에 영국과 영연방 자치령의 군대는 사망자 1만 9240명과 부상자 3만 5493명을 포함해 전사상자 5만 7470명의 손실을 입었다. 영국 군사사에서 가장 파멸적인 하루였다. 그 전투로 중대한 돌파가 이루어질지 모른다는 것은 대가가 큰 환상임이 금세 드러났다. 솜에서 벌어지는 전투가 11월 말에 비, 진눈깨비, 눈, 진흙 속에 잦아들었을 때, 영국과 영연방 자치령의 군대는 길게 죽 뻗은 35킬로미터 전선을 따라 10킬로미터쯤의 좁다란 땅을 얻었고 프랑스군은 그것보다 2배쯤 더 많은 땅을 얻었다. 그것을 차지하려고 100만 명 이상이 죽거나 다쳤다. 영국과 영연방 자치령의 전사상자 수는 41만 9654명(이 가운데 전사자는 12만 7751명), 프랑스군의 경우에는 20만 4353명, 독일군의 경우에는 약 46만 5000명이었다. 끔찍한 규모의 손실로도 얻은 것이 그토록 적었으니, 솜은 제1차 세계대전 동안 서부전선에서 가장 지독한 전투였다.

이번에는 동부전선에서 펼쳐진 그해의 세 번째 대공세의 명칭은 러시아의 장군인 알렉세이 알렉세예비치 브루실로프Aleksei Alekseevich Brusilov의 이름을 따서 정해졌다. 그 공세는 (벨라루스 남부와 우크라이나 북부에 걸쳐 있는) 프리퍄트 늪지대와 루마니아 사이 남쪽 전선의 한 넓은 지역에서 오스트리아군 진지를 상대로 1916년 6월 4일에 개시된 대담한 타격이었다. 브루실로프의 즉각적인 대성공은 얼마간은 그의 신중한 준비 덕이었는데, 오스트리아군의 실력이 부족한 데다가 사기까지 떨어진 탓이 훨씬 더 컸다. 이틀 안에 오스트리아·헝가리군 전선이 붕괴 상태에 빠졌다. 증원군이 이탈리아 북부에서 공격을 개시했다가 급히 밀려났다. 완전한 패주를 피하고자 독일군 예비부대도 불려왔다. 그러나 중앙동맹국은 9월 말까지 넓은 전선에서 90킬로미터쯤 뒤로 밀려났다. 이때까지 오스트리아·헝가리군은 75만 명을 잃었고, 이 가운데 38만 명이 사로잡혔다. 독일군의 손실도 막대해서 25만 명쯤이었다. 그러나 러시아군으로서는 승리했다고 하지만, 브루실로프 공세도 엄청난 대가를 치러서 손실이 첫 열흘 동안에는 50만 명이었고 전체 기간에는 약 100만 명에 다가섰다. 건물 정면 뒤에서 갈라져 넓어지는 균열이 대승리에 기뻐하는 러시아의 의

기양양함으로 감춰지는 꼴이었다. 곧 드러나겠지만, 러시아는 오스트리아·헝가리보다 훨씬 더 빨리 종말에 다가가고 있었다.

브루실로프 공세의 즉각적 결과로 루마니아가 8월 27일에 협상국 편에 서서 전쟁에 들어섰다. 루마니아는 중앙동맹국의 패배가 점점 확실해진다고 여기고는 헝가리를 희생해서 큰 이득을 얻기를 바라고 있었다. 그 같은 바람은 중앙동맹국이 독일의 지휘 아래 군을 파견해서 전진했던 루마니아군을 뒤로 밀어붙이자 금세 무산되었다. 중앙동맹국은 1917년 초까지 부쿠레슈티[62]와 전략적으로 중요한 플로예슈티 유전[63]을 포함한 루마니아 영토의 상당 부분을 점령했다.

그러나 독일 지도부로서는 동부에서 성공했다고 해서 서부에서 결정적 돌파를 하지 못한 실패가 보상되지는 않았다. 팔켄하인은 베르됭의 책임을 물어 8월에 참모총장에서 해임되었고, (이제는 육군원수가 된) 탄넨베르크의 영웅 힌덴부르크로 교체되었다. 힌덴부르크는 인기가 사그라드는 전쟁에서 인기가 높은 군 지도자였다. 그의 오른팔 격인 루덴도르프 장군은 이제 수석병참감에 임명되어 곧 새 육군 최고사령부의 실질적 추동력이 되었다.

이것은 힌덴부르크와 루덴도르프가 정부에 더욱더 직접적으로 간섭했으므로 금세 군사독재의 시작이나 다를 바가 없어졌다. 그 조짐 중 하나가 연합국 선박에 무제한 잠수함 공격을 가해서 전쟁을 끝낸

---

62) Bucureşti. 루마니아의 수도.

63) Ploieşti 油田. 19세기 중엽에 루마니아 남동부의 도시인 플로예슈티에는 전 세계에서도 큰 축에 드는 유전이 있었고, 대규모 정유공장이 세워졌다.

다는 목표였다. 이 전략은 민간 정부의 반대를 무릅쓰고 실행되었다. 조여드는 연합국의 봉쇄라는 문제는 해결되지 않은 채로 남아 있었지만, 이 문제에 관해 독일의 수상 함대가 할 수 있는 일이란 거의 없었다. 영국과 독일, 두 나라가 전쟁이 일어나기 전에 돈을 쏟아부어 거대한 전투함대를 건설했는데도, 유일한 대해전인 1916년 5월 31일의 유틀란트 전투[64]는 승패를 판가름내지 못했다. 독일군이 함선을 더 많이 (11척을 잃고서 14척을) 격침했고, (영국 측이 6768명을 잃은 데 비해 3058명을 잃어서) 피해를 더 적게 입었다. 그러나 영국 함대보다 소규모였던 독일 함대는 그 피해로 말미암아 여러 달 동안 활동 불능 상태에 빠져서 나머지 전쟁 기간에 사실상 전개를 할 수 없게 되었다. 반면 영국 함대는 봉쇄를 지속할 수 있었다. 따라서 봉쇄를 끝내기 위해서뿐만 아니라 전쟁의 운세에 결정적 전환을 가져오기 위해서도 독일 잠수함의 사용을 확대한다는 전망이 점점 더 주목을 받았다. 독일 해군 지도부는 독일 잠수함이 (미국이 전쟁의 결과에 변화를 일으키기 전에 영국을 다섯 달 안에 붕괴 상태에 빠뜨릴 비율인) 선박 60만 톤을 다달이 격침할 수 있다고 계산했다. 그러나 독일 잠수함 전쟁이 성공하지 못하고 미국이 싸움에 가세한다면, 독일의 전망은 심하게 어두워질 터였다.

　도박이 감행되었다. 독일이 1917년 2월 1일부터 무제한 잠수함전

---

64)　독일 측 명칭은 스카게라크 전투(Skagerrakschlacht). 영국 해군과 독일 해군이 1916년 5월 31일과 6월 1일에 덴마크의 유틀란트(Jutland)반도 부근의 북해에서 벌인 제1차 세계대전 중의 최대 해전.

을 개시했다. 영국의 해역에 있는 연합국과 중립국의 선박이 이제 경고 없이 공격당할 수 있었다. 무제한 잠수함전은 파멸적인 실수였다. 이 시점까지는 우드로 윌슨woodrow Wilson 미국 대통령은 전후 세계에서 미국의 지도적 지위를 굳히기를 기대하면서 '승리 없는 강화'를 원했고, 유럽의 파괴적 분쟁에서 미국이 이쪽이나 저쪽을 편들게 만드는 상황을 피해왔다. 이 같은 전략은 잠수함을 풀어 놓는다는 독일의 결정으로 갑자기 끝장났다. 윌슨은 이틀 안에 독일과 외교 관계를 끊었다. 독일 잠수함이 미국 선박을 격침하는 불가피한 사건이 미국을 자극해서 (비록 1918년 봄에나 미국의 해외 원정군이 서부전선에서 전투에 가세할 수 있었을지라도) 1917년 4월 6일에 독일에 선전포고를 하도록 거들었다. 그러나 독일 잠수함들은 1917년 4월과 7월에만 월별 필수 톤수를 격침했는데, 그 톤수는 아무튼 영국의 취약성에 관한 낙관적 개념에 바탕을 두고 있었다. 독일 잠수함전은 실패작임이 입증되었다. 훨씬 더 나쁜 점은 독일에 미국이라는 강력한 새 적이 생긴 것이었다.

서부전선의 교착상태는 1917년에도 계속되었다. 보유한 인력과 자원에 심한 부하가 걸린 독일군은 손에 쥐고 있는 것을 지켜내는 데 일시적으로 만족했다. 봄에 독일군이 더 짧고 더 쉽게 방어할 수 있는 새 진지로 물러났다. 독일군은 그 진지를 지크프리트 진지라고 불렀고, 연합군에는 힌덴부르크 선[65]이었다. 진지 선이 짧아지자 독일

---

65)　Siegfried-Stellung; Hindenburg Line. 1916~1917년 겨울에 서부전선의 독일군이 프랑스의 아라스와 라포 사이에 구축한 방어진지 선.

군의 약 20개 사단이 풀려나는 부가적 이점이 생겼다. 그 결과로 독일군은 머지않다고 생각한 연합군의 새 공세를 막아내기에 더 나은 위치에 섰다.

비, 진눈깨비, 눈이 세차게 내리는 가운데 4월 9일에 아라스[66]에서 수행된 공세의 첫 번째 공격은 영토를 추가로 얻지도 못하면서 큰 대가를 치르는 흔한 소모전으로 이어졌다. 손실은 연합국 군인 15만 명, 독일 군인 10만 명을 헤아렸다. 아라스 공격의 의도는 수아송[67] 동쪽과 랭스[68] 서쪽의 엔강[69] 유역을 따라 뻗은 산등성이인 슈맹데담Chemin des Dames에서 펼쳐지는 프랑스군의 주요 공세를 위해 독일군의 방어를 약화하려는 것이었다. 조제프 조프르Joseph Joffre 장군을 대체하여 1916년 12월에 임명된 공격적인 신임 참모총장 조르주 로베르 니벨Georges Robert Nivelle 장군이 그 공세를 주도했다. 그러나 독일군은 공격이 곧 있을 거라는 첩보를 얻었고 방어 태세를 단단히 갖췄다. 니벨의 공세는 재앙이었다. 공세는 4월 16일에 개시된 지 닷새 뒤에 전사상자 13만 명(이 가운데 사망자는 2만 9000명)을 내고도 돌파해내지 못한 채 포기되었다. 4월 29일에 니벨이 해임되어 베르됭의 영웅 앙리 필리프 페탱Henri Philippe Pétain 장군으로 교체되었다.

이 재앙으로 프랑스군의 투지에 관한 자신의 폄하가 확인되었는데도 아랑곳하지 않고서, 그리고 지난해 여름 솜에서 자기가 큰 대가를

----

66) Arras. 프랑스 북단의 소도시.
67) Soissons. 프랑스 북쪽에 있는 소도시.
68) Rheims. 프랑스 북쪽에 있는 고도(古都).
69) L'Aisne. 프랑스 북동부를 지나다 우아즈(Oise)강에 흘러드는 지류.

치르고 실패했는데도 풀이 죽지 않고서, 영국군 총사령관 더글라스 헤이그 육군원수는 아직도 자기가 1917년 여름에 이프르 부근에서 대공세를 펼쳐 결정적 돌파를 해낼 수 있다고 믿었다. 목표는 플란데런[70]을 지나 돌진해서 벨기에 해안에 있는 독일 잠수함 기지를 없애버리는 것이었다. 이 목표는 조금도 실현되지 못했다. 그 대신 헤이그의 부하들은 플란데런의 진흙에 빠져 옴짝달싹하지 못하게 되었다. 영국인에게는 (이프르 동쪽 몇 킬로미터에 있는 야트막한 산등성이에 있는 마을의 이름을 따서) '파스샹달'이라고만 해도 통하는 제3차 이프르 전투의 참상은 악명에서 솜의 참상에 견줄 만했다.

그 공세는 7월 31일에 개시되어 여름과 가을의 폭우 속에서 수행되었는데, 포병의 강력한 사전 탄막 사격[71]으로 이미 울퉁불퉁해진 저지대에서는 땅이 폭우로 말미암아 허리까지 빠지기 일쑤인 찰진 진흙탕으로 바뀌었다. 참담하게 폐허가 된 파스샹달 마을(가슴 저미는 이름을 가진 이 마을은 다시 소개疏開되었다가 다섯 달 안에 독일군에 재탈환될 터였다)이 11월 6일 마침내 장악된 직후에 공세가 드디어 중지되었을 때, 영국과 영연방 자치령의 군대는 27만 5000명(이 가운데 사망자는 7만 명), 독일군은 21만 7000명을 잃은 상태였다. 이 손실을 치르고서 연합군은 몇 킬로미터를 (잠시) 얻었다.

아라스 남동쪽에 있는 캉브레에서 (어느 정도는 이프르 전투의 실패

---

70)   Vlaanderen. 네덜란드어가 주로 쓰이는 벨기에 북부 지역. 프랑스어로는 플랑드르(Flandre), 영어로는 플랜더스(Flanders)라고 한다.
71)   18~27미터쯤의 간격을 두고 일련의 지점들에 지속적으로 가하는 일제 포격.

를 만회하려는 시도인) 1917년 서부의 마지막 공세가 11월에 벌어졌을 때, 그 공세는 낯익은 패턴을 따라갔다. 초기에 얻은 (15킬로미터 길이의 기다란 지대에 걸친 7킬로미터의) 영토는 지켜질 수 없었다. 손실은 영국 측에서는 4만 5000명, 독일 측에서는 4만 1000명에 이르렀다. 연합군이 독일군의 초기 혼란을 활용하는 데 도움을 주었을지 모를 예비부대는 모자랐고, 이프르 돌출부의 진창에서처럼 소모되었다. 그러나 캉브레 전투에서 미래가 엿보였다. (또 다른 신개발품인) 공중 정찰이 잘 이루어진 뒤에 (300대가 넘는) 전차가 맨 처음으로 일제히 밀집 대형으로 공격했고, 그 뒤를 보병과 포병이 따랐다. 파스샹달의 늪에서는 거의 쓸모없었던 전차가 캉브레의 더 마르고 단단한 땅에서는 새로운 공격 방식의 효시가 되었다. 느려터진 전차는 당분간 아직은 중포로 대응될 수 있었다. 그러나 전차의 시대가 올 터였다.

서부에서 아직 군사적 교착상태가 있었다면, 바뀌기 시작하고 있었던 것은 전쟁의 지속 가능성이었다. 전쟁을 지긋지긋해하는 것이 확연히 감지되었다. 그래도 영국군에서는 병사들 사이에 불평은 있었어도 규율이 유지되었다. 그러나 심지어 4만 명 남짓한 프랑스군 병사가 니벨의 명령에 맞서—(니벨이 해임된 뒤에) 페탱이 병사들의 대다수 고충을 해결하려고 관심을 기울인 뒤에야 비로소 진압된—항명 사태를 일으키기 전에도, 탈영률과 사기 저하가 프랑스 정부에는 고심거리였다.

소요가 고조된다는 조짐이 있는데도, 정부는 유리하지 않은 강화 조건을 추구해서는 자국이 입은 끔찍한 손실을 정당화할 수 없다고 느꼈다. 전쟁이 아직 막다른 골목에 있는 상태에서, 강화 조건이 곧 제시될 공산은 적었다. 오스트리아·헝가리가 출로를 찾으려고 유난히 안달이었다. (1916년 11월에 죽은 프란츠 요제프의 후계자인) 새 황제 카를 1세Karl I는 12월에 미국의 우드로 윌슨 대통령에게 그리 내키지 않는 강화 제안을 했다. 그러나 독일의 육군 최고사령부에는 벨기에나 다른 점령지를 포기할 의향이 없었다. 양보를 통해 강화가 이루어질 가망은 없었다. 어떤 대가를 치르더라도, 아직도 승리가 목표였다. 독일군은 싸울 태세를 여전히 갖추고 있었다. 독일군은 군수 생산을 개편하여 무기 생산량을 크게 늘린 덕에 그럴 수 있었다. 그리고 전쟁에 지친 독일 안에서 심한 정치적 균열이 나타나고 강화를 요구하는 목소리가 더 커진 것과 똑같이, 새 희망은 (서쪽이 아니라 동쪽에서) 일어났다.

러시아에서는 전선의 막심한 손실과 차츰차츰 악화하는 후방의 심한 곤궁의 여파 속에서 소요가 여러 달 동안 고조되다가 1917년 3월(러시아의 옛 역법[72]으로는 2월)에 혁명으로 폭발했다. 차르가 물러났다. 이 같은 위기 상황에서 들어선 새 임시정부[73]는 병사들이 눈에 띄게 전쟁을 지긋지긋해하는데도 전쟁을 지속해서 '패배 없는 강화'를 확보해야 한다고 느꼈다. 임시정부의 전쟁장관인 (나중에는 정부 수반인) 알렉산드르 표도로비치 케렌스키Aleksandr Fyodorovich Kerenskii는 심지

---

72) 율리우스력Julius曆). 러시아에서는 그레고리력보다 13일 늦는 율리우스력이 1918년 1월까지 쓰였다.
73) 러시아제국의 니콜라이 2세가 1917년 3월 15일에 퇴위한 뒤 급조된 정부. 원래는 헌법제정회의 선거가 치러질 때까지 국정을 맡기로 했지만, 11월 7일에 볼셰비키당이 주도하는 혁명 세력에 공격을 받고 해체되었다.

어 7월에 갈리치아와 부코비나[74]에서 긴 전선에 걸쳐 펼쳐진 불운한 공세에 자기 이름을 붙이기까지 했다. 그러나 이 공세는 정치적 격변이 계속되고, 전쟁에 반대하는 세력이 결집하고, 혁명적 열정이 페트로그라드 밖으로 퍼져 나가 전선의 병사들에게 스며들어 군대의 사기를 떨어뜨리는 와중에 펼쳐졌다. 케렌스키 공세가 실패한 뒤에 허약해진 러시아군은 1917년 9월(옛 역법으로는 8월)에 독일군의 리가[75] 공격을 물리칠 수 없었다. 러시아와 독일이 제1차 세계대전에서 벌인 마지막 전투는 독일군이 리가를 점령하면서 끝났다. 11월(옛 역법으로는 10월)에 두 번째 혁명으로 임시정부도 무너졌고, 볼셰비키가 권력을 잡았다. 이로써 곧 유럽의 정세가 확 바뀔 터였다. 더 즉각적으로는, 새 볼셰비키 지도부가 독일군과 휴전협정을 맺은 지 닷새 뒤인 1917년 12월 20일에 독일과 강화조약을 협상하는 고통스러운 과정을 개시했으므로, 그 혁명은 전쟁의 운세를 바꿀 조짐을 보였다.

이것이 우드로 윌슨 대통령이 1918년 1월 8일에 (그가 생각하기에 전쟁을 끝내고 유럽에서 영속적 평화의 밑바탕 구실을 할지 모르는 것의 이상주의적 개요인) 14개조 평화 원칙을 선언하는 배경을 이루었다. 교전국인 러시아가 전쟁에서 빠질 때가 머지않아지자, 윌슨은 교전 행위의 일괄 종결을 강하게 요청하고 강화 조건의 일괄 협상을 위한 기반을 놓을 기회를 보았다. 그의 제안들 가운데는 자유무역을 막는 경

---

74)   Bukovina. 유럽의 카르파티아산맥과 드네스트르강 사이에 있는 지역을 일컫는 역사적 명칭. 북부는 우크라이나에, 남부는 루마니아에 걸쳐 있다.
75)   Riga. 라트비아의 수도이자 최대 도시.

제 장벽의 제거, 군비 감축, 식민지 소유권의 (그의 모호한 표현으로는) "조정", ("스스로 선택한 제도 아래서 자유국가 협회에 들어오도록 진심 어린 환영", 그리고 "또한 필요할지 모르는 온갖 원조"가 주어진 러시아를 포함해서) 점령지에서 철수하기, "분명히 인식될 수 있는 민족 경계선에 따른" 이탈리아 국경의 재조정, 오스트리아·헝가리제국 및 오스만제국 내 민족들의 "자율적 발전"의 기회, 폴란드 독립국가의 수립, "정치적 독립과 영토 보전"을 보장할 국가 연맹체의 결성이 있었다. 겉으로는 정확해 보이더라도, 그 선언의 대부분은 어쩔 수 없이 결말이 정해지지 않았고 명확하지 않았으며 상이한 해석이나 논란의 소지를 안고 있었다. 14개조 평화 원칙에는 '자결'과 '민주주의'라는 용어가 나오지 않았다. 그런데도 곧 그 두 용어는 윌슨이 내놓고 있는 자유주의적 미래상의 주춧돌, 그리고 유럽에서 민족주의 염원을 부추기는 격려로 여겨지게 되었다. 그러나 가까운 미래에 윌슨의 14개조 평화 원칙은 서부에서는 전쟁을 끝낼 움직임을 만들어내지 못했고, 동부에서는 볼셰비키와 동맹국 사이에서 진행되는 협상에서 아무런 역할도 하지 못했다.

이 협상이 동부의 독일군 사령부였던 곳에서, 즉 (오늘날의 벨라루스에 있는) 브레스트리톱스크[76]에서 1918년 3월 3일에 체결되었을 때, 힘없는 소비에트 정부에 부과된 조건은 근현대사에서 가장 징벌적이

---

76) Brest-Litovsk. 폴란드와 벨라루스의 접경에 있는 도시. 폴란드에 속했다가 1795년에 러시아제국에 편입되었고, 1918년에 다시 폴란드의 영토가 되었지만 1939년에 소련에 재반환되었다. 오늘날의 명칭은 브레스트이며, 벨라루스에 속한다.

고 치욕적인 몇몇 조건과 진배없었다. 그러나 그것은 대전쟁을 끝낸 일괄적 휴전협정에서 11월에 브레스트리톱스크 조약이 무효가 되었으므로 가장 단명한 협정 축에 들었다. 발트해 연안, 우크라이나, 캅카스, 러시아령 폴란드가 러시아에서 떼내어졌다. 러시아로서는 인구의 3분의 1을, 그리고 공업·농업 생산, 석유와 철과 석탄 등 천연자원은 더 큰 비율로 잃은 셈이다. 캅카스가 튀르크에 넘겨진 한편, (비록 우크라이나가 독일과 오스트리아·헝가리에서 절실히 요구되는 수준으로 곡물이 공급되지 못했을지라도) 발트해 연안을 포함한 동유럽의 대부분은 그 뒤로 죽 독일의 영향 아래로 들어갔다.

뒤이어 5월에는 루마니아 측과 오스트리아·헝가리, 독일, 불가리아, 오스만제국 측 사이에 맺어진 부쿠레슈티 조약에서 루마니아가 거의 같은 정도로 잔혹하게 분할되어 중앙동맹국이 큼직한 영토를 추가로 얻었다. 이 경우에 갈가리 찢긴 그 영토가 독일의 동맹국인 오스트리아·헝가리와 불가리아에 넘겨졌(고 오스만제국은 자잘한 이득을 보았)을지라도, 실질적 승자는 또다시 분명히 독일 자체였으니, 이제 독일의 지배 권역은 중부 유럽, 동유럽, 남유럽의 대부분으로 뻗쳤다. 그 지배 권역의 지속 기간은 짧았다. 더군다나 영토가 장기판의 장기알처럼 취급되는 이 모든 다민족 지역의 도처에 미래의 골치 아픈 문제가 거대한 규모로 배태되었다.

예기치 않게 동부에서 군사적 상황이 급속히 완화되자 서부에서 독일의 전망이 나아졌다. 결과는 1918년에 드러날 터였다. 더 즉각적으로는, 승패가 나지 않지만 질질 끄는 골칫거리인 이탈리아 전선을 타개하려고 개입할 가능성이 있었다. 협상국 편에 서서 참전한 1915년 이후로 이탈리아는 알프스산맥에서 트리에스테[77] 부근을 거쳐 아드리아해[78]로 흐르는 이손초강[79]을 따라 오스트리아·헝가리군과 다소간 끊임없이 싸워오고 있었다. 1917년 10월에 독일군이 오스트리아군을 도우려고 원군을 보냈다. 10월 24일에 (이탈리아에서는 카포레토 전투로 불린) 결정적인 제12차 이손초 전투가 개시되었다.[80] 이탈리아군이 패주했고, 한 달도 되지 않아 80킬로미터쯤 뒤로 가차 없이 밀려났다. (절반 이상이 이탈리아 남부 출신의 농민이거나 농업 노동자인 징집병으로 이루어진) 이탈리아 육군은 주로 최전선 보병 부대에 배치되었는데, 싸울 의욕이 조금도 없었다. 지휘는 형편없었고, 장비는 열악했고, 음식은 모자랐다. 1917년 11월 10일까지 이탈리아군의 손실은 30만 5000명을 넘었다. 사망(1만 명)과 부상(3만 명)의 사상자 비율은 상대적으로 낮았다. 탈영하거나 하릴없이 사로잡힌 자가 대부분(26만 5000명)이었다. 카포레토[81]가 이탈리아 역사에서 치욕의 날이 된 것은 놀라운 일이 아니었다.

---

77)　Trieste. 이탈리아 북동부의 항구도시.

78)　이탈리아반도와 발칸반도의 바다. 23만 제곱킬로미터의 해역에 섬이 1300개쯤 있다.

79)　Isonzo 江. 슬로베니아어로는 소차(Soča)강. 알프스산맥 동쪽에서 슬로베니아 동단과 이탈리아 동북단을 거쳐 아드리아해로 흘러가는 138킬로미터 길이의 하천.

80)　제1차 세계대전에서 이탈리아와 오스트리아·헝가리는 1915년 6월 23일부터 1917년 11월 19일까지 이손초강 부근에서 12차례에 걸쳐 전투를 벌였다. 제12차 이손초 전투는 1917년 10월 24일부터 11월 19일까지 벌어졌다.

81)　Caporetto. 오늘날 슬로베니아 서북단의 소도시인 코바리드(Kobarid)의 이탈리아어 명칭.

여태껏 서부전선에서 병력과 무기의 수적 우위는 늘 연합군 쪽에 있었다. 그리고 독일군의 손실은 동부전선보다 서부전선에서 훨씬 더 컸다. 그러나 러시아가 전쟁에서 떨어져 나가면서 44개 이상의 독일군 사단이 풀려나 서부로 옮겨졌다. 사실상 독일을 운영하고 있던 루덴도르프는 미국이 전투에 임할 수 있기 전에 다소간 솜의 전선에 중점을 둔 미하엘 작전이라는 암호명의 대규모 봄 공세[82]로 서부에서 전쟁을 마무리할 승리를 거둘 가능성을 보았다. 전쟁 중에 가장 격심했던 대포 6600문의 포사격으로 3월 21일에 공세가 개시되었다. 충격에 빠지고 수에서 밀린 연합군이 거의 아미앵[83]까지 65킬로미터쯤 뒤로 밀려났지만, 궤멸은 없었다. 그리고 독일군 보병 부대는 더디게 전진할 수 있을 따름이었고, 전선 북부에서 특히 그랬다. 전사상자 수가 무척 컸다. 독일군은 공세 첫날에 거의 4만 명을 잃었고, 이 가운데 4분의 1이 전사자였다. 영국군의 손실은 아주 조금만 더 적었다. 독일군과 연합군의 손실을 합치면, 제1차 세계대전에서 하루의 인명 피해로는 최악이었고, 심지어 솜의 첫날보다 더 나빴다. 4월 5일에 공세가 멈출 때까지 독일군의 총손실은 23만 9000명이었고, 이제는 대체 불가능했다. 영국군과 프랑스군은 합쳐서 33만 8000명을 (이 가운데 거의 4분의 1을 포로로) 잃었다. 2주 안에 입은 총손실이 베르됭에서 5개월 동안 입었던 총손실과 맞먹었다.

---

82) 제1차 세계대전 서부전선에서 독일군이 영국군을 솜강에서 영국해협까지 밀어 버릴 의도로 1918년 3월 21일에 개시했다가 목표를 이루지 못한 채 7월 17일에 끝난 대공세.

83) Amiens. 파리 북쪽 100킬로미터 지점에 있는 프랑스 북부의 소도시.

이것은 독일에는 종말의 시작이었다. 벨기에의 항구들을 장악할 목적으로 4월에 플란데런에서 펼쳐진 후속 공세는 독일이 초기에 성공을 거둔 뒤에 다시 기세를 잃었다. (추가로 15만 명을 잃는) 손실이 있었는데도 연합국은 아직도 예비부대를 찾아낼 수 있었다. 그러나 독일군은—한 번 더 슈맹데담, 저 멀리 (제1차 세계대전 최초의 대전투가 일어났던) 마른 등—옛 싸움터에서 봄과 여름에 마지막 공격을 위해 마련해 두었던 마지막 예비부대까지 거의 다 써버렸다. 1918년 6월까지 미국 군대가 (한 달에 20만 명꼴로 도착하면서) 연합군 대열에 가세했다. 그러고 나서 공중엄호의 지원을 받는 르노 전차[84] 수백 대가 투입되는 프랑스군의 대역공이 독일군을 휩쓸어서 포로 3만 명이 나왔다. 독일군의 사기가 떨어지기 시작했고, 이윽고 무너지고 있었다. 3월 공세에서 얻은 것이 8월 하순과 9월에 연합군의 전진에서 일소되었다. 10월 초순에 연합군은 탄탄하게 요새화한 힌덴부르크 선을 넘어섰고, 독일군은 총퇴각했다. 독일은 이제 군사적으로 끝난 셈이나 마찬가지였다. 승리한 뒤에만 강화를 하겠다고 계속 주장해온 프로파간다가 최악의 상황을 국민에 숨겨왔기 때문에 후방의 국민은 패배가 머지않았음을 알지 못했지만 말이다.

힌덴부르크와 루덴도르프가 불길한 조짐을 눈치챘다. 그들은 독일군이 무너지고 완패가 분명해지기 전에 강화 교섭이 이루어져야 한다고 굳게 마음먹었다. 국가 속에서 군대의(그리고 그들의) 입지가 위

---

84)   Renault FT. 르노 자동차 회사가 개발해서 1917년에 실전 배치된 프랑스의 경전차. 당시로서는 회전식 포탑을 장착한 획기적인 현대식 전차였다.

태로웠다. 그들은 머지않은 패전의 책임에서 벗어나고 강화 교섭의 책임을 오랫동안 의회민주주의를 요구해오던 정치 세력에(주로 사회주의 좌파에) 돌리려고 꾀를 부리기 시작했다. 10월 1일에 루덴도르프는 자신의 참모장교들에게 전쟁 승리가 더는 불가능하다고 알리면서 다음과 같이 말했다. "나는 폐하(카이저)께 이제는 우리가 우리 상황에 고마워해야 할 자들을 정부에 집어 넣으시라고 요청했다. 우리는 이제 이 신사들이 취임하는 꼴을 볼 것이다. 부득이한 강화를 그자들이 체결해야 한다. 그자들이 우리를 위해 요리해 놓은 수프를 그자들이 들이켜야 한다." 그것은 독일군은 전장에서 패하지 않았다는, 사회주의 세력이 후방에서 소요를 부추겨서 전쟁수행노력의 "등에 칼을 꽂았다"는 전설로 바뀔 것의 시작이었으며, 그 전설의 사악한 영향력은 전쟁 뒤에도 가시지 않았다.

한편, 병사들이 군대에서 대거 이탈하고 혁명 정서가 자라나고 군대가 패배하고 평화의 전망이 점점 더 가시화하면서 독일의 동맹국들이 나가떨어지고 있었다. 연합군이 남서쪽에서 거침없이 전진하면서 사기를 떨어뜨리는 패배에 맞닥뜨리고 만연한 탈영으로 무너진 불가리아가 많은 지방 도시에 세워진 병사·노동자 평의회에서 나오는 혁명적 요구가 커지는 와중에 9월 30일 연합국과 휴전협정을 맺었다. 허물어지던 오스만제국이 그다음 달에 병자성사[85]를 받고 있었다. 군대가 패배하고, 치욕적으로 캅카스에서 퇴각하고, 경제가 망가

---

85) 病者聖事. 가톨릭교회 7성사 가운데 하나이며, 아프거나 늙어서 곧 죽을 이에게 베풀어지는 성사.

지고, 후방에서 무법 사태가 횡행하면서 더불어 병사들이 무리 지어 탈영한 탓에 터키가 10월 31일 연합국과 휴전협정을 맺었다.

11월 초에 중앙동맹국들의 군대가 완전히 뒤죽박죽이 되고 정부가 혼란에 빠져 있었으므로, 그 대전화의 끝이 빠르게 다가오고 있다는 것이 명확했다. 카이저의 정권이 11월 9일에 무너지고 독일의 새 정부가 윌슨의 14개조 평화 원칙을 강화 교섭의 밑바탕으로 받아들일 용의를 내비쳤을 때, 전쟁이 드디어 멈출 수 있었다. 11월 11일에 연합군 최고사령관 페르디낭 포슈Ferdinand Foch 육군원수의 본부에서, 즉 콩피에뉴Compiègne의 숲에서 독일 측 대표단 단장인 독일 중앙당[86] 정치가 마티아스 에르츠베르거가 싸움에 마침내 종지부를 찍는 휴전협정에 서명했다. 11월 11일 11시에 포성이 그쳤다.

전쟁을 겪으며 어렵사리 살아가는 삶이란

1916년 7월 2일에 한 독일군 보병은 베르됭 전투를 묘사하며 다음과 같이 썼다. "넌 이 참상을 도저히 상상하지 못할 거야. 이 참상을 겪지 않은 사람은 상상할 수 없다니까." 제1차 세계대전 중 다른 전선의 피바다에서 싸웠던 숱한 병사들도 의심할 여지 없이 똑같이 느꼈다.

지옥 같은 이 4년을 일부나 전부 견뎌내야 했던 군인 수백만 명의

---

86)   Deutsche Zentrumspartei. 1870년부터 1933년까지 존속한 독일의 중도 가톨릭 정당. 가톨릭중앙당이라고도 한다.

경험을 일반화하기는 불가능하다. 전선으로 간 편지와 전선에서 보낸 편지가 어느 정도 그 참상을 알려준다. 그러나 동부전선보다 서부전선에 대한 이해를 도와줄 자료가 훨씬 더 풍부하다. 그 편지들은 검열관을 거쳐야 했고, 어떻든지 고향으로 보낸 답장을 읽는 가족과 친지를 놀라게 하거나 속상하게 하지 않으려는 마음이 절실했으므로 자주 감정과 태도를 감추거나 누그러뜨렸다. 물론 경험도 다 달랐다. 전쟁을 대하는 태도는 경험에 크게 좌우되었다. 그러나 이 태도에는 기질, 교육, 군 계급, 사회 계급, 물질적 상황, 상관의 대우, 정치적 충성, 이전의 이념 형성, 다른 숱한 요인도 영향을 미쳤다. 당대의 인상은 군 복무를 했던 이들에게서 그러모은 숱한 전후의 회고와 기억으로 상세히 서술될 수 있다. 그러나 묘사하고 있는 사건이 일어난 이후에(때로는 오래 지난 뒤에) 나온 모든 목격담과 마찬가지로, 그 같은 증언은 기억의 변덕스러움에, 더불어 나중에 벌어지는 사태의 영향, 어쩌면 무의식적인 영향에 시달리기 마련이다. 자주 감동적이고 깊은 통찰력을 주기는 해도 전후의 문학작품은 당시에 전쟁을 견뎌내야 했던 평범한 남녀에게 전쟁 경험이 어떤 자국을 남겼는지에 관해, 아무리 사실적일지라도, 나중에 구성된 이미지를 전달한다. 그러므로 제1차 세계대전을 거치며 살아가는 것이 어떠했는지를 요약하려는 시도도 기껏해야 인상 위주일 수밖에 없다.

예를 들어, 넌더리가 나게 늘 존재하는 죽음에 그토록 가깝게 살아가는 것이 병사에게, 당시나 나중에나 어떤 영향을 주었는지 확정하기는 어렵다. 감정이 급속도로 무뎌졌다는 증거가 아주 많다. 무명 병사의 죽음은 감정을 불러일으키지 않았다. 베르됭에서 한 일선 프랑스군 보병은 또 한 사람의 사망자를 보고도 아무런 감흥이 일지 않자, "이 무덤덤함이 어쩌면 한 사나이가 전투의 와중에 있기에는 최선의 조건"이라며 "압도적으로 거센 감정이 오랫동안 지속되다 보니 끝내 감정 자체가 죽어 버린다"고 말했다. 영국군 이등병이었던 이는 또 다음과 같이 회고했다. "나는 끔찍한 것을 여럿 봤지만, 우리는 그것을 마치 정상인 양 당연시할 만큼 기강이 서 있었다."

죽음, 심지어는 가까운 전우의 죽음조차 금세 무덤덤하게 받아들이게 되었다고 보인다. 1915년 4월에 한 농민 출신 러시아군 장교는 일기에 다음과 같이 적었다. "내 소대만 해도 벌써 수백 명이 거쳐 갔고, 그들 가운데 적어도 절반은 싸움터에서 죽거나 다쳤다. 나는 한 해 동안 전선에 있었더니 이것에 관한 생각을 그만두게 되었다." 한 영국군 이등병은 솜 전투를 다음과 같이 회상했다. "다친 자와 죽은 자와 죽어가는 자가 줄줄이 끊임없이 나왔다. 감정을 모조리 잊어버려려 했다. 할 일을 계속 하려면 말이다." 또 다른 이등병은 자기 부대의 솜 전투 첫날의 손실에 관해 훗날 다음과 같이 말했다. "우리는 복귀한 뒤에 점호를 하지 않았다. 800명 가운데 25명쯤만 남았기 때문이다. 세고 자시고 할 게 없었다." 한 하사는 충격적일 만큼 솔직했다. "부하를 많이 잃고서 전선에서 벗어났을 때, 미안한 말이지만 나는 슬프지 않았다. 먹여야 할 입이 줄었다는 생각만 들었고, 나는 배급이 삭감되기 전 보름 동안 그 모든 부하들의 배급을 차지했다." 영국 육군 의무대의 한 부사관은 다음과 같이 회상했다. "시간이 흐르자 나는 무척이나 무정해졌다. 우리는 무척이나 끔찍했던 여러 일에 익숙해져야 했다." 다른 부대는 말할 것도 없고 영국군에서 이 같은 생각이 얼마나 전형적이었는지 확정하기는 불가능하다. 그러나 이 같은 설명은 의심의 여지 없이 많은 이를 대변해 준다.

그러나 더 인도적인 정서도 있었다. 승리하려는 의지에 내몰리고 자기의 "힘들고 모진 과업"이라고 여긴 것을 의식한, 엄격하고 규율을 중시하는 브루실로프 러시아군 사령관은 전투 첫 달에 아내에게 묘사해 준 갈리치아의 싸움터에서 "주검이 차곡차곡 높이 쌓인" 인간적 참상에 면역이 되어 있지 않았다. 그는 "그게 내 가슴을 심하게 짓누른다오"라고 말했다. 1914년 11월 독일의 광부 신문인 《광원 신문》[87]에 실린 편지에는 심하게 훼손된 보병의 주검과 마주친 글쓴이의 공포가 다음과 같이 적혀 있었다. "이 보병은 언제나 내 앞에 서 있다. 머리가 없는 채로, 대신에 피투성이 살덩이가 어깨 위에 있는 채로 말이다. 나는 이 상상을 멈출 수가 없다." 글쓴이는 그 "모습이 너무 끔찍해서, 너무 무시무시해서 나는 최근 이틀 밤을 잠들 수 없었다"고 적었다.

당연히, 적군에게 보여줄 연민은 전혀 없었다. "적군은 없애 버려야 할 장애물일 따름이다"가 베를린의 응용심리학연구소가 수집한 많은 진술 가운데 하나였다. 1915년에 한 프랑스 군인은 집에 보내는 편지에서 다음과 같이 인정했다. "우리는 짐승으로 변하고 있어. 나는 그것을 다른 사람들에게서 느껴. 내 안에서도 느껴." 전쟁을 겪는다고 모든 군인이 짐승이 되지는 않았지만, 많은 사람이 짐승이 되었

---

87)　Bergarbeiter-Zeitung. 독일 광원조합의 기관지로 보훔(Bochum)에서 간행된 주간 신문.

다. 살인은 잔혹하지만 감정이 섞이지 않은 행위였다. 그 살인 대부분은 얼굴을 알아볼 수 없는 적군을 상대로 꽤 거리를 두고 대포, 기관총, 수류탄, 기타 치명적인 병기로 행해졌다. 1914년부터 1917년 사이에 포격만으로 프랑스군 전사상자의 4분의 3이 발생했다. 당시에도, 그리고 훗날에도 병사들은 개개인이 아닌 알 수 없는 적군을 멀리서 쏘아 죽여도 꺼림칙하지 않았다고 말했다. 근접전은 (예를 들어, 적군 참호에 뛰어들어 사람을 총검으로 찔러 죽이는 일은) 훨씬 드물었다. 1917년 봄에 서부전선에서 독일군 전사상자의 76퍼센트가 포격으로 발생했는데, 이에 비해 육박전으로 발생한 전사상자는 겨우 0.1퍼센트였다. 근접 전투를 하려면 어떤 병사들은 껄끄러움이나 양심의 가책을 이겨내야 했다. 그러나 근접 전투는 치러졌다. 그리고 그것을 즐기는 이들이 있었다. 자기는 미래를 대수롭지 않게 생각한다고 말하는 젊은 영국군 소령은 "앞줄에 있는 독일 놈을 죄다 죽이는 것"을 당연시했다. 또 다른 영국 군인은 일기에서 1915년 6월에 두 손을 치켜들고 살려 달라고 비는 젊은 독일 군인을 자기가 가까운 거리에서 어떻게 쏘았는지를 설명하고는 "그놈이 앞으로 거꾸러지는 걸 보니 기분이 아주 째졌다"고 썼다.

틀림없이 소수이긴 했지만, 어떤 이들은 제1차 세계대전을 자기가 느끼기에 사회의 썩어빠진 것을 없앨 정화 과정으로 보았다. 선전포고를 했을 때 기뻐했던 한 독일 병사는, 희생해서 후방이 "더 순결해지고 외국 것들이 제거된다"면 희생을 할 가치가 있다는 글을 1915년 초에 지인에게 써 보냈다. 세계는 곧 이 병사에 관해 더 많이 듣게 될 터였다. 그의 이름은 아돌프 히틀러였다.

적을 민족 차원으로 정형화하면 혐오를 키우는 과정에 큰 도움이 되었으며, 심지어 전쟁이 시작되기 전에도 효과를 제대로 발휘했다. 싸움이 시작되자, 그 정형화가 전후방의 프로파간다를 통해 크게 보강되었다. 이편저편 가리지 않고 모든 교전국의 공식 프로파간다는 적을 악마화하고 전투원과 후방 민간인에게 똑같이 혐오를 주입하려고 들었다. (실제든 허구든) 잔학 행위를 저지른다는 비난을 선전하는 것은 하나의 장치였다. 정형화는 자주 먹혀들었다. 후방의 군국주의, 극단적 민족주의, 카이저의 통치를 심하게 비판하는 좌익 독일 군인들도 슬라브인은 열등하다는 희화화와 동방에 문화를 가져다주는 독일의 문명화 사명의 필요성을 여전히 받아들였다. 러시아에 처음 들어서는 독일 군인들은 기존의 슬라브인 희화화가 확인되는 모습을 보았다. 한 장교가 회고한 대로, "아시아, 초지대, 늪, (…) 적막한 진창의 황야에는 중부 유럽의 문화라곤 찾아보기 힘들다." 운문을 짓는 버릇이 있는 한 상사는 1918년 2월에 다음과 같이 썼다.

내 눈길이 가는 여기저기에 아직도 참상이 보인다.
러시아군이라는 수치가
제 나라 땅에, 자연의 작품에 안겨 준 참상이!
영원히 잃어버렸다고 보았던 것이 새로 생겨났다,
문화의 독일 부대에 의해서 말이다!

러시아인이 아시아적이고 뒤떨어지고 교양 없고 야만스럽다는 프로파간다 이미지는 (비록 볼셰비키와 유대인의 흉악한 인종적 합체가 아직 이루어지지 않았을지라도) 두 번째 대전쟁에서 일어날 무한한 잔학 행위의 토대를 마련할 사고방식을 조장할 터였다. 그러나 제1차 세계대전의 혐오 프로파간다는 결코 완전히 성공하지는 못했다. 서부전선에서는 틀림없이 그랬다. 장교가 엄중하게 단속할 때까지 1914~1915년에 독일군과 영국군, 프랑스군 병사들 사이에는 (1914년에 무인 지대[88]에서 이루어진 비공식적인 성탄절 '휴전'을 비롯해) 친교 행위[89]가 있었다. 이따금은 적군 병사들이 주검과 부상병을 수습하도록 내버려 두기도 했다. 드러내지 않은 비공식적 상호 합의에 따른 비공식적인 암묵적 단기 휴전, 또는 일부러 빗나가도록 조준해서 순찰병을 쏘는 사례도 있었다. 그리고 도저히 이해하지 못할 살육에 빨려 들어간 똑같은 사람이라는 느낌을 함께 품고서 일반 병사들이 적군의 투지를 서로 존중했음을 보여주는 사례들이 있다.

그렇더라도 이것을 부풀리지 않는 것이 좋을 것이다. 그 아수라장의 이해를 돕는, 의식적이든 무의식이든 이념적 목표가 장교들 사이에, 특히 고위 지휘관들 사이에 더 널리 퍼져 있었지만, 일반 병사들도 교육과 훈련으로 자기를 빚어냈던 국가의 문화적 힘에 종속되어 있었다. 게다가, 살인에도 나름의 탄력이 급속히 붙었다. 군인들은 사

---

88)　無人地帶. 제1차 세계대전의 참호전에서 적에게 공격당할까 두려워서 군인들이 가로질러 가지 않으려 한 양쪽 부대 진지 사이의 지대.
89)　전쟁에서 맞서 싸우는 두 군대의 군인들이 전투를 멈추고 서로 만나 우호 관계를 맺는 행위. 제1차 세계대전 초기 이프르 전선에서 1914년 12월 24일 성탄절 전날에 독일군과 영국군이 전투를 멈추고 축구 시합까지 하면서 교류한 것이 가장 대표적인 사례다.

람 죽이기에 이골이 났다. 때때로 그들은 사람 죽이기를 그저 "죽여라, 그렇지 않으면 내가 죽는다"쯤으로 여겼다. 대체로 그들은 대안을 찾지 못하고 자기가 해야 하는 일을 받아들였고, 무엇보다도 할 일을 끝내 해내서 살아남을 생각을 했다. 한 이탈리아 부대원은 1917년에 2명에 1명꼴로 죽거나 다친 격전에서 살아남은 뒤에 다음과 같이 적었다. "목숨은 먹기 좋은 어떤 것이고, 우리는 그것을 튼튼한 이빨로 소리 내지 않고 씹는다." 원대한 이상은 그다지 중요하지 않았다. 냉소적인 영국군 병사들은 참호 안에서 이렇게 노래했다. "우리는 여기 있기 때문에 여기 있기 때문에 여기 있기 때문에 여기 있지."

죽음처럼 공포는 병사들이 아무리 숨기려고 애쓸지라도 전선에서 늘 따라다니는 동무였다. 공포와 자연스레 함께 다니는 팔자타령도 똑같이 어디에나 있었다. 물론 병사들이 언제나 전선에 있지는 않았다. 어느 한 시점에 전선에 있는 이들은 실제로는 소수였다. 그러나 전선 뒤에서—끊임없이 훈련, 교육을 받는 한편 원기를 되찾고 느긋하게 쉬고 (영국군 부대원에게 더 인기 있었던 것으로 보이는 심심풀이인 축구를 하거나 매음굴을 드나들면서) 기분전환을 하며—보내는 시간에는 다음 '대대적 공세'가 머지않다는 생각이 늘 함께 따라다녔다. 대대적 공세가 임박했다는 말이 나돌라치면 걱정과 두려움이 커졌다. 그 순간이 찾아오면 어떤 이들은 너무 겁을 먹은 나머지 똥오줌을 지렸다. 다른 이들은 (많은 경우에 의심할 여지 없이 불안감을 감추려고) 자신감을 내뿜었다. 끔찍한 참상을 숱하게 겪은 용감한 사나이들이 겁을 집어먹은 나머지, 몇몇은 종종 신경쇠약 상태에 빠진 나머지 '참호를 뛰쳐나가 돌격하기'에 나서기를 거부했고, 비겁하거나 탈영했다며 총살형 집행 부대의 손에 무시무시한 대가를 치렀다.

대다수는 그것을 끝내 해내는 수밖에 다른 도리가 없음을 알았고, 제 팔자를 탓했다. 공격 직전에 진탕 배급되는 럼이나 슈납스, 보드카가 자주 도움이 되었다. 영국군 연대의 이등병은 다음과 같이 술회했다. "참호 밖으로 뛰쳐나갈 때 나한텐 진짜 아무런 생각이 들지 않았어. 나는 그저 나가야 했다니까. 그게 다였어." 군인들이 사지를 심하게 다친 채로 남겨지기를 죽기보다 더 무서워했음을 보여주는 서술이 많다. 1920년에 발표된 독일의 연구서 〈전시의 공포 심리The Psychology of Fear in Wartime〉에 따르면, "불구가 되는 것을 상상만 해도 (…) 차라리 죽는 것이 나아 보인다." 영국인이 '블라이티 운드blighty wound', 독일인이 '하이마트슈Heimatschuß'라고 부르는 것—즉 불구가 되거나 죽을 염려는 없지만, 군 복무에 부적격하다고 군인을 집으로 보내기에는 충분한 부상—을 바라는 이가 많았다. 어떤 이들은 그 같은 부상을 당하려고 자해를 했지만, 들키면 고통과 더불어 혹독한 처벌에 맞닥뜨렸다.

그들이 견뎌내야 했던 것을 고려하면, 서부전선의 사기는 놀랍도록 잘 유지되었다. 비록 병사들의 편지를 들여다보는 검열관들이 웅대한 베르됭 전투가 진행되면서 사기가 흔들린다는 조짐을 알아채긴 했지만, 1917년에 슈맹데담에서 일어난 프랑스군의 항명 사태는 예외였으며, 탈영은 1916~1917년 겨울 동안에 늘어났다. 항명하는 병사들을 달래려는 프랑스의 신속한 대응은 정부가 그 단명한 항거를 얼마나 심각하게 여겼는지를 보여주었다. 1918년 봄과 여름의 독일군 대공세 동안 사기가 다시 시련에 처했다. 그러나 프랑스군은 조국을 위해 싸우고 있었다. 그 점이 마음을 한데 모았다. 프랑스군 전차가 8월에 독일군을 마른 너머로 도로 밀어낼 때, 그리고 끝이 보일 때 사기가 다시 치솟았다. 영국과 영연방 자치령의 군대도 사기가 대체로 꺾이지 않은 채로 끝까지 버텨냈다. 사기가 1918년 봄에 독일군의 돌파로 압박을 받았지만, 독일군의 공세가 주춤하고 증원군(특히 미국에서 온 부대)이 도착하자 다시 회복되었다.

물론 영국군에서도 비참한 조건, 형편없는 음식, 변변찮은 배급, 훈련, 사역, 고압적인 장교에 관한 불평불만이 없지는 않았다. 규율이 모든 전투부대에서 엄격했고, 몇몇 부대에서는(특히 러시아군과 이탈리아군에서는) 혹독했다. 전쟁 후반기에 모든 군대에서 강압을 높여 사기 동요에 대처하려는 시도가 이루어졌다. 그러나 싸움을 계속하려는 용의가 강압 하나만으로는 설명될 수 없으며, 실제로 전쟁 말기에 대다수 군대에 널리 퍼지는 심각한 불만이 억제될 수도 없었다. 사기가 높게 유지되는 곳에서는 더 긍정적인 힘이 작용하고 있었다. 프랑스 군인과 영국 군인은 대개 끝내는 이긴다는, 그리고 자기 대의가 옳다는 믿음을 버리지 않았다. 애국심, 즉 국가 방위가 프랑스 군인에게 싸워야 할 긍정적 이유를 계속 심어 주었다. 비록 (영국은 침공을 당하지 않고 영국 땅에서 싸우고 있지 않았으므로) 덜 강했을지라도 애국심은 영국 군인에게서도 제 역할을 했다. 영국 군인의 편지를 검사하는 검열관은 끝까지 싸우겠다는 용의가 줄어들지 않고 타협적 강화를 고려할 의사가 없음을 발견했다.

독일군의 사기는 1918년에야 비로소 허물어졌다. 독일군 부대원들의 (장교와 병사 사이의 불평등이 프랑스군과 영국군보다 더 커서 심해진) 불만이 1916년 이후에 점점 더 정치화했다. 장교와 병사 사이의 봉급

차이에 대한 분개, 전선 병사가 수천 명씩 죽어가는 동안 후방 부대 장교는 아직도 "안락한 호화 생활"을 즐기고 있다는 느낌, 1916년 이후에 음식이 형편없고 배급이 줄었다는 분노, 물가 상승과 생활 조건 악화에 관해 후방에서 들려오는 소식이 뒤섞이면서 희생해도 자본가와 투기꾼에게만 득이 되고 아무 소용이 없다는 믿음이 병사들 사이에서 고조되었다. 마지막 몇 달 동안에는 그 불의를 바로잡으려면 혁명이 필요하다는 말이 차츰차츰 나오고 있었다. 이 무렵에는 1914년에 아들 페터를 잃은 상심이 아직도 가시지 않은 미술가이자 조각가 케테 콜비츠Käthe Kollwitz의 견해, 즉 수백만 명을 도살장으로 보낸 전쟁은 '끔찍한 사기'에 지나지 않는다는 견해를 공유하는 독일 군인이 많았다. 평화와 사회주의와 혁명의 요구가 뒤섞이더니, 탈영의 물결에서 병사들이 발로 투표[90]를 한 마지막 몇 주에 점점 더 그들의 목소리로 표출되었다.

동부전선에서는 독일군 말고 다른 군대에서도 훨씬 더 초기 단계부터 사기가 더 위태위태했다. 러시아군, 오스트리아·헝가리군, 이탈리아군의 병사들에게는 자기가 싸우는 목적이라고 자주 들은 '대의'에 대한 믿음이 처음부터 없었다. 브루실로프 장군은 4분의 3 이상이 농민 출신이고 이들 가운데 과반수가 까막눈인 수많은 러시아군 신병이 "전쟁이 자기와 무슨 상관인지를 조금도 알지 못하"거나 독일

90)   1917년 혁명 과정에서 러시아 병사들이 대거 탈영해 고향으로 돌아가서 체제 유지가 아니라 혁명에 "발로 투표했다"는 레닌의 언사에 빗대어 제1차 세계대전 말기 독일 병사들의 분위기를 묘사한 표현이다.

134

이라고 불리는 나라가 있는지조차 모르는 것이 틀림없다고 투덜거렸다. 사기 저하가 일찍부터 본격화했다. 심지어 1914년에 처음 패배한 뒤에 러시아 검열관은 "승리한다는 확신이 병사들에게 더는 없다"고 보고했다. 군사상의 패퇴와 더불어 음식과 옷, 그리고 (1915년에 이미 많은 일선 병사에게 무기가 모자란다고 보고되는 등) 무기의 부족이 사기를 깎아먹었다. 장교의 혹독한 대우도 마찬가지였다. 장교는 지주계급의 대표자로 널리 미움을 받았으며, 썩어빠지고 전선 뒤에서 몸을 안락하게 해주는 쾌락을 즐긴다며 업신여겨졌다. 점점 더 병사들은 자기 곤경이 누구 탓인지 물었고, 답을 배반에서 찾았다. 이미 1915년에 러시아 검열관은 다음과 같이 자신의 견해를 보고했다. "어쩌면 우리는 전쟁에 진다는 것을, 다른 무엇보다도 배반당했다는 것을 곧 인정해야 할 것이다." 그리고 희생양과 반역자 색출이 확 늘어나서 전선에 나쁜 효과를 미쳤다. 최근에 한 후퇴의 배후에는 간첩과 반역자가 있다는 부사관의 '설명'을 듣던 한 병사가 말했다. "웃대가리가 먼저 썩는다더니. 도대체 무슨 놈의 황제가 제 주위에 도둑과 사기꾼을 둘러쳐 놓나? 우리가 전쟁에 질 게 뻔하디뻔하군." 혁명으로 가는 길이 열리고 있었다.

탈영과 투항이 1916년부터 러시아군에 널리 퍼져 나갔다. 사기가 무너지면서, 그해 가을에 항명 사태가 20건 넘게 일어났다. 항명은 지지를 많이 받았고 다른 일선 병사들 사이에서 비난을 받지 않았다. 브루실로프 공세의 성공이 오래가지 못하고 사그라들자 전쟁을 지긋지긋해하고 심하게 낙담한 상태와 가족에게서 오는 편지로 고향의 생활 조건 악화에 관해 커지는 관심이 섞였다. 친척이 보낸 편지를 통해 군부대에 도달하는 소문이 "병사의 사기를 떨어뜨리고 고향에 남은 친척의 운명에 관한 심각한 걱정을 자아낸다"고 페트로그라드 군검열단 단장이 1916년 11월에 지적했다. 강화(심지어 조건 없는 강화)에 대한 요구가 심지어 1916년에도 보고되었다. 그 큰 물결이 1917년 2월혁명 즈음에는 해일이 되었다.

동부전선의 다른 나라 전투부대원 사이에서도 대규모 탈영이 일찌감치 시작되었다. 이탈리아군에서는 처음부터 처벌이 가혹했는데도 1915년부터 1917년 사이에 탈영이 거의 3배로 늘었다. 1917년 11월까지 30만 명을 웃도는 이가 오스만 군대에서 탈영했다. 항복하겠다는 용의는 (서부전선에서보다 훨씬 더 팽배했는데) 궁극적으로는 헌신과 자기 규율에 기대야 하는 사기가 취약하다는 또 하나의 신호였다.

민족적 응집력의 결여는 오스트리아·헝가리 군대에서 사기를 유지하기 어려운 주요한 요인이었다. 독일어를 쓰는 오스트리아인 장교는 자주 (크로아티아인, 루마니아인, 보스니아계 세르비아인, 체코인, 이탈리아인 등) 민족적 배경이 다른 병사를 깔보며 업신여겼다. 그런 병사는 병사대로 고압적인 장교를 미워했을 뿐 아니라, 상관을 민족의 프리즘을 통해 바라보고 합스부르크 황실의 대의를 냉담하거나 적대적으로 바라보았다. 체코인 병사나 다른 소수민족 병사는 자기가 오만하고 거만한 오스트리아인 장교라고 여기는 것에게 받는 대우에 분개했다. 오스트리아인 스스로는 체코인과 (헝가리 동부, 카르파티아산맥 남쪽 출신의) 루테니아인[91]을, 그리고 그럴 만한 까닭이 없지는 않지

---

91) 오스트리아 제국 안에 거주하는 우크라이나인을 일컫던 표현.

만 보스니아계 세르비아인을 미덥지 않다고 생각했다. 그것은 사기를 올리는 비법이 아니었다. 탈영하는 체코인의 심각한 증가는 민족적 경향이 합스부르크 황실의 전쟁수행노력의 약화에 한몫하고 있다는 사실을 가리켰다.

(초기 단계를 제외하면) 민간인이 싸움에 직접 빨려 들어가는 정도는 서부전선보다 동부전선에서 훨씬 더 심했다. 한 폴란드인 촌장의 주목할 만한 회고록이 동부전선의 한 구역에서 민간인이 겪은 전쟁 경험을 들여다보게 해주었다. 얀 스웜카Jan Słomka는 1842년에 태어났고, 그의 긴 삶은 1929년 여든일곱 해 만에 끝났다. 그는 전쟁 전에는 오스트리아가 통치했던 폴란드의 일부인 폴란드 남동부에서 비스와강과 카르파티아산맥에 가까운 소도시인 타르노브제크[92] 부근에 있는 지쿠프[93]의 한 가난한 마을의 촌장을 마흔 해 동안 지냈다. 제1차 세계대전이 마을에 준 충격에 관한 그의 생생한 서술에는 막심한 소모전이 민간 생활과 사실상 동떨어져 있던 서부전선의 특징인 정적인 참호전의 특별한 참상보다는 30년 전쟁에서 군대가 전진하고 후퇴하면서 자행한 유린, 약탈, 황폐화와 닮은 구석이 더 많다.

전쟁이 시작된 지 한 해 안에 스웜카의 이웃들은 오스트리아 군대가 다섯 차례, 러시아 군대가 네 차례 지나가는 모습을 보았다. 그 근처에서 큰 전투가 세 차례 벌어졌다. 러시아군이 그 지역을 두 차례 점령했는데, 첫 번째는 3주 동안이었고 두 번째는 여덟 달 동안이었

---

92) Tarnobrzeg. 비스와강 동안에 있는 폴란드 남동부의 소도시.
93) Dzików. 타르노브제크시의 일부를 이루는 구역.

다. 군대의 이동과 전투 탓에 엄청난 파괴가 일어났다. 주변 지역에서 3000채에 이르는 농장과 가옥이 주로 포격으로 부서졌다. 몇몇 마을은 완전히 사라졌다. 삼림지 3만 5000에이커쯤이 포격으로 불타거나 폐허가 되거나 파괴되었다. 다 무너진 농가들에 남겨진 것은 모조리 약탈당했다. 주민 대다수가(러시아군이 다가오는데도 도피하지 않았던 이들이) 빈털터리가 되었다. 많은 사람이 어쩔 도리 없이 잔해 사이에 지은 막집에서 살았고, 그들의 땅은 밭을 갈지도 못하고 보병 참호와 가시철조망으로 엉망이 되었으며, 말과 소는 러시아군이 몰고 가버렸다. 성인 남성 대다수가 우랄 지방으로 강제 이송되었다. 의식주 공급이 모두 달렸다. 일할 남자가 남아 있지 않았으므로 노동력도 마찬가지였다. 극히 인기가 없는 식량 배급제가 도입되어야 했지만, 품귀 사태가 심해지는 만큼 물가가 천문학적으로 치솟았다.

시작할 때는 모든 것이 낙관적이었다. 1914년 8월 1일에 동원령이 내려지자 지쿠프의 신병들은 서둘러 입대했다. 민간인들은 싸우러 가는 길에 사기 드높게 노래를 부르며 지나가는 군부대를 따듯하게 환영했다. 중앙동맹국이 이길 거라는, 러시아 영토에서 전쟁이 판가름 날 거라는, 그 결과는 새로운 폴란드 국가로 이어질 거라는 전반적인 느낌이 있었다.

그러나 지역 주민 안에 있는 중대한 분열 하나가 전쟁의 발발로 돋보였다. (지쿠프 자체나 다른 부근 마을에서는 아닐지라도 타르노브제크의 주민 과반을 차지하는) 유대인에 가톨릭교도가 품은 반감과 분개가 유대인이 병역을 기피하고 숙소, 말, 수레를 군인들에게 내주는 자기 몫을 회피하고 있기 때문에 더 무거운 부담이 마을 주민에게 부과된다는 식의 주장에서 표현되었다. 결국 유대인들은 몰이를 당해서 강제 노역에 처했다.

오스트리아군이 전진하면서 러시아군이 비스와강 너머로 물러나자 오스트리아의 승리가 머지않다는, 그리고 그것이 폴란드에도 승리라는 사람들의 믿음이 굳어졌다. 몇 달 안에 전쟁이 끝날 것으로 생각되었다. 그러나 때 이른 낙관은 곧 산산이 조각났다. 9월 9일에 포성이 가까워지자 그때까지 오스트리아군이 승리하고 있다고 굳게 믿었던 주민들이 갑자기 놀라서 어찌할 바를 모르고 허둥지둥했다. 며칠 안에 오히려 오스트리아군이 황급히 후퇴 중임이 명백해졌다. 겨우 몇 주 전에 위풍당당한 모습으로 떠났던 연대와는 전혀 다르게도 지치고 굶주리고 다친 낙오병 부대가 그 지역에 되돌아와서는 처음에는 먹을 것을 달라고 부탁하더니 그다음에는 재산을 약탈해서 차지했다. 현지의 유대인 다수가 전진하는 러시아군을 피해 달아났는데, 적군인 러시아군의 유대인 대우가 "아주 혹독하고 무자비"했으니 충분히 그럴 만도 했다. 지쿠프의 유대인은 한데 모이도록 몰이를 당해서 공개적으로 채찍질을 당했다. 부근의 한 마을에서는 유대인 5명이 무기를 숨겼다며 교수형을 당했다. 타르노브제크 출신 유대인 2명이 더 간첩이라는 의심을 사서 길가에서 교수형을 당했다. 10월 초순에 러시아군이 밀려서 물러나야 했을 때, 주민들은 마을에 다시 들어오는 부대를 오스트리아군으로 여기고는 구원자로 반겼다. 그 '구원자'는 실제로는 헝가리 연대로 판명되었고, 그 지역에 숙영한 부대원 1만 5000여 명은 러시아군만큼 욕심 사납고 적대적이었다. 11월 초에 러시아군이 되돌아왔고, 이번에는 (추가로 대규모 약탈과 파괴를 일삼으며) 러시아군의 점령이 1915년 6월까지 지속되었다.

경제 상황이 전쟁 후반기에 확 나빠지자, 지역 주민의 곤경이 심각해지자, 그리고 군대의 탈영이 오스트리아의 군사적 취약성을 뚜렷하게 드러내자 폴란드가 독립한다는 희망은 사그라들었다. 그리고 영토 조정에 관하여 폴란드인 대표도 없이 우크라이나, 독일, 오스트리아·헝가리 사이에 1918년 2월 9일에 맺어진 (우크라이나의 독립을 인정하고 식량을 받는 반대급부로 볼셰비키에 맞서 군사원조를 제공한다는) 별도의 조약에서 오스트리아령 갈리치아의 동쪽 절반이 새로 만들어진 우크라이나 인민공화국[94]에 넘겨졌을 때, 폴란드가 독일과 오스트리아에 배반당했다는 느낌이 널리 퍼져 있었다. 그전 달에 나온 윌슨 대통령의 14개조 평화 원칙의 하나로서, 연합국이 추구하는 목표의 일부로 포함된 폴란드 독립국가 수립이라는 항목이 이미 폴란드인들을 부추겨서 중앙동맹국에 대한 그들의 충성이 약해지도록 만들었다. 그러나 그 독립국가가 어떻게 실현될지, 그리고 과연 실현될지는 무척 불확실했다.

지역 주민에게서 구한 식량으로 버티며 숲에 숨어 지내오던 오스트리아군 탈영병 무리가 1918년 10월의 마지막 날에 모습을 드러내고는 타르노브제크의 도시 광장에 모였고, 자기 군모에서 오스트리아의 꽃 모양 모표를 뜯어냈다. 11월의 첫 며칠 동안 모든 곳에서 오

---

94) 러시아제국의 일부였다가 1917년 러시아혁명 시기에 독자적인 실체가 된 우크라이나를 기반으로 삼아 1918년 1월 25일 독립을 선언한 국가. 1921년에 해체되었다.

스트리아 휘장이 떼어지기 시작했고, 그 자리에 폴란드의 독수리[95] 가 붙여졌다. 병사들은 할 수 있는 한 빨리 고향으로 가려고 열차역 으로 달려갔다. 대중 집회에서 시민들은 "폴란드가 복원된다!"며 기 뻐했다. 참견을 일삼고 인기 없는 전시 규제의 얼굴이었던 (스웝카 자 신을 포함한) 지역 관리들이 느닷없이 권력에서 쫓겨났다. 빈번하게 공 격당하고 심하게 두들겨 맞는 경찰은 대중이 품은 분노의 특별한 목 표였다. 유대인도 사정이 어려운 주민을 고리대금으로 착취한다는, 그리고 최전선 군 복무를 기피한다는 비난을 받으면서 반감을 사기 일쑤였고, 그 반감이 때로는 폭력 행위로 터져 나와 유대인의 상점이 약탈당하고 상점 주인이 두들겨 맞았다. 계급 혐오가 뚜렷했다. 인근 의 토지 3분의 2가 대지주 10명의 소유인 반면에 주로 소농인 1만 4000여 명이 나머지 3분의 1을 나눠 가졌다. 그러니 전쟁 말기의 혼 란스러운 상황에서, 그리고 자주 볼셰비키 혁명에서 영감을 얻은 농 민 무리가 몽둥이와 쇠스랑과 총으로 무장하고 (때때로 영지 하인들의 도움을 받아) 지주의 저택과 대영지를 공격하면서 곡식 창고를 습격하 고 식품, 가축, 건초, 수레, 기타 재산을 약탈했으며 때로는 관리를 때 리고 죽이기도 했다는 것이 놀라운 일은 아니었다.

그토록 자신만만한 기대를 가지고 시작되었던 전쟁이 폴란드의 이 지역에서는 매서운 원한과 계급 갈등, 유대인에 대한 반감의 고 조, 권력의 붕괴, 폭력과 무질서의 만연으로 끝났다. 폴란드라는 신

---

95) 부리와 발톱이 노란색이고 금관을 쓴 흰 독수리의 모습으로, 1295년에 처 음 제정되었던 폴란드 국가의 공식 표장.

생 국가는 통합된 국가가 전혀 아니었다. 제1차 세계대전의 휴전이 이루어졌을 때 그 나라에는 정부가 없었다. 독립국가 폴란드의 존재가 1918년 11월 16일에 선포되었을 때, 그 국가의 경계를 정하고 통합된 하부구조를 세우려는 분투는 막 시작되고 있었을 따름이다. 그리고 지쿠프에 있는 얀 스웜카의 마을과 숱하게 많은 다른 폴란드인 마을이 폴란드 국가의 복원을 위해 전쟁 내내 품었던 소망이야 무엇이었든, 그 국가가 생겨났을 때 국가의 정확한 형태는 그들의 소망 덕이 아니라 거의 전적으로 1795년 이후에 폴란드 분할을 주도했던— 러시아, 오스트리아, 독일(1871년 이전에는 프로이센)—세 열강이 허물어진 상황 덕분이었다.

모든 곳에서, 즉 동유럽뿐 아니라 서유럽에서도 두 전선에서 벌어진 전쟁의 성격이 달랐는데도, 후방 주민은 전쟁 동안 물리적이든 심리적이든 새로운 고난을 견뎌내야 했다. 그 가운데에서도 여성이 가장 심하게 고생했다. 여성은 보통 남겨져 농토를 건사하면서 어린아이들을 돌보았고, 먼 곳에서 싸우는 남편을 늘 걱정했다. 공업 지역에서는 여성이 나서서 전에는 군수공장이나 운송망 기능 유지에서 남성이 했던 일을 해야 했다. 식량이 점점 더 부족해지고 물가가 급등하는 와중에 가정을 돌보면서도 여성은 사랑하는 가족이 전사했다는 소식을 가지고 온 이가 문을 두드리지 않을까 늘 두려워했다. 분노와 원한이 점점 더 커지는 것이 이상하지 않았다. 식품을 구하려고 선 줄에서 여성들이 서로 만나면서 소식과 소문이 퍼져 나갔고, 불평불만이 표출되었다. 전선에서 온 편지는 그들에게 전황이 얼마나 좋은지 나쁜지, 그리고 군인들이 어떤 반응을 보이고 있는지를 알려주었다. 전선에 있는 남정네에게 보내는 그들의 편지는 후방 사정을 전해 주었다. 병사들도 드물게 휴가를 얻어 나갔다가 후방의 사정이 어떤지를 눈치채곤 했으며, 그들이 참호로 되돌아가면서 그 기억도 함께 따라갔다.

비록 영국에서 수백만 명이 일부는 꾸며냈더라도 소름 끼치는 경험을 감추지 않은 관제 영화 〈솜 전투〉[96]를 통해서 전쟁이 어떤 모습인지를 눈치챘을지라도, 후방에 있는 사람이 전선의 참상을 마음으로 속속들이 빠짐없이 느끼기는 불가능했다. 이것은 감성적인 전쟁 경험이 국내 관중에게 제공된 역사상 첫 사례였다. 그것은 몇 사람이 영화를 보다가 겁에 질려 기절할 만큼 참혹했다. 당국은 국민이 그렇게 전쟁의 암울한 실상을 접할 태세를 갖추지 못했음을 깨닫지 않을 수 없었다. 후방의 친인척 대다수는 가족과 친지가 전선에서 무엇을 견뎌내고 있는지를 감추기를 원하거나 감춰야 했다. 따라서 자기가 무엇을 겪고 있는지를 후방에 있는 사람들이 이해하지 못한다고 느끼면서 전선 근무로 돌아가는 군인이 많았다는 것이 놀랍지는 않다. 한 영국군 대위가 1917년에 휴가를 얻었을 때는 친척들에게서 받은 따뜻한 환영이 급속히 식은 일도 있었다. 그들은 영국이 파스상달에서 거둔 승리를 칭송했다. 그 대위가 파스상달 전투의 참상을 묘사해 주고 손실이 헛되었다는 뜻을 내비치자, 친척들은 그에게 나

---

96)   The Battle of the Somme. 솜 전투의 준비 단계와 전투 초기의 영국군의 모습을 담은 영국의 다큐멘터리 선전 영화. 1916년 8월 10일 런던에서 개봉되었고, 한 달 반 만에 2000만 명이 보았을 만큼 흥행 면에서 대성공작이었다.

가라며 문을 가리켰다.

 그러나 그 같은 둔감성과 몰이해가 꼭 일반적이지는 않았다. 이것이 시사하는 것보다 전방과 후방의 상호작용은 더 긴밀하고 중요했다. 자기 집과의 생명줄인 어마어마한 분량의 우편물은 (캐나나 군대나 오스트레일리아·뉴질랜드 군단[97]이나 인도 군대의 부대원, 또는 러시아제국의 드넓은 지역에서 온 많은 이들과는 달리 그것을 누릴 수 있을 만큼의 행운아를 위한) 고향행 휴가를 얻고픈 강한 열망을 보여준다. 또한 싸움이 지속되면서, 커지는 패배의 전망에 마주친 교전국 사이에서 특히 전쟁에 대한 전방과 후방의 태도가 점점 수렴했던 것으로 보인다.

 전방과 후방의 아주 다양한 경험은 쉽사리 요약되거나 일반화되지 않는다. 그러나 명백하고 역사적으로 의미심장해 보이는 것은 상당한 지지를 누리는, 즉 비교적 높은 수준의 대표성과 널리 받아들여지고 확립된 가치에(다르게는 '정통성'이라고 일컬어질 수 있는 것에) 의존하는 정치체제를 가지고 전쟁을 개시한 나라들은 전방과 후방의 사기를 지탱하는 데서 뚜렷한 이점을, 따라서 전쟁수행노력의 극대화라는 이점을 지녔다는 것이다. 물론, 이것은 그 자체로는 충분하지 않았다. 이 나라들은 무기와 식량과 인력의 공급에서도 우월해야 했다. 영국과 프랑스는 특히 자국의 해외 속령뿐 아니라 미국에서도 오는 지원에 의존할 수 있었기 때문에 이 이점들을 가진, 그리고 전쟁

---

97) Australian and New Zealand Army Corps. 줄임말은 Anzac. 오스트리아와 뉴질랜드의 군인들로 구성된 연합국 지중해 원정대 산하 군단. 1914년 12월에 이집트에서 편성되어 연합군의 갈리폴리 상륙 작전에 투입되었으며, 1916년에 해체했다.

말기에는 수많은 미국 군대에서 직접적으로 지원을 받은 열강이었다. 그리고 승리의 희망이 처음에는 유지되다가 그다음에는 점점 더실현 가능해질 수 있는 곳에서는 국가 체제가 심지어 전선의 끔찍한인명 손실에도 불구하고 정통성을 보전할 수 있었다.

그러나 패배가 점점 더 확실해지고, 희망이 사라지고, 막심한(그리고 커지는) 손실이 헛되어 보이는 곳에서는 그 재앙에 책임을 진 국가체제의 정통성이 허약해져서 붕괴점에 이르렀다. 가장 명백한 징후는 전쟁이 끝날 무렵 중앙동맹국 군대에서 나타난 탈영의 규모에 있었다. 정통성이 가장 약한 곳에서는 전쟁이 그 같은 부담을 전쟁을고취하는 정권이 민간인과 전선 병사, 이 두 집단 속에서 대중 소요로 점점 더 위험에 처한 나라에 걸머지웠다.

짓눌리는 국가

전쟁으로 말미암아 모든 교전국이, 결국은 전쟁에 이기는 국가마저도 전례 없는 부담 아래 놓였다. 이런 규모의 싸움에서는 새로운 것이든 아니면 엄청나게 확대된 것이든, 모든 과업이 국가의 책임이 되었다. 전선을 위해 병력과 자원이 어느 때보다도 많이 동원되어야 했다. 전쟁 중반까지 무기를 들 수 있는 각국 남성 국민이 높은 비율로군 복무를 위해 징집되었다(자원병 군대로 전쟁을 시작했던 영국은 1916년에 징집제로 옮아갔다). 가지고 싸울 무기를 군인에게 주려면 무기가 어마어마한 규모로 대량 생산되어야 했다. 국가가 과학기술 연구와 혁신적 유형의 병기 개발을 후원했다. 다치고 불구가 되어 전선에서 돌아오는 수많은 군인에 대처하려면 병원과 임시 양호실과 환자 요양소의 수가 크게 늘어나야 했다. 생계를 책임질 가장을 빼앗긴 미망인과 유가족의 복지가, 아무리 부적절할지라도, 조직되어야 했다. 국가가 프로파간다를 운영해서 여론을 조정하고 사기를 유지해야 했으며, 언론에 직간접적인 영향을 행사해서 정보 유포를 통제했다.

이 모든 것을 하려면 경제를 통제하고 국가 지출을 크게 늘려야 했다. 군사비 지출 하나만 해도 전쟁이 끝날 무렵에는—독일 국내총생산의 59퍼센트, 프랑스 국내총생산의 54퍼센트, 영국 국내총생산의 50퍼센트로(비록 러시아, 오스트리아 또는 오스만제국의 경제처럼 덜 선진적인 경제는 뽑아내는 역량이 떨어졌을지라도)—전례 없는 수준에 이르렀다. 새롭거나 확장된 형태의 조세가 시민에게 부과되었다. 비록 독일과 특히 프랑스는 승리한 뒤에 적국이 전쟁 배상금을 낼 거라고 상상하면서 자국 시민에게 세금을 부과하는 데 더 주저하긴 했지만, 영국은 조세를 통해 전쟁 비용을 마련하는 일에서 비교적 성공했다. 대부분의 전쟁 자금은 차관으로 조달되었다. 연합국은 주로 미국에서 돈을 빌렸다. 오스트리아는 독일에서 어느 정도 돈을 빌렸다. 그러나 전쟁이 지속되면서 독일은 외국 어디에서도 돈을 빌릴 수 없게 되었다. 독일의 전쟁 수행 자금은 점점 더 국내의 전쟁공채로 마련되어야 했다. 모든 교전국이 전쟁공채 구매 운동을 펼쳤다. 모든 곳에서 국가 부채가 엄청나게 늘어났다. 대부로도 조세로도 충분하지 않을 때는 국가가 돈을 찍어냈고, 그래서 훗날의 문제를 키웠다.

국가의 경제 관리와 민간 생활 간섭이 강화되면서 국가기구의 규모가 커졌다. 관료제가 팽창했다. 감시와 강압과 억압의 수준도 올라갔다. 적국의 '재류在留 외국인'이 억류되었다. 어떤 지역에서는, 특히 동유럽에서는 주민 전체가 강제 이주되었다. 러시아군이 1915년에 폴란드 서부와 리투아니아에서 '초토화' 전술을 펼치며 퇴각할 때 적어도 리투아니아인 30만 명, 라트비아인 25만 명, (눈에 띄게 나쁜 대우를 받은) 유대인 35만 명, 폴란드인 74만 3000명이 러시아 벽지로 이송되었다. 1917년 초엽까지 러시아 도시에서 점점 더 심하게 고통받는 대중에 러시아에서 강제 이주된 600만 명쯤이(즉, 완력으로 강제 이송된 이들과 더불어 캅카스와 서부 국경 지대에서 온 실향 난민이) 보태졌다.

다른 곳에서는 국가가 특히 (이제는 군수산업에서 일하는 수많은 여성을 포함해서) 산업 노동계급의 지지를 확보해야 했다. 물질적 조건이 나빠지면서 노동계급의 전투성이 커졌다. 특히 더 권위주의적인 체제에서는 당근보다는 채찍이 더 선뜻 자주 사용되었다. 그러나 영국과 프랑스, 그리고 (전쟁 말기까지는) 독일에서 노동자들은 (사회의 다른 부문보다 상대적으로) 늘어난 임금, 미래에 대한 약속, 더 광범위한 노동조합 조직화에 대한 양보로 본질적으로는 매수되었다. 독일에서는 (17세부터 60세 사이의 모든 남성에 대한 군수산업 의무 노동제인) 1916년 12월 애국부역법[98] 아래에서 노동을 동원하려고 도입된 과감한 조처에 결부되어 피고용인이 50명 이상인 공장에 노동자와 고용인이 동등하게 대표되는 노동자위원회가 설치되었다. 그렇더라도, 그리고 아

---

98) Gesetz über den vaterländischen Hilfsdienst. 경제의 총체적 군사화와 물자 및 인력의 총동원을 지향한 이 법은 총력전으로 가는 중대한 단계였다. 그런 한편으로 의회와 노동계급의 지지를 유지하고자 독일 정부는 노동조합의 위상을 높이는 양보를 병행했다.

무리 전쟁수행노력을 지원할 용의가 있더라도, (여성을 포함한) 노동자들은 자기의 물질적 이해관계를 지키려고 파업을 할 각오를 했다. 전쟁 동안 다른 어떤 교전국보다도 조건이 덜 나빠진, 그리고 전쟁에 대한 헌신이 비교적 높았던 영국에서 오히려 러시아를 제외한 다른 교전국들에서보다 파업이 더 많이 일어났다. 1918년에 파업한 영국 노동자의 수는 1914년의 3배였다. 영국을 제외하면, 전쟁 첫 두 해 동안에는 파업이 비교적 적었지만 1917~1918년에는 (정치적 내용이 더 많이 들어간) 파업의 횟수가 급증했다.

끝이 없어 보이는 전쟁의 고통과 고난이 심해지는 만큼 그 참상의 책임을 져야 한다고 여겨지는 희생양을 찾는 행위도 심해졌다. 국가 프로파간다가 대중의 혐오를 부채질했다. 민중의 울분은 흔히 자본가와 금융가로 향했다. 그러나 이것은 그저 전쟁 모리배에 대한 분명한 계급 혐오만은 아니었다. 그 울분은 어렵지 않게 인종 혐오로도 전환될 수 있었다. 유대인이 점점 더 근로 대중의 착취자로, 금융 자본의 구현으로 희화화되었다. 그러나 유대인 혐오는 오직 자본주의에만 국한되어 연계되기에는 대부분의 유럽인 사이에서 너무나도 오래되었고, 어떠한 편견에도 카멜레온처럼 색깔을 너무나 잘 맞추었다. 반감이 심했던 탓에 (아직도 중부 유럽과 동유럽에 유난히 널리 퍼져 있는, 그리고 기독교 사제가 자주 부추기는) 유대인은 '그리스도를 죽인 놈들'이라는 해묵은 편견과 경제적 울분이 자주 뒤섞였다. 1917년, 이 혐오의 뒤범벅에 치명적 성분이 하나 더 보태졌다. 유대인이 볼셰비즘과 혁명의 원인이라는 것이었다. 전쟁이 막바지에 다다르면서 유대인의 다면적 이미지는 놀림감이 아니라 기독교의 적, 착취하는 자본가, 병역 기피자, 내부 소요 조장자, 볼셰비즘의 추동력이었다. 세계 권력을 지향하는 유대인의 음모를 보여줄 요량으로 차르의 경찰이 전쟁 전에 만들어낸 위서인 이른바《시온의 장로 의정서》[99]의 발간 부수가 1917년 이후에 러시아혁명에 맞선 반발이 시작되자 확 늘어난 것은 그리 이상한 일이 아니었다.

각 교전국 사회의 변화는 전쟁이 국내 정치에 끼친 효과와 각 국가 체제의 생존력에 영향을 받았고 이 두 요인에 영향을 직접 주기도 했다. 처음에 국가는 정치체제가 전쟁 이전처럼, 또는 될 수 있는 대로 전쟁 이전과 가깝게 계속 운영되도록 애썼다. 오래가지 않으리라고 예상되는 해외의 교전 행위에 흔들리지 말고 정상 상태를 지속해야 한다는 점을 강조하려고 영국의 윈스턴 처칠이 1914년 11월에 한 연설에서 만들어낸 구호가 "평시와 다를 바 없이"였다. 모든 교전국에서 그 같은 소망은 오래가지 못할 터였다. 그러나 다소간 평소처럼, 정치는 국가가 전쟁의 압박 탓에 내부적으로 많게든 적게든 흔들리게 될 때까지 지속되었다.

영국과 프랑스에서 정당정치의 견해차는 줄지 않았고 자주 첨예했지만 전쟁수행노력에 헌신하면서 생기는 일체감을 깨지는 않았다. 그 일체감에는 비록 주류가 영향을 미치지는 않았지만, 소수파는 이따금 목소리를 높여 도전했다. 그 두 나라에서 변화가 일어난다면,

---

99)   1903년에 러시아에서 처음 나와서 여러 나라에 유포된 반유대주의 날조 문건. 도덕을 파괴하고, 언론을 조작하고, 세계경제를 조종해서 유대인의 국제 패권을 확립하려고 유대인 지도자들이 19세기 말엽에 모여 논의한 회의의 의사록이라고 주장되었다.

그것은 무자비하게 승리를 추구하려고 '위압적 실권자'에게 정부를 맡기는 역경의 시기 이후였다. 솜에서, 그리고 영국의 아일랜드 지배를 위협하는 심각한 아일랜드 봉기의 여파 속에서 막대한 손실을 본 뒤에 데이비드 로이드 조지가 1916년 12월에 영국 총리가 되어 작지만 강한 전시 내각을 이끌었다. 힘이 넘치는 그의 지도력은 전시경제를 새로 조직하고 추진하는 데, 그리고 전쟁수행노력을 활성화하는 데 성공했다. 프랑스에서는 (전선의 심각한 항명 사태, 후방의 파업과 반전 시위와 타협적 강화 요구 등) 1917년의 소요 뒤에 일어난 정치 위기로 말미암아 급진당의 노숙한 지도자 조르주 클레망소가 그해 11월 정부에 다시 불려갔다. 공화주의적 민족주의의 상징인 그에게 정력적 헌신을 구현하고, 자신감을 되살려내고, "승자의 평화를 위한 불굴의 애국적 투쟁"을 상징하는 일이 맡겨졌다.

영국과 프랑스에서도 전쟁 운영을 둘러싼, 그리고 주로 사회주의 좌파 측의 다양한 수준의 사회·정치적 불만을 둘러싼 내부 분쟁이 국가에 대한 혁명적 도전에 이르지는 않았다. 영국 후방의 사기는 상당 부분은 나라가 침공당하지 않으리라는 자신감, 승리의 전망, 비교적 낮은 수준의 물질적 궁핍으로 말미암아 지탱되었다. 물론 전쟁은 간접적으로 모든 이에게 영향을 미쳤다. 그러나 전쟁의 직접적 영향은 대체로 군 복무를 하는 이들에게 국한되었다. 프랑스의 태도는 더 분열되어 있었다. 볼셰비즘과 혁명에 대한 지지가 표출된 1918년 초엽의 평화주의 시위와 강화 요구 시위가 5월에 군수공장 노동자의 대규모 파업으로 이어졌다. 전쟁이 프랑스 땅에서 벌어지지 않았더라면 그 같은 견해가 더 널리 표명되었을지도 모른다. 사정은 그렇지 않았으므로, 계속 싸워서 독일의 대공세를 견뎌내야 할 절박성 탓에 평화주의가 힘을 잃었다. 그 대공세가 시들해지고 승리가 가시화하자, 프랑스의 사기는 끝까지 유지되었다. 영국과 프랑스 두 나라에서 사회주의 좌파는 전쟁수행노력을 압도적으로 계속 지지했다. 그 두 나라에서는 국가 자체의 정통성에 심각한 위협이 없었다. 패배의 그림자가 어른거리고 손실이 헛되다고 여겨졌다면, 여기서도 상황이 달랐을 수 있다.

스펙트럼에서 서방 열강의 맞은편 끝에는 러시아가 있었다. 러시아에서만 전쟁 동안 혁명이 일어났다. 러시아에서만 혁명으로 정치 구조뿐 아니라 사회경제적 관계까지 철저하게 변혁되었다. 그리고 러시아에서만 지배계급이 완전히 파괴되었다.

1905년에 시도된 혁명은 파업 노동자와 봉기한 농민의 불만을 육해군 병사의 불만과 연계할 응집력이 없었기 때문에 실패했다. 육해군 병사들 가운데 항명에 나선 이는 상대적으로 소수에 지나지 않았다. 통합하는 혁명 지도부도 없었다. 차르는 곧 허울에 지나지 않는다고 판명되는 입헌 통치를 하겠다는 양보를 통해 얼마간은 혁명을 매수했다. 나머지 일은 탄압이 처리했다. 차르의 정치경찰인 오흐라나[100]는 혁명 지도자들을 체포하거나 머나먼 외진 곳으로 유형을 보내고, 그들의 조직에 잠입하고, 선동하는 신문을 정간하고, 파업을 진압하고, 농민 봉기 지도자들을 처형하는 데 능란했다. 체제는 당분간은 파괴

---

100)   Okhrana. 정식 명칭은 공안질서수호국. 체제 반대 세력을 억누를 목적으로 1881년 러시아제국 내무부 산하에 설치된 비밀경찰 기구.

를 모면했다. 그다음 여러 해 동안 소통이 개선되고, 경제가 (전쟁 이전 마지막 몇 해에는 미국보다 더 빠른 속도로) 성장하고, 산업화에서 큰 진척이 이루어지고, 국가 세입이 늘어났다. 그러나 큰 문제는 여전히 차르 전제정의 경화성硬化性이었다. 어쩌면, 전쟁이 없었더라도, 차르 통치를 의회가 제어하는 입헌군주정으로 바꿨을 변화가 도입되었을 수 있다. 그러나 체계적 변화에 대한 지배계급의 완고한 반대와 노동 계급과 농민 안에 있는 전제정에 대한 (아무리 억압해도) 조직화된 뿌리 깊은 적대감의 정도를 고려하면 그럴 가능성은 없어 보였다. 미래의 어느 시점에선가 혁명이 일어날 가능성이 매우 컸다. 1916년 말엽이 되면 가까운 미래에 혁명이 일어날 듯했다.

혹독한 1916~1917년 겨울 동안, 많은 러시아 농민이 식량을 쌓아 두거나 비싼 값에 판 반면에 대규모 공업 중심지는 식량과 연료가 몹시 모자라서 고생했다. 운송은 붕괴 일보 직전이었다. 인플레이션이 기승을 떨었다. 임금은 (군수공장 숙련 노동자의 임금을 제외하면) 뛰는 물가를 따라잡을 수 없었다. 굶어 죽을 판인 사람이 많았다. 그러나 특권을 누리는 소수는 아직도 전쟁으로 돈을 벌고 있었다. 격분의 원천이었다. 페트로그라드(이전의 상트페테르부르크)와 다른 도시들에서 생활 수준에 관한 분노가 반전 정서와 차르 통치 반대와 연계되면서 1917년 1월에 대규모 항의 파업이 일어났다. 노동하는 여성들이 3월 8일(러시아의 옛 역법으로는 2월 23일)에 거리로 나가서 빵이 없다고 항의했을 때, 이것이 군수공장 노동자들의 대중 파업과 시위를 불러일으켰다. 육군 병사와 해군 병사들이 페트로그라드의 노동자 봉기를 후원했다. 페트로그라드에서 시위대에 총격을 가해도 20만 명을 웃도는 노동자의 파업을 끝낼 수 없었다. 그리고 정부에는 군대 안에서 커지는 군인들의 파업을 누그러뜨릴 힘이 없었다. 항명을 진압하라는 명령은 먹히지 않았다. 상황이 급속히 차르 권력의 통제에서 벗어났다. 무정부 상태에서 노동자들이 나름의 대의 정부인 소비에트(즉 평의회)를 선출했다. 질서가 급속히 허물어졌다. 병사들도 자기를 대표할 소비에트를 선출해서 차르를 제거하라고 요구했다. 주요 장교와 정치가들이 차르가 물러나야 한다는 데 동의하자, 3월 15일에 차르가 퇴위하면서 물러났다. 차르와 그의 가족은 1918년 7월에 볼셰비키에 총살당할 터였다. 80년 뒤에야, 즉 소비에트연방이 종식된 뒤에야 그들의 주검이 발견되어 확인되었다.

그들의 참상에 책임이 있다고 여겨지는 차르와 그가 대표하는 통치 체제를 향해 불타오르는 분노가 노동자와 농민의 분열된 이해관계를 당분간 뛰어넘도록 만드는 상황을 조성한 것은 전쟁이었다. 1917년에 산업 노동계급의 혁명 세력이 일시적으로 농민 사이의 혁명 세력과 연계되었다. 이 두 세력은 심지어 함께였어도 1905년의 경우처럼 체제를 쓰러뜨리기에는 충분하지 않았을지도 모른다. 그러나 결정적으로 전쟁으로 말미암아 그 두 세력의 이해관계가 점점 더 수가 불어나고 큰 불만을 품은 전선 병사의 이해관계와 결합되었다. 불만이 전선으로 확산되자, 병사들이 더는 싸우려고 들지 않자, 병사들의 혁명적 열기가 후방의 혁명적 열기와 뒤섞이자 정권에 남은 수명은 얼마 되지 않았다. 막심한 손실에 대한 불만의 급증과 견딜 수 없는 고난이 어우러져 전쟁 반대가 폭발해서 전쟁에 책임이 있다고 여겨지는 체제를 쓸어내 버렸다. 국민 대중을 통합해 강요하지 않아도 정권을 지지하게 만들 중재 구조 없이 억압과 강압에만 기댔던 정권에는 1917년에 저수지 벽이 터지기 전 압력이 치솟을 때 어떤 우호 세력도 없었다.

심지어 1917년 3월에 차르가 물러나고 '혁명적 민주주의'의 임시 정부가 세워진 뒤에도 상황은 여전히 무척 불안정했다. 다음 여러 달 동안 상황이 유동적이고 돌이킬 길 없이 진 전쟁이 더 지속된 탓에 훨씬 더 급진적인 두 번째 혁명이 일어날 수 있는 분위기가 조성되었다.

이 시점에, 즉 (러시아의 옛 역법으로는) 1917년 10월에 혁명을 유도하고 주도하는 데 쓸 수 있는 조직 틀이 가까이에 있었다. 1905년과는 사뭇 달리, 이것이 이 혁명의 성공에서 결정적 요인임이 판명되었다. 볼셰비키당에는 노동계급의 극히 일부를 빼고는 아직 대중 기반이 없었지만, 미리 구상된 강령을 가진 촘촘하게 짜인 광신적 핵심 지도부가 있었다. 그 강령에서는 낡은 체제의 파괴가 목표 그 자체가 아니라 단지 완전히 새로운 사회 건설의 서곡으로만 여겨졌다. 볼셰비키당이 1899년에 세워졌다가 더 큰 혁명파(볼셰비키)와 더 작은 개량파(멘셰비키[101])로 쪼개졌던 러시아 사회민주노동당의 더 큰 분파로 등장했다. 가명인 레닌으로 더 잘 알려진 (1890년대 말엽에 시베리아 유형에 처했고, 그러고 나서 1917년까지 주로 러시아 밖에서 살았던) 블라디

---

101)   Men'sheviki. 부르주아 민주주의 혁명을 당면 과제로 설정하고 볼셰비키당과 대립한 러시아 사회민주당 내의 온건파. 1917년 혁명기에 임시정부를 지지하고 입각했지만, 노동계급의 지지를 잃고 소수파로 전락했다.

미르 일리치 울리야노프는 당을 노동계급의 전위로서 구상하고 차르를 타도한다는 목표를 좇는 단단한 규율과 철저한 충성을 옹호했다. 레닌의 다음 목표는 "계급의 적"에게 무자비하게 테러를 가해서 "프롤레타리아트와 농민의 혁명적 민주주의 임시 독재"를 세우는 것이었다. 소요와 강화 선동을 더 부추겨서 흔들리는 러시아의 전쟁 지속 의지를 꺾고 싶어 하던 독일은 카리스마적인 그 볼셰비키 지도자를 1917년 4월에 망명지인 스위스에서 혁명의 혼돈을 겪는 페트로그라드로 운송했다. 나중의 사태에 비추어 보면, 그것은 역사의 큰 '자책골' 가운데 하나였다. 정부가 볼셰비키를 탄압하는 와중에 레닌은 7월에 (1809년 이후로 반#자치 지역이었고, 차르가 퇴위한 뒤에는 독립을 세차게 요구하는 목소리를 더욱더 드높이고 있는) 핀란드로 도피하지 않으면 안 되었다. 그러나 국가권력이 사그라들자 그는 페트로그라드로 돌아와서 두 번째 혁명을 이끌었다.

촘촘하게 짜인 볼셰비키당 지도부와 헌신적인 당원을 한데 묶어 낸 것은 유토피아적인 구원 이념, 즉 미래의 모순 없는 무계급 사회라는 이상이었다. 그러나 더 폭넓은 지지층과 연계될 잠재력을 볼셰비키에 준 것은 덜 이상주의적이고 더 실용주의적이어서, 평화와 빵과 토지 분배의 약속, 공장의 소유권과 관리, 인민이 운영하는 법 등이었다. 정치적으로 볼셰비키는 (그사이에 모든 주요 도시에 세워진) 소비에트로 모든 권력을 넘기라고 요구했다. 물자 부족이 한층 더 심해지고 인플레이션이 치솟고 재앙과도 같은 마지막 공세에서 나온 사상자 피해가 막심한 와중에 알렉산드르 케렌스키의 임시정부가 인기를 잃어버린 상황이 볼셰비키에 유리하게 작용했다. (출생 신고 시 성명이 레프 다비도비치 브론시테인Lev Davidovich Bronshtein이고 연속혁명[102]이 필요하다고 설파하는 타고난 조직가이자 데마고그인 레프 트로츠키Lev Trotskii가 지도하는) 페트로그라드 소비에트의 지배가 10월혁명을 위한 발판을 마련했고, 10월혁명은 우여곡절 끝에 볼셰비키의 완전한 소비에트 접수로 이어졌다. 혁명은 강력한 반동 및 반혁명 세력을 물리칠 때까지 계급의 적에 대한 무자비한 내부 테러와 상상 가능한 가장 잔혹한 내전을 두 해 넘게 요구할 터였으며, 러시아는 완전한 정치적, 사회적, 경제적, 이념적 변혁으로 가는 경로에 확고하게 놓였다. 그러나 볼셰비키 혁명이 세계사적 의의를 지닌 사건이라는 점은 처음부터 명백했다. 그 혁명이 만들어낸 것은 철저하게 새로운 종류의 국가와 사회였다. 러시아에서 무엇이 일어나고 있는지에 관한 보고는 수십 년 동안 파문을 불러일으킬 충격파를 유럽 곳곳으로 보냈다.

유럽의 다른 곳에서는 정통성의 위기가 볼셰비키 혁명 뒤 1년 이상 지나 패전의 그림자가 어른거리기 시작한 직후에 찾아왔다. 독일에서 전쟁은 정당정치의 끝을 뜻하지 않았다. 끝이기는커녕, 전쟁이 일어나기 전에 분명하게 확인되었지만 전쟁 초기에는 1914년의 '성내평화'[103]로 감춰진 독일 정치의 양극화가 고생이 심하고 수익은 보잘

---

102) 부르주아 민주주의 혁명 이후 일정한 이행기를 거친 뒤 사회주의 혁명 단계로 넘어간다는 단계론적 혁명 개념을 비판하면서 부르주아 민주주의 혁명과 사회주의 혁명이 연속해서 일어난다고 주장하는 혁명 이론.

103) 城內平和, Burgfrieden. 전쟁이 일어났을 때 성이나 영지 안에서 개인 사이의 다툼이나 결투를 금지하고 이를 어긴 이들을 엄벌에 처한 중세의 관행. 제1차 세계대전 초기에 독일에서 일체의 정쟁과 파업을 멈추고 전쟁수행노력에 협조한

것없는데 인명 손실은 막심하다는, 그리고 패배가 머지않다는 느낌
이 자라나면서 완전히 드러나게 되었다. 전쟁 초에 잠시만 대충 봉합
되었던 이념 및 계급의 분열이 곧 거죽으로 다시 떠올랐고, 1916년
이후에는 아주 과격한 형태를 띠었다. 식량 공급이 줄어들고, 물가가
치솟고, 생활수준이 곤두박질치자 강화나 병합이라는 전쟁 목표를
둘러싼 정치 분열이 거세졌다.

과감한 정치 변화를 향한 주요 동력은 독일의 좌익 세력에서 나
왔다. 독일 사회민주당이 1917년 4월에 전쟁에 대한 입장을 놓고 쪼
개졌다. 전쟁을 오로지 사회주의 혁명으로써만 극복될 수 있는 제국
주의적 충돌로 여기고 거부하는 급진 소수파가 떨어져 나가 독립사
회민주당을 결성했다(이 당의 핵심이 나중에 독일 공산당[104]이 되었다). 이
제는 스스로를 독일 다수파 사회민주당이라고 일컫는 더 큰 사회민
주당 분파도 제국주의 전쟁과 독일의 영토 병합을 비난했지만 대의
제 민주주의의 도입, 그리고 카이저가 아니라 의회에 책임을 지는 정
부의 도입을 통한 개혁을 선호하며 혁명을 거부했다. (제정 독일에서는
극좌부터 극우까지 다양한 스펙트럼의 정당들이 제국의회에서 대표되었지만
의사 결정을 통제하지는 못했다. 권력은 카이저의, 그리고 그가 임명한 장관과

다는 합의를 일컫는 표현이기도 하다.

104) Kommunistische Partei Deutschlands. 독일 사회민주당의 혁명적 좌익 분파,
특히 독립사회민주당(Unabhängige Sozialdemokratische Partei Deutschlands)이 주
체가 되어 1919년 초에 세운 독일의 마르크스주의 혁명 정당. 1933년에 나치 정권
에 강제로 해산당했으며, 제2차 세계대전 직후에 되살아났지만 서독에서 1956년
에 다시 해산당했다.

군부 지도자의 손안에 있었다.)

1917년 7월 19일에 다수파 사회민주당은 독일 제국의회의 강화 결의안 표결에서 약간의 자유주의 세력(진보인민당[105])과 가톨릭중앙 당의 지지를 받았지만, 군 지도부를 지지하고 비타협적인 전쟁 수행 뿐 아니라 추가 영토 병합의 추진에도 찬성하는 독일 보수당[106] 및 국 민자유당[107] 우익 측의 강력한 반대자들과 맞닥뜨렸다. 전독일연맹처 럼 대기업 자금으로 뒷받침되는 압력 집단들이, 특히 (1917년에 만들 어져서 125만 당원의 지지를 급속히 얻는) 광적으로 민족주의적이고 제 국주의적인 거대 정당인 독일 조국당[108]이 계속 싸워 승리해서 영토 를 확대해야 한다는 주장을 대중화하는 한편으로 의회민주주의 요 구를 거부했다. 이 정치적 배열은 전쟁이 끝날 때까지 바뀌지 않고 지 속되었으며, 물질적 곤경이 심해지고 패배의 그림자가 어른거리자 강 화되었다. 1918년 패전 뒤에 나타난 독일 정치의 급진적 양극화는 이 미 전쟁 마지막 두 해 동안의 내부 사태 전개에 미리 나타나 있었다.

---

105) Fortschrittliche Volkspartei. 1910년에 세워져 1918년까지 자유민주주의와 의회주의를 표방하며 존속한 독일의 중도 좌파 정당.
106) Deutschkonservative Partei. 1876년에 세워져 1918년까지 존속한 독일의 보수 정당. 주로 부유한 프로이센 지주 귀족의 이해관계를 대변했다.
107) Nationalliberale Partei. 1867년에 세워져 1918년까지 존속한 독일의 중도 우파 자유주의 정당.
108) Deutsche Vaterlandspartei. 전독일연맹의 후원을 받고 1917년 9월 2일에 만 들어진 민족주의 보수 정당. 1918년 여름에 지지세가 절정에 이르러 당원이 125 만 명이었다. 1918년 12월 10일에 해산했고, 당원 대다수가 국가인민당으로 옮아 갔다.

그러나 전선에서 사기가 무너진 데다가 싸움을 멈추라는 후방의 압력이 커진 것은 전쟁의 마지막 몇 달에서야, 즉 1918년 여름 공세가 실패한 뒤에나였다. 1918년 1월에 독일 공업노동자들이 일으킨 대규모 파업은 전선에서 공감을 얻지 못했고, 전선의 병사들은 봄 공세에서 성공을 기대하도록 유도되었다. 병사들 사이의 분위기는 대공세가 3월에 개시되었을 때 "독일이 지닌 힘의 이 원초적 표현"에 의기양양해졌다. 그 공세가 실패했음을 병사들이 깨닫자, 솟구치는 분노가 직접적인 행동으로 바뀌기 시작했다. 그 무엇보다도, 거의 네 해 동안 용기와 신념을 가지고 싸워왔던 병사들이 이제는 가망 없는 싸움이라고 여긴 것에서 살아남고 싶어 했다. 전쟁을 지긋지긋해하는 상태가 다만 싸움을 멈추고 싶다는 솟구치는 열망으로 바뀌었다. 전쟁 마지막 넉 달 동안 서부전선에서 항복한 독일 군인이 (지난 4년 동안의 전쟁에서 항복한 군인보다 훨씬 더 많은) 38만 5000명이었다. 75만 명으로 추산되는 군인이 1918년 8월 이후로 탈영했다. 이 사태가 후방에서 커지는 소요와 뒤섞였다. 그해 초엽의 거대한 파업에서 노동자의 항의는 주로 생활 조건에 관한 것이었는데, 이제는 확연하게 정치성을 띠었다. 강화와 민주주의와 카이저 정권 종식을 바라는 요구가 점점 커져갔다.

전쟁이 오래 지속될수록 독일 국가 자체의 본성이 더 의문시되었다. 장관들이 의회가 아니라 카이저에게 책임을 지는 정치체제는 이미 전쟁 전에 사회주의자들에게 거부되었지만, 민주주의로 가는 어떠한 움직임에도 저항하는 강력한 세력이 그 체제를 지탱했다. 전황이 나빠지자 단순히 혹심한 유혈 피해를 끝내지만 말고 책임이 있는 자들을 쫓아내고 민주주의적인 내각책임제 정부를 도입해야 한다는 좌파의 아우성이 더 커지고 있었다. 더욱더 많은 독일인은 군국주의와 계급 특권과 제어되지 않는 권력에 기대는, 그리고 카이저라는 분열을 불러일으키는 인물이 구현하는 통치 체제는(즉, 독일을 재앙과도 같은 전쟁으로 데려갔던 체제는) 개선할 수 없다고 여겼다. 그 체제는 대체되어야 했다. 민주주의가 확립되어야 했다. 전쟁의 고통과 고난과 궁핍을 감내했던 사람들의 정치적 목소리가 들려야 했다. 1918년 가을 무렵에 제정 독일 국가 체제의 정통성은 무너지기 일보 직전이었다.

윌슨 대통령은 지난 1월에 14개조 평화 원칙을 내놓으며 독일이 병합하거나 점령한 영토의 반환을 예견했는데, 이전부터 독일의 지도자들은 그것에 질색했다. 그러나 상황이 급변하는 가운데 신임 총리이며 개인적으로는 정치 개혁과 영토 병합 없는 강화를 오랫동안 지지해온 막스 폰 바덴Max von Baden 공이 10월 5일에 독일이 쾌히 받아들일 수 있는 조건의 휴전을 희망한다고 윌슨에게 호소했다. 그러나 윌슨은 (독일 지배 엘리트의 권력 상실이 따르는) 의회민주주의 도입, 획득한 영토의 포기, (함대의 양도를 포함한) 상당한 군비 축소를 고집하며 양보하려 들지 않았다. 독일의 지도자들 사이에서는 가혹하다고 보이는 조건을 받아들일 수 있는지를 놓고 열띤 논쟁이 벌어졌다. 루덴도르프는 그 같은 치욕에 굴복하느니 차라리 전쟁을 계속 하자고 열을 내며 제안했다. 그러나 그는 더는 명령을 내릴 지위에 있지 않았다. 그리고 사태는 그의, 또는 다른 누구의 통제도 훌쩍 뛰어넘었다. 10월 26일에 루덴도르프가 자기만 빼고 모든 이를 탓하면서 물러났다.

10월 29~30일 밤에 킬[109]에서 항명에 나선 해군 병사들이 함대를 몰고 바다로 나가서 영국 해군과 마지막 대결전을 벌이라는 해군 지도부의 어처구니없는 명령에 항거했다. 이 대결전은 오로지 독일 해군의 명예만을 위한 무의미한 희생을 불러왔을 것이다. 해군 병사들은 이것에 휘말려들기를 바라지 않았다. 항명이 빠르게 퍼져 나가서 전면적인 혁명에 불꽃을 튀겼다. 노동자·병사 평의회가 생겨나서 기층 차원의 권력을 손에 쥐었다. 장군들이 구질서의 상징인 카이저에게 떠나셔야 한다고 설명했다. 마지못해 카이저가 떠났다. 11월 9~10일 밤 카이저 빌헬름 2세는 벨기에의 스파[110]에 있는 군 본부를 떠나 네덜란드로 망명했다(그곳에서 1941년 죽을 때까지 머물렀다). 카이저의 퇴위는 때 이르게 발표되었다. 11월 28일에야 비로소 공식적인 제위 포기가 뒤따랐기 때문이다. 심지어 카이저가 떠나기도 전에 베를린에 있는 독일 제국의회 청사 발코니에서 서둘러 공화국이 선포되었다. 마찬가지로 실질적인 헌정적 적법성 없이 막스 폰 바덴 총리가 승계자로 사회민주당 지도자인 프리드리히 에베르트Friedrich Ebert를 임명했다. 혁명의 순간에 헌정적 정합성은 문제가 되지 않았다. 여러 달 동안 소동이 지속되는 와중에 독일은 원숙한 의회민주주의 확립으로 가는 길에 나섰다.

불길하게도 독일에서 아직 강력한 세력, 즉 구질서의 수호자들은 그저 다만 상황이 달라져서 민주주의와 의회 통치에 대한 양보가 일

---

109)　Kiel. 발트해에 면한 독일 북부의 항구도시. 독일 해군기지가 있었다.
110)　Spa. 벨기에 남동부의 소도시. 광천수 산지로 유명하다.

소될 수 있을 때까지 자기들이 부득이한 전술적 적응을 하면서 때를 엿보고 있다고 생각했다. 제1차 세계대전 휴전 직전에 다음과 같은 견해를 독일군 지도부에서 들을 수 있었다. "좌파 정당들이 이 강화의 오명을 떠안아야 한다. 분노의 폭풍이 그 정당들을 들이칠 것이다. 그러면 나중에 힘을 되찾아서 다시 예전처럼 지배할 가망이 있다." 그 같은 집단 안에서 민주주의는 독일에 들이닥친 "가장 큰 불행"으로 여겨졌다.

이탈리아에서는 커지는 국가 체제 위기가 독일보다 단지 살짝만 덜 심했다. 이탈리아는 비록 협상국 편이었을지라도 전쟁에서 이기고 있다고 느끼지 못했다. 신속히 승리한 뒤에 아드리아해에서 상당한 영토를 얻기를 바라는 협소한 정치 엘리트가 1915년에 심하게 분열되어 있는 나라를 전쟁으로 끌고 들어갔다. 심지어 장군들도 대체로 전쟁에 끼어든다는 결정에 관해 어떤 귀띔도 듣지 못했으며, 그 결정이 의회에서 상의되지도 않았다. 국민 대다수는 어쨌든 기존의 제한된 정치적 대의 체제는 자기와는 상관없다고 느꼈다. 이탈리아인은 빈번하게 바뀌지만 언제나 똑같다고(그리고 똑같은 엘리트의 이해관계를 보살피고 있다고) 보이는 정부에 대한 열의를 고취할 수 없었다. 그러고 나서는 패배와 물질적 곤경과 심한 손실이 사회를 양극화했고, 단지 잇달아 들어서는 허약한 정부가 아니라 국가 자체에 대한 지지를 침식했다.

무능과 분열의 상징인 이탈리아 의회는 거의 열리지 않았다. 정부는 포고령으로 통치했다. 더욱이 근엄하고 고압적이고 가혹한 이탈리아 육군 사령관 루이지 카도르나Luigi Cadorna 장군이 틀어지는 사태에 책임이 있는데도 정부는 그가 1917년에 카포레토에서 치욕을 겪어서 해임되지 않을 수 없게 될 때까지는 그를 제어할 수 없었다. 그전에는 군사적 필요성이 최우선시되었다. 공장 규율이 군사적 통제 아래 놓였다. 검열과 언론 규제가 심해졌다. 공장에서 물자 부족에 항의하는 시위와 파업이 일어나자 탄압이 거세졌다. 사회와 정치의 분열이 극심해졌고, 끔찍한 전쟁 전사상자 수뿐만 아니라 불공평에 초점이 맞춰졌다. 손실, 패배, 물자 부족, 민족적 수치심이 1916년 이후로 확실한 혁명적 분위기에는 못 미쳤지만, 많이 못 미치지는 않았다.

비록 드러내놓고 전쟁을 거부하고 혁명을 바라는 이들과 열광적으로는 아니더라도 애국적으로 전쟁수행노력을 계속 지지하는 다수파 사이에서 사회주의 운동 자체가 쪼개지긴 했지만, 전쟁 반대와 대중의 불만은 대부분 좌파에서 표명되었다. 불길하게도, 이탈리아 정부는 우파에게서 훨씬 더 격렬하게 공격당했다. 이탈리아민족주의협회[111]가 지지 기반을 넓혔고, 유럽 남동부와 아프리카에서 영토를 확장하자는 선동을 확대했으며, 내무장관이 요청한 대로 경찰 통제권을 얻어서 반대자에게 테러를 가하려고 들었다. 그들은 심지어는 전쟁이 끝났을 때도 준군사 노선에 따라 운영될 국가와 경제를 통한 과격한 사회 변화를 주창하면서 자기들이 무익한 의회 통치라고 여긴 것과 그 부속물인 관료제를 싹 없애 버리고 싶어 했다. 이미 그들

---

111)   Associazione Nazionalista Italiana. 1910년에 만들어진 이탈리아의 민족주의 극우 단체. 국수주의를 내세웠고 준군사 조직까지 보유했으며, '로마 진군'에도 참여했다. 1923년 10월에 이탈리아 파시스트당에 흡수되었다.

은 파시Fasci라고 자칭하는 지역 방위대의 선두에 있었다. 이탈리아의 전후 위기의 조짐이 나타났다.

여러 세기 동안 오스트리아를 통치해온 합스부르크 황실도 이제는 점점 더 인기가 떨어지는 전쟁의 대가를 치르고 있었다. 거의 잊혀 버린 세르비아와의 분쟁으로 촉발된 그 전쟁은 처음부터 완전한 지지를 누린 적이 없었으며, 방어 전쟁으로 묘사될 수도 없었다. 그리고 설령 승리를 거둘 수 있더라도, 독일에 종속된 상태가 너무나 명백해서 마음이 편하지 못했다. 재앙과도 같은 전쟁이 지속되자 합스부르크 제국을 쪼개서 망가뜨릴 기미를 보이는 원심력이 엄청나게 강해졌다. 그 전쟁의 파국적인 마지막 단계 훨씬 전에 악영향이 나타나고 있었다. 늙은 프란츠 요제프 황제는 (제국의 제도적 구조상 헝가리가 절반을 차지해서 이미 다소간에 별개의 실체였던) 쇠약해진 다민족 제국에서 수십 년 동안 거의 유일한 통합의 상징이었다. 전쟁수행노력과 합스부르크 제위, 이 둘 다에 관한 정통성의 위기가 고조되는 가운데 그가 1916년 11월에 죽었다. 그의 종손이자 후임자인 카를 황제는 독일에 대한 종속을 줄이고 연합국과 강화 협정을 맺어보려고 애를 쓰기는 했어도 헛일이어서, 흐름을 바꿀 가망이 없었다.

카포레토 전투 뒤에 오스트리아는 짧게나마 다시 영광을 꿈꿨다. 그러나 열차가 거의 오로지 군대에 식량을 실어 나르는 용도로만 쓰이는 바람에 뒤이은 혹독한 겨울 동안 제국의 민간인을 위한 땔감과 식량을 운반할 열차를 구할 수 없었다. 1918년 처음 몇 달에 걸쳐 제국의 여러 지역에서 거대한 항의 파업이 급증했다. 산업 소요, 개탄스러운 생활 조건에 대한 분노, 민족주의적 분리주의 정서, 전쟁에 반대하는 불만이 뒤섞여서 걷잡을 길 없이 들끓었다. "통치자들의 철저한 무능, 완전한 사기 저하와 조직 붕괴, 전반적 불안정"이 빈의 의사이자 작가인 아르투어 슈니츨러Arthur Schnitzler의 견해였다. 1918년 10월에 식량 폭동, 파업, 시위, 민족주의적 원한, 무법 상태가 퍼지자, 오스트리아 국민식량국의 한스 뢰벤펠트루스Hans Loewenfeld-Russ 국장의 판단으로는, "완전히 절망적인" 상태가 되었다. 합스부르크 제국은 눈에 띄게 허물어지고 있었다.

　제국 대부분의 지역에서 인종적 민족주의 정치가 계급 간 분열을 상당 부분 포섭하거나 압도했다. 급격히 나빠지고 있는 생활수준에 대한 노동계급의 항의가 러시아에서 영감을 자주 얻어서 혁명으로 발전할 기미를 보이는 중심부인 오스트리아를 제외하면, 계급 간 분열은 독립 요구, 즉 제국을 해체하라는 요구로 병합되었는데, 그 목소리가 체코인·폴란드인·남슬라브인 사이에서 점점 더 커졌다. 헝가리에서는 카를 황제가 기꺼이 자유주의적 개혁을 도입하고 제국의 연방제 구조를 강화하는 쪽으로 움직이겠다고 공언했는데도 빈으로부터 독립하라는 압력이 전쟁 마지막 두 해 동안 커졌고, 사회주의자와 많은 자유주의자에게서 지지를 받았다. 민간 통치와 의회 토론이 적어도 명목상으로는 유지되었던 헝가리와는 달리, 제국의 절반인 오스트리아에서는 입법부인 라이히스라트[112]가 중단되고 지방의회들이 폐쇄되었다. 검열과 감시의 강도가 확 올라갔다. 비독일계 지역과

---

112)　Reichsrat. 1861년 2월부터 1918년 11월까지 존속한 오스트리아 제국의 양원제 의회.

비체코계 지역에 군법이 도입되었다. 다른 생각을 가진 사람들이 체포되어 투옥되었다. 그러나 탄압은 전쟁 마지막 두 해 동안 체코인 사이에서 유난히 거셌던 민족주의적 분리주의 운동의 대두를 억누르기에는 불충분했다.

1918년 10월에 오스트리아·헝가리군의 잔존 부대가 제 목숨 구하는 데만 급급하다가 비토리오 베네토[113]에서 이탈리아군에 참패한 뒤 제국은 빈사 상태였다. 군대가 이제 해체되었다. 카를 황제가 10월 하순에 부대원들이 각각의 민족 군대에 합류하는 데 동의했다. 체코인, 폴란드인, 헝가리인, 크로아티아인, 그리고 다른 민족이 탈영해서 고향으로 떠났으므로, 그것은 현장에서 벌어지고 있는 일을 인정한 데 지나지 않았다. 10월 하순에 비상한 속도로 체코슬로바키아와 헝가리, 그리고 유고슬라비아가 될 것이 자국의 독립을 선언하고 있었다. 오스트리아가 11월 3일에 이탈리아와 맺은 휴전은 전쟁수행노력의 종식을 알렸다. 카를 황제는 (제위 요구권은 아니었지만) 권력을 마지못해 포기하고 망명하여 스위스에서, 마지막에는 마데이라[114]에서 여생 세 해를 보냈다. 합스부르크 가문의 통치 5세기가 끝났다.

독일과 오스트리아·헝가리에서 혁명이 일어나고 두 나라의 군주정이 해체되어 (오스트리아·헝가리의 경우에는 여러 '후속 국가'에서) 공화국으로 대체되는 사태는 전쟁에서 패배하는 시점에서야 일어났다.

---

113)   Vittorio Veneto. 이탈리아반도 북동부에 있는 소도시.
114)   Madeira. 포르투갈 남서쪽에 있는 800제곱킬로미터 넓이의 북대서양 포르투갈령 제도.

튀르크의 전시 지도자들이 독일 잠수함 한 척을 타고 오데사로, 결국은 베를린으로 도주하면서 패전한 뒤에 이어서 오스만제국은 (발칸반도에 있던 소유령이 대부분 1870년대에 독립하고 1912년과 1913년에 발칸전쟁이 일어나는 바람에 유럽의 영토를 최종적으로 상실한 데다가) 남쪽으로 줄어들어 터키 자체로 재편되었다. 그러나 오스만제국 안에서도 전쟁으로 말미암은 어려움이 점점 더 심해져서 극복 불가능한 국가 정통성의 위기를 불러왔다. 높은 수준의 탈영은 튀르크 군대의 사기가 점점 더 위험해지는 상태였음을 가리켰다. 위태롭고 둔중한 오스만제국은 전쟁에 지나치게 힘을 쓰다가 더는 버텨내기 어려운 상태에 이르렀으며, 캅카스에서 영토를 얻으려는 시도에 실패하고 빈손으로 돌아왔다. 그리고 중동에서 1916년 이후에 (자국의 제국주의적 이해관계를 증진하려고 안달인 영국과 프랑스가 마구 부추겨서) 일어난 아랍인의 반란은 오스만의 행정이 제국의 남부에서 기능을 발휘하지 못한다는 뜻이었다.

그러는 사이에 튀르크의 중심부에서는 문제가 놀랄 만큼 고조되고 있었다. 전선의 인명 손실이 막대했다. 추산은 튀르크의 사망자 수를 높게는 250만 명으로 잡는데, 이것은 영국 사망자 수의 3배다. 후방의 통화 붕괴, 물가 폭등, 식량 및 기타 상품의 극심한 부족 사태가 동반된 그 같은 손실의 규모는 이미 흔들리는 오스만제국의 기반을 침식했다. 제1차 세계대전 휴전협정이 맺어졌다고 튀르크에서 고통과 폭력이 끝나지는 않았다. 곧 튀르크는 1923년까지 지속되는 독립전쟁으로 빨려 들어갔다. 1923년에 만신창이인 한 나라가 우여곡절 끝에 주권 독립국가로서 폐허를 딛고 나타났다. 그리고 서방 제국주의 열강인 영국과 프랑스의 오스만제국 중동 영토 접수에는 거대한 반反식민지 소요, 항의의 물결, 폭력의 만연이 동반되었고, 그것들은 전쟁이 끝났다고 해서 돌연 중단되지 않았다. 미정의 미래에 미친 결과는 엄청났다.

제1차 세계대전이 지나간 뒤에는 4년 전 전쟁에 들어섰던 그 대륙과는 달라져서 알아볼 수 없을 만큼 산산이 조각난 유럽이 남겨졌다. 심지어는—영국과 프랑스, 그리고 (명목상으로는 승전국이고 명목상으로는 '대'열강인) 이탈리아 등—전쟁에 이긴 열강들조차 탈진 상태였다. 이 난장판을 정리하는 일이 물리적으로 전쟁의 상처를 입지 않았고 유럽의 열강들이 쇠약해지면서 경제적으로 막강해진 신생 대열강인 미국에 맡겨질 가능성이 아주 커 보였다. 미국이 결국은 그 난장판을 정리하는 과업을 대부분 유럽이 맡도록 내버려 두었다는 것이 적잖은 역할을 해서 전후 시기의 위기가 전개되었다. 그러나 그 파국적인 유산의 뿌리에는 다른 무엇인가도 있었다. 결정적으로, 독일 제정과 합스부르크 군주정과 러시아 제정의 폐허에서 향후 시기에 유독한 결과를 불러올 신성하지 않은 배열이 생겨났다.

인종적 민족주의, 영토 분쟁, (이제는, 열망해서든 아니면 두려워서든, 러시아에서 나타난 볼셰비즘이라는 새로운 힘에 초점이 맞춰진) 계급 혐오의 결합은 무척 큰 폭발력을 지녔다. 인종적 민족주의는 제1차 세계대전의 주요 유산 가운데 하나였다. 그리고 그것은 뒤섞인 인종 공동체들이 여러 세기 동안 서로 나란히 살았지만 대체로 제1차 세계대전으로 생겨난 새로운 긴장과 갈등과 혐오가 이제 다툼의 대상이 된 접경지대와 분리된 영토를 둘러싼 격렬한 분쟁에서 표출되고 유독한 혐오가 러시아에서 일어난 볼셰비즘의 승리라는 새 성분 때문에 엄청나게 증가한 중부 유럽과 동유럽의 바로 그 지역에서 가장 치명적일 터였다. 다른 어느 곳보다 동유럽과 중부 유럽에서, 민족적·지역적 적대감이 만들어낸 부글부글 끓는 솥 위에 계급 갈등이 더해졌다. 이것은 유럽 대륙의 이 지역에서는 전후 시대 초기가 평화의 시기가 아니었음을 뜻했다. 그곳에서 잦아들지 않고 지속된 엄청난 폭력은 우여곡절 끝에 유럽이 20년 뒤에 훨씬 더 파괴적인 또 한 차례의 싸움으로 빨려 들어갈 때 전면에 나타날 깊은 원한을 남겼다.

제1차 세계대전은 상상하기 힘든 엄청난 인명 손실을 불러왔다. 사망한 군인은 거의 900만 명이었고, (대개는 대규모 강제 이송과 기아와 질병으로 말미암은) 민간인 사망자는 600만 명에 가까웠다. 모든 교전국을 다 합치면, 무려 700만 명이나 되는 전투원이 적군에 사로잡혀서 (비록 대다수는 1918년 11월 11일 휴전협정 뒤에 꽤 빨리 본국으로 송환되었지만) 원시적이기 일쑤인 포로수용소의 생활 조건에서 때로는 여러 해를 보냈다. 궁극적으로 승리는 더 큰 군사력과 우월한 경제 자원의 결합으로 얻어졌다. 그러나 그 승리는 도대체 무엇을 위해서였을까? 당연히 이에 관한 사람들의 견해는 특히 자기 나름의 경험과 자기 나라의 운명에 따라 엄청나게 다양했다. 이편저편 가리지 않고 모든 교전국에서 많은 사람이 (때로는 엉뚱했지만 그래도 이상인) 이상을 위해 싸웠다. 이 이상에는 더 나은 미래의 희망과 더불어 국토 수호, 국가의 명예와 위신, 자유와 문명, 애국 의무가 포함되었고, 점점 더 민족 해방과 더불어 더 나은 미래의 희망도 포함되었다. 4년 동안의 학살이 끝나가자 이름난 오스트리아 작가 로베르트 무질Robert Musil은 1918년 일기에 냉소적으로 다음과 같이 적었다. "그 전쟁은 이런 공식으로 환원될 수 있다. 너는 네 이상을 위해 죽는다. 그 이상을 위해 살 가치가 없기 때문이다." 이때가 되면, 전투원 수백만 명 가운데 전쟁에 나설 때 가슴에 품었던 그 이상(그것이 무엇이든)을 여전히 간직한 이는 십중팔구 소수에 지나지 않았다. 유럽의 대규모 군대의 수많은 징집병 가운데 다수에게 실제로는 추상적 이상주의랄 것이 처음부터 없었을지 모른다. 보통 그들은 대안이 없었기 때문에 싸웠다. 그리고 이들 가운데 다수에게 학살은 쓸데없는 짓이었다.

1916년에 한 프랑스 군인이 전선에서 전사하기 바로 전에 쓴 다음과 같은 가슴 저미는 글이 모든 전투부대의 평범한 병사 수백만 명의 정서를 대표한다.

나는 이 살육의 목적을

알고 싶어서 묻는다. 내가 듣는 답변은 '조국을 위해!'다.

하지만 왜 그런지 이유는 알지 못한다.

학살은 막대했고, 파괴는 막심했다. 극적으로 바뀐 유럽에서 그 유산은 심대할 터였다. 기나긴 결산이 시작될 참이었다.

EUROPE 1914-1949

3

요동치는 평화

이것은 강화가 아니다. 이것은 20년 동안의 휴전이다.

―페르디낭 포슈 육군원수가 본 1919년 베르사유조약

3

그것은 아쉬운 대로 그럭저럭 평화였지만, 평화처럼 보이지 않을 때가 잦았다. 지진 뒤에 해일이 일어나듯이, 제1차 세계대전 뒤에 대격동이 일어났다. 그 대격동이 잦아드는 데 다섯 해가 걸렸다. 귀향한 군인들은 격변한 정치, 사회, 경제, 이념적 풍경과 마주쳤다. 전쟁은 경제를 망가뜨렸고 사회를 갈라놓았으며, 더 나은 세상의 급진적 유토피아 미래상을 향한 전망을 열었다. 그 전쟁에는 "전쟁을 끝낼 전쟁"이라는 꼬리표가 붙었다. 그렇다면, 왜 그 전쟁은 그 대신에 또 다른, 훨씬 더 파괴적인 전화로 가는 길을 닦았을까? 평화를, 그리고 더 큰 자유와 평등 위에 세워진 더 나은 사회를 바라는 수백만 명의 소망이 왜 그토록 빨리 무산되었을까? 그 대신에 어떻게 유럽은 우위를 놓고 다투는 절대 양립 불가능한 정치체제의 위험한 3대 이념, 즉 공산주의와 파시즘과 자유민주주의의 기반을 놓았을까? 그러나 왜 이 초기의 위기 시대에, 그리고 전쟁 직후 시기의 트라우마에도 불구하고 공산주의는 러시아에서만, 파시즘은 이탈리아에서만 승리한 반면에 유럽의 나머지 지역 대부분에서는(그중에서도 그 대륙의 핵심부에 있는 나라인 독일에서는) 민주주의가 살아남았을까?

'영웅에 걸맞은' 나라?

"전쟁에서 이긴 사람"으로 많은 이에게서 환호를 받은 데이비드 로이드 조지 총리가 "영웅이 살기에 걸맞은 나라"를 만들겠다고 영국의 1918년 선거 유세 동안 말했다. 제1차 세계대전 전에 유럽에서 가장 부유했던 나라, 4년 동안의 싸움으로도 물리적 피해를 거의 입지 않은 나라에서조차 그 말은 참호에서 고향으로 갔던 많은 군인에게는 곧 실속 없는 조롱에 지나지 않아 보일 터였다.

영국 군인의 조기 동원 해제는 사실상 꽤 원활했다. 1918년 휴전 때 350만 명이었던 군대의 규모가 1920년까지 37만 명으로 줄었다. 전쟁 직후 시기의 경제 호황은 1919년 여름까지 군인 5분의 4가 제대했다는 뜻이고, 그들 대다수가 (때로는 전쟁 동안 고용되었던 여성을 밀어내고) 일자리를 얻었다. 그러나 그 호황은 시작만큼 빨리 종결되어서, 1920년 가을에 끝났다. 파운드를 보호하려고 (미국의 정책을 따라서) 긴축 통화 정책이 도입되어서 생활 수준에 크나큰 영향을 미쳤다. 오르는 물가를 처음에는 엇비슷하게 따라갔던 임금이 급락했다. 계급 간 긴장이 높은 상태에 머물렀다. 1919년에 산업 분규로 3500만 일日을 잃어버렸다. 1921년에는 그 수치가 8600만 일이었다. 실업은 1920년 12월부터 1921년 3월까지 석 달에 걸쳐 2배로 늘었다. 여름까지 200만 명이 일자리를 잃었다. 실업자 대다수가 다 허물어져 가는 지저분한 거처에서 살았다. 1918년에 영웅들을 위한 집이 약속되었지만, 1923년에는 다 쓰러져가는 빈민촌의 집 수백만 채를 대체하는 것은 고사하고 기본적인 (1919년보다 더 심한) 주택 부족에 대처하려면 새집 82만 2000채가 필요했다.

1921년까지 숱한 전직 군인들이, 그중에서도 중증 장애 상이군인들이 거리에서 구걸을 하거나 성냥과 기념품을 팔고 빈민을 위한 무료 식당에서 먹으며 겨우 생계를 이어 나가려고 애쓰면서, 그리고 때로는 어쩔 도리 없이 문간이나 공원 의자에서 자면서 지독히도 가난하게 살고 있었다. 한 전직 장교의 애달픈 말로는, "우리는 더는 영웅이 아니었고, 그저 '실직자'였다." 일선 장교였던 시인 겸 작가 로버트 그레이브스Robert Graves는 "제대한 군인들이 구두끈을 팔고 헌 옷과 양말을 달라며 자꾸 문 앞으로 왔다"고 기억했다. 안락한 상위 중간계급 배경을 버리고 자원해서 전선에서 부상병을 간호했던 베라 브리튼Vera Brittain은 "애국자들이, 특히 여성 애국자들이 1914년에 존중받은 만큼 1919년에는 평판을 잃었다"고 술회했다. 브리튼은 "꿈을 빼앗기고 메마르고 무뎌진 세상"을 보았다.

아무리 암울했더라도 영국의 상황은 유럽에서 가장 나쁜 상황, 필시 싸움에 직접 휘말려든 나라들 사이에서 조성된 상황과는 거리가 멀었다. 무시무시하긴 했지만, 그래도 영국의 전사상자 수는 최고 비율을 밑돌았다. 군인 사망자 수가 영국은 75만 명(여기에 대영제국 여러 지역 출신의 사망자 18만 명이 추가된다), 이탈리아는 거의 50만 명, 프랑스는 130만 명, 오스트리아·헝가리는 거의 150만 명, 러시아는 약 180만 명을 헤아렸고, 독일은 200만 명을 살짝 웃돌았다. 더 작은 나라들 가운데 몇몇 나라가 비율로는 가장 심한 피해를 보았다. 싸움터로 보내진 세르비아인과 루마니아인 3명 가운데 1명이 전사하거나 부상이나 질병으로 죽었다. 주요 교전국의 전투부대원들 가

운데 사망자의 비율은 11~12퍼센트(러시아, 영국, 이탈리아)와 15~16
퍼센트(프랑스, 독일, 오스트리아·헝가리)를 오르내렸다. 모든 나라에서
다치고 불구가 되고 장애를 입은 사람의 수가 죽은 사람의 수를 크
게 앞질렀다. 총사망자 수는 1790년과 1914년 사이에 벌어진 모든
주요 전쟁에서 나온 사망자를 합친 수의 2배를 넘었다. 그러고 나서
1918~1919년 인플루엔자가 전 세계에 돌아서 나온 사망자의 수가
제1차 세계대전 동안 유럽의 싸움터에서 죽은 사람의 2배였다. 또한
전후의 폭력 사태와 국경 분쟁의 희생자가 그 무시무시한 사망자 수
에 더해져야 했다.

　전쟁의 경제적 비용은 (19세기 말부터 1914년까지 모든 나라의 국가 부
채 총액의 6배쯤을 넘어서서) 어마어마했다. 전투의 영향을 가장 직접
적으로 받은 나라들에서 전쟁 뒤의 생산량은 1913년 수준에서 급감
했다. 이와 대조적으로, 영국의 형편은 훨씬 나았다. 그렇더라도 1918년
에 영국의 정부 부채는 1914년 수준의 6배쯤이었고, 미국에 진 순 부
채 총액은 연합국들 사이에서 가장 많아서 1922년까지 거의 45억 달
러에 이르렀고, 이는 이제 유럽 대다수 지역처럼 미국의 융자에 지속
적으로 의존한다는 것을 뜻했다. 전쟁은 중립국 경제도 뒤흔들었다.
스웨덴과 같은 중립국들은 대체로 전시 수요에 대처하려고 자국 경
제를 확장할 수 있었다. 그러나 중립국 스페인에 가해진 충격은 자국
의 경제 문제를 격화하고, 이미 나라 안에 있는 사회·이념·정치의 균
열을 넓힐 터였다.

　서유럽에서 전쟁으로 말미암은 물리적 황폐화는 대체로 벨기에
와 프랑스 동북부에 국한되었다. 싸움터가 된 이 지역은 지독한 고통

을 겪었다. 집 수십만 채가 부서졌고, 산업이 두루두루 손해를 입었고, 엄청난 넓이의 토지가 경작하기 힘든 상태로 버려졌으며, 높은 비율의 가축이 죽었다. 그러나 가장 심한 악영향을 받은 지역의 넓이는 30~60킬로미터에 지나지 않았다. 전투 지역을 빼면, 서유럽의 나머지 지역과 나란히 프랑스가 겪은 파괴는 눈에 띄게 적었다. 전쟁이 더 기동적이었던 동부에서는 이야기가 달랐다. 세르비아와 폴란드, 그리고 벨라루스와 우크라이나가 될 지역은 전진하고 후퇴하는 군대들에 짓밟히고 유린당했으며 극심한 황폐화를 겪었다.

귀국해서 런던에서 아주 열렬한 환영을 받은 승전 군인들은 나라가 자기가 떠날 때와 다르지 않아서 적어도 알아볼 수는 있었다. 이와 대조적으로 빈, 부다페스트, 뮌헨, 또는 베를린으로 (보통은 어지러이 뒤섞여) 돌아가는 군인들은 혁명적 격변과 경제 혼돈으로 빠져들었다. 기이하게도—얼마간은 여성을 전쟁 동안 얻었던 일자리에서 억지로 내보내고 남성으로 대체함으로써—전후의 노동시장을 관리하고 실업을 억제하는 일에 패전국 독일이 승전국 영국보다(또는 그 문제에서라면 중립국 네덜란드보다) 더 잘 대처했다. 인플레이션도 도움이 되었다. 이 시점에서 통화수축은 독일 경제를 훨씬 더 망가뜨려서 수많은 제대군인이 일자리를 찾을 수가 없었다. 그러나 정부가 제어할 길 없이 기승을 떨치는 인플레이션은 다른 방식으로, 즉 심각한 손해를 일으키는 방식으로 곧 치를 대가였다.

독일에서는 국가 부채가 거의 30배 늘고 지폐 유통량이 20배 넘게 늘어난 전쟁 동안 인플레이션에 가속이 붙었다. 1918년에 물가가 전쟁 이전의 5배쯤이었고, 통화가 이전 가치의 절반가량을 잃어버렸다.

독일만 그렇지는 않았다. 오스트리아·헝가리의 전시 인플레이션과 통화가치 하락은 훨씬 더 컸다. 대다수 국가가 전쟁 동안 어느 정도는 인플레이션을 겪었다. 1919년의 물가가 프랑스, 네덜란드, 이탈리아, 스칸디나비아 국가들에서는 1913년의 3배였고, 영국에서는 거의 2.5배였다. 그러나 특히 중부 유럽과 동유럽에서는 전후에 물가가 통제를 벗어나 폭주했다. 폴란드와 오스트리아와 러시아에서는 초인플레이션의 와중에 통화가 허물어졌다. 폴란드 남동부에 있는 지쿠프 마을의 촌장을 여러 해 동안 지낸 (제2장에 나온) 얀 스윔카는 1920년에 오스트리아의 크로네[115]가 폴란드의 마르카[116] 지폐로 대체된 뒤에 미쳐 날뛰는 인플레이션의 충격을 몇 해 뒤에 다음과 같이 회고했다.

> 누군가 뭔가를 팔고 그 돈으로 곧바로 무엇을 사지 않으면 손해를 크게 볼 것이다. 집이나 밭, 또는 가축 일부를 팔고는 그 돈을 집이나 은행에 보관해 둔 사람이 많았다. 이들은 가진 것을 모조리 다 잃고 거지가 되었다. 한편, 돈을 빌려서 그 돈으로 물건을 산 사람은 부자가 되었다. 돈더미가 끊임없이 쌓였다. 돈을 서류 가방이나 바구니에 넣어 들고 다녀야 했다. 지갑 같은 것은 쓸모없었다. 집에 쓸 물건을 사려면 수천, 그리고 수백만, 급기야 수십억 마르카를 치렀다.

---

115) Krone. 1892년부터 1918년까지 통용된 오스트리아의 통화.
116) marka. 1917년부터 1924년까지 통용된 폴란드의 통화.

폴란드에서는 완전히 새로운 통화인 즈워티[117]가 1924년에 도입되고서야 비로소 안정을 찾았다.

독일이 빠져든 초인플레이션은 1923년에 독일의 전쟁 배상금 체납을 앙갚음해서 프랑스군이 공업 중심지인 루르 지방[118]을 점령한 뒤에 독일을 덮친 중대한 정치 위기의 일부였다. 그러나 그 초인플레이션의 뿌리는 전쟁에 이겨 패전국에게서 전쟁 비용을 건지겠다는 도박에 바탕을 둔 독일의 전시 자금 조달에 있었다. 전시에 독일에는 패배의 경제적 결과를 고려해서 인플레이션을 미리 막겠다는 동기가 없었다. 독일의 전쟁 물자 재원은 주로 국내 전쟁공채로 조달되었다. 이 국내 부채를 청산할 수단이 인플레이션에서 나왔다. (가치가 떨어지지 않은 통화인 금마르크[119]로만 지급될 수 있는) 전쟁 배상금 청구서가 1921년에 알려지자, 물가 상승을 제어하려는 전후 초기의 조치가 높은 인플레이션을 기꺼이 용인한다는 전략에 자리를 내주었다.

인플레이션은 국내 부채를 청산하고, 예를 들어 디플레이션 조치로 영국에서 촉발되었던 노동계의 만만찮은 전투성을 비껴가는 한편으로 전쟁 뒤에 독일 산업의 빠른 복구를 거들고 독일의 수출을 크게 북돋웠다. 기업가는 투자에 필요한 것을 빌려서 가치가 떨어진 통화로 그 대출금을 갚을 수 있었다. 그리고 독일의 통화가 가치를 잃

---

117)　złoty. 중세부터 폴란드에서 쓰였던 화폐 단위였으며, 1924년부터 지금까지 통용되는 폴란드의 통화.

118)　Ruhrgebiet. 보훔, 에센(Essen), 도르트문트(Dortmund) 등 여러 공업 도시가 밀집해 있는 독일 동북부 지역.

119)　Goldmark. 1873년부터 1914년까지 독일에서 통용된 금본위제 통화.

었으므로 아주 경쟁력 있는 가격으로 상품이 수출될 수 있었다. 디플레이션 정책이 미국과 영국과 프랑스에서 생산수율[120]이 떨어지고 실업률이 올라가는 결과를 빚은 1920년과 1922년 사이에 독일은 산업 생산이 엄청나게 늘어나고 실업률이 줄어드는 정반대의 결과를 경험했다는 것이 그리 놀라운 일은 아니었다.

독일 숙련 노동자의 임금은 적어도 처음에는 인플레이션을 쫓아가지 못하는 경우가 많았다. 노동조합은 고용인이 전시에 했던 양보에 기대어 확실히 보수와 노동시간을 개선할 수 있었다. 그러나 비숙련 노동자, 또는 고정 소득이나 연금으로 살아가는 이에게 인플레이션은 재앙이었다. 1923년에, 즉 루르 위기 동안 인플레이션이 통제에서 완전히 벗어나 끔찍한 재앙이 되었다. 1914년에 (전쟁 말까지 독일의 중대한 경화인) 미국 달러의 가치가 4.2마르크였는데, 전쟁이 끝났을 때는 14마르크로 뛰었고, 1920년 말엽에는 65마르크가 되었고, 1922년 1월에는 1만 7972마르크에 이르렀으며, 1923년 11월에는 아찔하게도 442억 마르크로 치솟았다. 이처럼 이해할 수 없는 숫자가 얼마 안 되는 저축으로 살아가는 평범한 개인에게 무엇을 뜻하는지는 10만 마르크를 저축한 초로의 한 고학력 베를린 시민의 운명으로 생생하게 부각된다. 다른 시대였다면 꽤 안락한 은퇴 생활을 누릴 수 있었을 10만 마르크는 화폐가 가치를 잃으면서 겨우 지하철표 한 장을 살 만한 금액이 되었다. 그 시민은 근교 철도를 타고 베를린 주위를 한 바퀴 돌았고, 자기 아파트에 돌아오자마자 틀어박혀 지내다가 굶어

---

120)　투입되는 원재료와 생산되는 상품의 비율.

죽었다.

전후 유럽의 어디에도 '영웅에 걸맞은' 나라는 없었다. 슬퍼하는 미망인과 고아가 된 어린이와 불구가 된 군인이 유럽 대륙 곳곳의 도시와 시골에서 굶주리는 이와 일자리를 잃은 이와 궁핍한 이와 뒤섞였다. 전쟁은 국가의 후원을 받아야 할 상이군인 800만 명을 남겼다. 독일 한 나라에서만 해도 전쟁 미망인이 50만 명을, 고아가 100만 명을 웃돌았다. 중상을 입은 65만 명 가운데는 전쟁에서 장님이 된 이 2400명이, 팔 하나나 다리 하나를 잃은 이 6만 5000명이, 이제 두 팔이나 두 다리를 잃은 이 1300명 이상이 있었다. 전쟁 동안 의학이 진보했지만, 그처럼 끔찍한 부상은 수술로 완치될 수 없었다. 그리고 불구가 되지는 않았다고 해도 독일에서는 31만 3000명, 영국에서는 40만 명으로 추산되는 이들이 전쟁 경험으로 말미암은 정신적 외상으로 마음에도 상처를 입었다. 많은 이가 결코 회복되지 못했고, 정신의학적 치료가 제대로 이루어지지 않고 대중이 그들의 상황을 잘 이해하지 못한 탓에 고통을 겪었다. 전쟁 상이군인은 경제적 곤경과 사회적 차별에 맞부딪혔다. 고용인은 신체에 결함이 있는 노동자를 원하지 않았으며, 전쟁 탓에 정신의학적으로 손상된 전직 군인은 자주 '히스테리 환자'로 여겨지거나 연금을 받으려고 꾀병을 부린다는 의심을 샀다.

영국의 저명한 사회주의자이자 평화주의자인(1924년에 첫 노동당 정부 재무장관이 될 필립 스노든Philip Snowden의 아내인) 에설 스노든Ethel Snowden은 전쟁 직후 오스트리아 수도 빈의 사회적 참상을 다음과 같이 생생하게 포착했다. "군복 차림의 장교가 카페에서 장미를 팔았다. 빛깔이 바랜 고급 옷을 차려입은 우아한 여인이 자녀와 함께 거리 모퉁이에서 구걸을 했다. 상점은 손님이 없어 텅 비어 있었다. (…) 직업소개소에서는 남녀 수천 명이 실업수당을 받으려고 긴 줄에 서 있었다. 용감한 의사들이 진료소와 병원에서 사실상 약품도 비누도 소독제도 없이 고름이 나오는 종기투성이의 발육 부진 아동들과 씨름했다."

　동유럽에서는 상황이 훨씬 더 나빴다. 러시아 내전을 피해 달아난 난민 수십만 명이 어디로 가든지 암울한 전망에 맞부딪혔고, 그러잖아도 극심하게 고생하는 사람들에게서 환영을 받지 못했다. 여러 해 동안 싸움으로 국토 대부분이 피폐해진 폴란드는 끔찍한 상태에 있었다. 전쟁 직후에 바르샤바 인구 절반이 변변찮은 실업수당을 받고 있었고, 질병이 퍼졌으며, 폴란드 동부는 기아에 시달렸다. 1919년에 중부 유럽과 동유럽에 파견된 영국 구호단의 윌리엄 구드William Goode 단장은 다음과 같이 보고했다. "그 나라는 다른 군대들에 네댓 차례 점령당했고, 각 군대는 보급을 위해 그 땅을 빗질하듯이 샅샅이 뒤져 약탈했다. 러시아군이 (1915년에) 후퇴하면서 대부분의 마을을 불살라 버렸고, 네 해 동안 땅이 경작되지 못했다. (…) 이곳 주민은 뿌리, 풀, 도토리, 잡초를 먹으며 살고 있었다." 전후 유럽의 대다수 지역에 정치 소요가 널리 퍼졌다는 것이 아니라 혁명적 격변이 더 광범위하게 일어나지 않았다는 것이 이상한 일이다.

　거의 모든 곳에서 사람들은 혹심한 물질적 곤경뿐 아니라 개인적 상실과도 씨름해야 했다. 전사상자 피해가 그토록 어마어마했으니, 국민의 전쟁에서는 엄청난 고통에 대한 어떤 국가적 인정이 있어야 했다.

프랑스의 가정은 가족과 친지가 고향 마을의 교회 묘지에 묻히기를 바랐다. 정부는 결국 대중의 압력에 굴복했고, 신원을 확인할 수 있는 주검 30만 구의 발굴과 재매장에 들어가는 비용을 국가가 치렀다. 이것은 운송 업무와 관료적 절차가 아무리 엄청나다고 해도, 프랑스군 전몰자가 대개는 자기 나라에서 죽었기 때문에 가능했다. 다른 나라의 경우에는 그런 일을 할 수 없었다. 승자와 패자가 따로따로 분리되었을지라도 전몰자는 목숨을 잃은 그 자리에서 기려져야 했다. 유난히도 프랑스인은 가족과 친지가 독일인 곁에 나란히 누워 있다는 생각을 견딜 수 없었다. 그래서 독일인 전몰자가 프랑스인과 영국인 곁에 나란히 묻혀 있던 곳에서는 그 독일인 전몰자가 파내어져서 별도의 묘지에 다시 묻혔다. 그 결과로 전쟁 묘지가 이전의 싸움터나 그 가까이에 나라마다 조금씩 다르게 엇비슷한 모양으로 세워졌다. 그 묘지는 불멸의 영웅적 용기와 나라를 위한 희생을 상징했으며, 또한 그 희생이 헛되지 않았다는, 쓰러진 이가 하느님께서 계신 곳에서 다시 일어서리라는 느낌을 불러일으키면서 대중의 경건한 마음을 자아냈다. 영국 묘지의 깔끔하게 손질된 잔디밭에 빽빽이 늘어선 똑같은 모양의 하얀 묘비 사이에 신원을 확인할 수 없는 군인이 "하느님께 알려진"[121]이라는 간단한 비문과 함께 누워 있다. 무명 군인을 고국으로 데려와서 국가 성역에 묻는 것은 곧 한 국가의 집단 애도의 초점이 되었다. 1920년에 거창한 의례와 의식을 치르면서

---

121)　Known unto God. 영국의 시인 러디어드 키플링(Rudyard Kipling)이 선정해서 영연방의 제1차 세계대전 무명 전몰 군인 묘비에 새겨진 문구.

'무명 군인'을 프랑스는 파리의 개선문 밑에, 영국은 런던의 웨스트민스터 사원 안에 묻었다. 그 뒤에 곧 이탈리아, 벨기에, 포르투갈이 이 예를 따랐다.

서부전선 전몰자의 국가적 추모에서 가능했던 것이 동부에서는 복제되지 않았다. 러시아에서는 기념비가 일절 세워지지 않았다. 러시아에서는 전쟁이 잠시도 쉼 없이 혁명 투쟁과 훨씬 더 큰 피해를 낸 끔찍한 내전으로 흘러 들어갔다. 볼셰비즘의 승리로 제1차 세계대전은 (그저 탐욕스러운 제국주의 열강들의 싸움으로 여겨지면서) 내전의 영웅적 신화의 뒤로 물러섰다. 이념의 요구는 제1차 세계대전이 집단 기억에서 한자리를 차지할 수 없음을 뜻했다.

전몰자 기억에서 승전국인 서방 열강들의 국민적 일체감과 비슷한 감정이 패전국에는 기대될 수 없었다. 패전국에서는 전쟁이 분열을 불러와서 단지 군사적 재앙과 막심한 인명 손실만이 아니라 거대한 정치적 격변과 이념 대결로 이어졌다. 독일은 뒤늦게 1931년에야 전몰자를 위한 국가 기념물을 베를린에 세웠다(비록 지방에는 이보다 앞서 전쟁 추모 기념물이 많이 세워졌지만). 전쟁과 독일 패배의 의미에 관해서는 의견 충돌이 너무 격렬해서 어떠한 전쟁 추모에서도 통합을 찾을 수 없었다. 대중의 정서라는 스펙트럼의 한쪽 끝에는 전쟁 동안 구상되고 10년도 더 지난 뒤에 완성되어 벨기에의 한 묘지에 놓여 있는, 아들을 잃어서 애달파하는 부모를 새긴 케테 콜비츠의 조각[122]에 그토록 가슴 뭉클하게 담겨 있는 비통과 전쟁의 인적 희생에

---

122)   케테 콜비츠는 아들 페터가 1914년 10월에 플란데런의 싸움터에서 숨진

대한 공포, 그리고 평화주의가 있었다. 스펙트럼의 다른 쪽 끝에는 패배와 그 패배에 따르는 혁명에 느낀 민족적 수치와 분노의 감정이 있었다. 그 감정은 전시의 영웅적 용기를 민족의 부활과 재생의 희망 속에 편입했다. 그 영웅적 용기는 '랑게마르크 신화' 속에 압축되어 담겼다. 급히 소집되어 훈련을 제대로 받지 못한 독일의 청년 지원병 2만~2만 5000명이 독일어처럼 들리는 랑게마르크라는 이름을 가진 이 플란데런 지방 마을의 근처에서 일찍이 1914년 가을에 영국군과 헛된 전투를 벌이다가 목숨을 잃었다. 무의미하다시피 한 이 손실은 독일의 프로파간다로 말미암아 민족 부흥에 반드시 필요한 기반인 젊은이의 희생과 영웅적 용기를 생생하게 보여주는 사례로서 사라지지 않는 전설적 위상을 얻었다. 전몰자 신화는 독일에서 1930년대에 재앙과도 같은 해결책을 찾아낼 이념 분쟁의 중심적 초점으로 남았다.

전쟁의 끔찍한 참상에 많은 사람이 평화주의자가 되었다. 독일의 사회주의자 극작가인 에른스트 톨러Ernst Toller가 "유럽의 참사, 인류의 역병, 우리 세기의 범죄"라고 자기가 서술한 것에 보인 반응은 "그 세계대전 자체가 나를 전쟁 반대자로 바꿔 놓았다"였다. 영국의 작가 베라 브리튼은 죽음과 고통이 역겨워서, 그리고 약혼자, 남동생, 가까운 두 벗을 잃고 상심해서 평화주의자, 사회주의자, 여성의 권리를

뒤 조각품 하나를 구상해서 1932년에 〈애달파하는 부모(Trauerndes Elternpaar)〉를 완성했다. 이 조각품은 벨기에의 블라슬루(Vladslo)에 있는 독일 군인 묘지에 있다.

위한 열렬한 투사가 되었다. 프랑스에서는 전쟁 전에 고아원을 운영했던 마들렌 베르네Madeleine Vernet가 '반전反戰여성연맹'[123]을 창립해 페미니스트, 사회주의자, 공산주의자에게서 지지를 끌어모았다. 유럽의 많은 지역에서처럼 프랑스에서도 사람들이 자본주의 경쟁에 내재된 구성 요소인 사회적 불평등의 종식과 평화의 이상에 귀를 선뜻 기울였다. 그러나 이상주의적 평화주의는 여전히 소수파에 국한되었다. 고향에 돌아오는 군인들 대다수는 평화주의자가 아니었다. 그들은 싸웠고, 만약 애국심이 요구한다면, 또한 꼭 필요하다면 달갑지 않아도 다시 싸울 것이었다. 그러나 그들은 평화, 안보, 정상 상태로의 복귀, 더 나은 미래를 압도적으로 원했다. 그들 태반은 자기 농장, 자기 직장, 자기 마을과 도시로, 무엇보다도 자기 가족에게 돌아가고 싶어 했다. 이것은 사람들이 이 끔찍한 싸움을 겪으면서 그토록 자주 뒤집혔던 삶을 복원하려고 다른 여러 방식으로 애썼으므로 (분명히 서유럽에서는) 가장 흔한 반응이었다. 일어났던 일이 공포스러웠기에 전쟁이 다시는 있어서는 안 된다는 압도적 신념이 생겨났다.

반혁명의 옹호자

그러나 모든 사람이 그렇게 느끼지는 않았다. 유럽을 불태운 대전화의 완전히 상이하고 상충하는 유산(즉 전쟁을 찬양하고 폭력과 혐오를

---

123) Ligue des femmes contre la guerre. 1921년 파리에서 회원 500명으로 창립된 페미니즘 조직. 여성으로만 이루어지고 남성은 지원만 할 수 있었다.

환영하는 유산)이 있었다. 많은 사람에게, 전쟁은 1918년 11월에 그냥 끝나지 않았다. 패배의, 혁명과 사회주의 승리의 문화 충격이, 그리고 러시아 내전을 피해 나오는 난민이 퍼뜨리는 끔찍한 이야기에 나타나는 '적색 테러'[124]에 대한 피해망상적 공포가 그 재앙의 장본인이라고 여겨지는 자들을 죽이고 해치는 것이 의무와 꼭 해야 할 일과 즐거움이(즉, 정상적인 생활방식이) 되는 야만스러운 심성을 키웠다.

새롭고도 놀라운 수준의 격렬한 정치 폭력이 전후 유럽 대다수 지역의 특징이었다. 영국의 지배에서 벗어나려는 독립 투쟁 동안 아일랜드에서 1919년부터 1923년 사이에 일어난—종파 간 살인, 영국 준군사 조직원들('흑갈단黑褐團'[125])이 제멋대로 저지르는 만행, 급기야 1922~1923년의 짧지만 잔혹한 내전을 포함한—높은 수준의 폭력으로 증명되듯이 유럽 서북부라고 해서 예외는 아니었다. 영국의 지배에 맞서 1916년에 일어난 단기간의 '부활절 봉기'[126]는, 비록 포로를 가혹하게 다루고 봉기 지도자들을 처형해서 가시지 않는 쓰라린 유

---

124) 러시아 내전 시기에 볼셰비키가 반혁명 세력과 반혁명에 동조한다고 여겨지는 이들에게 가한 정치적 탄압과 대량 학살을 반혁명 세력이 볼셰비키와 그 동조자들에게 가한 탄압과 학살인 백색 테러와 구별해서 일컫는 표현.
125) Black and Tans. 공식 명칭은 왕립 아일랜드 경찰 특별예비대(Royal Irish Constabulary Special Reserve). 아일랜드 독립전쟁에서 왕립 아일랜드 경찰을 도와 아일랜드 공화국군과 싸운 영국 경찰 임시부대. 당시 육군부 장관인 처칠의 제안으로 1919년 말엽에 대원을 모집했고, 제1차 세계대전에 참전했던 영국의 퇴역 군인이 많이 지원했다.
126) Easter Rising. 아일랜드어로는 Éirí Amach na Cásca. 1916년 부활절 주간에 영국에 맞서 일으켜 4월 24일부터 30일까지 지속된 아일랜드인의 무장봉기.

산을 남기는 역효과를 낳았을지라도 금세 진압되었다. 이 봉기는 독립을 위한 게릴라 전쟁으로 넘어갔고, 이 전쟁은 1919년 이후로는 아일랜드 공화국군[127]이 상당한 위협성 폭력을 써가며 수행했다. 영국은 흑갈단을 배치해서 대응했다. 급히 만들어진—일부는 경찰의 (실제로는 흑색이 아닌) 암녹색, 일부는 군대의 카키색—단원의 제복에서 이름을 딴 이른바 흑갈단은 제대 군인 9000명쯤으로 이루어졌고, 전직 장교 2200명이 증원되었다. 그 전직 장교들은 아일랜드 민족주의자들이 미워한 부대인 왕립 아일랜드 경찰 보조부대[128]를 형성했다. 약탈, 고문, 살인, 그리고 봉기자라는 이들의 집을 불사르기를 비롯한 흑갈단과 보조부대의 잔학 행위는 수십 년 동안 영국·아일랜드 관계를 아주 단단히도 해쳤다. 10년도 더 지나서 영국 파시스트연합[129]을 이끌 오즈월드 모즐리조차 그들의 행위를 역겨워했다. 실제로 그들의 폭력은 (영국사에서 지워지지 않는 오점으로) 메스꺼웠다.

그러나 아일랜드는 유럽 서북부에서(심지어 영국 안에서조차) 하나

---

127)　아일랜드어로는 Óglaigh na hÉireann, 영어로는 Irish Republican Army. 아일랜드 독립전쟁 당시 영국에 대항해 싸운 아일랜드인의 무장 단체. 전신은 아일랜드 의용군이며 아일랜드 의회의 승인으로 창설되었다.

128)　Auxiliary Division of the Royal Irish Constabulary. 아일랜드 독립전쟁 동안에 아일랜드 공화국군에 맞서 싸울 목적으로 1920년 7월에 주로 영국 본토에서 건너온 전직 장교들로 편성된 왕립 아일랜드 경찰 산하 준군사 조직.

129)　British Union of Fascists. 1932년에 만들어진 영국의 파시즘 정당. 1936년에 영국 파시스트·국가사회주의자 연합(British Union of Fascists and National Socialists)으로, 이듬해에는 영국 연합(British Union)으로 이름을 바꿨고, 1940년에 해체당했다.

의 예외 사례였다. 영국 정부는 늘 아일랜드를 브리튼제도[130]의 다른 부분과 다르게 취급될 준準식민지로 간주했다. 폭력 탄압의 극단은 다른 경우에는 (마하트마 간디가 고취한 인도 독립 투쟁이 지지를 얻자 1919년 4월에 암리차르[131]에서 레지널드 다이어 장군[132] 예하 영국군 부대가 비무장 시위대 수백 명에게 퍼부은 총격처럼) 영국 식민지의 몫으로 남겨졌다. 본국, 즉 영국 본토에서는 전후 무질서의 규모가 혁명으로 바뀔 심각한 조짐이 어디에도 없었다. 영국과 프랑스에서는 민방위 부대가 1919년과 1920년에 파업과 싸우는 데 이용되었다. 그러나 사회·정치적 소요는 국가의 억제를 받았고, 혁명적 기세를 모으지 못했다. 준군사 조직의 동원은 프랑스에서 10여 년 뒤에나 다른 상황 아래에서 큰 관심사가 되었고, 영국에서는 정치 질서를 뒤엎을 조짐을 보이지 않았다.

남유럽에서는 문제가 달랐다. 고조되는 정치 폭력이 이탈리아에서는 1922년까지 파시즘 대두의 배경을, 스페인에서는 이듬해에 군사독재 수립의 배경을 형성했다. 그리고 유럽의 남동단에서는 제1차

---

130)   British Isles. 그레이트 브리튼(Great Britain), 아일랜드, 맨섬(Isle of Man), 헤브리디스(Hebrides)제도 등 크고 작은 섬 6000개를 포함해 유럽 대륙 서북부 연안에 있는 한 무리의 섬.

131)   Amritsar. 파키스탄과 가까운 인도 서북부에 있는 대도시.

132)   Reginald Dyer(1864~1927). 인도 주둔 영국군에서 근무한 인도 태생의 영국인 장교. 1919년 4월 13일에 기관총으로 무장한 부대를 지휘해서 암리차르시의 잘리안왈라 바그(Jallianwala Bagh) 공원에서 추수감사제를 즐기는 인도 민간인에게 무차별 총격을 퍼부었다. 영국 정부의 발표에 따르면, 379명이 숨지고 1000명 넘게 다쳤다.

세계대전보다 훨씬 먼저 일어난, 그리고 1915년의 아르메니아인 수십만 명의 강제 이송과 학살을 포함한 극단적 폭력이 전후 시대 초기에 지속되었다. 최악의 폭력은 터키 서부 해안에 있고 여러 민족이 사는 에게해[133]의 항구도시인 스미르나(오늘날의 이즈미르[134])가 그리스에 세 해 동안 점령된 뒤 1922년 9월에 터키에 재탈환되었을 때 일어났다. 터키는 그 도시의 그리스인 및 아르메니아인 거주 지역을 불태우고 수만 명을 학살했다. 이 지역에서 고질이 된 폭력은 터키 서부를 자국 영토에 집어넣어 영토를 넓히려는 그리스의 파국적 시도가 끝나면서 1923년에 마침내 누그러들었다. 그해에 로잔조약에서 신생 터키공화국의 수립과 더불어 제2차 세계대전 이전 최대 규모의 주민 교환(실제로는 추방)이 비준되었다. 그것은 국제적으로 합의된—터키로부터 (대다수가 그전 해에 아나톨리아에서 이미 도피했던) 그리스인 100만 명 이상과 그리스로부터 터키인 36만 명을 치우는—대규모 민족 청소의 첫 사례인 셈이었다.

그렇지만 17세기의 삼십년전쟁 이후로 이곳에서 목격된 그 어느 것보다도 더 큰 새로운 극단적 반혁명 폭력의 진앙은 중부 유럽과 동유럽에 있었다. 여기서는 단지 여러 해 동안 살인에 노출되어 있다가 돌아오는, 그리고 유혈 사태와 고통에 이골이 난 군인만이 아니라 사회 전체가 야만화했다. 동부전선에서는 초토화 정책과 민간인 강제 이송이 전쟁의 일부였다. 그리고 그곳에서는 싸움이 1918년 11월에

---

133)   지중해에서 그리스와 터키 사이에 있는 바다.
134)   Izmir. 아나톨리아반도 서쪽 끝에 있는 터키 3대 도시 중 하나인 항구도시.

멈추지 않고 숨 돌릴 새도 없이 폴란드의 격렬한 국경 분쟁으로, 그리고 (동유럽과 중부 유럽 전역을 뒤흔드는 충격파를 일으킨 공포의) 러시아 내전으로 돌입했다.

볼셰비즘이 자기 나라에 확산하지 않도록 막는 것이 반혁명 분자들의 중대한 동기였고, 그들 가운데 일부는 발트해 연안 국가와 그밖의 다른 곳에서 볼셰비키에 반대하는 투쟁에 기꺼이 참여했다. 그러나 폭력은 단순히 러시아에서 일어나고 있는 것에 대한 반응이 아니었다. 패전한 동맹국들을 휩쓴 좌익 혁명은 모든 곳에서 반대와 마주쳤다. 정치가 혼란한 와중에 준군사 무장 조직들이 힘을 모았다. 그 조직들의 지도자는 어김없이 제1차 세계대전 동안 전선에서, 흔히는 동부전선에서 대량 살육을 경험했던 사람들이었다. 대다수 유럽인을 공포에 질리게 했던 것이 이 사람들에게는 아주 신나는 경험이었다. 그들은 투쟁을 영웅화하고 살인을 격찬했다. 그들이 귀향했을 때 마주친 세상은 이해할 길 없는 세상, 한 사람의 표현으로는 "거꾸로 뒤집힌" 세상이었다. 그들은 배신감을 느꼈고, 아니면 보통 가난에 찌든 평범한 민간인의 생활로 돌아가는 데서 전혀 미래를 보지 못했다. 이렇게 느끼는 많은 사람이 특히 독일 동쪽과 러시아 서쪽 사이에서, 그리고 발트해와 발칸반도 사이에서 움트는 준군사 정치의 인종적 폭력에 빠져들었다. (국가가 돈을 대주는 약탈자들인) 독일의 자유의용단[135]이 흔히 귀족의 지도 아래서 20~40만 명을 끌어들였

---

135) Freikorps. 제1차 세계대전에서 패한 뒤 독일에 생긴 불법 준군사 극우 조직. 민간 생활에 적응하지 못하고 군대에서 안정감을 느끼는 참전 군인이 주로 가

다고 추산된다. 그들은 국경 분쟁, 과격한 인종적 민족주의, 볼셰비즘의 위협, 비이성적인 유대인 혐오로 말미암아 폭력적 감정들이 독하게 뒤섞인 상태가 조성된 곳에서 활동했다.

1918년에 귀향하는 독일 장교 22만 5000명의 4분의 1쯤이 이런저런 준군사 자유의용단 부대에 가담했는데, 이들은 주로 중간계급 출신 하급 장교였다. 병사였던 실직자와 토지 없는 농업 노동자 다수도 자유의용단 부대에 가담했고, 동쪽에서 땅뙈기를 차지하기를 바라는 한편으로 자기가 약탈할 수 있는 것에 만족했다. 그러나 참전 군인은 평화에 반감을 품은 자들과 비슷한 심성을 공유하기는 해도, 제1차 세계대전에 참전해서 싸우기에는 너무 어렸던 (군국주의적 가치와 민족의 영광을 배우며 자란 '전쟁 청소년 세대') 활동가에게 수에서 밀렸다.

준군사 조직 신입 대원들은 동지애, '참호 공동체', 사나이끼리의 유대, 무장 충돌의 순전한 짜릿함을 유지할(또는 재현하려고 시도할) 길을 찾았다. 그들은 일체감, 열렬한 애국심, 싸우다 죽을 가치가 있는 대의에 대한 헌신의 감정을 회고하거나 상상했다. 그리고 이것은 그들이 보기에 승리와 영광이 아니라 패배와 치욕을 가져왔던 막대한 인신 제물을 요구한 자들에게 이제 그들이 느끼는 억울함을 크게 증폭했다. 그 때문에 이 준군사 조직 신입 대원들이 자기 조국 일부의 상실에 책임이 있다고 간주한 자들에게, 그리고 자기들이 옹호하는 모든 것에 거스르는 세계를—즉 ('빨갱이'가 조장했다고 보이는) 무질

입했으며, 해체된 군대를 대신해서 정부의 묵인 아래 공산주의자와 싸웠다.

서, 무권위, 불의, 혼돈과 '나약해 빠진' 민주주의가 빚어낸 세계를―
만들어낸다고 간주한 자들에게 느끼는 보복의 갈증이 엄청나게 고
조되었다. 그들의 대응은 극단적 폭력이었다.

새롭게 솟구치는 폭력에는 뚜렷하거나 조리 있는 이념이 없었다.
탐욕, 질투, 물질적 이득에 대한 갈증, 땅을 차지하려는 욕망이 모두
역할을 했다. 폭력 자체는 미래 사회나 국가 형태에 관한 선입견보다
는 무제한의 행동주의에 더 큰 빚을 지고 있었다. 하지만 그렇더라도
그것은 이념적이었다. 마구잡이식이 아니라 목표를 정해서 자기들이
애지중지하는 가치를 파괴할 조짐을 보이는 (주로 내부의 적으로 인식
된) 혁명 세력을 겨누었던 것이다.

이 내부의 적들 가운데 가장 두드러진 이들이 공산주의자와 사회
주의자, 그리고 특히 유대인이었다. 반혁명의 옹호자 다수에게 이 내
부의 적들은 서로 뒤섞였다. 혁명 운동에서 두드러진 역할을 하고 있
는 (1919년 4월에 뮌헨에서 짧게 유지되었던 '소비에트 공화국'의 여러 주도
적 인물과 함께 그 누구보다도 러시아의 레프 트로츠키, 헝가리의 벨러 쿤Béla
Kun, 오스트리아의 빅토르 아들러Victor Adler와 오토 바우어Otto Bauer, 독일의 쿠
르트 아이스너Kurt Eisner와 로자 룩셈부르크Rosa Luxemburg 등의) 유대인을 볼
때, 반혁명 옹호자는 전쟁 이전 차르 경찰의 날조인《시온의 장로의
정서》로 조성된 공상을, 즉 유럽의 문화와 도덕과 정치 질서를 허물
어뜨리려는 "유대인의 세계 음모"라는 공상을 확인할 따름이었다. 유
대인은 해방을 예고한다며 대체로 러시아혁명을 반겼다. 유대인에게
는 차별과 핍박이 없는 사회주의 미래라는 큰 희망이 있었다. 비율
에 걸맞지 않게 많은 유대인이 혁명운동에 가담했고, 소비에트 러시

아의 행정과 치안 활동에서 상당한 역할을 하게 되었다. 예를 들어, 1919년에 키예프의 정치경찰(체카)[136]의 무려 75퍼센트가 유대인이었다. 동유럽에서 유대인은 (대다수가 실제로는 혁명가가 아니었을지라도) 볼셰비즘과 동일시되었다. 유대인은 끔찍한 대가를 치를 터였다.

곤경이 심해지고 패배할 가능성이 더욱더 커지면서 동맹국과 러시아가 참호에서 퍼뜨렸던 역겨운 반유대주의 프로파간다를 빨아들이듯이 받아들인 병사가 많았다. 전쟁이 끝난 뒤에 중부 유럽과 동유럽의 상황이 혼돈에 빠지면서 봇물이 터진 듯이 반유대인 폭력이 세차게 일어났다. 러시아의 한 사회학자[137]는 1921년에 다음과 같이 썼다. "유대인은 어디서나 미움을 받는다. (⋯) 계급이나 교육, 정치 성향, 인종, 또는 연령에 상관없이 사람들은 유대인을 미워한다." 그는 유대인 혐오를 "오늘날 러시아에서 영위되는 삶의 두드러진 특성 가운데 하나, 어쩌면 심지어 가장 두드러진 특성"으로 간주했다. 내전은 유대인 공격으로 이어졌고, 최악의 공격은 우크라이나에서 일어났다. 약 1300건의 포그롬에서 유대인 5만~6만 명이 살해되었다. 동갈리치아[138]에서 우크라이나인과 폴란드인 사이에 치열한 싸움이 그치지 않자 리보프[139]를

---

136)   Cheka. 정식 명칭은 반혁명 및 파괴 책동 행위에 대처하는 전러시아투쟁특별위원회, 줄여서 체카라고 불렀다. 볼셰비키 정부가 1917년 12월에 창설한 비밀경찰이며, 소련 비밀경찰의 효시 격인 조직이었다.
137)   세르게이 마슬로프(1887~1945년경).
138)   오늘날의 폴란드 남부와 우크라이나에 해당하는 지역. 갈리치아는 1772년부터 1918년까지는 오스트리아 제국의 영토였다.
139)   L'vov. 우크라이나 서부의 도시. 1918년까지는 오스트리아에, 1939년까지는 폴란드에 속했다.

비롯해 100개를 웃도는 도시에서 반유대인 폭력이 저질러졌다. 리보프에서는 폴란드군이 1919년 7월에 입성했을 때 일어난 대규모 포그롬 동안 유대인 70명이 살해되었다.

벨러 쿤의 단명한 공산주의 정권이 1919년 8월에 무너진 뒤 헝가리에서도 반유대인 폭력이 광범위하게 나타났다. 격심한 유대인 혐오가 성행하고 유대인과 볼셰비즘이 동일시되었음은 1919년 여름에 에설 스노든이 회고한 한 헝가리인 귀족 부인의 말에서 포착되었다. 다른 때였다면 품위 있고 매력적이었을 그 귀족 부인은 다음과 같이 말했다. "내 마음대로 할 수 있다면 난 볼셰비키를 모조리 다 죽일 겁니다. 그놈들은 편하게 죽지 않을 거예요. 난 그놈들을 약한 불 앞에 놓고 구울 겁니다. 그 더러운 유대인들이 가장 훌륭한 우리 사람들에게 무슨 짓을 했는지 생각해 봐요. 그리고 내 옷과 보석이 죄다 없어졌다고요! (…) 진저리 나는 어떤 유대인 계집애가 바로 지금도 [예쁜 내 흰 장화를] 그년의 추잡한 두 발에 끌어올리고 있어요. 틀림없다고요." 이 같은 사고방식을 고려하면, 전후 헝가리의 정치적 소란의 여파 속에서 유대인에게 자행된 잔학 행위가 그다지 놀랍지 않다. 1922년의 보고서에 따르면, 그 나라의 도나우강 서쪽 지역에서 3000명을 웃도는 유대인이 살해되었다.

합스부르크 제국으로부터 생겨날 신생 국가들 사이에서 새로 생겨나는 민주주의적 자유의 햇불인 신생 체코공화국에서조차 포그롬이 일어났으며, 학생 폭동에 밀려서 1922년에 프라하 대학교의 유대인 총장이 물러나야 했다. 독일과 오스트리아는 포그롬을 겪지 않았다. 그렇지만 격한 반유대주의 수사가 먹혀서 분위기를 해쳤고, 그 결과로 1919년에 바이에른 총리인 쿠르트 아이스너와 1922년에 독일제국 외무장관인 발터 라테나우처럼 두드러진 정치적 직위에 있는 유대인들이 살해되었다.

반혁명 분자들의 폭력은 한계를 알지 못했으며, 자기들이 맞서 싸우고 있다고 주장하는 혁명의 폭력을 어김없이 훌쩍 뛰어넘었다. '적색 테러'가 오스트리아에서는 5명, 독일에서는 200명 이하, 헝가리에서는 400~500명의 목숨을 앗아갔다고 추산된다. 오스트리아에서 반혁명 측 폭력의 희생자는 최소 850명이었다. 1919년 4월 말의 바이에른 '소비에트 공화국' 진압에서 나온 사망자가 606명이었고, 이 가운데 335명이 민간인이었다. 그리고 부다페스트에서 벨러 쿤의 소비에트 정권이 무너진 뒤 헝가리의 '백색 테러'에 죽은 사람이 1500명 쯤이었는데, 공산주의자의 손에 목숨을 잃은 사람의 최소 3배였다.

한 학도지원병은 1920년에 독일의 루르 지방에서 공산주의 봉기를 진압하는 데 참여한 뒤 부모에게 다음과 같이 적어 보냈다. "봐주기는 없습니다. 우리는 부상자까지 쏴 죽였어요." 1919년에 발트해 연안 지대에서 준군사 조직의 전투에 참여했던 또 다른 독일 젊은이는 다음과 같이 회고했다. "우리는 우리 손에 붙잡히는 놈들을 누구든지 죄다 살육했다. (…) 우리 마음에 인간적 감정은 남아 있지 않았다." 훗날 아우슈비츠 수용소 소장으로서 전례 없는 대량 학살 프로그램을 주도한 루돌프 회스Rudolf Höss는 발트해 연안 지대에서 벌어진 전투를 자기가 제1차 세계대전 동안 목격했던 그 무엇보다 냉혹한 것으로—"완전한 절멸의 수준에 이르는 순수한 살육"으로—기억했다. 1919년부터 1921년까지 폴란드인과 독일인 사이에 격전이 벌어진 발트해 연안 지대와 오버슐레지엔[140]은 준군사 조직원들의 손에 어쩌면 많게는 10만 명이 목숨을 잃는 막대한 인명 손실이 일어난 무대였다.

준군사 조직의 폭력은 1923년 이후에 확 줄었다. 그러나 그 폭력에 앞장섰던 이들은 바뀐 시대에 적응해야 했더라도, 성격이나 태도 면에서는 바뀌지 않았다. 많은 이가 1930년대에 유럽 곳곳에서 지지를 얻는 파시즘 운동에서 새 기회를 찾을 터였다. 그리고 폭력이 가장 심했던 지역에서는 (적잖이 러시아 소비에트 공산주의가 성공적으로 자리 잡은 데 대한 반발로서) 훨씬 더 나쁜 일이 벌어질 터였다.

승리하는 볼셰비즘

땅이나 다른 재산을 빼앗길 이들이 싸우지도 않고 1917년의 볼셰비키 혁명을 받아들이지 않을 것은 당연했다. 그 결과로 내전이 일어나서 상상하기 힘든 만행이 저질러지고 세 해 동안 피가 흐르고 700만 명을 웃도는 남녀와 어린이의 목숨이 희생되었다. 그 희생자 수는 러시아가 제1차 세계대전에서 입은 인명 손실의 4배쯤이었고, 그중 상당수가 민간인이었다. 실제 전투와 테러 진압뿐 아니라 굶주림과 전염병으로 죽은 사람의 수는 어마어마했다.

신생 소비에트 정권을 영아일 때 목 졸라 죽이겠다는 '백군白軍' 반

---

140) Oberschlesien, 폴란드어로는 구르니 실롱스크(Górny Śląsk). 슐레지엔 남동부를 일컫는 역사적 명칭. 독일의 영토였다가 제1차 세계대전 직후에 일부가 폴란드에 양도되었다. 오늘날에는 대부분 폴란드 영토이며, 일부는 체코의 영토다.

혁명 세력의 공동 목표를 통해 느슨하게 상호 연결된 일련의 전쟁이 실질적으로 러시아 내전을 구성했다. 국제적 차원이 있었다. 이전의 제정군 고위 장교와 카자크가 이끄는 '백군'은 연합국의 군대, 무기, 병참 지원으로 뒷받침되었다. 체코, 미국, 영국, 이탈리아, 프랑스의 군인 3만 명쯤이 1919년에 시베리아에서 서쪽으로 이동하며 싸우는 백군을 도왔다. 연합국은 소비에트 러시아의 그해 총생산량과 맞먹는 분량의 군수품을 백군에 주었다. 그러나 외국의 지원은 그 뒤에 줄어들었으며, 소비에트 러시아 측의 내전 해설이 나중에 주장하는 바보다는 덜 중요했다. 승패의 향방은 한동안, 특히 1919년에는 오리무중이었다. 그러나 1920년 말엽이 되면 사실상 이전 러시아제국의 드넓은 영토 전체에 걸쳐 볼셰비키 권력이 살아남았다. 내전의 마지막 단계에 점점 승기를 잡는 붉은 군대[141]는 1920년에 유제프 피우수트스키Józef Piłsudski 원수의 폴란드 군대와 벌이는 전쟁에 맞닥뜨렸다. 폴란드군이 (내전 동안 10번도 넘게 임자가 바뀐) 키예프에서 밀려나고 붉은 군대가 8월에 바르샤바의 문턱에서 피우수트스키의 군대에 쫓겨난 뒤, 1920년 가을의 휴전에서 소비에트 러시아와 맞닿은 폴란드의 동쪽 국경이 확장되는 조정이 이루어졌다. 1921년 3월의 리가 조약으로 그 새 국경이 (적어도 다음 대전쟁까지는) 보장되었다.

1919년 절정에 이르는 반혁명 전역戰役은 대체로 이전 러시아제국

---

141)　러시아혁명 직후인 1918년에 창설된 혁명 러시아(1922년 12월부터는 소비에트연방) 군대인 노동자와 농민의 군대. 1946년 2월 25일에 소련군으로 개칭되었다.

의 주변부에서 벌어졌다. 그러나 혁명 세력이 우여곡절 끝에 마침내 거둔 승리의 열쇠는 반혁명 세력의 분열뿐 아니라 우월한 조직 역량과 철저한 무자비성과 더불어 러시아 한가운데의 커다란 핵심 지역의 통제권이었다. 그 드넓은 영토 덕택에 혁명 세력은 (농촌에서 한껏 가한 테러의 도움으로 징집된) 엄청난 예비 인력과 점점 더 거세게 항거했지만 잔혹하게 협박을 당한 농민에게서 무자비하게 쥐어짜 낸 식량을 얻을 수 있었다. 이 때문에 붉은 군대가 급팽창할 수 있었고, 1918년 10월에 겨우 43만 명이었던 병력이 1920년 말까지 530만 명으로 늘어났다. 아무리 장비가 형편없고 식량 보급이 잘되지 않고 규율이 자주 잡히지 않았을지라도, 전직 제정군 장교 7만 5000명이 지휘하고[142] 혹독한 규율로 통제되고 혁명을 지키고자 싸우는 엄청난 대군은 수적으로 약하고 응집력이 떨어지는 반혁명군이 감당할 만한 맞수가 결코 아니었다. (압도적으로 많은 농민을 위한 토지개혁 공약에 크게 기댔던) 소비에트 국가의 인기가 폭락하고 있을지라도, 볼셰비키의 우위와 반대 정당 억압, 그리고 항거하는 모든 이에게 가해지는 무자비한 테러에는 순응 말고는 다른 대안이 없었다.

아무튼, 반혁명 세력에게는 볼셰비키의 사회 프로그램과 유리하게 겨룰 수 있는 사회 개혁으로 내놓을 것이 거의 없었다. 반혁명 지도자, 즉 혁명 이전 시기로 시계를 되돌리려는 목적만 보이는 보수적인

---

142) 러시아 내전 동안 붉은 군대에서 능력 있는 지휘관이 모자라자 러시아 혁명정부는 혁명 전에 제정군 장교였던 이들을 강제로 소집해서 정치지도위원의 감시 아래 붉은 군대 부대의 지휘를 맡겼다.

러시아 민족주의자들은 변경 지대의 비러시아 민족주의자들에게서 지지를 많이 얻어낼 수 없었다. 예를 들어, 우크라이나의 인구는 약 3200만 명이었고, 대개 농민이었으며 대러시아의 대의를 위해 동원 될 수 없는 열렬한 우크라이나 민족주의자였다. 반혁명 세력에게 없는 것은 응집력 있는 프로그램만이 아니었다. 반혁명 세력은 조직 면에서도 소비에트 러시아보다 약했고, 더 작은 군대만 일으킬 수 있었고, 교통과 연락이 어려워서 고생했고, 군사 전략을 조율하지 못했다. 그러나 내전의 결말은 결코 정해져 있지 않았다. 가장 격렬하고도 인명 피해가 큰 싸움 끝에 붉은 군대가 명백한 승리를 확정하는 데 세 해가 걸렸다. 그렇지만 볼셰비즘이 궁극적으로 이기지 못할 리는 없었을 것이다.

내전이 끝났을 때, 소비에트 러시아의 경제는 엉망진창이었다. 1913년 수준에 견주면 공업 생산량은 66퍼센트 넘게, 농업 생산량은 40퍼센트 떨어졌다. 정치 면에서도 문제는 막대했다. 농민이 생산물을 숨겨 두고 내놓지 않은 탓에 식량이 극심하게 모자라자 (볼셰비즘의 핵심부인) 러시아 대도시의 공업노동자들이 1921년 초엽에 정권의 강압책에 맞서 반기를 들었다. (러시아의 새 역법으로) 2월의 거대한 파업 직후에 모스크바와 상트페테르부르크에서 계엄령이 선포되어야 했다. 정권에 대한 고조되는 위험은 페트로그라드 바로 바깥의 크론시타트[143]에 있는 해군기지의 (1917년에는 열렬한 볼셰비키 지지자였

---

143)　Kronshtadt. 핀란드만에서 상트페테르부르크 서쪽 30킬로미터 지점의 코틀린섬에 있는 러시아 해군기지. 상트페테르부르크를 지키는 함대의 주둔지였다.

딘) 해군 병사들이 1921년 3월에 일으킨 봉기에서 임계점에 이르렀다. 정권은 아주 무자비하게 대응했다. 트로츠키가 봉기한 해군 병사들에게 24시간 안에 투항하지 않으면 "자고새처럼 사냥당할" 거라고 경고했다. 해군 병사들이 계속 저항하자, 트로츠키는 자기가 한 말을 지켰다. 붉은 군대 5만 명이 크론시타트 요새에 강습을 개시했다. 전투가 18시간 지속된 뒤 봉기가 무너졌다. 죽어 누워 있는 봉기 해군 병사와 붉은 군대 군인이 1만 명을 웃돌았다. 봉기자 수천 명이 처형되거나 강제수용소로 보내졌다.

한때 열렬한 지지자였던 이들의 봉기는 볼셰비키 통치자들에게 크나큰 충격을 안겨 주었다. 그것이 경고였다면, 정권은 인구의 태반인 농민을 제 편으로 만들어야 한다는 훨씬 더 큰 난제에 직면했다. 볼셰비키의 토지 정책에 농민이 품은 반감이 격심해졌다. 농민의 지지를 얻고자 볼셰비키는 농민 사이에서 이루어진 토지 재분배를 혁명 직후에 합법화했다. 그러나 내전 동안 농민이 생산한 농산물을 강제로 징발하고 때 이르게 집단농장을 도입하려고 시도한 탓에 반기를 드는 농민들이 생겼다. 집단농장은 생산적이지 못했고, 농민은 일부러 씨를 덜 뿌렸다. 곡물 공출이 강요되면서 어떤 때에는 뿌릴 씨앗도 남지 않았다. 그 결과는 1921~1922년의 기아였다. 수많은 지역에서 농민 봉기가 터졌고, 때로는 현지 볼셰비키에 대한 섬뜩한 폭력이 함께 일어났다. 레닌은 정권에 가하는 농민 전쟁의 위협이 내전기 반혁명 세력의 위협보다 크다고 보았다. 이에 대응하여 1921년 여름에 농민 봉기를 진압하고자 폭력이 널리 자행되었다. 농민 수천 명이 사살되고, 수만 명이 강제수용소로 보내졌다. 그러나 강경책 일변도로는 충분하지 않았다. 내전이 보여주었듯이, 강압만으로는 식량이 만들어지지 않을 터였다.

농민의 협력에 정치적으로 의존하는 볼셰비키는 인구의 대부분을 차지하는 농민과 완전히 멀어지지는 않았다. 볼셰비키로서는 농민이 더 많이 생산하는 것이 절실했다. 그래서 정권 지도부는 태도를 백팔십도로 바꿨다. 레닌은 점점 더 반항하는 농민을 1921년 3월 제10차 공산당 대회에서 도입된 '신경제정책'으로 매수했다. 이 정책은 당의 농업 통제를 느슨하게 풀어 주고 공업 생산, 운송, 에너지, 통신 등 모든 주요 부문의 국가 소유는 유지하면서 부분적인 시장경제를 수립했다. 물품이 다시 나타나기 시작했다. 비록 도시에서는 수요와 공급이라는 새로운 조건을 몰염치하게 이용해 먹는 모리배에 대한 분개심이 아주 컸지만, 경제가 곧 회복하기 시작했다.

1924년 1월 레닌이 죽을 즈음에는 경제가 되살아났다. 정권은 대폭풍을 무사히 헤쳐 나갔다. 대폭풍이 정권을 뒤흔들었는데도, 이 무렵에는 소비에트 국가의 모든 부분이 볼셰비키당의 손안에 있었다. 당 총서기 이오시프 비사리오노비치 스탈린Iosif Vissarionovich Stalin이 중앙에서 엄격하게 통제하는 당 조직은 수가 늘어나는 탐관오리와 기관원의 충성을 매수하는 후견과 부패의 체제를 만들어냈다. 관료의 수가 혁명 네 해 만에 4배 늘어나서 240만 명이나 되었다. 1920년 무렵에는 거의 150만 명이고 그 가운데 3분의 2가 더 나은 삶을 바라는 농민 출신인 신입 당원이 대거 유입되어 권력 장악을 굳히고 농촌 침투를 확장하는 일에서 볼셰비키를 도왔다.

노동자 생산관리[144]에 바탕을 두고 소비에트에서 선출된 대표를 통해 대중이 정치, 경제, 사회 사안의 운영에 참여한다는 초기의 이상주의적 관념은 부득이하게 재정식화되었다. 공산주의 자체는 유토피아의 새벽까지 기다려야 할 터였다. 그사이에 사회주의국가에서 오직 프롤레타리아트의 전위, 즉 당이 권력을 행사할 터였고, 행사할 수 있었다. 어떠한 반대도 '부르주아적', '반혁명적'이라고 불릴 수 있었고, 분쇄되어야 했다. '부르주아' 법률은 계급의 적의 무자비한 근절을 가로막을 수 없었다.

테러는 계급 전쟁에 없어서는 안 될 무기로서 볼셰비키의 혁명 기획에 핵심적이었다. 1918년에 볼셰비키 언론은 "부르주아의 피가 철철 흘러넘치게 하자. 피를 더 많이, 될 수 있으면 더 많이"라고 다그쳤다. 그해 여름에 레닌은 "우리는 에너지와 테러의 대중성을 고무해야 한다"고 썼다. 토지가 절실한 농민의 증오를 쿨라크[145]에 돌리는 것이 전략의 일부였다. 쿨라크는 토지 수탈자로 묘사되었지만, 조금 더 잘살 뿐인 농민이기 일쑤였다. 레닌은 쿨라크들을 "인민의 배고픔을 이용해 피를 빨아 부자가 된 자"로 그려내면서 그들을 "소비에트 정부의 흉포한 적", "근로 인민의 피를 빨아먹는 거머리"로 욕했다.

정권이 종교적 신앙을 공격해서 정교회의 지배력을 파괴할 만큼

---

144) 1917년 러시아혁명 시기에 각 공장에서 노동자 대표들로 구성된 공장위원회가 경영진을 감독하고 때로는 경영에 참여한 활동.

145) kulak. 원래는 3헥타르 넘는 토지를 가진 농민을 일컬었지만, 러시아 내전기에는 볼셰비키 권력에 동조하지 않고 빈농을 수탈하는 부농을 뜻하는 표현으로 바뀌었다. 1930년대에 스탈린 정권은 농업 집산화에 항거하는 농민을 싸잡아 쿨라크로 일컫고 대대적으로 탄압했다.

충분히 강하다고 느낀 1922년 무렵에 레닌은 사제에 맞선 "무자비한 전쟁"을 부추겼다. 그는 "우리가 반동적인 부르주아지와 사제를 더 많이 총살할수록 더 좋다"고 선언했다. 초기의 소비에트연방은 이미 종래의 법률이 들어설 자리가 없는 체제, 국가 보안경찰인 체카의 무제한 권력을 인가해 준 체제였다. 체카의 우두머리인 펠릭스 제르진스키가 "체카는 설령 칼이 가끔 무고한 사람의 머리에 떨어질지라도 혁명을 지켜내고 적을 무찔러야 한다"고 선언했다. 이것은 냉소적으로 절제된 발언이었다. 자의적인 투옥과 고문과 처형이 흔한 일이 되었다. 얼마나 많은 사람이 체카 테러의 제물이 되었는지는 알려져 있지 않다. 감옥과 수용소에 내동댕이쳐진 이들을 포함하여 수십만 명이라는 수치가 추정치로 제시된다. 감옥 안에서 자행되는 고문은 무시무시했다.

게다가 레닌이 살아 있는 동안 볼셰비키 통치의 본질적 특성이 나타났다. 그 뒤의 사태는 지속과 논리적 결과였지 일탈이 아니었다. 레닌이 살아 있는 한, 볼셰비키 지도부 안에서 격심한 정치·이념·개인의 갈등이 웬만큼 억제되었다. 그러나 그가 오랫동안 앓은 끝에 1924년 초에 죽자 격렬한 권력투쟁이 개시되어 오래 지속되었다. 단지 차츰차츰 분명해지기는 했지만, 승자는 이오시프 스탈린으로 판명되었다. 소비에트연방 초기 역사에서 그의 지도 아래 새롭고도 훨씬 더 끔찍한 단계가 뒤따를 터였다.

유럽 우파가 피해망상적 공포를 품기는 했어도, 볼셰비즘은 곧 수출 불가능한 것으로 판명되었다. 소비에트 러시아 지도부는 처음에는 혁명이 유럽 곳곳으로 퍼져 나가는 상황을 기대했지만, 그러한 일은 일어나지 않으리라는 점을 내전 동안 받아들여야 했다. 이 점을 레닌은 늦어도 1920년 가을까지는, 즉 붉은 군대가 바르샤바 밖에서 폴란드군에 졌을 때 깨달았다. 러시아의 조건은 유럽의 나머지 지역의 조건과 완전히 달랐다. 그 나라의—동서로 8000킬로미터, 남북으로 3200킬로미터에 걸쳐 있어서 지구상에서 가장 크고 유럽의 나머지 나라들을 합친 것보다 훨씬 더 큰—드넓은 면적 바로 그것이 정치적 통제에 나름의 특이성을 부여했다. 전전前戰의 유럽에서 독특하게도 차르의 통치권은 1906년까지 어떠한 헌정적 제약으로도 제한되지 않았고, 1906년 이후로는 무화과 잎사귀[146] 입헌주의로만 가려졌다. 러시아에는 법의 독립적 토대도, 다른 곳에서는 국가 제도의 점진적 개혁을 위해 작동할 수 있었을 다원주의 정치의 대의제적 틀도 없었다.

유럽의 다른 지역에 견줘서 러시아의 시민사회는 약했다. 소수에 지나지 않는 유산 중간계급이 등장했고, 정치적 이견이 억눌린 탓에 작지만 급진화한 인텔리겐치아가 생겨났다. 급속히 근대화해서 커다란 산업도시에서 빈곤한 프롤레타리아트가 생겨났는데도, 여전히 러시아는 경제가 심하게 뒤떨어지고 (인구의 80퍼센트 이상인) 농민이 빈번히 지주의 신新봉건제적 지배 아래 예속된 경제적 굴레 속에서 대개는 공동체 안에서 살고 국가와 관리들을 심한 적대감을 품고 바라

---

146)   에덴 동산에서 아담과 하와가 금단의 열매인 선악과를 먹고 난 뒤 부끄러움을 알고 무화과 잎사귀로 치부를 가렸다는 기독교 성경 창세기의 이야기에 빗대어 부끄럽거나 안 좋은 것을 가리는 행위를 일컫는 비유적 표현.

보는 나라였다. 이 사회에는 폭력과 만행과 인명 경시가 깊이 아로새겨져 있었다. 레닌이 올바로 판단했듯이, 러시아 농민은 재산과 질서에 연연하지 않는 혁명적 계급이었다. 이런 경우는 유럽의 다른 곳 어디에도 없었으며, 심지어는 유럽 대륙 많은 지역의 지주에 농민이 품은 반감과 스페인과 이탈리아 몇몇 지역의 농업 노동자 사이에서 나타난 봉기 성향을 설명해 준다. 심지어 제1차 세계대전이라는 재앙으로 상황이 급진화하고 차르 체제가 일소되기 전에도, 러시아는 다른 곳에서는 되풀이될 수 없는 근본적인 혁명적 변혁에 알맞은 사회·경제·이념·정치적 전제 조건을 제공했다.

내전 뒤에 소비에트 러시아는 유럽 정치의 주류에서 격리된 것이나 다를 바 없이 사실상 따돌림을 당하는 존재가 되었고, 이후 시기에 내향화해서 소비에트 국가 건설과 경제 현대화에 수반될 엄청난 내부적 만행에 시달렸다. 차르 정권의 지지자였던 이들이 상당수 섞여 있는 망명자 100만 명이 도주해 유럽 국가들의 수도에서 소비에트 러시아에 관한 끔찍한 이야기를 퍼뜨려서 유럽 대륙을 가로질러 퍼지는 반볼셰비키 히스테리를 조장했으므로, 금세 볼셰비즘은 보수적이고 과격한 우파 정치에는 두려워하고 욕해야 할 도깨비, 부정적 초점으로 변했다.

승전국 지도자들이 1919년 파리에서 만나 베르사유 회담에서 유럽 지도를 다시 그릴 논의를 하는 동안 이미 러시아는 그저 부정적 실체로 통했다. 소비에트 정권을 인정할 자세가 되어 있지 않고 볼셰비즘을 파괴하려는 시도를 군사적으로 지원하는 그들에게는 유럽 동부 국경의 타당성과 윤곽이라는 골치 아픈 문제를 미정으로 남겨

두는 것 말고는 다른 선택이 없었다.

대분할

마무리된 유럽의 새 지도는 1914년의 지도와 사뭇 달라 보였다. (비록 독일의 새 공화국이 유럽에서 카롤루스 마그누스[147]까지 거슬러 올라가는 유구한 독일제국의 상징인 '라이히'라는 이름[148]을 버리지는 않았지만)—독일제국, 러시아제국, 오스만제국, 오스트리아·헝가리제국—4대 제국이 사라졌다. 4대 제국의 붕괴는 중부 유럽, 동유럽, 남유럽의 정치 구조에서 천재지변급의 변화인 셈이었다. 그 여파 속에서 (1923년에는 터키를 비롯해) 10개 신생 국민국가가 등장했다.

　유럽의 새 질서를 만들어내는 과업은 근본적으로 승전국의 네 지도자, 즉 미국의 우드로 윌슨 대통령, 프랑스의 조르주 클레망소Georges Clemenceau 총리, 영국의 데이비드 로이드 조지 총리, 이탈리아의 비토리오 오를란도Vittorio Orlando 총리에게 주어졌다. 그들이 1919년 1월에 일을 시작하려고 파리에 도착했을 때 직면한 난제는 부러움을 살 만한 일이 아니었다. 미국이 전 세계 경제를 지배하고 미국이 그리는 대로 전후 세계를 구축한다는 계산된 목표를 뒤에 숨긴 윌슨의 이상

---

147)　Carolus Magnus. Charlemagne라고도 한다. 프랑크왕국 카롤링 왕조 2대 국왕(740?~814년). 영토를 크게 넓혔고, 800년 12월에 교황 레오 3세에게서 서로마제국 황제 직위를 받았다.

148)　바이마르공화국 시기에도 독일의 정식 국명은 도이체스 라이히(Deutsches Reich)였다.

주의에 추동된 그들에게는 숭고한 여러 포부가 있었다. 그 가운데 하나는 집단안보와 국제 평화를 보장할 국제연맹을 설립해 유럽이 다시 전쟁에 빠져드는 일을 예방할 틀을 짜는 것이었다.

그것은 고귀한 이상이었다. 제네바에 본부를 두고 1920년 말까지 48개 회원국으로 구성되는 국제연맹은 1920년 1월 창립된 뒤로 국제 협력을 위해 일하고, 소수민족을 보호하고, 중부 유럽과 동유럽에서 인도주의적 위기를 가라앉히려고 온갖 일을 다 하고자 애썼다. 그러나 무엇보다 중요한 것은 전후의 국제적 조정을 유지하겠다는 공약의 준수였다. 이것은 백일몽으로 판명될 터였다. 개입할 군사력 없이는 집단안보의 다국적 틀이라는 개념은 환상에 불과했다. 국제연맹은 진정으로 전 지구적인 조직으로 의도되었는데도 실제로는 대체로 유럽 차원의 조직에 머물렀고, 특히 영국과 프랑스의 이해관계에 좌우되었다. 윌슨의 미국 내 정적들 탓에 국제연맹에서 핵심 역할을 하기로 되어 있던 미국은 회원국조차 되지 못했다.

파리에서 이루어지는 논의의 밑바탕에 있는 윌슨의 중심 이상은 '자결'이었다. 이 용어는 서로 다른 여러 의미로 받아들여질 수 있었는데, 윌슨은 개의치 않고 그 용어의 정의에 관해 모호한 태도를 보였다. 식민지에서 권력을 유지하려는 주요 제국주의 열강, 즉 영국과 프랑스의 입맛에 그 용어의 함축성이 별로 맞지 않았으므로 특히 그랬다. 윌슨에게 자결은 본래 (한 민족이 폭력 혁명의 결과가 아니라 이상적으로 시간을 두고 진화할 자기 나름의 국가를 가질 권리인) 인민주권에서 비롯하는 정부를 뜻했다.

그러나 전후 유럽의 참담한 상황에서 (혁명적 개념인) 자결은 근미래를 위한 요구였지, 장기적 포부가 아니었다. 실제로 볼셰비키가 그 개념을 맨 먼저 사용했다. 그러나 그들이 자결에 품은 관심은 순전히 도구적이었다. 그들의 민족주의 운동 지지는 유럽에 있는 기존의 다민족 제국을 훼손하고 파괴하고자, 그리고 더 전반적으로는 제국주의를 약화하거나 뒤엎고자 확장되었다. 그러나 스탈린의 말로는, "자결권이 또 다른 자결권, 즉 권력을 잡아서 군힐 노동계급의 권리라는 더 높은 권리와 충돌할 때"는 "자결권이 독재권의 행사에서 노동계급에 장애물로 작용할 수 없고 작용해서도 안 된다." 이것이 아주 명백해지자, 신생 소비에트연방에서 "민족 자결"은 중앙집권화하는 볼셰비키 국가권력에 완전히 종속될 터였다.

(소비에트 러시아가 초청되지 않은) 1919년 베르사유 회담의 논의를 뒷받침하는 자결의 미래상은 볼셰비키의 해석과는 완전히 어긋났다. 그것은 자유민주주의—즉, 인민주권에 의존하는 국가에서 대중의 동의에 따른 통치—에 바탕을 둔 세계 질서의 뼈대일 터였다. 그러나 근원적인 문제는 유럽 대륙에서 가장 어수선한 바로 그 지역들에서는 인민주권에 대한 요구가 종족적 민족주의에 바탕을 두고 있다는 것이었다. 그리고 허물어진 제국들의 영토 대부분에는 땅과 자원, 그리고 정치적 대표를 주장하는 민족이 여럿 존재했다. (미국에서처럼) 서유럽의 나라에서는 국가가 오랜 시간에 걸쳐 민족을 빚어냈다. 국가의 제도들과의 연계가 민족의식을 차츰차츰 형성했던 것이다. 그러나 중부 유럽, 동유럽, 남유럽의 대부분에서는 종족, 언어, 문화로 정의되는 민족이 자기의 이해관계를 (보통은 배타적으로) 대표하는 국가를 세우려는 요구에서 민족의식이 등장했다. 자결은 하나의 주권 국민국가

에 대한 경쟁하는 요구들과 어떻게 조화를 이루어야 했을까?

중부 유럽과 동유럽의 민족 혼합이 복잡한 탓에 민족자결이 이루어질 수 없다는 점은 '4대 지도자'에게 처음부터 명백했다. 그 분쟁 조정자들은 다만 최선을 다할(그리고 다민족국가에서 민족적 차이가 국민 통합으로 대체되는 잘 작동하는 국민국가가 시간을 두고 등장하기를 바랄) 수 있을 따름이었다. 그들이 유럽의 경계선들을 어떻게 조정하든지, 그 경계선에는 큰 소수민족이 여럿 포함되기 마련이었고 그 소수민족의 권리는 국제연맹에 호소하면 보호될 터였(고 보호되리라고 생각되었)다. 독일어를 쓰는 오스트리아라는 작은 잔여 국가를 제쳐 놓으면, 신생 국가들 가운데 민족 구성이 동질적인 국가는 없었다. 예를 들어, 헝가리인 350만 명은 결국은 헝가리 밖에서 사는 신세가 되었고, 루마니아에 넘겨진 영토에 헝가리인이 많았다. 한편, 독일인 300만 명은 체코슬로바키아에서 살았다. 지도상의 새로운 선이 마침내 합의되었을 때, 사실상 그 선은 민족의 자결보다는 어떤 영토 요구를 다른 영토 요구를 희생해서 충족해 주는 한편으로 그것에 뒤따르는 긴장이나 적개심을 최소화하려는 시도의 실행 가능성과 더 관련되어 있었다.

격한 분쟁의 대상인 영토는 거의 모든 곳에 있었다. 민족에 의거한 영토 요구는—경제적, 군사적, 또는 전략적 이유로 추동된 영토적 야욕을 가리는(때로는 훤히 비치는) 덮개에 지나지 않아서—거의 언제나 겉치레였다. 입에 발린 말로 자결을 존중하면서 소유권 주장과 반대 주장이—(셋 다 마케도니아의 일부를 원하는) 그리스와 불가리아와 세르비아 사이에, (알바니아를 놓고) 그리스와 이탈리아 사이에, (둘 다 트란

실바니아[149]의 소유권을 주장하는) 루마니아와 헝가리 사이에, 또는 (슐레지엔[150]을 놓고 분쟁을 벌이는) 폴란드와 독일 사이에—오갔지만, 그것들은 실제로는 전통적인 영토 확장 시도에 지나지 않았다. 몇몇 소유권 주장은 심지어 자결에 관한 것인 척할 수도 없었다. 여기에는 독일어 사용자가 압도적으로 많은 남티롤, 주민이 거의 다 슬라브인인 달마티아식 해안,[151] 주로 그리스인과 터키인이 정착한 소아시아[152]의 일부 지역들, 주민의 일부만 이탈리아인인 피우메라는 작은 항구도시 (오늘날 크로아티아의 리예카)[153]에 대한 이탈리아의 요구가 포함되었다. 피우메는 나타나기 시작하던 파시스트들의 관심을 끄는 중대한 사안이 되었다.

복잡한 분쟁을 판정하려고 시도하는 것은 파리의 4대 지도자들에게 악몽이 되었다. 새로운 국가 경계선 배후의 몇몇 인위성은 불가피했다. 그것은—(1929년에 유고슬라비아로 개칭하는) 체코슬로바키아, 세

---

149) Transilvania. 오늘날 루마니아의 중심부에 해당하는 지역. 헝가리인이 많이 거주하며, 오스트리아·헝가리 이중왕국에 속했다가 제1차 세계대전 이후에 루마니아의 영토가 되었다.
150) Schlesien. 폴란드어로는 실롱스크. 유럽 중심부의 오데르강 중상류 지역을 일컫는 역사적 명칭. 오스트리아 제국의 영토였다가 18세기 중엽에 상당 부분이 프로이센에 넘어갔다. 오늘날에는 대부분이 폴란드, 일부는 체코의 영토다.
151) 아드리아해에 면한 크로아티아 남서부 해안 지대.
152) 小Asia. 오늘날의 터키에 해당하는 아나톨리아반도를 일컫는 역사적 명칭.
153) Fiume. 오늘날 크로아티아 서북부의 항구도시 리예카(Rijeka)의 이탈리아어 명칭. 원래는 오스트리아 제국의 영토였다가 제1차 세계대전 뒤에 이탈리아와 유고슬라비아가 서로 자국의 영토라고 주장하면서 분쟁 지역이 되었다.

르비아인·크로아티아인·슬로베니아인 왕국,[154] 폴란드 등—여러 경우에 제1차 세계대전이 끝나고 허물어진 제국들에서 창출된 국가에 존재하는 현실을 인정하는 문제였으며, 다른 경우에는 전쟁 동안의 협상국 지지를 보상하고 패배한 적을 벌주기였다. 예를 들어, 루마니아는 주요 수혜자여서 대체로 헝가리를 희생해서 크기를 2배로 늘렸다. 중부 유럽에서 오스트리아, 헝가리, 독일은 영토 재배분에서 크게 손실을 보았다.

영토 조정에서 영토를 얻은 자들 사이의 기쁨은 잃은 자들 사이의 낙담과 분노, 들끓는 분개에 견줄 바가 아니었다. 이탈리아에서는 피우메에 관한 격분이 광적인 민족주의자들에게 유리하게 작용했다. 이탈리아가 전쟁에서 얻어야 마땅한 이득을 속아서 빼앗겼음을 시사하고자 '불구不具의 승리'[155]라는 문구를 만들어냈던 원파시스트pro-to-fascist 시인 가브리엘레 단눈치오Gabriele D'Annunzio는 피우메의 대의를 자기 것으로 삼았고 1919년 9월 중순에 잡다한 준군사 부대를 이끌고 그 아드리아해 소도시의 점령을 단행했다. 그 괴상한 점령은 15개월 동안 지속되었다. 1920년 11월에 이탈리아와 유고슬라비아 사이에 맺어진 라팔로조약에서 피우메가 우여곡절 끝에 이탈리아와 육로로

---

154)   1918년 10월에 오스트리아 제국 남단에 해당하는 영토에 세워져서 1929년 10월 3일에 유고슬라비아 왕국으로 이름을 바꾼 남슬라브인의 국가.
155)   Vittoria mutilata. 이탈리아가 지중해의 여러 영토를 넘겨주겠다는 영국과 프랑스의 약속을 믿고 협상국 편에 서서 제1차 세계대전에 참전했지만 전후의 영토 조정에서 아무런 이득을 얻지 못한 상황을 이탈리아의 우파가 일컫던 표현.

연결되는 자유시[156]로 지정되었다. 그러나 피우메는 이탈리아에서 힘을 모으고 있던 파시스트당을 위한 기치로 남았고, 1924년에 베니토 무솔리니Benito Mussolini가 피우메를 병합할 터였다.

파리에 모인 4대 지도자들이 다뤄야 할 만큼 전쟁에서 비롯한 여러 영토 쟁점이 제아무리 어려웠을지라도, 그들의 압도적인 최우선 핵심 사항은 독일이었다. 그들은 한마음으로 거대한 전화의 책임을 근본적으로 독일에 지웠다. 그들이 보기에 독일이 (약 40년 만에 재차) 프랑스를 침공하고 벨기에의 중립을 깨뜨린 데다가 민간인에게 잔학 행위를 했다고 비난하는 손가락은 똑바로 독일을 가리켰다. 따라서 어마어마한 전쟁 비용에 대한 징벌과 응징의 문제는 연합국 지도자들의 가장 화급한 사항이었다. 확실하게 독일이 유럽을 전쟁에 빠뜨릴 위치에 또다시 있지 못하도록 만드는 것이 아직도 더 결정적이었다. 독일의 군국주의와 산업 역량은, 만약 충분히 길들여지지 않는다면, 유럽의 평화를 다시 위협할 수도 있었다. 한편, 독일이 미래의 유럽에서 지니는 경제적 중요성은 명백했다. 더욱이 (특히 프랑스에서 인기가 높았을 텐데) 독일을 짓밟아 놓으면, 볼셰비즘이 유럽의 심장부로 퍼져 들어가 문이 열릴 수도 있었다.

자국이 군사적으로 졌음을 인정하지 않는 독일인이 많다는 것이 연합국에게는 문제였다. 독일은 네 해 동안 전쟁을 벌인 뒤에도 파괴되지 않았다. 휴전이 이루어질 때 독일군이 여전히 벨기에의 대부분과 룩셈부르크를 점령하고 있었는데도, 독일 땅에 발을 디딘 연합국

---

156)   국제사회의 보호를 받으며 자율적 정치체로서 통치되는 도시.

군대는 없었다. 독일 군인들은 축하의 깃발과 꽃으로 귀국 환영을 받았다. 프로이센 전쟁청[157]은 휴전 직후에 "우리의 야전회색[158] 영웅들이 패배하지 않은 채 귀향한다"고 선언했다. 맞지 않는 말이었다. 그러나 그 정서를 독일 육군 최고사령부가, 그리고 1918년 12월에는 다른 사람도 아니고 사회민주당 정부의 수반인 프리드리히 에베르트가 되풀이했다. 반혁명 우파가 곧 퍼뜨릴 전설, 즉 사회주의 혁명 세력이 후방에서 노동 소요를 부추긴 탓에 전선에 있는 군대가 등을 칼로 찔렸다는 전설이 기름진 땅에서 싹을 틔울 수 있었다.

1919년 5월 초순에 연합국의 조건이 발표되었을 때, 독일에서 감지되는 충격은 군사적 패배가 명백해졌을 때보다 훨씬 컸다. 그 조건은—비록 독일이 1918년 3월에 브레스트리톱스크에서 러시아에 부과했던 조건만큼 가혹하지는 않았을지라도, 그리고 훨씬 더 엄혹한 응징 조치를 갈망하는 프랑스 여론의 마음에 들기에는 너무 관대했을지라도—혹독했다. 독일은 유럽에서 (주로 동쪽에 있는 부유한 농업 지역과 공업 지역을 포함해서) 전전 영토의 13퍼센트쯤을 잃고 그 결과로 전전 인구 6500만 명의 10퍼센트쯤이 배제될 터였다. 경제적 측면에서 그 상실은 손해가 막심했지만 회복 불가능하지는 않았다. 실질적 손해는 (민족의 긍지와 위신에 큰 타격을 입었으니) 정치적이고 심리적이었다.

---

157) Preußische Kriegsministerium. 1808년부터 1919년까지 존속한 프로이센 군대의 최고 중앙관리 부서.
158) Feldgrau. 녹색이 감도는 회색의 20세기 전반기 독일 육군 군복의 색깔.

모욕감은 연합국의 비군사화 규정으로 더욱 거세졌다. 1918년에 아직도 전장에 450만 명을 투입할 수 있을 만큼 한때 막강했던 독일 육군은 겨우 10만 명으로 줄어들 터였고, 징집이 금지되었다. (보유했던 함선과 잠수함을 휴전협정 뒤에 연합국에 빼앗기거나 파괴당했던) 해군은 1만 5000명으로 줄어들었다. 앞으로 잠수함은 허용되지 않을 터였다. 그리고 독일은 공군 보유가 금지되었다.

독일에서 영토 변경에 대한 분노는 엄청났고, 정치와 이념의 경계선을 넘나들었다. 베르사유조약은 승자의 딕타트[159]라고 비난받았다. 외교관인 베른하르트 폰 빌로Bernhard von Bülow는 1920년에 다음과 같이 썼다. "나는 그 조약이 수정되어야 한다는 것을 의심하지 않는다. 우리는 베르사유 강화조약 전체를 뒤엎기 위해 그 조약의 기괴성과 조약의 규정 다수의 이행 불가능성을 이용해야 한다."

독일이 다시 강력해진다면 틀림없이 훗날 골치깨나 썩일 문제가 몇 개 있었다. 예를 들어, 거의 완전히 독일의 공업 항만이었지만 이제는 폴란드에 에워싸인 단치히(오늘날의 그단스크)가 국제연맹의 '자유시'로 지정되었고, 연안의 필수적인 무역 시설 이용권이 폴란드에 주어졌다. 프랑스와 맞닿은 접경지대에 있고 석탄과 철광석의 광상이 있어서 공업에 중요한(그래서 주민이 주로 독일인인데도 프랑스가 탐내는) 자를란트에 관해 또 한 차례의 사탕발림식 판정이 내려졌다. 그 광산의 소유권은 프랑스에 주어졌지만, 자를란트 자체는 15년 동안 국제연맹의 관리 아래 놓였고 15년 뒤에는 자를란트 주민이 프랑스

---

159) Diktat. 강요, 강권, 강압적 명령, 강요된 조약을 뜻하는 독일어 낱말.

나 독일에 속하고 싶은지, 아니면 현 상태를 유지하고 싶은지를 주민 투표로 결정할 수 있었다. 또 다른 불안정한 협정이 라인란트[160]에 관해 이루어졌다. 지속적 안보를 확보하려고 필사적인 프랑스는 주민이 대부분 독일인인 그 지역을 연합국이 영구 점령하고 독일의 서쪽 국경이 라인강에 고정되기를 원했다. 프랑스는 15년 기한의 라인란트 점령에 그럭저럭 만족해야 했다. 독일에는 이에 관해 뭔가를 할 힘이 (아직은) 없었지만 깊은 불만의 감정은 가시지 않았다.

아프디아픈 다른 독일 영토 할양도 민족주의자들에게 유리하게 작용했다. 그들은 비록 나설 기회를 기다리지 않으면 안 되었을지라도, 베르사유조약의 규정을 나중에 바꾸겠다는 희망을 버리지 않았다. 서쪽에서는 변화가 비교적 크지 않았다. 독일어 사용자가 압도적으로 많은 접경의 작은 지역인 오이펜말메디가 벨기에에 주어졌다. 덴마크어 사용자가 주로 사는 슐레스비히 북부는 덴마크의 차지였다. 그러나 동쪽에서는 영토 상실이 더 심하게 느껴졌다. 독일에서 떼어진 서프로이센과 포젠[161]이 신생 국가인 폴란드에 편입되어서 폴란드 회랑[162]으로 알려지게 되었는데, 그 과정에서 동프로이센이 나머

---

160)   Rheinland. 독일과 프랑스, 벨기에, 네덜란드 사이의 국경으로부터 라인강 중부 지대에 이르는 지역을 일컫는 표현.
161)   Posen. 폴란드 서부의 도시 포즈난(Poznań)의 독일어 명칭. 18세기 말에 프로이센에 병합되었다가 제1차 세계대전 뒤에 다시 폴란드의 영토가 되었다.
162)   폴란드어로는 Korytarz polski, 독일어로는 Polnischer Korridor. 독일제국의 영토였다가 제1차 세계대전 직후 베르사유조약에 따라 독일이 폴란드에 할양한 길이 400킬로미터, 너비 128킬로미터의 지대. 발트해에 면해 있으며, 이 지대가 폴란드 영토가 되면서 동프로이센이 독일 본토와 분리된 비지(飛地)가 되었다.

지 독일과 떨어졌다. 양측의 열띤 민족주의 선동의 와중에 치러진 주민투표에서 딱 부러지는 결정이 나지 않은 뒤에 석탄과 기타 광물이 풍부한 오버슐레지엔 공업 지대마저 폴란드에 넘겨진 1922년에 독일이 영토 상실에 품은 분노가 폭증했다.

그중에서도 가장 큰 분노와 분개를 불러일으킨 것은 뭐니 뭐니 해도 베르사유조약 제231조와 이 조항의 함의였다. 나중에 흔히 '전쟁 책임 조항'으로 알려진 제231조는 제1차 세계대전을 일으킨 책임이 독일과 독일의 동맹국에 있다고 판단했으며, (프랑스와 영국, 두 나라의 험악한 여론이 맹렬히 요구하는) 전쟁 피해 배상금을 낼 의무를 독일에 지우는 법적 토대를 제공했다. 배상금 액수를 정하는 일이 연합국 위원회에 맡겨졌고, 결국 액수는 1320억 금마르크로 고정되었다. 그 금액은 아무리 막대했을지라도 독일 경제를 망치지 않고서 시간을 두고 납부될 수도 있었다. 그러나 정작 그 대부분의 금액은 결코 납부되지 않을 터였다.

사실상, 전쟁 배상금은 근본적으로는 경제 문제가 아니었다. 실질적 손해는 정치적이었다. 전쟁 배상금은 독일 정치에서 10년 넘도록 (때로는 약해지고 때로는 재발해서 민족주의 선동을 한층 더 부추김으로써 국가의 정치적 건강을 해치는) 암으로 남았다. 전쟁 배상금이 사실상 탕감될 무렵, 즉 1932년에 독일은 다시 위기에 빠져 있었고, 그 어느 때보다 위험한 민족주의의 불길한 위협이 어른거리고 있었다.

4대 지도자는 유럽의 경계선을 재설정하려고 시도하면서 엄청난 객관적 문제에 맞닥뜨렸다. 그들은 자국 여론의 압력도 받았다. 얼토당토않은 절충이 불가피했다. 그렇지만 그들은 지속적 평화의 틀보다는 미래의 잠재적 재앙의 조리법을 만들어냈다. 그 절충은 사상누각을 닮은 유럽을 남겨 놓았다. 새 질서는 당분간 지탱되었는데, 그것은 다만 그 질서를 부술 만큼 강한 세력이 없다는 소극적인 이유에서였다. 그러나 독일은 좀체 사라지지 않는 문제였다. 만약 독일이 군사적으로 다시 강해진다면, 그 사상누각은 쉽사리 허물어질 수 있었다. 파리의 분쟁 조정자들은 문제를 또 일으킬 독일의 역량을 억눌렀을 뿐 없애지는 못했다. 그들이 전쟁의 원인이라고 결론지었던 군국주의, 공격적 민족주의, 열강이 되려는 야망은 뿌리 뽑히기보다는 잠재워진 상태였다. 영토와 경제 자원의 상실도, 전쟁 배상금도 독일을 영구히 불구로 만들기에는 충분하지 않았다. 심지어 육해군의 규모와 역량이 급격히 축소되었어도 군부는 멀쩡히 남아 있었다. 독일군 지도자들, 경제와 정치의 엘리트, 상당수의 독일 국민은 마음속으로는 베르사유조약의 규정과 그 조약을 맺었던 새로운 독일 민주주의의 대표들을 둘 다 거부했다. 그들은 유럽의 새 질서를 거부한 셈이었다. 상황의 변화를 고려하면, 그들은 그 질서를 독일에 유리하게 바꾸고 싶어 할 터였다. 당분간 독일은 무력했지만, 상처 입은 거인이었다.

연약한 민주주의

파리에서 이루어지는 논의의 밑바탕에는 치켜세울 만한 원칙이 하나 있었다. 그 원칙은 새로운 유럽이 민주주의의 대륙, 즉 선출되지 않은 군주나 지주의 이익이 아니라 다원주의적 정당, 자유선거, 의회에서 표현되는 인민의 의지를 대표하는 정부의 대륙이 될 거라는 의도였다.

전후 초기에는 대의제 의회민주주의가 소비에트연방을 제외한 모든 곳에서 통치의 본보기가 되었다. 심지어 (엄청난 민족 간 폭력에 시달리는 지역인) 캅카스에서도 조지아와 아르메니아와 아제르바이잔이 러시아 내전 동안 붉은 군대에 정복된 뒤 소비에트연방에 편입되기 전에는 주권 공화국이 되기를 바랐다. 이전의 합스부르크 제국과 차르 제국의 폐허에서 (핀란드, 에스토니아, 라트비아, 리투아니아, 체코슬로바키아, 유고슬라비아, 폴란드, 오스트리아, 헝가리) 9개 신생 공화국이 등장했다. 아일랜드의 더 큰 남부 지역이 (비록 1949년까지는 공식적으로 영국 왕실 소유 자치령으로 남았지만) 영국에게서 실질적 독립을 확보한 1922년에 아일랜드 자유국[163]이 민주주의 공화국으로 창건되었다. 독립 전쟁을 벌이고, 연합국의 점령군을 쫓아내고, 오스만 술탄국을 폐지한 뒤 이듬해에 터키가 의회주의 헌법을 지닌 공화국이 되었다.

유럽 국가들은 어느 정도는 승전국의 '4대' 지도자들, 특히 윌슨 대통령이 민주주의 정부를 새로운 유럽의 토대로서 고집했기 때문에 민주주의를 채택했다. 그러나 전쟁 자체가 민주주의화 과정이어서, 허물어지고 있는 군주정 체제 내부에서 (사회주의자, 민족주의자, 페미니스트가 주로 표명한) 민주주의 통치 도입 압력을 자극했다는 것이 훨씬 더 큰 사유였다. 사람들이 엄청나게 많이 동원되어 전쟁을 수행

---

163)   Irish Free State. 오랜 무력 충돌 끝에 1921년 12월 6일 영국과 아일랜드 식민지 대표단이 맺은 협정으로 아일랜드 섬의 32개 주 가운데 26개 주가 대영제국에서 분리되어 성립한 자치령. 1949년에 영연방에서 독립해 아일랜드 공화국이 되었다.

했다. 그 사람들은 전쟁이 끝나자 변화, 개선, 대표, 미래를 위한 희망을 요구했다. 그 결과로 사회의 정치적 토대가 크게 넓어졌다. 그것은 멈출 수 없는 추세였다. 대중 정치는 대세였다. 투표권이—비록 심지어 이때에도 영국에서는 모든 여성에게 주어지지는 않고, 그리고 프랑스에서는 (의회 하원에서 압도적 지지를 얻은 발의안을 상원이 기각한 탓에) 여성에게 전혀 주어지지 않았을지라도—확대되어 거의 모든 곳에서 모든 남성이, 몇몇 나라에서는 모든 여성이 유권자층에 포함되었다. 그 결과로 정당들이 훨씬 더 큰 수의 유권자를 동원할 수 있었다. 예를 들어, 영국의 유권자 수는 1884년부터 1918년 사이에 800만 명에서 2200만 명으로, 독일의 유권자 수는 1912년부터 1919년 사이에 1450만 명에서 3600만 명에 조금 못 미치는 수준으로 늘었다. 물론, 대중 동원의 잠재 가능성이 커지자 정치 운동이 민주주의 자체에 도전해서 그 토대를 침식할 잠재 가능성도 생겼다. 대중 여론을 유도하고 조작하고 동원하는 것이 이제는 정치 생활의 필수적인 일부였다. 언론이 얻은 힘도 더 늘어났다. 또한 비관용과 권위주의를 조장하기 위해 대중을 조작할 여지가 크게 넓어졌다.

정치가 급진화하면서 평화기의 처음은 어수선했다. 많은 나라에서 숱한 정당이 등장해 국민의 특정 부분이나 특별한 이익집단에서 지지를 끌어냈다. 의회 권력을 놓고 보수당과 (주요 정당으로서는 곧 노동당으로 대체될) 자유당이 오랫동안 경쟁해온 영국의 정치체제를 지탱하는 그런 종류의 안정감을 찾기는 드물었다. 각 선거구에서 당선자가 한 명만 나오는 영국의 '단순 다수대표제'는 군소 정당의 등장을 가로막았고, 의회에서 당 규율을 고무했으며 (1915년부터 1922년 사이에 사실상 연립이 존재했을지라도) 연립정부를 흔한 경우가 아니라 예외적 경우로 만들었다.

　사회주의는 공업지역의 노동계급 사이에서 큰 진척을 이루었지만, 노동계의 더 전투적인 부분이 러시아에서 일어난 사태에 고무되어 공산주의에 이끌리면서 거의 모든 곳에서 분열되었다. 농민이 다른 무엇보다도 (주로 대영지 토지의 재분배와 연루되어 있는) '토지 문제'에 압도적인 관심을 가진 중부 유럽과 동유럽, 그리고 유럽 남동부의 대다수 지역에서는 인민주의 농민 정당들이 비록 오르내림이 심하고 불안정했을지라도 폭넓은 지지를 얻었다. 이 당들은 민족주의 정당과 자주 합쳐져 신생 국민국가 안에서 주요 민족 집단을 대표했고, 꽤 큰 소수민족이나 분쟁 대상이 되는 국경이 있는 곳에서는 안정을 깨뜨리는 요인이 되기 일쑤였다. 특히 그 신생 국가에서는 민주주의가 대개 불리한 경제 상황 속에서 민족 정체성을 만들어내고 굳건한 정치 기반을 확립하려고 애쓰던 큰 문제에 맞닥뜨렸다. 이 전후 시대 초기에는 대체로 민주주의가 사실상 그 도전을 견뎌내고 살아남았다. 그러나 민주주의는 이의가 제기되는, 즉 강력한 엘리트 집단이, 그리고 국민들 가운데 새로 동원되고 꽤 변덕스러운 부분이 거부하는 통치 체제였다.

　다원주의적 민주주의는 승전국(프랑스와 영국)이거나 중립국(네덜란드, 벨기에, 스위스, 스칸디나비아 국가들)이었던 서유럽과 북유럽의 경제 선진국에서만 널리 받아들여져 확립된 통치 체제였다. 이곳에서는 전후의 사회경제적 충격파를 다루는 문제가 심각하고 분열을 불러일으켰으며, (러시아혁명으로 자주 영감을 받은) 산업 소요와 노동계급의 전투성을 만들어냈다. 그러나 민주주의에 반대하는 세력은 비교적 작았고, 억제될 수 있었다. 아일랜드를 제쳐 두면, 소수민족에서 비롯되어 안정을 깨뜨리는 압력은 없었다. 그리고 의회민주주의 이념을 지지하는 합의가 있었고, 그 결과로 안정적인 양당정치 체제가 이루어졌다. 아일랜드에서 소요가 있기는 했어도 1922년에 아일랜드 자유국이 수립되면서 누그러졌다. 좌우익의 소수파가 제3공화국의 자유민주주의를 거부한 프랑스를 부분적 예외로 하고, 기존 형태의 민주주의 정부는 거의 보편적인 지지를 누렸다. 정통성의 위기는 없었다.

주요 문제는 다른 데 있었다. 예를 들어, 그리스와 불가리아의 의회 체제는 비록 오랫동안 파벌 싸움과 후견주의를 가리는 허울에 지나지 않았을지라도, 멀리 19세기로 거슬러 올라갔다. 견고한 파워엘리트와 과두제는 대중의 힘을 이용하고 조종했다. 폭력과 억압은 일상사였다. 소아시아에서 터키와 전쟁을 벌여 재앙을 맞이하는 바람에 안정성을 잃은 전후 그리스의 여러 정부는 자유당[164] 지도자이자 오랫동안 그리스 정계의 거물이었고 분열을 불러일으키는 인물인 엘레프테리오스 베니젤로스Eleftherios Venizelos의 추종자들과 왕당파 경쟁 파벌 사이의 격렬한 갈등에 시달렸다. 그러나 국가권력에 점점 더 결정적 영향력을 행사하는 지배 세력은 군부였다. 국왕 콘스탄티노스 1세Constantine I는 터키에 진 뒤 왕당파에 반대하는 군 장교들의 정변으

---

164)   1910년 8월에 만들어져 20세기 중엽까지 큰 힘을 지녔던 그리스의 자유주의 정당.

로 말미암아 1922년에 왕위에서 물러나야 했다. 그의 후임자는 아들인 요르요스 2세George II였는데, 그 스스로가 두 해 뒤(이번에는 미래의 독재자인 요안니스 메탁사스Ioanis Metaxas가 포함된 일단의 왕당파 장교들의 정변 시도가 실패한 뒤)에 밀려났다. 1924년 3월에 군주제가 폐지되어 그리스는 공화국이 되었다. 그 뒤에는 내부 정치의 심한 분열이 사라지지는 않았을지라도 잦아들었다.

전쟁으로 탈진하고 경제가 망가진 불가리아에서는 (실속 있는 토지 재분배에서 혜택을 보았던) 소농을 대표하는 농업연맹[165]이 최대 정당이 되었고, (1919년에 세워진) 공산당과 사회당이 조금 거리를 두고 그 뒤를 쫓아갔다. 그러나 농업연맹 지도자이자 총리인 알렉산다르 스탐볼리스키Aleksandûr Stamboliiski가 이끄는 정부는 억압을 일삼고 부패했다. 그는 무엇보다 위험하게도 군 장교 사이에서 강력한 적을 만들었다. 1923년에 그 적은 행동에 나서서 민주주의 실험을 끝낼 태세를 갖췄다. 스탐볼리스키가 쫓겨났고, 군대가 권력을 잡았다.

(1913년에 만들어진) 신생국 알바니아에서는 계급투쟁과 전통적인 부족 충성, 이 둘로 추진된 파벌 싸움과 폭력이 허울뿐인 민주주의의 훨씬 더 확연한 핵심 구성 요소였다. 이 나라에서는 전시의 분할과 (그리스, 이탈리아, 세르비아, 몬테네그로 등) 이웃 나라들의 전시 분할 및 점령에서 헤어나 짧지만 소란한 심한 불안정의 시기에 들어섰다. 여러 정당이 등장해서, 토지개혁과 헌법 제정 문제를 놓고 분열되었

---

165)　정식 명칭은 불가리아 농업인민연맹. 1899년에 세워졌고, 농민 정당으로서는 20세기 초 동유럽에서 가장 강력했다.

다. 그러나 지주와 씨족 지도자들의 이해관계가 우세했다. 하버드 대학교 졸업생이자 알바니아 정교회 주교인 팬 놀리Fan Noli와 가장 힘센 무슬림 가문 축에 드는 한 집안의 후손인 아흐메트 베이 조구Ahmed Bey Zogu, 이 두 유력자 주위에 파벌이 형성되었다. 이 두 사람과 이들의 추종자들은 툭하면 뇌물, 부패, 고문, 살인을 자행했다. 진정한 의회민주주의보다는 신봉건주의에 더 가까운 정치체제에서 놀리가 1924년 6월에 무장 반란으로 조구를 내쫓았고, 조구는 나라를 등지고 도주했다. 여섯 달 뒤에 조구가 많은 외국인 용병을 비롯해 직접 키워낸 군대의 지원을 받아 되돌아와서는 정부를 끌어내렸고, 놀리와 그의 추종자들은 도주해야 했다. 1925년 1월에 남아 있는 의회 의원들이 조구를 권력이 확대된 7년 임기의 대통령으로 선출했다.

1881년 이후로 입헌군주정 아래에서 다원주의 체제가 존재해왔지만 국가가 전쟁 뒤에 영토의 (면적이 2배로 늘어난) 대확장으로 변화했던 루마니아에서는 의회의 힘이 여전히 약한 반면에 (귀족, 군부, 정교회 지도부, 상층 부르주아지 등) 지배계급의 힘은 강했다. (볼셰비즘의 위협이 불러일으킨 대응인) 토지개혁, 그리고 소수민족 통합, 사회적 이동성, 도시 프롤레타리아트 증가로 말미암아 갈등이 겹치고 내부 위기가 가시지 않았다.

이 나라들마다 압도적으로 저개발된 농업 경제의 전후 곤경, 그리고 민족 쟁점뿐만 아니라 국경 분쟁과 영토 요구가 정치적 긴장을 자아냈다. 국민 가운데 새로 선거권을 얻은 부문, 특히 정치적으로 미숙한 농민이 선동적 동원의(그리고 조종의) 여지를 넓혔다. 그 거죽 바로 밑에 권위주의가 도사렸다.

중립국인데도 전쟁으로 경제가 극심하게 교란된 스페인에도 똑같이 심각한 어려움이 있었다. 국가 자체의 권위를 겨냥한 파업의 물결에 난파한 스페인은 바야흐로 혁명이 일어나기 직전에 있는 나라로 보였다. 만약 스페인이 교전국이었다면, 아마 전쟁은 사실상 스페인을 떠밀어 혁명에 빠뜨렸을 것이다. 그런 일이 일어나지 않았으므로, 1876년에 세워져서 자유주의 엘리트와 보수 엘리트의 과두제에 오랫동안 의존했던 입헌군주정이 대의성이 현저히 떨어지는 의회 체제에서 버텨나갔다. 사회주의 운동이 급성장해서 종전 이후에 당원 수를 2배 넘게 늘렸지만, 선거상의 차별 탓에 사회당이 얻은 의석수는 한 줌밖에 되지 않았다. 그러나 지배 엘리트의 통제력이 약해지고 있었고, 그들의 자유주의적·보수적 정치 기반이 부서지고 있었다. 그리고 1902년부터 1923년 사이에 정부가 34개나 들어선 탓에 허약하고 비효율적인 의회 체제에 대한 경멸이 확산했다. 지배계급은 자기 이익을 지탱하기에는 국가가 너무 약하다고 보았다. 그러나 주로 노동계급 안에 있는 국가 반대자들은 체제를 뒤엎기에는 너무 약했다. 그 결과는 교착상태였다.

스페인에는 "자유주의의 나약함"을 욕하면서 "시민 독재"가 "볼셰비키 무정부 상태"를 막아야 한다는 요청이 있었다. 정부가 강력해지고 질서가 회복되어야 한다는 요구가 혁명의 공포와 합쳐져서 1923년 9월 무렵에는 미겔 프리모 데 리베라 장군의 정변과 권력 접수를 지지할 태세를 갖춘 이해관계의 연합이 형성되었다. 군대, 가톨릭교회, 지주 엘리트, 대기업, 중간계급이 지지하는 정변은 사기가 꺾이고 분열된 노동계급의 총파업 시도에 부딪혔지만 그 저항은 미약했다. 계엄령, 언론 검열, 국가 통합의 단일 정당, 조합주의적 노동관계 구조가 도입되었고, 아나르코생디칼리스트 노동조합 조직이 (경쟁하는 사회주의 노동조합 조직에는 만족스럽게도) 불법화되었으며, 몇몇 주요 반대파 인사가 투옥되었다. 그러나 프리모의 독재는 비교적 순했으며, 공공사업 프로그램을 통해 스페인에서 짧게나마 경기가 좋아진다는 느낌마저 자아냈다. 무엇보다도, 프리모는 질서 회복에 일시적으로 성공했다. 대다수 스페인 사람들에게는 그 점이 중요했다. 허울뿐인 민주주의에 지나지 않았던 것이 죽었다고 눈물을 흘리는 이는 거의 없었다. 대다수 사람은 무덤덤했다. 당분간은 반혁명이 승리했다.

후속 국가들에서 의회민주주의는 조금도 기름지지 않은 땅에 심긴 가냘픈 꽃이었고, 처음부터 강력한 여러 사회집단과 포퓰리즘적인(보통은 민족주의적인) 세력의 도전에 맞닥뜨렸다. 그러나 의회민주주의는 비록 오직 핀란드와 체코슬로바키아에서만 영속적으로 성공했지만, 전후 위기를 넘기고 살아남았다.

1918년 (많게는 사망자 3만 6000명을 남긴) 혁명 세력과 반혁명 세력 사이의 격렬한 내전이 일어난 지 다섯 달 뒤에 핀란드의 독립이 비로소 확정되었고, 의회민주주의가 1919년 헌법에 명시되었다. (보수주의자, 사회민주주의자, 토지 분배론자, 스웨덴 민족주의자 사이의 이념 분열이 반영되어서) 정부가 불안정했는데도, 이웃에 있는 소련의 위협에 맞서 독립을 지키겠다는 결의가 그 신생 국가의 정통성을 떠받쳤다. 폭넓은 행정권을 지닌 국가수반인 핀란드 대통령(독립 초기에는 카를로 유호 스톨베리Kaarlo Juho Ståhlberg)도 아직은 굳건하지 못한 의회 체제를 지지함으로써 큰 역할을 했다.

전쟁 직후의 체코슬로바키아도 마찬가지였다. 대통령(그리고 실질적인 국가 창건자)인 토마시 마사리크Tomáš Masaryk는 투철한 민주주의자였으며 충성스러운 군대, 합스부르크 제국에서 물려받은 효율적인 관료제, 전후의 불황에서 빠져나오는 탄탄한 산업 기반을 지닌 경제의 도움을 받았다. 그는 20개가 넘는 정당의 계급 및 민족 이해관계로 말미암아 기반이 침식될 조짐을 보이는 체제를 지탱하는 데서 결정적이었다. 1918년 12월과 1919년 초에 마사리크는 슬로바키아에 독립 공화국을 세우려는 움직임을 체코인 군대를 써서 억눌렀다. 슬로바키아를 되찾으려고 1919년 5월과 6월에 헝가리에서 온 친볼셰비키 세력의 침공을 물리치고자 마사리크는 연합국의 도움을 요청했으며, 프랑스인 장교들이 지휘하는 새로운 군부대를 전개하면서 비상사태를 선포했다. 그리고 그는 정당에 속하지 않아서 분열을 일으키지 않을 관리들을 내각에 임명해서 그해 여름의 심각한 소요의 물결과 씨름하는 데 능란하다고 판명되었다. 그러고 나서 정부는 계엄령을 이용해 1920년 11월과 12월에 사회당의 친소비에트 분파가 부추긴 파업의 물결에 대응했다.

이것은 중요한 전환점이었다. 그 뒤로 체코의 의회제가 지탱되었고, 처음에는 얼마간 휘청거렸지만 점점 더 권위를 지녔다. 혁명적 좌파는 대다수 사람이 평화와 질서를 바랐으므로 고립되었다. 농민의 이해관계와 공업 프롤레타리아트의 이해관계 사이에서 대충 균형이 잡혔다. 공업 프롤레타리아트는 다른 어떤 합스부르크 제국 후속 국가들보다 체코인의 지역에 더 많았지만 공산주의가 아니라 의회민주주의를 주로 지지했다. 슬로바키아인의, 또한 (갖은 형태의 차별에 느끼는 분노를 지금 당장은 지그시 참는) 꽤 큰 소수민족인 독일인의 정치적 통합은 분리주의적 경향을 저지했다. 민주주의는 (비록 잠재된 긴장이 제거되기보다는 억제되었을지라도) 차츰차츰 안정을 찾았다.

발트해 연안 국가인 에스토니아와 라트비아와 리투아니아에서는 새로 얻은 독립과 이웃한 소비에트 국가의 볼셰비즘에 대한 폭넓은 적대감이 정부가 불안정한데도 당분간 의회민주주의를 지탱하는 데 도움이 되었다. 결정적으로 정부는 큰 농민 압력단체의 이해관계를 옹호하는 한편으로 작은 공산당을 제한했다. 그러나 민주주의는 여전히 연약했고, 정부는 군부와 민족주의적 준군사 조직의 (오래 지속되지는 않을) 관용에 의존했다.

유고슬라비아에서 (세르비아 군주정 아래) 1921년 헌법에서 확정된 의회 체제는 가망 없는 제도였다. 그것은 중앙집권제가 연방제에 간신히 거둔 승리를 대표했지만, 소수민족이 20여 개이고 3대 민족인 세르비아인과 크로아티아인과 슬로베니아인의 분열이 심한 나라에서 유고슬라비아의 정체감을 퍼뜨리려는 정부의 노력에 분리주의 경향이 계속 도전했다. 그 신생 국가는 마케도니아 독립을 위한 분리주의 압력뿐만 아니라 마케도니아에서 강력한 친불가리아 준군사 세력과 싸워야 했고 코소보[166]에서는 알바니아 무장 반군과 싸워야 했으며, 세르비아인의 우위에 대한 크로아티아인의 분개로 주로 위협을 받았다. 통합하는 정체성이 창출될 수 없었지만, 크로아티아인의 분

---

166)   Kosovo. 발칸반도의 내륙 지역. 세르비아의 일부였으며, 1913년까지 오스만제국의 지배를 받았다.

리주의 경향은 어려웠을지라도 억제되었다. 슬로베니아인은 슬로베니아의 언어와 문화가 유고슬라비아 국가에서 가장 잘 보호되는 것을 보았고, 다른 소수민족들은 약하고 분열되어 있었으며, 이탈리아의 팽창주의 탓에 아드리아해 연안을 따라 친유고슬라비아 정서가 일었다.

유고슬라비아의 민족 간 분열이 아무리 격심했을지라도, 농업 일변도인 그 나라에는 이렇다 할 공업 프롤레타리아트가 없었고, 1921년 이후로 금지되고 핍박당한 공산당은 그 뒤에는 대체로 대수롭지 않았다. 그 나라의 부패한 여러 파벌의 이해관계는 토지 재분배에서 자주 이득을 얻으면서, 신생 국가를 훼손하기보다는 지지함으로써 볼 이득을 더 많이 가지고 있었다. 비례대표제로 말미암아 주로 민족과 지역의 특정한 이해관계를 옹호하는 45개 정당이 생겨나고 8년 동안 24개 정부가 구성된 의회 체제의 바로 그 구조적 약점 탓에 왕실과 부패한 왕실 떨거지들, 군부(와 준군사 지원 단체)와 보안 기관의 지배가 사실상 지탱되었다. 사실은 허울뿐인 민주주의에 지나지 않는 것이 당분간 존속할 수 있었다.

유고슬라비아라는 조작되고 미약한 정체감과는 대조적으로 폴란드의 민족의식은 19세기 동안 힘을 얻었다. 폴란드가 러시아와 프로이센과 오스트리아 사이에서 분할된 지 123년 뒤인 1918년에 하나의 국가로서 다시 태어나고, 그다음에는 (그 신생 국가가 1918년부터 1921년 사이에 치러야 했던 여섯 차례의 국경 전쟁 가운데 하나인) 전쟁을 소비에트 러시아와 벌이면서 첫 국민 일체감이 생겨났다. 이 국민 일체감을 폴란드의 구원자로 널리 여겨지는 유제프 피우수트스키 원수가, 그리고 다수민족인 폴란드인이 폴란드의 큰 소수민족 주민에게 품는 반감으로 고양된 민족주의가 구현되었다. 그러나 통합은 전쟁으로, 그리고 초인플레이션의 파멸적 효과로 거덜 난 가난한 나라에서 격심한 분열에 급속히 밀려났다.

그 분열은 부분적으로는 민족 구분 선에 따라 일어났다. 폴란드 인구의 거의 3분의 1이(그리고 몇몇 지역에서는 과반이) 소수민족들로 이루어져 있었다. 특히 우크라이나인이 14퍼센트, 유대인이 9퍼센트, 벨라루스인이 3퍼센트였고, 독일인은 2퍼센트를 조금 웃돌았다. 그들의 민족주의적 목표는 어쩔 수 없이 다수민족인 폴란드인의 공세적 민족주의와 맞부딪혔고, 긴장을 불러일으켰다. 계급 분열이 오히려 훨씬 더 정치적으로 양극화하고 있었다. 농민 인구가 많은 나라에서 토지개혁은 공산주의가 아닌 좌파 정당들의 이합집산에 핵심적인 우선 사항이었고, 1925년에 (비록 대지주에게 배상했을지라도) 중대한 토지 재분배로 가는 발걸음이 우여곡절 끝에 내디뎌졌다. 그러나 유산계급의 특권을 지키려고 안달인 우익 정당 연합체가 토지개혁에 거세게 반대했다.

폴란드에서 1921년에 도입된 민주주의 헌법은 특히 프랑스 제3공화국이라는 본보기에 기댔고, 영감을 준 그 제3공화국처럼 허약한 정부와 거추장스럽고 잘게 부서진 양원제 의회 하원(세임[167])으로 이어졌다. 지나치게 많은 (농민, 노동자, 소수민족) 정당이 영향력을 놓고

---

167) Sejm. 1347년에 소집된 폴란드 귀족 의회에 기원이 있는 폴란드 국가의 대의 기구이며, 1919년 초에 개원한 폴란드 공화국의 초대 전국 의회를 일컫는다.

앞서거니 뒤서거니 다투었다. 그 본체는 (서로 다른 민족들의 관심사가 흔히 양립 불가능한 것으로 드러난) 소수민족연합,[168] ('외부', 특히 유대인의 영향력으로부터 보호받고자 하는 지주, 기업가, 중간계급의 이익을 옹호하는) 보수적인 국민민주당,[169] (무엇보다도 대영지 토지의 재분배를 추구하는) 농민당,[170] (전쟁 말기에 혁명이나 다를 바 없는 상황에서 성취했던—8시간 노동제 도입을 비롯한—상당한 이득을 지켜내기를 열망하는) 사회당[171]이었다. 정부가 빈번하게 바뀐 탓에 안정성도, 뚜렷한 정책 방향도 없었다. 대다수 국민의 눈에—당의 이익을 국민의 이익 위에 놓고서 옥신각신 다투는 정치가들의 의회를 통해 나라의 커다란 문제들을 해결할 역량이 없는—민주주의 정부는 점점 더 무능해 보였다.

(1923년 11월에 165만 폴란드 마르카가 1달러에 해당하는 상태에 이른) 초인플레이션을 제어하려고 과감한 긴축 대책이 도입되었을 때, 그리고 최근에 도입된 즈워티라는 새로운 통화 자체가 압력을 받았고 정부의 몰락을 불러일으킨 1925년에 다시 문제가 고조되었다. 폴란드의 민주주의는 정신적 외상을 남긴 전후 시기를 버텨내고 어렵사리

---

168) Blok Mniejszości Narodowych. 우크라이나인, 벨라루스인, 독일인, 유대인 등 폴란드의 여러 소수민족을 대표해서 1922년에 만들어져 1940년까지 존속한 정당.

169) Narodowa Demokracja. 폴란드의 민족주의 우익 정당. 폴란드의 주권 독립을 지향하며 1886년에 만들어져 1947년까지 존속했다.

170) Stronnictwo Chłopskie. 1926년부터 1931년까지 존속한 폴란드의 좌익 농민 정당. 피우수트스키의 1926년 5월 쿠데타를 지지했지만 반대파로 돌아섰다.

171) Polska Partia Socjalistyczna. 폴란드의 좌익 정당. 1892년에 만들어져 20세기 초에 대중 정당이 되었고, 1948년까지 존속했다.

살아남았지만, 안착해서 두루두루 받아들여지는 통치 체제가 되지는 못했다. 폴란드는 때때로 내전이나 군사 반란이 금방이라도 일어날 듯이 보였다. 민주주의에 대한 환멸이 널리 퍼졌다. "이 깊은 구렁텅이에서 우리를 끌어낼 강철 손"이 필요하다는 말이 있었다. 1926년 즈음 국가의 영웅인 피우수트스키는 자기가 오로지 직위의 물질적 이득과 개인의 치부만 추구하는 정당들의 폴란드 지배에 맞서 싸울 태세가 되었다고 선언했다. 그것은 1926년 5월에 그가 이끈 쿠데타의 서곡이었고, 폴란드의 권위주의 통치의 시작이었다.

이제는 대제국이 아니라 독일어를 쓰는 조그만 국민국가에서 사는 오스트리아인 대다수가 일찍부터 독일과의 통합에 희망을 걸었지만, 이 희망을 곧 연합국들이 꺾어 버렸다. 그 뒤로는 정치적 통합의 토대는 거의 없었다. 사회민주당, 사회주의에 반대하는 양대 정치 세력인(가톨릭 고위 성직자들과 가깝고 오스트리아 민족주의 성향이 점점 더 거세지는 최대 정당인) 기독사회당[172]과 더 작지만 목소리는 큰(독일과의 통합을 선호하는) 대독일민족당[173] 사이의 세 갈래 분열로 깊이 갈라진 틈이 생겼다. 대체로 농민에 기반을 두고 만들어진 대규모 무장 민병대는 분쟁이 이는 오스트리아의 취약한 국경을 특히 남쪽의 슬로베니아 방면에서 오는 유고슬라비아의 습격에 맞서 지키고자 민족

---

172) Christlichsoziale Partei. 1891년부터 1934년까지 존속한 오스트리아의 민족주의 우익 정당. 가톨릭 성향이 강해서 개신교 성향이 강한 독일과의 통합에 반대했다.
173) Großdeutsche Volkspartei. 1920년부터 1934년까지 존속한 오스트리아의 우익 정당. 자유주의, 민족주의, 반유대주의를 표방했고 독일과의 통합을 지지했다.

주의적이고 무척 가톨릭적이고 심하게 반유대주의적이었을 뿐 아니라 그들이 '붉은 빈'에서 비롯한 사회주의 통치로 간주한 것에 거세게 반대하기도 했다.

사회주의는 심지어 빈 안에서도 대부분의 중간계급, (옛 제국과의 강한 연속성을 지닌) 국가 관료, 가톨릭교회 고위 성직자와 맞지 않았다. 그리고 빈 밖에서는 사회주의가 고군분투했다. 알프스 산맥에 맞닿아 있는 그 새 공화국의 대다수 지역은 향촌이었고, 보수적이고 애국적으로 오스트리아적이고 열렬히 가톨릭적이었으며 사회주의에 거세게 반대했다. 태생적으로 권위주의적인 이 세력들이 처음의 혁명적 국면 뒤에 힘을 키울 터였다. 민주주의 확립 배후의 주요 추진력이었던 사회민주당은 1920년 이후로는 오스트리아 정부에서 아무런 역할을 하지 못했다. 다른 무엇보다도 사회민주당과 연계된 민주주의가 점점 더 수세에 몰렸다.

러시아 밖에서 비록 지속 기간은 짧더라도 소비에트 공화국을 세울 수 있다고 판명된 단 한 나라는 헝가리였다(1919년 4월 바이에른[174]에서 권력을 잡은 소비에트 유형의 정부는 뮌헨의 일시적 본거지에서 벗어나지 못하다가 군대와 우익 준군사 조직에 분쇄되었다). 헝가리에서 작은 두 자유주의 정당과 (비교적 작은 노동계급 일부만의 지지에 의존하는) 사회민주당의 허약한 연립정부는 필요한 사회 개혁을 밀어붙이거나 토지

---

174) Bayern. 독일 연방에서 면적으로는 최대이며 인구로는 제2위인 독일 남부의 주. 주도는 뮌헨.

재분배라는 절박한 쟁점과 씨름할 수 없었다. 헝가리는 마자르인[175] 귀족이 엄청난 특권을 유지하며 예속민에 가까운 농민들이 있는 대영지를 운영하는 나라였다. 도시에서 대규모 시위가 급진적 변화를 요구했다. 사람들이 공산주의 프로파간다에 솔깃해서 귀를 기울였다. 온건한 사회민주당이 영향력을 잃었다. 노동자·병사 평의회가 정부의 권력에 점점 더 도전했다. 농업 노동자들이 왕실 소유였던 몇몇 영지를 접수했다. 연합국이 루마니아 군대와 대치하던 헝가리 군대의 철수를 요구하고, 그 결과로 영토 상실이 확실해졌을 때 마지막 결정적 전기가 왔다. 정부가 1919년 3월 21일에 최후통첩을 받아들이기를 거부하자 공산당이 이끄는 정부가 나타나서 헝가리의 소비에트 공화국과 '프롤레타리아트 독재'를 선포했다.

이 정권의 넉 달은 참사였다. 국가가 성급하고 혹독하게 개입해서 경제를 국유화하고, 은행 예금을 몰수한 데다가 덩달아 식량을 강제로 징발하고, 교회를 핍박하고, 국가가 후원하는 테러가 고조되는 와중에 재산 소유자 수백 명을 제멋대로 체포했다. 체포된 이들 가운데 어떤 이는 거액의 몸값을 내고서야 풀려났고, 어떤 이는 총살당했다. 헝가리인 수백 명이 '적색 테러'의 제물이 되었다. 나라가 무정부 상태에 빠져들자, 헝가리는 루마니아군과 체코슬로바키아군과 유고슬라비아군의 공격에 직면했다. 1919년 8월에 정권이 절망적인 곤경에

---

175)   Magyar. 기원전 5세기에 우랄산맥에서 서쪽으로 이동해 9세기 말부터 중부 유럽에 정착한 유목 민족. 헝가리 국민의 대다수를 차지하며, 헝가리 주변의 여러 국가에서도 거주한다.

처했다. 정권은 중간계급과 농민, 심지어 상당수의 노동계급과도 멀어졌다. 정권의 지도자인 벨러 쿤과 '적색 테러'의 배후에 있는 공산당 인민위원 대다수가 유대인이라는 사실이 반유대주의에 불을 지폈다. 오로지 소비에트 러시아에서 오는 도움만이 헝가리의 공산당 정권을 (아마도 다만 일시적으로) 구할 수 있었을 것이다. 그러나 내전에서 제 목숨을 위해 싸우고 있던 소비에트 러시아는 군사적 원조를 해줄 수 없었다. 헝가리에 공산주의를 수출하지 못했다는 것은 러시아라는 본보기로부터 발산되는 세계혁명이라는 관념을 내버려야 한다는 가장 뚜렷한 신호였다.

벨러 쿤의 불운한 정부는 이 무렵 헝가리의 대부분을 점령하고 있던 루마니아 군대가 부다페스트에 들어와 약탈을 하기 직전인 1919년 8월 1일에 물러났다. 쿤은 도주했고, 결국은 러시아로 갔다가 그곳에서 스탈린주의의 또 다른 제물로서 삶을 마칠 터였다. 몇 달 안에 우익 민족주의 보수 세력이 헝가리에서 통제권을 재행사했다. 토지개혁이 축소되었고 대지주가 자기 재산을, 그리고 자기 권력을 지켜낼 수 있었다. 또한 군부, 관료, 재계 지도자, 부농 등 쿤의 정권에 몸서리치던 모든 이들이 보수적 권위주의를 통한 질서 회복으로 여긴 것을 반겼다. 따라서 전쟁 영웅인 미클로시 호르티Miklós Horthy 제독이 1920년부터 국가수반으로서 다음 사반세기 가까이 지속될 권위주의 정부를 이끌 수 있었다. 벨러 쿤 정권의 '적색 테러'에 대한 즉각적 반응은 훨씬 더 광범위한(추산에 따르면, 약 5000명의 목숨을 앗아가고 수천 명을 감옥에 가두는) '백색 테러'의 분출이었다. 그 백색 테러에서 헝가리군의 우익 장교 분견대가 주로 공산주의자와 사회주의자와 유대인을 겨누고 잔학 행위를 한바탕 저질렀다.

스페인처럼 헝가리 역시 전후 초기 추세의 예외 사례였다. 민주주의는 이 격동기의 대격변을 간신히나마 대체로 견뎌낼 수 있었다. 얼마간 이것은 유럽 곳곳에서 민주주의가 엘리트의 전통적인 권위주의 통치의 족쇄를 벗어던지려고 오랫동안 열정적으로 노력하고, 민주주의의 미래에서 더 공정하고 번영하는 사회를 상상해온 사회주의와 자유주의의 좌파에게서 주로 열렬한 이상주의적 후원을 얻었기 때문이다. 그러나 주된 이유는 옛 질서가 전쟁 말기에 당한 처절한 패배였다. 옛 질서의 지지자들은 민주주의의 확립에 도전하기에는, 또는 비록 불안정하더라도 광범위한 대중의 지지를 불러낼 수 있던 그같은 새 통치 체제를 뒤엎기에는 너무 허약했다. 볼셰비즘에 품은 극도의 두려움과 합쳐진 엘리트의 허약성은 엘리트가 다원주의적 민주주의를 비록 충심으로 지지하지는 않을지라도 용인할 태세를 갖추고 있음을 뜻했다. 엘리트는 그 민주주의를 보통 자기에게 유리하게 조종할 수 있었다. 대체로 다원적 민주주의는 접경 영토를 둘러싼 격한 분쟁으로 거세게 부추겨질 수 있는 포퓰리즘적 민족주의와 유착해야만 성취될 수 있었다. 그러나 민족주의적인 정당과 운동 자체가 어김없이 분열되어 있었다. 엘리트 우파뿐 아니라 민족주의자들도 단결하지 못한다는 것은 민주주의에 대한 응집력 있는 도전이 전후 시대 초기에 이루어질 수 없다는 뜻이었다.

이전의 지배계급 사이의 취약성은 좌파 측의 취약성 및 분열과 어느 정도는 빼닮았다. 러시아 밖 거의 모든 곳의 혁명적인 볼셰비즘 지지자는 사회주의자 사이에서 소수파였다. 사회주의자 태반은 의회민

주주의를 지지했다. 따라서 반혁명적 우파도 혁명적 좌파도 새로 창
출된 민주주의를 뒤엎을 만큼 충분히 강하지 못한 불안정한 생존이
현실인 경우가 잦았다.

스페인에서 정변으로 권력을 접수한 미겔 프리모 데 리베라의 사
례를 빼면 민주주의 생존의 패턴에 중대한 예외가 이탈리아였다. 이
탈리아는 자유민주주의가 허물어져서 파시즘으로 대체된 첫—그리
고 전후의 위기 동안에는 유일한—나라였다.

승리하는 파시즘

1861년 통일 이래 이탈리아에는 다원주의적 의회 통치 체제가 있었
다. 그러나 그 체제를 민주적이라고 일컫는다면 그 용어의 의미가 고
무줄처럼 늘어날 것이다. 지극히 제한된 유권자에 기대는 이탈리아
정치는 당파적이고 부패해서, 자유연맹[176] 명망가들의 작은 과두제
에 좌우되었다. 1912년에 선거제가 개혁되어 300만 명 미만이던 유
권자 규모가 (대다수가 아직 문맹인) 850만 명 가까이로 거의 3배 늘어
났다. 그러나 중대한 통치 체제 변화는 거의 뒤따르지 않았다. 그러고
나서 분열과 정신적 외상을 남긴 전쟁이 일어났고, 이탈리아는 무척
망설이다가 몰래 협상을 한 뒤에 우여곡절 끝에 1915년 연합국 편에
서서 참전했다. 전쟁 직후, 즉 1918년 12월에 모든 이탈리아 성인 남

---

176)   Unione Liberale. 20세기 초에 보수 세력과 자유주의 세력이 만들어서 의
회 최대 정당이 된 이탈리아의 중도 자유주의 정당.

성에게 (군역의 보상으로) 투표권이 주어졌고, 이듬해에 새 선거법으로 비례대표제가 도입되었다. 바란 바는 정부 지지를 키우는 것이었다. 그러나 그 개혁은 오히려 역효과를 크게 냈다.

전후 소란의 와중에 새로 선거권을 얻은 국민이 낡은 자유주의 정치에 등을 돌렸고, 새로 창당해서 가톨릭교회의 이해관계를 대변하는 이탈리아 인민당[177]과 "노동자를 대표하는 정치권력의 폭력적 획득"과 "프롤레타리아트 독재"의 수립을 목표로 선언한 이탈리아 사회당[178]에 대거 투표했다. 사회당은 레닌이 1919년 3월에 모스크바에서 창립한 공산주의 인터내셔널(코민테른)[179]에 충성을 공언했다. 그해 11월에 치러진 선거에서 하원 의석수를 사회당은 3배, 인민당은 거의 4배 늘렸다. 자유연맹 주류에 대한 지지는 더 가난한 사람들, 후견인 정치가 아직 우세하고 대체로 농업 위주인 이탈리아 남부에서 가장 강했다. 그러나 자유연맹과 그 지지자들은 이제 의회에서 소수파였다. 정당정치는 산산 조각났다. 정부가 (1919년부터 1922년 사이에 여섯 차

---

177) Partito Popolare Italiano. 1919년 초에 교황청의 지지를 받아 만들어진 이탈리아의 중도 우파 정당. 사회당과 경쟁하며 사회 개혁을 추진했다. 의회에서 두 번째 다수당이었지만, 당 안에서 파시즘 찬반 세력이 갈라진 탓에 1926년 11월에 해산했다.

178) Partito Socialista Italiano. 1892년에 만들어진 이탈리아의 사회주의 정당. 1919년과 1921년의 총선거에서 제1당이 되어 혁명 노선을 걸었지만 사회민주주의 노선으로 옮아갔다.

179) 제국주의 전쟁에 협조한 기존의 사회주의 국제 조직인 제2인터내셔널의 대체 조직이다. 러시아 공산당의 주도 아래 세계 각국의 공산당을 회원으로 참여시켜, 1919년 3월에 창립하여 1943년까지 존속한 국제 공산주의 조직이다.

례 교체되면서) 불안정해지고 점점 더 마비되었다. 이탈리아는 바야흐로 붉은 혁명이 일어날 참에 있다고 보였다.

비엔니오 로소biennio rosso('붉은 두 해')라고 불리게 된 1919년과 1920년 내내 이탈리아는 거대한 사회·정치 갈등을 겪었다. 공업 도시에서는 (한 해마다 1500건이 넘는) 파업, 공장 점거, 노동자 시위가 많이 일어났고, 물가 상승에 성난 군중이 상점을 약탈했다. 이탈리아의 여러 향촌 지역에서는 최근에 동원 해제된 농민이 대영지 토지를 장악했고, 100만 명을 웃도는 농업 노동자가 파업에 가담했다. 무질서가 걱정스러울 만큼 커지자, 정부가 질서를 회복할 수 없음이 명백해지자, 혁명의 공포와 사회주의에 관한 유산계급의 우려가 고조되자, 정당정치의 파탄으로 수렁을 헤쳐나갈 길이 제시되지 않자, 새로운 정치 세력에게 정치 공간이 열렸다. 파시스트가 그 공간을 메울 터였다.

정치적 무질서의 와중에 스스로를 밋밋하게―'단합체', (문자 그대로는 '묶음', 고대 로마에서 질서의 상징이었던 막대기 다발을 가리키는 라틴어 용어에서 비롯된 이름인)―파시라고 부르는 자잘한 준군사 조직 운동이 이탈리아 북부와 중부의 크고 작은 도시에서 여럿 생겨났고, 주로 중하층 전직 군인들(특히 동원 해제된 장교들)과 많은 학생을 끌어들였다. 중심 조직은 없었다. 그러나 그 갖가지 운동이 지닌 공통점은 구성원의 비교적 낮은 연령대, 전투적 국수주의, 전쟁 찬양, 폭력, 그리고 자기가 자유연맹 주류의 분열되고 허약하고 믿음이 안 가는 썩어빠진 의회정치라고 간주한 것에 느끼는 감정적 반감이었다. 그들이 보기에 그 정치적 계급은 이탈리아의 영웅적인 전쟁수행노력의 토대를 허물어뜨렸으니, 일소되어야 했다. 늙은 명망가들이 지도하면 이탈리아는 결코 위대해질 수 없었다. 파시즘 투사들이 제안하는 것은 이탈리아를 일신할 과격 행동이었다. 이것은 기존 국가의 폭력적이고 근본적인 변화를 지향한다는 점에서 에둘러서 혁명적이었다. 과연 무엇이 기존 국가를 대체할지는 미정으로 남겨졌다.

수많은 파시 가운데는 사회주의 공식 기관지의 편집자였던 베니토 무솔리니가 1919년 3월에 세운 파시가 있었다. 1915년에 참전을 열렬히 옹호하다가 사회주의 좌파와 관계를 끊었던 무솔리니는 자기가 싸우다 다쳤던 전쟁을 자신의 과거와 이탈리아의 과거에서 영웅적인 시기로 여겼다. 1919년에 그의 파시 디 콤바티멘토[180]의 창립에서 제시된 강령은 다른 파시의 강령과 별로 다르지 않았고, 어조에서는 두드러지게 혁명적이었다. 이 조직의 제안 가운데 다수는 좌파가 내놓을 수도 있었던 것, 즉 보통선거를 실시하고, 작위爵位를 모두 없애고, 의견의 자유를 허용하고, 교육 체계를 모든 이에게 개방하고, 공중보건 개선 대책을 세우고, 금융 투기를 억누르고, 8시간 노동제를 도입하고, 노동자들을 협동조합으로 조직해서 이윤을 공유하고, 정치경찰과 의회 상원과 군주정을 없애고, 지역자치제와 행정권의 탈중앙집권화에 바탕을 둔 새로운 이탈리아 공화국을 세우는 것이었다. "집단생활의 정치·경제적 토대의 근본적 변혁"이 목표였다.

그러나 나중에 무솔리니는 구체적인 사회·정치 목표로 보이는 것을 부인하고는 이 목표는 어느 교의의 표현이 아니라 시간을 두고 다

---

180)　Fasci di Combattimento. 1919년 3월 23일에 이탈리아의 밀라노에서 다양한 과격분자 200여 명의 모임을 주도한 무솔리니가 참석자들에게 붙인 명칭.

듬어져야 할 포부일 뿐이라고 선언할 터였다. 그는 다음과 같이 선언했다. 파시즘은 "세세하게 공들여 미리 만들어진 교의가 키우는 귀한 아이가 아니다. 그 아이는 행동할 필요성에서 태어났고, 처음부터 이론적이기보다는 실천적이었다." 이것은 자기 나름의 운동이 두 해가 채 안 되는 기간 안에 겪었던 근본적 변화를 그 운동이 시작된 지 거의 스무 해 뒤에 합리화한 것이었다. 최고의 기회주의자인 무솔리니에게 밀라노에서 발표된 강령은 정치적 필요성이 정하는 대로 무시되거나 우회되거나 조정될 터였다. 그의 운동에서 '사회주의'는 국가 재탄생이라는 목표 밑에 놓였는데, 국가 재탄생은 늘 무척 상이한 여러 이해관계를 적어도 겉으로는 통합할 수 있는 모호하지만 강력한 관념이었다. 그에게 원칙은 아무 의미가 없었고 권력이 전부였다. 그래서 운동은 혁명에서 반혁명으로 변했다. 초기에는 노동자 파업을 지원했던 그가 1920년 가을 무렵에는 지주와 기업가의 이익을 위해 파시스트 준군사 행동대를 풀어놓아 파업을 깼다. 행동대의 폭력은 다음 몇 달에 걸쳐 단계적으로 급증했다. 무솔리니는 똑같은 지지 기반을 놓고 다투려고 들면 자기가 사회주의와 공산주의를 이길 수 없음을 인정했다. 권력을 얻으려면 그에게는 돈과 영향력을 가진 자들의 후원이 있어야 했다. 그는 불만에 찬 전직 군인과 폭력배뿐 아니라 보수 기득권층과 중간계급까지 설득해서 제 편으로 끌어들여야 했다.

처음에는 숱한 파시즘 지도자와 지역 행동대장 가운데 하나에 지나지 않았던 무솔리니가 어떻게 자신의 강력하고 역동적인 개성보다는(모든 파시즘 우두머리는 어떤 식으로든 강한 개성의 소유자여야 했다)

언론 활용에, 그리고 자기 신문 《이탈리아 인민》[181]을 유지하려고 기업가들과 맺은 연줄에 더 많이 빚진 초기의 파시즘 운동을 지배하게 되었는가? 그가 표방하는 과격성은, 즉 국민 단합과 권위와 질서의 강조와 방해하는 이들(사회주의 좌파, 혁명가, 파업 노동자)에 맞선 폭력을 통해 질서를 기꺼이 부과하겠다는 태세는 보수 지배계급의 이해관계와 양립 가능했을 뿐 아니라 그 이해관계에 직접적으로 봉사하기도 했다. 질서가 무너지고 자유주의 국가에는 질서를 회복할 역량이 없었으므로, 파시스트당이 이탈리아 정계와 재계의 엘리트에게 점점 더 유용한 수단이 되었다.

1921년 중엽에 정부는 심해지는 무질서와 싸우려고 돈과 무기로 파시스트당을 원조하고 있었다. 경찰은 개입하지 말라는 말을 들었다. 5월 선거에서 자유연맹 정부의 조반니 졸리티Giovanni Giolitti 총리는 파시스트당을 길들이고 사회당과 이탈리아 인민당의 반대를 약화하기를 바라며 '국민 블록'[182]에 민족주의자, 자유주의자, 토지 분배론자와 나란히 파시스트당을 집어넣었다. (비록 파시스트당 자체는 535석 가운데 겨우 35석을 얻었을지라도) 국민 블록은 표를 가장 많이 얻었다. 그러나 사회당과 인민당은 충분히 약해지지 않았다. 정부의 만성적

---

181) Il Popolo d'Italia. 무솔리니가 1914년 11월에 밀라노에서 창간해 1943년 7월까지 펴낸 이탈리아 일간 신문. 파시즘 운동의 토대가 되었고, 기업가들과 프랑스의 후원을 받았다.

182) Blocchi Nazionali. 1921년 총선거를 위해 졸리티와 무솔리니 등이 만든 이탈리아의 우익 정당 연합. 1921년 선거 득표율은 19.1퍼센트였고, 이듬해에 파시스트당의 '로마 진군'을 지지했다.

인 불안정성이 계속되었다. 그리고 기존의 국가 체제는 의회에서 변변찮은 지지를 받았다. 비록 선거에서는 아직 미미했을지라도 파시스트당은 자라나고 있는 세력이었다. 1919년 말에 겨우 870명이었던 파시스트당의 당원 수가 이제는 20만 명을 헤아렸다.

약진이 이루어진 곳은 경제가 뒤처져서 농사만 짓는 남부도, 무솔리니의 운동이 시작되었던 밀라노 같은 북부의 도시들도 아니었다. 파시즘은 상업이 더 발달한 이탈리아 중부의 향촌에서, 에밀리아로마냐, 토스카나, 포강 유역, 움브리아에서 힘을 얻었다. 사회주의 조합과 농업 협동조합, 그리고 사회당이나 인민당의 지역위원회 지배에 맞닥뜨리자 지주와 차지인借地人은 지방 도시에서 화물차 여러 대를 타고 들어오는 파시스트 폭력배에게 돈을 치러서 (경찰이 수수방관하는 가운데) 반대자들을 두들겨 패고, 피마자기름을 억지로 마시게 하고, 직위에서 몰아내고, 그들의 재산을 파괴하고, 그 밖의 다른 방식으로 테러를 가하도록 했다. 이전의 '붉은' 주州들이 몇 주 안에 파시즘의 아성으로 바뀌었다. 새로 세워진 파시즘 '조합', 즉 테러의 위협 아래 가입 '권고'를 받은 노동자 조합원이나 농민 조합원들이 이전의 사회주의 조합을 대체했다. 1922년 6월 무렵에 파시즘 조합의 조합원은 50만 명이었고, 주로 농민이었다. 다루기 쉽지 않았던 소요가, 지주와 기업가에게는 흡족하게도, 고분고분해졌다.

지방의 강력한 파시스트 우두머리들이 (흔히 10명 남짓한 준군사 폭력단인) 스쿠아드리스타squadrista를 관리했다. 무솔리니는 파시즘 지도자들 가운데 가장 중요한 인물이긴 했지만, 그 운동을 결코 지배하지는 못했다. 실제로, 그가 1921년에 반反사회주의 폭력을 누그러뜨리려고, 즉 건설적 국민 통합을 추구하고 심지어는 사회주의 노동조합과 협상하기를 제안하는 '온건' 애국자로서의 자격을 통치 엘리트에게 보여주려고 애썼을 때, 지역의 파시스트 우두머리들이 반발했다. 무솔리니는 지도자 자리에서 물러나야 했고, 과격분자들에게 굴복하고 사회주의자들을 달랜다는 생각을 내버린 뒤에야 비로소 직위를 되찾았다. 내분을 일으켜서 서로 믿지 못하는 지역 우두머리들은 무솔리니가 전국적 명망을 누리고, 파시즘 언론을 지배하고, 기업가 및 다른 유력자들과 인맥을 가진 터라 그의 복직을 꺼리지 않았다. 그는 스쿠아드리스타들을 보란 듯이 지원해서 화답했고, 스쿠아드리스타들은 다음 여러 달에 걸쳐 북부의 수많은 도시에서 지배권을 거머쥐었다. 그리고 1921년 10월에 그는 정식으로 파시즘을 국가파시스트당[183]으로 굳건히 세웠다.

그 후 여러 달에 걸쳐 조직의 틀이 확장되어 (각각 정기 당비를 내는) 2300개의 지부가 생겨났고, 무솔리니는 확장된 정치 기반을 얻었다. 허약한 자유주의 정부에 점점 더 환멸을 느낀 중간계급이 몰려와서 파시스트당에 들어갔다. 당원 수가 (여섯 달이 채 안 되는 기간에 50퍼센트 늘어나서) 1922년 5월에 30만 명을 넘어섰다. 비율에 걸맞지 않게 많은 지주, 상점 주인, 사무 노동자, 그리고 특히 학생이 사회적으로 이질적인 파시즘 운동의 세를 키웠고, 그 운동은 대체로 지역 유지와 경찰과 판사의 공감을 얻었다.

---

183)   Partito Nazionale Fascista. 무솔리니가 여러 파시즘 세력을 한데 묶어 만든 이탈리아의 파시즘 정당. 1921년 11월 9일에 창당하여 1943년 7월 말까지 존속했다.

1922년 가을까지 파시즘은 사회·정치적 주류에 침투했고, 강한 대중적 지지 기반을 얻었다. 사회주의 노동조합이 8월에 일으킨 총파업은 참담한 실패로 끝났지만, 중간계급 사이에서 두려움을 키웠다. 좌파의 뚜렷한 허약성과는 대조적으로, 10월 24일 나폴리에서 열린 파시스트 4만 명의 대집회는 힘의 표출로 보였다. 무솔리니는 자기 운동의 초기 요구 사항 가운데 또 하나를, 즉 이탈리아가 공화국이 되어야 한다는 요구 사항을 철회할 태세를 갖췄고, 이제는 군주정을 폐지하고 싶지 않다고 밝혔다. 그는 자기 운동이 권력을 잡을 태세를 갖췄다고 선언했고, 새 정부에 파시스트 장관이 적어도 6명은 있어야 한다고 요구했다.

실제로, 10월 28일의 '로마 진군'[184]은 진군과는 거리가 멀어도 한참 멀었다. 정부의 사퇴에 직면한 국왕은 파시스트 민병대 10만 명이 거침없이 로마로 진군하고 있다는 틀린 정보를 얻었다. 실제로는 무장이 빈약한 2만 명 이하의 '검은 셔츠단'이 있었고, 군대는 이들을 (되돌려 보내기를 원했더라면) 쉽게 물리칠 수도 있었다. 자유주의 정부를 구성하려는 마지막 시도가 실패하자, 국왕은 무솔리니에게 총리가 되라고 권고했다. 의기양양한 파시스트당원들의 로마 진군을 지휘하기는커녕 무솔리니는 검은 셔츠, 검은 바지, 중절모 차림으로 기차를 타고 도착했다. 그는 합헌적으로 임명되었고, 그가 이끄는 정부는

---

184)   Marcia su Roma. 1922년 10월 28~29일에 무솔리니의 파시스트 시위대가 로마로 들어간 사건. 파시스트당 지도부가 28일에 반란 계획의 실행에 나서서 파시스트당원 부대가 로마에 들어가자 이튿날 이탈리아 국왕이 무솔리니를 총리에 임명하고 그에게 권력을 넘겼다.

본인 및 다른 파시스트 3명뿐 아니라 이탈리아 자유당,[185] 이탈리아 민족연합,[186] 이탈리아 민주사회당,[187] 이탈리아 인민당 소속 장관들까지 들어간 폭넓은 연립정부였다. 11월 중순에 새 정부는 의회의 신임 투표에서 완승을 거뒀다. 그러나 최근 정부의 만성적 불안정성을 고려하면, 새 정부가 오래갈 거라고 예상하는 이는 거의 없었다.

사정이 곧 바뀌었다. 이제 출세주의자들이 몰려와 파시스트당에 입당해서, 1923년 말까지 당원 수가 78만 3000명으로 ('로마 진군' 때보다 2배 훨씬 넘게) 불었다. 파시즘은 제도화하고 있었다. 무지막지한 투사와 광신자로 이루어진 파시즘의 초기 스쿠아드리스타의 중핵이 (군주정 지지자와 보수주의자가 많은 이전의 민족주의 경쟁자를 비롯해서) 일자리와 승진을 바라는 기회주의자가 들어와서 희석되고 있었다. 일당독재를 세우려는 뚜렷한 계획이 아직은 무솔리니에게 없었다. 그러나 그의 자신감이 커지고 있었고, 당 명망가들의 전통적 장로정치와 견줘서 이미 그는 더 역동적인 인상을 주었다. 1923년 11월에 그는 선거에서 어느 정당이 4분의 1 넘게 표를 얻으면 그 선두 정당에 의석의 3분의 2를 주는 중대한 선거제 변경을 꾀했다. 그 변경은 겉

---

185) Partito Liberale Italiano. 1922년 10월에 자유주의자와 보수주의자가 연합해서 만든 이탈리아의 중도우파 정당. 1994년에 해산했다.

186) Associazione Nazionalista Italiana. 1910년에 창립된 이탈리아 최초의 민족주의 정치 운동 단체. 이탈리아인이 많이 거주하는 오스트리아 영토를 전쟁을 해서라도 이탈리아 땅으로 만들어야 한다고 주장했다.

187) Partito Democratico Sociale Italiano. 1922년 4월에 만들어진 이탈리아의 사회자유주의 정당. 1926년 11월에 해체되었다.

보기에는 정부의 안정성을 보장하기 위해서였는데, 실제로 자유주의자와 보수주의자는 권좌에 머물려면 무솔리니의 정부를 지지해야 하도록 보장했다. 그 새 할당제 아래서 치러진 1924년 4월 선거에서 파시스트당이 대다수를 차지하는 국민 블록이 적잖게 반대자에 행사한 폭력 덕택에 어쨌든 3분의 2를 득표해서 535석 가운데 375석을 얻었다. 반대 당들은 존속했다. 그러나 사회당과 인민당은 이전의 힘을 대부분 잃었다. 노동계급을 제외하면, 이탈리아인 대다수는 무솔리니가 지도자인 상태를 받아들일 태세였다. 그 열광도는 다양했다.

선거 결과가 사기라고 비난했던 사회당 지도자 자코모 마테오티 Giacomo Matteotti가 사라진 뒤 (모든 이가 옳게 추정하듯이, 거의 틀림없이 무솔리니나 측근의 지령에 따라 파시스트들에게 피살되어) 주검으로 발견된 1924년 6월에 위험한 일촉즉발의 상황이 벌어졌다. 일급 정치 위기가 뒤따랐다. 사회당이 항의하며 의회에서 물러났다. 이 행동의 유일한 결과는 정부의 입지를 강화해 주는 것이었다. 반대파는 분열되고 무력한 채로 남았다. 한편, 무솔리니는 온건파 행세를 했다. 그는 몇몇 민족주의자와 군주정 지지자와 자유연맹 우파를 정부 직위에 기용하는 양보를 했고, 파시즘 민병대를 군대에 편입했다. 사회주의의 부활을 두려워하는 '큰 부대들'(즉 국왕, 교회, 군대, 주요 기업가들)은 무솔리니를 뒷받침했다. 그러나 지방의 파시즘 우두머리들은 자신들의 지도자인 무솔리니가 제대로 된 완전한 파시즘 체제로 옮아가야만 지지를 하겠다는 조건을 내세웠다. 폭력의 물결이 새로 일어나서 그 점이 강조되었다.

권좌에 다가서는 내내 무솔리니는 정치적 통제권을 확립하는 데 필요한 보수파와 중도를 향한 어떠한 행보에도 좋아하지 않는 파시즘 과격파 사이에서 교묘히 움직이면서 두 길에 마주 섰다. 자기 당의 우두머리들에 부응하지 않으면 안 되었던 무솔리니는 1925년 1월에 의회에서 연설하는 동안 자기가 마테오티 살해를 공모했다고 인정하기를 단호히 거부하면서도 그 사건의 전적인 책임을 공개적으로 받아들였다. 그는 과격파를 달래면서 이렇게 선언했다. "만약 화해 불가능한 두 요소가 서로 다투고 있다면, 해결책은 폭력에 있습니다." 이 원칙이 실행에 옮겨졌다. 정치적 반대파가 체포되고 야당들이 억눌리고 언론 자유가 폐지되고 정부가 거의 완전히 파시스트당의 손아귀에 남겨졌다. 훗날 무솔리니는 "전체주의 국가의 기반이 놓였다"고 썼다. 무솔리니를 무너뜨릴 수도 있었던 마테오티 위기는 그를 강화하면서 종결되었다. 파시스트 권력이 확보되었다.

전후 위기 동안 파시즘은 왜 다른 어디도 아닌 이탈리아에서 대성공을 거두었을까? 무솔리니의 성공에 결정적인 것은 존재하는, 그리고 급속히 악화하는 자유주의 국가 정통성 위기, 전쟁의 충격, 혁명이 일어난다는 위협이었다. 전쟁 직후 시기에 스페인을 제외한 다른 어디에서도 정통성의 위기가 그리 심하지 않았다. 그리고 스페인은 참전국이 아니었다. 대조적으로 이탈리아에서는 전쟁의 충격을 아무리 과장해도 지나치지 않다.

최근에 통일되었지만 아직은 대체로 경제가 뒤떨어지고 사회가 분열된 이탈리아 국가는 전쟁 전에 과두제 정치의 좁은 기반에 바탕을 두고 있었다. 이것이 전쟁 뒤에는 더 지탱될 수 없었다. 사회 및 이념의 격심한 분열이 전쟁에 끼어들면서 훤히 드러났고, 전쟁 동안 참담한 손실을 보면서 확대되었다. 이탈리아인 수백만 명이 동원되어 싸웠다. 이제는 많은 사람이 정치적 동원을 순순히 받아들였다. 승리가 숱한 전직 군인과 다른 많은 이가 보기에는 '불구'가 되었다는, 이탈리아가 속아 넘어가서 국가의 영광과 제국주의적 팽창을 놓쳤다는, 희생에는 그럴 만한 가치가 없었다는 믿음이 기존의 국가와 그 대표자들을 매섭게 거부하도록 부추겼다.

과두제 지배층이 이탈리아의 영웅적인 참전 용사들을 배반했다는 감정이 파시즘의 핵심 지지의 초기 기반을 제공했다. 분개, 불화, 무질서, 사회주의 혁명의 위협이라는 분위기 속에서 민족주의적 헌신에, 국가의 재탄생에, 허약하고 썩어빠진 자유주의 국가의 파괴에 대한 감정적 호소가 많은 이에게 강한 매력을 지녔다. 노동자가 폭력으로 권력을 잡아야 한다고 설파하는 사회당이 선거에서 큰 이득을 보고 이탈리아 공산당이 1921년 창당한 뒤에 일찍부터 자라나자, 러시아에서 볼셰비키가 권력을 잡은 직후인지라 혁명의 위협이 아주 현실적으로 보였다.

전후에 선거권이 변경되면서 정부가 극히 불안정해졌다. 중도 보수 우파의 정치 파편화, 그리고 재산 소유자가 보기에 사회당의 새로운 힘이 제기하는 위협과 싸우지 못하는 정부의 명백한 무능은 파시즘이 지지를 동원할 수 있는 정치 공간을 제공했다. 이 지지가 극단적 폭력이 내부에 있다는 적에게 가해지면서 확대되었고, 상업이 발달한 이탈리아 북부 및 중부의 향촌 지역에서는 특히 그랬다.

그러나 그 과격성에도 불구하고 파시즘은 무솔리니의 운동과 한 배를 탄 지배 엘리트의 지지 없이는 패권을 차지할 수 없었다. 무솔리니는 권력을 와락 낚아채지 않았다. 그는 권고를 받아서 권력을 잡았다. 그 뒤에 사회주의가 두려운 보수주의자, 군주정 지지자, 군부, 교회 엘리트가 협박과 조종이라는 방법을 기꺼이 지원했고, 그 방법으로 파시즘은 1925년까지 독점적인 국가 통제권에 가까운 것을 얻었다.

이탈리아에서 파시즘의 대두를 부추긴 상황과 가장 가까워 보이는 상황에 있는 유럽 국가는 독일이었다. 그렇다면 민주주의는 '승전국' 이탈리아에서 무너질 때 왜 패전국인 독일에서는 전후 위기를 넘기고 살아남았을까?

민주주의가 독일에서 살아남다

알프스산맥 이북에서는 무솔리니의 '로마 진군'이 점점 뒤숭숭해지는 독일 정계의 과격한 극우에 즉각 영향을 미쳤다. 대단한 선동꾼 자질을 지닌 성마른 인종주의적 민족주의자인 아돌프 히틀러가 1920년 이후에 뮌헨의 선술집에서 사람들을 들쑤시고 있었다. 딱 거기까지였을지라도 말이다. 1921년에 그는 폭력적인 준군사 조직의 증강을 비롯해 어느 모로는 무솔리니의 초기 파시스트당과 닮은 국가사회주의독일노동자당의 지도자가 되었다. (국가사회주의독일노동자당의 별칭이 된) 나치당은 독일의 비슷한 극단적인 인종주의적 민족주의 운동의 정당과 그리 다르지 않았다. 그러나 히틀러는 다른 연설가와는 달리 군중을 끌어들일 수 있었다. 그의 당은 비록 아직은 작았을지라도 주로 (독일의 연방 체제 안에서 상당한 지역 자치권을 지닌 주였으며, 1920년 이후로 독일의 단연 최대 주인 프로이센의 '사회주의적' 민주주의로 묘사된 것에 대한 민족주의적 반대의 보루인) 바이에른에서 급속히 지지세를 모았다.

1921년 초엽에 2000명 남짓이던 히틀러 운동의 구성원이 1922년 가을까지 2만 명으로 늘었다. 그리고 '로마 진군' 며칠 뒤에 히틀러의 주요 하수인들 가운데 한 사람이 한 대형 선술집 군중의 아우성 속에서 "독일판 무솔리니의 이름은 아돌프 히틀러"라고 외쳤을 때, '로마 진군'은 그 나치 지도자 주위에 형성되는 초창기의 개인 숭배를 크게 부추겼다. 프랑스가 루르를 점령한 뒤 독일이 1923년에 경제·정치 위기에 빠지자, 정부에 폭력으로 반대하는 민족주의 극단주의자들을 동원하는 히틀러의 힘은 선출된 베를린의 정부에 맞서 행동할 태세와 준비를 갖춘 세력으로 발전하고 있던 바이에른의 준군사 정치가 거대하게 소용돌이치는 와중에 그를 주도적 지위로 밀어 올리기에 충분했다. 민주주의가 중대한 위험에 처했다.

실제로, 민주주의에 반대하는 (과격할뿐더러 보수적인) 민족주의 우파는 1918년 11월의 패전과 혁명의 충격에서 놀랄 만큼 빠르게 헤어나기 시작했다. 혁명이 볼셰비키 노선을 따라 급진화하고 있다는 (과장으로 밝혀진) 공포 속에서 베를린의 새 사회민주당 과도정부는 심지어 제1차 세계대전 휴전 전에도 패배한 군대의 지도부와 운명적인 거래를 했고, 그 거래로 장교단이 원기를 되찾을 수 있게 해주었다. 본질적으로, 혁명정부는 볼셰비즘과 싸우는 일에서 정부를 뒷받침해 주는 반대급부로 장교단을 지지한다는 데 동의했다. 의회민주주의를 선호하는 이들과 모스크바를 바라보며 독일 공산당을 형성해서 철저한 소비에트형 혁명을 추구한 소수파로 쪼개진 좌파의 분열은 1919년에 나타난 신생 민주주의를 지속적으로 가로막는 요소로 판명될 터였다. 그러나 민주주의에 대한 심각한 위협은 (패전과 혁명으로 잠시 약해졌지만 억눌릴지언정 분쇄되지는 않은) 우파에게서 나왔다. 1919년 봄 무렵에는 사회주의에 반대하고 민주주의에 반대하는 우파의 부활이 이미 진행 중이었다. 강력한 지지가 중간계급과 토지를 보유한 농민들에게서 나왔다. 그들의 감정적인 사회주의 혐오와 볼셰비즘에 대한 공포는 1919년 4월에 바이에른에서 소비에트형 정부를 세우려던 한 달 동안의 시도로 말미암아 더 도드라졌다.

전쟁에 찬성하는 영토병합주의 로비 조직인 독일 조국당의 창립 당원 볼프강 카프Wolfgang Kapp와 준군사 조직인 자유의용단의 배후에서 영감을 주는 인물인 발터 폰 뤼트비츠Walther von Lüttwitz가 이끄는 우익 군부 내 극단주의 그룹은 1920년 3월 무렵에 정부를 뒤엎을 시도를 할 만큼 충분히 강하다고 느꼈다. 그들의 폭동 시도는 일주일 만에 크나큰 낭패로 판명되었다. 카프와 뤼트비츠, 그리고 그들의 주요 지지자들은 스웨덴으로 도주했다. 그러나 의미심장하게도 군대는 그 폭동을 진압하는 행동에 나서지 않았다. 그 쿠데타 시도는 노동조합이 총파업을 촉구하고 공무원 조직이 카프의 명령을 이행하기를 거부해서 좌절되었다. 좌파에게는 아직 민주주의를 지켜낼 역량이 있었다.

그러나 카프 폭동 직후에 작센과 튀링겐에서, 그리고 특히 (노동자들이 '붉은 군대'를 형성했던) 루르의 대규모 공업 지역에서 사회주의자와 공산주의자 무장 자위단과 정부를 지지하는 자유의용단 사이에 심각한 충돌이 벌어지자, 군대가 호출되어 인정사정없이 질서를 복구했다. 아무리 신생 민주주의에 바치는 충성이 미심쩍었을지라도 군대는 민주주의의 필수적인 버팀목으로 변했다. 우익 극단주의자들이 바이에른으로 도피했다. 그러는 사이에 민주주의가 약해지고 있었다. 신생 민주주의의 대들보인 사회민주당과 가톨릭중앙당과 독일민주당[188]은 자기들의 지지세가 1919년 1월부터 1920년 6월 사이에 제국의회 의석의 거의 80퍼센트에서 겨우 44퍼센트로 줄어드는 것을 보았다. 그 핵심 민주주의 정당들은 의회 과반수 당의 지위를 잃어버렸고, 전국 차원에서는 딱 한 번 1928년 선거에서 잠시 그 지위를 되찾을 뻔했다. 부정확하지만 무리는 아닌 과장을 해서, 독일은 이제 민주주의자 없는 민주주의 국가라는 말이 있었다.

다른 무엇보다도 전쟁 배상금 문제로 말미암아 1921~1922년에 정치적 긴장이 계속 드높았고, 그 긴장은 민족주의 우파에게는 산소와도 같았다. 정치 폭력은 결코 멀리 있지 않았다. 1919년부터 1922년 사이에 우익 테러분자들이 정치적 살인 352건을 저질렀다. 의회민주주의는 우파뿐만 아니라 좌파에게서도 공격을 당했다. 작센의 공업지대에서 1921년 봄에 미수에 그친 공산주의 봉기가 프로이센 경찰에 진압되기 전 며칠 동안 치열한 싸움으로 이어졌다. 공산주의자들은 패배했는데도 공업지역에서 지지를 계속 얻었다. 이와는 대조적

---

188)   Deutsche Demokratische Partei. 1918년 11월에 국민자유당 좌익 분파와 진보인민당 지도부가 합쳐져 만들어진 정당이며, 공화주의와 사회자유주의를 표방했다. 1930년에 독일 국가당(Deutsche Staatspartei)으로 개칭했고 1933년에 해산당했다.

으로, 1922년에 제국의회가 정치적 극단성 및 폭력과 싸우고자 가결한 공화국 보호법[189]을 실행하기를 주 정부가 거부한 바이에른에서는 민족주의 극우가 새로운 지지세를 얻고 있었다.

1923년에 초인플레이션으로 통화가(그리고 중간계급 독일인의 저축이) 무용지물이 되자 정치가 양극화했다. 공산주의 혁명이라는 유령이 다시 언뜻 보였다. 작센과 튀링겐에서는 공산주의 '10월 혁명'을 진압하려고 군대가 파견되었고, 시위대에 발포하는 일도 한 차례 있었다. 오래가지 못한 함부르크의 공산주의 봉기는 경찰과 충돌한 뒤에 사망자를 40명 넘게 남기고 허물어졌다. 그러나 좌파에게서 나오는 위협은 금세 지나갔다. 우파에게서 나오는 위협이 더 위험했는데, 바이에른이 중심지였다. 합쳐진 대규모 준군사 무장대는 이제는 도외시할 수 없는 세력이었다. 다른 사람도 아닌 루덴도르프 장군이 그들의 상징 인물이 되었고, 히틀러가 그들의 정치적 대변자가 되었다. 그러나 바이에른의 정치에서는 아무리 중요했을지라도 그 준군사 무장대에는 독일 군대, 즉 국가방위대[190]의 뒷받침 없이 베를린의 정부를 거꾸러뜨릴 가망이 거의 없었다.

공화국 수립 이후로 군부는 국가를 추상적으로 지지하면서 새로운 민주주의를 그저 열의 없이 용인하는 모호한 태도를 보였다. 국가

---

189) Gesetz zum Schutze der Republik, 또는 Republikschutzgesetz. 발터 라테나우가 우익 분자에게 암살된 뒤에 극단주의 단체의 준동을 억제할 목적으로 1922년 7월에 제정된 바이마르공화국의 법률. 그러나 실제로는 공산당을 비롯한 극좌파에게만 적용되었다.

190) Reichswehr. 1919년과 1935년 사이에 독일 육군의 명칭.

방위대 수장인 한스 폰 제크트Hans von Seeckt 장군은 불명료한 신호를 보냈다. 그는 바이에른의 질서를 복구하려고 개입하기를 거부하는 한편으로, 우익 폭동의 소문이 더 거세게 나돌자 바이에른의 정치 지도자들에게 준군사 극우 측의 점점 더 커지고 거세지는 민족주의적 아우성을 지지하지 말라고 경고했다. 바이에른 국가방위대 지도부는 (이탈리아에서 무솔리니가 세운 위업을 그대로 흉내 내) 베를린으로 진군해서 전국 차원의 독재를 선포하는 데 찬성했다. 그러나 폰 제크트가 그 생각에 냉담한 반응을 보이고 자기는 베를린의 합법 정부에 맞서지 않겠다고 말하자, 바이에른의 군대는 쿠데타 지지에서 물러섰다.

구석에 몰린 히틀러는 자기에게는 행동에 나서든지, 아니면 지지세가 빠져나가는 것을 지켜보든지 하는 것밖에는 다른 선택이 없다고 느꼈다. 1923년 11월 8일에 뮌헨의 커다란 선술집에서 연극 조로 히틀러가 개시한 폭동 시도는 이튿날 아침 도심에서 경찰의 총격 세례를 받고 망신스럽게 끝났다. 좌파의 위협뿐만 아니라 우파의 위협도 봉쇄되었다. 선술집 폭동의 실패는 국가의 신체에 난 종기를 째는 행위였다. 폭동을 일으킨 자들이 검거되었고, 몇 달 뒤에 히틀러를 비롯한 주동자들이 재판에 넘겨져 (지나치게 관대하게도) 감금형을 선고받았다. 극우가 산산이 조각났다. 위기가 누그러졌다. 그 뒤에 곧 통화가 안정되었고, 전쟁 배상금을 지급하는 더 받아들일 만한 새 틀이 잡혔다. 민주주의가 살아남았다. 하지만 살아남기만 했을 따름이다.

전쟁, 패배, 혁명, 강화 협정으로 독일은 정신적 외상을 입고 양극화했다. 정부가 불안정했다. 중간계급은 사회주의를 겁내고 미워해서, 민주주의에 반대하는 우익 측의 새된 민족주의 선동과 잔혹한 준군사 폭력을 키워 주었다. 이 모든 것에는 전후 이탈리아와 비슷한 점들이 있다. 그러나, 이탈리아와는 달리, 민주주의는 큰 정당인 사회민주당뿐 아니라 가톨릭중앙당과 독일 민주당 사이에서도 잘 조직된 강한 지지를 유지했다. 의회민주주의는 아닐지라도 다원주의적 정치는 장구한 역사에 의지했다. 정치적 참여는 굳건하고도 깊은 뿌리를 가지고 있었고 반세기를 넘는 남성 보통선거에 의지할 수 있었다. 더욱이 이탈리아와는 달리, 독일은 연방 체제였다. 주요 민주주의 정당인 사회민주당이 전국 수준에서는 야당으로 물러났을지라도, 그리고 바이에른이 민주주의에 반대하는 민족주의 우파의 아성으로 변했을지라도, 단연 가장 큰 주인 프로이센은 탄탄하게 민주주의적인 정당들의 지배 아래 남아 있었다. 만약 (신생 공화국에 기껏해야 미온적인) 파워 엘리트가 민주주의에 등을 돌렸다면, 이것 자체로는 민주주의를 구하기에 충분하지 않았을 것이다.

그러나 가장 결정적으로, 무솔리니의 운동이 오로지 이탈리아 군부의 지지를 얻었으므로 권력에 도달할 수 있었던 반면에 처음부터 의회민주주의에 모호한 태도를 보였던 독일의 군 지도부는 1923년 위기가 한창일 때 국가를 지지했다. 이 점이 민주주의가 이탈리아에서 무너질 때 독일에서는 전후의 위기를 넘기고 살아남는 데 결정적이었다. 독일의 군부는 (1920년에 카프 폭동이 망신스럽게 실패한 기억이 마음속에서 아직 생생했으니) 명백히 폭동 분자들의 성공 가능성에 관해 심각한 의심을 품었다. 이 같은 의심 외에도, 우익 폭동에 가담하지 않으려는 태도에는 군부가 독일에서 정치적 책임을 떠맡게 된다

면 나라 안팎에서 맞닥뜨릴 벅찬 문제를 해결할 수 없으리라는 걱정
이 반영되어 있었다.

나라를 망치는 경제 재난과 국제적 취약성은 그 자체로 선출된 정
부를 무너뜨리려는 어설픈 시도를 지지하기를 회피하기에 충분한 사
유였다. 폭동이 성공한 뒤에 들어설 우익 독재는 처음부터 군사와 경
제가 위태로운 상태에 처했을 것이다. 그 우익 독재에는 경제 위기를
해결할 뚜렷한 방법이 없었을 것이다. 미국이 독일 군부가 운영하는
정권에 재정 지원을 해줄지 극히 의심스러웠다. 그리고 자기 주장을
하는 중앙정부 아래에서 전쟁 배상금이 한 번이라도 더 체납되면 프
랑스의 재개입으로 라인란트를 잃게 되었을지도 모른다. 전후의 조정
에서 심하게 약해진 독일 군대는 무력으로 저항할 상태에 있지 못했
을 것이다. 군 지도부가 본 대로, 민주주의 문제의 권위주의적 해결책
을 뒷받침할 때는 오지 않았다.

(1922년 라팔로조약 뒤에 소련과 맺은 비밀 협정으로 베르사유조약에서
부과된 제한을 피해 장교들을 훈련하는 일에서 얼마간 협력이 이루어졌을지
라도) 베르사유조약이라는 족쇄를 풀고 군대를 재건하는 일은 전쟁
배상금이 종료될 때까지 기다려야 했을 것이다. 그러나 군대의 지지
가 없다면, 1923년에 독일의 민족주의 극우에는 전해에 이탈리아에
서 일어난 파시즘의 권력 획득을 흉내 내 그대로 따라 할 가능성이
없었다. 민주주의에 대한 위험은 지나갔다. 더 좋은 새 시대가 올 참
이었다. 그러나 위협은 단지 잦아들었을 뿐 사라지지는 않았다.

1924년이 되면 전후의 위기가 끝났다. 그러나 그 뒤의 더 차분한

시기의 거죽 밑에서는 제1차 세계대전의 결과와 전후 영토 조정이 남겨 놓은 분쟁이 들끓고 있었다. 유럽의 지속적 평화에 주요한 위협은 극단적 민족주의와 제국주의의 거룩하지 못한 결합에서 나올 터였다. 국민국가들의 세계가 생겨나고 있었다. 유럽에서 다수가 불안정한 국민국가들에 바탕을 둔 새로운 질서는 그 전쟁의 중대한 결과였다. 그러나 유럽의 중요 열강들 사이에서는 제국의 꿈이 아직도 아주 생생했다. 승리한 연합국 열강인 영국과 프랑스는 자국의 향후 번영과 위신이 계속해서 자국의 제국에 달려 있다고 보았다. 그 두 나라는 전후 영토 조정에서 많은 것을 얻었다. 세계 곳곳에서 독일 소유였던 식민지를, 그리고 중동에서 오스만제국의 소유였던 영토를 거머쥐어서 유럽 밖의 제국 소유령을 크게 넓혔던 것이다.

1916년에 마크 사이크스 경Mark Sykes과 프랑수아 조르주피코François Georges-Picot 사이에 타결된 비밀 협정으로 아랍 중동의 대부분이 영국과 프랑스 사이에 분할되었다. 모두 합쳐서 영국은 자국의 제국에 100만 제곱마일을, 프랑스는 25만 제곱마일쯤을 더 보탰다. 새로 만들어진 시리아와 레바논은 프랑스에, (트란스요르단[191]을 포함한) 팔레스타인과 이라크의 위임통치권은 영국에 넘겨졌다(그 과정에서 중동이 향후 제국 방어의 주춧돌로 바뀌었다). 1917년에 영국의 아서 밸푸어Arthur Balfour 외무장관은 아직은 미약한 시온주의 운동의 목표를 후원하면서 영국 정부가 "유대 민족의 본국을 팔레스타인에 세우는"데 찬성

---

191)   Transjordan. 요르단강 동쪽 레바논 남부. 오늘날의 요르단이 대부분 포함된다.

한다고 선언했다. 그 선언은 얼마간 (아직 참전하지 않은) 미국에 있는 유대인의 전쟁 지지를 얻어내고, 또한 팔레스타인이라는 전략 요충지가 예측한 대로 나중에 프랑스에 넘겨지지 않도록 하려는 의도에서 나왔다. 사이크스·피코 협약[192]과 밸푸어 선언,[193] 이 두 선언의 결과는 특히 20세기 후반기에 (그리고 이후에도) 유럽뿐 아니라 세계 곳곳에서 파문을 불러일으킬 터였다.

왕년의, 또는 자칭 대열강인 독일과 이탈리아도 여전히 제국을 자처하는 자부심을 품었다. 식민지를 잃거나 얻지 못하는 치욕을 당한 두 나라는 자국이 좌절된 '가난뱅이' 국가라고 느꼈다. 지금 당장은 두 나라가 할 수 있는 일이 없었다. 그러나 향후 분쟁의 토대가 놓였다. 거대한 두 번째 세계 전쟁을 첫 번째 세계 전쟁과 묶는 탯줄이 끊기지 않았다. 상황이 달라졌을 수 있다. 그렇지만 제1차 세계대전의 유산은 유럽에서 대전쟁이 또 한 차례 일어날 가능성을 낮추기보다는 높였다. 한편, 유럽인은 최악이 끝났다고 생각하고는 미래의 평화와 번영을 바라는 현실적 희망을 품기 시작했다.

---

192)   영국과 프랑스가 제1차 세계대전에서 승리한 뒤 오스만제국의 아라비아반도 이외 영토를 나눠 가질 목적으로 각각 영국과 프랑스를 대표하는 사이크스와 조르주피코가 1905년 11월부터 이듬해 3월까지 비밀 협상을 한 끝에 1906년 5월 16일에 맺은 협약.
193)   영국의 아서 밸푸어 외무장관이 유대인 유력 인사에게 보낸 1917년 11월 2일 자 편지에서 팔레스타인에 유대인 국가를 세우는 일을 영국이 지지하겠다고 약속한 사건.

4

화산 위에서
춤을 추다

우리가 그들에게 삶의 의미와 목적에 관해 물을라치면,
그들이 해줄 수 있는 유일한 대답은 이랬다.
"우리는 삶의 목적이 무엇인지 모르고, 그것을 찾아내는 데 관심이 없다.
하지만 우리는 살아 있으므로
삶에서 가능한 한 많은 것을 얻어내고 싶어 한다."

한 개신교 성직자가 독일 대도시의 '프롤레타리아 청소년단'에 관해 한 말(1929)

4

1924년 즈음에 유럽의 전망은 지난 10여 년보다 더 밝아 보였다. 파탄 난 경제가 복구되고 있었다. 생활수준이 나아지기 시작했다. 국제 평화는 1914년 이후 그 어느 시점보다 위협을 덜 받았다. 유럽 대륙의 격변은 잦아들었다. 문화적 창조성과 혁신이 꽃을 피웠다. 전쟁의 참상이 기억 속으로 물러나면서 유럽 대륙은 (길고 어두운 겨울 뒤에 봄이 오는 양) 되살아나기 시작하고 있는 듯했다. 특히 젊은이에게는 더 태평스러운 새 시대의 새벽이 왔다고 보였다. 재즈, 찰스턴 춤, '신여성' 등 미국에서 온 수입물은 많은 당대인에게, 나중에 그랬듯이, 유럽 나름의 '아우성치는 20년대'[194]를 상징했다. 다른 이들은 그 시절을 '황금빛 20년대'[195]라고 일컫게 되었다. 드디어 미래를 더 큰 희망과 낙관론으로 바라볼 수 있었다. 최악은 끝났다. 또는 그렇게 보였다.

그러나 딱 다섯 해 뒤에 뉴욕 월가 주식 대폭락이 전례 없는 강도로 전 세계적인 자본주의 위기를 촉발했다. 그 위기는 유럽을 휩쓸어

---

194) Roaring Twenties. 미국과 서유럽에서 경제가 번영하고 문화가 융성한 1920년대를 일컫었던 표현.

195) Goldene Zwanziger. 제1차 세계대전 종식부터 1929년 대공황까지의 10년을 독일에서 일컫었던 표현.

서, 그 대륙을 비상한 나선형 경제 침체에 처박고, 그 여파 속에서 평화와 번영의 희망을 깨부수고 민주주의를 뒤흔들고 새로운 전쟁, 지난번 전쟁보다 훨씬 더 끔찍한 전쟁으로 가는 길을 닦았다.

유럽은 경제 불황으로 일어난 대혼란이 엄청나고 예견 불가능하고 피할 길 없는 힘으로 엄습하기 전에 미래의 평화와 번영을 확실하게 약속하는 방식으로 파국에서 헤어나오고 있었을까? 아니면 유럽의 발전에서 전후의 회복은 잠복해 있다가 경제 위기가 유럽 대륙을 집어삼켰을 때에야 비로소 완전히 드러날 더 불길한 특성을 감추었을까?

1928년에 회복이 한창일 때 독일의 구스타프 슈트레제만Gustav Strese-mann 외무장관이 지나친 낙관론을 준엄하게 경고했다. 유럽의 회복에 핵심인 독일 경제는 암울한 초인플레이션 시절 이후에 실제로 변혁을 겪었다. 그러나 슈트레제만은 독일 경제가 아직 위태로운 상태에 있다고 말했다. 그것은 '화산 위에서 춤추기'와 같았다. 꼭 독일과 관련해서가 아니라 이것은 유럽의 대부분 지역이 바야흐로 재앙이 폭발해서 유럽 대륙을 고조되는 위기의 시기에 처박을 참임을, 모르는 게 약인 격으로, 다행히도 알지 못한 채로 찰스턴 춤을 추던 여러 해에 걸맞은 은유로 보인다.

호황

경제적 힘이 전후 유럽의 사태 전개 과정을 얼마나 결정했는지를 인식하려고 카를 마르크스의 신봉자가 될 필요는 없다. 그 경제적 힘을 이해한 경제학자는 있다고 해도 극소수였고 정치 지도자는 사실상 없었다. 하물며 자기 삶이 경제적 힘으로 결정된 평범한 대중은 말할 나위도 없다. 심지어 오늘날에도 경제학자들은 대공황의 정확한 원인에 관해서, 왜 대공황이 그토록 널리 퍼졌고 그토록 극심했고 그토록 오래 지속되었는지에 관해서 의견을 달리한다. 그 대폭락의 직접적 원인은 '아우성치는 20년대'의 호황 동안 몹시도 과열된 미국 경제였다. 그 과열의 뿌리는 (자동차와 전기 제품의 판매가 주도하는) 개인 소비로, 그리고 결국은 끝없이 상승 곡선을 그리고 있는 듯해 보이는 채권과 주식으로 흘러 들어간 저리低利 자금에 있었다. 1929년에 거품이 터졌을 때 유럽에 나타난 나쁜 결과에는 유럽 대륙을 지극히 위태롭게 만든 경제의 구조적 취약성이 반영되어 있었다. 특히 전후 경제가 미국에 종속된 상태는, 심하게 교란되어 전쟁 이전의 통제와 균형이 더는 작동하지 않는 세계경제의 일부였다.

무너지기에 앞서, 유럽 경제는 전후 위기 초기의 엄청난 격변에서 헤어난다는 신호를 뚜렷이 보여주고 있었다. 경제의 재활성화는 손상되었지만 강력한 독일의 산업 잠재력의 재건에 적잖이 달려 있었다. 그리고 실제로 독일이 1923년 초인플레이션의 트라우마에서 벗어나 반등하자 회복이 눈에 띄게 이루어졌다. 산업의 부채가 인플레이션으로 대개는 소거되었다. 그러나 산업 자본이 대부분 시대에 뒤떨어져 있었다. 그 문제는 혹독한 산업 현대화 및 합리화 프로그램을 통해 대처되었고, 그 프로그램으로 생산에서 대단한 기술 진보와 상당한 산출량 증대가 이루어졌다. 그러나 그것은 완전무결한 성공담과는 거리가 멀었다. 사실상 그것은 유럽 경제의 밑바탕에 있는 구조

적 취약성의 일부를 부각했다. 그 취약성으로 말미암아 독일은 1929년
에 미국에서 대폭락이 일어났을 때 완전히 무방비 상태에 있었다.

독일의 복구에 없어서는 안 될 토대는 초인플레이션으로 거덜 난
통화의 안정화였다. 이 안정화에 연계된 것이 1922~1923년의 경제
적·정치적 분란 대부분의 뿌리에 있는 전쟁 배상금이라는 골치 아
픈 쟁점의 조정이었다.

위기가 한창일 때 가치를 완전히 잃은 통화를 대체하는 핵심 조치
가 1923년 11월에 새 렌텐마르크[196]의 도입으로 이미 취해졌다. 토지
와 재산과 산업자본에 있는 자산으로 뒷받침되는 이 임시 통화는 신
속하게 대중의 신뢰를 얻었고, 이듬해에는 거액의 미국 차관으로 지
원되면서 확실한 기반 위에 놓였다. 또한 금본위제로 전환되어서 라
이히스마르크[197]로 개칭(되어 옛 마르크와 1조 대 1로 태환)되었다. 또한
1923년 가을에는 미국의 금융인 찰스 게이츠 도스Charles Gates Dawes가
의장으로 있는 국제 전문가 위원회가 전쟁 배상금 재검토에 착수했
고, 권고안을 제시할 준비를 1924년 4월까지는 끝냈다. 그 도스 안
아래에서, 점진적으로 분할 납입금을 늘리는 단계를 거쳐 배상금 지
급이 훨씬 더 감당 가능해졌다. 도스 안은 임시방편으로 의도되었다.
독일 경제가 다시 완전히 번영하고 있다면, 전쟁 배상금의 쓰라림은

---

196)   Rentenmark. 초인플레이션을 제어하고자 독일 렌텐방크(Deutsche Renten-
bank)를 중앙은행으로 삼아 1923년 11월에 도입된 독일의 통화. 1924년 8월 말에
라이히스마르크가 공식 통화가 되었지만, 렌텐마르크 지폐는 1948년까지 쓰였다.
197)   Reichsmark. 1924년에 초인플레이션으로 가치를 잃은 이전의 통화를 대체
해서 도입되어 1948년 6월 10일까지 쓰인 독일의 통화.

사라질 터였다. 그러나 그것은 억측이었다.

문제는 전쟁 배상금을 갚을 돈이 주로 외국 차관에서 나왔다는 것이다. 쏟아져 들어오던 그 차관은 대부분 미국에서 왔다. 미국의 투자가들은 생동하는 독일 경제에서 풍성한 수익을 보았다. 제너럴 모터스, 포드, 제너럴일렉트릭 같은 미국의 대기업이 독일에 공장을 지을 계획을 세웠다. 독일이 얻은 외국 차관의 액수는 1930년에 50억 달러쯤이었다. 독일의 산업이 초기의 주요 수혜자였다. 그러나 곧 재계는 너무 많은 투자가 독일의 도시로 유용되어 공원, 수영장, 극장, 박물관이 지어지거나 공설 광장과 건물이 개조되고 있다고 불평했다. 이 상황은 의심할 여지 없이 독일 도시 생활의 질에는 좋았다. 그런데 장기 투자 기금이 단기 차관으로 마련되고 있었다. 호시절이 계속될 것으로 예상되었다. 그 대신 미국의 단기 차관이 회수되고 대출이 삭감되면 어떻게 될까? 당시에는 이것이 문제로 보이지 않았다.

도스 안은 전후 세계에서 경제 우위가 (전쟁이 세계경제에 불러일으킬 엄청난 교란에서 단연 최대 이득을 본 나라인) 미국으로 돌이킬 길 없이 옮겨졌다는 가장 명백한 표시였다. 일본도 극동에서 최강자로 떠올랐다. 그렇지만 영국의 전 지구적 차원의 경제 지배는 끝났다. 유럽 안에서는 국가의 수가 늘어나고 통화 및 관세의 장벽이 높아졌고, 수입관세 부과를 통한 보호무역주의로 (사실상 경제 쇄국주의로) 가는 추세가 확연해졌다. 전쟁 전에 번영했던 나라들은 영국을 필두로 자국은 시곗바늘을 뒤로 돌릴 수 있다고 생각했다. 1914년 이전에는 (국제적으로 합의된 금 가격과 연계되고 잉글랜드은행에 집중된 고정환율인)

'금본위제'가 경제 안정의 검증 각인이었다. 금본위제는 제1차 세계대전 동안 유예되었으며, 1920년대에 금본위제가 조금씩 복원될 때 그 복원은 사뭇 다른 경제·정치 환경에서 이루어졌다.

이제는 상황이 아주 불안정해서, 미국이 경제적으로 확 앞서 나갔고 한때 런던이 누렸던 금융 우위에 뉴욕과 파리가 도전했다. 그러나 영국은 1925년에 금본위제로 되돌아가는 중대한 조치를 취했다. 세 해 뒤에 프랑스가 그 뒤를 이었고, 이 무렵이면 가장 중요한 유럽 국가의 경제가 모두 금본위제로 되돌아갔다. 위신을 이유로, 영국은 (다른 여러 나라와 더불어) 달러를 상대로 전쟁 이전의 등가성을 고집했다. 그것이 '정상으로 되돌아가기'라고, 즉 전전 시대의 경제 안보라고 생각되었다. 그러나 세상은 바뀌어 있었다. 심각한 경제 문제를 안고 있는 나라인 영국의 위상이 중심축을 이루는 고정환율은 이제 강점이 아닌 약점의 원천이었다. 고정환율이 한 일은 골칫거리를 제때 없애지 않고 미래로 떠넘기는 것이었다.

유럽 경제의 회복세가 강한 상태였던 1920년대 중엽에는 이 문제가 예견되지 못했다. 1925년부터 1929년 사이에 공업 생산이 20퍼센트 넘게 늘었다. 독일, 벨기에, 프랑스, 스웨덴, 핀란드, 네덜란드, 룩셈부르크, 체코슬로바키아에서 평균 이상의 성장이 이루어졌다. (기준을 낮게 잡으면) 헝가리, 루마니아, 폴란드, 라트비아에서도 그랬다. 프랑스와 벨기에에서 이루어진 성장은 통화가치 하락의 도움을 받았다. 프랑스의 성장은 프랑스가 1920년대 초엽에 이루었던 아주 급속한 경제 회복에 근거했다. 1925년부터 1929년 사이에 공업 생산이 4분의 1 넘게 늘어난 반면에 1인당 소득은 거의 5분의 1 더 높았다.

대공황 직전에 프랑스의 수출은 전쟁 이전보다 약 50퍼센트 더 늘어 났다. 벨기에에서도 공업 생산에서 약 3분의 1이라는 인상적인 증대 가, 그리고 수출에서도 큰 증대가 이루어졌다. 가장 대단한 성장은 소련에서 내전의 재앙 뒤에 이루어졌다. 물론 소련에서는 국제 경제 의 시장력이 작동하지 않았을지라도 말이다.

그러나 영국, 이탈리아, 스페인, 덴마크, 노르웨이, 그리스, 오스트 리아에서는 경제가 여전히 더디게 성장했다. 파시즘 국가인 이탈리 아는 무솔리니가 위신을 이유로 밀어붙인 상당한 리라[198] 과대평가 탓에 고생을 했다. 실업과 임금 삭감이 뒤따랐고, 공공사업과 농업 보조금으로 일부만 상쇄되었다. 스페인의 미겔 프리모 데 리베라의 독재도 말썽을 자초했다. 고율의 보호관세로 스페인이 대체로 국제시 장으로부터 차단되고 페세타[199]가 평가절상되어서 스페인 경제의 어 려움은 1929년까지 가중되고 있었다. 덴마크와 노르웨이도 평가절 상된 통화 탓에 고생했다. 영국 경제는 1928~1929년에 급성장을 보 여주었다. 그러나 비록 자동차 제조와 화학·전기 제품 같은 더 새로 운 산업에서 팽창이 있었지만, 전통적인 핵심 산업 부문인 석탄·철 강·직물·조선은 1920년대 내내 침체 상태에 머물렀다. 그렇더라도 유럽 전체에서 전쟁 직후 시기의 황폐한 상태에서 1929년까지 이루 어진 회복은 하나의 성공담이었다. 국제무역이 특히 미국의 호황을 동력 삼아 20퍼센트 넘게 늘었다.

---

198) lira. 1861년부터 2002년까지 쓰인 이탈리아의 통화.
199) peseta. 1868년부터 2002년까지 쓰인 스페인의 통화.

더 공업화·도시화한 북유럽과 서유럽에서 변화의 속도가 가장 높았다. 변화가 (동유럽과 남유럽에서 흔히 그러듯이) 더 가난하고 덜 발달한 향촌 지역에서는 훨씬 더 느리고 제한되었다. 자동차 생산은 경제를 자극하고 사회를 바꾸는 중요한 동인動因이었다. 미국에서 헨리 포드가 맨 처음으로 대량 생산한 자동차는 전쟁 전에는 사치품이었다. 자동차 구매는 아직은 대다수 사람들의 능력 밖에 있었다. 1930년대 초엽까지 개인 승용차가 미국에서 1000명당 183대인 데 견줘 유럽에서는 1000명당 약 7대에 지나지 않았다. 그러나 유럽에서도 자동차 생산이 대중 시장을 겨누기 시작했다. 1922년에 처음으로 제작된 영국제 오스틴 7[200]이 선도자였다. 또한 이탈리아에서는 피아트가, 프랑스에서는 시트로엥이, 그다음에는 르노와 푸조가 곧 더 작고 값싼 자동차를 생산했다. (미국의 거대 기업인 제너럴모터스가 1929년에 매입하는) 오펠이 독일에서 같은 일을 하기 시작했다. 꼭 부자가 아니어도 충분히 살 수 있는 자동차를 생산하는 일이 1920년대 호황기 유럽의 그 어디에서도 별로 진척되지 않았을지라도 말이다.

그렇더라도 유럽 도시에서 자동차와 오토바이가 더는 드문 광경이 아니었다. 1920년대 중엽이 되면 자동차가 영국의 도로에는 약 100만 대, 프랑스에는 50만 대, 독일에는 25만 대 있었다. 이탈리아가 1920년대 중엽에 최초의 고속도로를 건설해서 몇 해 안에 약 4800 킬로미터 길이의 도로망을 갖췄다. 다른 곳에서는 도로가 훨씬 덜

---

200)　Austin 7. 1922년부터 1939년까지 영국의 오스틴 사가 생산한 고전 자동차. 1920년대 전반기 영국에서 가장 인기 있는 소형차였다.

발달했지만, 1920년대 말이 되면 서유럽과 중부 유럽의 대다수 도로가 자동차에 적합했다. 유럽의 크고 작은 도시에서 말이 화물 차량과 승합 차량과 소형 차량을 더는 끌지 않았다. 거리의 모습이 빠르게 바뀌고 있었다. 유럽의 자동차화가 진행 중이었다.

전깃불도 도시 풍경을 바꾸고 있었다. 발전소에서 스위치를 누르면 구역 전체를 환하게 밝힐 수 있었다. 가스등이, 그리고 거리를 걸어 다니며 가스등을 켜고 끄는 사람의 일거리가 쓸모없어지고 있었다. 전기로 말미암아 현대식 가전제품이 나왔고, 미국에서는 이미 흔해빠진 것이 되었다. 비록 세탁기나 냉장고나 전기 오븐은 여전히 드물었고 노동계급 가정에서는 가사 노동이 결코 끝나지 않는 고된 일이었을지라도, 진공청소기가 서서히 유럽의 중간계급 가정에 나타나기 시작했다. 전화기가 보급되면서 사무 노동이 바뀌고 있었다. 베를린의 50만 전화선에서 이루어지는 통화가 하루에 125만 건이라는 말이 있었다. 그러나 개인 집에는 아직 전화기가 없었다. 전화기가 거주민 1000명당 50대 있는 독일과 겨우 7대 있는 이탈리아에 견주면 83대가 있는 스웨덴이 1920년대 말까지는 선도자였다. 또한 전기로 말미암아 라디오 방송 전국망이 개시되면서 최초의 통신 혁명이 시작될 수 있었다. 라디오 프로그램이 시작되고 겨우 두 해 뒤인 1924년까지 영국방송공사[201]가 등록된 청취자 100만 명을 보유했다. 라디오의 확산 속도 면에서 영국을 바짝 뒤쫓는 나라가 독일이었는데, 독

---

201)   British Broadcasting Corporation, BBC. 1922년 10월에 창립된 영국의 공영 방송사. 세계에서 가장 오래되고 큰 방송사이기도 하다.

일에서는 1924년 1만 명이었던 청취자 수가 1932년에 이르면 400만 명으로(네 가정 가운데 한 가정꼴로) 치솟았다.

많은 이에게 유럽이 장기 번영으로 가는 도중에 있는 양 보였다. 그 번영은 거짓 새벽으로 판명되었고, 많은 사람에게 심지어 호황처럼 느껴지지도 않았으며, 대체로 이전처럼 잘 먹고 잘 살기가 아니라 그럭저럭 살기의 문제였다. 빈곤은 한때 그랬던 것과는 달리 그렇게 가혹하지는 않았을지라도, 여전히 없는 곳이 거의 없었다. 아직도 인구의 큰 부분이 시골의 원시적인 조건에서, 또는 인구 과밀이 만성적인 대도시와 공업 지역의 형편없는 주택에서 살았다. 온 가족이 위생 설비가 원시적인 빈민가에서 방 하나를 함께 써야 하기 일쑤였다. 더 좋은 새집이 절실히 필요했다. 개선은 분명하게 (때로는 대단한 규모로, 특히 국가가 개입할 때) 이루어졌다. 1920년대 말까지 독일의 민주주의 국가가 해마다 새집을 30만 채 넘게 짓고 있었고, 그 집들 가운데 다수가 공적 자금으로 조달되었다. 노동계급용 대규모 신단지가 베를린과 프랑크푸르트에서 생겨났다. 전쟁 이전의 군주정 치하에서는 주택에 지출되는 공공 자금이 사실상 0이었다. 1913년과 견주면 국가 세출이 가장 많이 늘어난 부문은 1929년까지 주택 건설이었다. 독일에서 1924년부터 1930년 사이에 지어진 집이 약 150만 채였다. 1930년까지 집 일곱 채 가운데 한 채가 새집이었다. 700만 명을 웃도는 사람이 수혜자였다. 사회민주당이 지배하는 '붉은' 빈의 시 정부도 대단한 진척을 이루어서, 새 아파트에서 18만 명에게 새집을 마련해 주었다. 가장 볼 만한 성취물은 1930년에 완공되었는데, 바로 빈에서 가장 가난한 사람들을 위한 아파트 1382채가 있는 거대한 카를마르크스호프[202]였다.

　그러나 그 같은 전개는 예외적이었고, 턱없이 모자랐다. 만성적인 주택 부족이 계속되는 가운데 1927년에 자기 집이 없는 독일 가정이 아직도 100만 가구였다. 1920년대에 스웨덴에서 주택 건설이 늘어나도 도시 지역의 심각한 과밀 현상에는 그다지 효과가 없었다. 무계획적인 고밀도의 도시 난개발과 파리나 다른 프랑스 도시 근교의 비위생적인 주거지가, 팽창하는 공업에서 일자리를 구하려고 시골에서, 또는 프랑스 국경 밖에서 이끌려온 이주민을 기다리고 있었다. 영국에서도 특히 공업지역의 비참한 주거 상태가 엄청난 사회문제로 남아 있었다. 전쟁 뒤에 즉각 필요한 주택이 80만 채로 산정되었다. 그러나 새집 21만 3000채를 지은 전후 주택 프로그램은 차입 비용이 1920~1921년에 급증하면서 흐지부지되었다. 1923년의 보수당 정부는 개인의 건축에 보조금을 지급하는 방식을 선호했지만, 그 후 여섯 해에 걸쳐 사기업이 지은 주택 36만 2000채 가운데 대다수가 가난한 노동계급 가족의 손에 미치지 않고 주로 중하 계급 구매자에게 갔다. 1924년에 새로 들어선 노동당 행정부는 시 자치체가 지은 주택의 통제된 집세에 대한 보조금 지급을 통해 최초의 사회 주거 프로그램을 도입했다. 이른바 '시 임대주택'이 크게 확장되면서 1933년까지 주택 52만 1000채가 주로 노동계급을 위해 지어졌다. 이것이 출발

---

202)　Karl-Marx-Hof. 오스트리아 사회민주당이 장악한 빈 시의회가 특별세로 마련한 재원으로 빈 근교에 짓기 시작해서 1930년에 완공한 공영 주택 대단지. 세계 최대의 단일 주거 건물이기도 하다.

이었지만, 그 이상은 없었다. 수백만 명이 아직 처참한 환경에서 살았다. 남유럽과 동유럽의 도시에서는 끔찍한 주거 상황이 흔한 일이었고, 시골의 가난한 지역에서 사람들이 유입되면서 더 나빠졌다. 시골의 농가 대다수는 원시적 상태에 머물러 있었다.

노동조합은 (규모 면에서 크게 확장되고 전시에 얻은 노동 측의 새 교섭력을 활용해서) 프랑스와 독일과 이탈리아를 필두로 많은 나라에서 규준이 되고 있던 주당 40시간 노동제를 (고용인의 저항을 무릅쓰고) 성공적으로 밀어붙였다. 이로써 실제로는 초과 근무 탓에 사실상 한 주에 40시간 이상을 노동하면서 보냈을지라도, 노동자의 긴 노동일 수가 줄어들었다. 특히 숙련 노동자의 임금이 대체로 영업 이윤의 성장보다 훨씬 더디기는 했지만 올랐다. 그러나 편차가 두드러졌다. 팽창하는 더 새로운 공업 부문의 노동자는 득을 볼 수 있었다. 자동차 생산을 북돋고자 노동자 수천 명을 고용한 프랑스의 거대한 르노 공장의 실질임금이 1920년대에 40퍼센트 올랐다. 그러나 임금은 오르고 있었을지라도 (철의 규율로 시행되는 반복적인 조립라인 생산인) 노동 자체는 대개 몹시 단조로웠다. 그 노동의 대부분을―1931년에 300만 명(프랑스 인구의 7퍼센트)에 가까운―이민자가 했다. 이민자는 상당한 차별과 푸대접을 견뎌야 했다. 프랑스는 1920년대에 러시아 난민을 40만 명, 즉 다른 나라보다 난민을 무려 4배 넘게 더 많이 받아들였다. 다른 많은 이주자는 폴란드, 이탈리아, 아르메니아, 알제리에서 왔다.

더 오래된 공업 부문의 임금수준은 다른 이야기였다. 1920년대 중엽의 단연 최대의 파업인 영국의 1926년 5월 3~13일 총파업은 심각한 과잉생산에 시달리는 석탄 산업에서 임금을 깎으려는 고용인의

(결국 성공한 것으로 드러난) 시도에서 비롯했다. 다양한 운송·산업 부문의 노동자 150만 명 이상이 고용인에게 직장 폐쇄 조치를 당한 광부 80만 명을 지지하는 파업에 나섰다. 그 파업을 깨려는 시도가 기세를 모았고, 열흘 안에 노동조합회의[203]가 분쟁을 철회하고 치욕과 다를 바 없는 정부의 조건을 받아들였다. 광부들은 계속 항거했지만, 결국은 여섯 달 뒤에 (빈털터리가 되어 완패한 채로 어쩔 도리 없이 탄광주가 부과한 더 긴 노동시간과 더 낮은 임금을 받아들이고) 떠밀려서 작업장으로 돌아갔다. 독일의 고용인들 역시 공세적인 자세를 취해 1928년 11월에 루르의 철강 공업 부문의 (약 22만) 노동자 전체를 상대로 직장폐쇄를 해서 국가의 중재 결정에 아랑곳하지 않고 새 임금률을 실행했다. 이 중대한 분쟁들은—심지어 대공황 전에도—공업 노동자 (특히 더 오래된 중공업 부문의 노동자)와 노동조합의 지위가 약해지고 실업률이 높은 가운데 고용인의 교섭력과 호전성이 상응해서 커진다는 가장 명백한 신호였다.

독일처럼 프랑스도 세기가 바뀐 뒤에 곧 미국에서 프레더릭 윈즐로 테일러Frederick Winslow Taylor가 선도한 현대식 경영 방식[204]과 1913년에

---

203) Trades Union Congress, TUC. 19세기 말엽에 창립되어 잉글랜드와 웨일스의 노동조합 대다수를 대표하는 노동조합 중심 기구.

204) 이른바 과학적 관리법, 또는 테일러주의. 20세기 초에 미국의 엔지니어 프레더릭 윈즐로 테일러가 철강회사에서 근무하며 정립한 기업 작업장 관리법. 테일러는 현장 노동자들이 행사하던 노동과정 통제권을 경영진에 이전해서 시간 연구와 동작 연구를 기초로 노동자의 표준 작업량을 정하고 임금을 작업량에 따라 지급하는 방식을 실행해서 생산성을 극대화하려고 시도했다. 이 관리법은 곧 세계의 모든 공업 국가로 확산했다.

헨리 포드_Henry Ford가 자동차 제조업에 도입한 대량 생산 기술을 대규모 공업에서 가장 앞서 채택한 나라에 속했다. 독일에서 공업 생산이 광범위하게 합리화된 결과로 1920년대 초엽에는 낮은 수준에 머물렀던 실업률이 1925~1926년에 3배 넘게 늘어나서 (노동인구의 10퍼센트인) 200만 명을 넘어섰다. 유럽의 다른 곳에서도 비슷한 수준의 실업률이 드물지 않았다. 덴마크와 노르웨이처럼 성장이 느린 나라에서는 실업률이 17~18퍼센트에 이르렀다. 또한 실업률은 세계시장에서 심해진 경쟁에 직면한 더 오래된 산업 부문인 중공업과 직물업에서, 그리고 급팽창이 생산 과잉으로 이어졌던 부문에서 높았다. 영국의 실업은 심지어 불황 전에도 100만 명 아래로는 결코 떨어지지 않았다.

국민보험법 아래에서 1911년에 처음 도입된 실업보험이 전쟁 뒤에 확대되어 영국 노동자 (실질적으로는 노동인구의 약 60퍼센트일 뿐인) 1200만 명을 포괄했다. 여성이 포함되었지만, 여성의 주당 보조금은 남성보다 낮았다. 가내 하인과 농업 노동자와 공무원은 제외되었다. 실업보험은 최악을 방지했다. 그러나 그 제도의 의도는 장기적이 아닌 단기적인 구조적 실업을 보상하는 것이었다. 실업보험 기금은 충분하지 않아서 세금에서 나오는 국가 보조금을 받아야 했다. 독일에서는 문제가 비슷했지만 더 나빴다. 1927년에 도입된 실업보험의 안전망은(그리고 1880년대 비스마르크 집권기에 질병과 사고와 노년에 대비해 도입된 주목할 만한 보험제도 추가분은) 대공황이 경제를 덮칠 때까지 압박을 이미 받고 있었고, 그 뒤에는 허물어졌다. 어쨌든 실업수당을 요청한 노동인구는 절반이 안 되었다. 유럽의 다른 국가들이 영국의 선례를 따라서 실업수당제를 도입하기는 했어도, 포괄되는 노동인구의 비율은 훨씬 더 낮았다.

유럽의 공업 지역에서 호황이 그 효과 면에서 제한되고 불균등했다면, 아직도 유럽 인구 대다수가 사는 시골에서는 생계를 유지하기에도 빡빡한 작은 땅을 부치는 많은 농민이 호황을 전혀 알아채지 못했다. 많은 농부가 전쟁으로 이득을 보았고, 때로는 전후의 인플레이션 덕택에 빚을 다 갚을 수 있었다. 전쟁 말기에는 땅값이 싸서 땅값을 마련할 수 있는 이들은 자기 보유지에 땅을 보탤 수 있었다. 그러나 곧 농업은 더 힘든 시대에 맞닥뜨렸다. 전후의 복구가 잘 진행되자, 증대된 유럽의 농업 생산은 비유럽 국가에서 온 농산물로 이미 공급과잉 상태인 시장과 조우했다. 비유럽 국가는 전쟁 동안 소출이 늘어서 틈을 메우고 부족분을 충당했다. 1920년대 말이 되면 절실하게 필요한 공업 설비를 수입할 수 있도록 곡물을 수출한다는 소련의 정책으로 그 공급과잉이 심해졌다. 그 결과로 가격이 떨어졌다. 1929년이 되면 농산물의 국제가격은 1923~1925년에 견주어 3분의 1 넘게 떨어졌다. 농업 생산에 크게 의존하는 동유럽과 남유럽의 국가들이 특히 심하게 타격을 입었다.

농업은 대체로 기계화되지 않은 상태에 머물러 있었다. 전후의 토지개혁으로 많은 대영지가 해체되었지만, 생산성이 더 낮은 작은 농장과 조각조각 난 작은 농지가 많이 생겨났다. 체코슬로바키아나 다른 곳에서는 농장 보조금이 개선을 촉진하는 데 도움이 되었고, 발트해 연안 3국은 낙농업과 축산업으로 옮아가서 수출을 늘릴 수 있었다. 그러나 땅을 부쳐 먹고 사는 이들 대다수에게는 문제가 불황

휠씬 전부터 고조되고 있었다. 농장 빚이 겁날 만큼 늘었다. 대공황으로 파산하기 전에 경계선에 서 있는 생산업자가 많았다. 도시와 농촌의 소득 격차가 커지면서, 그리고 젊은이가 시골에서 미래를 보지 못하면서, 땅에서 헤어나서 인구가 과밀한 도시의 누추한 생활 조건으로 들어가는 사람이 늘었다. 그들은 1920년대 초엽에 미국에서 이민을 휠씬 더 엄격하게 통제하자 더는 미국으로 대거 이주할 수 없었지만, 나라 안에서 이주했다. 프랑스 한 나라에서만 해도 1921년부터 1931년 사이에 60만 명이 자기의 땅뙈기를 떠나 도시의 작업장과 공장에서 일해서 어떻게든 살아보려고 애썼다.

시골에서 사는 이들에게 1920년대 말엽은 호황기가 아니었다. 유럽 대부분에서 이미 쑥대밭이 된 지역이 대공황으로 타격을 입었던 것이다. 그 '위기 전의 위기'로 말미암아 농촌 주민은 불황 전에 이미 정치의 과격화에 민감하게 반응했다. 땅 없는 농업 노동자 다수가 공산주의에 이끌렸다. 한편, 땅을 가진 농민은 힘을 모으고 있던 권위주의 우파에 매료되는 경향을 보였다.

유럽 대다수 지역에서 1920년대 후반기에 경제 회복세가 강했을지라도, 근본적 문제로 말미암아 유럽 대륙은 운세가 하락할 경우에 중대한 어려움에 노출된 채로 남아 있었다. 그것을 알고 있는 이는 거의 없었다. 이전 10년과 견주면 분명히 많은 이의 생활수준이 소소하게 나아졌다. 미래에 휠씬 더 좋은 시절을 기대할 수 있다고 느끼는 사람이 많았다. 어쩌면 대다수가 그랬을 것이다. 어떤 이는 조심스레, 다른 이는 더 의기양양하게 내는 낙관론의 목소리가 파멸의 예언자를 압도했다. 그러나 1929년 10월 24일과 29일 사이에 뉴욕에서 일어난 주식시장 폭락의 격심한 충격이 유럽을 덮치자 낙관론은 사실상 하룻밤 사이에 사라졌다.

대안 모델

심지어 경제 위기가 시작되기 전에도, 자본주의의 종말이 확실하며 머지않다고 예언하던 이들은 감탄하면서, 그리고 영감을 찾아 한 나라를 쳐다보았다. 그 나라는 소련이었다. 국제경제의 변덕스러운 변화에 영향을 받지 않는 소련이라는 본보기, 즉 사유재산이 없고 계급 구분과 불평등이 없는 사회인 공산주의라는 최종 목표의 기반을 마련하는 국가 주도 사회주의 체제는 많은 이에게 미래의 유토피아적 희망으로 보였다. 시장경제의 매력적인 대안, 즉 지독히도 불공정하고 경제적으로 열등하고 구닥다리인 자본주의 체제보다 더 좋은 사회 모델이 있음을 소련이 보여주는 듯했다. 생산수단 소유에 의거하는 국가 계획과 경제 자립(즉, 경제적 자급자족) 정책은 앞으로 나아가는 길을 가리키는 듯했다. 두 발상 모두 유럽 곳곳에서 지지자를 얻고 있었다.

소련 안에서 경제성장은 (제1차 세계대전과 혁명이라는 격변과 뒤이은 내전이라는 참화의 결과로 워낙에 낮은 발판을 딛고 이루어졌을지라도) 실로 대단했다. 복구는 놀랍도록 신속했다. 1927~1928년까지는 공업과 농업 둘 다 1913년에 견줄 만한 산출량 수준에 이르렀다. 1921년부터 1928년 사이에 경작에서 농민에게 확정적 권리를 부여하여 농산물을 시장에서 팔아 이윤을 얻을 기회를 제한적으로 준 소련의 신경제정책은 성공작으로 판명되었다. 그러나 1927년이 되면 신경제정책이 나름의 문제점을 만들어내고 있었다. 그리고 공업 면에서 소련은 아직 서유럽의 선진국보다 훨씬 뒤처져 있었다.

경제가 뒤떨어졌다는 문제와 어떻게 씨름할지는 지도부 사이에서 열띤 논쟁점으로 남았다. 이 어마어마한 약점을 극복하지 못하면 결코 탐욕스러운 제국주의 열강들의 위협을 피하지 못할 뿐 아니라 소련에서 사회주의의 미래를 보장하는 밑바탕으로서 생활수준을 개선하지 못할 것으로 여겨졌다. 이렇게 되면 나라가 언젠가는 전쟁에 휘말려들 것임이 자명하다고 간주되었다. 소련에 극히 중요한 경제적·정치적 전환점을 맞아 1928년 11월 열린 당중앙위원회에서 스탈린은 다음과 같이 말했다. "우리가 그 일을 해내야지, 그렇지 않으면 우리가 분쇄될 것입니다." 그러나 이 결정적 순간으로 가는 길은 결코 직선로가 아니었다. 레닌이 1924년 1월 죽은 뒤에 경제정책은 치열한 내부 정치투쟁에서 점점 더 중심 쟁점이 되었고, 그 투쟁은 스탈린이 확고한 우위를 차지하고 소련 경제가 운명적인 방향 전환을 하면서 마무리될 터였다.

1921년에 시작할 때부터 신경제정책에는 이의가 제기되었다. 몇몇 저명한 볼셰비키가, 누구보다도 트로츠키가 신경제정책을 다만 최악의 상태를 넘기려는 편의적 임시 조치로 여겼고 국가 경제계획의 확대와 농민을 희생하는 더 급속한 산업화를 하자고 밀어붙이고 있었다. 또한 트로츠키는 볼셰비즘을 수출해서 세계혁명을 촉진해야 한다고 계속 주장했다. 한편, 스탈린은 1924년 12월에 당의 목표가 '일국사회주의'여야 한다고 선언했다. 이 무렵에 트로츠키의 영향력이 빠르게 줄어들고 있었다. 그의 논거와 돋보이는 개성의 힘이야 어떻든, 그는 적을 너무나 많이 만들었다. 더욱이, 당내 권력의 결정적 지렛대에 대한 그의 통제력이 약했다. 스탈린은—그리고리 옙세예비치 지노비예프Grigorii Evseevich Zinovyev와 레프 보리소비치 카메네프Lev Borisovich Kamenev, 그리고 (레닌이 붙여준 별명인) '당의 총아' 니콜라이 이바노비치 부하린Nikolai Ivanovich Bukharin 등—다른 주요 인물의 후원을 받아 트로츠키의 허를 찌를 수 있었다. 1925년에 트로츠키가 국방인민위원직에서 물러났고 이듬해 말엽에 정치국[205]에서 해임되었다. 1927년에 트로츠키와 그의 추종자들이 '이단적' 견해를 지녔다며 당에서 쫓겨났고, 이듬해 그는 모스크바에서 3000킬로미터 떨어진 곳으로 유배되었다. 레닌은 임종하는 자리에서 스탈린이 (그가 1922년 이후로 유지해온 직위인) 당 총서기로 있기에 알맞은 성품의 소유자가 아니라고 경고했다. 그러나 스탈린은 그 경고가 나돌지 않도록 막았고 당 조직 기구의 핵심에 있는 자신의 중추적 직위를 이용해서 자기 자신의 최고 지위를 도모했다. 지노비예프와 카메네프가 그 일을 도왔다. 1926년에 그 두 사람은 이전의 입장으로 돌아가서 자기가 농민에게 너무 유리한 경제정책이라고 간주한 것에 대한 트로츠키의 반대에 가담했다.

사실, 비록 아직은 신경제정책이 공식적으로 약화하지는 않았지만, 포괄적인 산업 계획 수립으로 가는 발걸음이 이미 내디뎌졌다.

---

205) 소련 공산당의 최고 의사 결정 기구. 원칙적으로는 공산당 중앙위원회 상임위원 총회가 열리지 않는 기간에만 최고 기구였지만, 실질적으로는 늘 최고 기구 구실을 했다.

이 단계에서 그 정책의 주요 옹호자인 부하린의 굳건한 뒷받침을 받아서 스탈린은 지노비예프와 카메네프의 힘을 뺀 다음에 그 두 사람을 권력에서 몰아낼 수 있었다. 그 두 사람은 1927년에 당에서도 쫓겨났다. (비록 트로츠키를 비난하고 반대를 철회해서 이듬해 뉘우치고 기가 꺾인 채로 복당이 허용되었지만) 이제 스탈린에게 걸리적거리는 이는 부하린뿐이었다.

광범위한 곡물 징발을, 그리고 농민을 상대로 더 강경한 노선을 밀어붙이면서 스탈린은 이제 동맹자였던 부하린과 점점 더 틀어졌다. 부하린은 신경제정책을 유지하기를 강하게 선호했다. 1928년 중엽까지 두 사람은 화해할 수 없는 정적이 되어 버렸다. 스탈린은 소규모 생산이 경제성장에 극복할 수 없는 장애가 된다는 주장에서 조금도 물러서지 않았다. 불어나는 공업 인구에 제공할 식량을 확보하는 것은 꼭 해야 할 일이었다. 그리고 그 일은 국가가 운영하는 대규모 생산을 통해서만 이루어질 수 있었다. 그는 재빠르게 움직여서 (시골의 농민을 희생해) 공업 성장 속도를 극대화한다는 야심 찬 계획에 당내의 지지를 얻어냈다. 그는 당 기구를 통제해서 부하린을 '편향 분자'라고 헐뜯었다. 1929년에는 부하린은 한물간 사람이었다. 스탈린이 권력투쟁의 승자였다. 마침내 자기가 레닌의 역할을 물려받은 후임자라는 주장에 도전을 받지 않는 소련의 최고지도자가 된 것이다.

이 무렵이면 이미 신경제정책은 비록 공개적으로는 부인되지 않았을지라도 폐기되었다. 1927~1928년 겨울에 농민은 낮게 매겨진 공식 가격에 곡물을 팔기보다는 비축해 두고 있었다. 중대한 공업 기획이 시행되던 바로 그때 심각한 식량 부족 사태가 고조되기 시작했다.

중간 상인, 즉 그 부족 사태를 이용할 수 있는 모리배가 농산물을 사재기해서 암시장 가격에 팔고 있었다. 자칭 '철의 사나이'인(원래 이름은 이오시프 주가시빌리Iosif Dzhugashvili였던) 스탈린은 자기의 별명에 들어맞게 행동해서 과연 그다운 방식으로, 즉 혹심한 강압으로 대응했다. 그는 1928년 1월에 우랄 지방과 시베리아를 찾아가서 비축된 곡물을 내전기에 그랬던 것만큼 고압적으로 징발했다. '우랄-시베리아 방식'이라는 이름이 붙은 것에 대한 그 어떤 반대도 가차없이 다루어졌다. 부하린이 징발의 확대를 막고 스탈린이 쥔 권력의 확장을 막으려고 애썼지만 헛일이었다.

1928년 중엽에 스탈린이 향후의 경제정책을 둘러싼 싸움에서 이겼다. 급속한 공업화 프로그램 초안이 그해에 제출되었고 1929년 4월에 당 대회에서 제1차 '5개년 계획'으로 받아들여졌다. 그 계획의 많은 부분이 그 실행에서 실제로는 매우 뒤죽박죽이었고, 비상한 생산 증대 목표는 조작된 공식 산출 수치에서만 달성되었다. 그렇더라도 진척은 인상적이었다. 이때 유럽의 나머지 공업 국가들이 주저앉아서 혹심한 대공황의 격통에 빠져들었으니 더더욱 그랬다. 거대한 신공업단지가 쑥쑥 생겨났다. 초대형 수력발전소가 드네프르강[206] 하류에 지어졌고, 야금공장이 우랄 지방의 마그니토고르스크[207]와 시베리아의

---

206)   Dnepr. 러시아 서부와 벨라루스와 우크라이나를 거쳐 흑해로 흘러 들어 가는 유럽에서 세 번째로 긴 길이 2200킬로미터의 하천.
207)   Magnitogorsk. 우랄산맥 동쪽 기슭의 철광석 산지에 들어서서 1930년대에 소련의 철강공업 중심지로 급성장한 도시.

쿠즈바스[208]에 세워져 마구 확장되었으며, 대규모 트랙터 생산이 스탈린그라드[209]와 하리코프[210]에서 확대되었다. 농민이 시골을 우르르 떠나서 공업 노동자의 대열에 가세했고, 부풀어오르듯이 불어나는 공업 노동자 수가 네 해 안에 2배가 되었다. 심지어 회의적 추산으로도 공업 산출량이 해마다 10퍼센트 넘게 늘었고, 1932년까지 석탄·석유·철광석·선철의 생산량은 대략 2배가 되었다.

그러나 인간이 치른 대가는 참혹했다. 나머지 유럽의 국가는 조금이라도 생각할 수 없었을 대가였다. 공업 노동자의 노동 조건, 봉급, 생활 수준은 참담했다. 공장에서는 규율이 아주 엄혹해서, '게으름뱅이'가 가혹한 처벌을 받았다. 그러나 5개년 계획의 결과는 농촌 주민에게 훨씬 더 나빴다. 정권은 공업 프로그램이 농민의 희생에 힘입어 강행되어야 한다는 점을 애초부터 인식했다. 1929년에 도시에서 빵이 부족하고 배급제가 도입되지 않도록 농민에게서 곡물을 충분히 뽑아내는 데 실패하는 바람에 농업 집산화를 강행하는 프로그램이 그해에 지체없이 채택되었다. 그 의도는—자기 소유지를 빼앗긴 농민이라는 농촌 프롤레타리아트가 일하는 공장형 대농장인—집단농장이 두 해 안에 파종지의 4분의 1을 보유하게 되는 것이었다. 실제로

---

208)   Kuzbass. 시베리아 남서부의 석탄 산지.
209)   Stalingrad. 오늘날의 볼고그라드(Volgograd). 유럽 러시아 남부를 가로질러 흐르는 볼가강 하류에 있는 도시. 1925년까지는 차리친(Tsaritsyn), 1925년부터 1961년까지는 스탈린그라드로 불렸다.
210)   Khar'kov. 우크라이나 북동부에 있는 도시. 오늘날에는 우크라이나어로 하르키우라고 한다.

는 이것보다 더 빠르게 농업 집산화가 진행되었다. 1930년 3월까지 2500만 농민 세대의 거의 60퍼센트가 이미 집산화되었다.

그러나 농민은 선뜻 순응하지 않았다. 소련의 대여섯 군데에서 터진 폭동에 참여한 농민이 거의 75만 명이었다. "우리는 곡물과 감자를 징발한다는 문서를 받았고, 그들이 완력으로 곡물과 감자를 우리한테서, 빈농과 중산 농민에게서 앗아갔다. 간단히 말해서 그것은 강도짓이었다"고 소규모 자작농 한 사람이 불평하면서 집산화 철회를 요청하고 "자유를 주면 우리는 기꺼이 국가를 돕겠다"고 호소했다. 정권은 문제를 잠시 인정했다. 스탈린은 "성공에 머리가 어질어질해서" 지나친 행위를 했다며 지역 당기관원들을 탓했다. 집단농장에 들어간 농민의 비율이 23퍼센트로 뚝 떨어졌다. 잠시 잠잠했다. 압박이 곧 재개되었다. 1931년 수확기까지 절반을 넘는 농민 세대가 한 번 더 몰이를 당해서 집단농장으로 떠밀려 들어갔고, 집단농장에서 소련의 거의 모든 곡물이 생산되었다. 세 해 뒤에 농업 집산화가 거의 모든 곳에서 승리했다.

도시에서 파견된 열성 당원 부대가 무자비하게 농업 집산화를 실행했다. 농촌 자본가라고 고발된 이른바 부농에 대한 공격을 부추기려고 ("계급으로서의 쿨라크를 청산한다"는) '탈쿨라크화' 정책이 선언되었다. 그러나 '쿨라크'는 당 활동가가 원하는 대로 무엇이든지 뜻했다. 집산화에 저항하면 누구라도 '쿨라크'로 찍혀서 투옥되거나 머나먼 노동수용소로 강제 이송되거나 그냥 총살될 수 있었다. 우크라이나 한 곳에서만 해도 1930년 첫 몇 달 동안 무려 11만 3637명이나 되는 '쿨라크'가 강제로 이송되었다. 강요된 집산화에 항의하는 목소리를 내는데 '쿨라크'이기에는 명백히 너무 가난한 이들은 '아쿨라크'로 불리고 똑같은 처벌을 받았다. 많은 '쿨라크'가 할 수 있으면 재산을 팔거나 그냥 내버리고 도주했다. 어떤 이는 아내와 아이를 죽이고는 스스로 목숨을 끊었다.

곡물 생산이 배가될 것으로 기대되었다. 곡물 생산은 실제로는 (급격하게는 아니더라도) 떨어졌고, 곡물의 국가 조달이 2배 넘게 늘었으므로 농촌 주민에게는 먹을 것이 몹시도 모자랐다. 그리고 농민은 강제로 집단농장에 떠밀려 들어가면서 자기 소를 도살했고, 아니면 그 소를 국가에 내주기보다는 차라리 굶어죽도록 내팽개쳤다. 소와 돼지의 수는 절반, 양과 염소의 수는 3분의 2가 줄었다. 그 결과로 고기와 젖도 희소해졌다. 징발 목표치를 채우지 못한 집단농장은 소련의 다른 곳에서 나온 농산물을 빼앗겼고 종자용 씨앗을 넘기라는 명령을 받았다. 그렇게 되면 이듬해 여름에 재앙 수준의 수확이 되풀이되는 것을 피할 길이 없었다.

1921~1922년보다 더 나빴고 소련 농업 정책의 직접적 결과인 기아가 1932~1933년의 끔찍한 해에 널리 퍼졌다. 악영향을 가장 심하게 받은 지역 가운데에는 카자흐스탄과 캅카스 북부가 있었다. 충격은 비옥한 곡창 지대였어야 할 우크라이나에서 가장 심했다. 어느 한 마을에 들어선 당 관리는 다음과 같은 말을 들었다. "우리는 고양이, 개, 들쥐, 새 등 손에 넣을 수 있는 모든 것을 먹었습니다." 나무에서 벗겨낸 껍질까지 먹었다는 것이다. 1932~1933년에 사람 고기를 먹었다고 처벌된 사람이 2000명을 넘었다. 우크라이나에서 기아로 말미암은 사망자 수를 정확히는 알 수 없다. 굶주림이나 굶주림과 관련된

질병으로 330만 명쯤이 죽었다는 것이 최선의 추정치다. 소련 전체로는 그 수치가 거의 2배가 될 수 있다.

그 참상의 소식이 밖으로 흘러나갔다. 그러나 소련 찬양자들은 흘러나온 이야기를 대수롭지 않게 여기거나 반소련 프로파간다라며 거부했다. 서유럽 사람 대다수는 그 기아에 관해 아무것도 알지 못했다. 그 재앙을 눈으로 볼 수 있는 외국인은 거의 없었다. 한 사람, 영국의 저널리스트인 맬컴 머거리지Malcolm Muggeridge가 그 재앙을 "미래에 사람들이 그런 일이 일어났다고는 믿을 수 없을 만큼 끔찍한 역사상 가장 기괴한 범죄들 가운데 하나"로 묘사했다. 그가 옳았다. 유럽 대륙의 동쪽 언저리에 사는 사람들은 심지어 제1차 세계대전 전에도, 그러고 나서는 전후의 혼란 상태와 러시아 내전에서, 그리고 이제는 소련 체제 아래서 지독히도 고생했다. 신산한 삶의 골짜기는 이미 깊었다. 그러나 그 구렁텅이가 얼마나 깊은지는 아직 완전히 드러나지 않았다.

문화라는 거울

유럽인은 자기가 살고 있는 세상을 어떤 식으로, 자기의 존재를 가차 없이 빚어내고 있던 여러 힘을 어떤 식으로 이해했을까? 일반화된 답은 물론 불가능하다. 삶의 유형과 그 유형이 불러일으키는 반사작용은 숱한 변수들에 달려 있었다. 이 변수들에는 사회 계급, 정치 문화, 변화무쌍한 역사의 전개와 더불어 지리와 가족 배경이라는 우연적 요소가 들어 있다. 폭넓은 성찰적 통찰력은 어쨌든 불가피하게 고학력 엘리트에, 즉 인구의 압도적 대다수에게는 주어지지 않은 고등교육을 받을 수 있는 엘리트에 주로 국한되었다. 창작 예술에서 발휘된 가장 혁신적인 재능은, 가장 폭넓게 이해해서 이른바 차이트가이스트_Zeitgeist, 즉 '시대정신'을 반영하기도 하고 형성하기도 했다. 주로 상류계급이나 교육받은 중간계급에서 이 '고급 문화'의 산물을 흡수하는 데 익숙한 이들에게는 사회사상과 예술 창작의 중요한 특성이, 비록 다만 비간접적으로라도, 지극히 큰 영향력을 지녔다고 할 수 있었다. 그러나 일반인 대다수에게 이 '고급 문화'는 향유 불가능했다. 그 문화는 일반인의 삶의 테두리 너머에 있었다.

하루 노동이나 한 주 노동이 끝나고 대다수 사람에게 남는 것은 자기 주위의 세계에 대한 성찰이 아니라 현실도피와 순간의 짜릿함, 즉 힘 빠지기 일쑤인 일상생활의 칙칙한 현실에서 잠시 벗어나게 해 주는—오락영화, 댄스홀, 특히 (어쨌든 남자에게는) 펍이나 술집에 가기 등—대중문화를 즐기는 것이었다. 영화관 가기는 가장 큰 현실도피 기회였다. 유럽의 크고 작은 도시에서 새 '활동사진관'이 쑥쑥 생겨났다. 독일에는 그 어디보다도 '활동사진관'이 많이 있어서, 1930년에는 5000개를 웃돌았고 좌석 수는 총 200만 석이었다. 1920년대 말쯤에 유성영화가 무성영화를 대체하기 시작하자 영화 관람이 훨씬 더 잦아졌다. 영화는 관객이 바라는 것을 주었다. 대다수 영화는 코미디, 드라마, 모험, 또는 로맨스 영화였다. 비록 여성 노동자에게는 전혀 아니었을지라도 남성 노동자에게 프로 스포츠(특히 축구)가 다른 큰 탈출구를 제공했다. 제1차 세계대전 오래 전에 축구의 인기가 영국에서 다른 유럽 국가들로 확산되었다. 주요 리그가 독일, 이탈리

**AU COURS D'UN COMBAT SOUS LES MURS DE TRIPOLI
UN SOLDAT ITALIEN S'EMPARE D'UN ÉTENDARD VERT DU PROPHÈTE**

1. 식민지의 폭력. 1911년 리비아 침공 동안 트리폴리 부근에서 오스만 군대 패잔병에게서 빼앗은 무슬림 깃발을 손에 쥐고 있는 이탈리아 군인.

2. 전쟁을 벌이는 1914년의 유럽을 그린 독일의 한 캐리커처. 독일과 오스트리아·헝가리는 위협하는 괴물 러시아에 무기를 겨누고 독일의 군화는 프랑스를 내리찍고 (스코틀랜드인 옷차림의) 영국과 이탈리아와 튀르크는 조금 걱정스레 쳐다보는 한편으로 영국산 불독 한 마리가 아일랜드에 자리잡고 있는 모습이다.

3. 1914년 9월에 마른 전투로 가는 도중의 독일군 부대. 전선에서 돌아오는 부상병 호송차 행렬을 보고 용기가 솟지는 않을 듯하다.

4. 1916년 베르됭 전투 동안 두오몽의 프랑스군 요새 바로 밑에 있는 '죽음의 골짜기.'

5. 오스트리아군과 불가리아군에 참패를 당한 뒤 도주하는 세르비아군을 보여주면서 세르비아 피난민을 위한 돈을 모으고자 1916년 6월 25일에 '세르비아의 날'을 선포하는 프랑스 포스터.

Nr. 784 16   Stuttgart, den 4. August   1916

DER WAHRE JACOB

∘ ∘ ∘ Abonnementspreis pro Jahr Mt. 2.60 ∘ ∘ ∘ | ∘ ∘ ∘ ∘ ∘ Erscheint alle vierzehn Tage. ∘ ∘ ∘ ∘ ∘ | Verantwortlich für die Redaktion: B. Heymann in Stuttgart.
Anzeigen pro 4 gespaltene Nonpareille-Zeile Mt. 2.50˙ | Preis bei Postbezug vierteljährlich 65 Pfg. (ohne Bestellgeld). | Druck und Verlag von J. H. W. Dietz Nachf. G.m.b.H. Stuttgart.

Die Erde im Jahre 1916 vom Mond aus gesehen.

6. 세계가 피를 뚝뚝 흘리는 강렬한 이미지로 한 독일 잡지에 실린 '달에서 본 1916년의 지구.'

7. 베를린의 혁명 소요 동안 정부군에게 목숨을 앗긴 해군 병사들의 장례 행렬이 이전의 황궁을 지나가는 1918년 12월 29일. 독일 독립사회민주당의 연사가 군중에게 연설하고 있다. 독립사회민주당은 정부의 행위에 항의하며 정부 곁을 떠났다. 이 당의 당원들 가운데 다수가 새로 만들어진 독일 공산당에 가입했다.

8. "우리가 잃어야 하는 것." 독일이 주장하기에 베르사유조약에서 연합국이 요구하는 바가 독일에 무엇을 뜻할지를 보여주는 포스터. 생산지의 20퍼센트, 인구의 10퍼센트, 석탄의 3분의 1, 농산물의 4분의 1, 철광의 5분의 4, 식민지와 화물선단 전체를 잃는다는 것이었다.

9. 전간기(戰間期)에 투표권을 요구하는 프랑스 여성참정권론자들의 항의. 이들은 성공하지 못했다. 프랑스 여성은 투표권을 얻으려면 1944년까지 기다려야 했다.

10. "독일과 함께하면 오래도록 잘살게 되고, 폴란드와 함께하면 빈털터리와 떠돌이가 된다"는 1921년 오버슐레지엔 주민투표 유세 동안의 독일 측 프로파간다. 오버슐레지엔은 중요한 공업지역의 대부분이 폴란드에 넘겨진 채로 결국은 분할되었다

11. 1919년과 1930년 사이 연합국의 라인란트 점령의 일부로서 1920년 무렵에 영국 라인 진주군의 본부인 쾰른에 있는 영국군 전차.

12. 로카르노의 법원 청사에 있는 시계의 추에 새겨진 (브리앙, 슈트레제만, 오스틴 체임벌린, 무솔리니를 비롯한) 1925년 로카르노조약 협상자들의 서명.

13. 스탈린 체제가 농업 생산 집산화 정책을 강행하는 동안 1928년과 1937년 사이 어느 날 우크라이나의 오데사 지역에 있는 자기 농장에서 쫓겨나는 한 쿨라크 가족.

14. 베를린의 빌헬름스할렌 암 초 유흥 단지에 있는 우파팔라스트 영화관을 선전하는 1930년 무렵의 포스터. '유성영화'가 도래하자 1930년대 유럽 곳곳에서 관객 수가 확 늘었다.

아, 스페인 등지에서 만들어졌다. 구름 관중이 흔한 일이었다. 잉글랜드에서 볼턴 원더러스[211]가 웨스트햄 유나이티드[212]를 2대 0으로 이긴 1923년 제1차 웸블리컵 결승전에 몰려든 관중은 12만 6000명으로 공식 집계되었다. 흔히 그 숫자의 2배라고 생각될지라도 말이다.•

'고급' 문화와 '대중' 문화는 거의 만나지 않았다. 그러나 그 두 문화는 다른 방식으로 전간기 유럽의 차이트가이스트에 핵심적이었다. 그것은 단지 대안적 문화 형태의 문제가 아니었다. 전후 첫 10년 동안 극단에 이른 문화 창작과 예술 혁신은 어쩔 수 없이 미미한 소수파의 취향이었다. 너무 다양해서 쉽게 요약될 수 없는 아방가르드적 문화 형태는 인구 대다수의 삶과는 동떨어졌을 뿐 아니라 가장 첨예하게 '전통' 문화에 도전한다고 보이는 곳에서는 적대적 거부에 맞닥뜨리기도 했다.

아방가르드에 속한다는 것은 문화적 모더니즘의 예술적 이상, 형태, 표현에 집착한다는 뜻이었다. 20세기 초쯤부터 (발상 자체는 스무 해쯤 전으로 거슬러 올라갈지라도) 사실상 모든 문화 창작 분야가 더 앞

---

211) Bolton Wanderers. 잉글랜드 서북부의 볼턴시를 연고지로 1874년에 창단한 영국의 프로 축구단.

212) West Ham United. 런던 동부의 스트랫퍼드(Stratford) 지구를 연고지로 1895년에 창단한 영국의 프로 축구단.

• 필자가 태어나기 오래 전 일인데, 내 할아버지와 큰할아버지가 그 관중 사이에 있었다. 그 두 분은 함께 올덤(Oldham, 영국 중서부 랭커셔주의 소도시)에서 기차로 300킬로미터도 넘게 남쪽으로 내려갔지만, 다른 날 따로 돌아왔다. 지미 큰할아버지는 그 시합 사흘 뒤에 레딩(Reading, 영국 남부 버크셔주의 고도시)에 있는 철도 대피선에서 잠든 채 발견되었다. 커쇼 집안은 한껏 즐겼던 것이다!

시기의 고전주의적, 리얼리즘적, 낭만주의적 표현 형태에서 벗어나서 '모더니즘'을 자의식적으로 받아들였다. 산만한 미학 개념인 '모더니즘' 안에는 엄청나게 넓은 범위의 상이한 예술 표현 양식들이 들어갔다. 그 양식들을 한데 묶는 것은 그것들이 시대에 뒤떨어지고 피상적이어서 내적 의미가 없다고 여긴 이전의 표현 형식에 대한 반란이었다. 스스로를 (새로운 예술 시대로 가는 '다리'를 함축하려는 이름인) '디 브뤼케'[213]라고 일컫는 표현주의 예술가 드레스덴 그룹은 1906년에 내놓은 선언문에서 다음과 같이 선언했다. "미래를 안에 품은 젊은이로서 우리는 더 낡고 안락한 기존 세력에게서 우리 행위와 우리 삶을 위한 자유를 빼내오고 싶다." 식상한 것, 즉 '부르주아'적인 것은 모조리 거부되었다. 그것은 새 것, 즉 '모던'한 것을 가지고 하는 무제한의 미학 실험으로 대체되었다. 예술적 상상력과 창조성에 따라 완전히 새롭게 재건하려고 낡은 것을 혁명적으로 부수겠다는 것이었다. 모더니즘에서는 이전의 이상인 아름다움, 조화, 이성이 근본적으로 내버려졌다. 분절과 불일치와 혼돈이 (제1차 세계대전이 남긴 정치와 경제의 파열에 대한 문화적 형식의 놀라운 예기인) 새로운 라이트모티프였다.

파리는 1914년 이전처럼 전쟁 이후에도 문화적 에너지와 창조성을 잡아당기는 자석, 즉 모더니즘적 활력의 중심지였다. 전쟁 전에 파리에 정착했고, (새로운 형태의 3차원 추상 표현인) 큐비즘 배후의 창조력으로서 이미 유명했던 파블로 피카소는 가장 반짝이는 창공의 별이었다. 유럽 대륙 안팎에서 온 예술가들이 그 프랑스 수도의 활기

---

213)   Die Brücke. 다리, 교량을 뜻하는 독일어 낱말.

에 이끌렸다. 제임스 조이스James Joyce와 어니스트 헤밍웨이Ernest Heming-
way와 에즈라 파운드Ezra Pound를 비롯한 모더니즘 작가들도 그랬다. 예
술적 혁신이 센강 좌안左岸[214]에서 번성했다. (1916년에 취리히에서 생겨
난) 다다이즘[215]과 (이듬해에 프랑스에서 발생한) 초현실주의가 1920년대
에 파리에서 번창했는데, 이 둘은 긴밀하게 연관되었고 가장 참신하
고 혁명적인 예술 양식이었다. 다다이즘과 초현실주의[216]는 주로 제1
차 세계대전의 참상을 불러왔던 부르주아 사회에 반발해서 나타났
고 시각예술에서 문학, 연극, 영화, 음악으로 확장되었다. 그 둘은 이
성과 논리를 거부하면서 부조리, 넌센스, 비논리, 불합리를 강조했고
상상의 기이한 도약을 묘사했다. 정신분석과 무의식의 원초적 충동
에 대한 지그문트 프로이트Sigmund Freud와 카를 구스타프 융Carl Gustav Jung
의 통찰력에서 직간접적인 자극이 나왔다. 조리 있어 보이는 것 너
머에 부조리, 즉 숨겨진 프시케[217]라는 환상의 기이한 비약이 있었다.
그 의도는 감성에 충격을 주는 것, 즉 의미의 알려지지 않은 가능태

----

214)   la Rive Gauche. 파리를 가로지르는 센강의 왼편이라는 뜻이지만, 엄밀하게
는 파리 남부를 가리키는 표현. 세련되고 반항적인 문화의 중심지를 뜻하기도 한다.
215)   Dadaism. 합리성과 도덕성을 부정하면서 사회와 예술의 모든 전통을 거부
한 예술 운동. 1915년에 스위스에서 일어나 1920년대 초엽까지 유럽에서 유행하
다가 초현실주의에 흡수되었다.
216)   Surréalisme. 1920년대 초엽에 프랑스 파리에서 전 세계로 퍼져 나간 예술
사조. 다다이즘을 이어받아 비합리적인 잠재의식과 꿈의 세계를 탐구해서 표현의
혁신을 꾀했다.
217)   Psyche. 의식적이든 무의식적이든 인간의 정신과 마음의 총체를 뜻하는 심
리학 용어.

를 찾으라고 자극하는 것이었다.

　문화적 '모더니즘'의 형태는 아주 다양했으며 1920년대에 다르면
서도 자주 겹치는 방식으로 유럽 대륙 여기저기에서 나타났다. 러시
아의 '구성주의' 운동[218]과 네덜란드의 데 스틸 운동[219]은 디자인에서
기하학적 추상을 강조했다. 이제는 전전의 전성기가 지난 이탈리아
의 '미래주의'[220]는 추상회화를 이용해 속도와 역동성과 과학기술의
승리를 묘사했다. 문학에서는 자의식적인 '모더니즘'이 제임스 조이
스의 《율리시스Ulysses》, 토머스 스턴스 엘리엇Thomas Stearns Eliot의 시(가장
두드러지게는 그의 1922년 서사시 《황무지》), 런던 '블룸즈버리 그룹'[221]의
중심 인물인 버지니아 울프가 쓴 소설의 저변에 있었다. 12음 기법[222]
의 유동적 다양성을 이용해서 고전전 화음에서 벗어난 아르놀트 쉰

---

218)　러시아혁명 직전에 등장해서 혁명 러시아와 1920년대 소련의 건축과 미술
을 주도했던 예술 사조. 공산주의 사회에 적합한 새로운 조형 예술을 추구하고자
순수한 모습으로 환원된 조형 요소의 조합으로 작품을 구성하려고 시도했으며, 건
축에서는 장식을 부정하는 기능주의로, 미술에서는 기하학적 추상주의로 흘렀다.
219)　De Stijl. 1917년에 몬드리안(Mondrian) 등을 중심으로 네덜란드에서 일어
나 20세기의 미술과 건축에 영향을 준 추상미술 운동. 직사각형을 사용하고 원색
에 회색과 검정색을 강조했다.
220)　상징주의에 반발하고 현대의 기계 문명과 도시 생활의 역동성과 속도를
긍정하는 필리포 마리네티의 미래주의 선언으로 시작된 예술 사조.
221)　Bloomsbury Group. 20세기 초엽에 런던 도심의 블룸즈버리 구역에 모여
교류한 여러 분야의 영국 지식인과 예술가의 동아리. 버지니아 울프와 존 메이너
드 케인스 등이 중심 인물이었다.
222)　1옥타브 안의 12개 음을 일정한 순서로 배열한 음렬(音列)에 바탕을 두고
악곡을 구성하는 기법. 쉰베르크가 1923년에 정립하고 그의 제자들인 베르크와
베베른이 정교화해서 20세기 현대 음악에 큰 영향을 주었다.

베르크Arnold Schönberg와 알반 베르크Alban Berg와 안톤 베베른Anton Webern 의 실험적 '무조' 음악[223]에 '제2차 빈 악파'[224]라는 이름이 붙여졌다.

어떤 형식을 띠든, 모더니즘의 특징은 식상한 예술적 리얼리즘의 거부였다. 분절, 비합리성, 연약성, 불협화음이 모더니즘의 주요 특성이었고 확실성이 해체된 전후 세계와 맞아떨어졌다. 1905년에 알베르트 아인슈타인Albert Einstein의 상대성 이론이라는 혁명적 발전이 이루어진 뒤에 물리학조차 그 확실성을 잃은 한편으로, 1927년에 양자역학에 도입되어 원자핵 주위에 있는 미립자의 위치와 속도를 정확하게 알 수 없음을 입증한 베르너 하이젠베르크Werner Heisenberg의 '불확정성 원리'가 합리성이 세계를 설명할 수 없다는 견해를 굳힌다고 보았다.

모더니즘의 그 모든 특성이 전쟁 전의 아방가르드 문화 속에 있었지만, 1914~1918년의 참상이 합리성에 대한 예술의 공격을 크게 부각했다. 그리고 전쟁 전에는 '외부자' 운동이었던 모더니즘이 이제는 (대중이 모더니즘을 받아들였는지는 전혀 별개의 문제였을지라도) 유럽의 주류 문화에 들어섰다.

그 어디도, 심지어는 파리도 '모더니즘'적 광휘에서는 독일의 언어학적·문화적 혁신을 무색게 하지 못했다. 그 지속적 중요성 때문에 (그 시대의 주목할 만한 독일의 문화적 아방가르드로서 알려지게 되었던) '바이마르 문화'가 그 시대에 얼마나 대표적이었는지를 과장하기

---

223) 일정한 조(調)가 없는 음악. 조성의 법칙을 부정하고 조와는 다른 구성 원리를 찾는 시도의 일환이었다.
224) Zweite Wiener Schule. 빈 신악파(Wien 新樂派)라고도 한다. 20세기 초엽에 빈에서 살던 쇤베르크와 그의 제자, 친우로 이루어진 작곡가들을 일컫던 표현.

는 손쉬울 것이다. 심지어 바르마르 독일에서도 문화적 표현 대다수는 여전히 보수적이고 인습적이었다. ('바이마르공화국'이라는 명칭은 괴테와 실러와 밀접하게 연관된 독일 문화의 전통적 중심지이며 1919년에 헌법 제정회의가 열린 곳인 튀링겐의 소도시 이름에서 따왔다.) 예를 들어, 거의 3000개에 이르는 1930년 뮌헨 예술 박람회 전시물의 단 5퍼센트가 '모더니즘' 작품이었다. 그렇지만, 그 정치적 진통이야 어떻든지 간에 바이마르 독일에서, 특히나 그 초점으로서의 베를린에서 몇 해 안 되는 짧은 시기에 문화와 지성의 아방가르드적 창조성이 역사상 전례 없이 두드러지게 꽃을 활짝 피웠다. 그리고 1920년대의 창조성의 폭발이 1930년대에 창조성의 격한 거부에 자리를 내주었으므로 예술과 사회사상은 어쩌면 그 어디서보다도 더 독일에서 시대의 기질 변화에 썩 잘 어울렸다.

전쟁으로 독일의 문화적 아방가르드에 파열이 일어나지는 않았다. 형태를 일부러 비틀고 튀는 색깔의 이상한 배합을 사용해서 피상적 외관을 초월하고 안에 숨겨져 있는 감정과 열망을 드러내는 표현주의는 전쟁 전 10년 동안 가장 활기차고 의미심장한 예술 양식이었다. 표현주의의 주요 주창자 몇몇은 유토피아적인 꿈을 품고서 전쟁을 낡은 부르주아 질서를 부술 정화적 경험으로서 반기기조차 했다. 첫 전투 경험은 짜릿하기만 했다. 막스 베크만Max Beckmann은 1914년에 "내가 이 시끄러운 소리를 그릴 수 있으면 좋으련만"이라고 썼다. 모두가 자원해서 입대했던 베크만, 에른스트 루트비히 키르히너Ernst Ludwig Kirchner, 오스카어 코코슈카Oskar Kokoschka가 전쟁 끝무렵에는 몸이나 마음의 쇠약 때문에 군대에서 소집 해제되었다. 아우구스트 마케August

Macke와 프란츠 마르크Franz Marc는 전사했다. 더 확연한 형태의 사회·문화적 항의로서의 다다이즘에, 그리고 전쟁과 혁명적 폭력이라는 공포의 '박진성'을 생생하게 표현하는 새로운 리얼리즘에 이미 추월당하고 있었을지라도 표현주의는 전쟁 뒤에도 지속되었다.

전쟁 이전 표현주의의 이상주의적 생동감은 인간 본성에 관한 음산한 비관론으로 옮아가고 있었다. 1919년 3월에 베크만은 가정집에 들어오는 거리의 폭력과 정치 혼돈을 무시무시하게 그려낸 대작 〈디 나흐트Die Nacht(밤)〉를 완성했다. 1914년에 열광적인 자원자였던 오토 딕스Otto Dix는 불구자가 된 전쟁의 희생자들을 쓱쓱 그리고는, 다다이즘의 영향을 받아, 현실의 흩어진 조각으로서 신문 쪼가리와 지폐의 콜라주로 그들을 에워쌌다. 전쟁에 반대하는 정서는 흉한 몰골로 죽은 병사와 전쟁 상이용사, 지저분한 시가 모퉁이에서 구걸하는 굶주린 거지와 손님을 찾는 창녀, 또는 흡족해하는 전쟁 모리배와 배가 나온 기업가와 득의만만한 군국주의자를 기괴하게 합쳐 놓은 게오르게 그로스의 그림에서 가장 명백하게 정치화했다.

1920년대 중엽까지 우세한 문화적 경향은 독일이 확실하게 이전보다 더 안정된 상황을 거울처럼 반영한다고 보였다. 표현주의 및 표현주의와 관련된 양식의 특징을 이루었던 내적 프시케, 감정, 이상주의에 대한 몰입은 미학적 형식에서 명징성과 질서, 즉 1925년에 만하임[225]에서 열린 한 예술전람회에서 이름을 따온 '새로운 객관성'이나 '새로운 즉물성Neue Sachlichkeit'을 찾는 움직임에 자리를 내주었다. 이제

---

225)   Mannheim. 독일 남동부에 있는 유서 깊은 도시.

는 모더니즘이 실용적인 디자인, 건축, 회화, 사진, 음악, 연극에서 채택되었다. 발터 그로피우스Walter Gropius가 1919년에 세운 바우하우스[226]가 바이마르에서, 그다음에는 데사우[227]에서 미술가, 조각가, 건축가, 그래픽 디자이너를 한데 모아서 합리성과 기능성이 두드러지는 색다른 양식을 만들어냈다. 바우하우스 하면 연상되는 주요 예술가 가운데는 전쟁 전에 뮌헨에 본거지를 둔 표현주의자들의 데어 블라우에 라이터Der Blaue Reiter('청기사') 그룹에서 지배적인 인물이었던 바실리 칸딘스키Wassily Kandinsky가 있었다. 러시아에서 돌아온 그는 이제 선명하게 두드러진, 더 각 진, 추상적인 기하학적 구도로 돌아섰다. 바우하우스는 이상주의적일 뿐 아니라 실용적인 예술적 목적을 가졌다. 그로피우스는 사회적 곤궁과 계급 구분을 극복하도록 합리적으로 설계된 신형 주택을 만들어내려면 과학기술을 잘 부려야 한다고 믿었다. 청결, 안락, 공간 활용의 효율성이 그 검증 각인이었다. 이 유토피아적 미래상에서 양식의 단순성과 아름다움은 분리될 수 없었다. 그것은 가장 실질적이면서 사회적으로 유용하게 표현된 '새로운 객관성'일 터였다.

건축 혁신의 두드러진 산물 중 하나가 1927년 슈투트가르트[228]에

---

226)   Bauhaus. 1919년에 설립된 독일의 국립 조형학교. 단순한 공예 교육에서 벗어나 예술과 공예의 결합을 추구하고 대중을 위한 공예를 지향했다. 1933년에 나치 정권의 탄압으로 문을 닫았다.

227)   Dessau. 독일 동부의 작센안할트(Sachsen-Anhalt) 주에 있는 소도시.

228)   Stuttgart. 독일 남부 뷔르템베르크의 주도.

서 전시회용으로 지어진 바이센호프 주거단지[229]였다. 루트비히 미스 판 데어 로에Ludwig Mies van der Rohe의 지도 아래 (르 코르뷔지에Le Corbusier를 비롯한) 일단의 걸출한 건축가들이 지은 건물 60채는 기하학적 선, 장식 없는 건물 앞면, 평지붕, 오픈플랜[230] 식 내부가 우세한 새로운 모더니즘 양식의 전형적 본보기였다. 기계 시대와 현대 과학기술과 대량 생산은 강철과 유리와 콘크리트의 이용에서 예술적으로 활용되었다. "장식 없는 형식"이 격언이었는데, 결코 보편적인 환영을 받지는 못했다. 맹렬한 반대자들은 그것을 "문화의 볼셰비즘"으로 욕했다. 실제로, 건축가들이 요청을 받아서 베를린과 프랑크푸르트, 그리고 그 밖의 다른 곳에서 공동주택 단지를 설계했을지라도, 아방가르드적인 건축과 도시계획은 1920년대에 독일 도시의 형편없는 주택 사정에 직접적 영향을 좀처럼 주지 못했다. 그러나 그 현대 디자인의 대부분은 독일에서, 그리고 독일 밖 먼 곳에서 차츰차츰 갖가지 용도로 더 흔하게 쓰일 터였다.

독일 문화권의 문학과 사회사상의 풍성함은 신표현주의와 '새로운 객관성'의 범주 안에 완전히, 또는 깔끔하게 들어가지 않았다. 이 용어들이 아무리 폭넓게 정의될지라도 말이다. 영향력이 가장 클지 모를 전간기 독일 소설은 가장 저명한 독일 작가들 가운데 한 사람인 토마스 만Thomas Mann의 최고 작품들 가운데 있을 것이다. 그는 보수성

---

229)   Weißenhofsiedlung. 1927년에 슈투트가르트에 열린 독일공예박람회를 위해 전시용으로 세워진 주거단지.
230)   건물 내부 공간을 벽으로 나누지 않는 건축 방식.

을 지녔다가 차츰차츰 본능적이거나 감정적이지는 않을지라도 이성
적으로 독일의 새로운 민주주의를 지지하게 되었다. 토마스 만이 사
실은 전쟁 전에 쓰기 시작했던 《마의 산Der Zauberberg, 魔의 山》이 1924년
에 출간되어 크나큰 찬사를 받았다. 그는 대전화에서 드러난 인간의
자기파괴 역량의 영향을 받아 전쟁 기간에 집필을 중단했다가 그 작
품을 쓰기 시작한 지 10년도 더 걸려서 탈고했다. 매우 복잡한 그 작
품은 상징주의가 짙고 주초점이 부르주아 사회의 병에 있다. 스위스
알프스산맥에 있는 한 폐결핵 요양원이라는 고립된 배경은 병들고
쇠락하는 한 세계의 은유를 제공한다. 주요 등장인물들 가운데 (세템
브리니와 나프타라는) 두 인물은 이성과 무시무시한 비이성 사이의 갈
등을 표현한다. 그 둘 사이에서 망설이는 (카스토르프라는) 셋째 등장
인물은 결국은 계몽의 가치 편에 서는 듯하다가, 소설이 마무리될 즈
음에 모호한 발언에서, "비이성의 원칙, 즉 사실은 내가 이미 오랫동
안 물러나 있으려고 댄 핑계인 질병의 고상한 원칙에 찬성"한다는 입
장을 밝힌다.

　몰이성, 이 경우에는 개인을 쇠 우리에 가두어 놓는, 그리고 그 개
인이 맞서 싸울 수 없는 결정하는 힘들의 위협적인 밀실공포증적 불
가해성이 프란츠 카프카Franz Kafka의 신비하면서 예언서로 보이는(1920
년대에는 잘 알려지지 않았다가 그가 1924년에 죽고 나서 오래 지난 뒤에야
유명해지는) 작품의 중심에 있었다. 수척해 보이고 눈이 퀭하고 심리
적으로 고통받은 카프카의 현저한 독창성은, 그가 (비록 그가 독일의
아방가르드를 옹호하는 주요 문필가들의 여러 저작을 잘 알고 있었을지라도)
그들과 상대적으로 동떨어져 있었음을 고려하면, 더더욱 예사롭지

않다. 카프카가 미래를 다른 누구들보다 더 잘 예견할 수는 없었다. 그러나 (가장 암울한 모더니즘 문학인) 그의 글은 현대사회와 관료제의 권력 및 억압의 메커니즘에 직면한 개인의 무력함과 당혹스러운 총체적 소외를 최고 수준으로 포착할 수 있다고 보였다. 독일의 탁월한 사회학자인 막스 베버는, 규율 있는 이성이 자유를 지탱해 줄 사회일지라도 합리화된 사회에서 '세상의 탈주술화'에 관해 쓰면서, 관료제의 권력을 근대성의 본질로 간주했다. 카프카의 작품 속에서는 그 같은 함의적 낙관론이 들어설 여지가 없었다.

틀에 박힌 나날의 질서정연해 보이는 앞모습 너머에 있는 현실에 직면해서 카프카는 미로를 거쳐 빠져나가려는 모든 시도가 닫힌 문과 마주치고 혼돈에서 벗어나 염원의 대상인 구원이라는 머나먼 목표로는 결코 인도되지 않는 관료제의 규칙, 서열, 법규, 핍박이라는 도저히 헤아릴 길 없는 세계를 묘사한다. 카프카가 죽은 뒤 1925년에 간행된 《심판》에서 요제프 K.는 결코 설명되지 않는 혐의로 체포되어서 비록 보이지는 않을지라도 위협을 하고 어디에나 다 있다고 보이는 피할 길 없는 법정에 직면한다. 그는 자기에게는 죄가 없다고 항의하려고 들자 "죄 있는 자들이 그런 식으로 말을 하지"라는 말을 듣는다. 정식 절차가 없는데도 '재판'이 질질 끄는 바람에 그는 어쩔 도리 없이 자기가 유죄임을 차츰차츰 받아들이고 끝에 가서는 무릎을 꿇고 결국은 입을 다물고 인적 없는 적막한 채석장에서 말 없는 사형집행인 두 사람의 손에 잔혹하게 처형당한다. 1926년에 간행된 《성》에서는 모습을 보인 적이 없는 성주가 내렸다는 명령에 따라 한 외딴 마을에 도착한 토지 측량기사가 그 흐릿한 성의 (그들의 마음속에서는 실제일지라도) 막연한 권위에 복종하는 한 폐쇄된 공동체의 끊임없는 적대감과 마주친다. 그 성의 권위에 점점 더 파멸적으로 집착하면서 그 외부인은 촘촘한 사회통제망에 직면한다. 이런 탓에 그 측량기사가 영원히 가닿을 수 없는 성에 왜 불려왔는지를 알아내려고 어쩌면 순전히 가상일지 모를 고위 관리에게 다가갈 길이 없어지기조차 한다. 카프카의 작품에 나오는 이해 불가능한 규정에 대한 자발적 복종은 (무척이나 복잡한 그 작품을 다양하게 해석할 수 있을지라도) 그 뒤 몇십 년 동안의 전체주의 사회를 미리 보여주는 듯한 것을 제시한다.

그렇지만 1920년대에 그토록 많은 상이한 영역에서, 그리고 수많은 유럽 국가에서 대단했을지라도, '고급 문화'의 산물은 평범한 사람 대다수의 삶을 어떻게든 직접적으로는 건드리지 못했다. 독일의 연극이 딱 들어맞는 사례를 제공한다. 1920년대에 (대개는 미국에서 나오는 단기 차관으로 가능해진 넉넉한 공공 자금에 주로 힘입어) 심지어 소도시에서도 번성하는 연극은 예사롭지 않은 바이마르 문화의 중심 요소였다. 가장 유명하게는, 베르톨트 브레히트Bertolt Brecht가 연기와 동일시하게 만들기보다는 연기로부터 낯설게 만들고자, 그리고 그렇게 해서 자본주의 사회 비판을 자극하고자 부분적으로는 몽타주와 엉성한 무대, 그리고 이어지지 않고 끊기는 장면을 이용함으로써 신기한 형식의 연극 상연을 실험했다. 그러나 극장에 가는 대다수 독일인은 브레히트의 실험적 작품이나 다른 아방가르드 창작물을 피했다. 실험극은 1920년대의 대표적 상연 목록의 5퍼센트를 밑돌았다. 대다수 연극은 성격상 보수적이었다. 게다가, 관객 대다수는 뮤지컬, 코미디, 익살극, 다른 가벼운 오락을 원했다. 어쨌든, 극장에 정기적으로 가는 이들 자체는 인구에서 얼마 안 되는 소수였고, 비용 때문에 대개는 중간계급이었다. 1934년의 조사가 가리킨 대로, 대다수 독일 노동자는 극장에 일절 가지 않았다.

다른 매체가 '고급' 문화와 '대중' 문화 사이의 비슷한 괴리를 보여준다. 축음기의 확산은, 그리고 더더욱이나 라디오의 확산은 사람들이 (대개는 가벼운 성격의) 오락을 즐기려고 집을 떠날 필요조차 없다는 것을 뜻했다. 특히 젊은이는 쇤베르크나 베베른은 말할 나위도 없고 베토벤이나 바그너의 작품보다는 대서양을 가로질러 건너온 래그타임,[231] 재즈, 댄스 음악, 또는 대중 가요를 들을 공산이 더 컸다.

독서 유형도 현대문학 고전을 자주 비껴갔다. 책은 아직도 비싸서 대개는 부자들이 샀다. 공립도서관 조직망이 확장되고 있었다. 그렇다고 해서 노동계급이 직접적으로 혜택을 얼마나 많이 입었는지 분명하지 않을지라도 말이다. 독일 국민에서 비교적 큰 부분을 차지하는 '교양 부르주아지'는 앞다투어 토마스 만의 《마의 산》을 읽었을(또는 적어도 아는 척하며 이야기했을) 터이지만, 대다수 독일 노동자는 오로지 신문과 잡지만 읽었다고 보인다. 영국 독자는 버지니아 울프의 복잡한 '모더니즘' 저작에 푹 빠지기보다는 에드거 월리스Edgar Wallace와 애거사 크리스티Agatha Christie의 탐정 소설을 탐독하거나 펠럼 그렌빌 우드하우스의 집스와 우스터[232]의 티격태격을 즐길 공산이 더 컸

231) ragtime. 1880년대부터 미국 미주리주 세인트루이스 등지의 흑인 사회에서 나타나서 1895~1919년에 전성기를 누렸으며 재즈의 전신이라고 여겨지는 피아노 음악.
232) Jeeves and Wooster. 펠럼 그렌빌 우드하우스의 유머 시리즈에 나오는 두

다. 파리의 지식인은 앙드레 브르통André Breton의 1924년작 《초현실주의 선언Manifeste du surréalisme》, 마르크 샤갈Marc Chagall이나 파블로 피카소Pablo Picasso의 최신작, 또는 마르셀 프루스트Marcel Proust의 예사롭지 않은 일곱 권짜리 서사 소설 《잃어버린 시간을 찾아서À la recherche du temps perdu》에 흥분했을지 모르지만, 프랑스 벽지의 농민이나 북부의 대공장에서 일하는 노동자가 그 열정을 공유했을 성싶지는 않다. 인간이 기계에 예속되는 프리츠 랑Fritz Lang의 탁월한 1927년작 미래주의적 무성영화 〈메트로폴리스Metropolis〉의 디스토피아적 미래상에 공감하는 한 비평가조차도 "전혀 현실 같지 않고 어제나 내일의 현실 같지 않기 때문에" 그 작품을 실패작으로 여겼다. 빠르게 불어나던 영화 관객은 대개는 생각을 자아내는 아방가르드 예술 걸작 속에 있는 삶의 의미를 곰곰히 생각하기보다는 찰리 채플린Charlie Chaplin의 익살맞은 무성영화를 보면서 웃고 싶어 했다.

'고급' 문화와 '대중' 문화라는, 즉 예술과 연예오락이라는 두 분야는 일치하거나 겹치지 않았다. 아방가르드 모더니즘 문화는 대다수 유럽인에게 상관없는 일, 즉 유럽인들이 접하지 않거나 그들의 일상생활에 영향을 미치지 않은 그 무엇으로 보였을지 모른다. 그러나 그래도 그것에는 묵직한 의미가 있었다. 겨우 몇 해 뒤인 1933년에 정권의 문화·인종 이념이 금지한 책들을 불태우는 나치의 책 화형식과

주인공. 유한계급 영국 신사인 우스터가 곤란에 처하면 그의 집사인 집스가 문제를 해결하는 식의 이야기가 1915년과 1930년 사이에 단편 35편, 1934년과 1974년 사이에 장편 11편으로 나왔다.

'퇴폐' 예술에 가하는 정면 공격은 이 점을 가능한 한 가장 야만적인 방식으로 예증해 줄 터였다.

이때쯤이면 1930년대 초엽의 대공황이 문화의 분수령으로 판명되었다. 그 위기의 충격 아래 새로운, 위협하는, '현대적'인 모든 것에 대한 비판이 거세지면서, '퇴폐적'인 문화 양식에 대한 공격이 파시즘이 보유한 병기고의 강력한 일부가 되었다. 이 반응은 독일에서 가장 극심했다. 1920년대에 독일에서 이루어진 예술 실험이 무척 급진적이었기 때문에 특히 그랬다. 그러나 꼭 독일에서만이 아니라, 파시즘적인 우파가 지닌 호소력의 문화적 기반은 시곗바늘을 어떤 신비로운 전통 시대로 되돌리려는 시도가 아니라 '전통적'인 문화적 가치의 (실제로는 아주 뒤틀리기 일쑤인) 이미지를 원동력 삼아 유토피아적인 대안적 미래상을 만들어내려는 시도였다. 이 미래상 자체는 그 방식에서는, 즉 과학기술의 진보를 정치 목표에 활용한다는 점에서는 분명히 '근대적'이었다. 그러나 그런 식의 '근대성'은 1789년 프랑스대혁명 이후에 전 유럽에 확산되었던 자유주의적 다원주의, 개인주의, 민주주의, 자유라는 사상들을 철저히 거부하는 근대성이었다. 이것은 다원주의 사회의 아방가르드적인 예술적 창조성의 무자비한 말살을 뜻했다.

아방가르드 문화와 대중문화 사이의 괴리는 대다수 사회에 공통이었다. 더 불길한 것은 그 두 문화를 썩어빠지고 썩게 만드는 근대성과 민족 쇠락의 징후로 비난하는 (분명히 꼭 독일 한 나라에만 국한되지 않았을지라도 다른 어디보다도 독일의 많은 교양 부르주아지에게서 더 두드러졌던) 문화적 비관론이었다. 현대 예술 양식이 보수주의자들이 포화를 겨눌 수 있는 표적을 많이 제공한 반면에, 베를린 사회의 향락주의는 건실한 중간계급 가정, 소도시 카페에서 오가는 대화, 또는 지역민이 둘러앉은 시골 선술집 탁자에서 공격적 비난의 손쉬운 표적이었다. 그 같은 '퇴폐'는 국가의 도덕적·문화적 소질에 위협으로 보일 수 있었다.

'아메리카니즘' 거부는 독일의 중간계급이 자기가 맞닥뜨렸다고 느끼던 근대성의 모든 해악의 약칭이 되었다. 재즈는 바흐와 베토벤을 낳은 문명에 뒤떨어지는 문명의 산물인 '검둥이 음악'으로 매도된 반면에, '미국' 춤의 관능적 리듬은 젊은 아가씨들의 성도덕을 위협한다고 여겨졌다. 한 성직자는 그들의 "미국식" 단발 머리모양은 "정말로 형이상학을 잃어버"렸다고 말했다. 문화 타락의 완벽한 본보기는 달랑 바나나 다발만 걸친 옷차림의 이국적인(그리고 관능적인) 춤으로 (파리에서 그랬던 대로) 베를린을 완전히 사로잡고 있었던 미주리주 세인트루이스 출신의 아프리카계 미국인 가수 겸 무용수인 조지핀 베이커Josephine Baker로 보였다. 할리우드 영화가 1920년대 말엽에 관객 수백만 명을 끌어들이면서 "단지 개인뿐 아니라 모든 보통 사람의 개성을 집어삼키고 있다"는 말이 있었다. 독일의 전통 수공예품을 위협한다고 여겨진 대량생산된 공산품은, 그리고 작은 상점의 존속을 해치는 대형 백화점이 상징하는 소비주의[233]는 그 국가의 문화 정수에 위해를 가한다고 인식되는 '아메리카니즘'의 추가적 현현이었다.

독일에서 문화 퇴폐 공격은 '아메리카니즘' 공격보다 더 나아갔다.

---

233) 상품과 용역을 더욱더 많이 사도록 부추기는 사회와 경제의 기풍.

사회주의, 마르크스주의, 볼셰비즘, 자유주의, 민주주의가 모두 현대 사회 비판에 유용될 수 있었다. 그리고 놓치려야 놓칠 수 없는 인종적 차원이 있었다. 문화 생활과 대중매체에서 두드러지는 유대인을 향촌의 '피와 땅'[234]에 깊이 간직된 '참된' 독일 문화의 대립물인 대도시의 현대식 '아스팔트 문화'의 주요 조달자로 묘사하기는 쉬운 일이었다.

또한 문화적 비관론이 우생학과 '인종위생학'을 통해 민족을 갱생한다는 발상을 키울 기름진 땅을 제공하는 분위기 속에서 신엘리트의 창출이라는 희망이 힘을 얻을 수 있었다. 가치가 상실되고 문화가 쇠퇴한다는 느낌이 제1차 세계대전과 이 전쟁이 불러온 극적인 변화로 말미암아 무척 고조되었다. 전쟁에서 입은 인명 손실로 유난스레 출생률 저하에 관한 우려가 심해졌다. 출생률 저하는 가족과 가족이 대표하는 가치에 대한, 국가의 활력에 대한 위협으로서 많이 언급되고 널리 감지되었다. 전쟁에서 팔다리를 잃은 상이용사와 전선에서 죽은 남편을 애도하는 젊은 미망인의 모습은 국가의 미래에 대한 인구학적 위험을 상징한다고 보였다. 출생률 감소뿐 아니라 인구의 질도 영향력 있는 의학계 인사들의 생각을 사로잡았고 우생학 개념을 조장했다.

이것은 독일만의 특이한 현상이 아니었다. 1926년에 세워진 영국 우생학협회는 금세 회원 800명쯤을 모았다. 과학계와 문화계와 정치계의 엘리트에서 주로 나온 그 회원들은 인구의 생물학적 개선에 강

---

234)   Blut und Boden. 겨레와 국토를 각각 땅과 피로 표현한 나치 이념의 하나. 유대인의 유목성에 대비되는 게르만인의 정주성이 보존되어 있다며 도시 생활의 균형추로서 향촌 생활을 이상화하는 구호이기도 했다.

박관념을 품었고 그들의 영향력은 그 숫자를 넘어섰다. 우생학협회는 스칸디나비아 국가, 스페인, 소련 등지에도 있었다. 인구의 질을 높이려는—한편으로는 돈을 절약하려는—정신질환자 불임화가 독일 국경 너머에서도 논의 주제가 되었다. 예를 들어, 1922년에 스웨덴의 국립인종생물학연구소[235]가 웁살라Uppsala에서 창립되었다. 그렇지만 인종의 질에 관한 강박은 독일에서 유난스러웠다. 일찍이 1920년에 형사법 전문 법률가인 카를 빈딩과 정신과 의사인 알프레트 호헤가 그때는 아직 미미한 소수파의 극단적 견해였던 것, 즉 "살 가치가 없는 생명의 말살"이 법적으로 허용되어야 한다는 견해를 의제로 삼았다. 1925년에 독일 정신의학협회[236]에서 행해진 한 연설에서—인구 정책을 '생존공간'(나중에 나치 이념을 생각나게 하는 용어인 레벤스라움[237])의 결핍과 연계하면서—"국민 구성의 양보다 질의 강조는 심리적으로 우리 나라의 식량 생산 지역의 축소와 연계되어 있습니다"라고 주장되었다. 두 해 뒤에 독일의 출생률 저하는 "도시가 농민에게 거둔 승리"와 여성 해방으로 촉발된, 그리고 틀림없이 결국은 "백인종의 몰락"으로 이어질 "우리 문화의 쇠퇴의 여러 상징들 가운데 가장 두

---

235)　　Statens institut för rasbiologi. 우생학과 인류 유전학을 연구할 목적으로 1922년에 스웨덴 정부가 웁살라에 세운 연구소.

236)　　Deutscher Verein für Psychiatrie. 1903년에 세워졌고 제1차 세계대전까지 회원이 550명이었다. 1920년에는 신학자 디트리히 본회퍼의 아버지인 카를 본회퍼가 협회장이 되었다.

237)　　Lebensraum. 동유럽과 러시아를 정복해서 독일 민족의 정착지로 만들어 독일 민족의 생존을 도모해야 한다는 나치 이론.

려운 상징"으로 묘사되었다.

  문화적 비관론을 조장하는 데서 영향력이 퍽 컸던 것이 오스발트 슈펭글러Oswald Spengler의 《서방의 몰락Der Untergang des Abendlandes》이었다. 이 책의 제1권은 전쟁이 끝나기 바로 전인 1918년에, 제2권은 네 해 뒤에 나왔다. 슈펭글러가 공들여 전개한 여러 역사적 문화의 비교는 생명 순환주기의 생물학적 유추를 이용해서, 얼마간은 신비주의적 용어로, 서방 문화가 물질주의의 충격 아래서 쇠퇴할 운명에 처했으며 엘리트의 주도로 단합한 강한 국가의 힘만이 그 쇠퇴에 대처할 수 있다고 주장했다. 독일의 중간계급은 1926년까지 그 복잡한 저작을 10만 부 넘게 샀다. 슈펭글러의 책보다 읽기 더 쉽지만 문화적 비관론의 분위기를 다시 조장하고 정치적 우파에게 이용된 것이 한스 그림Hans Grimm의 《공간 없는 국민Volk ohne Raum》(1926)이었다. 이 소설은 독일의 경제적 재난의 뿌리에는 과잉 인구가 있으며 그 과잉 인구는 (제국의 향수를 슬쩍 건드리면서 그가 아프리카에 있다고 상정한) 새로운 땅을 정복하는 '생존 경쟁'을 통해서만 극복될 수 있다고 시사했다. 그 소설은 1926년과 1933년 사이에 20만 부 넘게 팔렸고, 의심의 여지 없이 많은 부수가 성장하는 나치 운동의 지지자들에게 팔렸다.

  독일 국민 6000만 명 가운데 비교적 적은 소수만이 슈펭글러나 그림의 책을 탐독하는 독자였다. 그렇지만 그 같은 작가들, 그리고 신문이나 다른 간행물에서 자기 견해를 해설할 기회를 가진, 또는 성직자와 교사처럼 의견 '증폭자' 노릇을 하는 다른 이들의 영향을 얕잡아보아서는 안 된다. 나중에 파시즘이 대중화할 수 있었던 태도를 빚어낼 그들의 잠재력도 마찬가지다.

대다수 독일 국민은 시간이 지나면서 점점 더 전쟁으로 파괴되어 혼돈에 찬 파멸적 여파를 남겼던 평화, 번영, 문명의 멋진 시대로 보인 것을 (비록 자주 왜곡되고 애석해하는 기억으로였을지라도) 회상하기에 충분한 나이가 되었다. 문화적 비관론자들의 눈에는 지난 영광의 그림자만 남았다. 그리고 그들에게는 유럽 문명과 기독교 '서방'(아벤틀란트Abendland)의 가치에서 남겨진 것이 내부의 퇴락뿐 아니라 외부의 윤리적·정치적 '질병'의 수입으로 말미암아 위태로워졌다. 그들의 최대 우려의 성격에 관해서는 의심의 여지가 없다. 그것은 볼셰비즘이 전 유럽에 확산될 잠재성, 그리고 다른 무엇보다도 볼셰비즘이 독일 자체 안에서 일으키는 잠식 효과에서 비롯되는 실존적 위협이었다.

문화적 비관론은 유럽의 다른 어느 곳보다 독일에서 더 격심했고 더 널리 퍼졌다. 민족 쇠락에 관한 걱정으로 그만큼 분열된 다른 국가는 없었다. 비록 프랑스가 그 뒤를 바짝 좇았고 문화적 비관론자가 전혀 없는 나라는, 설사 있더라도, 극소수였을지라도 말이다. 독일에서 문화적 비관론이 발현했다는 것은 중부 유럽에서 가장 중요하고 앞선 그 나라에서는 급격히 바뀐 정치적·이념적 환경에서 강력한 힘이 될 수 있는 사상들이 심지어 '황금빛 20년대' 동안에도 분명하게 표현되고 있었음을 가리킨다. 문화적 비관론과 그에 따르는 사조는 아직 소수파의 취향이었다. 그러나 그러한 상황은 대공황이 일어나면서 확 달라질 터였다.

밝은 전망?

1924년에 도스 안이 받아들여지면서 프랑스와 독일 관계의 새 잠재적 기반으로 들어가는 문이 열렸다. 이것이 유럽의 지속적 안보의 모든 희망의 요체를 형성했다. 실크햇, 카네이션 꽃, 외알안경을 다 갖추고 모닝코트를 입은 쌀쌀맞고 근엄한 모습을 해서, 불공정할지라도, 영국 상류계급의 희화화로 보이게 되는 오스틴 체임벌린 신임 영국 외무장관이 1925년 1월에 "옛 세계의 국가들에게 평화와 안보를 줄 수도 있는 기반 위에 (…) 새 유럽이 지어질" 수 있다는 희망을 표명했다. 그 희망은 현실성이 있어 보였다. 유럽 안정화의 열쇠는 베르사유조약을 개정하라는 독일의 요구와 라인강 동쪽에 있는 이웃나라에서 또 올 공격에 맞서는 확고한 안보에 프랑스가 품는 집착의 양립 불가능성으로 말미암은 내재적 교착상태를 극복하는 것이었다.

체임벌린은 1925~1926년에 프랑스·독일 관계를 새로운 발판 위에 놓는 일에서 중요한 중개인일 터였다. 영국의 전 지구적 차원의 이해관계에는 해외 소유령을 보호하기 위한 거액의 (특히 해군의) 방위비 지출이 따르므로 프랑스와 독일 사이의 모종의 평형을 확립하는 것을 의미하는 유럽의 긴장 완화가 이루어져야 했다. 그러나 관계 재정돈 작업의 두 주요 행위자는 그 두 나라에서 체임벌린과 같은 직무에 있는 사람들, 즉 아리스티드 브리앙Aristide Briand 외무장관과 구스타프 슈트레제만 외무장관이었다.

말 잘하는 멋쟁이에 숱 많은 콧수염 밑에 있는 입에 담배를 달고 지내는 브리앙은 프랑스 외교관의 전형이었고 미래상을 지닌 정치인

이어서, 미국의 힘에 좌우되지 않는 미래의 유럽 연방을 그토록 이른 국면에서 구상하기까지 했다. 브리앙은 필수 불가결한 안보 요구를 프랑스와 독일, 두 나라의 지속적 평화와 번영의 기반을 마련할 수 있는 관계 개선과 하나로 묶어내는 데 프랑스의 이익이 있음을 인식했다. 그의 어려움은 그 숙적과 관계를 개선해도 안보가 훼손되지 않으리라고 프랑스 여론을 설득하는 데 있었다.

다부진 외모에 콧수염의 숱이 적고 머리가 벗겨지고 있어서 얼굴이 살짝 돼지 같고, 힘세고 야심만만하고 당당한 개성의 소유자인 독일 외무장관 구스타프 슈트레제만도 똑같이 멀리 내다보는 안목을 지녀서 유럽에서 지속적 평화의 기반을 확보할 생각을 했다. 그는 한때 열렬한 군주제 지지자였고, 전쟁 동안에는 강경한 영토합병론자였다. 그러나 전쟁, 독일의 전후 경험, 정신적 외상을 안긴 1923년이라는 해(이해 말엽에 그는 총리였다)로 말미암아 슈트레제만은 자기가 공언한 목표인 "평화로운 유럽의 중심에 있는 평화로운 독일"이 현실이 되려면 프랑스와의 관계를 새로운 토대 위에 놓아야 한다고 믿게 되었다. 그는 1926년 독일 인민당[238] 협의회에서 "새로운 독일과 독일의 복구는 오로지 평화에만 바탕을 둘 수 있습니다"라고 말하고는, "하지만 이 평화가, 만약 독일과 프랑스 사이의 합의 위에 토대를 두지 않는다면, 어떻게 가능하겠습니까?"라고 물었다.

---

238) Deutsche Volkspartei. 국민자유당을 이어받아 1918년 12월에 만들어져 1933년 6월까지 존속한 독일의 자유주의 우익 정당. 가장 이름난 당원은 슈트레제만이었다.

슈트레제만은 빈틈없는 실용주의자이자 끈덕진 민족주의자였다. 자가당착은 없었다. 그에게는 유럽에서 독일의 우위를 확립해야 한다는 것이 중대한 일이었다. 그러나 독일의 외교는 고립되었고 군대는 약했다. 독일의 부흥이 가능해지려면 독일이 베르사유조약을 개정하고 전쟁 배상금 문제를 해결하도록 영국과 프랑스와 나란히 완전히 동등한 '대열강'의 지위에 다시 올라서는 것이 절대적 전제 조건이었다. 그가 보기에, 그것은 프랑스와의 관계 회복을 뜻하는 평화적 협상을 통해서만 얻을 수 있었다. 프랑스의 브리앙처럼 슈트레제만은 더 공세적인 대외 정책을 요구하고 있던 민족주의 우파에서 공세적으로 비판을 해대는 커다란 부분을 억제하느라 정신 없었다.

프랑스·독일 데탕트를 확립하는 결정적 일보가 1925년 10월 16일에 조인된 로카르노조약이었다. 슈트레제만과 브리앙과 체임벌린이 마조레 호수[239]에 띄운 '오렌지 꽃'호를 타고 그 조약의 조건을 다섯 시간 동안 협상했다. 독일과 프랑스와 벨기에는 서로를 공격하지 않기로 동의했다. 영국과 이탈리아가 보증인으로 나섰다. 핵심 요소는 독일의 서쪽 국경에 있는 다섯 열강의 보장과 라인란트 비무장지대였다. 그 조약이 독일의 1926년 국제연맹 가입으로 가는 길을 닦는 한편으로, '로카르노 정신'이 국제 관계의 개선을 조성하면서 서유럽인 사이에서 지속적 평화의 희망이 생겨났다. 프랑스는 자국의 안보를 이제 영국이 보장하고 있다고 좋아했다. 이것은 브리앙에게 중대

---

239)   Lago Maggiore. 이탈리아와 스위스의 접경지대에 있는 넓이 212제곱킬로미터, 길이 64킬로미터의 호수. 이탈리아어로 '큰 호수'라는 뜻이다.

한 이득이었다. 영국은 데탕트를, 그리고 유럽에서 자국의 향후 책임이 라인 지방에 국한되는 것을 반겼다. 슈트레제만에게 로카르노는 독일의 부흥이라는 더 장기적인 목표로 반드시 내디뎌야 하는 한 걸음이었다. 외교 고립이 제거되자, 연합국 군대가 (1935년으로 일정이 잡혀 있는) 라인란트 비무장지대 철군을 일찍 할 가망이 더 밝아졌다. 이 밖에도 오이펜말메디를 벨기에에게서 돌려받고, 자르 지방을 되찾고, 전쟁 배상금을 경감하고, 독일에서 연합국의 군사 통제를 종식하는 것이 이제 가능하다고 판명될 수도 있었다. 알자스와 로렌의 상실을 받아들여야 한다는 것이 사실이었지만, 슈트레제만은 이것이 독일의 군사력이 약해서 피할 수 없는 결과임을 지적했다. 그리고 그는 독일의 동부 국경 문제에서는 아무것도 양보하지 않았다.

서방 열강들에게는 제각각 로카르노의 결과에 만족할 근거가 있었다. 동유럽에서는 반응이 달랐다. 특히 폴란드는 서방 열강들, 특히 자국의 동맹국인 프랑스에 실망했다. 폴란드의 입장은 크게 약해졌고, 나라는 소련과 독일 사이에 위태롭게 끼어서 전보다 더 고립되었다. '동부의 로카르노'는 없었다. 독일은 폴란드의 변경에 대한 어떠한 확약도 드러내놓고 배제했다. 동유럽에 휘말려들고 싶지 않은 영국에게는, 그리고 1921년 이후로 죽 폴란드와 동맹 관계인데도, '작은 협상'[240]인 체코슬로바키아와 루마니아와 유고슬라비아와 동맹 관계인

---

240) 합스부르크 황실의 복원과 헝가리의 보복에 맞서는 공동 방위를 위해 체코슬로바키, 루마니아, 유고슬라비아가 1920~1921년에 맺은 동맹 관계. 프랑스가 이 세 나라와 각각 조약을 맺어서 이 동맹을 지원했다.

데도 프랑스에게는 그 같은 확약을 고집할 충분한 동기가 없었다. 영국과 프랑스는 독일을 서방에 더 긴밀히 묶어서—독일과 소련, 두 나라에 크게 이익이 되는 (비밀 군사 협력과 더불어) 활발한 교역 관계를 수립해 주었던 1922년 라팔로조약의 실적을 기억하는 몇몇 독일 내 목소리가 옹호하는—독일·소련 유대가 강해질 가능성을 없애는 데 관심을 더 많이 두었다. 독일의 공격적 민족주의자들은 예상대로 로카르노조약에 기분 나빠 했다. 슈트레제만 스스로가 단치히와 폴란드 회랑과 오버슐레지엔이 어느 시점에서는 독일에 반환되리라는 전망을 품고서 동부 국경을 '바로잡는' 문제를 미정으로 남겨둠으로써 자기를 비판하는 우익을 달래려고 애썼다. 그는 무력행사는 고려하지 않겠다는 확약을 해주었다. 참을성 있는 외교만으로도 때가 되면 이것이 이루어지리라는 것이 그의 추정이었다.

1926년 9월 10일에 독일이 국제연맹에 상임이사국으로서 받아들여졌다. 슈트레제만은 이전의 적국들과 나란히 선 독일의 지위를 언급하면서 인류를 위한 새로운 방향의 가능성을 시사했다. 체임벌린은 그것을 전쟁의 장葬 종식과 유럽을 위한 새출발로 보았다. 브리앙은 감성이 흘러넘치는 수사를 내놓은 사람이었다. 그는 "소총과 기관총과 대포는 꺼져라! 화해와 중재와 평화로 가는 길을 열자!"고 선언했다. (이상주의가 사그라들지 않은 브리앙은 두 해 뒤에 미국의 프랭크 B. 켈로그Frank B. Kellogg 국무장관과 함께 몹시도 공허한—조인된 순간부터 사문화한—켈로그·브리앙 조약에 착수해서 국가정책 도구와 국제분쟁 해결 수단으로서 전쟁을 포기할 터였다.)

들뜬 '로카르노 정신'은 곧 착 가라앉았다. 일단 희열이 가시자 프랑스의 이익과 독일의 이익 사이의 간극이 좁혀지지 않았다. 프랑스의 안보 공포를 극복하기는 쉽지 않았다. 그에 상응해서, (비록 연합국 군대가 1926년에 쾰른[241] 구역에서 떠났을지라도) 외세의 라인란트 전체 점령을 조속히 끝내려는 독일의 바람이 빠르게 스러졌다. 독일이 추구하는 목표의 달성을 전쟁 배상금 위원회에 공탁된 150만 금마르크 가치의 철도 채권을 시장에 상장해서 돈으로 이루어내겠다는 1926년의 제안이 무산되었다. 독일은 (연합국 군인 6만 명이 주둔해 있는 독일 땅인) 라인란트에서 철군하고, 자르 지방과 오이펜말메디를 독일에 돌려주고, 연합국합동군사통제위원회[242]를 없애라고 졸라댔다. 그러나 (비록 독일의 군축에 대한 연합국의 감시는 실제로는 1927년에 국제연맹에 넘겨졌을지라도) 프랑스로서는 안보 위험부담이 더 커져서 얻을 이득은 전혀 없거나 거의 없었다. 더욱이 미국의 금융인들이 도스 안 아래서 채무를 상업화하는 데 반대했다. 두 해 뒤 1928년에 국제연맹 회의에서 독일이 이번에는 반대급부로 아무것도 내놓지 않고 라인란트 철군을 정식으로 요구했다. 예상 가능하게도 프랑스와 영국은 대수롭지 않게 여기고는 라인란트 문제는 전쟁 배상금 문제의 최종 해결과 함께 일괄 처리되어야 한다고 고집했다.

이 무렵에, 도스 안 아래서는 독일의 분할 상환금이 1928~1929년에 오르도록 정해져 있어서 독일 경제에 부담을 가중할 터였으므로,

---

241)   Köln. 독일 중동부의 도시. 인구 규모로는 독일에서 네 번째로 큰 도시다.
242)   Inter-Allied Military Control Commission. 제1차 세계대전 승전국 열강들이 독일의 베르사유조약 준수를 감시하고자 1919년 말에 세운 조직. 1927년까지 활동했다.

전쟁 배상금이 한번 더 눈에 두드러지는 사안이 되고 있었다. 미국의 사업가 오언 D. 영Owen D. Young이 이끄는 새 전쟁 배상금 위원회가 개정된 조정 틀에서 1929년 1월에 작업을 개시했다. 다섯 달 뒤에 제시된 새 위원회의 권고안이 여러 연관 국가의 정부에 그해 8월에 받아들여졌다. 영 안 아래서 독일은 특히 처음 여러 해에는 도스 안 아래서보다 아주 더 적은 금액을 내야 할 터였다. 그러나 부담이 오래갈 터였다. 마지막 분납은 1988년에야 비로소 만기가 될 터였다. 격분한 독일의 민족주의 우파가 영 안을 거부하라는 청원을 조직해서 그 쟁점을 국민투표에 부치도록 만들었다. 그러나 1929년 12월에 국민투표가 치러졌을 때 투표자 7명 가운데 6명이 수용을 지지했다. 독일이 영 안을 받아들이면 연합국이 라인란트 철군에 착수한다고 본 슈트레제만은 영 안이 자기의 당면 목표들 가운데 하나의 달성을 의미했으므로, 비록 살아서 그 국민투표를 보지는 못했을지라도, 영 안을 선호했다. 독일 제국의회가 1930년 3월에 영 안을 비준했다. 그리고 그해 6월 30일에 연합국이 베르사유조약에 명기된 일자보다 다섯 해 더 일찍 군대를 거둬들였다.

이때 평화적인 베르사유조약 개정론의 설계자인 슈트레제만이 죽었다. 그는 비록 자기가 한 모든 노력의 열매를 살아서 보지는 못했을지라도 짧은 시간에 많은 것을 이룩했다. 로카르노조약과 독일의 국제연맹 가입을 제쳐 두더라도 루르 점령 종식, 연합국합동군사통제위원회 감독 종식, 경제 안정화, 전쟁 배상금 조정, 라인란트 조기 철군을 이루어냈던 것이다. 그러나 그는 진을 빼놓는 외교 활동으로 악화된 심각한 건강 문제로 오랫동안 고생해오고 있었다. 독일에 먹구름이 감돌고 경제 위기가 바야흐로 유럽 대륙을 휩쓸 참에 슈트레제만의 죽음은 그가 닦아 놓은 길, 즉 타협과 신중, 그리고 협상을 통한 독일 국력 회복의 길을 따라 계속 나아갈 가망에 가해진 심각한 일격이었다. 슈트레제만을 잃은 데다가 프랑스에서 브리앙이 라인란트 철군을 속행하려는 협상에서 약점을 보였다는 식으로 널리 해석되고 그가 프랑스 안보의 이해관계를 제대로 지켜내지 못했다고 인식됨에 따라 그의 영향력이 떨어지면서 사태가 꼬였다. 브리앙은 11회 역임이라는 기록을 세운 프랑스 총리였다. 그는 자기의 이 마지막 임기(외무장관 겸임으로 그가 7월 이후에야 비로소 있었던 직위)에서 슈트레제만이 죽은 지 한 달 안에 자리를 떠났다.

전쟁 배상금과 라인란트 철군에 관해 합의하려고 열린 1929년 8월 헤이그 회담에는 '전쟁을 청산하는 회담'이라는 표제가 달려 있었다. 그것은 밝은 새 미래의 시작처럼 들렸다. 사실, 1929년은 유럽 현대사를 빚어낸 그 거대한 두 대화재 사이의 정확한 중간 지점임이 판명되었다.

휘청거리는 민주주의 국가들

민주주의 국가 정부들 덕택에 1920년대 중엽 이후로는 국제 관계가 진정되었다. 그 정부들이 존속하는 한, 유럽에서 평화의 전망이 밝았다. 그러나 1920년대 중엽과 말엽에 전 유럽에서 경제가 회복되었다고 해서 민주주의가 다 굳세지지는 않았다. 몇몇 민주주의 국가는 이미 권위주의 정권에 자리를 내주었다. 그럴 공산은 민주주의의 뿌리가 얇고 이념적 균열이 심하고 국민 통합이라는 중대한 문제에 맞닥 뜨린 뒤떨어진 농경 사회에서 더 컸다. 북유럽과 서유럽에서만 민주 주의가 힘을 유지했다. 유럽 대륙 전역에서 그림이 알록달록했다.

중부 유럽의 경우에 민주주의가 헝가리에서는 허울로만 존재했고 오스트리아에서는 심각한 내부 문제에 맞닥뜨렸지만, 체코슬로바키 아에서는 잘 살아남았다. 헝가리에는 정당과 (참정권이 매우 제한되고 도시 지역 밖에서는 비밀선거가 이루어지지 않는) 선거와 의회 제도가 존 속했다. 그러나 그 체제는 속보다는 겉으로 다원주의적이었다. 대체 로 엘리트의 이해관계를 대표하는 탄탄한 집권당이 떠받치는 강한 행정부가 위에서 그 체제를 통제했고, 대중의 무관심이 심하고 노동 계급이 정치적으로 무력한 덕을 보았다.

오스트리아의 민주주의는 비록 기반이 불안정하고 벅찬 문제를 안고 있었더라도 멀쩡했다. 사회민주당과 우세한 기독사회당[243] 사이 에는 공통점이 별로 없었다. 기독사회당은 보통은 우익 범게르만주 의자들의 후원을 받아서 (비록 수도 빈은 아니었을지라도) 국회를 1920년 대 내내 좌우했다. 메울 길 없는 이념 차이가 안정화의 시기에 줄기 는커녕 커졌다. 1927년에 일촉즉발의 상황이 일어났다. 사회민주당 의 '공화정 수호동맹'[244] 단원 2명이 우익 '국토방위단'[245]이 쏜 총에 맞

---

243) Christlichsoziale Partei. 가톨릭 교회를 기반으로 1891년에 세워져 농민과 부 르주아지의 지지를 받으며 1934년까지 존속한 오스트리아의 반유대주의 보수 정당.
244) Republikanischer Schutzbund. 오스트리아 사회민주당이 1923년에 만든 준군사 조직.
245) Heimwehr. 1920년대부터 1936년까지 활동한 오스트리아의 우익 민족주

아 죽고 나서 그 가해자들이 법정에서 무죄 선고를 받자, 빈에서 노동계급 군중이 재판소 청사를 불태웠다. 경찰이 돌을 던지는 시위대에 발포해서 84명을 죽였고, 경찰은 5명이 죽었다. 수백 명이 다쳤다. 위태위태한 평온이 되돌아왔지만, 주요 부당이득자는 새 지지자들도 얻고 기업가들에게서 재정 지원도 더 많이 얻은 우익 국토방위단이었다. 또한 불길하게도 게르만 민족주의자들이 지지를 얻고 있었다. 정치 전선이 과격해지고 있었다. 1930년에 터진 경제 위기가 위태로운 기반 위에 세워진 민주주의를 강타했다.

이와 대조적으로, 체코슬로바키아는 민족 분열과 정당 구조의 파편화를 이겨내서 시류를 거슬러 민주주의 통치를 심각한 위협 없이 지탱했다. (슬로바키아는 그렇지 않았을지라도) 체코 지역에는 산업이 잘 발달해 있었다. 교양 부르주아지가 많았고, 민간 행정부는 노련했다. 공산주의의 위협은―(27개 정당이 경쟁한) 1925년 선거에서 공산당이 거의 14퍼센트를 득표했고 의석을 다른 어떤 정당보다도 더 많이 차지해서―정치 스펙트럼의 나머지를 모두 뭉치게 만드는 요인이었다. (공산당을 뺀) 주요 정당들은, 그들끼리의 분열이야 어떻든지, 민주주의를 지지했다. 제대로 기능하는 연립정부를 만드는 것이 가능하다고 판명되었다. 민주주의 정부가 작동하도록 만드는 데에서 연립 정부의 가진 이해관계가 1923년 이후의 강력한 경제성장과 급격한 실업 감소로 고양되었다. 어렵사리 이룩했는데 아직은 취약한 체코슬

의 준군사 조직. 농민과 가톨릭 교도를 중심으로 이루어졌고 의회민주주의, 사회주의, 도시 문화에 반대했다.

로바키아의 국가 통합은 내부 안정에 달려 있었다. 그 내부 안정은 민주주의 체제를 지탱하려는 정당들의 용의를 촉진한 한편으로, 수가 많은 독일계 소수민족과 슬로바키아인에게 더 큰 자율권을 주라는 회유의 주장이 그 집단에 잠재된 반대를 누그러뜨렸다.

체코슬로바키아는 드문 성공담이었다. 그러나 대공황이 일어나기 전에 이미, 동유럽의 대다수 지역에서, 발칸반도에서, 지중해를 가로질러 저 멀리 대서양까지 민주주의가 무너졌거나 무너지고 있었고, 아니면 허우적거리고 있었다.

폴란드에서는 여러 벅찬 문제에 직면해 있는 한 나라에 안정을 가져다주지 못하는 잇따른 행정부의 무능에 폴란드 독립의 영웅 피우수트스키 원수가 참을성을 잃고는 1926년 5월 12~14일에 쿠데타를 일으켰고 그 뒤 여러 해에 걸쳐 폴란드를 점점 더 권위주의 쪽으로 몰아갔다. 통화가 여섯 가지, 법전이 세 가지, 철도 궤간이 두 가지에 정당은 지나칠 만큼 많고 소수민족들의 규모가 꽤 큰 (그리고 각 소수민족이 심한 차별에 직면해 있는) 한 나라를 짧은 시간 안에 통합해내기는 불가능에 가까웠다. 1922~1923년의 초인플레이션 뒤에 (1924년에 단일 통화인 즈워티가 도입되는 중대한 일보 전진이 이루어져서) 경제가 회복하고 있었지만, 아직도 나라는 정치 위기가 끊이지 않아서 이겨내기가 더욱더 어려워진(독일과 관세 전쟁을 벌이면서 더 나빠진) 심각한 문제에 직면해 있었다. 다른 어떤 쟁점보다도 더 토지 분배가 정치 분열을 불러왔다. 정부가 짧게짧게 잇달아 들어섰다가 사라졌다.

1926년에, 정치나 경제의 개선이 눈에 띄지 않고 의회의 해소 불가능한 견해차로 말미암아 정부가 사실상 답보 상태에 빠지자, 피우수트스키가 넌더리를 냈다. 자기에게 여전히 충성을 바치는 군대의 여러 부분에서 지지를 얻은 그는 바르샤바에서 짧은 군사 충돌이 일어난 뒤에 정부의 사퇴를 강요했다. 입헌 통치의 겉치레는 존속했다. 그러나 심해지는 정치적 반대파 탄압을 비롯해서 민주주의적 자유가 더 제한되고 권위주의가 확장되었다.

폴란드에 권위주의를 불러온 조건과 비슷한—농업이 압도적인 경제의 심각한 문제, 토지 문제를 둘러싼 긴장, 메울 길 없는 당·정치의 분리, 상당한 규모의 소수민족들, 이루어내기 힘든 국민 통합, 강력한 군부 등의—구조적 조건이 동유럽 대부분의 지역에 걸쳐 탄탄한 민주주의를 확립할 가망을 해쳤다. 리투아니아에서는 권위주의로 주저앉는 것이 현실이 되는 데 시간이 오래 걸리지 않았다. 피우수트스키의 군대에게 1920년에 졌지만 이제는 그가 이웃 나라 폴란드에서 일으킨 쿠데타에서 영감을 얻은 리투아니아 군부가 1926년 12월에 우익 폭동을 부추겼고, 이 폭동으로 말미암아 의회가 10년 동안 정지되고 권력이 대통령의 손에 집중되었다. 발트해 연안의 다른 곳, 즉 라트비아와 에스토니아, 그리고 핀란드에서는 내부가 안정되지 않았는데도 의회 체제가—비록 핀란드의 민주주의만 지속적으로 생존할 역량을 지녔다고 판명되었을지라도—좌파와 우파의 권위주의적 압박에 맞서 용케 버텨냈다.

발칸반도에서는 허울뿐인 대의제 통치의 막후에서 후견주의[246] 정

---

246) 정치 행위자들이 후견인과 피후견인으로서 비대칭적 관계를 맺고 후견 세력이 정치적 지지를 받는 대가로 피후견 세력의 뒷배를 봐주는 행태.

치와 적나라한 폭력이 늘 손을 맞잡고 함께 갔다. 부패가 만연했다. 지극히 가난하고 문맹률이 높은 농경국에서 정치적 경쟁에는 파벌 간 혐오가 자주 거울처럼 반영되었다. 국경 문제와 민족 문제가 만성적 불안정의 원인이 되었다. 군부가 흔히 결정적 역할을 했다.

1923년과 1927년 사이에 그리스는 휘청거리며 군주정에서 공화정으로 갔다가 단명한 군사독재를 거쳐 다시 공화정으로 돌아갔다. 1927년에 세 번째 헌법이 세 해 만에 도입되었다. 그 뒤에 네 해 동안의 상대적 안정기가 이어졌다가 경제 위기가 일어나서 드라크마[247]가 제 가치의 4분의 3을 잃었고 정부의 무능이라는 참담한 나락 속으로 한층 더 빠져들어 그리스는 마침내 1936년에 허울뿐인 민주주의가 무너져 권위주의로 주저앉았다.

폭력에 찌든 무법 상태의 알바니아는 국가로 간주될 자격조차 없었다. 이 나라에서는 숱한 유혈 분쟁과 보복전에서 이긴 악랄한 피해망상증 환자인 아흐메트 베이 조구가 군사 정변을 이끌어 1924년 12월에 권력을 잡았다. 네 해 뒤에 그는 스스로를 조구 국왕으로 선언하고서 군대가 뒤를 받치는 후원을 통해 통치하며 14년의 개인 독재를 시작했다.

불가리아에서도 정치 폭력이 극단적이고 고질적이었다. 스탐볼리스키 총리가 1923년 국왕 보리스 3세Boris III가 후원하는 일단의 장교들에게 모살되었을 때, 그의 주검에서 팔다리가 잘리고 그의 머리는

---

247)   drachma. 1832년부터 2001년까지 쓰인 그리스의 통화.

주석 통에 담겨 소피아[248]로 보내졌다. 그러고 나서 공산주의자들이 시도한 봉기가 유혈 사태 속에서 진압되었고, 희생자 수는 천 단위로 헤아려졌다. 1925년에 소피아의 성당에서 폭탄이 터져서 (국왕과 장관들은 멀쩡했더라도) 160명이 죽고 수백 명이 크게 다친 뒤에 또 한 차례의 끔찍한 '백색 테러'의 물결이 일었다. 이 같은 탄압으로 뒷받침되는 피상적 형태의 의회제 통치가, 정부 여당의 지배 아래서 안정을 찾아 대공황기까지 살아남았다.

루마니아에서는 국가 정체성이라는 쟁점과 (농촌 주민이 압도적으로 많은 인구의 대부분이 소규모 소작농이니만큼) 토지 문제를 둘러싸고 긴장이 심했다. 베르사유조약에서 빼앗긴 자국 영토를 되찾겠다는 헝가리의 바람이, (비록 1924년에 불법화된 작디작은 공산당이 미미할 따름인 위협을 가할지라도) 볼셰비즘이, 그리고 소수민족, 특히 유대인이 국가를 위협한다고 여겨졌다. 그 긴장은 1920년대에는 제어 가능했다. 1923년의 새 헌법이 정부의 행정권을 뒷받침했다. 통치자인 브러티아누 가문[249]은 제 손아귀에 쥔 국민자유당[250]의 의회 지배에 기대며 선거 조작으로 독점에 가까운 권력을 행사할 수 있었다. 그러나 국왕 페르디난드가 열네 해 동안 군림한 뒤 1927년에 죽으면서 브러티아누 가문의 권력 장악이 흔들렸고 정치 불안정의 시대가 열렸다. 이듬해 농경 경제의 어려움이 고조된 직후에 선거에서 국민자유당이 국

---

248) 불가리아의 수도.
249) Brătianu 家門. 국민자유당을 창당한 루마니아의 정치인 집안.
250) Partidul Național Liberal. 1875년에 만들어진 부르주아지의 이익을 대변한 루마니아의 유력 정당.

민농민당[251]에 졌다. 그러나 국민농민당은 경제문제를 제대로 다루지 못했서 곧 지지를 잃었다. 반유대인 정부情婦를 둔 탓에 1925년에 강요를 받아 왕위계승권을 포기해야 했던 카롤 2세가 1930년의 무혈 정변에서 왕위 포기 선언을 취소하고 국왕으로 선언되었다. 그 뒤 여러 해 동안 폭력적이고 격심한 반유대주의 파시즘 운동이 심한 경제난을 배경으로 대두하는 가운데 정치 위기가 지속되고 종국에는 독재로 가는 길이 열릴 터였다.

시작할 때부터 흔들거리는 구조물이었던 세르비아인·크로아티아인·슬로베니아인 왕국에서는 대지주 토지를 (유상으로) 몰수해서 농민에게 재분배하는 것이 큰 알력의 원천으로 남았다. 이 나라도 모든 방면에서—이탈리아, 그리스, 헝가리, 알바니아 쪽에서—국경 문제에 맞닥뜨렸다. 그러나 처치 곤란한 민주주의를 넘어뜨려 권위주의로 바꾼 것은 다수민족인 정교도 세르비아인과 가톨릭교도인 크로아티아인의 상충하는 해결 불가능한 이해관계의 조정 시도라는 구조적 문제였다. 억누를 길 없이 화가 치민 한 세르비아인이 1928년에 의회에서 크로아티아인 의원 3명을 암살하자 국왕 알렉산다르가 이듬해 1월에 의회를 해산하고 헌법을 보류하는 사태가 촉발되었다. 언론 자유가 폐지되고 정당이 금지되었으며, 국가가 더 중앙집권화하기 시작했다. (1929년 10월에 통합을 더 기한다고 여겨지는—남슬라브인의 나라라는 뜻의—'유고슬라비아'라는 이름이 그 국가에 붙여졌다.) 이 조치들은

---

251) Partidul Naţional Ţărănesc. 국민당과 농민당 등이 통합해서 1926년에 세워져 1947년까지 존속한 루마니아의 농민 정당.

1931년 9월의 권위주의적 신헌법에서 굳어졌다.

지중해에서는 다원주의적 의회제 통치가 수세에 처한 지 오래였거나 완전히 허물어졌다. 1929년 라테란조약[252]으로 바티칸의 주권을 인정하고, 교황청과 관계를 조정하고, 가톨릭 신앙을 이탈리아의 국교로 재확인해서 무솔리니는 가톨릭 교회가 자기 정권에 반대할 일체의 잠재적 가능성을 없애 버림으로써 이탈리아 국가에 대한 권력을 단단히 거머쥐었다. 그 파시스트 국가에서 상대적으로 자율적인 권력의 마지막 영역이 중립화한 것이다. 스페인에서 미겔 프리모 데 리베라는 비록 대공황이 일어날 때까지 자기의 엉성한 정권의 단합을 유지하는 데에서 고조되는 어려움에 맞닥뜨리고 있었을지라도 자기가 1923년에 수립했던 비교적 점잖은 독재를 지속했다.

이 지중해 국가들을 뒤따라서 포르투갈이 1926년에 권위주의 통치로 들어섰다. 제1차 세계대전으로 포르투갈에서 오랜 과두제 권력 구조가 불안정해졌다. 정부의 불안정성이 고질적인 탓에 1910년과 1926년 사이에 다른 유형의 45개 행정부가 들어섰다. 1915년에 군사 정부가 몇 달 동안 권력을 잡은 적이 있다. 1917~1918년에 얼마간 원原파시즘의 특성을 띤 군사독재가 짧게 추가로 뒤를 이었다. 1920년대 초엽에, 포르투갈 정치의 외관과 별반 다르지 않게, 정치 폭력이 고질화했다. 비록 갈라져 있었을지라도 군부는 잘 기능하지 않는 다원주의 체제를 용납하지 않는 잠재적 반란 세력을 구성했다. 1925년

---

252)   1929년 2월 11일에 이탈리아와 로마 교황청이 바티칸의 라테란궁에서 맺은 조약. 이탈리아가 바티칸을 독립국으로 인정한다는 것이 주 내용이었다.

에 형편없이 조직된 정변이 실패했다. 군부 파벌이 이듬해에는 분열을 넘어섰고, 민간 정부는 무덤덤한 대중에게서 열렬한 지지를 받지 못하면서 고메스 다 코스타Gomes da Costa 장군이 이끄는 정변에 저항하지 못했다. 보수 엘리트와 가톨릭 교회가 그 정변을 반겼다. 좌파는 너무 적고 너무 약해서 어떤 도전도 하지 못했다. 코스타는 안토니우 카르모나Antonio Carmona 장군에게 신속하게 자리를 내주었고, 카르모나의 통치는 군대의 후원에 의존했다. 카르모나는 1928년에 대통령이 되어 1951년에 죽을 때까지 그 직위에 머물렀다. 그러나 1928년 4월에 재무장관에 임명되고 두 해 뒤에는 총리가 된 코임브라 대학교[253] 경제학 교수 안토니우 드 올리베이라 살라자르António de Oliveira Salazar가 곧 핵심 인물이 되었다. 그는 40년 동안의 포르투갈 권위주의 정권에서 단호한 목소리를 낼 터였다.

민주주의는 1920년대 말엽에 (유럽 대륙에서 경제가 가장 앞선 지역인) 유럽과 서유럽에서만 확고했다. 그곳에는 남부와 동부에서 민주주의의 약화에 큰 요인으로 작용한 조건이 없었다. 민주주의는 이미 잘 확립되어 있었거나 대공황 전의 강력한 경제성장의 시기에 탄탄하게 공고해지는 도중에 있었다. 국가는 엘리트 수준의, 그리고 대중 수준의 폭넓은 합의에 기댔고, 극좌 정당과 극우 정당은 미미해졌다. 편차야 어떻든, 여러 일반 요인이 민주적 정통성의 지탱에서 역할을 했다. 정치·사회 제도가 전쟁의 난기류와 그 여파에 아랑곳없이

---

253) Universidade de Coimbra. 1290년에 리스본에 세워졌고 1537년에 포르투갈 중부의 코임브라로 소재지를 옮긴 포르투갈 최고 공립대학.

지속되었다는 점, 정부 형태가 광범위한 여러 사회 부문의 이해관계를 통합하고 정책에 실용적으로 적응할 역량을 지녔다는 점, 영토가 통합되어 있고 문화가 동질적이었다는 점, 공산주의가 약해서 사회민주주의가 노동계급의 주요 대표체로서 상대적으로 강력했다는 점 등이 그런 일반 요인이었다. 이 국가들의 국민 통합은 대개는 꽤 긴 점진적 과정이었다. 영국, 프랑스, 스칸디나비아, 네덜란드, 스위스의 경우가 그랬다. 아일랜드 섬의 더 큰 남쪽 부분으로 이루어진 신생 아일랜드 자유국은 영국의 지배로부터 독립하려고 여섯 해 동안 힘들게 분투한 뒤에야 비로소 생겨났다는 점에서 예외였다. 그러나 아일랜드 남부에서도 깊이 아로새겨진 가톨릭 신앙으로 뒷받침되는 동질적 문화와 만연한 반영反英 감정에 상당 정도로 바탕을 두고 신생 국민국가와 잘 작동하는 양당제 민주주의를 공고화하는 것이 가능하다고 금세 판명되었다.

유럽의 태반에서 일어난 민주주의의 실패는 관련된 나라들의 국민에게, 때로는 그 나라의 이웃 나라에도 영향을 미쳤다. 그러나 그렇다고 해서 유럽의 평화가 꼭 위협받지는 않았다. 그 같은 위협은 (영국, 프랑스, 독일 같은) 대열강들 가운데 한 열강이나 여러 열강에서 민주주의가 무너질 경우에만 나타날 수 있었다. 그 열강들의 안정성은 위태로운 전후 평형의 연속성에 없어서는 안 될 요인이었다.

영국 경제는 1920년대 태반 동안 부진했지만, 영국은 사실상 유럽의 다른 나라와 견주면 정치 안정성의 본보기로 판명되었다. 군소 정당의 난립과 연립의 형성을 방지하는 과반수 투표 선거제가 1922년과 1924년 사이에 세 차례 정부 교체를 막지 못했다는 사실에도 불구하고 그랬다. 스코틀랜드인 농장 일꾼과 하녀의 아들인 제임스 램지 맥도널드James Ramsay MacDonald가 혼외 출생자라는 사회적 핸디캡을 딛고서 출세해서 노동당 지도자가 되었다. 두 차례의 총리 임기 가운데 첫 번째 임기에서 맥도널드는 1924년 1월부터 11월까지 지속된 단명한 행정부를 구성했다. 그러고 나서 정부가 다음 다섯 해 동안 보수당의 손으로 넘어갔다. 잉글랜드 중부의 부유한 제철업 가문 출신의 스탠리 볼드윈 신임 총리는 단단하고 든든한 인상을 주었다. 그 정부는 1926년 총파업에 따른 사회 분열과 정치 혼란을 넘어서야 했으며, 이듬해에는 힘을 잃었다. 그러나 영국의 위기는 체제 안의 조정으로 제어되었다. 유권자의 1퍼센트 미만의 지지를 받는 공산주의와 이 시점에서는 주로 별종과 괴짜가 지지하는 미미한 초기 단계의 파시즘 분파는 주류 정치에 충격을 줄 수 없었다. 1920년대 영국의 사회경제적 문제는 꽤 심각했지만 민주주의의 정당성을 해치지는 못했다. 대공황이 램지 맥도널드의 1930~1931년 소수 여당 노동당 정부를 위기에 몰아넣었을 때, 국가의 위기는 없었다.

프랑스에서는 비록 민주주의가 대공황 시기까지 심각한 문제에 맞부딪히지는 않았을지라도 안정성이 덜 확실했다. 1925년 4월과 1926년 7월 사이에 통화 위기의 와중에서 다른 정부가 여섯 차례 들어서며 내각이 빠르게 교체되었다고 해서 제3공화국의 정통성에 의문이 제기되지는 않았다. 안정성은 1926년과 1929년 사이의 레몽 푸앵카레 총리 임기 동안 되돌아왔으며, 1928년 선거에서 보수 우파로 옮아가면서 굳건해지는 듯했다. 겉으로는 만사가 괜찮아 보였다.

그러나, 영국과는 대조적으로, 정치 체제에 논란이 제기되지 않지는 않았다. 아직 소수지만 영향력은 있는 프랑스 사회 일부가 제3공화국을 결코 받아들이지 않았고, 아니면 묵묵히 그냥 용인했다. 지지세를 꽤 많이 잃어버린 공산당이 1924년 11월 23일에 파리에서—프랑스에 좌익 정부가 들어서고 프랑스가 재정 위기의 격통에 시달리는 시기에—(1914년에 암살된) 사회주의 영웅 장 조레스의 재가 된 주검을 팡테옹[254]으로 옮기는 행사에 따르는 대행진에 사회당과 나란히 참여했을 때, "붉은 깃발의 숲"이 볼셰비키 혁명의 유령을 불러냈다. "혁명적 위협이 모든 이에게 명백해졌을 때," 우익은 그 대행진을 "부르주아지의 장례식"이라고 묘사했다. '우파연맹체'를 자칭하는 여러 종류의 수많은—그 가운데 하나로 이탈리아 파시즘에서 빌려온 이름 자체에서 지향성을 보여주는 페소[255]를 비롯한—'애국 운동'이 며칠 안에 생겨나서 거의 하룻밤 새에 주로 프랑스 젊은이 수만 명을 회원으로 끌어모았다.

그 우파연맹체가 모두 파시즘은 아니었다. 실제로, 몇몇 동맹은 그 연상 작용을 드러내놓고 거부했다. 그리고 프랑스의 극우가 다 그 우파연맹체에 이끌리지는 않았다. 다른 곳에서처럼, 극우와 보수 우파 사이의 경계는 유동적이었다. 위기가 가셨다. 안정을 가져오는 푸앵카레의 수완이, 그리고 재산 소유자를 위한 안보가 복구되었다는 느

---

254)   Panthéon. 5세기의 한 성자를 기리는 교회로 1790년에 완공되었다가 이듬해에 프랑스 국가 유공자들의 유해를 안치하는 곳으로 용도가 바뀐 파리 도심의 신고전주의 양식 건축물.
255)   Faisceau. 이탈리아 파시즘의 상징인 파쇼에서 이름을 따서 1925년 11월에 만들어진 극우 연맹체의 하나로 1928년까지 존속한 프랑스의 파시즘 정당.

낌이 위기를 누그러뜨렸다. 우파연맹체는 (한동안) 지지를 잃었다. 보수주의가 우세해지자, 극우가 있어야 한다는 인식이 줄어들었다. 그렇지만 사라지지는 않았다. 재개된(더 연장되고 더 불안정해지고 더 위험해진) 위기를 고려하면, 극우의 위협이 더 강력한 형태로 돌아와서 프랑스 공화국을 위태롭게 만들 수 있었다.

영국이 탄탄하게 안정적이고 프랑스가 그에 못지않게 안정적이었다면, 독일은 더 알쏭달쏭했다. 독일은 경제가 더 앞선 유럽 서북부의 비교적 잘 확립된 민주주의 국가의 모델에도, 동유럽의 연약한 신생 민주주의 국가의 모델에도 딱 들어맞지 않았다. 여러모로 독일은 혼종이었다.

독일은 동쪽처럼 보이기도 하고 서쪽처럼 보이기도 했다. 독일에는 영국과 프랑스처럼 광범위한 공업 프롤레타리아트뿐 아니라 대규모 농민층도 있었다. 특히 독일 동부 지역에 농민이 많았는데, 이 지역의 가치는 땅에 뿌리를 두었다. 독일에는 민주주의적 이상주의와 다원주의적 정당정치의 기나긴 전통, 고도로 발달한 관료제, 현대식 산업경제, 교육을 잘 받고 문화적으로 선진적인 주민이 있었다.

그러나 독일의 민주주의 체제는 새것이었다. 그 체제는 패전과 혁명의 정신적 외상으로부터 출현했고 처음부터 격렬한 논란거리였다. 독일의 정치적 통일은 아직 반세기가 채 안 되었고, 그 국민국가의 국경 너머 멀리까지 뻗친 훨씬 더 오래된 문화적 정체감과 중첩되었다. 영국과 프랑스, 그리고 유럽 서북부의 다른 나라들과는 달리, 독일 민족은 영토가 아닌 인종으로 정의되었다. 그리고, 아무리 다양한 견해를 지녔더라도, 독일의 지식인 엘리트는 1789년 대혁명으로 거슬러 올라가는 프랑스 전통이든 영국의 발전을 빚어냈던 자유무역 자본주의와 자유주의든 이른바 '서방' 민주주의의 가치를 대개는 거부했다. 독일의 문화 가치의 구현체로서의 독일 국가는, 그들이 보기에, 서방 문명의 그 산물들과는 다를 뿐 아니라 그것들보다 더 우월했다. 제1차 세계대전이 끝나고 독일이 당한 국가적 굴욕, 전후 독일의 경제와 군대의 취약성, 대열강 지위의 상실, 제국의회 체제의 분열성은 그들의 마음속에서는 영속적 상태가 아니라 일시적 참사였다.

독일 정치의 안정은 독일 국민에게만 관심사가 아니었고 유럽 대륙의 평화로운 미래에 극히 중요했다. 유럽 대륙의 불안한 힘의 평형이 지탱되려면 서쪽부터 동쪽까지 유럽에 걸쳐 있는 독일의 지리적 위치, 독일의 경제적·군사적 잠재력, 독일이 동유럽에서 지닌 베르사유조약 개정 기대로 말미암아 민주주의의 존속이, 그리고 더불어 슈트레제만의 국제협력 정책의 지속이 극히 중요해졌다.

1920년대 말엽의 '황금빛 시기' 동안 독일에는 걱정거리가 딱히 없어 보였다. 경제성장세가 세찼다. 생활수준이 나아지고 있었다. 독일은 이제 국제연맹 회원국이었다. 로카르노에서 서쪽 국경이 정리되었다. 1925년과 1927년 사이에 정부가 네 차례 교체되었다고 해서 1920년대 초엽의 대격변 뒤에 민주주의가 안착하고 있다는 느낌에는 별 영향이 없었다. 정치의 양극단은 지지를 잃었다. 공산당 지지가 1924년에 9퍼센트로 떨어졌고, 상응해서 온건한 사회민주당을 지지하는 표가 늘어났다. 극우는 히틀러가 1923년 11월에 폭동을 시도한 뒤에 산산조각났다. 비록 그가 이듬해에 교도소를 나서자마자 나치당을 재창당했을지라도, 그 당은 정치의 바깥 언저리에 머물렀다. 1927년에 한 관찰자의 견해로는, 그 당은 국민 대중과 정치 과정에 눈에 띄는 영향력을 행사할 능력을 갖추지 못한 소분파에 지나지 않았다.

더 차분해진 시대가 1928년 총선거에 반영되었다. 대개는 기껏해야 민주주의를 떨떠름하게 여기는 보수 우파가 크게 졌다. 나치가 정치 세력으로서는 끝장났음이 나치당 득표율이 단 2.6퍼센트에 그치고 의회에서 겨우 12석을 얻은 것으로 입증되는 듯했다. 주요 승자는 30퍼센트에 조금 못 미치는 득표율을 올리고 두 가톨릭 정당과 두 자유주의 정당과 형성한 '대연정'[256]에서 단연 최대 정당인 사회민주당이었다. 헤르만 뮐러Hermann Müller의 지도 아래 사회민주당이 1920년 이후 처음으로 정부를 이끌었다. 독일의 민주주의는 좋은 전망을 맞이하는 듯했다.

표면 아래서는 상황이 덜 장밋빛이었다. 뮐러의 연정은 시작부터 연약했고, 사회민주당과 슈트레제만의 독일 인민당 사이의 깊은 분열이 곧 표면에 나타났다. 대기업의 대변자인 독일 인민당은 사회민주당과 한편이 될 성싶지 않은 연정 상대였다. 그 두 정당을 틀어지게 만든 첫 쟁점은 대형 군함의 건조였다. 사회민주당은 선거 전에 "장갑순양함 대신에 아동 급식을"이라는 구호로 유세를 했다. 그래서 연정의 중도파와 우익의 장관들이 순양함 건조를 밀어붙였을 때 사회민주당이 격분했다. 그리고 나서 루르의 기업가들이 거의 25만 명에 이르는 제철 노동자를 상대로 직장폐쇄를 단행하자 연정 상대들 사

256)　1929년 봄에 독일 사회민주당이 독일 중앙당, 바이에른인민당(Bayerische Volkspartei), 독일 민주당, 독일 인민당과 더불어 구성한 독일의 연립정부.

이에서 큰 균열이 또 한 차례 일어났다. 그리고 연정을 구성하는 정당들의 양립 불가능성이 실업보험 고용주 부담금의 소폭 인상을 시행하자는 제안을 둘러싸고 오래 끌었던 화해 불가능한 논란에서 완전히 드러났다. 그 쟁점으로 말미암아 그 거추장스러운 연정이 1930년 3월에 끝내 깨졌다.

그 무렵에 경제난이 고조되고 있었다. 독일에서 실업이 1929년 1월에 300만 명에 이르렀다. 이전 해보다 100만 더 늘어서 노동인구의 14퍼센트에 해당하는 수치였다. 1928년 선거에서 10퍼센트를 웃도는 지지율을 올렸던 공산당이 수많은 실업자 사이에서 기꺼운 지지를 얻고 있었으며, 코민테른이 채택한 새로운 스탈린주의 노선에 따라 포구를 돌려 사회민주당을 '사회 파시즘'으로 터무니없이 매도하고 있었다. 향촌에서는 농업 경제의 위기가 정치적 불만을 엄청나게 불러일으키고 있었다.

나치당은 얼마간은 스스로에게 놀랍게도, 그리고 당 측의 꾸준한 선동을 하지 않았는데도 독일 북부와 동부의 향촌에서 자당이 상당한 지지를 모으고 있음을 알아챘다. 심지어 그 정치적 황무지에서도 실제로 여러 해 동안 당원 수가 불어나고 있었고, 이제는 10만 명을 넘어섰다. 커지는 소요를 활용하기에 좋은 행동 기반이었다. 영 안에서 제시된 전쟁 배상금 개정안에 반대하는 요란한 선전전으로 나치당이 보수 언론에서 얻은 우호적 평판도 당의 대의에 도움이 되었다. 아직은 주류 정당 티가 전혀 나지 않을지라도, 나치당은 1929년에 여러 차례의 지방선거에서 득표 지분을 늘렸다. 이때 대공황이 작렬하면서 히틀러의 당은 이듬해 6월 작센주 선거에서 14퍼센트를 웃도는

(1928년 제국의회 선거에서 얻은 표보다 거의 6배 더 많은) 표를 얻었다.

그 직후에 뮐러 총리의 후임인 독일 중앙당 정치가 하인리히 브뤼 닝Heinrich Brüning이 공공 지출을 확 깎자는 자기의 제안이 제국의회에 서 거부된 뒤에 의회를 해산했다. 민주주의적인 재정난 해결책을 찾 아보려는 시도가 없었다. 대신에 브뤼닝은 대통령령으로 자기의 통 화수축 조치를 밀어붙이려고 들었다. 절대적으로 중대한 직위인 국 가대통령[257] 자리에는 1925년 이후로 전쟁 영웅 폰 힌덴부르크 육군 원수가 있었다. 옛 군주정 체제의 기둥인 힌덴부르크는, 비록 민주주 의 공화국을 떠받들겠다고 맹세했을지라도, 민주주의자가 아니었고 오히려 스스로를 일종의 대용 카이저로 여겼다. 의견을 타진해 보니 대통령령으로 뒷받침되는 통치에 호의적임이 알려진 브뤼닝으로 사 회민주당원인 뮐러 총리를 대체하는 것은 사회민주당의 기반을 흔 들고 다원주의적 의회가 없는 통치를 도입하려는 전략의 일환으로 서 사실상 여러 달 전에 계획된 일이었다. 힌덴부르크와 브뤼닝, 그리 고 이들의 행보를 후원하는 보수 엘리트는 (독일 국가를 운영할 부류가 아닌 미개하고 천박하고 목청만 돋우는 포퓰리즘으로 여겨지는) 나치당이 운영하는 정부를 조금도 고려하지 않고 있었다. 그들이 바라는 것은 근본적으로 시곗바늘을 뒤로 돌려, 군주정이든 아니든, 정부가 의회 의 통제에서(그 무엇보다도 밉살스러운 사회민주당의 통제에서) 벗어나 있 는 비스마르크식 헌정 상태로 돌아가는 것이었다. 힌덴부르크와 브뤼 닝, 그리고 보수 엘리트의 목표는 엘리트가 운영하는 일종의 반反민

---

257)   Reichspräsident. 1919년부터 1945년까지 독일 국가수반의 호칭.

주주의적 반#권위주의였다.

브뤼닝이 총리에 취임하고 힌덴부르크가 의회를 우회하려고 들면
서 독일의 민주주의 국가는 대공황에 빠져 들어가기 전에 이미 심각
한 일격을 당했다. 1930년 9월 14일의 제국의회 선거에서 중대한 일
격이 추가로 가해졌다. 총선거를 치른다는 브뤼닝의 결정은 극적인
역효과를 일으킨 것이다. 히틀러의 당이 선거에서 놀라운 약진을 해
내서, 투표의 18.3퍼센트를 얻어 새 제국의회에서 107석을 차지했다.
나치당이 이제 제국의회에서 두 번째 최대 정당이어서, 느닷없이 유
명해졌다. 나치당에 주는 표는 비주류 군소 정당에 주는 사표가 더
는 아니었다. 자금이 유입되어 한층 더 과격한 선동을 하면서 대중
지지세가 급성장했다. 편승 효과가 나타나고 있었다. 히틀러가 총리
가 되는 것은 아직은 희박한 가능성으로 보였다. 그러나 대통령령으
로 통치하는 쪽으로 움직인다는 운명적 결정으로, 그리고 나치당이
1930년 선거에서 거둔 성공으로 독일 민주주의의 조종이 울리고 있
었다. 그리고 그것과 함께, 유럽 전체에서 불확실성이 틀림없이 증폭
될 터였다. 지난 몇 해 동안의 불안한 평형상태가 위험해질 터였다.

물론 미래는 늘 미정이며, 결코 미리 정해진 확실한 일방통행로가
아니다. 어쩌면, 미국에서 대공황이 들어오지 않았더라면, 유럽은 교
란되지 않은 경제성장과 자유주의적 자유와 민주적 통치의 길을 따
라 국제 평화와 화합이라는 햇빛 찬란한 저 넓고 높은 땅으로 나아
갈 수 있었을 것이다. 그러나 도박꾼이라면 거기에 큰돈을 걸지는 않
았을 것이다. 비록 이후 여러 해 동안 심해지는 위기가 필연이거나
예정되어 있지는 않았을지라도, 그 위기가 난데없이 일어나지는 않

왔다. 유럽의 '황금빛 20년대'는 반짝이는 표면 아래서는 지저분하고 뒤숭숭한 시대였던 것이다.

불안정하고 불균형한 세계경제 안에 있는, 그리고 민족주의적 보호무역과 미화된 이기주의로 증폭된 심각한 경제적 취약성은 대서양을 횡단해 건너온 충격파를 비껴갈 단단한 토대를 제공하지 않았다. 문화적 분리가 사회적·지적 분위기가 위축될 경우에 쉽사리 이용될 수 있는 광범위한 차원의 편견과 매도를 조장했다. 민주주의 사상과 자유주의 사상이 모든 곳에서 수세에 몰렸다. 그리고 대공황이 일어날 때까지 유럽의 대부분 지역이 이미 권위주의로 주저앉거나 바야흐로 그럴 참이었다.

한 나라가 다른 어떤 나라보다도 유럽의 운명에 더 결정적이었다. 유럽 대륙의 미래가 더 밝을 희망은 무엇보다도 독일에 달려 있었다. 그리고 유난스레, 특히 독일에서는 심지어 월가 주식 대폭락 전에도 우려할 근거가 있었다. 심해지는 문제가 경제가 성장하면서 감춰졌다. 문화적 분리가 다른 어느 곳에서보다도 격심했다. 그리고 전면적 위기로 빠져들기 전에 정치가 잠재적으로 위험하다는 신호가 이미 눈에 보였다. 독일 민주주의의 생존은 유럽의 향후 평화와 안정의 가장 좋은 보호 장치였다. 유럽의 중추 국가에서 민주주의가 허물어지면 어떤 일이 벌어질까? 다음 몇 해에 걸친 대공황의 결과는 독일뿐 아니라 유럽 대륙 전체에 결정적일 터였다.

유럽은 태평스러워 보이는 찰스턴 춤 시대 동안 화산 위에서 춤을 추었던 것이다. 이제 그 화산이 터질 참이었다.

5

짙어지는
어스름

"미끄러운 비탈을 타고 내려가, 흔적도 없이
내려앉아 완전히 부서졌다.
질서와 청결, 사라지고 없다. 일, 물질적 보장, 사라지고 없다.
진보와 희망, 사라지고 없다."

한스 팔라다 Hans Fallada, 《소시민―어쩔래?》(1932)

1930년 이후 맹위를 떨친 대공황은 유럽에 그야말로 파국이었다. 대공황의 타격은 유럽 대륙 전역에서 고르지 않았다. 경제와 정치의 구조에 따라 몇몇 나라는 꽤 가볍게 그 충격을 비껴갔다. 그리고 개별 국가 안에서 모든 지역이 똑같이 영향을 받지는 않았다. 경제가 심하게 부진한데도 성장하는 지역이 몇 군데 있었다. 그렇더라도 불황이 불러온 피해는 과장될 수 없었고, 광범위하고 막심했다. 그 결과를 완전히 회피한 곳은 어디에도 없었다.

대공황 동안 유럽의 정치적 단층선이 벌어졌다. 유럽 대륙이 대체로 둘로 쪼개졌다. 핀란드, 체코슬로바키아, 스페인 이외의 다른 곳에서는 민주주의가 유럽 서북부에서만 살아남았다(체코슬로바키아와 스페인에서는 그리 오래 살아남지 못했다). 다른 모든 곳에서 이런저런 형태의 권위주의가 승리했다. 경제와 정치가 망가진 한 대륙 위에 그림자가 드리우고 있었다.

불황

내구 소비재, 자동차, 철강 생산과 건물 건축에 위험성이 큰 투자를 하게 만들었던 미국의 대호황이 투기 거품이 터진 1929년 10월 24일부터 붕괴했다. 한 관찰자는 다음과 같이 평했다. "시장은 시장을 지배한다고 생각했던 이들에게 거칠고 무자비하게 앙갚음을 하고 있는 비정한 사물처럼 보였다." 주식 공황 매도가 월가를 덮쳤다. 주식 가격이 폭락했다. 투기자 수천 명이 파산했다. 기업 신뢰가 무너졌다. 공업 생산과 수입이 급감했다. 물가가 떨어졌다. 실업이 치솟았다. 대폭락 전에 이미 해외 대출이 중단되었다. 유럽 국가들, 특히 독일이 혜택을 보았던 이전의 단기 대부금이 상환 요청되었다.

균형을 잃은 국제경제가 거센 디플레이션 추세에 이미 맞부딪힌 가운데, 유럽은 급속히 확대되는 경제 재앙 속으로 어쩔 수 없이 빨려 들어갔다. 감염이 확산되었다. 1930년이 되면 유럽의 제조업이 불황이었다. 대서양을 가로질러 대량 실업이 뒤따랐다. 1930년 초여름에 독일에서만 해도 실업자가 이미 190만 명이어서, 실업보험 제도로는 대처되지 못하고 있었다. 온 나라에서 1인당 평균 소득이 이미 떨어지고 있었고, 1932년에는 1929년 수준의 3분의 2쯤일 따름이었다. 디플레이션 순환이 유럽 대륙 곳곳으로 확산되었다. 수요가 줄자 가격이 떨어졌다. 사람들이 물건을 덜 샀다. 심지어 절대적 필수품의 소비 지출도 최소한으로 줄었다. 임금과 봉급이 깎였다. 비록 물가가 떨어져서 (아직 일자리를 가진 이들로서는) 임금으로 더 많이 살 수 있어서 '실질임금'이 자주 올랐을지라도 말이다. 조세 수입이 줄자 정부 총세입이 더 큰 압박 아래 놓였다.

국가 지출을 줄여서 예산의 수입과 지출을 맞추려는 시도로 암울한 상황은 더 나빠질 따름이었다. 국제적 대응을 조정하려는 유일한 노력이, 즉 대대적으로 선전된 런던의 1933년 세계경제회의[258]가 참 담하게 실패했다. 정부들이 자국 경제를 보호하려는 시도로 대응한 것이다. 1930년 여름까지 미국이 이미 보호무역주의 쪽으로 강하게 돌아섰다. 다른 나라들이 관세 보호로 보복했다. 예를 들어, 1931년 에 수입품 평균 관세가 프랑스에서는 38퍼센트로, 체코슬로바키아에 서는 50퍼센트로 높아졌다. 영국은 1932년 3월에 10퍼센트의 일반 관세를 부과함으로써 자국의 자유무역 전통을 깼고, 넉 달 뒤에 영 연방 자치령과 협상해서 영국 상품에 대한 특혜를 확보했다. 이미 힘 겹게 몸부림치던 국제무역은 수출이 급감하자 추가 피해를 보았다.

더 나쁜 일이 일어날 터였다. 유럽의 여러 나라에서 금융 체제가 점점 더 커지는 압력 아래 놓았다. 1931년 5월에 빈에 있는 오스트리 아 최대 은행인 크레디트안슈탈트[259]가 예금자들이 자기 예금을 잃어 버릴까 겁을 내서 돈을 인출하는 바람에 무너진 것은 유럽의 금융 체계에 중대한 충격이었다. 독일의 두 번째 최대 은행인 다름슈타트· 국민은행[260]이 그 후류後流에 빨려 들어갔고 허겁지겁 예금 인출이 이 루어지는 통에 두 달 뒤에 파산했다. 유럽의 은행들이 자사의 금 보

---

258) 대공황 극복, 국제무역 부활, 환율 안정을 도모할 목적으로 66개국 대표 가 1933년 6월 12일에 런던에 모여 7월 27일까지 연 회담. 7월 초순에 미국의 루 스벨트 대통령의 비난을 받은 탓에 아무런 성과를 내지 못했다.

259) Creditanstalt. 로스차일드(Rothschild) 가문의 일원이 1855년에 오스트리 아의 빈에 세운 대형 은행.

260) Darmstädter und Nationalbank. 다름슈타트 상공업은행과 독일국민은행이 1922년에 병합해서 만든 독일의 은행. 1931년 7월에 파산했다.

유고를 지탱하려고 영국 파운드를 팔자 파운드화 매도 쇄도가 일어났다. 영국이 환율을 지탱하려고 애썼지만 헛일이어서 7월 하반기에 날마다 250만 파운드를 잃었다. 7월 중순과 8월 중순 사이에 런던에서 인출된 금액이 총 2억 파운드를 웃돌았고, 잉글랜드은행의 준비금이 위험 수준으로 떨어졌으며, 9월 21일에 영국은 어쩔 도리 없이 금본위제를 포기했다. 그 직접적 여파로 외환시장에서 파운드가 가치의 4분의 1을 잃었다.

1932년 즈음 유럽 전역의 불황은 최악의 상태였다. 자본주의경제의 전례 없는 붕괴였다. 사실상 모든 곳에서 국민총생산이 떨어졌다. 그렇지만 하락률은 (영국과 스웨덴과 이탈리아에서는 7퍼센트 미만이고 벨기에에서는 10퍼센트 이상이었지만 독일과 유고슬라비아에서는 17퍼센트 이상이고 폴란드에서는 거의 25퍼센트여서) 미국 금융시장 의존도와 더불어 이 나라들의 상이한 경제구조에 따라 다양했다. 유럽의 최대 경제 가운데 하나인 프랑스 경제는 부분적으로는 1931년 전에 프랑[261] 이 저평가되어 있었기 때문에 처음에는 영향을 받지 않았다. 자급자족적 소농의 비중이 비교적 높은 커다란 농업 부문과 수많은 소규모 수공업 생산이 결합해서 지역·지방 경제를 이룬 상황이 처음에는 월가 주식 대폭락에서 비롯된 극적인 침식을 회피하는 데 도움이 되었다. 농산물 가격을 보호해서 국내시장의 부양을 유지하려고 1929년에 취해진 조처도 프랑스의 초기 회복력에 이바지했다. 정부는 다른 나라들이 경제 파탄에 직면하는 동안 정부의 '번영 정책'이 지속될 것

261)   franc. 1795년부터 1999년까지 쓰인 프랑스의 공식 통화.

이라고 자랑스레 주장했다. 프랑스의 주요 일간지는 다음과 같이 선언했다. "세계공황의 원인이 무엇이든, 경제의 적절한 균형과 프랑스인의 미덕 덕택에 프랑스가 세계경제의 기둥이 되었다."

교만에 곧 징벌이 뒤따랐다. 얼마 지나지 않은 1931년에 프랑스의 실업자 수는 아직 단 5만 5000명이었다. 그러나 그즈음 프랑스는 국제 불황 속으로 빨려 들어가는 일을 더는 피할 수 없었다. 그리고 대공황은 1931년 초에 만성이 되어서 프랑스에서는 다른 대다수 국가의 경제에서보다 오래갔다. 생산이 10년 동안 1929년 수준으로 회복되지 못했다. 1936년에 프랑스의 수출은 1928년의 겨우 절반 수준이었다. 사업체 도산 수가 1932년에 솟구쳤고, 계속 올라갔다. 실업자 수가 1935년에 공식적으로는 최고점에 이르러서 약 100만 명이었는데, 비공식적으로는 훨씬 더 높았다. 느려터진 회복세는 프랑스가 위신을 이유로 프랑을 평가절하하기를 주저한 탓에 더 나빠졌다. 파운드와 달러가 평가절하되자, 프랑스의 수출은 경쟁력을 잃었다.

대공황 하면 크고 작은 공업도시의 대량 실업이라는 이미지가 계속 떠오르기는 하지만, (자작농, 소작농, 농업 노동자 등) 땅을 일구어서 생계비를 버는 이들도 경제 한파로 지독히 고생했다. 동유럽은 농업 의존도가 높아서 특히 타격이 심했다. 극심한 가난과 심각한 사회적 참상이 만연했다. 경제에서 농업 비중이 높고 공업 부문은 작았으며, 정부가 국가 지출을 확 줄이고 평가절상된 통화를 지탱한 탓에 가뜩이나 어려운 문제가 더 꼬여 버린 폴란드보다 상황이 더 나쁜 나라는 없었다. 대공황이 폴란드 농촌에 가한 충격에 관한 당대의 한 요약문에는 다음과 같이 적혀 있었다. "여름철에는 더 쉬웠지만, 겨울에는 오두막 안에 옹송그리며 모여 왕겨를 채운 자루를 목까지 감은 아이들과 마주친다. 이 덮개가 없으면 난방이 안 되는 차디찬 거처에서 얼어 죽을 것이기 때문이다. (…) 삶은 모두에게 그렇게 비참해졌다."

농산물 값이 뚝 떨어지고, 대출이 끊기고, 이자율이 높은 상태에 머물자 빚 때문에 빈털터리 신세가 되는 이가 많았다. 농장이 팔리거나 경매 처분되었다. 예를 들어, 바이에른에서는 1931년과 1932년 사이에 농장의 강제 매각이 50퍼센트 넘게 늘었다. 농업 노동자는 일자리를 찾으려고 자주 몸부림쳤다. 소농은 자급 농경으로 근근이 살아갔다. 때로는 죽지 못해 살아가는 수준이었다. 프랑스 남부의 한 가난한 마을의 가족들은 날마다 밤, 올리브, 무, 그리고 내다 팔 수 없는 몇 가지 채마로만 이루어진 주식으로 버텼다. 놀랍지 않게도, 농민이 생각하기에 자기가 처한 곤경의 책임이 있는 (국가, 관료, 도시민, 금융 착취자, 외국인, 유대인 등) 누구에게라도 겨눠진 분노가 프랑스의 시골과 유럽의 여러 지역에서 고조되면서 극우의 과격성을 키웠다.

경제 파탄은 공업 지대에서 훨씬 더 확연했다. 오스트리아의 생산량은 1929년과 1932년 사이에 39퍼센트 떨어졌고, 실업은 거의 2배가 되었다. 폴란드에서는 1932년에 공업 생산량이 1929년에 견줘 30퍼센트 떨어졌고, 실업은 2배로 늘었다. 유럽 대륙에서 가장 큰 경제인 독일 경제에서는 1929년과 1932년 사이에 생산량이 거의 반토막 났다. 공장과 작업장이 문을 닫자, 수백만 명이 일자리를 잃었다. 실업 수준이 치솟았다. 1932년 말에 영국과 스웨덴과 벨기에에서는 일

자리가 없는 피고용인이 5분의 1을 넘었다. 독일에서는 노동인구의 거의 3분의 1(공식 수치로는 600만 명)이 실업자였다. 시간제 노동자와 숨은 실업을 보태면 그 수치는 800만 명을 넘어서는데, 이것은 독일 노동인구의 거의 절반이 완전히, 또는 부분적으로 실업자였다는 뜻이다. 이 수치는, 하릴없이 끔찍할지라도, 인간의 참상과 고통의 현실을 가린다.

일자리를 잃은 이들은 아무리 변변찮더라도 국가 체제 안에서 받는 실업수당으로 살아가야 했는데, 중과부적이었다. 영국 정부는 1931년에 실업 보조금을 10퍼센트 깎았다. 장기 실직자 다수는 어떻든지 실업 보조금을 신청할 수 없어서 소득을 가늠하는 엄격한 '수입조사'[262]를 거친 뒤에야 주어지는 구빈 보조금으로 근근이 살아가야 했다. 미움을 많이 샀던 수입조사는, 당시에 나온 말대로, 가족 가운데 누군가가 일을 하고 있으면 다른 가족 한 사람의 실업수당을 깎았으므로 가난한 사람을 더 가난하게 만드는 효과만 일으킬 수 있을 따름이었다. 그 결과로, 위건[263]에 있는 한 4인 가정의 실직자 아버지의 실업수당이 아들 둘이 31실링[264]을 번다는 이유로 주 23실링에서 10실링으로 깎였다. 면직 공장의 피고용자 대다수가 정리 해고되었던 랭커셔의 비참하게 침체된 직물공업 지역에서 블랙번[265]의 한

---

262) Means Test. 영국의 공적 부조 제도에서 수급 대상자의 소득과 자산을 조사하는 절차.
263) Wigan. 잉글랜드 서북부의 소도시.
264) shilling. 영국에서 1971년까지 쓰였던 20분의 1파운드 가치의 주화.
265) Blackburn. 잉글랜드 서북부 랭커셔주의 도시.

가족은 1932년에 가족 단 한 사람만의 실업수당으로 힘겹게 살아가고 있었다. 그 사람은 400킬로미터 넘게 떨어진 콘월[266]에서 난 일자리를 거절했을 때 가차 없이 실업 수당을 박탈당했고, 그래서 그의 가족도 유일한 소득원을 빼앗겼다. 미움받던 수입조사의 기억이 20세기의 나머지 기간과 그 이후에도 영국의 사회정책에 그림자를 드리우게 될 것은 놀라운 일이 아니다.

이것은 영혼을 파괴하는 가난이었으며, 가정생활을 망치고는 그 뒤에 절망을 남겼다. 1936년 초엽에 그 시대에 가장 큰 영향력을 지닌 영국 작가들과 사회평론가들 가운데 한 사람인 조지 오웰George Or-well은 위건에서, 즉 잉글랜드 서북부에서 잠시 머물다가 침체된 공업 지역의 생활 조건을 몸소 겪었다.●

몇 주 뒤에 그가 "광재鑛滓 더미, 굴뚝, 고철 무더기, 지저분한 운하, 나막신 자국이 엇갈리게 찍힌 뜬숯 섞인 진흙 길의 괴이한 광경을 지나쳐" 위건을 떠날 때, "유산을 하고 고된 일을 한 탓에 스물다섯 살인데 마흔 살처럼 보이는 빈민가 아가씨의 탈진한 평소 얼굴"이 그의 눈에 띄었다. "내가 본 그 순간에 그 얼굴은 여태껏 본 중에 가장 쓸쓸하고 절망에 찬 표정을 지었다." 한두 해 전에 오웰은 파리에서 지

---

266) Cornwall. 영국 남동단의 반도.

● 놀랍게도, 그토록 예리하게 노동계급을 관찰한 이가 위건에서 원형적인 프롤레타리아 스포츠인 럭비를 지켜볼 기회를 놓쳤다. 그 도시에서 맞이한 첫 토요일인 1936년 2월 15일에, 그리고 자기가 머물고 있는 곳 가까이에서 오웰은 막강한 위건 팀이 자기 본거지의 관중 1만 5000명 앞에서 변변찮은 팀인 리버풀 스탠리에 17:10으로 맥없이 지는 꼴을 볼 수 있었을 것이다.

독한 빈곤을 목도하기로 마음먹은 적이 있다. "너는 배고프다는 것이 어떤지를 발견한다. 너는 빵과 마가린을 배에 채워 넣고 밖으로 나가서 상점 진열창을 들여다본다. (…) 너한테 할 일이 전혀 없고 배를 곯고 있는 채로 아무런 일에도 흥미가 일지 않는 시간에 너는 빈곤과 떨어지려야 떨어질 수 없는 따분함을 발견한다."

1932년에 독일의 실업자 가운데 아무리 미미한 액수더라도 보조금 전액을 받는 이는 15퍼센트뿐이었다. 25퍼센트는 비상 급여를 얻었고, 무려 40퍼센트가 빈민 구제에 의존했으며, 20퍼센트는 아무것도 받지 못했다. 몇몇 극빈 지역을 돌아다닌 한 관찰자가 가난을 다음과 같이 묘사했다. "온 나라가 비탄에 휩싸여 있고, 관(官)이 개입해도 헛일이며, 사람들은 천박과 억압과 질병의 진짜 지옥에서 산다." 베를린과 크고 작은 다른 도시에서는 겨울철에 온기, 기본적인 음식, 하룻밤 숙소를 제공하려고 임시로 세워진 큰 강당에 노숙자 수천 명이 날마다 찾아들었다. 그 결과로 온 가족의 맥이 빠졌다. 1932년 12월에 독일의 한 열네 살 소녀는 다음과 같이 썼다. "내 아버지는 세 해 넘도록 실업자였다. 우리는 아버지가 언젠가는 일자리를 구하리라고 믿었었지만, 지금은 우리 어린애들도 모든 희망을 버렸다."

장기 실업으로 말미암은 무감각과 체념, 그리고 깊은 절망감은 오스트리아의 마리엔탈이라는 마을에 관한 고전적 사회학 연구서[267]에 생생히 나타났다. 빈에서 남쪽으로 40킬로미터쯤 떨어진 마리엔탈에

---

267) Marie Jahoda, Paul Lazarsfeld & Hans Zeisel, *Die Arbeitslosen von Marienthal* (1932).

서는 그 지역의 유일한 대형 고용 업체인 직물 공장이 문을 닫아서 주민 4분의 3이 고통을 겪었다. 아내와 영양 결핍 상태인 아이 둘이 딸린 30대 중반의 한 가난뱅이 실업 노동자에 관한 평가는 이랬다. "희망이 남아 있지 않은 그는 까닭도 모른 채 하루하루 살아갈 따름이다. 저항할 의지를 잃은 상태다."

폴란드의 상태에 관한 보고서가 가리키는 대로, 가족 생활에 미친 영향은 자주 비참했다. "방 하나에 대여섯 사람이 몰려 살아서 곧 앉거나 잠잘 가구를 들여놓지 못하게 되고 나눠 먹을 음식은 더더욱 적으며, 분위기가 더더욱 무기력하고 암울해진다. 이렇다 보니 다툼이 끊이지 않을 수밖에 없다. (…) 가족 생활의 해체가 가속화되어 집을 나가 떠돌고 매춘을 하는 삶으로 가는 길이 열려 있었다." 폴란드의 참상을 알려주는 무시무시한 지표는 실업으로 말미암은 자살의 급증이었다.

최악의 영향을 받은 것은 (탄광업과 제철업, 그리고 조선업 같은 연관 부문 등의) 중공업에 고용된 이들이었다. 주요 산업이 장기적으로 쇠퇴하는 곳인 (마리엔탈 같은) 직물공업 지역도 쑥대밭이 되었다. 그러나 대공황의 충격은 제각각 다 달랐다. 독일 전체의 실업은 1928년과 1932년 사이에 4배 늘었다. (농촌 경제의 곤경이 참상의 만연을 뜻했을지라도) 농업이 압도적인 동프로이센에서는 실업이 2배 늘었다. 이와 대조적으로, 공업 지역인 작센에서는 실업이 7배 넘게 늘었다. 1932년까지 영국 북부의 평균 실업률은 런던의 2배였다. 그러나 그 같은 평균 자체가 큰 다양성을 가렸다. 비숍 오클랜드Bishop Auckland와 재로Jarrow에서는, 즉 북동부에서는 노동자 2명 가운데 1명을 넘는 꼴로 무직자였다. 1933년 가을에 '잉글랜드 여행'을 하다가 충격을 받은 존 보인턴 프리스틀리John Boynton Priestley 같은 사람[268]은 다음과 같이 평했다. "우리가 가는 곳마다 어슬렁거리는 사내들이 있었다. 몇십 명이 아니라 몇백, 몇천 명이었다." 웨일스 남부 공업지대의 머서 티드빌Merthyr Tydfil에서는 노동자의 3분의 2 이상이 실업자였다. 그러나 런던 북쪽에 있는 세인트 올번스St. Albans에서는 실업률이 노동인구의 3.9퍼센트 미만이었다.

그렇지만 심지어 그토록 파급력이 큰 침체의 와중에 눈에 띄게 성장하는 지역도 있었다. 쑥대밭이 된 지방의 주민이 일자리를 찾아 상대적 번영을 누리는 영국 남반부로 천천히 이동했고, 수요에 보탬이 되어 성장에 이바지했다. 건설업이 새집, 학교, 상점, 영화관, 기타 시설의 수요를 채우면서 번창했다. 교외가 확장되면서 도로도 지어야 했다. 건물이 들어서자 성장 부문이 추가로 늘어났다. 가전제품 이용이 확산되자 근거지를 주로 잉글랜드 남부에 둔 전기 공업이 계속 성장했다. 전간기에 거의 10배 늘어난 전기 소비는 심지어 대공황기에도 전기 제품의 수요가 있음을 반영했다. 또한 주로 상류계급과 중간계급에는 자동차를 살 여유를 가진 사람이 더 많았다. 불황인데도 자동차 시장은 계속 팽창했으며, 영국 자동차 제조업이 대부분 자리잡은 곳인 잉글랜드 중부 지방은 더 오래된 공업 부문의 본향인 잉

---

268)   영국의 저명한 문필가 존 보인턴 프리스틀리(1894~1984)는 영국의 출판업자 빅터 골란츠(Victor Gollancz)의 의뢰를 받아 1933년에 잉글랜드 각지를 돌아다니며 보고 겪은 것을 정리해서 이듬해《잉글랜드 여행(English Journey)》(William Heinemann Ltd., 1934)이라는 여행기를 펴냈다.

글랜드 북부와 웨일스와 스코틀랜드를 덮친 최악의 경제 파탄을 모면했다. 그 결과로 남과 북의 경제 격차가 커졌다. 취업자와 실업자 사이의 분리도 마찬가지였다. 최악의 타격을 입은 지역의 대량 실업은 더 번영하는 남부의 많은 중간계급 가정에는 동떨어진 문제로 보였다. 팽창하는 공업 부문에서 일하는 이들은, 그리고 그들의 생산품을 쓸 소득을 가진 소비자들은 실로 행운아였다.

경제 위기로 기존의 분노 및 분개의 원천이 이미 무척 강렬해졌고, 미래에 관한 근심 걱정도 깊어졌다. 그러면서 사회가 더 인색해지고 관용을 잃었다. 이 점을 보여주는 지표가 대량 실업의 와중에 '남자의 일자리'를 차지하는 취업 여성에 대한 편견의 심화였다. 실업이 급증하면서 부부가 둘 다 취업한 '이중 소득자'가 독일에서 공공연한 맹비난을 무척 많이 샀다. 프랑스에서도 대공황으로 여성에 대한 편견이 거세졌다. 여성이 있을 자리는 아내와 어머니로서 기껏해야 복지나 돌보기 같은 '여자 일'을 하는 가정과 농장에 있다고 여겨졌다. 대공황이 기승을 떨치자 여성이 많은 직장에서 쫓겨났고, 경력을 개시할 길이 막혔고, 대학에서 환영을 받지 못했고, 사실상 모든 수준에서 (특히 1944년까지 여성에게 투표권이 부여되지 않은 프랑스 정치에서) 차별에 맞닥뜨렸다. 여성이 (상점 점원이나 비서직, 또는 다른 사무직처럼 일자리를 구할 수 있는 곳에서) 임금이 같은 일을 하는 남성의 임금에 못미치는 것은 당연지사였다. 스칸디나비아 국가들만 여성 취업의 차별이 늘어나는 유럽의 일반 추세를 따르지 않았다. 실제로 스웨덴에서는 (1939년에) 결혼이 고용에 더는 장애가 아니라는 법률이 만들어졌다.

여성 고용에 관련해서 스칸디나비아 국가들이 택한 이례적 경로는 복지 및 인구 정책에 관한 더 폭넓은 사고의 일부였다. 그러나 이곳에서도 인구 감소에 관한 강박은, 그리고 이른바 인구 질 악화의 불가피한 결과는 유럽에서 경제 위기의 분위기로 고양된 더 광범위한 사조에 들어맞았다. 1920년대에 점점 장려되었던 피임이 인구 감소에 관한 (전쟁 이후 유럽의 대다수 지역에서 흔했던, 그리고 프랑스와 독일에서 특히 심했던) 우려 탓에 반발을 샀다. 그 반동적 추세는 널리 퍼졌고, 대중의 지지를 많이 받았으며, 가톨릭교회의 부단하고 맹렬한 산아제한 반대로 가톨릭 국가에서 유난히 강하게 뒷받침되었다. 낙태는 유럽 대다수 지역에서 이미 법으로 금지되어 있었지만, 여기서도 태도가 강화되었다. 예를 들면, 영국에서는 낙태가 1929년에 위법 행위가 되었다. (28주 이상의 임신으로 정의된) "태어나서 살아남을 수 있는 아기의 생명을 파괴하려고 의도"했다는 죄목으로 유죄판결을 받으면 누구든지 종신형으로 처벌될 터였다. 그런데도 영국에서, 그리고 나머지 유럽 곳곳에서 미혼 여성뿐 아니라 기혼 여성 몇십만 명이 법률의 가혹한 처벌을 받을 위험뿐 아니라 불법 수술을 받다가 심하게 다치거나 죽을 위험까지 무릅쓰고 계속 낙태를 했다.

영국의 식물학자 마리 스톱스Marie Stopes가 1920년대에 산아제한을 장려한 것은 인구의 질을 개선하는 조처의 맥락 속에 있었다. 유전, 우생학, 인종적 혈통의 쇠퇴, 우월한 혈통의 절실한 필요 등의 문제가 전쟁 이후에 유럽 지식인 사이에서 하나의 강박관념이 되어 있었다. 대공황의 위기로 '민족의 건강'에 관한 의구심이 거세지면서 우생학, 또는 더 불길하게 들리는 상당 어구인 '인종위생', 즉 '결함' 솎아내기와 인종 개량을 통해 '국가 효율성'[269]을 개선한다는 생각이 지지를 얻었다. 불황 동안 국가가 허리띠를 졸라매자 '비생산적' 사회 구성원을 돌보는 비용이 싹둑싹둑 잘려 나갔다. 영국에서는 출중한 과학자, 심리학자, 의사뿐 아니라 경제학자 존 메이너드 케인스와 극작가 조지 버나드 쇼 같은 주요 지식인도 우생학 운동 지지자였다. 올더스 헉슬리Aldous Huxley는 (최대한의 사회적·경제적 유용성을 성취할 생물공학과 정신 조절 훈련에 안정성이 좌우되는 사회를 묘사하는) 디스토피아 소설《멋진 신세계Brave New World》를 1932년에 펴내기 직전에 우생학을 정치적 통제 수단으로 언급하면서 "전체 서유럽 혈통의 (…) 급속한 악화"를 막을 대책에 찬성한다고 시사했다. 더 극단적인 몇몇 우생학자는 과감한 인종 정화 조치가 도입되지 않는다면 영국 '인종'이 필연적 퇴화와 생물학적 자질의 궁극적 소멸에 직면한다고 믿고서는, '바람직하지 않은 개체'를 고통 없이 말살하거나 그럴 수 없다면 강제로 불임화할 것을 고려하기까지 했다. 이 같은 발상은 비록 우생학자들 가운데 소수파에 국한되고 영국에서는 더 진척되지 않았을지라도 심지어 영국 같은 민주주의 국가에서도 대공황 시기에 바람이 불고 있는 방향을 보여주었다.

　독일에서는 유전적 결함을 지녀서 고생하는 이들의 **자발적** 불임화를 위한 제안서 초안이 나치가 권력을 접수하기 전인 1932년에 의사

---

269)　national efficiency. 외국과 경쟁해서 이기려면 효율을 떨어뜨리는 제도, 관행, 인자를 과감히 제거해 국가의 모든 영역에서 효율성을 높여야 한다는 개념. 19세기 말과 20세기 초엽에 영국과 미국에서 유행했다.

들의 지지를 얻어 도입되었다. 히틀러 정부는 곧바로 훨씬 더 나아갔다. 정부는 넓은 범위의 유전 질환과 심한 신체 기형, 만성 알코올 중독에 맞서 **강제** 불임화를 도입한다는 1933년 7월 14일 자 법률이 대중의 지지를 많이 받을 거라고 확신할 수 있었다. 그 법률은 다음 여러 해에 걸쳐 40만 명쯤 되는 희생자를 낼 터였다(독일에서 정신질환자를 없애 버릴 '무통처리실'은 여섯 해를 더 기다려야 할 터였다). 그러나 강제 불임화는 비인도적인 독재 체제의 행위에 국한되지 않았다. 스칸디나비아 국가들도 모두 특정한 시민을 위한 강제 불임화를 도입하는 법률을 1934년에 대중의 광범위한 지지를 얻어 가결했고, 그 결과로 수만 명이 제물이 되었다. 또한 법률에 따른 불임화는 유럽이라는 '암흑의 대륙'에 국한되지 않았다. 제2차 세계대전 직전까지 미국의 30개 주에서 4만 2000명 남짓한 시민이 '정신박약'이나 '정신이상'이라는 근거로, 대개는 강제로 불임수술을 받았다. 유럽(과 더 넓은 서방 세계) 전역에서 시민의 생명에 대한 국가 개입이 1914년 전에는 생각조차 할 수 없었을 방식으로 용인 가능해지고 있었다.

유럽 곳곳에서 경제 상황이 처참하게 나빠지면서 사회사상뿐 아니라 정치 행동도 과격해졌다. 계급 간 긴장이 첨예해지면서 정치가 양극화했다. 대다수 나라에서 서로를 적대시하는 더 온건한 사회당과 모스크바를 따르는 공산당 사이에서 쪼개진 좌파가 노동계급 생활수준의 격심한 저하를 막아내려고 애썼지만, 대개는 헛일이었다. 좌파의 전투성은 적잖이 우익의 극단적인 사회주의 반대 운동의 물결이 솟구쳐서 위험해지는 상황에 대한 대응이기도 했다. 소련을 제외한 사실상 모든 나라에서 대공황 탓에 좌파를 쳐부수고 조작되고 강요된 국민 통합을 통해 사회를 재정돈하는 것을 목표로 삼은 파시즘 운동을 지지하는 물결이 솟구쳤다. 위기가 포괄적일수록, 극우가 국민의 상당 부분을 동원할 가능성이 더 컸다. 위기는 독일에서 가장 포괄적이었다. 놀랍지 않게도, 그 위기에 대한 반응은 유럽의 다른 어디에서보다 독일에서 더 극단적이었다.

유럽에서 가장 처참하게 악영향을 받은 경제는 유럽 대륙에서 가장 중요한 독일 경제였다. 독일은 연약한 민주주의를 가진 나라였고, 자국 문화가 위협을 받는다고 느꼈고 이념 및 정치가 철저히 갈라졌으며, 아직도 전쟁의 깊은 상처를 지니고 있었다. 경제가 무너지자 사회의 참상이 심해졌고, 폭력이 고조되고 정치가 양극화하는 와중에 민주주의 정부가 내파했다. 위기에 접어들어 이미 궁지에 몰린 민주주의는 살아남기에 너무 약했다. 권위주의 통치로 옮아가는 것은 불가피했다. 유럽의 몇몇 민주주의 국가는 이미 무너졌다. 다른 국가들은 곧 무너질 터였다. 그러나 독일은 그 국가들 가운데 단연코 가장 중대한 국가였다. 독일은 그 규모, (불황으로 일시적으로 심한 피해를 입었을지라도) 강력한 공업 기반, 유럽의 한복판에 있는 지리적 위치뿐 아니라 베르사유조약의 영토 조항을 수정하려는 광범위한 야망으로 말미암아 예외적인 경우가(만약 권위주의 정부가 공세적인 대외 정책을 따라간다면 유럽의 평화에 대한 잠재적 위협이) 되었다.

대공황이 기승을 부리면서 사회 조직 구조에 금이 갔고, 이념적 간극이 벌어져 갈라졌다. 위대했던 국가가 이제는 위기에 시달리고 그 존속 자체가 위험에 처했고, 치욕을 당했고, 기력도 희망도 없이 내부가 쪼개졌다는 느낌이 매우 심해졌다.

그 같은 압박 아래에서 의회민주주의의 구조가 허물어졌다. 정치적 공간이 벌어졌다. 그러면서, 점점 더 많은 독일인이 보기에는, 단 하나의 정치 세력만이 민족 구원의 희망을 내놓았다. 바로 히틀러의 나치당이었다.

그 결과로 유럽 역사에서 재앙과도 같은 전환점으로 판명될 1933년 1월 30일에 독일에서 히틀러가 권력을 넘겨받았다. 대공황이 유럽의 정치와 사회를 다시 빚어낸 모든 방식 가운데 독일에서 일어난 사태가 (독일인뿐 아니라 유럽 대륙 전체, 그리고 결국은 세계 대부분의 지역에) 가장 치명적이라고 판명될 터였다.

있을 수 있는 가장 나쁜 결과

독일의 위기는 딱히, 또는 심지어 기본적으로는 경제 위기였으면서도 국가와 사회의 철저한 위기에 해당했다. 격심한 경제 재앙이 미국에서는 국가의 위기로 이어지지 않았다. 영국에서는 덜 격심하지만 그래도 극히 혹심한 경제 침체로 말미암아 보수적인 기존 체제가 눈에 띄게 튼튼해졌다. 미국과 영국, 두 나라에서는 기존의 정치체제가 지배 엘리트의 이익에 봉사하는 한편으로 국민의 압도적 과반수가 기존의 통치 구조와 이 구조를 떠받치는 가치를 지지했다. 합의가 덜 확고한 프랑스에서는 국가가 충격을 제대로 경험했지만 견뎌냈다. 스웨덴의 경제 위기는 사실상 국가의 사회민주주의적 기반을 보강했다.

이와 대조적으로 독일에서는 1918년 이후로 겉에 붕대를 감아 놓기만 했던 곪은 상처가 대공황으로 완전히 불거졌다. 정치, 경제, 군사 엘리트 사이에서 민주주의가 수용되는 수준이 얕았음이 이제 확연하게 드러났다. 독일의 곤경이 민주주의 탓이라고 보는 사람이 국민의 반을 넘었다. 그 수가 늘어나고 대공황이 악화하면서 민주주의에 대한 믿음이 대중 사이에서 더욱더 오그라들었다. 엘리트가 훼손한, 그리고 대중의 지지가 급속히 허물어지는 사태에 맞닥뜨린 독일의 민주주의는 1930년 이후로는 사실상 생명 유지 장치로 연명했다. 정치가 양극화하고 양극단이 이득을 보면서 히틀러가 궁극적인 수혜자로 판명되었다.

경제 위기가 가장 심했던 시기에 국가총리였던 하인리히 브뤼닝은 자기의 정치 전략 전체를 더더욱 악화하는 대공황에 시달리는 독일에는 지급 능력이 없음을 입증해서 전쟁 배상금을 없애는 데 두었다. 가중되는 국내의 사회적 참상은, 그가 보기에는, 독일이 배상금 부담에서 벗어나기 위해 반드시 치러야 할 대가였다. 1931년 6월 무렵에 그의 목표는 허버트 후버Herbert Hoover 미국 대통령이 프랑스의 반대를 무릅쓰고 독일의 전쟁 배상금 1년 지급유예를 밀어붙였을 때 거의 이루어졌다. 영 안의 조항에 따라 독일의 지급 능력을 판정하기 위해 만들어진 위원회는 지급유예가 만료될 때 독일에 지급 능력이 없으리라는 결론을 그해 말에 내렸다. 그 위원회는 독일의 배상금 지급 취소와 연합국 간 전쟁 부채 말소를 제안했다. 그 제안이 이듬해 여름 스위스 로잔Lausanne에서 열린 회담에서 채택되었다. 독일은 소액의 마지막 납입금을 낸다는 데 동의했다(실제로는 내지 않았다). 그러고는 바로, 1919년 이후로 독일로서는 떨쳐내기 힘든, 순전히 경제적이라기보다는 정치적으로 더 부담이었던 전쟁 배상금이 탕감되었다.

그러나 브뤼닝은 찬사를 받을 위치에 더는 있지 못했다. 그가 힌덴부르크 국가대통령의 신임을 잃었기 때문이다. 힌덴부르크는 로잔 회담 직전에 그를 총리 직위에서 해임해 버렸다. 브뤼닝은 힌덴부르크의 목적에 쓸모가 있었는데, 이제는 쓸모없는 군더더기였다.

전쟁 배상금이 끝나자 베르사유조약 개정론자들은 베르사유조약이라는 족쇄를 제거하는 것에 관한, 군부는 군대의 힘을 재건하는 것에 관한, 민주주의에 반대하는 엘리트는 더 굳건한 권위주의적 통치에 관한 더 현실성 있는 고려를 시작할 수 있었다. 힌덴부르크가 본색을 내비치기 시작했다. 독일 정부는 빠르게 승계된 프란츠 폰 파펜Franz von Papen(1932년 6~11월)과 쿠르트 폰 슐라이허Kurt von Schleicher 장군(1932년 12월~1933년 1월)의 총리 재임기에 더 우경화했다. 그러나 대중의 지지가 부족했으므로 두 사람 가운데 누구도 경제 위기뿐 아니라 독일 국가의 위기가 급속히 악화하는 사태를 해결할 수 없었다. 그들의 문제는 어떤 해결책에도 히틀러가 필요하다는 것이었다.

1930년부터 1933년 사이에 정치체제가 점점 더 파편화하면서 텅 빈 거대한 공간이 생겼고, 그 공간을 나치가 채웠다. 기존의 국가 체제가 대중의 지지를 거의 다 잃자, 불만의 해일이 유권자를 휩쓸어 히틀러 운동의 품 안으로 밀어 넣었다. 점점 더 히틀러 자체가 성나고 두려움에 찬 대중을 끌어당기는 자석이 되었다. 그를 뒷받침하는 프로파간다 기구는 독일의 기존 상황에 대한 대중의 분노뿐 아니라 더 나은 미래의 희망과 꿈을 구현하는 이미지를 조작해낼 수 있었다. 사람들은 자신의 믿음과 바람과 욕망을 히틀러에게 투사했다. 그는 그것들을 완전한 민족 재탄생의 미래상 안에서 통합했다.

결코 모든 사람이 매료되지는 않았다. 좌파는 30퍼센트를 웃도는 득표율을 1933년까지 유지했다. 추가로 15퍼센트가 꾸준히 가톨릭 정당들로 갔다. 그러나 사회민주당과 (거의 완전히 실업자의 정당인) 공산당 사이의 깊은 원한 탓에 나치에 맞선 어떠한 연합 전선도 불가능했다. 이 치명적인 분열이 독일 좌파에 어른거리던 파국의 한 요인이 되었다. 그러나 분열이 그 파국의 원인은 아니었다. 좌파 정당들은 권력에 다가서지 못했다. 주요 문제는 좌파가 아니라 우파에 있었다. 정부의 권위가 무너지고 대중 소요가 퍼져 나가고 있었다. 나치와 공산당의 준군사 조직들 사이의 폭력 충돌이 폭증하고 있었다. (대개는 사회민주당을 희생해서 이루어지는) 공산당 지지세 증가의 극심한 공포와 몹시도 부풀려진 공산주의 혁명의 전망이 중간계급을 사로잡았다. (무제한 비례대표 선거제도 덕에 쉽사리 난립한) 30개 이상의 소규모 지역 정당 및 이익 정당과 더불어 중도와 우파의 '부르주아' 정당들이 때맞춰 허물어졌다. 이 정당들의 지지도 감소분의 태반을 나치가 독차지했다.

　　나치의 선동이 각기 다른 분노와 편견에 기대어 원초적인 격노와 혐오의 불을 지폈다. 그러나 그 호소력은 부정 일변도는 아니었다. 나치의 프로파간다는 정치적 적과 인종적 적의 악마화를 민족의 갱생과 단합의 호소에 연계했다. 그 호소는 몹시도 강력했지만 감정적이고 모호하게 표현되었다. 나치의 프로파간다는 모든 내부 분열을 뛰어넘을 독일 인종의 '민족 공동체' 창출을 목표로 삼는다면서 1914년에 (잠시) 존재했던 국민 단합과 제1차 세계대전 시기 전선 병사들의 '참호 공동체'의 기억을 다시 일깨웠다. 그것은 효과적인 상징체계였다.

여러 다른 정당의 집회에 참석하고 나서 1929년에 나치당에 입당한 열여덟 살 사무원이 마음을 휘젓는 나치 연사의 연설을 듣고 흥분한 뒤에 그 매혹을 자기 나름대로 다음과 같이 표현했다.

나는 그의 열정적 연설뿐 아니라 전체 독일 민족에 대한 그의 신실한 헌신에 푹 빠져들었다. 독일 민족의 최대 불운은 너무 많은 정당과 계급으로 갈라져 있다는 것이었다. 마침내 민족 중흥을 위한 실질적 제안! 정당을 쳐부수자! 계급을 없애 버리자! 참된 민족 공동체! 이것들이 내가 주저하지 않고 투신할 수 있는 목표였다. 같은 날 밤에 내가 어디에 속하는지가 나한테 뚜렷해졌다. 나는 그 새로운 운동에 속했다. 그 운동만이 조국 독일을 구해낼 희망을 주었다.

개인적 동기가 무엇이든, 그와 같은 사람 수십만 명이 1930년부터 1933년 사이에 나치 운동으로 흘러 들어갔다. 히틀러가 권력을 넘겨받기 직전에 당원 수가 (대공황이 시작된 뒤로 가입했던 당원의 5분의 4가 넘는) 거의 85만 명을 헤아렸다. 준군사 조직인 돌격대[270] 하나만 해도 약 40만 명이었는데, 이 가운데는 사실상 나치 당원이 아닌 이가 많았다.

유권자가 찾고 있었던 것은 대개 조리 정연한 강령도, 정부에 국한

---

270) Sturmabteilung, SA. 1921년 10월에 만들어진 나치당의 준군사 조직. 나치당 안에서 과격파의 본산이었지만, 1930년대 중후반에는 일종의 군사 교육 부서로 위상이 떨어졌다.

된 개혁도 아니었다. 히틀러의 당은 낡은 체제를 완전히 일소함으로써 근본적인 새 출발을 약속했기 때문에 유권자에게 매력적이었다. 나치는 자기들이 죽어간다거나 썩어빠졌다고 묘사한 것을 고치고 싶어 하기보다는 그것을 뿌리째 뽑아 버리고 그 잔해에서 새 독일을 건설하겠다고 주장했다. 나치는 적을 물리치기보다는 완전히 쳐부수겠다고 위협했다. 그 메시지는 바로 그 과격성 때문에 매력적이었다. 자기 어머니의 젖과 함께 '평화와 질서'의 기대를 빨아먹었던 점잖은 중간계급 독일인은 이제 나치의 폭력을—그것이 밉살스러운 사회주의자와 공산주의자에게, 또는 (열성 나치뿐 아니라 뭇 사람에게 독일에서 너무 막강하고 사악한 세력이라고 여겨진) 유대인에게 겨눠지는 한—용인할 태세를 갖추었다. 중간계급은 그 폭력을 민족 부흥이라는 전적으로 긍정적인 목적의 부산물로 보았다. 내부 분열을 극복할 민족 일체감에 대한 그 호소에 불관용과 폭력이 연루되었다는 것이 마다할 일은 아니었다. 히틀러가 불관용을 하나의 미덕으로 삼고서 1932년 여름에 한 연설에서 "우리에겐 관용이 없습니다. 제겐 목표가 딱 하나 있습니다. 독일에서 정당 30개를 쓸어내 버리겠다는 목표 말입니다"라고 선언했을 때, 대군중 4만 명이 찬성한다고 외쳐댔다.

나치가 여러 혐오 및 공포를 느슨하게 뒤섞고 폭력적 수사를 뒷받침하는 민족주의적 구호를 사용한 탓에 나치즘을 일단 상황이 나아지면, 그리고 언제라도 책임을 지고 정부에 참여하게 된다면 거덜 날 미성숙한 항의 운동에 지나지 않는다고 일축하는 비판자가 많았다. 나치가 거대하고 거추장스럽고 여러 분파로 갈라진 항의 운동**이었다**는 것은 사실이다. 그러나 나치에는 단순한 항의와 프로파간다보다 더한 것이 있었다. 나치 지도자들은, 다른 누구보다도 히틀러는 타고난 선동꾼이자 선전가였을 뿐 아니라 단호하고 헌신적이고 철저하게 무자비한 이념가이기도 했다.

히틀러는 자기 목표에 관해 입을 다문 적이 없다. 1924년부터 1926년 사이에 (제1부는 그가 란츠베르크 교도소[271]에 갇혀 있는 동안) 쓰인 《나의 투쟁Mein Kampf》은 그의 반유대주의 피해망상을, 그리고 독일의 미래는 소련을 희생해서 영토를 얻어야만 확보될 수 있다는 견해를 가장 평이한 용어로 선전했다. 정치 주변부에 있다가 실패를 맛본 폭동 분자의 정신 나간 디스토피아로 보이는 것에 크게 주목했던 사람은 골수 나치를 빼고는 없었다.

그의 개인적 이념은 1930년대 초엽에 대중을 나치즘으로 넘어오게 만드는 일에서 그리 큰 역할을 하지 못했다. 히틀러의 사상에서 그토록 핵심적인 반유대주의는 나치의 깃발로 유권자가 몰려들고 있었던 1930년대 초엽에는 나치즘으로 넘어오는 이가 상대적으로 극소수였던 1920년대 초엽에 그랬던 것보다 실제로 나치 프로파간다에서 덜 두드러졌다. 물론, 유대인이 독일의 불행에 만능 희생양 구실을 했다. 그러나 대공황기에 유권자들을 끌어들인 것은 그들이 보기에 바이마르 민주주의 탓에 일어났던 참상을 끝내고 독일의 곤경에 책임이 있는 자들을 쳐부수고 독일을 위한 미래의 힘과 긍지와 번영을

---

271) 1910년에 독일 남단의 소도시 란츠베르크 암 레흐(Landsberg am Lech)에 세워진 교도소. 1924년에 히틀러가 갇힌 곳이었고, 제2차 세계대전 직후에는 나치 전범 수용 시설로 이용되었다.

이룩해낼 거국적 '민족 공동체'에 기대어 새로운 사회질서를 만들어 내겠다는 약속이었다. 프로파간다는 이것을 이루어낼 수 있는 유일한 인물, 즉 나치의 1932년 선거 구호의 표현대로 "수백만 명의 희망"으로 히틀러의 이미지를 미화했다. 그는 당 이념의, 그리고 민족의 구원을 바라는 대중적 염원의 구현체였다.

히틀러는 그의 이념적 확실성과 짝을 이룬 비상한 선동 재능 덕에 나치 운동 안에서 최고 권력을 굳힐 수 있었다. 히틀러의 이념적 비전은 이런저런 그의 부하 지도자들이 각자 하나의 특정한 숭배 대상에 결부되어 (비록 실천 불가능할지라도) 열정적으로 제시할 수도 있는 우익 사상의 상이한 개별 요소들이나 분열 가능성이 잠재된 이해관계를 포괄하기에 충분히 넓었다. 예를 들어 사회주의의 '국가' 표상을 통한 노동자의 포섭을 강조하고 싶어 하는 자들이나 농민의 지지를 얻으려고 '피와 땅'을 강조하려고 애쓰는 자들은 자기의 특정한 강령 목표가 흐릿하지만 강력한 민족 단합 호소 안에서 통합되는 것을 발견한 한편으로, 특별한 사회적 불평불만이 반유대주의 수사로 전환될 수 있었다. 히틀러라는 영도자가 이런 식으로 '사상'의 구현체가 되었다. 그리고 히틀러를 둘러싸고 만들어진 영도자 숭배는 초기의 나치당에 너무나도 분명했던 (여러 파시즘 운동에 공통된) 경향, 즉 서로 싸우는 분파들로 조각나는 내재적 경향을 막는 장벽인 셈이었다.

대공황기에 나치당은 휘청거리며 다 쓰러져가는 바이마르 민주주의를 마저 해치우는 일에서 점점 더 성공을 거두었다. 1932년이면 민주주의 체제를 지켜내고 싶어 하는 이들은, 얼마 남아 있지 않은 자유주의자와 약간의 가톨릭중앙당 지지자와 더불어, 아직 사회민주당을 지지하는 유권자의 5분의 1쯤뿐이었다. 민주주의가 죽었다. 무엇이 민주주의를 대체해야 하는지를 놓고 의견이 분분했다. 독일인의 4분의 3쯤이 모종의 권위주의 정부를 원했지만, 가능한 형태는 다양했다. 그 형태들 가운데는 프롤레타리아트 독재와 군사독재와 히틀러 독재가 있었다. 끊임없이 아우성치고 끈질기게 선동하는데도 나치당은 1932년 여름에 그들이 자유선거에서 이룰 수 있는 (투표자 지지의 3분의 1을 살짝 넘는) 성공의 한계선에 봉착했다. 그리고 히틀러가 1932년 8월에 (나치당이 득표율 37.4퍼센트로 의문의 여지 없이 제국의회의 최대 정당이 된 직후에) 정부 수반으로 삼아 달라고 요구했을 때, 힌덴부르크 국가대통령은 그를 단호하게 거부했다. 힌덴부르크가 원한 형태의 권위주의, 즉 독일 제정 체제로의 회귀와 같은 그 무엇은 히틀러의 총리직을 용인하지 않았다. 그러나 힌덴부르크는 다섯 달 안에(그리고 나치 표가 늘지 않고 줄어들고 있던 때에) 마음을 바꿨다.

히틀러가 결국은 1933년 1월 30일 총리에 임명되었는데, 그때는 선거에 진 뒤였다. 1932년 11월 선거에서 나치당은 1929년 당의 상승세가 시작된 이후 처음으로 표 싸움에서 사실상 졌다. 당 지도부 내부 위기의 와중에 당의 거품이 터진 것으로 보였다. 그 선거, 즉 두 차례의 대통령 선거와 일련의 지방선거 직후에 치러지는 1932년의 두 번째 제국의회 선거는 국가의 위기가 지속되고 심해져서 치러진 선거였다. 나치와 공산주의자 사이의 충돌에서 표출되는 폭력이 독일의 도시에서 늘어나자 나라가 내전에 빠져들고 있다는 실질적 공포가 생겨났다. 군대는 휘말려들기를 두려워했다. 잇따라 들어서는 보수 우파 정부들은 너무 약해서 어떤 해결책도 내놓지 못했다. 막다른 골목에 이르렀다. 국가의 보수 엘리트는 나치당이 통제하는 대중의 지지를 얻어내지 않고서는 통치를 할 수 없었다. 그러나 나치당에는 히틀러가 총리가 되지 않는다면 정부에 들어갈 생각이 없었다. 히틀러에게 총리 자리를 주는 것이 유일한 출구라고 힌덴부르크를 설득함으로써 그 국가대통령의 측근들이 막후에서 부리는 권모술수가 우여곡절 끝에 교착상태를 타개했다. 이것은 히틀러에게 결국은 그가 원하는 권력을 준 운명적 거래였다.

히틀러는 그 권력을 어떻게 쓸지 알고 있었다. 무솔리니가 이탈리아 국가에 대한 완전한 통제권을 확립하는 데 세 해가 걸렸다. 히틀러는 독일에서 자신의 완전한 지배를 여섯 달 안에 확립했다. 새 정권에 순응하라는 강한 압박과 더불어 반대자에게 공공연하게 가하는 테러가 주요 방법이었다. 히틀러 정부 첫 몇 주 뒤에 공산주의자와 사회주의자 수십만 명(프로이센에서만 해도 2만 5000명)이 체포되어 급조된 감옥과 수용소에 끌려 들어가 심한 학대를 받았다. 긴급 포고령이 무제한의 경찰권을 합법화했다. 제국의회에서 3월 23일 위협적 분위기 속에서 가결된 전권위임법[272]으로 정부는 의회가 가할 수 있는 어떠한 제한으로부터도 자유로워졌다. 독일 사회는 얼마간은 주눅 들고 겁먹어서, 얼마간은 열광하면서 동조했다. 새 당원들이 몰려와서 나치당에 가입했으며 전국, 지방, 지역 수준으로 존재하는 숱

---

272)   Ermächtigungsgesetz, 정식 명칭은 Gesetz zur Behebung der Not von Volk und Reich. 비상사태에 입법부가 행정부에 입법권을 위임하는 법률. 특정하게는 1933년 독일에서 나치 정권에 입법권을 위임한 법률.

한 사회·문화 단체와 클럽과 협회가 재빠르게 스스로 나치화했다. 좌파를 지지해온 30퍼센트 남짓한 독일인(그리고 물론 이미 핍박당했고 국민의 0.76퍼센트에 지나지 않는 소수민족인 유대인)을 제외하면, 나치당에 투표하지 않았지만 그래도 최소한 그 당이 '국민 봉기'라고 일컬은 것 동안 내놓겠다고 주장한 것에서 얼마간 호소력을 찾을 수 있는 사람이 많았다. 나치당에서 호소력 있는 뭔가를 찾아내지 못한 이들은 신중하게도 자기 견해를 밝히지 않았다. 협박은 민족 부흥의 들뜬 분위기에 늘 따라다니는 동무였다.

나치 지배에 반대할 잠재력이 있는 조직이 체계적으로 제거되었다. 대드는 공산당원은 무자비하게 짓밟혔고 (유럽에서 가장 오래되고 가장 큰 노동계급 운동인) 사회민주당은 금지당했다. 사회민주당이 숨지면서, 그리고 거대한 노동조합 운동이 5월 초에 강제로 해체되면서, (장구한 민주주의 이상의 존재에 의존했으면서도 겨우 열네 해를 버텨온) 독일의 민주주의는 거의 꺼졌다. 남은 것이라고는 위험천만한 지하저항 속에서 살아남아 깜빡거리는 잔불이었다. '부르주아' 정당과 가톨릭 정당도 금지되거나 스스로 해산했다. 7월 14일에 나치당이 법적으로 허용 가능한 유일 정당으로 공식 선언되었다.

통치 초기에 히틀러는 자기를 좇는 거대한 무리뿐 아니라 존경받는 인물인 힌덴부르크 국가대통령으로 대표되는 보수적 기득권 세력의 기둥들도 유념해야 했다. 3월 21일('포츠담의 날'[273])에 장엄하게 연

---

273) Tag von Potsdam. 1933년 3월 총선거에서 나치당이 승리한 뒤 히틀러와 괴벨스는 프리드리히대왕 치세 프로이센 왕국의 중심지가 포츠담이었고 독일제

출된 단합 행사에서 히틀러는 영광스러운 프리드리히대왕[274] 시절로 거슬러 올라가는 프로이센 군국주의를 동력 삼아 앞으로 국가를 위대하게 만들겠다는 미래상을 상징적으로 제시하며 옛 독일과 새 독일의 유대에 바탕을 둔 민족 부흥을 제안함으로써 그들의 지원을 얻어냈다. 의심하던 많은 이들이 깊은 인상을 받았다. 히틀러는 대중 선동꾼 시절에 그랬던 것보다 더 정치인다워 보였다. 그는 자신의 이미지를 정당 지도자의 이미지에서 격조 있는 국가 지도자의 이미지로 바꾸는 도중이었다.

나치 혁명을 추가로 훨씬 더 급진화하겠다는, 그리고 독일 군대를 나치당 준군사 조직의 아래에 두고 관리하겠다는 돌격대 지도자 에른스트 룀Ernst Röhm의 야망을 둘러싸고 1934년 초에 심각한 위기가 한 차례 일어났다. 기득권 세력의 엘리트가 국가에서 차지하는 지위에 대한 위협이 명백했다. 히틀러는 행동에 나서라는 강요를 받았고, '긴 칼의 밤'[275]에 돌격대 지도부 학살을 허가함으로써 6월 30일에 야만적으로 행동했다. 룀을 비롯한 돌격대 지도자들이 총살당했다.

국 초대 라이히스타크 개원일이 1871년 3월 21일인 사실에 주목해서 새로운 라이히스타크 개원을 축하하는 거국적 행사를 1933년 3월 21일 포츠담에서 개최했다. 이 행사에서 힌덴부르크 대통령이 총리에 임명된 히틀러에게 권력을 이양했다.

274)   Friedrich der Große. 프로이센의 군주(1712~1786). 1740년에 프리드리히 2세로 즉위한 뒤 전쟁과 외교로 프로이센을 열강으로 키웠다. 뛰어난 군인이자 계몽 전제군주였다. 근현대에는 독일 민족주의자의 우상이었다.

275)   Die Nacht der langen Messer. 나치 독일에서 히틀러의 친위 세력이 1934년 6월 30일부터 7월 2일까지 돌격대 지도부를 습격해서 처형한 숙청을 일컫는 나치 선전 기구의 표현.

(1932년 가을에 반대 활동을 했다며 반역자로 여겨진) 그레고르 슈트라서 Gregor Strasser와 (정권에 맞서 계속 음모를 꾸민다고 간주된) 전임 국가총리인 쿠르트 폰 슐라이허 장군을 비롯해서 어느 시점에서인가 히틀러를 거슬렀던 다른 이들도 살해당했다. 총 피살자 수는 150~200명으로 추정되었다.

히틀러의 지위는 그가 "국가 방위를 명목으로" 대량 살해를 후원함으로써 이루 헤아릴 수 없을 만큼 크게 강해졌다. 보통 사람들은 그가 거만하고 부패한 인간들의 쌓이고 쌓인 적폐를, 즉 국가의 신체에 있는 '궤양'을 싹 쓸어내는 모습을 보았다. 군대는 자기들의 힘에 대한 중대한 위협을 없애 버리고 자기들이 국가에 없어서는 안 될 존재임을 굳혀 준 '청소 행위'에 흐뭇해했다. 그리고 히틀러 정권에 도전할 생각을 했을지 모를 이들은 그 정권이 심지어 가장 막강한 하위 조직도 무지막지한 힘으로 쳐부술 태세를 갖추었다는 준엄한 경고를 받았다. 이제는 히틀러에게 도전하기는 불가능했다. 1934년 8월 초에 힌덴부르크가 죽자 히틀러는 국가수반의 권위를 몸소 넘겨받았다. 이 행보로 독일에서 그의 총체적 권력이 굳혀졌다. 국가권력과 영도자[276] 권력은 동일했다.

독재의 공고화에는 (대공황으로 뒤흔들린 서방 민주주의 국가들이 약점과 분열을 드러내고 있던 바로 그때) 경제의 재활성화가, 그리고 군사력

---

276)　Führer. 나치 독일의 최고 권력자인 히틀러를 일컫는 칭호. 무솔리니의 호칭인 두체(Duce)를 모방한 칭호이며, 1931년부터 나치당에서 히틀러의 호칭으로 의무화되었다.

재건으로 가는 잰 발걸음이 함께 따랐다. 유럽 국가들이 경제 위기를 이겨내려고 몸부림칠 때, 민주주의는 거의 모든 곳에서 수세에 몰린 반면에 이런저런 종류의 권위주의가 전진하고 있었다. 유럽의 평화에는 무척 걱정스러운 사태였다.

경제 회복으로 가는 여러 경로

1933년쯤에 대공황이 유럽의 대부분에서 바닥을 쳤고, 군데군데 회복된다는 가냘픈 첫 신호가 어렴풋이 감지될 수 있었다. 악영향을 가장 심하게 받은 여러 공업지역에 초기의 개선은 (만약에 있었더라도) 맨눈에는 거의 보이지 않았다. 그리고 프랑스는 유럽 다른 주요 국가의 경제가 고비를 넘기는 바로 그때 대공황으로 더 깊이 미끄러져 빠져들고 있었다. 새로 선출된 프랭클린 델러노 루스벨트Franklin Delano Roosevelt 미국 대통령이 그해 여름에 통화를 안정시키고 관세 전쟁을 끝내려는 목적을 가진 세계경제회의World Economic Conference에서 손을 뗐다. 세계경제회의는 회복 대책에 관한 국제적 합의에 이르려는 유일한 시도였다. 놀랍지 않게도 루스벨트는 미국 경제를 자극하는 일에서 미국의 국익을 드러내 놓고 최우선시했다. 그는 즉시 파운드를 상대로 달러를 평가절하했다. 이것은 이미 존재하는 위기 대처 유형을 승인했다. 국가들은 대공황에서 빠져나올 나름의 길을 찾아내야 했고, 상이한 방식과 속도로 그 길을 찾았다. 국제무역 체제에 합의하지 못하는 바람에 그 과정이 길어졌다는 데는 의심의 여지가 없다. 민주주의 국가들은 비틀대며 회복 쪽으로 갔다. 존 메이너드 케인스는 경제가 심지어 전문적인 경제학자들에게도 "공포스러운 혼돈" 상태에 있다고 인정했다. 정부 지도자들이 자기가 어디로 가고 있는지를 분명히 알지 못했다는 것이 이상한 일이 아니었다.

1933년 즈음 (미국 경제를 빼면 지구상에서 가장 큰 경제인) 영국 경제가 대공황에서 헤어나기 시작했다. 이듬해 영국은 (대체로 1920년대의 낮은 성장률의 반영이었을지라도) 1929년의 산업 생산 수준을 넘어서는 첫 국가였다. 실업률 하락은 최악의 상태가 끝난다는 또 다른 지표였다. 실업이 1933년 한 해 동안 300만 명에서 250만 명으로 떨어졌다. 그러나 실업률은 끈덕지게 높은 수준에 머물러서, 1932년 노동인구의 17.6퍼센트에서 1935년 노동인구의 12~13퍼센트로 느릿느릿 떨어졌을 따름이다. 가장 침체된 지역들에서는 실업률이 아직도 50퍼센트를 웃돌았다. 공산당의 지원을 받으며 1932년에 스코틀랜드와 웨일스와 잉글랜드 북부에서 온 실직 노동자 수천 명의 '기아 행진'[277]이 제임스 램지 맥도널드 거국정부의 적대적 태도와 마주쳤고, 커다란 소요로 이어져서 경찰과 격렬하게 충돌했다. 지지를 많이 받은 수입조사 폐지 청원서를 경찰이 압수해 의회에 가닿지도 못하도록 막았다. 1936년에 북동부의 재로라는 쑥대밭이 된 조선업 도시에서 가난에 찌든 실직 노동자 200명쯤이 거의 500킬로미터 떨어진 런던으로 간 행진은 대중의 공감을 더 많이 자아냈다. 그러나 정부는 고통받는 그 도시를 도와달라고 정부에 요청하며 지역민 1만

---

277) 실업률이 높은 지역의 남녀가 런던으로 가서 의회 앞에서 시위를 하는 1920년대 영국의 항의 형태.

1000명이 서명한 청원서를 받기를 거부했다.

정부는 균형 예산을 지향하는 재정의 정설을 고수했다. 적자 재정이라는 비정통적인 방식으로 대공황과 싸운다는 이론은 아직 걸음마 단계에 있었다. 월가 주식 대폭락 직후에 런던은 심각한 영향을 받지 않으리라고, 그리고 "우리는 결연하게 용기를 내어 선견지명을 찾는다"고 당황스레 예견했던 케인스는 자기의 반反순환 주기 경제이론을 아직은 완성하지 못했다. 대공황이 만성이 되었을 때, 재정을 투입해서 성장률을 올리고자 대출을 통해 재활성화된 계획경제의 가장 야심 찬 청사진이 오즈월드 모즐리에게서 나왔다. 그의 정치적 야망, 참을성 없이 이리저리 당적을 옮기는 행태는 의심할 여지 없는 그의 능력에 어울리지 않았다. 귀족 출신인 모즐리는 한때 보수당원이었다. 그는 보수당에 환멸을 느끼고는 1920년대 초엽에 당을 떠나서 무소속 의원이 되었다가 노동당에 가입했다. 사회·경제 정책에 대한 그의 입장은 두드러지게 좌파였다. 그리고 그는 적자 재정으로 경제를 자극한다는 자기의 발상이 즉각 거부되자, 극우로 옮아가서 무솔리니 찬양을 드러놓고 표현했고 1932년에 영국 파시스트연합을 세웠으며 정치적 망각으로 가는 길에 들어섰다.

1931년 여름의 재정 위기 동안 들어선 거국정부의 소규모 10인 내각에는 3대 정당, 즉 노동당과 보수당과 자유당의 장관들이 들어가 있었다. 보수당 내각 총리였던 스탠리 볼드윈Stanley Baldwin, 그리고 저명한 자유당 정치인이었던 조지프 체임벌린Joseph Chamberlain의 아들이자 1925년 로카르노조약 체결을 도왔던 오스틴 체임벌린Austen Chamberlain 영국 외무장관의 배다른 동생인 네빌 체임벌린Neville Chamberlain이 곧 주요한 인물이 될 터였다. 그러나 1929년과 1931년 사이에 노동당 정부의 제임스 램지 맥도널드 총리가 자기 직위를 유지했고, 필립 스노든이 처음에 재무장관으로 남았다. 맥도널드와 스노든은 거국정부에 참여함으로써 노동당을 쪼갰다. 악다구니와 배반의 소문이 난무하는 가운데 노동당은 그들을 당적에서 제명하여 어쩔 도리 없이 새 당을 만들도록 했고, 그들은 그 새 당을 '전국노동기구'[278]라고 불렀다.

건전 재정이 절실히 필요해서 추동된 스노든의 긴급 예산은 그가 속했던 노동당 안에서 예상대로 격분을 샀다. 그러나 하원의 압도적 과반수가 지지하는 거국정부는 이제 지출을 줄이고, 소득세를 올리고, 공공서비스 노동자 급료와 실업수당을 깎는 조치를 밀어붙일 수 있었다. 그 삭감 조치는 (사회의 극빈층을 상대로 삭감이 유난히 많이 이루어졌으므로) 처음에 제안되었을 때 노동당 정부의 와해를 불러일으켰다. 두드러진 동기는 휘청거리는 파운드의 신뢰를 회복하는 것이었지만, 결과는 수요가 줄어들어 디플레이션이 유발되는 것이었다. 대공황의 수렁에서 영국을 차츰차츰 끌어낸 것은 무엇보다도 단기 대출의 비용이 감소한 결과로 말미암은 저리 자금이었다. 저리 자금의 한 결과로 주택 건설이 부추겨져서 크게 확대되었고, 그 확대로 말미암아 건축 자재, 가내 가구, 전기 제품, 기타 보조 부산물의 수요가

---

278)   National Labour Organisation. 영국에서 1931년 거국정부가 구성된 뒤에 노동당 출신 정부 지지자들의 노력을 조정하고자 만들어진 정치 조직. 중도 좌파 노선을 견지했고, 1945년 6월에 해체했다.

촉진되었다. 심지어 최악의 해인 1930년에도 새집 20만 채가 지어졌다. 1934년부터 1938년 사이에는 연평균 36만 채였다.

정부는 1934년부터 1939년 사이에 살기에 알맞지 않은 집 25만 채를 허물어 빈민가 철거를 하면서 더불어 (영국에서는 시 임대주택으로 알려진) 공영주택 건설에 장려금을 지급했다. 스코틀랜드에서는 시 당국이 주택을 철거해 재건축하는 사업의 과반을 수행했다. 스코틀랜드에서, 비록 1939년에 6600채가 사람이 살기에 알맞지 않다고 여겨졌고 과밀 상태를 완화하려면 주택 20만 채가 추가로 필요했을지라도, 전간기 20년 동안 노동계급용으로 지어진 집은 모두 30만 채를 웃돌았다. 잉글랜드와 웨일스에서도 몇몇 진보적인 시 당국이 대규모 주택 건설 프로그램을 도입했다. 그러나 1930년대에 훨씬 더 많은 새집(총 270만 채 가운데 200만 채쯤)이 정부의 지원 없이 지어졌는데, 그 4분의 3의 자금을 주택건설조합이 댔다. 주택건설조합은 주택 융자금을 제공했고, 전쟁 이후에 조합의 자본금이 크게 불었다. 사영 주택건설조합이 번성했는데, 특히 잉글랜드 남부의 도시 근교 개발에서 그랬다. 토지는 비교적 넉넉했고, 건축 비용은 낮았고, 집값은 감당할 만했고, 구매자를 위한 융자금 대출금리는 낮았다. 경제도 새로운 전기화학 공업과 자동차 공업에서 비롯된 국내 수요와 수출의 성장으로 부양되었다. 자동차 운행이 확대되면서 정부에 소중한 수입이 생겼다. 자동차세로 1939년에 1921년보다 5배 늘어난 세입이 정부에 생겨났던 것이다.

영국처럼 프랑스도 병든 자국 경제를 재정 긴축이라는 정통적인 방식으로 고치려고 애썼다. 정부 지출이 심하게 삭감되었다. 학교 건립과 노동자용 주택 건설, 그리고 다른 건설 공사에서 대폭 감축이 이루어졌다. 팽창한 관료제가 대중의 손쉬운 표적이 되었다. 그러나 의회를 우회한 정부 포고령으로 시행된 삭감이 모든 국가 고용인의 봉급과 연금과 수당에 영향을 미쳐서 실업률이 오르고 참전 군인과 기타 대중이 손해를 보기 시작하자, 분노가 급속히 커지고 정치가 점점 심하게 요동쳤다. 다른 나라가 수출을 북돋으려고 써먹었던 평가절하 활용은 정치적 고려 탓에 배제되었다. 프랑스와 더불어 아직도 금본위제를 유지하다 힘이 다 빠진 국가들 가운데 하나였던 벨기에가 1935년 3월에 마침내 금본위제를 포기하고 자국 통화를 28퍼센트 평가절하했을 때, 생산과 수출이 곧 회복되기 시작하는 한편으로 실업률이 뚝 떨어졌다. 프랑스는 아직도 평가절하를 거부했다. 프랑을 지켜내겠다고 약속했지만 과중한 재무장 지출에 내몰린 좌익 인민전선 정부에 평가절하가 강요되어 1936년 9월 우여곡절 끝에, 그리고 어쩔 도리 없이 이루어졌다. 1937년 6월에 한 차례 더, 그리고 1938년에 세 번째로 평가절하가 이루어졌다. 그때까지 프랑은 세 해가 채 안 되는 기간에 가치의 3분의 1을 잃었다. 이 시점에서야 비로소 경제가 다시 상당히 성장하기 시작했다.

사실상 모든 유럽 국가들이 시장이 적응해서 성장을 재개할 때까지 경제 위기를 다루는 방법으로서 고전적인 자유주의적 재정 통설을 넘어설 생각을 하지 않은 반면에, 스칸디나비아 국가들은 다른 길을 걸었다. 덴마크와 스웨덴과 노르웨이가 모두 대공황의 타격을 심하게 받았다. 실업률이 (덴마크와 노르웨이에서는 30퍼센트를 웃돌고, 스웨덴에서는 20퍼센트를 웃돌며) 높았다. 또한 덴마크는 농산물 가격

하락과 수출 감소로 말미암아 유난히 악영향을 받았다. 전쟁 이후의 정부들은 대개 불안정했다. 더 파편화되고 정치적 양극단으로 옮아갈 가능성이 커 보였다. 그 대신 1933년에 덴마크에서 시작해, 그리고 곧 그 뒤를 따라 스웨덴과 노르웨이에서 정당들 사이의 정치적 통합이 이루어졌다. 그 덕택에 갓 시작된 회복을 크게 돕는 경제정책의 채택에서 높은 수준의 합의가 이루어질 발판이 마련되었다.

  농민당[279]이 실업 완화 대책과 복지 정책을 선뜻 지지해 주는 보답으로 농민을 원조할 보호무역 조치를 사회민주당이 지지하는 협정이 크로네[280] 평가절하에 동의할 필요성 때문에 이루어진 1933년 1월에 덴마크가 그 길을 닦았다. 비슷한 협정이 뒤이어 스웨덴과 노르웨이에서도 이루어졌다. 특히 스웨덴에서는 국가가 공공사업에 지출을 해서 실업과 싸우는 것을 겨냥한 반反순환 주기 경제정책을 도입하는 데 새로운 실용주의적 합의 기반이 이용되었다. 그 같은 계획이 경제 회복에서 정확히 얼마나 중요했는지는 전혀 명확하지 않다. 회복 초기에 재정 적자의 수준이 낮았고, 그 계획이 본격적으로 시행되기 전에 이미 평가절하와 수출 증가에 힘입어 회복 자체가 시작되고 있었고, 다만 속도에서만 점진적이었다. 그렇더라도, 위기에서 빠져나갈 방법으로서 이루어진 그 협정은 정치의 안정과 대중의 수용에 의존하는 복지 정책의 기반을 놓는 데서 지속적인 중요성을 지녔다. 스

---

279) Bondepartiet. 농민을 대변한 덴마크의 정당. 1923년 창당할 때의 명칭은 자유인민당(Frie Folkeparti)이었고, 1939년에 농민당으로 개칭했다.
280) krone. 1873년부터 통용된 덴마크의 통화.

칸다나비아 국가들이 채택한 정책의 유사성에는 내부 긴장을 누그러뜨릴 필요뿐 아니라 특히 독일 안에서 전개되는 사태에 관해 커지는 국제적 우려로 유발된 새로운 수준의 협력이 반영되었다.

독재 국가에는 나름의 회복 경로가 있었다. 이탈리아에 파시즘 정권이 있다는 것 자체가 대공황의 침식을 막는 보루는 아니었다. 실제로, 1927년에 통화수축 정책이 도입되어서 심지어 월가 주식 대폭락의 충격 전에도 경제가 허약해졌다. 무솔리니가 앞서 (1파운드에 150으로) 과소평가된 리라[281]를 이탈리아의 국가 위신에 대한 모욕으로 간주한 이후에, 이제는 90리라 대 1파운드라는 과대평가된 환율에 고정된 통화 평가절상의 뒤에 통화수축 조처가 따랐다. 그 평가절상의 의도는 힘과 정치적 의지의 과시였다. 그러나 경제의 관점에서 그 평가절상의 결과는 해로웠다. 1929년부터 1932년 사이에 산업 생산량이 20퍼센트 가까이 떨어지고 실업률이 3배 늘었다. 일자리를 가진 이들로서는, 비록 1932년부터 1934년 사이에는 물가 폭락으로, 그리고 가족 보조금의 도입으로 보상분이 하락분보다 더 컸을지라도 소득이 감소했다. 주로 실업을 줄이고자 1934년에 주당 노동시간이 40시간으로 줄어들었다. 비록 소득 감소를 보상할 시급 조정이 없었을지라도 말이다. 실질임금이 1935년 이후에 다시 떨어졌고, 제2차 세계대전 직전까지 1923년 수준에 아직 이르지 못했다.

무솔리니 정부는 국가의 경제 개입을 확대해서 대공황에 대응했다. 공공사업 지출이 크게 늘어났다. 간척에 들어가는 국가 지출은

---

281) lira. 1861년부터 2002년까지 쓰인 이탈리아의 공식 통화.

그 자체로는 이탈리아에서 새로운 것이 아니었다. 그러나 그 지출액이 1870년 이후 반세기 동안에는 (1927년 가치로) 3억 700만 리라금화[282]였는데, 1921년부터 1936년까지 86억 9700만 리라금화로 치솟았다. 이것은 비록 비용을 낮추거나 생산성을 개선하거나 기술 진보를 강화하는 데는 쓸모가 없었을지라도 실업을 줄이는 데는 도움이 되었다. 식량 자급자족 추진 운동에도 최우선권이 주어졌다. 높은 농산물 보호관세가 동반된 '곡물 전투'로 밀 산출량이 늘고 곡물 수확량이 늘어서 1937년까지 밀 수입이 1920년대 말엽 수준의 4분의 1로 줄었다. 그러나 그 결과로 식품 가격이 오르고 대다수 주식主食의 평균 소비량이 떨어졌다.

또한 대공황 동안에 이탈리아의 파시즘 정권은 조합국가[283]라는 발상을 실체화하는 일에 뒤늦게 나섰다. 그 결과로 1934년에 22개 조합이 설립되어서, 경제 생산의 1개 특정 부문을 대표하는 각각의 조합이 다 함께 완전한 계획경제를 제공할 예정이었다. 그러나 목표와 현실은 서로 동떨어진 채로 있었다. 조합국가는 기업을 북돋기보다는 억누르는 거추장스럽고 지나치게 관료화된 구조임이 판명되었다. 그 이면에서는 실질적인 경제 권력이 대기업의 손에 남아 있었다. 노동조합은 1926년에 이미 독립성을 잃어서, 산업 관계가 이탈리아

---

282) 1862년부터 1927년까지 이탈리아에서 통용된 금화. 당시에는 순도가 가장 높은 금화였다.
283) 직능 조합을 국가와 사회 각 부문의 구성 요소로 삼고, 노동과 생산을 사회적으로 의무화한 국가 형태. 실제로는 자본의 이익을 옹호하고 노동계급을 국가 권력의 직접적 지배 아래 두는 체제가 되었다.

산업총연맹[284] 안에서 조직된 기업가들의 통제 아래 놓였다. 주요 산업 부문의 카르텔들은 기업의 이익이 보전되도록 보장했다. 또한 겉으로는 경제를 엄격한 국가 통제 아래 두는 것으로 보이기는 해도, 대공황 동안 정권의 경제 대책은 대기업을 원조했다. 정권은 1931년에 국영 공사를 하나 세워서 파산하는 은행들의 주식을 사들였고, 그 결과로 금융 부문 통제권을 강화하고 1936년에 이탈리아은행[285]을 국유화했다. 쓰러지는 산업 부문을 활성화하려고 1933년에 국영 공사(산업부흥공사[286])가 하나 더 세워졌다. 국가는 조선, 공학, 병기 생산 같은 주요 산업 부문에 직접 관여하는 폭을 차츰차츰 넓혔다.

자립 경제를 지향하는 움직임이 1930년대 말엽에 강해지면서 국가 개입의 정도가 늘어났고, 이탈리아는 자유주의 경제의 경로에서 더 벗어났다. 국가의 규제가 재계 지도자의 행동의 자유를 제약했고, 재계 지도자는 관료의 통제에 점점 더 종속되었다. 그러나 기업가들이 국가에 통제권을 잃는다는, 처음에 품었던 두려움은 결코 완전히 실현되지는 않았다. 파시즘 국가와 대기업 사이의 관계에 마찰이 없지는 않았지만, (군수 생산에서 공업이 얻는 이윤의 폭증은 말할 나위도 없고) 공동의 이해관계가 아주 충분해서 제2차 세계대전이 일어나고

---

284)   Confederazione generale dell'industria italiana. 1910년에 창립된 이탈리아의 고용주 연맹체이자 전국 상공회의소.

285)   Banca d'Italia. 1893년에 이탈리아의 3대 은행이 합쳐져서 세워진 중앙은행. 1926년부터 발권은행이 되었다.

286)   Istituto per la Ricostruzione Industriale. 파시즘 정부가 대공황 동안 도산한 은행과 기업을 구제하려고 1933년에 세운 이탈리아의 공공 지주회사.

한참 지나고 나서도 죽 긴밀한 협력 관계를 보장했다.

전반적으로 보아서 대공황이 일어난 뒤 10년 동안 이탈리아 경제는 대체로 정체 상태에 머물러서, 경제성장은 1901~1925년 수준보다 훨씬 낮았으며 기업은 국가의 규제, 실직에 관한 개인의 걱정, 정치에 고분고분하지 않은 모습을 조금이라도 보이면 보복을 당할 가능성에 짓눌렸다. 국민 대다수의 생활수준은 떨어졌고, 전쟁이 일어나면서 조금 나아졌을 뿐이다. 공업 생산도 마찬가지였다. 이탈리아가 대공황에서 벗어나는 경로는, 억압적 국가의 위압적 방식에도 불구하고, 유럽의 민주주의 국가들의 경우보다 더 어렵기도 하고 덜 효율적이기도 하다고 판명되었다. 그리고 그 경로는 훨씬 더 위험했다. 1935년까지 그 경로는 10월의 에티오피아 침공으로 개시된 무솔리니의 제국주의적 영광의 추구에 밀려 무색해졌다. 식민지 정복의 뿌리는 이념적이었을지라도, 주요 파시스트들 사이에서는 경제난이 혹심한 시기에 아프리카로 진출해 식민지를 늘려야 정권이 다시 활력을 띨 수 있다는 정서가 틀림없이 존재했다.

이런 경우는 독일에서 훨씬 더 명백했다. 대공황이 가장 심했던 바로 그곳에서 경제가 가장 두드러지게 빨리 회복했다. 그 회복 속도는 독일 안팎에서 당대인들을 깜짝 놀라게 하고 강한 인상을 주었으며, 히틀러 독재 지지를 굳히는 데 도움을 주었고, 나치의 '경제 기적'이라는 관념을 불러일으켰다. 나치당은 명확히 정식화된 어떠한 경제 회복 청사진도 없이 권력을 잡았다. 국가총리에 취임하자마자 1933년 2월 1일에 한 첫 연설에서 히틀러는 독일 농민을 구제하고 실업을 없앨 두 차례의 대규모 '4개년 계획'을 공약했다. 그는 이 목표가 어떻게 이루어질 수 있는지를 밝히지 않았고, 알지도 못했다. 경제학은 그에게 기술적 기교의 문제가 아니라 (다른 모든 것처럼) 의지의 문제였다. 그의 엉성한 결정론적 사고방식에서는 경제학이 아니라 정치권력이 결정적이었다.

히틀러와 그의 정권이 나치 통치 초기 몇 달 동안 한 것은, 그가 권력을 잡기 전에 대기업 지도자들에게 약속했던 대로, 경제가 기능할 수 있는 정치 상황을 다시 조성하는 것이었다. 좌파 정당과 노동조합의 분쇄는 기업가들이 원하는 것이었다. 노동관계가 재편되어, 직장에서 고용자가 우세해졌다. 국가의 억압이 경제활동에 주어진 새 자유를 뒷받침했다. 임금이 낮게 억제되고, 이윤이 극대화될 수 있었다. 그러나 그 대가로 기업가는 자유주의적 시장경제가 아니라 국가의 이해관계가 경제활동의 틀을 결정해야 한다는 점을 의문시하지 않았다. 히틀러는 국가 관료제에 있는 재정 전문가가, 그리고 경제계 지도자가 경제가 다시 돌아가도록 만들 계획을 고안하는 데 만족했다. 그에게는 새로운 역동성, 재활성화의 **이미지**가 핵심 요인이었다. 그리고 회복이 이루어지고 있다는 자신감을 불어넣는 일에서, 그는 그 일이 일어나게 만드는 데서 가장 큰 개인적 기여를 했다.

대공황이 최저점에 이르러서 어느 정부 아래에서라도 얼마간의 순환 주기적 회복이 일어났을 시기에 딱 맞춰서 권력을 넘겨받았다는 점에서 나치는 행운아였다. 그러나 독일이 (세계경제 전반보다 더 빨리 되살아나서) 회복하는 속도와 규모는 경기후퇴가 끝나고 다시 이루어지는 통상적인 반등을 넘어섰다. 이른 회복은 이미 전개되었던 (그리고 나치가 집권하기 전에 얼마간 실행 단계에 있었던) 착상에 크게 빚졌는데, 그 착상이 이제 채택되어 크게 확장되었다. 일자리 창출 기획이 1932년에 도입되었다. 그러나 그 기획은 대단하지 않았고, 실업의 규모에 영향을 준다는 희망은 없었다. 파펜 정부가 1932년에 일자리 창출에 1억 6700만 라이히스마르크를 투입했는데, 나치는 1935년까지 50억 라이히스마르크를 투입했다. 이것은 그 자체로는 (경제를 재부양하기에는 너무나도 적은 액수인) 국민총생산의 단 1퍼센트에 해당했다. 그러나 프로파간다 충격은 그 한정된 관련 금액이 시사하는 것보다 훨씬 더 컸다. 독일은 다시 작동하고 있다고 보였다.

실질적인 경제적 가치야 어떻든 (지역의 도로 건설, 배수로 파기, 간척 등) 일자리 창출 기획은 눈에 확 띄었다. (1935년부터 의무제가 된) 의용노동봉사단[287]에 소속된 이들의 대열은 나라가 회복하고 있다는 인상을 키웠다. 보수는 보잘것없었지만, 쥐꼬리만 한 보수를 받고 허리가 휘도록 힘든 일을 하기를 꺼리는 이들은 강제수용소에 잡혀 들어가 노동을 대하는 태도를 재고하라는 무지막지한 강요를 받게 되었다. 다양한 비상 기획에 이름이 오른 이들은 실업자 명부에서 빠졌다. 실업 수준의 (하락은 사실이었지만, 통계수치가 보여주는 듯한 것보다는 더 소폭인) 급락은 나라의 경제가 활력과 활기를 통해 되살아나고 있다는 자신감을 다시 불어넣었다.

건설 사업에 대한 상당한 지출과 자동차 공업을 위한 세금 감면,

---

287)　Freiwilliger Arbeitsdienst. 실업의 충격을 완화하고, 노동을 군사화하고, 나치 이념을 주입할 목적으로 1931년에 창설된 나치 독일의 기구. 국가노동봉사단(Reichsarbeitsdienst)으로 개편된 1935년 6월부터는 18~25세 남성이 병역 전에 여섯 달 동안 복무했다.

그리고 낮은 가격에 맞서 농업 보호를 강화하여 (소득이 다음 다섯 해에 걸쳐 주급週給의 3배 수준으로 오른) 농민에게 혜택을 주는 추가 대책들과 나란히, 일자리 창출은 모두 경제 부양을 향한 나치 정권의 중대한 한 걸음인 셈이었다. 이것은 1930년대 중엽부터 재무장에 높은 수준의 지출이 이루어져 회복이 새로운 수준에 올라서 실업이 완전히 일소되고 노동력이 부족해지기 훨씬 전의 일이었다. 효과적인 프로파간다에 대한 히틀러의 직감 덕택에 자동차 공업이 지원을 받았다. 통치 초기에 히틀러는 자동차 제조업에 세금을 경감해 주고, 대규모 도로 건설 프로그램을 실행하고, (폴크스바겐[288]은 전쟁 이후까지 일반 주민들이 사실상 마련할 수 없는 것이었을지라도) 저렴한 '국민차'를 생산하겠다고 공약했다. 1934년의 자동차 생산량은 대공황 이전 최고 연도였던 1929년의 수준보다 50퍼센트 더 늘었다. 도로 건설은 (프로파간다의 대성공작인 고속도로 개통을 포함해서) 엄청나게 확대되었다. 1934년에 도로에 지출된 액수는 1920년대의 어느 때보다도 100퍼센트 더 높았다. 국가의 건설업 투자도 민간의 주택 건설을 촉진해서 건설업체에, 그리고 자기 집에 가구를 비치하고 싶어 하는 소비자에게 필요한 재화와 용역을 생산하는 숱한 작은 회사를 위한 사업을 창출했다.

독일 경제를 자극하려고 채택된 정책들은 대외무역에 중대한 영향

---

288) Volkswagen. 어른 2명과 어린이 3명으로 구성된 5인 가족을 태우고 시속 100킬로미터로 달리는 1000마르크 이하의 튼튼한 자동차를 만들라는 히틀러의 지시에 따라 1936년부터 생산되기 시작한 독일의 승용차.

을 미쳤다. 수요는 독일의 자원만으로는 충족될 수 없었다. 그러나 꼭 위신 때문이 아니라 돈이 가치를 완전히 잃어버렸던 1923년 초인플레이션의 쓰라린 기억 때문에 라이히스마르크 평가절하를 전혀 고려하지 않는다는 것은 수입품이 비싸다는, 그리고 무역수지가 독일에 불리해지고 있다는 뜻이었다. 그 결과로 세계 시장경제에 다시 편입되지 않고 쌍방무역[289] 협정 쪽으로 가는 움직임과 자립 경제로 더 세차게 나아가는 추세가 고양되었다. 국가은행[290] 총재이자 1934년부터는 경제장관인 할마르 샤흐트Hjalmar Schacht 아래에서 처음에는 1931년 은행 파산 뒤에 외환을 관리하고 채무 상환을 조정하기 위해 취해진 이전의 조처가 크게 확장되었다. 1934년까지, 외환이 위태로울 만큼 모자라고 통화준비금이 걱정스러울 만큼 떨어지자 쌍방무역 거래, 특히 유럽 남동부에 있는 나라들과의 거래가 집중적으로 이루어졌는데, 그 나라들은 독일산 완제품을 (언제나 뒤늦게) 넘겨받으면서도 원료를 외상으로 내주었다. 그 전략은 유럽의 중부와 남동부에 대한 우위를 확립한다는 어떠한 사전 계산보다는 오히려 실용주의적으로 독일의 경제적 취약성에서 나왔다. 그 전략은 유럽 대륙의 그 지역에서 회복을 도왔다. 그러나 시간이 지나면서 독일 경제가 강해지자 그 지역은 경제적으로 더 심하게 종속되고 독일의 세력권 안으로 점점 더 빨려 들어가게 되었다.

---

289)   경화를 사용하지 않고 물물교환 형식으로 두 국가 사이에서만 이루어지는 무역.

290)   Reichsbank. 1876년에 세워져 1945년까지 존속한 독일의 중앙은행.

독일에서 경제 회복은 그 자체로 목적이 아니었고, 신속한 재무장과 군사력을 통한 궁극적 팽창을 지향하는 정치 프로그램에 종속되어 있었다. 1936년에 정부 지출은 나치 집권 이전 수준의 2배에는 한참 못 미쳤고, 다음 두 해 동안 다시 2배가 되기로 되어 있었다. 그리고 공공 지출의 가장 큰 몫, 즉 1936년에는 3분의 1을 훨씬 웃돌았고 1938년까지는 거의 2분의 1이었던 부분이 이제는 재무장에 들어갔고, 재무장은 경제의 핵심적 추동자가 되어 있었다. 처음에 군대는 히틀러가 군대에 주고 싶어 한 것을 다 소비할 수 없었다. 그러나 재무장이 최고 우선 사항이라는 점은 처음부터 명백했다. 샤흐트가 국가 예산 이외의 '창의創意 회계'로 제공한 거액의 위장 자금으로 뒷받침되는 강력한 대규모 육해공군의 건설이 1934년부터 신속하게 추동력을 얻었다. 급팽창하는 군수공업이 게걸스레 빨아들이는 자본재와 원료에 대한 지출이 소비재에서 이루어지는 증가를 크게 앞질렀다.

그러나 1935년까지 명백한 문제 하나가 불길하게 어른거렸다. 외환의 공급이 달리고 통화준비금이 줄고 있는 때에 급증하는 재무장 수요에 대처하면서 식량을 넉넉히 수입할 돈을 내기는 불가능했다. 1934년에 수확량이 낮아지고 (농업 생산을 북돋고 농민의 지위를 높이고자 1933년 설립된) 국가식량국[291]이 지나치게 관료화해서 비능률적인 탓에 1935년 가을에 식량이 심각하게 모자랐다. 소요가 커지자 정권

---

291) Reichsnährstand. 식량 생산을 조정할 목적으로 1933년 9월에 만들어진 나치 독일의 정부 기구.

에 우려가 생긴 나머지 히틀러는 군수회사들이 절박하게 요청하고 있던 원료 대신에 식량을 수입하는 데 외화가 반드시 할당되도록 개입하지 않으면 안 된다고 느꼈다.

1936년 초엽에 경제가 교착상태에 다다랐는데, 이는 나치 정권 아래에서 독일이 대공황에서 벗어난 엄연한 결과였다. 그 교착상태에서 두 길 가운데 하나로 빠져나갈 수 있었다. 즉, 독일은 재무장 규모를 줄이고 국제경제에 다시 들어가는 길로 걸음을 내디디든지, 아니면 급속한 재무장화의 길로 밀고 나아가든지 해야 했다. 뒤의 길은 자립 경제로 매진한다는 뜻인데, 자립 경제는 영토 확장 없이는 단지 부분적으로만 이루어질 수 있을 따름이었다. 그리고 영토 확장은 언젠가 일어날 전쟁 없이는 불가능했다. 1936년에 히틀러는 결정해야 했다. 그가 택할 길은 명백했다. 나치 정권의 시작부터 암시되었던 그것은 변경으로 확정되었다. 경제학의 우위가 이념의 우위에 자리를 내준 것이다. 1936년 이후로 시계는 째깍거리며 새로운 유럽 전쟁을 향해 줄달음치고 있었다.

정치가 비틀대며 오른쪽으로 쏠리다

대공황기 동안 유럽의 정치가 확 우경화했다. 놀랍게도, 자본주의가 많은 당대인이 불치의 말기 위기에 있다고 생각한 것을 겪고 있는 동안, 즉 실업이 대량으로 발생하고 사회적 참상이 만연한 시기에 좌파는 사실상 모든 곳에서 기반을 잃었다. 1931년 4월에 제2공화국을 세우는 데서 사회당이 원동력이었던 곳인 스페인에서조차 1933년 이후에는 사회주의 세력이 점점 수세에 처했다. 한편, 1936년에 권력을 획득한 프랑스의 사회당 주도 인민전선 정부는 단기 정부로 판명되었다. 사회민주주의가 스칸디나비아에서 이룬 성공은 예외였다. 다른 곳에서는 우파가 (자주 딱 문자 그대로) 진군 도중이었다. 왜 이러했을까? 민주주의의 생존이냐, 아니면 붕괴냐를 무엇이 결정했을까? 파시즘의 호소력은 얼마나 광범위했을까? 왜 유럽은 좌파가 아닌 정치적 우파 쪽으로 압도적으로 옮아갔을까? 이따금 우파로의 이동은 서유럽 민주주의 국가에서 나타날 비교적 온건한 형태든, 아니면 동유럽과 유럽 남동부의 반反민주적 정치 엘리트가 지배하는 반동적 권위주의 정권이든 보수주의를 강화했다. 그러나 대공황도 과격한 우파의 포퓰리즘 운동이 지지를 얻어서 몇몇 경우에는 이미 연약한 통치 체제의 안정을 추가로 뒤흔들 수 있는 조건을 제공했다.

파시즘의 매혹

과격한 몇몇 극우 운동은 무솔리니와 히틀러의 추종자들이 쓰는 방법과 상징과 언어를 드러내놓고 베꼈고, 자랑스레 '파시스트'나 '국가사회주의자'를 자칭했다. 다른 몇몇은 그 꼬리표를 스스로에게 붙이기를 거부하면서도 공공연하게 파시즘적인 운동의 발상들 가운데 몇몇을, 심지어는 대다수를 공유했다. 대체로 정의定義가 쟁점이 된다. '파시즘'을 정의하려 드는 것은 할 수 없는 일을 하려는 바보짓과 같다. 수많은 극우 운동에는 각각 특이한 특성과 강조점이 있었다. 그리고 각각의 극우 운동은 특정한 국가를 '참된', 또는 '진정한', 또는 '본질적인' 형식으로 대표한다고 주장하고 그 국가가 지녔다는 독특성을 극단적인 민족주의적 호소력의 바탕으로 삼았으므로, 좌파의 코민테른에 해당하는 진정한 과격 우파 대표 국제조직이란 있을 수 없었다. 1934년 12월에 제네바호[292] 호반에서 열린 13개국(오스트리아, 벨기에, 덴마크, 프랑스, 그리스, 아일랜드, 리투아니아, 네덜란드, 노르웨이, 포르투갈, 루마니아, 스페인, 스위스) 극우 대표 회담에서 협력 행동의 틀을 만들려고 시도했을 때, 가장 중요한 나라인 나치 독일이—심지어 공동 원칙의 토대에조차 합의할 수 없다고 밝혀진—그 회담에 참여하기를 거부했다.

그러나 '파시즘'을 자칭하든 하지 않든, 극우에는 공통된 몇몇 이념적 특성이 있었다. 그런 특징으로는 (외국인, 소수민족, '바람직하지 않은 개체' 등) 동포가 아니라고 간주된 모든 이들의 '청소'를 통해 정체성을 획득하는 일체화된 민족의 단일성에 대한 국수주의적 강조, (나치즘 형태처럼 반드시 생물학적 인종주의는 아닐지라도) 민족성이 '특별하다', '독특하다', '우월하다'는 주장을 통해 표현되는 인종적 배타성, 정치적 적들(특히 마르크스주의자, 그뿐 아니라 자유주의자와 민주주의자와 '반동분자')의 철저한 말살에 대한 과격하고 폭력적이고 극단적인 몰입, 규율과 '사나이다움'과 (대개는 준군사 조직과 연관되어 있는) 군국주의의 강조, 권위주의적 지도자가 있어야 한다는 믿음이 있었다. 다른 몇몇 특성은 특정한 운동의 이념에 중요했고 사실상 때로는 핵심적이었지만, 모든 운동에 다 있지는 않았다. 몇몇 운동은 잃어버린 국토의

---

292)   lac de Genève. 스위스 서쪽 접경 지역, 알프스산맥 북쪽 면에 있는 넓이 345제곱킬로미터의 호수. 레만(Léman)호수라고도 한다.

회복이나 제국주의적 목표로 민족주의의 방향을 돌려서 파국적 결과를 불러왔지만, 모든 운동이 다 내재적으로 팽창주의적이지는 않았다. 비록 다는 아닐지라도 몇몇 운동은 자본주의에 반대하는 강한 경향을 지녔으며, 언제나 그러지는 않을지라도 빈번하게 경제를 '조합주의' 노선에 따라 개편하고 독립적인 노동조합을 없애 버리고 국가가 지도하는 이해관계의 '통합'으로 경제정책을 조정하기를 선호했다.

이러한 발상의 혼합체는 본질적으로 반동적이고 비혁명적인 부류의 권위주의 정권에 대한 대중의 지지를 확립한다는 목표와, 강조점을 달리하면서도, 대체로 일치했다. 몇몇 과격한 우익 운동, 즉 공공연하게 파시즘적인 운동들은 더 멀리 나아갔다. 그 운동들은 단지 기존의 국가를 뒤엎거나 해체해서 그것을 민족주의적인 권위주의 정부로 대체하는 것 이상을 원했으며, 단합한 한 민족의 집단 의지에 대한 총체적 투신을 추구했다. 그 운동들은 육체뿐 아니라 정신도 요구했으며, '새로운 인간(인간이라는 말은 어김없이 사나이였다)'과 새로운 사회와 민족의 유토피아를 만들어내기를 기대했다. 무엇보다도 이 총체적 요구로 말미암아 궁극적으로 파시즘이 혁명화했고, 파시즘이 권위주의적이고 민족주의적이지만 기본적으로는 기존의 사회질서를 지켜내기를 기대하는 우파의 연관 부분들과 구분되었다. 파시즘은 마르크스주의자가 옹호하는 사회 계급의 관점에서 혁명을 추구하지는 않았지만, 그래도 혁명(심성과 가치와 의지의 혁명)을 추구했다.

용어의 학술적 엄밀성은 극우의 손에 고통을 당하는 이들에게는, 그리고 주저 없이 '파시즘'이라고 이름 붙인 운동에 단호하게 반대하는 이들에게는 전혀 개의치 않을 문제였다. 그리고 실제로는 정의의 명확성의 더 세세한 사항이 대공황기 동안의 (이런저런 모습의) 우경화라는 더 광범위한 쟁점을 가려서는 안 된다.

보수파로 기울든 과격 우파로 기울든, 민족은 반드시 지키고 되살려내야 한다고 선전되었다. 이제는 성격상 더는 경제적이지 않고 명백하게 정치적이고 이념적인 계급 갈등이 거세지자, 민족 단합이 사회주의의 위협을 막아내는 데 없어서는 안 될 보루로 제시되었다. 영국처럼 그 위협이 크지 않다고 인식되거나 온건한, 또는 동떨어져 있다고 보이는 곳에서는 (기존의 정치·사회 질서의 유지와 결부된) 보수주의가 우세했고 과격한 우파가 비집고 들어갈 공간이 거의 없었다. 사회주의의 위협이 커 보인 독일에서처럼 맞은편 끝에서는, 보수주의가 (스스로 기존의 정치·사회 질서를 뒤집기를 기대하면서) 갈라졌고 그 지지층은 대개 파시즘 우파에 흡수되었다. 다른 나라들은 이 양극 사이 어딘가에 있었다.

파시즘의 매력이 이때보다 컸던 적은 없다. 민족 부흥이라는 파시즘의 메시지는 공포와 희망을 강력하게 연계하면서 사회 분계선을 넘나들 수 있을 만큼 다양했다. 파시즘의 메시지는 매우 이질적인 여러 사회집단의 물질적 권익에 대한 호소를 민족의 미래에 관한 감성적 수사의 분위기로 감쌌다. 그 메시지는 사회 근대화의 힘들에 위협당한다고 느끼는 이들의 이해관계를 건드렸다. 그 메시지는 내부의 적들이 가한다는 위협으로, 그리고 특히 사회주의의 전진과 사회혁명이라는 혁명적 약속으로 잃을 무엇(지위, 재산, 권력, 문화 전통)이 자기에게 있다고 믿는 이들을 동원했다. 그러나 그 메시지는 이 여러 이해관계를 강한 자, 적합한 자, 실력 있는 자—(그들이 보기에) 자격을 가진 자—를 보상할 새로운 사회라는 미래상으로 묶어냈다.

(위기 상황으로 정치적 파편화가 심해지면서 격해진) 이해관계 정치의 통상적인 부문 간 분계선을 뛰어넘으려고 자의식적으로 시도한 호소를 고려하면, 파시즘 운동의 사회적 기반이 퍽 이질적이었다는 것이 놀랍지는 않다. 사실, 사회의 몇몇 부문은 다른 부문보다 더 쉽사리 파시즘의 매혹에 넘어갔다. 파시즘의 감성적이고 낭만화된 이상주의적 측면, 즉 파시즘의 폭력적이고 모험적인 행동주의는 중간계급 청소년 운동에서 그 같은 가치에 접했던 남성 청소년들에게 (그들이 좌익이나 가톨릭의 청소년 조직에 이미 가입하지 않았다면) 유난히 큰 호소력을 지녔다. 기성 체제에 반대하는 '세대 반란'은 파시즘의 국수주의로, 그리고 인종을 차별하고 좌파에 반대하는 준군사 조직의 폭력으로 쉽사리 흘러갈 수 있었다. 당원 수가 산정될 수 있는 곳인 독일에서 나치당이 권력 장악의 문턱에 다가서자 여성이 점점 더 나치당에 투표하게 되었을지라도 파시즘 정당들의 당원은 남성이 압도적이었고, 십중팔구는 동일한 이유에서 남성이 나치당을 지지했을 것이다.

불만에 찬 중간계급은 대체로 그들이 사회에서 차지하는 수에 걸맞지 않은 유난히 높은 비율로 파시즘에 이끌렸다. 사무직 노동자, 사업가, 전문직 종사자, 전직 장교나 부사관, 국가 고용인, 상점 주인, 수공업자, 작은 작업장의 소유주, 농민, (대개는 중간계급 출신의) 학생이 파시즘의 지지 기반에서 보통은 과도하게 대표되었다. 그러나 중간계급 신입 당원들이 당기관원 사이에서, 그리고 지도부 직위에서 우세한 경향을 보였을지라도, 파시즘은 (한때 그랬듯이) 단순히 중간계급 운동으로, 또는 명확한 계급적 관점에서 정의될 수 없다. 숙련 노동자든 비숙련 노동자든, 한때 생각된 것보다 훨씬 더 많은 노동자가 파시즘을 지지했다. 1925년과 1932년 사이에 새로 들어온 나치당원의 40퍼센트쯤이 노동계급에서 나왔다. 나치에 투표한 이의 4분의 1 이상(노동계급 가구가 통째로 고려된다면, 어쩌면 무려 30~40퍼센트)이 노동자였고, 1932년 무렵 사회당이나 공산당보다 나치당에 투표한 노동자가 십중팔구 더 많았을 것이다. 거리의 투사 사나이들의 준군사 조직인 돌격대에서 노동계급 남성 청소년이 1925년과 1932년 사이에 절반을 훌쩍 웃돌았고, 나치당이 권력을 잡자 그 비율은 훨씬 더 높아졌다.

이 노동자들 가운데 사회당이나 공산당에서 넘어온 이는 많지 않았다. 일부는 실제로 충성의 대상을 바꿨지만 그 태반은 이전에는 좌파 정당들의 제도화된 노동계급 환경에 속한 적이 없었다. 나치당은 특히 그 엄청난 규모 면에서 (심지어 1933년 초에도 11년 전 무솔리니의 '로마 진군' 이전의 이탈리아 파시스트당의 3배를 훌쩍 웃돌아서) 여러모로 과격 우파 전체의 전형은 아니었다. 그러나 더 작은 파시즘 운동들의 지지 구조는 (중간계급이 핵을 이루지만, 좌파 정당들에 속한 적이 없는 노동자들이 구성하는 부분이 꽤 큰 식으로) 자주 엇비슷했다. 예를 들어 (무솔리니의 '권력 장악' 전의 이탈리아뿐 아니라) 프랑스, 스페인, 오스트리아, 스위스, 영국에서 그랬다.

대공황과 과격 우파의 성공 가능성 사이에는 직접적인 상관관계가 없었다. 대공황 위기가 히틀러의 승리로 이어진 것은 맞다. 그러나 무솔리니는 대공황이 일어나기 거의 10년 전에 이탈리아에서 권좌에 올랐으며, 몇몇 나라에서는 대공황이 찾아들고 있을 때야 비로소 파시즘이 나타났다. 더구나, 비록 대공황으로 혹심하게 고통을 겪고 있을지라도 (특히 영국, 유럽 밖에서는 미국 등) 다른 나라에서는 의미 있는 파시즘 운동이 생겨나지 않았다. 대공황으로 조성된 사회적·정치적 긴장이—국토를 잃었다는 분개, 피해망상적인 좌파 공포, 유대인이나 다른 '외부자' 집단에 대한 직관적 혐오, 파편화된 정당정치가 '사태를 바로잡기' 시작할 수 있는지에 관한 믿음의 부족 등—다른 우세한 요인들과 상호 작용한 곳에서만 체제 붕괴가 일어나서 파시즘으로 가는 길이 닦였다.

이탈리아와 독일이 사실상 자생적 파시즘 운동이 자기의 형상대로 국가를 다시 빚어낼 수 있을 만큼 강력했던(약한 보수 엘리트의 도움으로 권좌에 오른) 유일한 국가로 판명되었다. 더 흔하게는 파시즘 운동이 (유럽 동부에서처럼) 억압적 권위주의 정권에 제어되거나 (유럽 서북부에서처럼) 국가의 권위를 위협할 역량 없이 공공질서를 거세게 교란했다.

파시즘의 승리는 국가 권위의 완전한 신용 상실, 체제가 자기들의 이해관계에 따라 작동하도록 더는 보장할 수 없는 허약한 정치 엘리트, 정당정치의 파편화, 과격한 대안을 약속하는 운동을 조직할 자유에 달려 있었다. 이 전제 조건들은 1919년부터 1922년 사이의 전후 이탈리아와 1930년과 1933년 사이에 대공황에 찌든 독일에 존재했으며, (각각 분파로 나뉜) 좌파와 우파의 대결이 점점 더 거세지다가 1936~1939년에 끝내 내전이 벌어진 뒤 파시즘의 '권력 장악'이 아니라 군사독재가 들어선 스페인을 빼면 그 밖의 다른 곳에서는 존재하지 않았다. 이와 대조적으로, 유럽 서북부에서 그랬듯이 민주주의 국가 체제가 지배 엘리트와 국민 대중, 양편의 폭넓은 지지를 유지한 곳에서는, 그리고 유럽의 동부와 남부의 대부분 지역에서처럼 권위주의적 엘리트가 자기들의 이해관계에 따라 작동하는 국가 체제를 엄격히 통제할 수 있어서 시민의 자유와 조직의 자유를 축소한 곳에서는 파시즘 운동이 권력을 얻을 만큼 강하지 않았다.

서유럽의 우파: 다시 일어서는 민주주의

영국은 과격한 우파가 비집고 들어갈 공간을 남겨 놓지 않은 정치체제를 가진 국가의 가장 명확한 사례를 내놓는다. 사회와 정치의 지배적 가치가 (군주제, 국가, 제국, 의회 통치, 법치에 기대어) 널리 받아들여졌다. 대공황으로 빠져들어 가는 것이 확실했을 때에도 의회민주주의에 바탕을 둔 입헌군주제라는 국가 체제는 도전받지 않은 것이나 다름없었다. 정치 질서에 실제든 가상이든 위협을 가할 큰 마르크스주의 정당이 없었다. (1920년대에 보수당의 주요 상대로서 자유당을 대체했던) 노동당은, 당의 근간을 형성하는 노동조합이 그랬듯이 혁명적이지 않고 개량적이었다. 다른 몇몇 유럽 국가의 보수당과 달리, 영국의 보수당에는 기존 질서의 유지에 기득권이 있었다. 노동당 정부가 금융 위기로 1931년에 무너졌을 때, 뒤이어 10월 27일에 치러진 총선거에서 보수당이 영국 의회 역사상 최대의 압승을 거두었다. 거국정부가 60퍼센트를 웃도는 득표율로 521석을 얻었다. 이 의석들 가운데 무려 470석을 보수당이 차지했다. 이름은 통합을 말하는 듯이 들려도, '거국정부'는 실제로는 보수당 행정부였다. 그러므로 경제 위기의 와중에도 영국의 의회 제도는 그저 지탱되는 데 그치지 않고 오히려 확고해졌다. 국가의 위기는 없었다. 좌파로부터 비롯한 위험도 없었다. 노동당은 야당이었지만 국가를 지지하는 편이었다. 정치적 양극단은 언저리로 밀려났다. 대공황 내내 의회에는 공산당원이나 파시스트가 단 한 명도 없었다.

보수주의의 힘은 극우가 들어올 틈을 모조리 틀어막았다. 1932년에 세워진 오즈월드 모즐리의 영국 파시스트연합은 비집고 들어갈 기회를 얻은 적이 없었다. 영국 파시스트연합의 당원은 전성기에 5만명쯤이었는데, 불만에 찬 중간계급 전문직 종사자, 퇴역 군인, 소규모 사업가, 상점 주인, 사무원, 비숙련 노동자의 잡다한 집합체였던 이들은 영국의 침체한 몇몇 지역과 런던의 (영국 유대인 주민의 3분의 1이 거주하는 전통적인 이주민 구역인) 가난한 이스트엔드[293]에서 나왔다. 영국 파시스트연합의 스타일은 늘 조잡한 수입품을 닮았다. 파시스트식의 검정 셔츠 제복과 행진, 정치 양식과 이미지, 특히 유대인과 정치상의 적에 대한 역겨운 공개적 폭력은 영국의 정치 문화와 잘 맞지 않았다. 파시스트에 반대하는 좌파와 충돌하면서 공공질서가 점점 더 흔들렸다. 1934년 6월 런던에서 열린 대집회에서 1만 5000명쯤 되는 군중 사이에 섞여들어 있던 모즐리 반대파 수백 명에게 역겨운 폭행이 가해진 뒤에 (널리 읽히는 신문인 《데일리 메일》[294]의 소유주 로더미어 경의 지지를 비롯해) 지지세가 허물어졌다. 모즐리는 자기 당인 영국 파시

---

293) East End. 런던 중심부에서 중세 시절 장벽의 동쪽과 템스강 북쪽 지대를 일컫는 표현. 가난한 노동자가 주로 사는 지역이었다.

294) Daily Mail. 1896년 런던에서 창간된 이래 간행 부수로는 늘 세 손가락에 꼽힌 영국의 대중 일간지. 소유주는 로더미어(Rothermere) 가문이다.

스트연합이 선거에서 치욕을 당할 거라고 확신한 나머지 1935년 총
선거에 참여조차 하지 않았다. 당원 수가 1935년 10월까지 단 5000명
으로 급감했다가 제2차 세계대전 직전까지 2만 2500명으로 느릿느
릿 회복되었을 따름이다. 영국 파시스트연합은 이 조직의 인종적인
적이나 정치적인 적이라고 여겨진 이들에게는 위협이었고, 공공질서
에 꽤 큰 골칫거리였다. 그러나 그들이 영국의 주류 정치에 준 충격
은 극히 미미했다.

다른 곳에서도, 즉 제1차 세계대전의 승전국이거나 중립국이었던
나라들이 있고 국가가 치욕을 당했다는 감정이나 잃어버린 국토를
되찾겠다는 야심이 거의 없는 유럽 서북부에서도 기존 정치 구조의
복원력으로 말미암아 과격한 우파가 권력에 다가설 경로가 막혔다.
덴마크, 아이슬란드, 스웨덴, 노르웨이에서 파시즘 운동의 대중적 지
지는 미미했다. 핀란드에서는 지지세가 더 컸지만, 1936년의 득표율
8.3퍼센트가 파시즘이 선거에서 거둔 성공의 만조기였다. 독일어를
쓰는 몇몇 스위스 주에서 파시즘 국민전선[295]이 1933년부터 1936년
사이에, 비록 그 뒤에는 급락했을지라도, 27퍼센트까지 오르는 득표
율을 올린 반면에 스위스의 다른 곳에서는 파시즘이 극히 미미한 수
준의 지지만을 받고 심한 반대에 부딪혔다.

아일랜드의 (정식으로는 육군전우협회였고 1933년에 이름을 국민방위단

---

295)   Nationale Front. 반유대주의와 국수주의를 표방하며 1933년에 만들어져
1940년에 해체된 스위스의 극우 정당. 전성기에는 당원 수가 1만~2만 명이었다.

으로 바꾼) 파란셔츠단[296]은 오래가지 못했다. 1932년에 만들어진 파란셔츠단은 아일랜드 공화국군 참모총장이었으며 기질적으로 엉뚱하고 정치적으로 극단적인 오언 오더피가 아일랜드 경찰청장에서 해임된 뒤 그의 예하로 들어갔다. 1934년 즈음에 파란셔츠단은 단원 수가 약 5만 명이라고 주장했다. 그 단원들은 경제적으로 심한 타격을 받은 남서부에서 주로 나왔다. 그러나 정부가 금지령을 내리고 아일랜드 농업에 악영향을 미쳤던 영국과의 무역 분쟁이 끝난 뒤에는 지지세가 급속히 흩어졌다. 파란셔츠단은 파시즘적인 과격성과 정체성을 내버렸고 새로운 주류 정당인 피너게일[297]로 병합되었으며, 1935년에 사라졌다. 한편 오더피는 (자기의 존재를 점점 거북해하는) 피너게일에서 물러났고, 그 뒤에 아일랜드 여단[298]을 이끌고 스페인 내전에서 잠시 프랑코Francisco Franco 장군을 위해 싸웠다.

네덜란드에서는, 실업률이 1936년에 35퍼센트였는데도, 과격한 우파가 개신교와 가톨릭과 사회민주당의 하위문화들과 단단히 결합된

---

296)   아일랜드어로는 Léinte Gorma, 영어로는 Blueshirts. 아일랜드 독립전쟁 때 영국과 휴전 조약을 맺으려는 세력을 조약 반대파에게서 보호하는 행동대 노릇을 한 조직을 모태 삼아 1932년에 만들어진 아일랜드 극우 단체 육군전우협회(Army Comrades Association)의 별칭. 국민방위단(National Guard), 청년 아일랜드(Young Ireland), 청년동맹(League of Youth) 등으로 이름을 바꿨다.
297)   Fine Gael. 1933년 9월 당시 아일랜드의 집권당과 중앙당, 국민방위군이 통합해서 만든 우파 정당.
298)   Briogáid na hÉireann. 오언 오더피의 주도로 만들어진 아일랜드인 의용 부대. 독실한 가톨릭 신자 700명으로 구성되어, 1936~1937년에 프랑코 장군의 반군 편에 서서 스페인 내전에 참전했다.

채로 남아 있는 정치 구조를 거의 침식할 수 없었다. 정부가 여럿 들어섰다 물러났지만, 구성원 면에서는 사실상 연속성이 상당했고 실용주의적인 조정과 타협이 집권 정당들 사이에서 많이 이루어졌다. 또한 나치 독일의 공포가 커지자 기존 의회 체제의 응집력을 돕는 국민 일체감이 단단해졌다. 파시즘은 '낯설기'도 했고, 국가적 위험으로 여겨지기도 했다. 주요 파시즘 운동인 네덜란드 국가사회주의운동[299]은 8퍼센트에 조금 못 미치는 득표율을 올린 1935년에 최고점에 이르렀다. 그러나 이 득표율이 두 해 안에 단 4퍼센트로 떨어졌고, 극우의 지지도는 나머지 전전 기간에 낮게 머물렀다.

벨기에에서는 파시즘과 적어도 맞닿아 있는 권위주의적 가톨릭 조합주의 운동에 대한 지지가 돌풍처럼 잠시 일었다. 1936년에 (최근 만들어진 그리스도 왕 대축일[300]에서 명칭이 유래한 가톨릭 출판사인 크리스투스 렉스Christus Rex에서 이름을 딴) 렉스당[301]이 (프랑스어를 쓰는 벨기에 남동부 공업지역 중간계급이 대체로 기성 정당들 안에서 일어났다는 부패에 항거하면서) 1.5퍼센트의 득표율을 올렸다. 그러나 이 득표율은 곧 쪼그

---

299) Nationaal-Socialistische Beweging. 네덜란드의 나치즘 정당. 1930년대에 의회 정당으로 약간의 성공을 거뒀고, 제2차 세계대전 기간에는 네덜란드의 유일한 합법 정당이었다.

300) 라틴어로는 Sollemnitas Domini Nostri Iesu Christi Universorum Regis, 영어로는 Feast of Christ the King. 가톨릭 교황 비오 11세가 극단적 민족주의와 세속주의에 맞서고자 1925년에 제정한 대축일. 처음에는 10월의 마지막 주일에 쇠었지만, 현재는 11월 20~26일 사이의 주일에 쇤다.

301) Parti Rexiste. 권위주의, 조합주의, 교권적 파시즘, 정치적 기독교주의를 표방하며 1935년에 세워진 벨기에의 극우 정당.

라들어서 부스러기 지지세밖에는 남지 않았다. 네덜란드에서처럼 기존 사회·정치 환경의(즉, 가톨릭과 사회주의와 자유주의의) 힘이 새로운 극우 운동이 차지했을지도 모를 정치 공간을 차단했다. 벨기에에 진정한 **벨기에의** 민족주의가 없다는 점도 하나의 저해 요인이었다. 렉스당은 (비록 주류의 지지는 없었을지라도) 별도의 민족주의적 원파시즘 운동이 존재하는 플란데런에서 비교적 낮은 수준의 지지를 얻었다.

프랑스의 제3공화국은 한동안 극우에게서 더 심각하게 위협당한다고 보였다. 프랑스의 정치체제에서는 (내각 각료 탁자에 둘러앉은 동일한 사람들로 직위를 돌려가며 채우는 데 지나지 않는 경우가 잦은) 빈번한 정부 교체뿐 아니라 이합집산하는 여러 정당의 실용주의적 연합이 이루어졌다. 이 연합에는 제3공화국의 핵심 정당인 급진당이 자주 연루되었다. 급진당은 반교권주의反教權主義[302]적이었고, 자유주의적 경제 원리에 집착했고, 중간계급의 지지에 크게 기대고 있었으며, (대개는 여당이었어도) 여당으로 남기 위해 온건 우파나 온건 좌파와 선뜻 거래를 했다. 대공황의 충격이 막 본격화하고 있었으므로, 1932년 선거는 사회당에, 그리고 온건 좌파와 불편한 연합을 형성한 급진당에 꽤 큰 이득을 안겨 주었다. 외국인 혐오, 새된 민족주의, 반유대주의, 반페미니즘, (공산당이 하원 605석 가운데 겨우 12석을 간신히 얻었는데도) '붉은 위협'의 공포가 거세지는 분위기 속에서 보수 정당들의 우익 블록이 패배하자 우파 측에서 과장된 반응이 유발되었다. 그 과열된

---

302)   anticléricalisme. 정치와 사회의 영역에서 교회, 특정하게는 가톨릭 성직자가 행사하는 권위에 반대하는 움직임.

분위기가 라인강 너머에서 벌어지는 극적 사태로 고조되었다. 민족주의 우파 측의 의회 원외院外 준군사 우파 연맹체가, 적어도 얼마간은 파시즘의 특성을 띠기도 한 여러 대규모 참전군인 협회를 합병하면서, 푸앵카레의 정부 아래에서 재정이 안정된 시기 동안 지지세가 기울었던 뒤로 새 활력을 얻었다.

긴장이 고조되는 가운데 우익 일색인 파리 언론이 기회를 놓치지 않고 정부를 조금도 봐주지 않고 독살스럽게도 꾸짖었다. 타락하고 부패하기로 프랑스 정치계의 오명이 자자했지만, 1933년 말에 폭로된 추문에는 언론이 달려들어 각별하게 양념을 뿌렸고 정부뿐 아니라 공화국 자체에도 위협을 가하도록 조리될 수 있는 재료들이 들어 있었다. 이 부패 추문은 알렉상드르 스타비스키Alexandre Stavisky가 저지른 공공 금융 사기 사건에서 비롯했다. 추잡한 횡령꾼인 스타비스키는 공교롭게도 (우익의 편견에 이상적으로 딱 들어맞는) 동유럽 출신 유대인이었다. 대다수가 급진당에서 높은 자리에 있는 인물들이 그 추문에 연루되어 있었다. 스타비스키의 뇌물 지급 명단에 있는 정치가가 132명을 웃돈다는 소문도 있었다. 그 사기꾼이 자살했다는 말이 나왔을 때, 사람들이 입방아를 마구 찧었다. 유대인과 프리메이슨 회원들이 스타비스키의 입을 틀어막으려고 범죄 은폐 시도를 했다는 말이 나왔다. 그의 죽음이 불을 댕겨 파리의 거리에서 소요가 일어나 점점 거세졌다. 1934년 2월 6일에 민족주의적이고 인종주의적인 의회 원외 우파 연맹체의 지지자 무리가(몇몇 추산으로는 무려 3만 명이) 프랑스의 수도로 행진했다. 대단원은 폭력의 밤이었고, 경찰과 시위대 수천 명이 충돌한 끝에 15명이 죽고 1400명이 넘게 다쳤다.

그 조직화된 (1871년 파리코뮌[303] 이후로 파리가 가장 심하게 경험한) 폭력의 규모는 프랑스의 기존 정치계에 대충격이었다. (생긴 지 며칠밖에 안 된) 정부가 (거리의 폭력과 준군사 세력에게 사실상) 뒤집혔다. 그 결과로 정치가 요동치면서 1930년대의 나머지 기간에 프랑스 정치의 특징이었던 좌우 대결이 거세졌다. 그러나 국가의 존재에 대한 중대한 위협은 신기루로 판명되었다. 프랑스 제3공화국의 존속은 (비록 당시에는 그렇게 보이지 않았을지라도) 심각한 위험에 처하지 않았다. 우파 연맹체들은—비록 극단적 민족주의, 격렬한 반공산주의, (조합주의 국가 형태를 자주 선호하는) 권위주의를 이념으로서 공유했을지라도—지도부와 목표의 측면에서 자기들끼리 갈라져 있었다. 1934년 초엽에 아마도 단원이 4만 명이어서 우파 연맹체들 가운데 가장 큰 단체였던 불의 십자가단[304]은 프랑스 행동단[305]이나 다른 우익 단체 단원들의 폭력에 견주면 2월 폭동 동안 대체로 규율을 유지했다. 이 점에서 불의 십자가단은 보수 언론에서 찬사를 받았다. 불의 십자가단의 지

---

303) Paris commune. 1870년에 수립된 프랑스 제3공화국에 불만을 품은 시민과 노동자들이 이듬해 3월 18일에 파리에 세운 혁명적 자치 정부. 반격에 나선 제3공화국 정부군과 파리 전역에서 일주일 동안 시가전을 벌인 끝에 숱한 사상자를 남기고 5월 28일에 무너졌다.
304) Croix-de-Feu. 1927년에 모리스 다르투아(Maurice d'Hartoy)가 세운 프랑스 참전 군인들의 극우 단체. 가톨릭 신앙에 입각한 도덕의 부활을 강조하며 권위의 확립을 요구했다. 사회주의·민주주의·자유주의에 반대했고, 1934년 2월에 폭동을 일으켜 제3공화국을 위협했다.
305) L'Action française. 가톨릭교도를 주축으로 1899년에 만들어진 프랑스의 반공화주의 극우 운동 단체.

도자인 프랑수아 드 라 로크François de la Roque 대령은 나중에 일부 추종
자들의 반유대주의와 거리를 두었다.

더욱이 1934년 2월 6일 사태의 직접적 결과는 분열돼 있던 프랑
스 좌파를 파시즘에 맞선 싸움에서 뭉치는 것이었다. 그렇지 않았더
라면 제3공화국에 대한 위협이 훨씬 더 심각했을 수 있다. 상황이 그
랬으므로 좌파는 빠르게 반응해서 반발했다. 공산당이 이미 2월 9일
까지 자당의 지지자들을 동원했다. 준군사 우파 단체와 충돌한 끝에 9
명이 죽고 수백 명이 다쳤다. 사흘 뒤에 100만 명을 웃도는 노동조합
원이 1일 총파업으로 파리를 멈춰 세웠다. 다음 두 해 동안 주로 좌
파가 파시즘의 위협에 맞서 벌인 이런저런 종류의 시위가 1000건 넘
게 있었다. 히틀러가 독일에서 승리하자 스탈린이 마침내 마음을 바
꿔서 사회민주당을 '사회파시즘'이라고 공격해온 코민테른의 어리석
은 행동을 1934년에 포기하고 파시즘에 맞서는 노동계급의 공동 전
선을 요구한 바로 그 시점에, 그 격렬한 대치가 프랑스에서 마음을 한
데 모아 1936년에 수립되는 인민전선 정부로 가는 길을 닦았다. 1934
년 2월 사태 뒤에, 뭉친 좌파가 갈라진 우파와 처음으로 마주쳤다.

1936년 6월 인민전선 정부에 금지당한 우파 연맹체들은 몇몇 경
우에는 의회 정당으로 변신했다. 불의 십자가단은 프랑스 사회당[306]
으로 탈바꿈해서 지지세를 크게 늘렸고, 1937년 무렵에는 사회당원
과 공산당원을 합친 것보다 더 많은 75만 명 남짓한 당원을 가졌다.

---

306)   Parti Social Français. 1936년 1월부터 1940년 7월까지 존속한 프랑스 최초
의 우파 대중정당. 제2차 세계대전 이후 드골주의 정당의 전신으로 여겨진다.

그러나 그 과정에서 불의 십자가단은 파시즘 유형의 동원에서 벗어나 보수적 권위주의 쪽으로 더 옮아갔다. 변절한 공산주의자 자크 도리오Jacques Doriot가 이끄는 진정한 파시즘 정당인 프랑스 인민당[307]이 1936년 6월에 나타났다. 나치 독일의 위협이 커지고 1938년에 인민 전선 정부가 무너지면서 이와 함께 좌파의 내부 위협도 무너지고 전쟁이 일어날 듯하자, 국민의 연대가 점점 더 강조되는 이 모든 상황 탓에 이 무렵에 가뜩이나 가파르게 하락하던 도리오의 당이 허약해졌다. 그렇더라도, 프랑스 우익은(몇몇은 드러내놓고 파시즘적인, 다른 몇몇은 파시즘에 가까운) 숱한 형태로 광범위한 대중 지지 기반을 확립했다. 그렇지 않고서는 1940년 뒤에 비시 정권[308]이 쉽사리 받는 지지는 상상 불가능했을 것이다.

그 모든 고난에도 불구하고, 프랑스에서는 공화주의가 오랫동안 확립된 폭넓은 대중 지지 기반을 가지고 있었다. 스페인에서는 상황이 사뭇 달랐고, 민주주의 공화국을 적대하는 세력이 훨씬 더 강력했다. 그러나 위기가 결코 가시지 않았음을 뜻하는 고질적인 사회적·정치적 균열을 안고 있는 나라가 점점 심해지는 경제문제에 시달렸으므로, 권위주의 우파의 전망이 처음에는 밝아지기보다는 어두워졌다고 보였다.

1923년 이후로 지속되었던 미겔 프리모 데 리베라의 군사독재는

---

307) Parti Populaire Français. 1936년 6월 말에 만들어진 프랑스의 파시즘 정당.
308) Régime de Vichy. 프랑스 중앙의 비시를 정부 소재지로 삼고 페탱 원수를 수반으로 내세워 독일에 직접 점령되지 않은 프랑스 남부에 들어선 정부. 1942년 말에 독일이 프랑스 남부마저 넘겨받으면서 최소한의 자치권마저 잃었다.

가지고 있던 모든 활력을 1930년 초엽에 소진했다. 불만이 커지고 권위가 사그라드는 와중에, 그의 초기 성공을 뒷받침했던 경제 호황이 끝나자 프리모 데 리베라는 밀려나서 나라를 떠나 파리로 망명했고 그 뒤 곧 죽었다. 몇 달 안에 그의 뒤를 따라 국왕 알폰소 13세가 망명했고, 1931년 4월의 선거로 새 민주주의 공화국이 도래했다. 유럽 대부분의 지역에서 민주주의가 우파로 옮아가고 있던 국면에서 스페인은 (적어도 당분간은) 반대쪽으로 갔다. 그러나 1931년 선거에서 좌파가 거둔 압승의 속내는 겉보기와는 딴판이었다. 비록 프리모 데 리베라와 군주정에 환멸을 느낀 많은 스페인 사람들이 공화국에 기회를 한 번 줄 자세를 갖췄을지라도, 그들의 지지는 대체로 미지근하고 시험 삼아 해보는 조건부 지지였다. 공화국에는 (국민의 비교적 작은 일부이며 몇몇 대도시와 특정 지역에, 특히 카탈루냐와 바스크 지방과 아스투리아스Asturias에 몰려 있는 노동계급을 빼면) 믿음직하게 지지해 주는 진정한 대중 기반이 부족했다. 그리고 공화정을 구성하는 정당들 안에서 분열이 심했다. 공화국의 대들보인 사회주의자들과 (시골에서, 특히 스페인 남부에서 상당한 힘을 지녔고) 공화국을 국가 권력에 맞서 노동조합이 이끄는 지속적인 폭력 투쟁의 첫 단계로밖에는 보지 않는 아나르코생디칼리스트들 사이에서 좌파 자체가 돌이킬 길 없이 갈라져 있었다. 또한 카탈루냐와 바스크 지방에서 지역 정체성과 마드리드에 대한 반감이 강한 탓에 통일된 좌파의 창출이 유난히 어려워졌다. 한편 우파는 졌고, 1931년 이후에 지리멸렬했다. 그러나 의회에서 당한 그 패배는 공화정에 반대하는 매우 보수적인 세력의 기본 역량과 복원력을 가렸다. 실제로, 공화국의 성립은 프리모 데 리베라의 독재 아래서 일시적으로만, 그리고 부분적으로만 사그라들어 있었던 이념의 불길에 다시 불꽃을 댕겼다.

새 민주주의는 출발부터 격렬한 반발을 산 체제였다. 두 해 안에, 토지개혁을 하고 노동자를 보호하는 법률이 제정되고 사회주의자와 자유주의자의 연립정부에서 가톨릭교회의 힘이 확 빠지자, 비록 파편화했을지라도 사회주의에 전투적으로 반대하고 심하게 권위주의적인 광범위한 가톨릭 우파의 반발이 촉발되었고, 그 반발은 점점 더 요란해졌다. 지주, 고용인, 가톨릭교회, 군부는 공화국에 완강하게 반대한 반면에 사회 개혁이 더디고 부분적이고 제한적으로 진척되자 공화국 추종자들 가운데 많은 이가 좌절하고 소원해졌다. 1933년 11월에 새로 치러진 선거에서 좌파가 크게 지고 우파 정당들이 이겼으며, 다음 두 해 동안 권력이 도로 지주와 고용인에게 돌아가면서 첫 공화국의 개혁이 뒷걸음치거나 막혔다. 내전의 싹이 움트고 있었다.

스페인의 우파는 목표에서 전혀 단결하지 못했다. 우파의 몇몇 부분은 (군주정의 복원을, 그리고 군부가 뒤를 받치는 권위주의적 조합주의 국가를 추구해서) 드러내놓고 반동적이었다. 우파의 훨씬 더 큰 부분이 1933년에 뭉쳐서 (당원 수가 73만 5000명이라고 주장하는 사실상 스페인 최대 정당인) 스페인 자치우익연합[309]을 형성했다. 포퓰리즘적인 가톨릭 보수주의의 거대 집합체인 스페인 자치우익연합은 마르크스주의

---

309) Confederación Española de Derechas Autónomas, CEDA. 가톨릭 우익 당파들의 정치 연합체. 1933년 총선거에서 이겼지만, 1936년 총선거에서 진 뒤 해체되었다.

로부터 기독교를 지켜내고 있다고 주장했고, 당 총수인 힐 로블레스 Gil Robles를 '영도자'로 불렀으며 집회, 제복, 파시즘식 경례, 동원의 유형, 파시즘 성향이 점점 더 강해지는 청소년 운동의 조직화처럼 파시즘의 외형을 택했다. 스페인 자치우익연합은 준군사 조직을 거부하고 적어도 공식적으로는 기존의 국가 제도를, 그리고 비폭력적인 합법적 의회제 방식을 고수한다는 면에서 과격한 파시즘과 달랐지만, 실제로는 공화국에 반대하는 폭력을 점점 더 후원했고 조합주의적 권위주의 국가 체제를 택하는 쪽으로 기울었다. 스페인 자치우익연합의 민주주의적 자격은 기껏해야 양가적이었다. 힐 로블레스는 다음과 같이 선언했다. "때가 되면, 의회가 투항하든지 아니면 우리가 의회를 없앨 것이다."

파시즘 성향을 은근히 띠는 보수적 권위주의가 대부분인 이 커다랗지만 조각조각 갈라진 권위주의 우파 지지 세력 가운데 진정으로 근본적인 파시즘 추종자는 많지 않았다. 가장 중요한 파시즘 운동이었으며 이전의 독재자 미겔 프리모 데 리베라의 아들인 호세 안토니오 프리모 데 리베라가 1933년에 창립한 스페인 팔랑헤[310]는 좌파의 마르크스주의뿐 아니라 우파의 부르주아도 공격했다. 예측 가능하게도, 호세 안토니오 프리모 데 리베라는 별로 진척을 이루지 못했다. 인구가 2500만 명인 나라에서 팔랑헤는 당원 수가 1만 명을 넘지 못

---

310)　　Falange Española. 1933년 10월 말에 스페인에서 만들어진 파시즘 유형의 정당. 1934년 2월 선거에서 득표율이 낮게 나오자 11월 초에 국가생디칼리슴 공세평의회(Juntas de Ofensiva Nacional-Sindicalista)와 합쳤다.

했고, 1936년 선거에서는 겨우 4만 4000표(투표의 0.7퍼센트)를 얻었다. 그해에 팔랑헤가 금지되었고, 지도자들이 투옥되었다. 호세 안토니오 프리모 데 리베라라는 사형선고를 받고 11월에 처형되었다. 그즈음 스페인 공화국에 대항하는 반란이 프란시스코 프랑코 장군의 지휘 아래 모로코에서 개시되었다. 프랑코가 1937년 4월에 팔랑헤를 넘겨받아, 적어도 명목상으로는 자신의 반란을 지지하는 우익 국민진영 집합체의 주춧돌로 삼았을 때야 비로소 파시즘이 스페인에서 (내전 뒤에는 결국은 군사독재를 떠받들 뿐 통제하지는 않는 국가 정당으로서) 대중운동이 되었다.

내전 전에 팔랑헤는 경쟁자가 많이 몰려 있는 영토에서 다투고 있었다. 더욱이, 팔랑헤의 사회혁명적 메시지는 가톨릭교회 지도부뿐 아니라 대다수 중간계급을 떨어져 나가게 할 수밖에 없었다. 내전 전의 다원주의적 민주주의의 조건에서, 제대로 파시즘다운 대중운동을 스페인에서 건설하려는 시도는 실패작이었다. 그것이 과연 중요한 문제였을까? 좌파의 다양한 부문에서 파시즘 대중운동에 격렬하게 반대하는 이들이 보기에는, 커다란 우파 지지 세력과 작은 팔랑헤당을 구별할 까닭이 없었다. 정의상 구분의 정교성이야 어떻든, 그들에게 스페인 자치우익연합은 팔랑헤만큼 파시즘적으로 보였다. 그들이 틀렸을까? 내전 이전과 도중과 이후에 우파의 손에 지독히도 고통을 당한 이들의 시각에서 보면 스페인의 파시즘은 엄청난 지지를 받았고, 팔랑헤를 지지하는 소수에 한정되지 않았다.

이탈리아와 독일에서는 보수파와 자유주의 우파의 기성 정당이 허물어져서 정치적 공간이 열렸고 포퓰리즘적인 대형 파시즘 대중정당이 그 빈 공간을 채우고 좌파의 위협을 없애는 민족 중흥 강령 주위에 새로운 우파를 결속한 반면에, 스페인에는 그 같은 빈 공간이 없었다. 스페인에서는 힘이 제각각 다른 여러 보수·권위주의 운동이 정치 공간을 채웠는데, 그 운동 가운데 몇몇은, 가장 두드러지게는 스페인 자치우익연합이 확연하게 파시즘적인 성향을 띠었다. 민주주의에 반대하는 스페인 우파는 거대했지만, 보수 반동의 바로 그 힘이 과격한 파시즘을 위한 기회를 가로막았다. 1936년 7월에 프랑코의 반란이 일어날 때까지 스페인 민주주의의 위기가 깊어졌다. 그러나 스페인 좌파는 싸울 태세를 갖추고 있었다. 치열한 내전이 세 해 동안 벌어지고 나서야 민주주의가 무너졌다.

우파의 옥토: 중부 유럽과 동유럽

스페인은 서유럽에서 하나의 예외 사례였다. 중부 유럽과 동유럽에서는 극우로 쏠리는 것이 흔한 일이었다. 가장 큰 파시즘 운동은 오스트리아와 루마니아와 헝가리에서 일어났다. 오스트리아의 경우에는 이웃 나라 독일에서 히틀러가 권력을 잡은 것이 특수한 결정 요인이었다. 루마니아와 헝가리에서는 유럽의 전후 영토 조정에서 비롯한 지속적 소요가 주요 전제 조건이었다.

대공황 때까지 오스트리아에서 사회주의에 바쳐지지 않은 정치상의 충성 대부분은 이미 원형적 파시즘 쪽에 가 있었다. 1931년에 은행이 도산하고 실업률이 치솟으면서 나라의 경제와 국민 대다수의 생활 조건이 지독한 피해를 보았다. 대공황의 충격 아래에서 오스트리아의 정치에서는 분열이 세 갈래로 심해졌고, 한층 더 과격해졌다.

양대 파시즘 운동, 즉 오스트리아의 토착 조직인 국토방위단과 독일 접경 너머의 사태에 고무되어 급성장하는 오스트리아 나치당[311]이 산업 노동계급 안에서 단단한 지지세를 유지하는 대형 정당인 사회당과 마주 섰다. 1930년에 국토방위단 지지도는 많은 사람에게 외제 수입품으로 여겨진 오스트리아 나치당 지지도의 곱절이었다. 그러나 나치당은 빠르게 입지를 다져 나가고 있었다. 나치당은 1932년에 오스트리아에서 치러진 지역 및 지방 선거에서 16퍼센트를 웃도는 득표율을 올릴 수 있었다.

1933년 1월에 독일에서 히틀러가 권력을 잡자, 오스트리아에서 나치의 위협이 분명해졌다. 이에 대응해서 왜소하지만 힘이 넘치는 서른아홉 살의 엥겔베르트 돌푸스Engelbert Dolfuss 오스트리아 총리가 의회제 통치를 폐지하고 자기가 "〔조합적〕 영지와 강한 권위주의적 지도력에 바탕을 둔 게르만인의 기독교 '오스트리아' 사회 국가"라고 일컫은 것을 세웠다. 그의 정권은 대다수 비非사회주의 정당, 국토방위단, 가톨릭교회 지도부의 지원을 얻어 자유를 제한하고 반대를 억눌렀으며, 1934년 2월에는 사회주의자의 무장봉기를 도발하고는 그 봉기를 유혈 진압하고 사회주의를 불법화했다. 비록 독일과 수많은 다른 나라의 상황과는 달리 오스트리아의 좌파는 사회민주당과 공산당으로 갈라져 경쟁하지는 않았을지라도, 좌파의 힘은 우파의 힘

---

311)   정식 명칭은 도이치 국가사회주의노동자당(Deutsche Nationalsozialistische Arbeiterpartei). 1918년 5월에 기존의 극우 세력이 모여 창당한 오스트리아의 나치즘 정당. 1933년 초엽에 금지되었지만, 되살아나서 1938년에 독일·오스트리아 합병을 주도했고, 나치당에 흡수되었다.

에 필적하지 못한다고 판명되었다. 새 헌법은 의회를 폐지하고 대신에 유일한 정치 조직, 즉 국가가 지원하는 조국전선[312]이 뒷받침하는 여러 '조합'과 자문위원회의 정교한 배열의 상의하달식 선택에 바탕을 둔 조합주의 국가를 옹호했다. 그 권위주의 국가의 실권은 총리의 손에 있었다. 돌푸스 자신이 1934년 7월에 나치에 암살되었다. 그러나 (파시즘이라기보다는 억압적 보수 반동인, 즉 향후의 사태와 견줘서 비교적 순한 형태의 부분적 파시즘을 어쨌든 수용하는) 그 권위주의 정권은 나치의 압박이 고조되는데도 그의 후임자인 쿠르트 폰 슈슈니크Kurt von Schuschnigg 아래에서 지속되었다. 폰 슈슈니크는 1938년 3월 13일에 치러질 국민투표에서 오스트리아의 독립성을 재천명하려고 시도했지만, 독일의 침공과 3월 12~13일의 안슐루스Anschluss(독일의 오스트리아 병합)로 말미암아 좌절되었다.

루마니아가 자국 영토를 (러시아와 불가리아와 오스트리아에서도 얻어 냈지만 특히 헝가리를 희생해서) 2배 넘게 늘리며 제1차 세계대전에서 아주 잘 빠져나왔으므로, 왜 파시즘이 루마니아에서 매력적이었는지는 첫눈에 분명하지 않다. 그 배경은 농민의 소득을 60퍼센트 가까이 떨어뜨린 농업의 심각한 장기 불황이었다. 농촌의 경제난이 악화하자, 상업과 공업과 금융업에서 우세한 (마자르인과 독일인, 무엇보다도 유대인 등) 소수민족을 향한 분개심이 커졌다. 영토가 확장되면서 비非루마니

---

312)   Vaterländische Front. 기독사회당, 농민당, 국토방위단을 흡수해서 1933년 5월에 돌푸스가 만든 오스트리아의 집권당. 파시즘을 흉내 내고 민족주의를 내세우다 1938년에 오스트리아가 독일에 합병된 뒤에 해체되었다.

아인이 총인구의 약 30퍼센트를 차지했다. 그리고 유대인이 1918년까지 시민권을 박탈당했던 루마니아는 오랫동안 유럽에서 반유대주의가 가장 심한 지역들 가운데 하나였다. 그 같은 일반적 상황에서 경제적 곤경을 소수민족에 대한 편견과 혐오와 연계하는 것은 어렵지 않았고, 외국인이 '진정한' 루마니아인을 위협한다고 묘사될 수 있는 민족주의 이미지를 만들어내는 것도 마찬가지였다.

(심지어 파시즘의 기준으로도) 극도로 폭력적이고 반유대주의적인 루마니아 파시즘 운동인 (다르게는 '철위대'[313]로도 불린) '미카엘 대천사 군단'[314]은 지난날 법학도였으며 카리스마를 지닌 코르넬리우 젤레아 코드레아누Corneliu Zelea Codreanu의 지도 아래 자라나서 1937년까지 27만 2000명을 끌어모았으며, 그해 치러진 선거에서 15.8퍼센트의 득표율을 올려서 루마니아에서 세 번째로 큰 정당이 되었다. 코드레아누는 극단적이고 낭만화된 인종적 민족주의의 자극적 혼합을 통해서 지지를 얻었다. 이 민족주의는 낯선 외부 요소(특히 볼셰비키 러시아가 루마니아 국경에 가한다는 위협과 탐욕스러운 자본주의를 둘 다 연상케 하는 유대인)를 모조리 없애서 민족을 순수하게 만들기를 목표로 삼은 정화淨化적 폭력이라는 교의로 숙성되었다. 기독교인의 순수함과 농민의 땅에 뿌리박은 '진정한' 루마니아 도덕 가치의 환기, 즉 '새로운 인간'을 배출할 '국가기독교 사회주의'의 '정신적 혁명'이 휘저어져서 양

---

313) Garda de fier. 1930년에 만들어진 미카엘 대천사 군단 산하 준군사 조직.
314) Legiunea Arhanghelul Mihail. 1927~1941년에 존재한 루마니아의 극우 운동. 강한 종교성과 극우 민족주의 성향을 띠었고, 파시즘을 찬양하고 유대인과 공산주의에 반대했다.

조되었다. 교사, 공무원, 법률가, 정교 사제, 전직 장교, 언론인, 학생, 지식인, 그리고 당연히 농민이 당 지지의 근간을 이루었다. 농민은 단순히 '땅으로 되돌아가라'[315] 식의 비합리적인 향촌의 낭만화뿐 아니라 이 감정적 호소가 농업 불황이 오래가면서 깊어진 경제적 분노와 연계되는 방식으로도, 그리고 유대인 재산 몰수를 통해 토지를 얻게 될 거라는 약속으로도 설득되어 넘어왔다.

파시즘은 루마니아에서 1930년대에 호소력이 커졌는데도 국가권력을 장악할 수 없는 반대파 운동에 머물렀다. 루마니아의 1937년 선거에서 코드레아누의 운동이 성공을 거두자 국왕과 지배계급이 불안해했다. 카롤 2세가 군대와 관료, 대다수 국민자유당 지도부의 후원을 받아서, 그리고 다른 정당들 사이의 분열을 이용할 수 있었으므로 1938년 초엽에 의회를 해산하고 국왕 독재를 수립했다. 미카엘 대천사 군단이 금지되는 한편, 코드레아누가 체포된 다음 감옥에서 피살되었다. (극단적 반유대주의를 비롯해) 파시즘이 제안하는 것 대부분이 국왕 친정 체제에 편입되었다. 그것은 피로스 왕의 승리[316]였다. 파시즘 조직은 지하로 들어가야 했고, 추종자 수백 명이 처형되었는데도 제2차 세계대전에서 재등장하여 비록 사뭇 다른 상황에서였을지라도 잠깐 정부에 참여했다.

---

315)   소농지에서 농사를 짓는 자급자족적 생활과 지역공동체의 자치를 강조하는 운동.
316)   승자의 피해가 패자의 피해보다 훨씬 더 커서 패배나 다름없는 실속 없는 승리. 기원전 279년에 그리스 에페이로스의 왕 피로스가 로마 군대와 싸워 이겼지만 전사자가 너무 많았던 사건에서 비롯한 고사.

전후의 조정에서 영토를 무척 많이 잃은 뒤에 국토를 되찾자는 심한 분개가 아프디아픈 곪은 종기로 남아 있던 헝가리에서는 대공황 시기에 농업 생산이 침체하고 공업 노동인구의 3분의 1이 일자리를 잃으면서 사회·정치적 긴장이 더 심해졌다. 그러나 자기 나름의 극우 성향으로 약소한 파시즘 세력을 갈라놓고 한동안 무기력하게 만든 줄러 굄뵈시Gyula Gömbös가 1932년부터 1936년까지 총리로 재직하는 동안에는 특히나, 지배 엘리트가 보수주의의 복원기인 1920년대에 다시 힘을 모아서 잘 관리된 의회에 대한 우위를 조종하고 위기관리에 적응할 수 있었고, 따라서 1937년 이전에는 중대한 파시즘 정당이 나타나지 않았다. 사회주의 좌파가 1919년 벨러 쿤 정권이 무너진 다음에 분쇄된 뒤로는 결코 회복하지 못한 탓에 허약했고, 그 뒤로 호르티 미클로시의 권위주의 정권의 허울뿐인 민주주의에 대중이 제한적으로나마 참여했다는 것이 파시즘 동원의 기회를 확 줄이는 역할을 했다. 독일에서 벌어지는 사태와 국제정치 상황의 급격한 변화에 영향을 받아서 1937년 이후에야 비로소 대규모 파시즘 운동이 나타났다. 지난날 참모장교였던 살러시 페렌츠Ferenz Szálasi가 1935년에 세웠던 국민의지당[317]에서 (극단적 민족주의 집단 8개의 혼합체인) 헝가리 국가사회주의당이 생겨나서 1939년에 결국은 화살십자당[318]이 되었다. 화살십자당은 공공 부문 전문직과 군 장교, 또한 부

---

317)　Nemzet Akaratának Pártja. 1930년대 헝가리의 극우 정당. 1937년에 불법화되었다 1939년에 복원되면서 화살십자당으로 개칭했다.

318)　Nyilaskeresztes Párt. 1930년대 헝가리의 극우 정당. 1944년 10월 15일부터 이듬해 3월 말까지 헝가리의 집권당이었고, 이 기간에 유대인과 소수민족을 대대

다페스트 공단 지역의 노동자 사이에서 맹렬히 신입 당원을 모집해 1939~1940년까지 당원을 무려 25만 명이나 모았다. 화살십자당 승리의 순간은(희생자들에게는 공포의 시간일지라도) 헝가리가 독일의 지배 아래 놓이고 패배의 그림자가 어른거리는 제2차 세계대전 끝 무렵에나 찾아올 터였다.

동유럽과 유럽 남동부의 다른 곳에서는 대중 동원을 자신의 권력에 대한 위협으로 여기는 권위주의적 보수 반동 엘리트, 특히 군부의 국가 통제력이 파시즘 운동의 도약에 최대 장애물이었다. 심하게 민족주의적이고 지독하게 인종주의적이기 일쑤인 권위주의 지배 체제는 파시즘의 목표와 착상을 흔히 도용했으면서도 가끔 실제로 파시즘 운동을 억눌렀다. (1934년의 에스토니아와 라트비아, 1934년의 불가리아, 1936년의 그리스처럼) 정부가 권위주의화하는 곳에서, 또는 국가의 지원을 받는 기존 엘리트의 영향력이 기존 권위주의 정권을 강화한 곳에서는 파시즘이 조직화하고 동원할 공간이, 그리고 심지어는 파시즘 운동이 그렇게 할 필요성마저 극도로 제한되었다.

제2차 세계대전 직전에 민주주의는 유럽 서북부의 11개국(영국, 아일랜드, 프랑스, 스위스, 벨기에, 네덜란드, 덴마크, 노르웨이, 스웨덴, 핀란드, 소국인 아이슬란드)에 국한되었다. 그 나라들은 모두 제1차 세계대전 동안 승전국이거나 중립국이었다. (소련의 인민을 우선 제쳐 놓으면) 유럽인 5분의 3쯤이 시민권이 크게 축소되고 소수파가 차별과 핍박

적으로 탄압했다.

에 직면한 모종의 억압적 권위주의 통치 아래에 있는 16개국에서 살았다. 그 16개국은 이탈리아, (이제는 오스트리아를 병합한) 독일, 스페인, 포르투갈, 헝가리, 슬로바키아, (이제는 보헤미아·모라바 보호령[319]으로 독일 통치 아래 놓인) 이전의 체코 영토, 루마니아, 불가리아, 알바니아, 그리스, 유고슬라비아, 폴란드, 리투아니아, 라트비아, 에스토니아였다. 제1차 세계대전 뒤에 오스트리아·헝가리 제국의 뒤를 이어 생겨난 민주주의 국가들 가운데 체코슬로바키아만 (1939년 3월에 독일의 침공으로 파괴될 때까지) 살아남았다. 오스트리아·헝가리 제국의 후속 국가들에 세워진 민주주의의 실패는 전후의 조정이 파탄 났다는 가장 명백한 지표였다.

국가권력을 잡아서 독재 체제를 만들어낼 만큼 충분히 강력한 파시즘 정당을 배출해낸 두 나라인 이탈리아와 독일은 내부 통제의 성격과 포괄적 규모에서뿐만 아니라 팽창주의적 목표에서도 심지어는 유럽의 모든 권위주의 정권 가운데에서 예외적이었다. 그러나 유럽의 평화에 대한 위협에는 중대한 불균형이 있었다. 이탈리아는 지중해를 통제하고 뒤늦게 아프리카에서 식민 제국을 이루려고 시도했다. 이 위협은 억제되었을 수 있고, 어떤 경우에든 전면적인 유럽 전쟁을 일으켰을 가능성은 근본적으로 지극히 낮다. 그 두 체제 가운데 더 크고 역동적이고 잔혹하고 이념적으로 더 과격한 히틀러의 독일은

---

319) 독일어로는 Protektorat Böhmen und Mähren, 체코어로는 Protektorát Čechy a Morava. 1938년에 체코슬로바키아의 영토인 수데테란트가 뮌헨 협정으로 독일에 합병된 뒤 이듬해 보헤미아와 모라바 지역에 세워진 독일의 보호령.

다른 문제였다. 독일은 자국의 팽창을 위해 유럽의 심장부를 노렸다. 그 탓에 유럽 대륙 전체가 위협을 받았다. 위태로운 힘의 균형은 독일의 패권이라는 위협으로 말미암아 치명적으로 위험해졌다. 그 뒤로는 유럽의 평화가 더 오래 지속되리라는 기대가 사라졌다.

6

위험 구역

글렛킨은 "어렵고 복잡한 과정을 거치더라도
대중에게는 쉽게 파악되는 단순한 설명을 해줘야 한다고
경험이 가르쳐준다오. 내 역사 지식에 따르면,
인간은 희생양 없이는 절대로 지낼 수 없소"라고 말했다.

아서 케스틀러 Arthur Koestler, **《한낮의 어둠》(1940)**

To Hell and Back

6

최악의 경제 위기가 끝날 무렵인 1934년쯤에 유럽은 바뀌어 있었다. 위협적으로 말이다. 전후의 조정이 무너지고 있었다. 파시즘, 볼셰비즘, 자유민주주의 사이 세 갈래의 이념 충돌이 거세지고 있었다. 파시즘 정권은 제힘을 뻐기고 있었고, 민주주의 국가는 취약성을 드러내고 있었다. 독재자들이 우위를 차지하고서 의제를 정하고 있었다. 전 지구 차원의 경제 위기의 폐허로부터 전 지구 차원의 큰 불길이 어른거리고 있었다.

국제 질서가 허물어지다

유럽의 전후 국제 질서는 처음부터 가장 위태로운 기반 위에 선 지극히 엉성한 건물이었다. 전후의 타결로 조장된 국가 이기주의, 인종 갈등, 민족주의적 울분이 그 질서의 붕괴를 촉발할 조짐을 보였다. 이것들은 유럽의 동쪽 절반에서 가장 격심했다. 서쪽에서는 '로카르노의 정신'이 1920년대 말엽의 짧은 기간 안정과 화해의 희망을 제공했다. 그러나 그 희망은 경제 불황의 분위기 속에서 완전히 스러졌다. 이탈리아에서 파시즘의 국가 장악이 공고해지고 최근에 독일에서 히틀러가 권력을 넘겨받으면서 극도의 불안정을 초래하는 도전이 제기되었다. 파시즘 통치 10년 뒤에 이탈리아는 제1차 세계대전 이전과 달리 허약하고 분열된 나라가 더는 아니었고, 하나의 제국을 일궈내고 지중해와 북아프리카를 지배할 나름의 가능성을 이미 구상하고 있었다. 그러나 대공황기에 등장해서 국제 질서를 뒤엎을 엄청난 잠재력을 지니고 상황을 가장 많이 교란하는 새로운 실체는 나치의 지도 아래서 활력을 되찾고 자신감에 넘쳐 심하게 설쳐대는 독일제국이었다.

이 새로운 힘들이 곧 전쟁 이후로 크게 바뀐 '대열강들'의 배열을 다시 빚어낼 터였다. 오스트리아·헝가리 제국이 해체되면서 중부 유럽과 동유럽에서 일련의 불안정한 국가들이 생겨났다. 서방 민주주의 국가인 영국과 프랑스가 무척 약해졌다. 한편 소련은 아직도 내부가 격렬하게 재구성되느라 다른 데 신경 쓸 틈이 없었다. 국제 각축장은 강대국 간 관계의 균형 변화에 거의 전적으로 지배당하게 되고 있었던 한편으로 소국들은 점점 더 대국들의 후류 속으로 끌려들어 갔다. 파시즘 국가들, 즉 이탈리아와 특히 독일의 국가적 설쳐대기는 국제 질서를 위험에 빠뜨리는 역동적인 새 요인이었다. 서방 자본주의의 제국주의적 공세에서 비롯하는 위협으로 간주한 것에 맞선 자국 방위의 강화를 최우선시하는 소련을 포함한 다른 열강들은 대개는 자기들이 완전히는 이해하지 못한 힘들에 대응하지 않으면 안 되었다. 상호 의심과 국익 경쟁을 고려하면, 이 열강들도 그 같은 힘에 항거하기에는 자기들끼리 너무 분열되어 있었다.

유럽의 국제 질서에서 강력한 원심성 요인을 미약하게나마 막아내고 있는 것이 국가 이익을 초월할 의도로 만들어졌던 주요 기구인 국제연맹League of Nations이었다. 미국이 관여하지 않았으므로 국제연맹의 효능은 처음부터 손상되었다. 그렇지만 1920년대에 국제연맹은 동유럽을 가로질러 줄지어 이동하는 난민 수만 명을 돕는 역할을 했다. 또한 국제연맹은 초인플레이션으로 거덜 난 통화의 안정화를 거들 대규모 차관을 제공해서 오스트리아와 헝가리의 국가 부도를 모면하는 일에서 중대한 역할을 했다. 심지어 대공황 동안과 이후에도 국제연맹은 전염병과 싸우고, 인신매매를 막고, 세계무역의 조건을 개선하는 등 다양한 영역에서 업무를 계속했다. 이 모든 일은 으레 국가의 경계선을 뛰어넘었고, 다양한 방식으로 제2차 세계대전 이후의 긍정적 발전에 이바지할 터였다. 그러나 강제로 평화를 유지하고 (비록 그렇게 할 국제 군사 수단을 가지지는 못했을지라도) 필요하다면 평화를 강제한다는 그 핵심 목적에서 국제연맹은 완전한 실패작으로 판명될 터였다. 국제연맹은 이탈리아와 독일의 포악하고 흉악한 국가적 설쳐대기를 당해낼 수 없었고, 서방 민주주의 국가들의 분열적이고 자멸적인 국가 이기주의 정책을 넘어설 수 없다고 판명되었다.

실제로는 유럽에서 멀리 떨어진 곳에서 첫 국제 질서 교란이 일어났다. 1931년 9월에 일본이 만주를 점령했던 것이다. 이 만행을 규탄하려고 중국이 국제 지지를 호소했을 때, 국제연맹은 뒤늦게 조사단을 만들어서 그 분쟁의 전체 배경을 조사하고 해결책을 제안했다. 그 조사단은, 비록 한편으로는 만주에서 일본이 가진 적법한 이익으로 간주한 것을 인정하라고 중국을 압박했을지라도, 거의 한 해를 들여 보고서를 작성했고 마침내 일본의 행위를 고발했다. 아무리 신중했을지라도, 그 판정은 어쨌든 때를 놓쳐서 내려졌다. 경제적으로 극히 중요한 그 큰 지대에 만주국[320]으로 이름을 바꾼 일본의 꼭두각시 국가가 1932년 세워졌던 것이다. 국제연맹에는 억지로라도 일본이 정복한 영토를 포기하게 할 강제권이 없었고, 중국은 그 영토를 무력으로 탈환할 시도를 하기에는 너무 약하고 분열되어 있었다. 일본의 침략은 세계 여론의 비난을 받았다. 그러나 그것은 일본이 국제적 규탄으로 따돌림을 받아서 1933년 2월 국제연맹에서 탈퇴하게 한 것 말고는 효과가 없었다. 일본이 팽창 욕구가 강한 군사 과두제의 통치 쪽으로 확 쏠리면서 그 나라의 외교적 고립은 요란한 민족주의의 대두를 부추겼다. 만주에서 국제연맹의 나약성이 들춰져 드러났다. 이것은 국제연맹을 주도하는 양대 국가인 영국과 프랑스의 허약성을 널리 알렸다. 영국의 해군력을 극동에서 유지한다는 것은 이미 과도하게 확장된 영국의 방위 자원에 추가로 압박을 가한다는 뜻이었다. 그것은 극동과 유럽, 두 지역에서 유화론의 자극제였다.

그 무렵에는 군비 감축 협정에 바탕을 둔 집단안보 체제를 통해 국제 분쟁을 줄인다는 국제연맹의 핵심 관심사는 완전한 실패로 판명되었다. 1920년 1월의 국제연맹 창설에서 나타난 위대한 희망과 이상이 그 10년 동안 이루어낸 결과는 거의 없거나 전혀 없었다. 군비 감축이 대다수 여론(자유롭게 표명될 수 있는 여론)에서는 인기가 없지

---

320)   滿洲國. 관동군(關東軍)이 1932년 3월 1일에 청 제국의 마지막 황제였던 푸이(溥儀)를 내세워 만주에 세운 일본의 꼭두각시 국가. 1945년 8월에 소련이 일본에 선전포고를 한 뒤 붉은 군대의 공격으로 무너졌다.

는 않았다. 제1차 세계대전을 종식했던 휴전 뒤의 10년 동안, 그 파국에 관한 관심과 그 싸움의 참상을 생각나게 하는 기억이 되살아나서 새로운 전쟁이 불러올 묵시록적 재앙에 대한 커지는 두려움과 한데 뒤섞였다. 평화주의 운동이, 비록 늘 국민의 미미한 일부가 관여했을지라도, 영국과 프랑스와 덴마크 같은 서유럽 국가에서 지지를 점점 더 많이 얻었다. 평화주의를 받아들이지는 않지만 평화와 군비 감축을 위한 운동에 적극적으로 나서는 이는 훨씬 더 많았다. 그들 가운데 사회주의자, 노동조합원, 지식인, 자유주의자, 성직자가 두드러졌고, 여성이 그 비율에 걸맞지 않게 많이 대표되었다. 1920년대 말엽 독일의 정치적 좌파에서도 반전 정서가 거셌다. 에리히 마리아 레마르크_{Erich Maria Remarque}의 반전反戰 소설《서부전선 이상 없다_{Im Westen nichts Neues}》가 1929년에 나왔을 때 곧바로 베스트셀러가 되었고, 독일에서 100만 부 넘게 팔렸다.

독일 좌파의 반전 정서는 수그러들지 않은 군국주의와 극우의 전쟁 예찬과 마주쳤다. 전쟁을 예찬하는 에른스트 윙거의 회고록《강철 폭풍 속에서》가 1920년대에 독일에서 지닌 호소력이 제1차 세계대전을 보는 시각에서 독일 국민이 얼마나 갈라져 있었는지를 보여주는 확연한 지표를 이미 제공했다. 그러므로《서부전선 이상 없다》가 출판되자 우파에서, 특히 우파의 떠오르는 기수인 나치당의 당원 사이에서 격분이 일었다는 것이 놀랍지 않았다. 그 소설이 미국에서 영화로 만들어져서 1930년 12월 독일에서 개봉되었을 때, 이 영화를 독일의 명예에 대한 모욕으로 보는 나치가 이끄는 우파에서 폭풍처럼 항의가 일어나서 "독일의 국제 위상을 위태롭게 하"고 "독일군을 폄하한다"며 공개 상영이 금지되었다.

　그러나 나치가 대두하고서야 비로소 (후방의 마르크스주의 혁명가들에게 '등을 칼에 찔린' 탓에 승리를 빼앗겼던 영예로운 투쟁이었다는) 군국주의적 전쟁관이 반전 정서에 승리를 거두게 되었다. 전선 경험을 찬미하는 최대의 군국주의적 참전 용사 조직인 슈탈헬름('철모단')[321]은 1920년대에 사회민주당의 반전 참전 용사 단체인 라이히스바너Reichsbanner(국기단國旗團)[322]보다 훨씬 작았다. 히틀러가 권력을 잡기 딱 한 해 전인 1932년에 뒤늦게 독일의 사회주의자들이 60만 명 이상 참여한 평화 집회를 열었다. 그리고 심지어 히틀러가 독일 총리가 되고 나서도 많은 독일 국민은, 특히 제1차 세계대전을 겪었던 이들은 또 한 차례의 전쟁에 병적 공포를 버리지 못했다. 히틀러는 자기는 전쟁이 아니라 평화를 위해 애쓰고 있다고, 재무장이 독일의 방위를 확보하는 최선의 길이라고, 자기는 군사력 면에서 서방 열강들과 '동등한 권리' 말고는 다른 것을 바라지 않는다고 여러 해 동안 그들을 설득하는 절묘한 술수를 부렸다. 만약 서방 열강들이 군비 감축을 하지 않는다면 위대한 한 민족의 긍지와 위신은 물론이고 기본적 공평성 때문에라도 독일이 1919년의 베르사유조약에서 미미한 수준으로 축소

---

321)　Stahlhelm. 전선병사동맹 철모단(Stahlhelm, Bund der Frontsoldaten)의 약칭. 1918년 12월 25일에 프로이센주에서 만들어진 준군사 조직. 바이마르공화국 때 국가인민당의 무장 행동대 노릇을 했고, 1935년 나치 돌격대에 편입되었다.
322)　정식 명칭은 흑적금 국기단(Reichsbanner Schwarz-Rot-Gold). 극우와 극좌에 맞서 의회민주주의를 지킨다는 명분으로 사회민주당과 가톨릭중앙당과 독일민주당의 당원들이 1924년 2월에 만들어 1933년 3월까지 존속한 준군사 조직.

된 군대를 비슷한 수준으로 재건하도록 허용되어야 한다는 것이 그의 주장이었다. 그것은 단지 나치 당원뿐 아니라 많은 사람에게 먹히는 주장이었다.

이것은 (여러 해 동안 준비된 뒤에) 1932년 2월 2일 제네바에서 처음으로 열린 군축 회담에서 국제적 타결을 이루려는 모든 시도를 망친 결정적 쟁점으로 판명되었다. 물론, 전 세계의 무기 거래를 규제하고 각국 정부의 군비 지출을 제한하고 군비 감축을 통한 안보를 신임하도록 국가들을 설득하려는 시도에는 벅찬 기술적 문제가 많이 얽혀 있었다. 그러나 단연 더 큰 장애물은 몇몇 주요 국가(그 가운데에서도 일본, 소련, 이탈리아, 독일)에 군비 감축 의지가 조금도 없다는 점이었다. 이 문제는 프랑스와 영국의 골치를 썩이는 또 하나의 주요 난제로 말미암아 더 복잡하게 꼬였다. 그 난제는 이것이었다. 독일의 군비 확장은 어느 수준까지 허용될 수 있는가? 라인강 너머로부터 두 번 침공당한 기억이 생생했으니 당연히 프랑스의 국가적 최고 관심사는 안보에 있었다. 이 안보를 조금이라도 위태롭게 만들 군비 감축은 받아들여질 수 없었다. 한편, 군축 제안 배후의 주요 동력인 영국은 모든 나라가 군비를 줄이면 안보가 실제로 창출되리라는 더 이상주의적인 관점을 가졌다. 프랑스는 설득되지 않았고, 독일이 공격해올 경우에 프랑스를 돕고자 군대를 싸움터에 투입하겠다는 확약을 영국이 꺼린다는 점을 고려하면 자국의 태도를 바꾸지 않을 듯했다.

군축 정책에 관한 양대 서방 열강 사이의 근본적 분열은 엉겁결에 히틀러를 돕는 꼴이었다. 그 분열로 말미암아 히틀러는 자기가 제네바 군축 회담의 고상한 수사 뒤에 있는 원칙의 기본적 불공정성이라고 묘사할 수 있었던 것을 이용해 먹을 최고의 기회를 얻었다. 즉, 서방 민주주의 국가 스스로가 자국의 군비 수준을 독일에 부과된 수준으로 줄이기를, 또는 자국 안보에 꼭 필요한 전제 조건으로 요구하고 있었던 수준으로 독일의 재무장을 허용하기를 꺼린다는 것이었다. (더 작은 나라들 측에서도) 양보할 수 없는 국가의 이해관계는, 해줄수 없는 안보 보장에 각국이 얽매여 옴짝달싹하지 못했으므로, 일괄적 합의의 희망을 깨뜨렸다.

히틀러가 철저하게 독일의 군 지도부와 외무부의 바람에 따라 기회를 잡아서 1933년 10월 14일에 제네바 군축 회담과 국제연맹 자체에서 독일을 탈퇴하도록 했을 때, 그 회담은 이미 잊히는 중이었다. 프로파간다에서 대성공을 거둘 거리를 찾아내는 안목을 가졌으므로 히틀러는 그 탈퇴에 뒤이어 국민투표를 할 기회를 놓치지 않았으며, 그 국민투표에서 그의 행보에 찬성하는 표가 공식적으로 95퍼센트여서 독일 국민 사이에서 그의 위상이 크게 강화되었다. 비록군축 회담은 1934년 6월 마침내 안락사할 때까지 탈진 상태로 휘청대면서도 버텼을지라도, 독일이 탈퇴한 뒤에 군비 감축은 효력을 잃은 쟁점이 되었다. 히틀러가 승리했다. 국제연맹은 중대한 타격을 입었다. 군비 감축의 확률은 0이었다. 유럽은 도슬러서 새 군비경쟁에 나서고 있었다.

1935년 3월에 히틀러는 36개 사단(약 55만 명) 병력의 크고 새로운 독일 국방군의 창설과 보편 병역 의무제의 재도입을 선언할 만큼자신감을 가졌다. 또한—히틀러의 (꽤 부풀린) 주장으로는, 이미 영국공군만큼 큰—독일 공군의 존재가 천명되었다. 두 조치 다 베르사유조약의 명백한 무시였다. 서방 민주주의 국가들이 항의했지만, 그것이 다였다. 그렇지만 히틀러의 움직임에 서방 민주주의 국가들은 불안해졌고, 자국의 재무장 지출을 확 늘렸다.

독일의 재무장에 놀란 영국과 프랑스와 이탈리아의 지도자들이 1935년 4월에 이탈리아 북부의 스트레사_{Stresa}에서 만나 1925년의 로카르노조약을 유지한다는 데 합의했다. 그러나 그 뒤 두 달이 채 안 되어 영국이 독일이 제안한 쌍방 해군 협정에 동의하여 자국 함대의 상대적 규모를 제한함으로써 국제 연대의 이 무화과 잎사귀마저 내팽개쳤다. 영국은 그 해군 협정이 독일 재무장의 더 광범위한 규제와 감축으로 가는 한 걸음이기를 바랐다. 그것은 헛된 바람이었다. 사실상, 그 해군 협정은 이번에는 전후의 조정 배후의 주요 열강들 가운데 한 열강이 직접적으로 묵인하는 가운데 베르사유조약의 관에 하나 더 추가로 박히는 못인 셈이었다. 독일은 무척 기뻐했다. 영국이 단독으로 쓸데없이 히틀러의 위신을 한층 더 올려 주자 프랑스가 유난히 얼굴을 찌푸렸다.

독일이 새로이 강해져서 국제 고립에서 헤어나오자, 그리고 유럽의 전후 질서가 눈에 띄게 허물어지자, 각 국가는 앞다투어 새 동맹을 찾아서 자국의 안보를 보강하려고 시도했다. (히틀러가 권력을 잡은 뒤 곧바로 독일과 정치·종교 협약을 맺었던 바티칸에 뒤이어) 폴란드가 중부 유럽에서 깨어나는 그 거인과 합의할 새 토대를 찾을 첫 국가였다. 히틀러는 1934년 1월에 독일의 그 동쪽 이웃 나라와 10년 불가침 조약을 맺는다는 데 동의하는 선심을 썼다. 독일과 폴란드 사이의 관계를 안정화하는 것은 그 두 나라의 이익에 이바지했다. 폴란드는 자

국의 서쪽에서 안보를 다졌고, 독일은 나치즘의 격렬한 반볼셰비즘
에 떠밀려 자국과 소련의 관계가 급격히 나빠지고 있던 때 동쪽에서
분쟁이 일어날 일체의 가능성을 틀어막았다.

1930년대 초엽에 소련은 대체로 자국의 내부 격동에 정신이 팔
려 있었다. 그러나 히틀러가 권력을 잡자마자, 소련 지도부는 자기들
이 잠재적으로 맞닥뜨린 새 위험성을 잘 아는지라 서방 민주주의 국
가들과 공조해서 유럽에 집단안보 체제를 구축해야 한다고 보았다.
1933년에 영국, 프랑스, 미국과 외교 관계가 수립되었다. 1934년 9월
에 소련은 (이전에는 '제국주의 음모'라고 비난했던) 국제연맹에 가입했다.
새 동맹이 구축되어야 했다. 이듬해 소련이 프랑스와 상호 원조 협약
을 맺었고, 방위 동맹으로 이미 프랑스와 묶인 체코슬로바키아와 추
가 협약을 맺었다. 그 새 협약들로 말미암아 히틀러가 제지되기는커
녕 모든 구속의 굴레를 깨겠다는 그의 결의가 더욱더 굳어졌을 따름
이다.

실제로는, 유럽 한복판이 아니라 멀리 유럽의 남쪽에서 일어난 사
건이 국제연맹에 치명상을 입히고 이탈리아와 독일 사이의 더 긴밀
한 유대로 가는 길을 닦아서 국제 질서의 밑동을 뒤흔들었다. 1935년
10월 3일에 이탈리아가 (나중에 더 흔히는 에티오피아로 불릴) 아비시니
아를 침략했다. 그것은 방식이 신식인 구식 제국주의였다. 무솔리니
는 (자신의 위신을 높이기를 적잖이 겨냥한) 그 전쟁의 단호한 주창자였
다. 승리는 이탈리아군이 1896년에 아두와[323]에서 아비시니아인에게

---

323)　에티오피아 북단의 도시.

당했던 창피한 패배[324]를 앙갚음해 줄 터였다. 그것은 이탈리아가 전승국 편에 섰는데도 많은 이탈리아인이 자국의 '정당한' 몫의 아프리카 식민지로 여긴 것을 1919년에 빼앗겼던 허약한 나라가 더는 아님을 서방 열강들에게 보여줄 터였다. 그리고 영국과 프랑스 식민 제국의 위세가 시들어 보이는 때 역동적인 제국적 열강으로서 이탈리아의 위상을 군사적 정복을 통해 과시할 터였다. 특히 에티오피아는 이탈리아의 지중해, 아드리아해, 달마티아, 그리스, 에게해, 아프리카 북부 및 동부의 지배에 바탕을 둔 현대판 로마제국의 건설로 가는 길의 디딤돌일 터였다.

그 전쟁은 야만스러웠다. 이탈리아 폭격기가 주민을 공포에 몰아넣으려고 독가스를 마구 뿌려댔다. 그러나 에티오피아인은 월등하게 우세한 군대에 맞서 여러 달 동안 버텼다. 전쟁은 에티오피아의 하일레 셀라시에Haile Selassie 황제가 도주하고 이탈리아 군대가 1936년 5월 아디스아바바[325]에 들어가면서 사실상 끝났다. 비록 이탈리아군이 큰 대가를 치렀고, 에티오피아가 '평정되었다'고 선언하려면 일곱 달이 더 걸렸을지라도 말이다. 이탈리아 국왕이 황제로 선포되었다. 무솔리니는 이탈리아 대중의 찬사 속에서 우쭐댈 수 있었다. 그의 인기는 전에는 그 같은 고점에 이른 적이 없었고, 다시 그러지도 못할 터였

---

324) 19세기 말에 에티오피아는 이탈리아와 우호 조약을 맺었지만 이탈리아가 침략 의도를 드러내자 전쟁에 대비했고, 이탈리아가 쳐들어오자 1896년 3월 1일 아두와에서 침공군에 대승을 거두고 독립을 인정받았다.
325) Addis Ababa. 에티오피아 한복판에 있는 대도시이자 19세기 말엽 이후 에티오피아 제국의 수도.

다. 그러나 국내에서 그의 위신은 지금 당장은 엄청났다.

국제적으로, 에티오피아에서 벌어진 전쟁은 유럽의 평화와 안보를 증진하는 국제 매개체로서의 국제연맹에 조종을 울렸다. 국제연맹이 이탈리아에 경제제재를 가했다. 그 제재는 실제로는 제한적이었다. 예를 들어 이탈리아에 푸아그라 수출이 금지된 반면 철, 강철, 석탄, 석유 수출은 금지되지 않았다. 영국과 프랑스의 외무장관인 새뮤얼 호어Samuel Hoare와 피에르 라발Pierre Laval이 이탈리아에 에티오피아의 3분의 2쯤을 줘서 무솔리니의 침략을 보상한다는 데 동의한다는 거래가 제안되었다는 소식이 새어 나왔을 때, 항의가 엄청났다. 영국에서 특히 그랬다. 가장 중요한 양대 국제연맹 회원국이 정당한 사유 없는 전쟁 행위에서 한 회원국에 침공당했던 다른 회원국의 분할에 동의하고 있었다.

영국과 프랑스 사이의 관계가 잠시 껄끄러웠다. 그러나 국제연맹의 위상에 가해진 손실이 훨씬 더 컸다. 유럽의 작은 나라들이 국제연맹의 무력함을 보았다. 그 나라들은 충실한 태도를 재고했고, 안보로 가는 대안 경로를 모색했다. 스위스는 비록 실질적으로 프랑스와 독일의 영향력에 대한 평형추로서 이탈리아에 기대를 걸었을지라도 자국의 중립을 굳건히 했다. 폴란드와 루마니아와 유고슬라비아는 프랑스가 신뢰할 만하다는 믿음을 잃었다. 국제연맹의 주요 회원국들이 침략 행위를 영토로 보상하려 들 때, 스칸디나비아 국가들은 스페인과 스위스와 네덜란드와 더불어 제재 조치에 참여해 얻을 이득을 더는 찾지 못했다. 에티오피아 사태 뒤에 국제연맹은 이상주의적인 퇴물로 전락했다. 유럽의 평화를 떠받치고 지켜내는 용도의 도구로서 국제연맹은 죽었다. 비록 1940년 6월 독일의 군사력이 프랑스를 쳐부수던 바로 그 순간에, 어울리지 않게도, 국제연맹의 마지막 간행물이 '군비 감축'이라는 표제로 나오게 되더라도 말이다.

에티오피아 전쟁의 주요 수혜자는 독일이었다. 이 시점까지 무솔리니는 히틀러에게 두드러지게 냉담했다. 그 이탈리아 지도자는 특히 오스트리아를 향한 독일의 팽창주의적 목표에 관해 서방 열강들만큼 마음을 놓지 않았다. 그는 1934년에 오스트리아의 엥겔베르트 돌푸스 총리가 암살되자 히틀러에게 보내는 경고로 이탈리아 군대를 알프스산맥의 브렌너 고개[326]로 보내기까지 했다. 최근인 1935년 4월에 이탈리아는 독일의 서부 방향 팽창을, 그리고 특히 오스트리아를 지배하려는 어떠한 움직임도 억제할 목적의 '스트레사 전선'[327]에서 서방 민주주의 국가들과 제휴했다. 그러나 에티오피아 전쟁 동안 이탈리아는 대체로 우방국이 없어서 제재에 직면했고 주저하며 군사적 행보만 할 따름이었다. 히틀러는 이 전쟁 동안 독일의 중립을 유지했다. 그러나 그는 국제연맹을 지원하지 않았다. 무솔리니에게는 우방국이 필요했고, 히틀러는 그 상황을 이용할 수 있었다. 1936년 1월에 무솔리니가 태도를 바꾸었다. 그는 자기가 보기에 스트레사가 무

---

326)　독일어로는 Brennerpass, 이탈리아어로는 Passo del Brennero. 알프스산맥 동부에서 고도가 가장 낮은 고개이며, 이탈리아와 오스트리아의 경계가 된다.
327)　Stresa Front. 정식 명칭은 스트레사 회담 최종 선언. 1935년 4월 14일 스트레사에서 프랑스, 영국, 이탈리아의 정부 수반 사이에 맺어진 협정. 로카르노조약을 재확인하는 한편 독일의 베르사유조약 변경 시도를 막고 오스트리아의 독립을 보전한다는 내용이 담겨 있었다.

용지물이 되었다는, 자기는 오스트리아가 독일의 지배 아래로 들어가는 데 반대하지 않겠다는, 만약 히틀러가 파리에서 곧 이루어질 프랑스·소련 상호 원조 협약 비준에 반발하기를 바란다면 프랑스와 영국을 지지하지 않겠다는 신호를 보냈다. 히틀러는 주시했다. 그것은 그가 라인란트를 재무장하려는 때 이른 행보를, 즉 독일 서부의 방어에 필수 불가결한 조치였으며 재무장에 중요하지만 서유럽에서 전후 조정을 보장했던 1925년 로카르노조약에 대한 노골적 공격을 심사숙고할 수 있다는 뜻이었다.

더 늦게든 빠르게든 어떠한 민족주의적 독일 정부라도 라인강 우안의 좁다란 50킬로미터 길이의 독일 영토가 비무장 상태에 머물러야 한다고 로카르노조약에서 인준된 전후 조정의 규정을 제거하려고 시도했을 것이다. 이것은 꼭 극단적 민족주의자가 아니더라도 대다수 독일인에게 독일의 주권에 대한 견딜 수 없는 제한이자 전승국들의 1919년 딕타트의 가시지 않는 오욕인 셈이었다. 참을성 있는 외교라면 다음 두어 해 동안 그 비무장화의 종식을 교섭했을 가능성이 있다. 히틀러 스스로가 1937년을 염두에 두었다. 그러나 참을성 있는 외교는 히틀러의 길이 아니었다. 그는 극적인 일격이 성공하면 자신의 국제적 위상뿐 아니라 국내 위신에도 커다란 득이 된다는 점을 알았다. 프랑스·소련 협약 비준이 구실을 제공했다. 아비시니아를 둘러싼 서방 민주주의 국가들의 난맥상, 국제연맹의 신뢰 상실, 무솔리니의 청신호가 기회를 제공했다. 그 기회를 잡아야 했다. 막바지에 주저함과 초조함이 얼마간 있었다. 그러나 히틀러는 오래 망설이지 않았다. 1936년 3월 7일에 2만 2000명 병력의 독일군이 그 비무장지대에 들어갔다. 집합한 병력 3만 명 가운데 단 3000명에게 경찰 부대의 지원을 받아 전진해서 라인란트 안으로 깊숙이 들어가라는 명령이 내려졌다. 군사적 대치는 없었다. 히틀러가 예측한 대로, 그 사건 뒤에 서방 민주주의 국가들이 항의했지만 그밖에는 아무것도 하지 않았다. 그는 응징을 모면하고 역대 최대의 승리를 거두었다.

이것은 서방 민주주의 국가들이 제 갈 길을 가는 히틀러를, 전쟁을 벌이지 않고 멈춰 세울 마지막 기회였다. 그 국가들은 왜 그러지 않았을까? 결국, 얼마 되지도 않는 독일군 부대가 라인란트 안으로 진군했다. 그것도 만약 서유럽에서 가장 큰 군대의 도전을 받으면 물러나라는 명령을 받은 상태에서 말이다. 프랑스가 전진하는 부대를 무력시위로 멈춰 세웠더라면, 히틀러는 독일의 군부와 대중이 보기에 위상에 타격을 입고 꽤 약해졌을 것이다. 결과가 어땠을지는 알수 없다. 만약 1936년에 라인란트를 재무장하려는 시도에서 창피하게 실패했더라면 히틀러가 군 지도부의 유력 인사들에게 무모하고 위험하다고 여겨져서 후속 행보를 밀어붙일 수 없었을 법하다는 것이 무척 그럴싸하다. 그러나 히틀러가 프랑스의 첩보원들에게서 얻어낸 것으로부터 알고 있었듯이, 프랑스가 독일의 행동을 멈춰 세우려고 군사적 조치를 취할 가망은 거의 없었다. 히틀러가 움직이기 전에 프랑스 정치가들은 독일 군대를 라인란트에서 물리칠 무력행사를 거의 배제했다. 하루에 3000만 프랑의 비용이 드는 동원은 재정에나 정치에나 재앙이었을 것이다. 그런 일이 벌어지지 않았으므로, 파리의 재정 공황은 가까스로 겨우 비껴갔다. 게다가, 프랑스군은 즉각 전투를 할 수 없었다. 그러려면 16일 기간의 동원이 필요했다. 그리고 이것은 프랑스의 국경을 지키기 위해서였지, 라인강에서 싸우기 위해서는 아니었다. 프랑스의 여론도 군사적 응징에 반대했다. 히틀러가 벌 받는 꼴을 보고 싶어 하는 이들조차 라인란트에 싸울 가치가 있다고 생각하지는 않았다.

어쨌든, 프랑스는 영국의 지원 없이 행동하려고 들지 않았다. 그러나 라인란트를 놓고 벌이는 군사행동을 영국이 지지할 가망은 없었다. 영국 지도자들은 로카르노조약이 위반될 경우에 영국이 독일에 맞선 군사행동을 취할 위치에 있지 못하다는 점을 잘 알고 있었고, 그 점을 프랑스에 밝혔다. 영국의 여론은 그 같은 군사행동에 틀림없이 호의적이지 않았을 것이다. 아비시니아 사태의 여파 속에서 영국에는 독일보다 오히려 프랑스에 더 반대하는 분위기가 있었다. 무척 많은 사람의 눈에 결국 히틀러가 그저 '제 뒷마당'에 들어가고 있을 때 그와 싸우려는 욕구는 결코 없었다. 영국의 대중이 이탈리아의 아비시니아 침공에 보이는 반응과는 대조적으로 항의 행진이나 시위, 또는 독일을 제재하라는 요구가 없었다.

따라서 영국도 프랑스도 앞으로 어떻게 해야 할지에 관한 자기들의 견해차를 가리고 팔짱만 낀 채로 (틀림없이 히틀러를 밤에 잠 못 이루게 할 행보로) 국제연맹 이사회에 항소하고, 결국은 라인란트 문제 해결을 위해 그리 마음 내키지 않는 외교적 제안을 내놓으려고 시도하는 것 말고는 어떤 일도 하지 않았다. 라인란트 문제를 제 나름의 방식으로 이미 해결했으므로 히틀러로서는 그 외교적 제안을 거부하기가 어렵지 않았다. 당시 영국 외무장관인 앤서니 이든Anthony Eden은 합의된 평화적 해결책을 추구하는 것이 자기의 목표였다고 의회 하원에서 말했다. 그는 다음과 같이 선언했다. "우리 앞에 늘 있는 것은 바로 유럽 전체의 유화론입니다." '유화론'은 곧 되돌아와서 영국 정부를 따라다니며 괴롭힐 용어였다.

1936년 3월 말에 히틀러가 라인란트 조치를 인준할 국민투표를 실시했다. 그 국민투표는 독재자들에게 무척이나 소중한 99퍼센트의 지지표를 그에게 안겨 주었다. 물론, 그것은 조작된 결과였다. 그러나 실제로 압도적 비율의 독일 국민이 히틀러의 행보를 (그 행보가 전쟁으로 이어지지 않으리라는 점이 분명해지자) 열렬히 반겼다는 점에는 의문이 있을 수 없다. 그 독재자의 국내 인기가 새 고점까지 치솟았다. 이 때문에 독일의 전통적 지배 엘리트들에 대한 그의 우위가 촉진되었다. 그의 대담성이 먹혔다. 그들의 의심은 잘못임이 입증되었다. 특히 군대가 히틀러에게 추가로 신세를 졌다. 그 독재자의 광적인 자기중심주의는 한계를 몰랐다. 그는 자기가 실질적으로 무오류라고 생각하는 한편으로 라인란트 진군 직전의 긴장된 시기 동안 흔들렸던 이들에게는 다만 경멸만을 품었다.

독일의 군사력은 이제 의문의 여지 없이 유럽의 정세에서 지대한 요인이 되었다. 그것은 독일이라는 나라가 무릎을 꿇자 서방 열강들이 전쟁 배상금의 실질적 종결에 동의했던 불과 네 해 전 상황의 놀라운 백팔십도 전환이었다. 라인란트의 재무장은 베르사유조약과 로카르노조약을 끝장내는 마지막 일격이었고, 프랑스·독일 접경지대의 지속적 안보 기반을 조성한다는 끈질긴 희망을 마침내 무너뜨렸다. 서방 민주주의 국가들이 어느 시점에 히틀러의 독일과 맞부딪힐 가능성이 더더욱 커 보였다. 지난 세 해에 걸쳐 히틀러는 서방 열강들이 다만 취약성과 결의 부족을 드러내며 미적거리는 동안 거듭해서 주도권을 쥐었다.

영국과 프랑스가 기존의 규칙에 따라 경기를 하지 않는 외교 상대와 계속 씨름하려고 들자 독일과 이탈리아의 독재자들이 슬슬 더 가까워졌다. 1936년 초에 그 두 독재자의 관계는 아직 훨씬 덜 화기애애했다. 가을 무렵, 무솔리니가 11월 1일에 로마·베를린 추축Rome-Berlin Axis이라고 선언한 것이 구축되었다. 무솔리니는 비록 자기가 눈치채지는 못했을지라도, 상위 독재자에서 하위 동반자로 옮아가고 있었다. 제 나라에서 절대 권력에 가까운 권력을 휘두르는 종잡을 길 없는 지도자가 각각 통치하는 그 두 팽창주의적 열강은 유럽의 평화에 점증하는 이중의 위협을 제기했다. 이제 이탈리아의 후원을 잃어버린 오스트리아는 7월에 자기 나라에 대한 독일의 영향력을 크게 늘리는 조건에 동의했다. 그리고 추축은 심지어 그것이 정식으로 구성되기 전에도 스페인에서 작동하고 있었다. 히틀러와 무솔리니 두 사람 다 프란시스코 프랑코가 이끄는 국민 진영의 반군에 군사 원조를 제공하기로 이미 결정했던 것이다.

그 두 독재자를 더 가깝게 한데 묶어낸 중대 요소 하나가 반볼셰비즘이었다. 여기서는 히틀러가 분명히 추동력이었다. 무솔리니에게 반볼셰비즘은 주로 국내용 선전 수단이었다. 러시아는 그에게 전략적으로 중요하지 않았다. 히틀러의 반볼셰비즘은 더 근본적이었다. 1920년대 이후로 그의 마음속에서는 유대인과 볼셰비즘 사이의 본질적 연결 고리가 개인적 강박관념이었다. 그러나 권력 장악 이후의 대외 정책에서 그의 행보를 형성하는 데에서 소련은 기껏해야 부차적 역할을 했다. 이것이 1936년에 바뀌고 있었다. 이념상의 그 핵심 적국과 마지막 대결을 벌이겠다는 생각이 이해에 굳어지기 시작했다. 히틀러의 머리에서 떠난 적이 없는 생각이었다. 그는 볼셰비키의 위협에 사로잡혀 가고 있었다. 히틀러는 프랑스와 스페인에서 생겨날 법한 공산당 지배에서 독일에 대한 실질적 위협이 생겨나고 있다고 보았다. 그는 소련의 공업화에서 이루어진 대진전과 광범위한 재무장 계획을 잘 알고 있었다. 그가 보기에 시간은 독일 편이 아니었다. 그는 유럽이 화해 불가능한 두 진영 사이에서 갈라져 있다고 보았다. 다음 몇 해 동안의 어느 시점에는, 즉 너무 늦기 전에 그 위험에 맞서야 했다.

1936년 8월 말에 히틀러는 다음 네 해 동안의 독일 경제의 방향을 정하는 긴 각서를 완성해서 급속한 재무장 가속화에 주안점을 둔 국내 생산 극대화를 목표로 삼은 프로그램을 명기했다. 그 배경은 그전 여러 달 동안 독일 안에서 고조되던 경제 압박이었다. 재무장에 필요한 원료 수입보다 식량 수입이 일시적으로 더 우선시되었다. 재무장을 축소하고 경제의 방향을 재설정하라고 지도부를 압박하는 목소리가 두드러졌다. 결단이 요구되었다.

히틀러가 결단했다. 그는 민생보다 군비를 택했다. 그의 논거는 정치였지 경제가 아니었다. 그의 '4개년 계획' 각서는 볼셰비즘이 새로운 세계 분쟁의 중심에 있을 거라는 단정으로 시작했다. 그는 그 분쟁이 언제 일어날지는 알 수 없어도 소련과의 마지막 결전은 불가피하다고 선언했다. 그는 그 각서를 다음과 같은 두 과제를 제시하면서 끝맺었다. "1) 독일의 육해공군은 4년 안에 작전을 수행할 수 있어야 한다. 2) 독일 경제는 4년 안에 전쟁 수행에 적합해야 한다." 그것은 전쟁을 위한 일정표는 아니었다. 그러나 그 이후로 독일은 진행 중인 경로에서 벗어날 수 없었다. 히틀러를 권좌에서 제거하지 않고서는 국제무역에 바탕을 둔 평시 경제로의 전환은 있을 수 없었다. 싸울 태세가 된 군사력을 증강하기 위한 집중적인 경제 자립 프로그램이 선택되었다. 요점이 정해졌다. 그 경로는 전쟁 쪽으로 이어져 있었다. 독재자들이 유럽의 운명을 정하기 시작했다.

독재

반동 정권

1930년대는 독재자의 10년이었다. 몇몇 독재는 1920년대에 형성되었다. 다른 독재는 1940년대에 점령 체제로 그 뒤를 따를 터였다. 그러나 뭐니 뭐니 해도 1930년대가 독재자들이 번성하는 10년이었다. 1939년이 되면 민주주의보다 독재 아래에서 사는 유럽인이 더 많았다.

모든 독재는 다원주의 형태의 정치 대의제 제거(나 심한 제한), 개인 자유의 제한(이나 말살), 대중매체의 통제, 사법부 독립의 종식(이나 엄한 제한), 경찰력 확장을 통한 정치 반대 세력의 가혹한 탄압 등 여러 특징을 공유했다. 그리고 모든 독재는 유사 대의제 형태에 기댔다. '프롤레타리아독재'가 정통성 주장의 바탕을 계급에 두는 나라인 소련을 제외하면, 어김없이 독재 정권은 '국민'이나 '민족'을 대표한다고, 인민주권을 구현한다고, 국익을 위해 행동하고 있다고 주장했다. 몇몇 형태의 국회나 의회는, 아무리 조작되거나 통제되거나 조종되었을지라도, 통상적으로 유지되었다. 그러나 실제 권력은 어김없이 군부와 보안부대의 뒷받침에 기대는 권위를 가진 '위압적 실권자'의 지배에 있었다. 모든 독재에서 군부의 역할이 결정적이었다. 그리고 소련을 제외하고, 군부는 예외 없이 이념적으로 애국 보수적이고 성격상 사회주의에 격렬하게 반대했다. 대다수 독재에는 내부 소요의 진압, '질서' 회복, 기존 엘리트 권력의 유지라는 본질적으로 부정적인 목표면 충분했다. 그러한 독재는 국제적 위협을 제기하지 않았다.

예를 들어, 에스토니아에서 전에 농민동맹 지도자였던 콘스탄틴 패츠Konstantin Päts 총리가 1934년에 세운 권위주의 정권은 정치 소요가 심하고 의회가 불안정한 와중에 내부 안보를 유지한다고 선언된 목표를 가지고 있었다. 정치의 무질서를 키운 책임이 있다며 (준準파시즘의 성격을 띤 과격한 우익 포퓰리즘 운동인) 참전용사연맹[328]이 금지되었다. 이 단체 소속 의원의 당선이 취소되고 몇몇 주요 연맹원이 체포되었고, 정치 시위가 금지되었다. 몇몇 신문이 정간당했다. 그러고 나서 패츠가 의회를 해산했다. 그 뒤에 반대 활동이 금지되고 국영 프로파간다를 통해 국민 단합이 선전되었다. 그러나 대규모 정치 탄압은 없었다. 강제수용소가 세워지지 않았고, 예술과 문학이 ('선동적'이지 않다면) 제한되지 않았으며, 심지어 사법부도 간섭을 거의 받지 않았다. 패츠는 자기 정권을 '관리되는 민주주의'라고 일컬었다. 그것은 분명

---

328) Vabadussõjalased. 에스토니아 독립전쟁(1918~1920) 참전용사협회로 1929년에 만들어진 에스토니아의 극우 조직. 공산주의와 의회민주주의에 반대했고, 폭동을 모의하다 적발되어 1935년 12월에 금지되었다.

히 결코 민주주의적이지 않았지만 기껏해야 비非역동적 독재였고, 초기의 단속 뒤에는 그 시대의 가장 권위주의적인 정권들에 견주면 비교적 자유주의적이기조차 했다.

상대적으로 순한 형태의 권위주의가 폴란드에도 (적어도 초기에는) 있었다. 1926년 5월 피우수트스키 원수의 쿠데타 뒤에 민주주의의 외형이 유지되었다. 의회(세임)와 다원주의 정당과 노동조합이 존속했다. 언론은 비교적 자유로운 채로 남았다. 그러나 국가의 행정 권력이 무척 강해졌다. '위압적 실권자'인 피우수트스키 스스로가 국방장관이라는 공식 지위에서 정부를 통제했다. 1930년에 5000명을 웃도는 정치적 반대파가 체포되었고, 더 중요한 몇몇 인사는 감옥에서 심한 학대를 당했다. 이것을 두드러진 예외로 치면, 그 단계에서는 탄압이 광범위하지 않았다. 1933년 3월에 폴란드가 경제 위기에 시달리자, 세임이 정부에 포고령으로 통치할 권한을 주었다. 실권은 피우수트스키 뒤에 있는 군부의 손에 있었다. '대령'이라고 불리는 자들이 정부의 주요 직위를 차지했는데, 모두가 검증된 피우수트스키 충성파였다. 탄압이 더 거세졌다. 1934년에 대통령령으로 강제수용소가 베레자 카르투스카[329]에 세워졌다. 3개월 억류(그리고 있을 수 있는 3개월 추가 연장)에는 재판소의 선고가 필요하지 않았다. 1934년 7월에 첫 수감자들은 폴란드의 파시스트였다. 그러나 1939년 이전의 억류자 대다수는 공산주의자였다. 전전 시기에 그 수용소로 보내진 사

---

329) Bereza Kartuska. 오늘날 벨라루스의 남동부에 있는 소도시 뱌로자. 1920년부터 1939년까지는 폴란드에 속했다.

람은 모두 합쳐서 3000명쯤이었다. 10명 남짓한 사람이 그곳에서 죽었다. 많은 권위주의 정권의 희생자에 견주면 적은 수일지라도 몹시 나쁜 일이었다. 폴란드 국가의 권위주의적 성격은 국가수반으로서 대통령에게 광범위한 권력을 부여하고 의회 독립성의 기반을 크게 줄인 1935년 4월의 새 헌법에서 확인되었다.

그 뒤 얼마 안 되어 5월에 피우수트스키가 죽었어도 근본적 변화는 일어나지 않았다. 당파 싸움이 계속되고, 정치가 분열되고, 나치 독일의 위협이 커지는 것이 인식되는 가운데 1937년에 국민통합캠프[330]라는 이름이 붙은 대규모의 국가 후원 조직이 세워져서 1930년대 말엽 폴란드의 유력 인사이며 '국가 영도자'로 일컬어지는 에드바르트 리츠시미그위Edward Śmigły-Rydz 장군의 지지세를 규합하게 되었다. 폴란드는 더 요란한 민족주의 국가, 더 지독한 반유대주의 국가, 소수민족에 덜 관용적인 국가가 되었다. 그러나 이념은 국민 통합이라는 그저 그런 모호한 목표에 국한되었다. 그리고 중대한 파시즘 운동은 없었다. 이런 형태의 권위주의에는 역동적이랄 것이 없었다. 국민을 동원하려는 중대한 시도는 이루어지지 않았다. 정권은 사회를 통제하는 데 만족했고, 사회를 바꾸겠다는 큰 포부는 품지 않았다. 전통적으로 폴란드 사회를 지배해온 보수 엘리트의 이익에 주로 봉사하기 위해서는 질서 유지면 충분했다.

대중 동원은 대다수 권위주의 독재에서 제한된 수단에 머물렀다.

---

330)   Obóz Zjednoczenia Narodowego. 국가와 1935년 헌법의 수호를 표방하며 1937년 2월 21일에 창립해서 1940년까지 존속한 폴란드의 우파 민족주의 정당.

그리스에서 유난스레 카리스마 없는 요안니스 메탁사스 장군에게는 자기가 부리는 대중 조직이 없었다. 1936년 4월 권력을 잡기 전에 그는 4퍼센트에 지나지 않는 그리스인의 지지를 누렸다. 그러나 그는 (1935년에 군주정이 복원된) 그리스의 국왕 요르요스 2세와 군부의 지지를 얻어서, 그리고 정치 격변이 심각하고 권력투쟁이 격렬하고 의회가 교착상태에 있는 와중에 1936년 8월에 독재를 확립할 수 있었다. 정당과 당파에서 자유로운 정부를 세워 그리스를 공산주의에서 구한다는 목표가 선언되었다. 의회가 해산되고, 헌법이 폐지되고, 계엄령이 선포되고, 정당과 반대파 조직이 억눌리고, 정치적 자유가 줄어들었다. 군대와 경찰의 힘이 세졌다. 재소자 수천 명이 잔혹한 수용소에 갇혔다. 메탁사스는 파시즘 유형의 국민청소년단[331]을 창설하고 국가 영도자를 찬양하는 대행진을 연출하면서 파시즘 방식을 흉내 내려고 애썼다. 그러나 메탁사스가 권력을 잡기 전에 그리스에는 파시즘의 영향력이 거의 없었고, 이탈리아 파시즘 노선을 따라 대중 지지 기반을 동원하려는 (개인화된 권력의 진정한 기반의 형성을 명백하게 노리는) 그의 시도는 실패작이었다. 탄탄한 이념 비슷한 것도 없었다. 메탁사스는 1941년에 죽을 때까지 권좌에 머물렀다. 그러나 그는 국왕과 군부에 완전히 종속되어 있었다. 그의 독재는 사회를 제약하고 통제하지만 동원하지는 않는 억압적 권위주의의 변형이었으며, 어떤 이념적 동인도 가지지 못했다.

---

331)   청소년의 여가 선용과 국가관 확립을 표방하며 1936년 10월에 세워져 1941년 4월까지 존속한 그리스 청소년 단체.

전간기의 다른 대다수 독재는 각각의 경우에 국가별 결정 요인이 빚어낸 비슷한 특징을 공유했다. 헝가리에서 호르티 미클로시의 권위주의는 1930년대에 독일의 영향 아래로 점점 더 들어가면서 다원주의 체제의 겉치장을 유지했지만 실제로는 동원된 대중보다는 군대와 대지주에게 어느 때보다도 훨씬 더 심하게 종속되었다. 파시즘 대중정당은 지지 기반이 아니라 정권에 대한 위협으로 여겨졌다. 그 정당의 지도자인 살러시 페렌츠가 투옥되었고 그의 운동(국민의지당, 당시에는 헝가리 국가사회주의당)은 금지되었다가 다시 활동 허가를 받아서 1939년 3월에 화살십자당으로 재편되었고, 이듬해 5월 선거에서 투표의 4분의 1을 얻었다. 그렇더라도, 파시즘의 영향력이 자라나고 차츰차츰 극단화하는 나름의 민족주의적·반유대주의적 색채를 띠었는데도 호르티의 정권은 여전히 (혁명적이지 못하고 반동적이어서) 본질적으로 비역동적이었다.

유럽의 다른 편에서는 안토니우 살라자르의 포르투갈이 아마도 유럽의 모든 독재 가운데 가장 덜 역동적인 독재였을 것이다. 1933년에 세워진 그의 '신국가Estado Novo'는 반동적 가톨릭 신앙의 가치를 구현하는 조합주의적 헌법에 바탕을 두었다. 이 가치가, 그리고 포르투갈의 해외 식민지 유지가 다소간에 그 정권의 모호한 통합성 이념의 요체에 해당했다.

참정권이 제한되고, 언론이 검열되고, 파업과 직장폐쇄가 금지되고, (정치경찰과 특별재판소, 광범위한 고발과 밀고자 조직망 등) 억압 기구가 흔했다. 국가가 조직한 정당인 '국민연합', 청소년 운동, (파시스트식 경례를 사용하는) 준군사 조직이 그 정권에 대중 지지를 제공했다. 그러나 살라자르는 파시즘 대중운동에 종속되기를 조금도 바라지 않았고 실제로 국가조합주의자,[332] 즉 파시스트 '파란셔츠단'을 억눌렀다. 독재자들 가운데 가장 따분한 이 독재자는 지도자 숭배를 바라지 않았고, 설쳐대는 군국주의와 제국주의적 팽창주의에도 등을 돌렸다. 그가 표방하는 보수적 권위주의는 유럽의 역동적 독재와 가장 뚜렷하게 대비되었다.

역동적 독재: 이념과 대중 동원

심지어 당대인에게도 (소련과 이탈리아와 독일의) 세 독재가 나머지 모든 독재에 견줘서 돋보인다는 것이 너무나도 명백했다. 1930년대 중엽까지 이탈리아의 파시즘과 독일의 국가사회주의와 대립하는 소련의 볼셰비즘, 이 세 독재의 이념 대결이 눈에 띄게 거세지고 있었다. 이 무렵 그 대결이 서방 민주주의 지도자들이 인식한 대로 유럽을 위험 구역으로 데려가고 있었다. 유럽 전쟁의 가능성이 커진다는 황색 경고등이 밝게 번쩍이기 시작했다. 통상적인 권위주의 정권들 가운데 유럽의 평화를 위협하는 정권은 없었다. 그러나 서방 민주주의 국가들은 예외적이고 역동적인 각각의 그 세 독재를, 특히 스탈린의 러시아와 히틀러의 독일을 더더욱 걱정스레 바라보았다. 보수 우파에는 공산주의를 파시즘이나 나치즘보다 더 두려워하는 이들이 많았

---

332)   Nacional-Sindicalista. 1932년에 포르투갈에서 등장한 파시즘 성향을 띤 가톨릭 극우 운동의 구성원. 공식적으로는 1934년 7월 말에 해체되었다. '파란셔츠단'이라는 준군사 조직에서 활동하기도 했다.

고, 이들은 1920년대 이후로 그 체제들을 하나로 묶어 '전체주의적'이라는 꼬리표를 붙여서 '권위주의적'일 뿐인 통치 형태와 구별하기 시작했다. 꼭 공산주의자가 아니더라도 좌파 대다수에게는, 소련 공산주의를 공동의 적 파시즘의 변종으로 여겨져야 하는 이탈리아와 독일의 정권들과 뭉뚱그리는 것은 터무니없는 잘못이었다.

이념은 달랐어도 그 세 역동적 독재의 통치 방식에 사회를 철저히 편성해서 통제하고, 반대파와 소수자에 테러를 가하고, 지도자 한 사람을 찬양하고, 독점적 정당이 무자비하게 동원하는 등 눈에 띄는 유사성이 있었다는 점은 부인할 수 없다. 그 셋은 완전히 새로운 현대식 독재의 상이한 형태였고, 자유민주주의와는 완전히 정반대였다. 만약 우리가 사회를 근본적으로 바꾼다는 유토피아적 목표에 이끌려 추진되는 중대한 정치 격변을 혁명이라는 용어로 이해한다면, 그 셋 다 혁명적이었다. 그에 상응해서, 그 셋 다 (실제는 다양했지만) 원칙에서는 개인에 대한 '총체적 요구'를 했다. 그 셋은 억압을 단순히 통제 수단으로 사용하는 데 만족하지 않고 단일한 배타적 이념을 앞세워 동원하고 헌신적 신봉자가 되도록 사람을 '교육'하려고, 즉 사람에게 몸과 더불어 마음을 요구하려고 들었다. 따라서 각각의 그 정권은 '통상적인' 권위주의가 아닌 식으로 역동적이었다. 그러나 이 세 독재가 실제로는 얼마나 흡사했을까?

스탈린주의: 이상주의, 테러, 공포

1930년대 중엽까지 볼셰비키 통치 체제는 스탈린주의가 되었다. 완전히 허구는 아니었던 소련 체제 초기의 집단지도체제는 1924년 레닌이 죽은 이후에 완전히 소멸했다. 신경제정책의 마지막 국면을 따라다녔던 분파 투쟁과 1928년에 도입된 제1차 5개년 계획은 뚜렷한 승자 한 사람을 만들어냈다. 자칭 '프롤레타리아독재'가 이오시프 스탈린의 독재로 변하고 있었다.

1936년에 (1924년의 첫 헌법을 대신하는) 새 소련 헌법이 공표되었다. 스탈린은 그것이 "세계의 모든 헌법 가운데 가장 민주적인 헌법"이라고 선언했다. 그 헌법은—"노동 인민의 이익에 부합하도록, 그리고 사회주의 체제를 강화할 목적으로"—보통선거권, 시민권, 사상·언론·종교·결사의 자유, 고용 보장을 제공했다. 헌법이 그토록 터무니없이 큰 거짓말을 한 적도 좀처럼 없다. 사실상 이때 소련은 주로 공포와 굴종, 출세하려는 야망을 바탕으로 하는 아주 무자비한 독재 체제였다. 자유가 (심지어 레닌의 신경제정책 시기에 있었던 제한된 식으로라도) 존재하지 않았다. 법에 따른 보호도 없었다. 소련 시민은 사실상 무제한적이고 독단적인 국가권력에 완전히 노출되어 있었다. 이것은 뒤떨어진 나라에 부과된 무모할 만큼 빠른 속도의 무척 강압적인 공업화와 현대화의 과정이 커지는 전쟁 공포, 그리고 특히 통치자인 스탈린 자신의 극히 전제적이고 무자비하게 가혹하고 노골적으로 피해망상적인 성향과 결합된 주요 결과였다.

1928년부터 1932년 사이의 제1차 5개년 계획 동안에, 가장 중요하게는 강압적인 농업 집산화 동안 벌어진 일에 위로부터의 스탈린 혁명이라는 이름이 붙었다. 1932년 말에 5개년 계획이 완수되어 승리했다고 선언되었다. 비록 통계수치가 자주 조작되었을지라도 많은 것이 실제로 성취되었다. 그러나 5개년 계획은 극단적인 강압으로 추진되었으며, 특히 농민 사이에서 무척이나 인기가 없었다. 농업지대(그 드넓은 나라의 대부분)는 가난해졌다. 그러나 도시에서도 불만이 많았다. 식량이 모자라고, 주택 부족이 심하고, 물가가 치솟았다. 불만족이 각각의 모든 수준에서 뚜렷했다. 특히 볼셰비키당 안에서도 그랬고, 당과 국가의 지배층 사이에서도 그랬다. 옛날 레닌 시절의 고참 당원이 많았던 볼셰비키 지도자 모두가 스탈린이 하고 있는 것을, 또는 그가 그것을 수행하는 방식을 인정하지는 않았다. 그리고 그들 가운데 많은 이가 레닌 시절의 스탈린을 기억했고, 그가 그 위대한 인간의 한낱 조수에 지나지 않았으며 가장 총애를 받거나 가장 유능한 부하는 결코 아니었다고 회고했다. 그들은 반신半神의 지위와도 같은 그 어떤 것으로 올라서기 전의 스탈린을 알고 있었다. 그것이 스탈린에게는 그리 편안하지 않았다.

그러나 일어나고 있던 것에 꼭 이견과 반대만 있지는 않았다. 이상주의와 헌신도 있었다. 거대하고 신속한 산업화 프로그램이 소련 전역에서 수백만 명을 동원했다. 숱하게 많은 당원이, 그리고 청소년 운동, 즉 (이탈리아와 독일의 청소년 운동과 대비되는, 그리고 1930년대 말엽에는 대중 조직이 되겠지만 이때는 아직 엘리트 기구였던) 공산주의자청소년동맹[333]에서 당 활동에 대비해 훈련을 받고 있던 청소년 공산주의자가 끊임없이 활동해서 다가오는 사회주의 유토피아의 미래상을 퍼뜨

---

333) 약칭으로는 콤소몰(Komsomol). 1918년 10월 29일에 만들어진 소비에트 러시아의 공산주의자 청소년 조직. 소련이 성립한 뒤에는 15~26세 청소년들을 공산주의에 충실한 활동가로 교육하는 전 연방 차원의 조직으로 발전했다.

렸다. 물론 그 같은 미래의 낙원을 이룩하려고 분투하는 단결한 인민의 이미지는 조작된 것이었고, 나날의 걱정과 물질적 궁핍과 억압의 명에 아래 어렵사리 살아가는 주민의 태반에게는 큰 보상이나 위안을 줄 수 없었다. 그렇더라도 열성분자가 모자라지는 않았다. 도시의 젊은 노동자, 지식인, (유럽 전역에서 차별과 핍박에서 벗어날 자유로 가는 방도로서 사회주의에 유난히 많이 이끌린) 유대인은 건설 도중인 멋진 신세계의 미래상에 매료될 공산이 유난히 컸다. 어마어마한 (댐, 발전소, 모스크바 지하철, 심지어는 우랄 지방의 마그니토고르스크 같은 신도시) 건설 기획은 놀라운 변혁이 진행되고 있음을 보여주는 무척 긍정적이고 돋보이는 신호로, 그리고 진보의, 즉 소련 사회가 무엇을 만들어낼 수 있는지를 보여주는 구체적 지표로 여겨졌다. 새 유토피아 건설 참여가 만들어내는 이상주의는 허상이 아니었다.

새로운 사회를 건설하는 일에서 느끼는 일체감은 그저 머나먼 유토피아적 이점이 아니라 정권에 헌신해서 얻을 수 있는 현실적이고 구체적이며 즉석에서 즉각 이득을 볼 기대와 결합했다. 산업화 프로그램 뒤에서 이루어지는 거대한 동원에는 활동가가 엄청나게 많이 요구되었다. 활동가는 체제가 작동하게 하려고 분투하는 가운데 경력을 쌓고 자신의 생활수준을 높이고 특히 상당한 권력을 휘두를 수 있었다. 1934년부터 1939년 사이에 당원 50만 명이 모집되었다. 교육을 제대로 받지 못하고 경험이 없는 이가 대다수였다. 이 신입 당원들이 이제 행정 당국의 하부에 대거 들어갔다. 그들은 지위, 그 지위에 따르는 특권과 더불어 권력의 맛을 좋아했다. 공장에는 노동자만이 아니라 감독과 작업반장과 관리자가 필요했다(1930년대에 3000만 명에 가까운 농민이 소득을 늘릴 기회에 이끌려서, 그러나 향후에 자기가 가혹한 권력에 예속될 줄은 모르고 시골에서 도시로 쏟아져 들어갔다). 하급 행정가들의 제어되지 않기 일쑤인 야망은 그들이 정권을 섬기면 이루어질 수 있었다. 대의를 위한 무자비함은 그들 위에서 일어나고 있는 것을 그대로 빼닮았다. 폭군 같은 관리자는 자기가 욕을 먹어도 목표치가 달성되기만 하면 제재를 받지 않고 실제로는 환영을 받으리라는 것을 알고서 그 욕을 험담쯤으로 여길 수 있었고, 자주 그렇게 했다. 그리고 경력은 그 목표치가 달성되는지에 달려 있었다. 실패는, 그것이 아무리 제멋대로 정의될지라도, 생각만 해도 암담했다. 그러나 국지적 통치는, 위는 명령을 내리고 아래는 책임을 지는 일방적인 방식으로만 작동했다.

스탈린이 총서기로서 당 기구를 통제하면서 지휘의 엄격한 중앙집권화가 확보되었다. 권력과 조직의 모든 결정적 지렛대가 그의 손아귀에 있었다. 가공할(스탈린의 심해지는 전횡의 독단적 변덕에 더욱더 휘둘리는, 그러나 비관료적 요소에 활동이 잠식되는데도 규모 면에서는 점점 더 커지는) 관료 기구가 바로 그 중심으로부터 아주 자잘한 사항까지 통제할 수 있었다. 다름 아닌 스탈린에게서 오는 전보는 심지어 자질구레한 일까지 다루었다. 예를 들어, 그는 절실하게 필요한 못을 건설 부지에 공급하라고 그 넓디넓은 나라의 저쪽 끝에 있는 당이나 국가 기관의 누군가에게 명령할 수 있었다. 소련에서는 당이 국가를 지배했고, 스탈린은 그 당을 지배했다. 실제로, 그의 전제정은 당 최상부의 집단 통치의 제도적 틀을 완전히 망가뜨렸다.

공산당 대회는 1930년대에 딱 두 번(1934년에, 그리고 다시 1939년

에) 열렸다. 이론상으로는 당의 최고 기구인 당중앙위원회는 1930년
대 중엽에 단지 스탈린의 의지를 수행하는 유순한 도구가 되었다.
레닌 시절에는 매주 모였던 당의 의사 결정 핵심 기구인 정치국은
1930년대 내내 더욱더 적게 회의를 열었다. 한때 15명이었던 정치국
원 수는 스탈린의 최측근 몇 사람으로 줄어들었는데, 그들 가운데
가장 중요한 이는 그의 충실한 하수인인(그리고 인민위원회 의장, 즉 실
질적으로 총리이기도 한) 뱌체슬라프 미하일로비치 몰로토프Vyacheslav Mi-
hailovich Molotov였다. 이 충성스러운 부관 집단은 (스스로가 위태롭다는 느
낌 탓에, 그리고 권력의 유혹과 보상 탓에 독재자에게 꼼짝없이 예속되어) 스
탈린 지배의 다양한 영역에서 명령을 전달하고 이행하는 데서 중요
한 역할을 했다. 그들의 회의는 자주 비공식적이어서, 때로는 스탈린
의 다차[334]에서 가지는 만찬 석상에서 열리거나 흑해에 있는 그의 휴
가 거처를 방문해서 열렸다. 결정은 무조건 재가되었고, 따로 표결은
없었다. 결정이 내려지면 몰로토프가 스탈린에게 제안서를 보내는
경우가 잦았고, 그 제안서는 수정 사항이 달려 되돌아온 다음에 당
부서나 심지어 최고국가기구라고 하는 인민위원평의회(소브나르콤)[335]
에 명령으로서 발송될 터였다.

스탈린의 전제정은 기층 차원에서 엄청난 규모의 당원 교체를 유
발했다. 새로운 당 임원들의 무리가 선임 간부를 대체했다. 그들은

---

334)   dacha. 러시아 도시민이 시 근교에 마련해 두고 주로 휴일에 들러 지내는 집.
335)   Sovnarkom. 정부 내각에 해당하는 소비에트 러시아의 기관이었고, 각 인
민위원부의 수장들로 구성되었다.

스탈린의 '위로부터의 혁명'에서 일어난 급격한 변화로 말미암아 좋은 기회가 주어진 덕에 그 자리에 올랐다. 이렇게 되자 제약받지 않는 스탈린의 권위를 맹종하며 받아들이는 상태가 조장되었고, 그 권위는 1930년대 초엽 이후로 그 지도자를 둘러싼 '영웅적' 개인숭배의 조작으로 뒷받침되었다.

스탈린 숭배는 조심스레 조성되어야 했다. 단지 그 사람 자체에 (자그마하고 땅딸막하고, 천연두로 심하게 얽은 곰보 얼굴에 큼지막한 팔자 콧수염이 도드라져서) 신체적 매력이 없다고 해서, 아니면 감정이 드러나지 않는 나직한 목소리로 끝끝내 버리지 못한 조지아 억양이 센 러시아어를 하는 은밀하고 몹시 내밀한 개인이라고 해서 그런 것만은 아니었다. 진짜 문제는 레닌의 거대한 그림자였다. 스탈린은 그 위대한 볼셰비키 영웅이자 혁명 지도자의 전설적 이미지를 찬탈하고 있다고 여겨져서는 안 되었다. 그래서 스탈린은 처음에는 조심스레 처신했다. 그의 1929년 12월 쉰 살 생일 축하에 공공연한 찬사가 나왔다. 그러나 숭배는 아직은 걸음마 단계에 있었다. 스탈린은 겸손한 척하며 자기를 레닌처럼 완벽한 인간으로 떠받들어 모시려는 시도를 공개적으로 거부하고 한 인간을 숭상의 대상으로 삼는 표현을 부정했다. 그것은 겉모습에 지나지 않았다. 소리나지 않게 그는 (혁명기에 실제로는 퍽 하찮았던 자기의 역할을 노골적으로 날조해가며) 처음에는 일종의 이중 숭배에서 레닌과 동등한 위치로, 그다음에는 자기를 완전한 최고 지존으로 격상하도록 허용했다.

이루 말할 수 없이 많은 하수인과 기회주의자와 아첨꾼이 달려들어 헤아릴 수 없이 많은 방법으로 그 '인민의 지도자'의 영웅적 이미지를 꾸며냈다. 1933년이 되면 모스크바 중심부에서 보이는 스탈린의 흉상과 그림이 레닌의 흉상과 그림보다 2배 넘게 많았다. 그리고 눈에 띄는 마르크스주의 철학자가 아니던 스탈린이 이 무렵이면 탁월한 마르크스주의 이론가로 격상되었고, 그의 저작이 마르크스와 엥겔스의 저작을 훌쩍 넘어서는 부수로 간행되었다. 1935년 모스크바 당협의회에서 여느 때처럼 칙칙한 당 제복을 입은 스탈린이 (비교적 드물었는데) 공개 석상에 나타났을 때 2000명이 넘는 대의원의 열화와도 같은 박수가 15분 동안 멈추지 않았다. 박수가 마침내 잦아들자, 한 여자가 "스탈린께 영광이 있으라"라고 외쳤고, 박수가 다시 시작되었다.

물론, 그 숭배는 대부분 조작이었다. 그러나 진정한 대중적 공명도 있었다. 러시아의 숱한 보통 사람이 그를 숭상했다. "러시아 사람들에게는 차르가 필요합니다." 스탈린이 1934년에 이렇게 외쳤다는 말이 있다. 인민주의적인 '어버이 차르'[336]는 많은 소련 시민, 특히 아직도 신앙과 의례의 뿌리가 깊은 시골의 농민에게 엄한 가부장의 모습, 질서의 보증인, 그 질서에서 나오는 안녕을 생각나게 했다. 의문의 여지 없이 그것은 차츰차츰 모든 것에 스며드는 스탈린 숭배의 주요 구성 요소였다. 강력하고 단호한 지도자의 이미지는 소련 시민 수백만 명이 세찬 격변의 시기 뒤에 바라 마지않던 자질과 잘 어울렸다. 그

---

336) 러시아제국에서는 국가를 가족, 황제를 가부장으로 여겨서 황제를 어버이 같은 존재로 보고 '어버이 차르'로 일컫곤 했다. 이 전통이 혁명 이후에도 끊기지 않아서 절대 권력을 차지한 스탈린을 일종의 '어버이 차르'로 보는 인식이 사라지지 않았다.

리고 소련이 공식적으로는 무신론 사회였을지라도 (나중에 발표가 금지된 1937년 국세조사에서 소련 시민의 57퍼센트가 아직도 종교 신앙을 가지고 있다고 주장할 만큼) 대중의 종교에 깊이 아로새겨진 전통은 스탈린 숭배의 유사 종교적 요소, 즉 스탈린이 예언자거나 구세주, 아니면 대속자라는 믿음을 조장했다.

의심의 여지 없이 그 숭배는 비록 수량화할 수는 없을지라도 진정한 인기의 기반을 스탈린에게 마련해 주었다. 그것은 그의 지배를 굳히는 데서 틀림없이 중요했다. 그러나 또 다른 요소 하나가 훨씬 더 중요했는데, 그것은 공포였다. 스탈린의 개인 통치는 무엇보다도 모든 하부 당국이 삶과 죽음을 가르는 그의 독단적 결정에 점점 예속되어 위태로워진 상태에 의존했다. 체제는 소련 사회에 퍼져 모든 곳에 스며든 불확실성에 주로 의존했다. 이것은 1937~1938년의 숙청에 따라다닌 '대테러'[337] 동안에는 완전히 새로운 수준에 이르렀다.

이미 제1차 5개년 계획 동안에 국가 폭력의 수준은 엄청났고, 체포 건수는 막대했다. 심지어 1933년이 되면 100만 명을 웃도는 '반소련 분자'가 수용소와 교도소에 있었다. 스탈린이 과감한 경제 변화 속도에 대한 지역 차원의 반대라고 여긴 것에 극도로 불쾌해하는 바람에 1933년에 당에서 쫓겨난 당원이 85만 명을 웃돌았다. 지도부 안에서도 긴장이 고조되었다. 몇몇 당 지도자는 경제에 가해지는 압력을 줄이고 싶어 했다. 스탈린이 당 최고위층의 열렬한 지지에 더

---

337) 소련에서 스탈린 체제가 1937~1938년에 가장 대규모로 자행한 정치 탄압을 일컫는 현대 역사학계의 용어.

는 기댈 수 없다는 조짐이 있었다. 몇몇 사람은 인기 있는 레닌그라드 당 수장이자 정치국원인 세르게이 미로노비치 키로프Sergei Mironovich Kirov에게 희망을 걸었다. 그러나 1934년 12월에 키로프가 레닌그라드의 자기 집무실에서 총에 맞아 죽었다.

키로프를 죽인 젊은이 레오니트 니콜라예프Leonid Nikolaev는 한때 그리고리 지노비예프와 관련을 맺었다. 예전에 지노비예프가 자기에게 반대하고 이제는 악마화된 최대 적수인 트로츠키를 지지했음을 그 독재자는 잊지 않고 있었다. 니콜라예프의 동기는 사실 정치적이지 않고 개인적일 성싶다. 키로프가 니콜라예프의 아내와 바람을 피워 오고 있었던 것이다. 그러나 스탈린은 정치 음모를 찾아내려고 예의 주시했다. 암살범은 신속하게 조사를 받고 나서 총살되었다. 가시지 않는 의혹이 무엇이든, 그 암살에 스탈린이 연루되었는지는 입증되지 않았다. 그러나 그는 키로프 살해를 재빨리 자기에게 유리하게 이용했다. 그는 국가경찰(엔카베데)[338]에 마음대로 체포해서 재판하고 처형할 권한을 주었다. 지노비예프에게, 그리고 마찬가지로 이전에 트로츠키를 지지했던 레프 카메네프에게 장기 구금형이 선고되었다. 레닌그라드에서 실상이든 가상이든 반대파 3만 명 이상이 시베리아나 다른 오지로 강제 이송되었다. 거의 30만 명의 당원이 다음 다섯 달에 걸쳐 축출되었다. 심해지는 스탈린의 피해망상은 그가 키로프

---

338)　원래는 내무부에 해당하는 소련의 정부 부서였지만, 1934년에 통합국가정치총국을 대신해서 내무인민위원회 산하에 창설된 비밀경찰을 일컫는 명칭이기도 했다. 1954년에 국가보안위원회로 개편되었다.

암살 직후에 경찰 보고서를 읽었다면 줄지 않았을 것이다. "놈들이 키로프를 죽였다. 우리는 스탈린을 죽이겠다"라는 노랫말이, 스탈린을 없애 버려야 바람직하다는 다른 표현과 더불어 퍼지고 있다는 것이었다.

이때쯤이면 그 독재자의 의심에는 한계가 없었다. 1936년에 엔카베데가 그에게 트로츠키가 외국에서 지노비예프와 카메네프, 그리고 또 다른 이전의 적수인 니콜라이 부하린의 지지자들과 연계되어 있다고 말했다. 스탈린은 카메네프와 지노비예프를 감옥에서 끄집어내서는 키로프 다음에는 다른 사람 아닌 자기를 대상으로 삼는 암살을 비롯한 '테러 활동'을 했다며 이제는 공개리에 다시 재판(즉 최초의 연출 재판)을 했다. 지노비예프와 카메네프는 사형선고를 받고 1936년 8월에 총살당했다. 이 두 사람은 처음으로 숙청되는(그러나 결코 마지막은 아니었던) 당중앙위원회 위원을 지낸 초기 볼셰비키 지도자였다. 부하린의 연출 재판과 피할 길 없는 처형은 1938년에 뒤따라 일어날 터였다. 당중앙위원회 위원들 스스로가 이제는 두려움 속에서 살았고, 그럴 만도 했다. 위원 139명 가운데 110명 이상이 '신뢰할 수 없다'고 여겨져 체포되어, 대개는 처형당하거나 굴라크[339]에 갇히는 처량한 신세가 되었던 것이다. 실질적으로 소련의 모든 민족 공화국에서도 당과 국가의 지도자들이 체포되었다. 1934년 당대회 대의원 1966명 가운데 1108명이 체포되었다. 스탈린은 독립된 권력 기반으로서의

---

339)   Gulag. 노동교도수용소총국. 원래는 소련의 노동수용소를 관리하는 행정 조직의 명칭이었지만, 실제로는 노동수용소를 뜻하게 되었다.

공산당 자체를 파괴하고 있었다. 경영자, 과학자, 엔지니어가 대거 숙청의 제물이 되었다. 이것이 한 원인이 되어 1937년 이후에는 경제성장이 멈췄다.

일단 개시되자 숙청에는 나름의 탄력이 붙었다. 1937년에 엔카베데는 25만 명이라는 체포 목표치를 정치국에 내놓았다. 7만 명 넘게 총살되고 나머지는 장기형을 선고받아 교도소나 노동수용소에 갇힐 터였다. (아마도 대혼란이 산업 생산에 손해를 끼치고 있었기 때문에) 숙청이 잦아든 1938년 말까지 그 목표치가 크게 초과되었다. 체포가 150만 건 가까이 이르렀고, 거의 70만 명이 총살당했다. 1936년 이후에 경찰 총수로 숙청을 총지휘했고 별명이 '무쇠 고슴도치'[340]인 니콜라이 예조프Nikolai Yezhov조차 1939년에 체포되어 이듬해 처형되었다. 1939년이 되면 감옥에, 그리고 삶보다는 죽음에 더 가까운 조건을 가진 노동수용소와 강제 정주지에 억류된 재소자 총수가 거의 300만 명이었다. 굶주림과 혹사, 독단적 처형으로 말미암은 사망률은 어마어마했다.

스탈린은 복수심이 강하고 냉혹한 사람이었다(그는 자기가 상스럽게 침 뱉는 모습을 앵무새가 흉내 내서 끝내 신경을 건드렸을 때 담배 파이프로 머리를 쳐서 그 앵무새를 숙청하기까지 했다). 또한 그는 툭하면 피해망상적 환상에 빠져들었다. 그러나 실제로 스탈린에게 자기 자신의 안위를 의심할 합당한 근거를 주는 사태 탓에 피해망상 자체가 더 깊어졌다. 1930년대에 소련을 휘감은 기이한 테러의 난장판은 단지 스

---

340)   예조프라는 이름은 고슴도치를 뜻하는 러시아어 낱말에서 비롯했다.

탈린이 지닌 피해망상의 극단적 표출만은 아니었다. 야망에 찬 당 기관원과 굴종적인 시민 수백만 명이 사회의 모든 차원에서 테러가 효과를 발휘하도록 만들었다. 테러의 희생자가 있다면 수혜자, 즉 정권을 섬겨서 득을 보는 이가 있었다. 또한 의문의 여지 없이 소련에 '파괴 분자', '파괴 책동자', '민족주의자', '쿨라크', 간첩, 적의 비밀 요원이 들끓는다는 믿음이 널리 퍼져 있었고, 정권이 그 믿음을 부추겼다. 그러므로, '반대파'를 뿌리 뽑을 테러를 반기는 이가 많았고, 그 테러로 말미암아 사회주의사회를 건설한다는 웅대한 과업과 자기를 동일시하는 감정이 보완되고 스탈린에 대한 신뢰가 보강되었다. 심지어는 핍박과 차별을 겪은 많은 사람조차 소련의 가치를 지지하면서 체제의 일원이 되려고 필사적으로 애썼다.

모든 수준에서 고발이 장려되었다. 가장 사소한 '편향적' 발언만 해도 한밤중에 무섭게 문 두드리는 소리가 날 수 있었다. 레닌그라드의 한 여인은 1937년 11월 일기에 다음과 같이 적었다. "아침에 깨면 '하느님, 지난밤에 체포되지 않았네요, 고맙습니다'라는 생각이 절로 들었다. 그자들은 낮에는 사람을 붙잡아 가지 않지만, 밤에 무슨 일이 일어날지는 아무도 모른다." 또 다른 레닌그라드 시민인 한 공장 노동자는 밤에 자동차 엔진 소리를 두려워하면서 깬 채로 누워 있곤 했다. 그의 아들은 그가 밤에 자동차가 가까이 지나가는 소리가 들릴 때마다 "그자들이 나를 잡으러 왔다!"라고 말하는 모습을 기억하면서, 다음과 같이 말했다. "아버지는 자기가 했던 어떤 말 때문에 체포되리라고 확신하셨다. 이따금 집에서 볼셰비키를 욕하시곤 했던 것이다." 경찰의 도착은 공포를 자아냈다. 고참 볼셰비키 당원이며 한때는 신임받는 레닌의 동지였던 오시프 퍄트니츠키Osip Piatnitsky의 아들은 아버지의 체포를 이야기하면서 다음과 같이 회고했다. "자동차 몇 대가 갑자기 마당 안으로 들어왔다. 제복과 평복을 입은 사람들이 뛰어 들어와서 계단 입구 쪽으로 걸어갔다. (…) 그 시절에는 체포될 거라고 예상하는 사람이 많았지만, 자기 차례가 언제 올지는 몰랐다." 고발의 공포 탓에 말을 하지 않는 사회가 되었다. 어떤 이는 1937년에 "사람들이 있는 데서 자기 견해를 표현하는 이는 술 취한 사람뿐"이라는 비밀을 일기에 털어놓았다.

고발이 반드시 정치적이지는 않았다. 고발하면 경력 승진이나 직접적인 물질적 보상을 얻을 수 있었다. 고발은 (어쩌면 이웃과 벌인 다툼이나 직장에서 벌인 말싸움, 또는 틀어진 친한 사이 등) 사적인 원한을 풀 뜻밖의 호기이기도 했다. (어떤 이는 돈이나 뇌물을 받고 또 어떤 이는 협박을 받아서 협조하게 된, 그리고 자주 그냥 자발적으로 협력하는) 일군의 밀고자가 동료 시민을 경찰에 보고했다. 언제나 투옥, 유형, 노동수용소, 또는 처형이 뒤따랐다. 재소자가 사회의 온갖 분야에서 나왔고, 자기 '죄목'을 알지 못하는 이가 많았다. 1937~1938년 소련 사회에서는 최하층 농민부터 당중앙위원회 위원까지 그 누구도 안전하지 않았다. 당 엘리트는 실제로 유달리 안전하지 못했다. 스탈린에 열광하는 이들조차 어느 때인가 밤에 문 두드리는 소리가 자기를 노리는 것이 아니라고 확신할 수 없었다.

대숙청에서 전면적으로 폭발하는 테러의 배후에는 소련에 위험이 닥쳐온다는 스탈린의 커지는 우려가 있었을 법하다. 도처에 있는 '파시스트 첩자와 적'을 자국 내부의 어마어마한 '제5열'로 감지한 스탈린은 전쟁이 터지기 전에 내부의 반대파를 온갖 수단을 다해 모조리 없애 버리려고 들었다. 소련 국경 가까이에 있는 소수민족들은 대량으로 강제 이송과 처형을 당했다. 소련의 서부 지역에 있는 폴란드인은 (의심쩍다고 여겨진 많은 벨라루스인과 우크라이나인과 더불어) 특히 위태로워졌다. 폴란드가 히틀러의 독일과 함께 소련 공격에 가담할까 두려워한 스탈린은 1937년 8월에 소련의 폴란드인 14만 명을 일제 검거하라고 명령했다. 그들은 그다음 몇 달에 걸쳐 총살되거나 노동수용소로 보내졌다.

스탈린은 붉은 군대도 봐주지 않았다. 히틀러의 독일과 일본이 손을 맞잡고 1936년 11월에 반反코민테른 협정³⁴¹을 맺어서 동서 양쪽에서 위협이 온다는 인식이 깊어졌으니, 그에게 가장 불필요한 것은 붉은 군대를 강화하는 작업의 교란이었(으리라고 생각될지도 모른)다. 그러나 놀랍게도 1937~1938년에 스탈린은 군 상급사령부를 사실상 작살냈다. 예전에 여러 차례 스탈린을 거슬렀던 가장 걸출한 전략가 미하일 투하쳅스키Mikhail Tukhachevsky가 체포되어 소련을 뒤엎으려고 공모했다는 강제 자백을 하고 처형되었다. 모두 합쳐서 3만 명이 넘는 장교가 숙청되었고, 적어도 2만 명이 처형되었다. 계급이 높을수록 체포될 가능성이 더 컸다. 붉은 군대는 '머리를 잘리'면서 스탈린의 무능한 총신寵臣인 클리멘트 보로실로프Kliment Voroshilov의 지휘 아래 심

---

341) 독일어로는 Abkommen gegen die Kommunistische Internationale, 줄여서 Antikomintern-pakt. 일본어로는 防共協定. 공산주의와 코민테른에 공동으로 반대한다며 1936년 11월 25일에 독일과 일본이 맺은 공식 협정. 1941년 11월에 이탈리아와 스페인 등이 가세했다.

각하게 약해졌고, 대전쟁을 고려할 위치에 있지 못했다.

메워야 할 그 걱정스러운 격차를 인식하고 소련의 방위비 지출이—1934년과 1939년 사이에 국가 예산의 9.7퍼센트(54억 루블에 살짝 못 미치는 액수)에서 25.6퍼센트(392억 루블)로 올라서—1930년대 말엽에 미친 듯한 속도로 늘어났다. 이렇게 되자, 1933~1937년의 제2차 5개년 계획 동안 얼마간 나아졌던 소련 시민의 물질적 조건이 다시 확 나빠졌다. 높은 공출 할당량을 더 올려서 농산물을 거둬들이고, 세금을 늘리고, 집단농장 작업을 강화하는 조치는 농촌에서 엄청나게 인기가 없었다. 도시 노동자들은 1938년에 구속성이 강한 노동법이 도입되자 격분했다.

이것은 인기 있는 독재가 아니었다. 물론, 헌신하는 개인과 이상주의자와 열성 이념가가 많이 있었다. 그러나 진짜든 가짜든 스탈린 숭배자와 열성적 정권 지지자를 뺀 평범한 사람들은 겁을 집어먹고 입을 꾹 다물었다. 큰 소요나 난동은 없었다. 그리고 알려진 바로는 스탈린을 죽이려는 시도는 없었다. 그를 사랑하는 이가 많았지만, 그를 두려워하는 이는 훨씬 더 많았다. 테러가 제 할 일을 제대로 해낸 셈이다. 테러는 스탈린 정권을 정의하는 특성이었다. 자국민에게 테러를 그토록 마구잡이로 무정하게, 그토록 많이 가한 정부는 이전에는 없었다.

무솔리니의 이탈리아: '전체주의적' 몽상

1925년 6월에 무솔리니는 파시즘 운동의 "맹렬한 전체주의적 의지"를 칭찬했다. 그것은 그의 공언이 대부분 그랬듯이 허풍이었다. 그는

'의지'가 아무리 '맹렬'할지라도, 그리고 아무리 '전체주의적'일지라도, 그것만으로는 탄탄한 통치 기반을 얻을 수 없음을 잘 알고 있었다. 이 '의지'가 현실에서 의미하는 바의 상당 부분을 차지하는 행동주의와 폭력 행위는 반대자를 무장해제할지 모르지만 그 자체로는 아무것도 건설할 수 없었다. 본능은 과격했어도 무솔리니는 자기가 거느린 규율 없는 거리의 투사들을 제외한 세력에게서, 1922년의 '권력 장악'에서처럼, 지지를 얻어야 한다는 점을 알 만큼 영리했다. 그에게는 이탈리아의 기득권층 엘리트의 지지가 필요했다. 그리고 그는 권력의 굳건한 발판이 당이 아닌 국가에 의지해야 한다는 점을 인식했다.

1925년 2월에 자신의 운동에 있는 극단주의자들을 아직은 구슬리면서도 과격하고 고분고분하지 않은 당 우두머리들이라는 문제를 풀 꾀 하나를 궁리해낸 동안에 무솔리니는 아주 영리했거나, 아니면 어쩌면 그저 행운아였다. 그는 모든 지방 당 우두머리(라스[342])들 가운데 가장 과격한 자인 로베르토 파리나치Roberto Farinacci를 국가파시스트당서기National Secretary로 삼았다. 비록 가진 정치 감각은 변변찮았어도 파리나치는 악랄하고 아주 무자비한 자였다. 그는 가장 말썽을 일으키는 몇몇 과격분자를 숙청했고, 그러면서 무솔리니에게 도움이 되었다. 그러나 파리나치가 묵인하고 심지어 몸소 부추기기까지 한 공개적 폭력이 반발을 샀고, 그 덕택에 무솔리니는 1926년에 그를 해

---

342)   ras. 향촌의 유력자를 뜻하는 이탈리아어 낱말. 원래는 족장을 뜻하는 에티오피아어 낱말이었다.

임하고 당의 인기 없는 행동과 거리를 둘 수 있었다. 그다음 여러 해 동안 파시스트당은 덜 과격하지만 행정 면에서는 더 유능한 당서기들의 지도 아래에서 (1933년에 인구가 4200만 명인 나라에서 당원이 거의 150만 명일 만큼) 크게 팽창했지만, 허울이더라도 "맹렬한 전체주의적 의지"를 모두 잃었다. 파시스트당은 그 과정에서 혁명적 기백을 내버리고 기성 정당으로 변했다.

분명히 당에는 혁명적 포부를 아직 품은 자들, 즉 가장 두드러지게는 무솔리니 자신이, 그리고 또한 몇몇 지역 우두머리가 있었다. 그들은 그저 인습적인 권위주의로는 뒷걸음치지 않겠다고 장담했다. 그러나 본질적으로 당은 프로파간다 도구, 무솔리니 찬양 조율 매체, 사회 통제 장치, 국가권력 유지 조직에 지나지 않는 것으로 변했다. 소련 체제와 뚜렷이 대비되게도, (1928년 이후에 다른 정당이 허용되지 않은) 무솔리니의 이탈리아에서 독점적 정당은 국가의 하인이지 주인이 아니었다.

"국가 안에 모든 것이 있고, 국가 밖에는 아무것도 없고, 국가에 거스르면 아무것도 아닙니다." 이것은 무솔리니가 1925년 10월에 한 말이다. 제1차 세계대전 동안 모든 교전국이 도입한 국가의 사회 및 경제 통제가 확대되면서 국력은 국가의 총체적인 사회 통제를 통해서만 지탱될 수 있다는 믿음이, 꼭 이탈리아에서만은 아니었지만, 부추겨져서 자라났다. 이런 견해는 그 뒤에 그 대전화가 남긴 막대한 문제에 제대로 대처하지 못하는 자유주의 정치체제의 확연한 취약성으로 뒷받침되었다. 무솔리니의 가장 탁월한 이론가였으며 로마 대학교 철학 교수이자 1923년 이후로는 정권의 교육장관인 조반니 젠틸레Giovanni Gentile는 파시즘 운동의 '전체주의 의지'가 아니라 '전체주의 국가'를 이야기했다. 젠틸레에게, 국가를 빼고는 아무것도 의미를 지니지 못했다. 국가는 사회의 모든 측면을 포괄했다. 국가는 국민 의지의 구현체였다. 이탈리아 파시즘의 "전체주의적" 정수는 "정치 조직과 정치 경향뿐 아니라 국민의 전체 의지와 사고와 감정과" 연관되었다. 아무리 모호할지라도, 아무리 현실에서는 실현 불가능할지라도 그 발상은 그 시대에는 참신했다.

이 '전체주의 국가'의 구성은 1920년대 말엽에 차츰차츰 형태를 갖추었지, 하룻밤 새 그러지는 않았다. 그것은 어쩔 수 없이 반대파 탄압에 기댔다. 정치적 반대파는 1925년 초엽에 분쇄되어 있었다. 이 무렵이면, 반대자들이 이미 주눅이 들어서 할 일이 그리 많지 않았다. 체포된 사람은 겨우 100명쯤이었다. 반대파 지도자 대다수가 도주해서 나라를 떠났다. 같은 해에 언론이 신속히 정부의 통제 아래 놓였고, 엄격한 검열이 부과되었다. 비록 독립성을 얼마간 유지한 의회 상원이 그 언론법을 한동안 저지했을지라도, 이 가운데 어느 것도 큰 항의를 불러일으키지 않았다. 네 차례의 무솔리니 암살 미수가 질서 부과 열망이 생겨나도록 이용된 뒤 1926년에 모든 반대 정당이 금지되었다. 파업과 직장폐쇄도 그랬다. 비록 1934년까지 조직원이 200~300명 미만으로 줄었을지라도, 공산주의자들은 지하조직 활동을 몇 해 동안 유지했다. 1929년에 가톨릭교회가 라테란조약으로 회유되었다. 그 방면에서는 말썽이 없을 것으로 기대될 터였다. 새로운 화해의 신호로, 교황 비오 11세가 무솔리니를 잘못된 자유주의 교리에서 이탈리아를 해방하고자 '섭리'가 보내신 사람으로 치켜세웠다.

비록 준군사 무장대인 스쿠아드리스타의 폭력으로 이탈리아 파시즘 국가가 가능해졌을지라도, 즉 잠재적 반대를 억제하는 데 필요한 체계적 탄압은 경찰과 사법부의 과제였는데, 이 두 조직 가운데 어느 것도 과격한 파시스트나 당 활동가의 손에 있지 않았다. 더 초기 형태의 국가 탄압이 혁명화하기보다는 확대되고 예리해졌다. 정치경찰은 (사실상 사법부의 통제를 넘어서서) 중앙집권화되었고, (다수가 자원자인) 첩자와 밀고자의 커다란 조직망이 증강되었다. 반대파 밀착 감시가 도입되었다. 대개 익명이었던 고발은 흔한 일이었다. 허구는 아닐지라도 사소한 '위법행위'의 고발로 자주 촉발된 치안 활동 수천 건이 정기적으로 발생했다. '체제 전복을 꾀하는 자'는 장기 투옥으로, 또는 이탈리아 남부의 외딴 지방이나 뭍에서 멀리 떨어진 섬으로 보내는 추방으로 처벌될 수 있었다. 공산주의자가 가장 빈번한 희생자였다. (공산당 지도자였던 안토니오 그람시Antonio Gramsci는 20년 감금형 복역 중에 죽었지만, 그동안 마르크스주의에 관한 가장 중요한 몇몇 이론적 성찰을 담은 《옥중수고Prison Notebooks》를 썼다.) 무솔리니나 왕족에 대한 공격을 대상으로 사형이 도입되었다. '국가수호 특별재판소'가 1927년에 설치되어 정상적인 법적 제약을 넘어서서 군법을 적용했고, 다음 여러 해 동안 5000건 이상을 처리했다.

이 모든 것은 내부로부터 터져 나올 심각한 정권 반대파의 어떠한 실질적 가능성도 없애 버리기에 충분할 만큼 확실히 억압적이었다. 하지만 (꼭 나치 독일이나 스탈린의 소련이 아니더라도) 다른 몇몇 권위주의 정권에 견주면 국내의 탄압은 순했다. 예를 들어, 프랑코의 스페인이 훨씬 더 피에 굶주려 있다고 곧 판명될 터였다. 이탈리아의 특별재판소에 회부된 사건들 가운데 결국 유죄판결을 받은 사건은 20퍼센트를 밑돌았다. 프리메이슨도 심하게 공격의 표적이 되었다. 전쟁 전에, 사형 선고는 딱 9건이었다. 다른 8인의 사형은 감형되었다. 파시즘 반대자 1만 4000명쯤이 (자주 다만 경찰 명령만으로) 추방 처벌을 받았는데, 때로는 장기였지만 실제로는 더 짧은 기간 뒤에 자주 사면되었다.

대부분의 국민에게, 그것은 정권에 대한 열광이라기보다는 강요된 순응의 문제였다. 일자리를 구하거나 복지 혜택을 받으려면 반드시 순응해야 했다. 순응에는 피할 길 없이 관리의 부패와 매수가 따라다녔다. 비판적인 이들은 자기 견해를 숨겨야 현명했다. 그러나 위에서 시키는 대로 하는 이탈리아인은 한밤중에 정치경찰이 문을 두드리는 소리를 무서워하면서 살지 않아도 되었다. 제약 없이 제멋대로 자행되는 대신에 탄압은 주로 파시즘에 반대하는 이들을 과녁으로 삼았다. 대개는 그것으로 충분했다. 이견을 가진 이들은 억제되고, 반대파는 무력해졌다. 무관심이 심했고, 바뀔 수 없는 것은 무덤덤하게 받아들여졌다. 그러나 이것은 스탈린의 소련처럼 공포에 질린 사회는 아니었다. 최악의 테러는 수출되었다. 즉, 대다수 이탈리아 국민이 아니라 열등하다는 아프리카 식민지의 인종에 가해진 것이다.

이탈리아 국가권력의 전통적 버팀목들이 끌어들여져 파시즘을 위해 활용되었다. 무솔리니는 국가 관료제를 축소하겠다고 약속했는데, 실제로는 확장했다. 그 독재자는 1929년까지 8개 이상의 정부 부서를 스스로 넘겨받아 맡았다. 그에게는 자기를 위해 그 부서를 운영해 줄 경력 공무원들이 필요했다. 물론, 그들은 파시스트당에 가입했다. 그러나 그들 대다수는 우선은 공무원이었고, 그다음에 파시스트였다. 지방에서도 지역의 파시즘 우두머리가 아닌 주지사들이 담당했는데, 그들은 잠재적으로 '체제 전복을 꾀하는 자'뿐 아니라 현지의 파시즘 활동가도 감시 아래 두었다. 여러 경우에, 특히 남부에서 기성 지배계급 출신 명사들이 지역을 계속 운영했는데, 그들 대다수는 또다시 서류상으로만 파시스트였다.

군대도 한배를 타고 계속 함께 가도록 해야 했다. 군대 규모를 줄인다는 1925년의 계획은 포기되었고, 그 계획을 제안했던 육군장관은 해임되었다. 무솔리니가 몸소 육군부를(그리고 그 뒤에 곧 해군부와 공군부를) 맡았다. 사실상 이것은 육해공군이 (조정과 효율이 극히 부진한 채) 제 스스로 운영한다는 뜻이었다. 문제를 개선하기 위해 무솔리니가 할 수 있는 것은 별로 없었다. 장교단은 대개 여전히 보수주의자였고, 진정한 충성 면에서 파시스트는 아니었다. 군주제 자체가 내심으로는 무솔리니에게 열광하지 않는 보수파 장교단에 충성의 연대를 제공했다. 어쨌든 장군들과 제독들은, 심지어 더 골수인 국수적 보수주의자조차 (군대에 간섭하지 않는 한) 파시즘적 '질서'의 부과, 좌파 탄압, 국민 일체성의 조작을 아주 기쁘게 받아들였다.

파시즘 정권은 1930년대까지 권력 장악력을 완전히 굳혔다. 중대한 반대파가 남아 있지 않았다. 파워 엘리트(즉 군주정, 군부, 교회, 대기업가, 대지주)의 지지가 확보되었다. 실제로는, 국가와 사회의 총체성이라는 발상이 실현될 뻔한 적이 없었다. 파시즘은 사회의 커다란 부분, 특히 대도시와 남부의 넓은 향촌 지대의 오랜 사회주의 부문을 자기 편으로 넘어오도록 만들 수 없다고 판명되었다. 하지만 내적 헌신이 부족한 곳에서는 적어도 묵종이 있었다. 사람들은 정권에 적응했다. 파시즘은 초기 시절에 중간계급에서 주요 지지를 얻었다. 1930년대에 좌파 공포가 누그러들고, 내부 질서가 확보되고 지위와 물질적 상황이 나아질 거라는 기대가 일어나고, 국가가 위대해질 전망이 커지자 정권의 중간계급 지지 기반이 훨씬 더 뚜렷해졌다. 사무원과 사무직 노동자와 간부 직원이 많이 충원되면서 파시스트당 자체의 중간계급적 성격이 강해졌다. 1933년에는 당적이 모든 형태의 공공 고용의 이런저런 사람들에게 의무 사항이 되었다.

사람들이 마음속으로 정권을 어떻게 생각하든, 이탈리아 파시즘을 당대의 더 통상적인 다른 권위주의 정권과 구별되게 한, 그리고 그 정권이 심지어는 서방 민주주의 국가들에서도 많은 찬양자를 얻게 해준 성질은 (얼마간은 모든 독재에 공통된) 탄압과 강압보다는 정권의 가차 없는 국민 동원, 확연한 활력과 역동성이었다. 이것은 정권에 유리하도록 예술과 문학, 특히 기념물 건축술을 이용하려고 시도하는 새로운 힘의 미학에서 표현되었다. 많은 외부의 관찰자에게 파시즘은 현대적 면모의 통치, 즉 사회의 합리적 조직화로 보였다. 파시즘은 질서를 국가가 조직하는 사회복지와 결합한다고 보였다.

'전체주의 국가'라는 파시즘의 발상은 요람부터 무덤까지 삶의 모든 양상을 포괄하기를 목표로 삼았다. 그 발상은 대개 가정의 행복을 느끼게 해주고 아기를 낳고 키우기로 상정되는 국가를 위한 여성의 의무에 충실한 '이탈리아 신여성'의 내조를 받아서 이탈리아 파시즘의 정신을 구현할 '신남성'의 창출을 목표로 삼았다. "두체[343]의 생각과 바람이 대중의 생각과 바람이 되어야 한다"고 젠틸레가 말했다. 파시스트당 자체가 당의 촉수를 일상생활의 거의 모든 영역 안으로 뻗쳤다. 그러나 당 자체의 활동보다는 동원이 훨씬 더 많은 사람에게 영향을 미쳤다. 1939년이 되면 전 국민의 거의 반이 모종의 파시즘 단체 소속 회원이었다. 임신부와 신생아를 돌보고 어려운 사람들에게 먹을 것과 입을 것과 임시로 지낼 곳을 제공하는 복지 조직이 세워졌다. 수많은 지부를 가진 청소년 조직이 1926년에 창설되어 1936년이 되면 500만 명이 넘는 회원을 지녔고, 꼭 필요한 상무적 가치를 이탈리아 청소년에게 주입했다. 입대 전 훈련 외에도 그 조직은 전보다 폭넓은 기회와 더 좋은 스포츠 시설을 제공하는 대중적인 청소년 클럽을 운영했다. 유스호스텔이 지어졌다. 빈민 가정 출신이 많은 어린이 50만 명이 1935년에 야영 방학에 보내졌다. 학교와 대학이 새로운 가치 체계에서 사상 주입을 강화했다. 많은 이탈리아인(그리고 외국의 관찰자)의 눈에 가장 인상적인 것은 1925년에 참신하게 창설된 대형 여가 조직인 오페라 나치오날레 도폴라보로Opera Nazionale Dopolavoro('국영퇴근후클럽')였다. 1939년까지 회원 수가 450만 명이 된 이 조직은 공장의 생산직 노동자들과 사무직 노동자들에게 그들이 전에는 즐긴 적이 없는 스포츠, 오락, 여행을 할 기회를 제공했다. 이것은 대부분 인기가 높았다. 그렇다고 해서 그것이 파시스트당은 물론이고 정권 자체의 인기로 쉽사리 전환된다는 뜻은 아닐지라도 말이다.

---

343) Duce. 영도자라는 뜻의 이탈리아어 낱말이며, 파시즘 통치기의 이탈리아에서 무솔리니를 일컫는 칭호였다.

특히 스포츠의 인기가 무척 높았다. 정권은 스포츠를 국가의 긍지와 위엄을 유발하는 활동으로 바꿔 놓았다. 자전거와 스키가 정권이 강하게 장려하는 인기 높은 대중 스포츠가 되었다. 가장 걸출한 파시즘 지도자들 가운데 한 사람인 이탈로 발보Italo Balbo가 대서양 횡단 비행을 해서 비행사의 용기와 기량을 과시했다. 프리모 카르네라Primo Carnera는 1933년부터 1935년까지 권투 헤비급 세계 챔피언이었다. 마세라티와 부가티와 알파 로메오처럼 이름난 유명 자동차 회사들이 육성한 자동차 경주에 대중이 전율하며 속도와 힘에 이끌렸다. 이탈리아가 1934년에, 그리고 다시 1938년에 월드컵에서 우승했을 때, 다른 무엇보다도 축구가 이탈리아의 최고 스포츠, 그리고 정권의 프로파간다 창구가 될 참이었다. 이탈리아의 빼어난 스포츠 실력이 가장 대중적인 형태의 인기 오락인 영화에서 뉴스영화로 국민에게 선전되었다. 영화는 거대한 영화 관객층에 파시즘의 가치를 은근슬쩍 (때로는 대놓고) 전달할 수 있었다. 라디오의 확산도 파시즘에 요긴했다. 라디오가 없는 이들, 즉 1939년에 아직은 대다수가 라디오를 가지지 못했던 이탈리아 가정을 위해서는 확성기 수천 개가 도시 광장에 설치되어, 당의 압력을 받아 한데 모인 그들이 무솔리니의 연설을 하나도 놓치지 않고 들을 수 있게 했다.

무솔리니 스스로가 정권의 최대 단일 자산이었다. 외국인들은 그를 특히 공산주의에 맞선 보루로 찬양했다. 윈스턴 처칠보다 그를 더 치켜세운 사람은 없었다. 1933년에 처칠은 그를 로마제국 천재의 화신으로 묘사했다. 두체 숭배는 신중한 구성체였다. 반대파가 억눌리고 대중매체가 동원되어 정권에 봉사하면서 1920년대 중엽에야 비로소 프로파간다가 새로운 카이사르의 거의 초인적인 이미지를 조성하는 일을 한껏 해낼 수 있었다. 이탈리아인 사이에서 무솔리니의 인기는 1930년대 중엽까지 전반적으로는 자기 정권의 인기, 특히 파시스트당의 인기를 모두 크게 앞질렀다.

두체는 (비록 그조차도 1930년대 말엽에는 심해지는 정치적 무관심과 파시즘에 대한 환멸을 피하지 못했을지라도) 파시즘의 많은 부분에 말없이 비판적이며 거드름을 피우고 부패하기 일쑤인 당 지역 우두머리와 기관원을 싫어하는 많은 사람에게 널리 우상화되었다. 상당히 많은 국민 사이에서 이루어진 사실상의 무솔리니 신격화는 변형된 형태의 순진한 대중 종교 신앙에 의존할 수 있었다. 주요 신문인 《코리에레 델라 세라》[344]가 1936년에 "여러분이 주위를 둘러보면서 이제 누구에게 기댈지 모를 때 그분이 계신다는 것을 기억하시오. 그분 말고 누가 여러분을 도울 수 있을까?"라고 읊었는데, 여기서 말하는 그분은 하느님이 아니라 무솔리니였다. 그 기사는 "사람들이 언제 두체에게 편지를 써야 하는가?"라고 묻고는 "사실상 언제든지, 당신이 살다가 힘들 때"라고 답했다. "두체께서는 당신이 진정으로 서러워서, 참으로 힘들고 어려워서 그분께 편지를 써 보낸다는 것을 아신다. 그분은 속내까지 털어놓고 지내는 모든 이의 벗이시며, 할 수 있는 한 누구든 도와주실 것이다." 이것을 믿는 이탈리아인이 많았다. 그들 가운데 약 1500명이 날마다 그에게 다음과 같은 편지를 보냈다. "저는

344)   Corriere della Sera. 1876년 밀라노에서 창간되어 지금까지 간행되는 이탈리아의 가장 오래되고 가장 널리 읽히는 석간신문.

모든 일을 하시며, 모든 것을 하실 수 있는 당신께 의지합니다." "저희 이탈리아 사람에게 당신은 지상의 하느님이시며, 그래서 저희는 신의 있고 저희 말을 틀림없이 듣고 계시는 당신께 의지합니다." "두체시여, 저는 성자들을 숭상하듯이 당신을 숭상합니다." 이것들은 한때는 사회주의의 성채였던 한 지방의 농민들에게서 북받쳐서 터져 나온 감정의 일부였다.

　제국의 영광을 추구하는 것은 처음부터 정권의 대표적 특성이었다. 1935년에 아비시니아 침공을 환영하는 프로파간다가 요란하게 이루어지고 이탈리아가 국제연맹의 불공정한 대우를 받는 나라로 묘사되면서 이 나라에서 애국심이 세차게 불타올랐다. 따라서 1936년에 아비시니아에서 승리하자 무솔리니의 인기가 하늘 끝 저 위로 치솟았다는 것은 놀라운 일이 아니다. 그를 '신성한', '무오류의', '천재', '카이사르', 이름이 '이탈리아'인 '종교의 창시자'로 묘사하는 찬사가 사방팔방에서 소나기처럼 쏟아졌다. 그러나 이것이 그가 누린 인기의 정점이었다. 프로파간다와 실제 경험 사이의 격차가 넓어지면서 전쟁 전 마지막 몇 해 동안에는 그의 인기가 떨어지고 있다는 것이 경찰 내부 보고서에서 드러났다. 일상생활의 현실적 문제에 시달리고, 제 나라가 수행할 수 있는 상태에 있는지 의심스러운 또 한 차례의 전쟁이 일어날까 걱정하는 많은 사람이 이때쯤이면 파시즘에 대한 믿음을 잃었다.

　눈에 띄게 떨어지는 역동성을 되살리려고, 그리고 파시즘이 과격성에서 나치즘에 뒤지지 않음을 보여주려고 정권은 1930년대 말엽에 이념적 열의를 강화했다. 한쪽 팔을 쭉 뻗치는 파시즘식 경례가 모든 형태의 인사에서 의무가 되었고, 공무원은 제복을 입어야 했으며, 군대는 프로이센식 보법[345]을 채택하라는 말을 들었다. 새로운 과격성의 가장 확연한 신호는 1938년의 악랄한 반유대주의 법안의 도입이었다. 그 법안을 제정하라는 독일의 압력은 없었지만, 그렇더라도 독일은 본보기였다. 한때는 나치가 파시스트 이탈리아를 자신의 모범으로 여겼다. 이제는 거꾸로였다. 무솔리니에게는 히틀러의 문하생으로 보이고 싶은 마음이 없었다. 무솔리니는 자기가 독일의 그 독재자 못지않게 과격하다는 것을 증명하고 싶었다. 게다가 그는 독일에서처럼 유대인을 '내부의 적'으로 지목하면 국민 단합을 굳히는 데도움이 될 수 있다고 생각했다. 이탈리아의 인종차별은 전통적으로 대개는 (자국 총인구의 0.1퍼센트가 채 안 되는) 5만 명 미만의 미미한 유대인 인구보다 아프리카계 흑인에게 겨누어졌다. 그러나 비록 핵심적 특징은 아닐지라도 반유대주의는 파시즘 운동 안에 늘 있었다. 그리고 반유대주의는 이탈리아가 독일과 추축으로 결속되자 더 현저해져서 "유대인은 이탈리아 인종에 속하지 않는다"는 전제에 바탕을 둔 1938년의 인종 법률에서 절정에 이르렀다. 눈에 띄는 저항은 없었다. 국민 대다수는 그 반유대주의 열정을 공유하지 않았다. 그러나 반유대주의에 관한 명확한 의견을 가진 이는 거의 없었고, 어떤 이들은 명백하게 반유대주의 프로파간다에 넘어갔다. 파시즘 통치의 다른 측면에서처럼, 이 측면에서도 정권은 국민에 뿌리를 얕게 내렸지만 대중의 수동성과 순응을 이용할 수 있었다.

---

345) 열병식 같은 군 행사에서 무릎 관절을 굽히지 않고 걷는 행진 보법(步法). 속칭으로 거위걸음이라고도 한다.

서방 민주주의 국가들은, 아무리 역겹더라도, 독재자들의 내정을 참견해서는 안 될 그들 나름의 일로 여겼다. 그러나 이제 국제적으로 무솔리니와 히틀러는 그 국가들에 유럽의 평화를 위협하는 '미친개'로 여겨졌다. 아비시니아 침공 전에 이탈리아의 파시즘은 중대한 위협으로 보이지 않았다. 추축의 일부로서 나치 독일과 연계된 1936년부터는 이야기가 달라졌다. 그렇더라도 진짜 위협은 명백히 다시 활기를 띠고 통합되고 힘이 세진 독일제국이었다.

히틀러의 독일: 인종 공동체

이탈리아에서 파시즘이 권좌에 오른 것이, 그리고 무엇보다도 마르크스주의를 분쇄하고 의지의 힘으로 나라를 통합한 강력한 권위주의적 지도자의 구현으로서 무솔리니라는 인물이 히틀러가 1933년에 '권력 장악'을 하기 훨씬 전에 독일의 민족주의자들을 매혹했다. 히틀러 자신의 찬양을 이끌어낸 몇 안 되는 사람들 가운데 한 명이 무솔리니였다. 몇몇 주요 나치와 이탈리아 파시즘 지도부 사이에 사적 연계가 형성되었다. 1926년 이후에 나치당 안에서 의무화된 팔 하나를 쭉 뻗는 '독일식 경례'는 파시즘 경례에서 '빌린' 것이다. 히틀러를 권좌에 올려준 애국 보수 지배 엘리트와 나치 지도부 사이의 '거래'는 11년 전에 이탈리아에서 무솔리니의 권력 접수를 확정했던 거래를 생각나게 했다. 그리고 무솔리니와 히틀러가 추축으로 자기 나라의 운명을 한데 묶기 훨씬 전에 이탈리아의 파시즘과 독일의 국가사회주의의 친연성은 눈에 뚜렷이 보였다.

노동자들에게 일련의 문화·여가 활동을 제공하려고 독일노동전선[346](분쇄된 노동조합을 대체한 국영 조직)의 하위 부서로 세워진 나치 정권의 대형 여가 조직인 '기쁨을 통한 힘'[347]은 이탈리아의 도폴라보로를 본보기로 삼았다. 곧 새로운 독일의 경제 회복과 현대화의 상징으로 여겨진 고속도로(아우토반)[348]는 1924년부터 1926년 사이에 이탈리아에서 건설된 첫 고속도로인 아우토스트라다[349]에서 영감을 얻었다. 독일의 제1차 세계대전 전몰자 숭배, 국민에게 군국주의 기풍의 주입, 대중 동원의 새로운 미학을 구축하려는 시도의 일부로서 대집회와 행렬의 연출, 어릴 적부터 나치 가치를 흡수하는 세대를 만들어내려는 청소년 운동의 창설, 갖가지 복지 조직, 지도자에 대한 확고한 충성과 결합된 거대한 독점 점당의 지배, 이 모든 것과 유사한 것이 파시스트 이탈리아에 있었다. 또한 좌파 탄압은 물론 반볼셰비즘도 그 두 정권이 공통으로 가진 특성이었다. (소련의 급진적인 국가주도 사회주의와 대비되게도) 대기업을 정권의 이익에 봉사하는 한 장

---

346)　Deutsche Arbeitsfront. 노동계급 위주 조직인 전독일노동총동맹이 강제로 해산된 뒤 노동자, 사무원, 고용주를 한데 묶어 1933년 5월에 창설한 나치당의 관변 노동조직.

347)　Kraft durch Freude. 상류층만 누리던 여가 활동을 중하층까지 확대한다는 명분을 내세워 나치당이 1933년 11월 말에 독일노동전선 산하 단체로 만든 국영 기구. 일반 국민의 휴일과 여가 활동을 관장했다.

348)　Autobahn. 독일의 자동차 전용 고속도로. 바이마르공화국 정부가 구상했지만 경제난 탓에 지지부진하다가 나치 집권기에 실업 위기 타개와 현대화 선전용으로 1930년대 중엽에 대대적으로 건설되었다.

349)　autostrada. 보행자와 마차가 들어가지 못하는 자동차 전용 유료 도로를 구상한 이탈리아의 엔지니어인 피에로 푸리첼리(Piero Puricelli)가 1923년에 정부의 인가를 얻어 1920년대 중엽 이탈리아 전역에 건설한 세계 최초의 고속도로.

려하는 것도 그랬다. 또한 그 두 독재는 지극히 민족주의적이고 군국
주의적일 뿐 아니라 철저히 제국주의적이었다.

그러나 두 정권에는 비슷한 점이 많기는 해도 같은 점보다는 다른
점이 더 많았다. 나치 정권이 더 과격하고 역동적이고 공격적이고, 착
수하는 모든 일에서 이념에 더 추동된다는 것에는 이탈리아 파시즘
과 단지 겉으로만 비슷한 독일 독재 체제의 중대한 구조가 반영되어
있었다.

나치 정권의 예외성은 독일 지도자로서 히틀러가 차지한 불가침
의 최고 지위에서 구현된 이념적 희망, 기대, 기회와 적잖이 맞물려
있었다. 히틀러에게 '영웅적인,' 거의 초인적인 특성을 부여해서 한때
선술집 선동꾼이었던 자를 거의 신성화된 경배의 대상으로 바꿔 놓
은 숭배는, 물론 이탈리아의 두체 숭배와 소련의 스탈린 숭배, 그리
고 다른 나라의 지도자 숭배와 똑같이 조작되었다. 그러나 레닌의 유
산과 마르크스주의의 교리에 명목상으로 충실하면서 이념적 정통성
의 더 이전의 원천을 넘어서야 했던 스탈린과 달리 히틀러에게는 그
럴 필요가 없었다. 권력을 잡은 뒤 여러 해 동안 자신의 지도력을 구
축해야 했던 무솔리니와 달리 히틀러에게는 그럴 필요가 없었다. 히
틀러 숭배의 뿌리는 덜 얄팍했고 더 오래 묵었으며, 독재의 이념적
역동성에 더 중대했다.

히틀러는 1920년대 중엽까지 나치 운동 안에서 이미 최고 지위를
확립해 놓았다. 1933년 국가총리에 임명될 때까지 그는 수백만 명을
자기 당으로 넘어와 당을 지지하게 한 민족 부흥과 위대한 미래라는
유토피아적 미래상을 오랫동안 구현했다. 국가사회주의가 '히틀러 운

동'으로 알려진 데는 까닭이 없지 않았다. 그의 당내 우위는 1933년에 현대 선진 국가의 작동 방식으로 이전되었다. 그리고 1934년부터 그 국가에서 그는, 명목상으로는 적어도 국왕의 신하로 남았던 무솔리니와 달리 절대 권력을 가졌다. 아무리 머나멀고 모호한 목표일지라도 히틀러의 미래상이라는 고정점은 이제 독점적 정당의 무수한 가맹단체의 확고한 충성, 경찰과 감시 조직이라는 효율적 억압 기구에 힘입어, 그리고 대체로 애국 보수 엘리트와 평범한 독일인 수백만 명의 지지를 받아 국가의 모든 부분에 스며들 수 있었다. 히틀러라는 인격화된 미래상, 즉 1918년의 항복이라는 치욕을 지워내서 국가를 구원해낼 전쟁과 그 치욕의 책임자라고 그가 간주한 자들, 즉 유대인의 파괴를 전제한 미래상은 이제는 국가정책으로 전환될 수 있는 '행동 지침'을 제공했다.

　(다른 시기에 다른 사람에게 다른 것을 뜻하는 착상인) '유대인 제거'와 독일 미래의 경제 기반과 유럽에서의 우위를 확보하기 위해 가까운 미래의 어느 시점에 일어날 군사 분쟁에 대한 준비가 반드시 따르는 (독일의 팽창에 관한 다양한 개념을 포괄할 수 있는 착상인) '생존 공간(레벤스라움Lebensraum)'이라는 쌍둥이 측면은 가차 없는 이념적 역동성을 지탱하는 데 이바지했다. 이 이념적 동력은 무솔리니의 이탈리아에서는 견줄 만한 것이 전혀 없었고, 소련에서 일어나는 광란의 격변을 뒷받침하는 것과는 본질적으로 완전히 달랐다. 그것은 일관된 계획이나 일정이 잡힌 청사진에 따르지 않았다. 그러나 과격화의 방향과 거침없는 기세, 이 둘이 나치 체제에 내재해 있었다.

　과격화에 핵심적인 것은 인종 청소였다. 이탈리아 파시즘의 인종

차별은 심지어 1938년에 반유대주의 법안이 도입된 뒤에도 중심성이나 강도 면에서 나치 정권 전체에 흘러넘치는 인종적 순수성을 부과하려는 동원 추동력에 필적하지 못했다. 인종주의는 반유대주의를 훨씬 넘어섰다. 그러나 유대인 혐오는 인종주의의 핵심에 있었다. 유대인은 나치의 온갖 혐오증에서 독특한 위치를 차지했다. 히틀러와 그의 열혈 추종자 다수에게 유대인은 모든 것에 스며들어서 독일의 존속을 위협하는 위험한 존재에 해당했다. 내적으로 유대인은 독일의 문화를 망치고, 독일의 가치를 해치고, 독일의 인종적 순수성을 더럽힌다고 여겨졌다. 외적으로 유대인은 그들이 지배한다는 금권적 자본주의와 볼셰비즘을 통해 해를 끼치는 국제 세력으로 간주되었다. 그러므로 유대인이 쥐고 있다고 상상되는 권력과 영향력의 제거는 인종적 순수성에 의거한 민족 부흥이라는 유토피아적 미래상의 중심축 바로 그것이었다.

이 병적 망상은 1933년 이후에 실제 국가정책으로 전환될 수 있었다. 1933년 4월 1일에 전국적으로 유대인 사업체 불매 운동이 벌어지고 나서 유대인을 공무직에서 배제하는 법률이 제정되었다. 법조계와 의학계에서 유대인을 차별하는 첫 사례들은 정권의 출발부터 많은 유대인에게 독일에서는 자신의 미래가 없다는 신호였다. 1935년에 일어난 두 번째 핍박의 큰 물결은 유대인과 '독일 혈통' 사이의 결혼을 불법화하고 유대인에게서 독일제국 시민권을 박탈하는, 그리고 그 후 여러 해 동안 추가 차별로 세차게 가해지는 압박의 토대였던 1935년 9월의 뉘른베르크 법[350]에서 절정에 이르렀다. 추가로 (최악의) 물결이 1938년에 밀려와서 (유대인의 사업체와 가정집의 유리가 깨뜨려져

조각이 흩어져 있다며 빈정대면서 제국 수정의 밤[351]이라는 명칭을 붙인) 11월 9~10일의 전국적인 포그롬으로 폭발할 터였다. 이 때문에 추가로 유대인 수만 명이 나라를 떠났다. 그러기에 앞서 유대인은 점점 더 경제에서 쫓겨나고 생계를 빼앗겼고, 불가촉천민으로서 이른바 '민족 공동체'의 언저리로 밀려났다. 인종차별과 핍박의 바탕 위에 세워진 그 민족 공동체는 그것에 속하기에 적합하지 않다고 간주된 자들의 배제를 통해 바로 그 정체성을 얻었다.

유대인뿐 아니라 사회적 '외부자'로 인지된 여러 소수자(집시, 동성애자, 정신질환자, 알코올 중독자, 거지, '노동 기피자', '상습 범죄자', 이런저런 '반사회 분자')가 주류 '아리아' 공동체에서 배제되었다. 그 배제주의적 의제의 실행에서 나치 당의 격려를 받을 필요도 없이 의료직, 복지 전문가, 법률 집행 기관이 제 역할을 했다. 독일처럼 다른 유럽 국가들에서도—결혼 자금 융자, 출산 지원, 자녀 보조금, 심지어 (이미 1933년에 개시된) '퇴화자'의 불임 수술 등—다수자 국민을 겨냥한 복지와 출산 장려 정책은 있었다. 그러나 그 같은 조치들이 인종적으로 순수하고 유전학적으로 강화된 사회를 창출하려는 '인종위생' 원

---

350) Nürnberger Gesetze. 1935년 9월 뉘른베르크에서 열린 나치당 집회에서 발표되고 15일에 제국의회에서 제정된 '독일 혈통·명예 수호법'과 '국가시민법'을 한데 묶어 일컫는 명칭. 각각 독일인과 유대인의 결혼을 금지하고 유대인의 시민권을 박탈하는 인종주의 법률이었다.
351) Reichskristallnacht. 1938년 11월에 파리에서 독일 외교관이 한 유대인의 공격을 받아 숨진 사건을 명분 삼아 나치당 돌격대와 시민들이 9~11일에 정부와 경찰의 묵인과 방조 아래 독일의 유대인 가옥, 상점, 공회당을 습격해서 파괴한 사건.

칙에 따라 그토록 급진적이고도 포괄적으로 추진되는 곳은 다른 어디에도 없었다. 그 사회는 전쟁에 대비하는 사회였다(그렇다고 해서 그것이 소리 높여 선언되지는 않았다).

히드라 같은 거대한 나치 운동의 내부에서는 민족 공동체의 인종적 기풍이 자명했다. 이탈리아에서와는 달리 국가에 종속되지 않고, 소련에서와는 달리 국가보다 우월하지도 않고 불안한 이원 체제 안에서 국가와 나란히 존재하고 교차하는 나치당 자체는 '민족 공동체'에서 '열등자'를 배제하는 압박이, 그리고 특히 반유대주의 기세가 너무 오래 느슨해지지 않도록 했다. 그러나 인종 정책의 가장 중대한 제도적 추진력에 직접 견줄 만한 것이 이탈리아나 소련에는 없었다. 그것은 나치친위대[352](말 그대로는 '수호대')였다. 나치 운동의 엘리트 집단이자 이념적으로 가장 역동적인 나치 운동 부문인 나치친위대는 '민족의 정치적 건강성'을 개선하는 동시에 미래에 이루어질 독일의 유럽 지배의 기반을 마련하기 위한 '인종 청소' 추구에 몰입했다.

이미 강제수용소를 (어떠한 법적 제약에도 전혀 구애되지 않고) 운영하고 있던 나치친위대는 1936년부터 보안 및 형사 경찰의 지휘권을 넘겨받아서 거대한 감시망을 구축하고, 결국에는 자체 군사 기구(무장친위대[353])도 보유했다. 일체의 진정한 정권 반대파를 억누르는 탄

---

352) Schutzstaffel, SS. 원래는 1925년에 히틀러 경호 조직으로 창설된 나치당의 준군사 조직. 1933년에 돌격대 숙청에서 활약했고, 그 뒤에 기능이 확대되어 나치 체제를 지키는 수호대 구실을 했다.
353) Waffen-SS. 1933년에 창설된 나치친위대 산하의 전투부대. 정규군인 독일 국방군과 나란히 존재했으며, 제2차 세계대전에서는 물자와 병력 면에서 우대받

압은, 아무리 악랄했을지라도, 1930년대 중엽까지 목적을 달성했다. 아직은 이전의 좌익 정당 지지자들에서 주로 나온 강제수용소 재소자의 수가 1935년 초에는 3000명쯤으로 줄었는데, 이것은 나치 정권 존속 기간 중 최저치였다. 강제수용소는 초기의 원래 목적에 맞게 운영되면서 이때 종결되었을 수도 있었다. 그러나 그렇게 되었다면 히틀러나 나치친위대 지도부의 마음에 들지 않았을 것이다. 정확히 바로 이때 강제수용소 확대 계획이 마련되고 있었다는 것은 나치 친위대와 경찰이 결합된 기구의 임무가 통제의 끊임없는 상향 증폭, '민족의 내부 적'의 근절, '민족 공동체'의 인종적 정화와 연계되었음을 보여주는 명백한 지표였다. '민족에 해롭다'고 간주된 사회 주변인 volksschädigend이 '민족 공동체'에서 배제되면서 강제수용소 재소자 수가 네 해 만에 7배로 급증해서 제2차 세계대전 직전까지 2만 1000명에 이르렀다.

인종 정책과 더불어, 강한 군대를 만들고 '민족 공동체'를 군사화하고 경제의 방향을 급속한 재무장 쪽으로 설정하는 데 매진하는 움직임이 무자비한 속도를 확보하고는 그 속도가 사그라지도록 내버려 두어지지 않았다. 1936년부터 기세에 가속이 확 붙었다. 4개년 계획을 개시한다는 그의 각서가 보여주었듯이, 히틀러는 10년 전에《나의 투쟁》에서 내놓았던 인종적 제국주의라는 미래상('생존 공간'을 획득하는 전쟁이 어느 시점에는 꼭 필요하다는 전제)에서 물러선 적이 없다. 그리고 그 제국은 아프리카 식민지나 해외의 다른 곳이 아니라 유럽 자

는 엘리트 부대였다.

체에서 획득될 터였다.

그 착상은 지금은 그렇게만, 즉 히틀러와 몇몇 다른 나치 지도자의 마음속에 막연한 관념으로만 남아 있었다. '생존 공간'이 무엇을 의미할 수 있는지에 관한 다른 해석들, 즉 의제가 된 팽창의 성격에 관한 다른 가정들이 존재했다. 몇몇 장군은 독일의 방어를 확보하기 위한 억지력으로서의 강한 군대라는 관점에서 생각했다. 다른 장군들은 향후 언제인가 중부 유럽과 동유럽에서 독일의 패권을 확립할 전쟁을 상정했다. 프랑스와 영국에 맞선 전쟁이나 가까운 미래의 소련 침공을 1936년에 상상한 이는, 설령 있더라도, 극소수였다. 그러나 향후 전쟁의 시나리오가 구체적으로 고려되지는 않았을지라도 큰 군대가 병영에 가만히 무한정 앉아 있으라고 증강되고 있지는 않았다. 그리고 아비시니아에서 벌인 제국주의 원정에서 우여곡절 끝에 승리할 수는 있었지만 딱 거기까지였던 비역동적인 이탈리아군과는 달리, 독일의 군 지도자들은 효율적이고 노련하고 단호했다.

그들은 강한 군대, 국가 강화, 제국이 대열강의 속성으로 당연시되는 문화를 흡수했다. 그들은 1914년부터 1918년 사이에 유럽에서 전쟁과 정복과 영토 점령을 겪고 나서 참혹한 패배와 국가의 치욕과 통렬한 대열강 지위 상실이라는 쓰디쓴 알약을 삼켜야 했다. 그들은 대전쟁을 예상하면서, 심지어 1920년대 중엽에도 일단 새로운 강군이 다시 만들어질 수만 있으면 죽음과 파괴의 현대식 기구가 되리라고 지레짐작했다. 독일의 힘을 다시 확립하고 베르사유조약을 뒤엎고 숱하게 많은 수백만 명을 재무장에 쏟아붓는다는 히틀러의 목표와 성취는 그 같은 군 지도자들 사이에서 따뜻한 환영을 받을 것이 확실했다. 서방 민주주의 국가들이 1935년과 1936년에 베르사유조약과 로카르노조약의 위반을 둘러싸고 취약성과 분열을 보여준 뒤에 독일이 팽창할 가능성은 점점 더 커졌다. 히틀러가 가진 이념의 두 번째 가닥, 즉 '생존 공간'을 위한 팽창이 첫 번째 가닥, 즉 유대인 '제거'와 마찬가지로 또렷해지기 시작했다.

모든 지표로 볼 때 나치 정권은 1930년대 중엽에 대중의 폭넓은 지지를 기대할 수 있었다. 적대적 의견을 가혹하게 억누르고 정권 프로파간다로 대중매체를 독점한 다른 독재에서처럼 그 지지가 정확히 얼마나 폭넓었는지를 수량화하기는 불가능하다. 그러나 의심할 여지없이 경제 회복, 실업 문제 해결, 정치 '질서' 복원, 국민 단합과 국위의 재확립, 그리고 무엇보다도 애국심을 북돋는 큰 위업(특히 라인란트 재무장 사태에서 서방 열강들에 도전한 것)은 널리 인기를 누렸다. 히틀러의 인기는 심지어 나치당과 지역 당대표들을 싫어하는, 또는 나치당 과격분자가 가톨릭이든 개신교든 주요 기독교 교회의 의례와 제도와 성직자에 가하는 공격에 마음이 돌아선 많은 이들 사이에서도 엄청났다. 심지어 열렬한 정권 반대자들도 체념하고 축 처져서 널리 퍼진 히틀러 찬양을 받아들여야 했다. 라인란트 진주는 사실상의 히틀러 신격화를 새로운 고점으로 밀어 올렸다. "히틀러, 대단해. 그 사람한테는 위험을 무릅쓰고 뭔가를 해내는 용기가 있었어"라는 말이 심지어 공업지대 노동계급 사이에서도 흔히 들려왔다. 그들은 다른 경우라면 히틀러 정권을 좋게 말하지 않았지만 혐오스러운 베르사유조약을 파기하는 그의 행동은 전폭적으로 인정했다. 히틀러는 독일이 세계에서 차지한 새 위상의 상징으로 여겨졌다. 그가 "모든 것을 독일에 좋게 끝내는 데 성공할"거라는 "그야말로 경이로운" 신뢰가 있었다.

프로파간다는 규율과 질서를 보장할 가부장제 가치에 대한 믿음과 더불어 사이비 종교적 정서와 대중의 순진한 믿음에 바탕을 둘 수 있었다. 해마다 1만 2000명을 웃도는 각계각층의 독일인이 히틀러에게 숭배에 가까운 아부성 경배와 칭찬의 편지를 보냈다. 독일의 남녀 청소년들은, 심지어 이전의 공산주의나 사회주의 환경에서 자라난 청소년조차 유난히 많이 정권 측으로 넘어와서는 (1936년이 되면 국가 청소년 운동으로서 거의 의무화된) 히틀러유겐트[354] 운동에서 나치화된 가치를 흡수했다. 많은 청소년이 짜릿함과 모험을 찾았고, 모든 계급을 뛰어넘는 공동체에 감명을 받았다. 그들에게는 매료되었다는 느낌, 새롭고 매혹적인 기회와 경험의 세상이 자기를 기다린다는 느낌, 그리고 특별하고 우월한 민족의 일원일 자격이 있다는 정서가 있었다. 여러 해 뒤에 나이 지긋한 부인은 10대 청소년기를 돌이켜 보면서 다음과 같이 인정했다. "좋은 시절이었다는 생각이 들었다. 그 시절이 좋았다." 그 부인만 그러지는 않았다. 1914~1918년의 전쟁 이후에 걷잡을 길 없는 인플레이션을, 그다음에는 바이마르 시대의 대량 실업과 심한 정치적 분열을 겪었던 많은 독일인은 훗날 1930년대를 '좋았던 시절'로 회고했다.

---

354)   Hitlerjugend. 독일 청소년에게 나치 이념을 가르칠 목적으로 나치당이 1926년 7월에 만든 청소년 조직. 14~18세 청소년이 가입 대상이었으며, 1933년에는 독일의 유일한 공식 청소년 조직이 되었다.

나머지 사람들에게는 테러를 통한 억압이 제 할 일을 제대로 해 냈다. 1935년까지 좌파의 깜빡거리는 반대의 마지막 잉걸불이 거의 다 꺼졌다. 반대파 사회주의자들, 즉 망명하지 않은 사회주의자들은 할 수 있는 일을 다 해서 서로 비밀 접촉을 유지했지만, 이것을 넘어 서서 정권을 뒤흔들기 위해 한 일은 거의, 또는 전혀 없었다. 공산당 세포가 재건되었다가 침투당해서 분쇄되었다. 제3제국[355]이 끝날 때 까지 되풀이되는 용감하지만 헛된 저항의 순환이었다. 그러나 아직 도 지하 반대파라는 위험천만한 세계에 투신하는 미미한 소수파 외 에 대다수 독일인은 어쩔 도리 없이 독재에 적응하는 길을 찾아내야 했고, 정도가 다양한 열정을 품고서 정권의 요구에 순응했다. 감시와 염탐과 고발, 즉 사회를 엄하게 통제하는 모든 술수가 없는 곳이 없 었다. 예를 들어, '히틀러 만세!'라는 경례에 응답하기를 거부해서 중 뿔나게 구는 것은 어리석은 일이었다. 사람들은 늘 경계했다. 순응하 라는 압력은 상수였다. 그러나 순응하는 이들이 게슈타포[356]와 말썽 을 빚을 가능성은 낮았다. '국민의 적'으로 여겨지는—유대인, 범위가 넓어지는 ('공동체 소외자'[357]라고 불리기 시작하고 있었던) 사회 외부자,

---

355)   Drittes Reich. 나치가 신성로마제국(800~1806)과 독일제국(1871~1918) 을 계승한 독일 국가라는 의미로 나치 독일에 붙인 별칭.

356)   Gestapo. 나치 독일의 국가 비밀경찰(Geheime Staatspolizei)의 준말. 1933년 4월에 나치 독일 내무부 산하에 창설되었고, 이듬해 나치친위대로 이관되었으며, 1939년에는 제국보안본부의 하부 기관이 되었다.

357)   Gemeinschaftsfremde. 나치의 법 이론에서 민족 공동체에 속하지 않고 배 제될 독일인을 일컫는 표현.

정치적 반대파 등—소수자를 제외하면, 1930년대에 테러는 스탈린 치하의 소련에서 그랬던 것보다 훨씬 더 제한된 역할을 했다.

대다수는 자기가 통합된 '민족 공동체'에 속한다는 생각에 만족하면서, 인종적 배타성과 우월성에 바탕을 두는 영광스러운 미래의 전망을 품었다. 대다수는 그 '민족 공동체'에서 배제된 '외부자'를 위해, 특히 유대인을 위해서는 눈물을 흘리지 않았다. 무자비한 프로파간다에서 끊임없이 이루어지는 유대인의 비방과 악마화는 어김없이 효과를 발휘했다. 망명한 사회민주당 지도부의 한 비밀 요원이 1936년 1월에 베를린에서 보고를 하면서 다음과 같이 판단했다. "국가사회주의자 탓에 실제로 국민과 유대인 사이의 골이 더 깊이 팼다. 유대인이 다른 인종이라는 정서가 오늘날 일반적이다." 독일의 '민족 공동체'에는 유대인이 설 자리가 없고, 유대인은 독일을 떠나거나 독일에서 쫓겨나야 한다는 것이 널리 받아들여졌다. 유대인의 사업체를 헐값에 얻거나 유대인의 재산을 차지하거나 유대인이 떠날 때 그의 아파트로 이사해 들어갈 준비가 되어 있는 (이제는 일반 독일인을 일컫는) '민족 동지'[358]가 모자라지 않았다.

유럽의 다른 나라 출신 독일계 주민이 '민족 공동체'에 가담하는 것은 환영받았다. 그러나 그렇게 만들려고 전쟁의 위험을 마다하지 않고 싶어 하는 이는 거의 없었다. 그들은 지금 당장은 자신의 두려움을 억눌렀고, 제 머리를 모래에 파묻었다. 자기가 위험 구역 깊숙

---

358) Volksgenossen. 나치의 법 이론에서 민족 공동체에 속하고 의무와 책임을 다하는 독일인을 일컫는 표현.

한 곳에 있음이 곧바로 그들에게 분명해질 터였다.

세 역동적 독재의 비교

세 역동적 독재, 즉 스탈린의 소련과 무솔리니의 이탈리아와 히틀러의 독일은 비록 공통의 구조적 특성을 여럿 지녔을지라도 실제로는 꽤 구별되는 통치 형태였다. 스탈린의 정권은 다른 두 정권과는 뚜렷하게 이채를 띠며, 그 두 정권은 비록 결정적 차이점을 보여주더라도 유사한 특성을 더 많이 (그리고 나치 독일이 파시스트 이탈리아에서 '빌린 것' 몇몇을) 공유한다. 각 독재는 자국 시민에게 '총체적 요구'를 했다. 이것은 (역설적으로 세 정권 가운데 '전체주의 국가'를 건설하고 있다고 대놓고 선언할 유일한 정권인) 파시스트 이탈리아에서 실제로는 실현되지 않고 가장 미약하게 성취되었다. 그러나 그 '총체적 요구'는 아주 심하게 관리되고 통제되는 사회에서 의문의 여지 없이 시민의 행동에 엄청난 중대성을 지녔다. '정치 공간'과 조직화된 사회 활동 형태는, 자유민주주의 국가는 말할 것도 없고 심지어 그 시대의 다른 독재의 그것들과 견줘서도, 정권 자체가 허용하고 관리하는 것밖에는 사실상 사라져 없어졌다. 각각의 그 세 정권에서는 배타적 이념 교리에 따라 태도와 행동을 틀에 박힌 형태로 빚어내려는 시도가 끊임없이 이루어졌다. 정권과의 일체감은 '내부의 적'을(존재함으로써 '내부자', 즉 '속하는' 이의 공동체의 창출을 규정하는 존재인 '외부자'를) 강조해서 보완되고 보강되었다.

정권 가치의 사회 침투는 이탈리아에서 가장 저조했고, 십중팔구 독일에서 가장 심했을 것이다. 교의 주입의 성공은, 비록 청소년 사이에서는 세 정권에서 다 가장 뚜렷했을지라도, 들쑥날쑥했다. 각 경우에, 정권은 다수의 이상주의자를 동원하고 대중의 폭넓은 지지를 얻는 데서 상당한 성공을 거뒀다. 각 정권이 기본적으로 모든 반대파를 억눌렀고 표현의 자유가 없었다는 점을 고려하면, 지지를 수량화하기는 불가능하다. 입수 가능한 부정확한 지표로 보면, 나치 독일이 가장 높은 수준의 대중적 지지를 누렸고 이탈리아는 조금 뒤에 처진 반면에, 소련은 국민을 가장 심하게 강요했고 지지의 진정성이 가장 떨어졌다.

각 정권은 테러로 억누르는 고압적 방식을 구사했다. 경찰국가에 테러를 당한 이들에게 그 정권들 사이의 이념이나 구조의 차이는 조금도 중요하지 않은 문제였다. 그렇더라도 그 차이는 중요했다. 소련은 자국 시민을 겨냥해서 비상한 수준의 테러를 다른 두 정권보다 훨씬 더 많이 가했다. 다른 어느 곳에서도 흉내 낼 수 없는 독단적이고 예측 불가능한 억제 조치였다. 나치의 테러는 조직화된 정치적 반대파의 분쇄에, 그리고 나서는 미약한 소수자(특히 유대인, 그리고 다른 인종적·사회적 '외부자' 집단)에 점점 더 집중되었다. 최악의 파시즘 테러는 이탈리아의 아프리카 식민지를 위해 남겨졌다. 이탈리아 국내에서는 피마자기름과 몽둥이의 초기 길거리 폭력이 일단 잦아들자 테러의 적용이 다른 두 정권의 테러에 견줘서 온건했고, 알려진 반대파를 없애는 데 집중했지만 그 밖에는 억제 전략에 대체로 만족했다.

또한 파시스트 이탈리아가 가장 취약한 영역은 이념적 역동성과 군사화에 있었다. 사회동원의 대부분이 피상적 수준에 지나지 않았다. 파시즘 통치가 10년을 넘은 뒤에 수사와 현실 사이의 격차는 꽤 컸다. 국가와 사회의 총체성이라는 목표는 허상에 머물렀다. 정권을 뒷받침하는 저변의 강력한 목적이 별로 없었다. 심지어 식민지 전쟁과 아비시니아에서 거둔 승리조차, 아무리 그 승리의 인기가 높았더라도, 이탈리아인의 심성에는 단지 피상적인 영향을 미쳤을 따름이었고 단기간만 국민을 동원할 수 있었다. 무솔리니와 파시즘 지도부의 호전성이야 어떻든, 이탈리아인 사이에서는 전쟁과 군사적 영광의 전망에 대한 집착이 거의 없었고 전쟁의 고난과 고통을 기꺼이 견뎌내려는 용의도 틀림없이 별로 없었다. 이탈리아 군대는 기껏해야 열세의 상대와 단기전을 치를 수 있었지만, 대규모 전쟁에는 전혀 대비되어 있지 않았다. 기술이 뒤떨어지는 군수공업은 다른 나라들의 재무장 속도를 따라갈 수 없었다.

이탈리아와는 대조적으로, 소련에서는 이념적 추동력이 지극히 강했다. 국영 경제를 동원하고, 농업 생산을 개조하고, 위태로울 만큼 빠른 속도로 공업화를 이루는 엄청난 진전이 어마어마한 인명을 대가로 치르고서 이루어졌다. 이 발전의 이례적인 속도의 배후에는 오래지 않아 언젠가 전쟁이 일어날 거라는 추정이 있었다. 그러나 독일과 달리, 심지어는 이탈리아와도 달리, (비록 사실은 발트해 연안 3국의 점령이, 그리고 어쩌면, 폴란드 동부의 점령이 방어선 구축의 일환으로서 구상되었을지라도) 외부를 침공하기보다는 경제와 사회를 소련의 군사적 방어에 대비하도록 만드는 데 초점이 맞춰졌다. 스탈린이 너무나도 잘 알고 있었듯이, 재무장은 겨우 초기 단계에 있었다. 소련은 대규모 충돌에 조금도 준비되어 있지 못한 반면에 그 스스로가 대숙청을 통해 붉은 군대 지도부에 중대한 손해를 입혔다.

내부의 '적', 가장 분명하게는 유대인에 대한 거세지는 핍박의 초점이 선명하다는 점에서, 그리고 가까운 미래에 있을 군사 충돌을 치열하게 준비한다는(본성상 방어적이지 않고 명백히 공격적인 준비를 한다는) 점에서 히틀러 정권의 이념적 역동성은 다른 두 정권과는 이채를 띤다. 독일에는 유럽 대륙에서 가장 앞선 경제가 있었고, 그 경제는 점점 더, 그리고 급속도로 전쟁 맞춤형이 되고 있었다. 그리고 독일에는 가장 효율적인 군사 지도부가 있었다.

비록 세 독재가 모두 그 후 여러 해 동안 유럽 대륙의 미래를 빚어내는 데서 유난히 큰 역할을 하게 될지라도, 서방 민주주의 국가 지도자들은 놀랍지 않게도, 그리고 올바르게도 독일을 압도적인 위협으로 여겼다. 이 단계에서 스탈린은 주로 자국민에게 위협으로 간주되었다. 무솔리니는 주로 이탈리아의 아프리카 식민지의 예속 민족들에게 위협이면서 지중해에서는 예측 불가능성의 원천이었다. 히틀러는 독일의 유대인에게 위협이었지만, 국제적 시각에서 보면 무엇보다도 유럽의 평화에 대한 거대하고 점증하는 위협이었다.

영국 정부는 유난스레 소련을 불신하고 적대시해서, 소련의 사회 체제를 몹시 싫어했고 스탈린의 숙청에 어리둥절했다. 비록 그 자체로는 큰 위협은 아닐지라도 서방의 이해관계에 점점 더 적대적으로 변하는 이탈리아는 지중해에서 관리 가능한 말썽꾼으로 여겨졌다. 주된, 그리고 커지는 걱정거리는 무자비하게 단호한 독재자가 이끄는, 빠르게 재무장하는, 육해공군에서 제1차 세계대전 시기의 군사력을 능가하는 수준에 이미 가까이 다가선 힘을 가진 통합된 민족인 독일이었다. 1914년에 영국은 주로 유럽에서 독일의 우위를 막으려고, 그리고 세계열강의 지위를 자처하는 독일로부터 자국의 제국을 지켜내려고 전쟁에 나섰다. 사건이 머지않아 재현될 가능성이 매우 커 보이고 있었다.

한편, 곧 많은 사람이 앞으로 일어날 더 큰 마지막 결전의 예고편으로 여긴 싸움에서 가장 강력한 독재 체제들이 미리 앞서 격돌할 기회가 1936년에 나타났다. 1936년 7월에 프랑코 장군이 스페인 공화국에 맞서 반란을 일으켰다. 그가 이내 히틀러와 무솔리니에게서 군사원조를 얻어낸 반면에 스탈린은 공화국 세력에 군사 지원을 제공했다. 그 독재자들이, 스페인 내전의 두 맞은 편에서, 몸을 풀고 있었다. 서방 민주주의 국가들은 한 번 더 취약성을 드러낼 터였다. 주요 열강들이 그 내전에 휘말려든다는 것은, 스페인인의 국가적 비극을 넘어서서, 유럽의 국제 질서가 무너지고 있다는 가장 명백한 신호였다. 유럽 대륙이 또 한 차례의 새로운 대화재에 빨려 들어가고 있는 위험성이 더더욱 커지고 있었다.

7

구렁텅이를 향해

상황에 적응할 수 있으니 문제 해결을 회피할 수 있다는 신조가 팽배해서는 안 됩니다.
오히려 상황이 그 요구에 맞도록 조정되어야 합니다. 이것은 다른 나라로 '쳐들어가'거나
다른 민족의 소유물을 공격하지 않고서는 가능하지 않습니다.

아돌프 히틀러가 1939년 5월 23일에 군사령관들에게 연설하면서 한 말

7

1914~1918년 대전화의 살육장에서 수백만 명이 피를 흘리며 죽은 지 겨우 한 세대 뒤에 다시 전쟁은 대다수 유럽인에게 두려운 전망이었다. 하지만 1930년대 말엽에 또 한 차례의 전쟁을 향해 점점 더 세차게 거침없이 줄달음치는 힘을 보지 못하는 당대인은 거의 없었다. 이번에는 정치 지도자들과 군 지도자들이 자기가 단지 흐릿하게만 예견한 파국으로 "정신이 나간 듯이 스르르 들어가"는, 또는 "몽유병처럼 잠결에 걸어 들어가"는 일이 벌어질 가능성은 없었다. 이번에는 명백하게 공격적인 열강 하나가 있었고, 그 열강의 행동은 전쟁(아니면 나치 독일의 포악한 힘이 유럽 대륙을 지배하는 상황을 받아들이는 것) 이외의 다른 모든 선택을 점점 더 틀어막았다. 속담에 이르듯이, "지옥으로 가는 길은 선의로 포장되어 있다." 이것은 서방 민주주의 국가들이 히틀러를 다루려고 시도한 방식에 가져다 붙일 수 있는 가장 좋은 핑계다. 독일의 팽창욕을 받아들여 길들이려는 서방 민주주의 국가들의 잘못된 시도 탓에 히틀러가 사태를 좌우하게 되었고, 그 국가들은 그 상황에 단지 무기력하게 반응할 수 있을 따름이었다. 그 국가들의 양보에 대한 히틀러의 공갈범 같은 응답은 더 많이 내놓으라고 요구하기였다. 유럽의 나머지 나라들은 우두커니 지켜보면서 더

더욱 크게 걱정했다. 크나큰 두려움을 샀지만 일어난다는 예상이 커지는 전쟁에 대한 준비가 모든 곳에서 이루어지고 있었다.

좌파의 패배

독일 좌파가 대공황기에 패배했고 1933년에 히틀러가 권력을 넘겨받은 뒤 파괴된 것이 이제 완전히 눈에 보였다. 그러나 독일의 양대 좌파 정당인 사회민주당과 공산당은, 매우 다른 이념적 입장에서였을지라도, 결국은 전쟁을 일으킬 거라고 두 당이 올바로 예견한 우파의 군국주의에 철저히 반대했다. 히틀러가 권력을 넘겨받은 뒤에 좌파가 분쇄되지 않았더라면, 그리고 (사회민주당이 대들보 구실을 했던) 민주주의가 독일에서 살아남았더라면, 새로운 유럽 전쟁이 일어날 확률은 뚝 떨어졌을 것이다. 그러지 않고 애국 보수 파워 엘리트가 선호하고, 새된 포퓰리즘적 민족주의가 뒤를 받치고, 점점 더 위험성이 커지는 히틀러의 도박에 종속된 공세적 대외 정책으로 가는 길이 열렸다.

좌파가 독일에서 맞이한 비극적 종말은 유럽 대부분 지역에서 당한 훨씬 더 광범위한 패배의 일부일 뿐이었다. 1935년까지 좌파는 소련 밖 거의 모든 곳에서 무력했다. 스칸디나비아반도 국가의 정부 안에서는 사회민주주의가 지분을 계속 유지했다. 그렇다고 해서 국제 정세의 형성에 영향이 미치지는 않았지만 말이다. 다른 곳에서는 군부와 경찰과 감시 체제의 후원을 어김없이 받는 우파가 너무나도 강하다고 판명되었다. 1930년대 중엽까지 유럽의 대부분은 반동적이든 노골적으로 파시즘적이든 모종의 억압적 민족주의 정권 아래 있었고, 좌파는 무기력해서 혹심한 핍박에서 헤어나지 못했다. 가장 강력한 서방 민주주의 국가인 영국과 프랑스에서는 보수파가 주도하는 정부가 대공황기 동안 우세했다. 따라서 여기서도 좌파의 정치적 영향력이 크게 줄어들었다.

좌파의 패배는, 비록 국가 구조가 그 패배의 성격을 좌우했을지라도, 한 대륙의 규모로 일어났다. 그것은 얼마간은 격심한 분열의 반영이었는데, (좌파의 단결이 오스트리아에서 좌파의 패배를 막지 못했을지라도) 사회민주주의 진영과 공산주의 진영 사이의 분열이 결정적이었다. 좌파의 공산주의 진영 자체가 단결하지 못하고 때로는 경쟁하는 여러 분파로 쪼개졌으며, 그 주요 대표체는 소련의 이해관계에 완전히 지배되었다. 또한 좌파의 패배에는 상류계급과 중간계급, 농민과 노동계급 자체의 일부에 있는 본능적인 사회주의 이념 혐오와 강렬한 공산주의 공포가 반영되어 있었다. 민족주의자가 종류에 상관없이 사회의 모든 부문에 호소력을 유지했던 반면에, 사회주의자든 공산주의자든 좌파는 맨 먼저 특정한 사회집단, 즉 산업 노동계급의 이해관계 증진을 지향했다. 그러나 '프롤레타리아트 독재'라는 공산주의의 목표는 말할 것도 없고 사회주의의 계급 정치가 지니는 호소력은 좌파가 승리한다면 자기는 틀림없이 패배자가 된다고 보는 모든 이들, 즉 대다수 국민에게 확실하게 제한적이었다.

프랑스의 거짓 새벽

유럽에서 좌파에게 어둠이 깊어만 가는 가운데 깜빡이는 한 줄기 빛이 한 특정한 선거에서 새어 나왔다. 프랑스의 1936년 총선거에서 반反파시즘의 명백한 승리로 보이는 결과가 나왔다. 여러 해 동안 전투적인 극우로 쏠리던 전 유럽적 추세가 드디어 역전된 것이다. (제1차 투표는 1936년 4월 26일에 있었고 한 주 뒤) 5월 3일에 제2차 결선투표의 득표수가 계산되었을 때 사회당과 공산당과 급진당의 인민전선이 우파 국민 진영의 222석을 훨씬 넘어서서 376석을 얻는 놀라운 승리를 거두었다. 좌파 지지자(노동자뿐 아니라 대다수 지식인과 작가와 예술가들) 사이의 희열은 엄청났다. 마네스 슈페르버Manès Sperber는 1905년에 폴란드에서 태어났지만 1933년에 독일에서 감옥에 갇히는 경험을 짧게 한 뒤에 파리로 이주한 작가였으며, 차츰차츰 당을 비판하게 된 (그리고 1937년에 탈당하게 되는) 공산당원이었다. 훗날 그는 그 선거 결과에 신나서 느낀 기쁨을 글로 썼다. 그는 그것이 자기에게, 그리고 다른 많은 이에게 선거 승리보다 더한 것이었다고 회고했다. 그는 "형제애가 1936년 5월의 나날처럼 그렇게 가까워 보인 적이 없다. 모든 거리에서 남자와 여자, 아이들이 쏟아져 나와 바스티유 광장[359]과 나시옹 광장[360]으로 갔"으며, 기쁨의 노래와 함성이 인근 거리에 가닿아서 정의와 자유의 추구에 동참하라고 모든 사람에게 외쳤다고(모든 것이 혁명적 폭력 없이 가능해졌다고) 썼다. 슈페르버의 인도주의적 희망은 몹시도 낙관적인 꿈이었음이 곧 드러났다.

---

359)　　Place de la Bastille. 프랑스 파리의 4구, 11구, 12구에 걸쳐 있는 광장. 프랑스대혁명의 시발점이 된 바스티유 감옥이 있었던 곳이다.
360)　　Place de la Nation. 바스티유 광장과 뱅센 숲 사이에 있는 원형 광장.

프랑스는 완전히 양분된 나라로 남아 있었다. 민족주의 우파가 인민전선에 품는 혐오는 통상적인 정치적 반대를 훌쩍 넘어섰다. 드레퓌스를 초기에 지지했던 유대인 지식인인 인민전선 지도자 레옹 블룸Léon Blum에게 특별한 비방이 겨눠졌다. 그는 1936년 2월에 민족주의자 폭도에게 신체에 공격을 당했다. 그리고 지난봄에 프랑스 행동단 지도자 샤를 모라스Charles Maurras가 "총에 (등을) 맞아 죽을 놈"이라고 블룸을 섬뜩하게 비난한 적이 있다. 좌파가 선거에 승리했다고 해도 프랑스의 이념적 양극화는 조금도 나아지지 않았다. 사실 그 승리는 첫눈에 언뜻 보이는 것보다는 훨씬 덜 압도적인 승리였다. 좌파의 득표율 37.3퍼센트는 우파가 얻은 35.9퍼센트보다 단지 근소하게 높았다. 주요 변동은 (비록 이것 자체가 우파의 반감만 늘렸을지라도) 좌파 자체 안에서 있었다. 1932년에 157석이었던 제3공화국 중도파의 대들보인 급진당의 의회 의석수가 단 106석으로 줄었다. 인민전선에서 가장 큰 정당인 사회당은 131석에서 147석으로 늘었다. 다양한 좌익 군소 정당은 1932년에 견줘서 14석이 늘어 51석을 얻었다. 우파의 가장 큰 걱정을 산 공산당은 (10석에서 72석으로 껑충 뛰어오른) 최대 승자였다.

그 승리는 스탈린이 1934년 6월에 (레옹 블룸이 표현한 대로) "연극에서 장면이 바뀌듯이" 느닷없이 사회민주주의자를 "사회파시스트"라고 욕하는 코민테른의 비방을 그만두면서 가능해졌다. 히틀러의 독일이 가진 힘이 세졌으므로 유럽 전역에서 이전의 공산당 전략이 완전히 뒤바뀌지 않으면 안 되었다. 전략이 수정되면서 전에는 욕을 먹던 '부르주아' 국가들과 함께 집단 안전보장을 구축하게 되었다. 국가 차원에서, 이제 스탈린은 커지는 파시즘의 위협과 싸울 좌파의 '인민전선' 건설에서 사회민주당, 그리고 심지어 '부르주아' 정당과도 협력하라고 적극적으로 공산당들을 격려했다. 이 행보는 1935년 여름의 제7차 코민테른 대회에서 승인되었다.

프랑스 안에서는 파시즘에 맞서 '인민전선'을 만들라는 압력이 밑에서, 즉 기층 민중에게서 나와서, 처음에는 노동조합이 표명했고 그러고 나서 프랑스 공산당이 채택했다. 그 압력이 1935년 한 해 동안 고조되었다. 급진당이 사회당과 공산당과 힘을 합친 가을께에 인민전선은 현실이 되었다.

인민전선의 선거공약에는 (통화수축 경제정책의 종식을 알리는) 공공사업 프로그램, 주당 노동시간 단축, 퇴직연금, 실업기금 설립이 들어 있었다. 파시즘에 거세게 반대하는 분위기를 반영해서, 준군사 조직이 금지될 터였다. 그러나 중간계급을 놀라게 할 듯한 급진적 조치는 기피되었다. 사회혁명은 기다려야 할 터였다. 사회당은 경제 국유화 옹호에서 물러섰고, 공산당은 소비에트나 농민 집단농장에 관한 모든 논의를 중단했다. 프랑스은행[361]의 운영은 확장되어 주주들만의 강고한 과두제에 의한 통제를 제거할 터였다. 프랑의 가치는 (비록 현명하지 못한 공약임이 곧 판명되었을지라도, 이전의 좌익 연립정부 아래에서 예금을 잃었던 중간계급의 마음이 놓이도록) 유지되어야 할 터였다. 여성의 노동권이 보장되었지만, (대부분의 극우가 옹호한) 헌법이 수정될 수

---

361)   Banque de France. 1800년 1월 파리에 세워진 은행. 프랑스 유일의 발권 중앙은행이 되었다.

있다는 논란을 피하고자 여성 투표권은 거론되지 않았다.

프랑스의 첫 사회주의자 총리이자 첫 유대인 총리인 블룸이 사회당과 급진당 소속 장관들로 이루어진 (여성 3명이 포함된) 정부를 이끌었다. 공산당(그리고 군소 정당)은 비록 정부 밖에 머물기로 했을지라도 지지를 해주었다. 심지어 새 정부가 취임하기도 전에, 프랑스에 일어난 적이 없던 가장 큰 파업의 물결이 (자주 자연 발생적으로 유쾌한, 즉 축제처럼 흥겨운 분위기에서 벌어져서) 온 나라를 휩쓸었다. 노동조합에 가입하지 않은 노동자와 저임금 여성 노동자가 많이 포함된 200만 명에 가까운 노동자가 압도적으로 민간 부문에서 일어난 수천 건의 파업과 공장 점거와 연좌 농성에 참여했다. 레스토랑과 카페가 문을 닫았고, 호텔 손님은 룸서비스 없이 지내야 했고, 파리의 대형 백화점에서는 손님의 시중을 드는 점원이 없었으며, 주유소가 문을 닫았다는 것은 운전자가 자동차에 연료를 채울 수 없다는 뜻이었다. 파업 노동자들과 그들의 지지자들의 신나는 분위기는 그림의 한 부분이었다. 중간계급 우파 지지자들이 사회적 무질서를 공산주의로 들어가는 현관 입구라고 두려워하며 널리 비난하는 것이 그림의 다른 부분이었다. 정치적 양극화가 심해졌다.

거대한 파업의 물결에 고용인은 정신이 번쩍 들었다. 마티뇽 저택[362]에 있는 총리 관저에서 열린 모임에서 6월 7일에 오후를 넘기지 않고 고용인들이 노동조합의 주요 요구 사항에 양보를 했다. 산업 관계가 하룻밤 새에 바뀌었다. 노동조합 가입권, 단체교섭, 노동조합 대표 인

---

362)   Hôtel Matignon. 파리에 있는 프랑스 총리의 공식 관저.

정, 파업 노동자 징계처분 금지, 임금 15퍼센트 인상이 죄다 합의되었다. 며칠 안에 (값싼 철도 운임으로 뒷받침되어 프랑스 사회의 영속적 특성이 된 파리와 기타 도시의 여름 대탈출의 시발점이 된) 주 40시간 노동제와 매년 2주 유급휴가가 법률로 제정되었다. 파업의 물결이 차츰차츰 가라앉았다. 6월 18일의 준군사 연맹체 금지령을 필두로 법률 제정이 봇물 터지듯이 계속되어서, (비록 극우의 일부가 어쩔 도리 없이 지하로 숨었을지라도) 정치적 무질서와 거리의 폭력을 가라앉혔다. 추가로 제정된 법률이 프랑스은행 개혁을 도입하고, 의무교육 완료 연령을 14세로 올리고, 무기 제조 산업을 국유화했으며, 곡물 가격 대폭 인상을 못 박아서 농민을 달랬다. (파시즘 조직에서 행해지는 여가의 군국주의화에 대응해서) 야외 활동을 민주주의화하고, 노동계급에 매력적인 형태의 휴식을 제공하고, 공중보건을 개선할 목적으로 스포츠·여가부가 신설되었다. 그 결과로 자전거 타기, 도보 여행, 유스호스텔에 머물며 여행하기, 대중 관광이 모두 활기를 띠었다. 그리고 스포츠 시설이 개선되었고, 스포츠에 대한 전반적 관심과 참여가 촉진되었다. 대체로, 그처럼 단기간에 인민전선 정부가 수행한 정부 개입의 수준은 대단했다.

희열에 찬 프랑스 좌파의 분위기도 그러했다. 훗날 가장 저명한 유럽의 역사가들 가운데 한 사람이 될 에릭 홉스봄은 열아홉 살의 혁명가로서 1789년 바스티유 요새[363] 공격 기념일인 1936년 7월 14일에

363)   Bastille. 14세기에 군사 시설로 세워져서 17~18세기에는 중죄인을 가두는 감옥으로 쓰인 파리의 요새. 국왕과 대치하던 파리 시민이 이 요새를 습격한 1789년

파리의 예사롭지 않은 분위기를 경험했다. 그는 "붉은 기, 프랑스 삼색기,[364] 지도자들, (…) 노동자 시위대가 포장도로 위에 빽빽이 들어선 군중, 사람이 들어찬 창문, 반가워하며 손을 흔드는 카페 주인과 웨이터와 손님, 심지어는 모여들어 훨씬 더 열광적으로 환대하며 손뼉을 치는 사창가 직원들 앞을 지나가는" 모습을 회고했다.

그 여름의 희열은 금세 사그라들고 축제 분위기는 흩어져 사라지고 일상생활의 근심과 걱정이 돌아왔다. 정부는 곧 어려움에 처했다. 블룸의 한정된 사회주의 실험은 급속히 국제시장의 힘에서 불어오는 거센 역풍과 마주쳤다. 프랑 평가절하 거부는 실수임이 드러났고, 정부가 운신할 폭을 줄였다. 대기업은 투자처를 나라 밖으로 돌렸다. 주 40시간 노동제의 비용 증가는 물가 상승으로 전가되어서 인플레이션을 부채질했는데, 그 인플레이션이 촉진된 만큼 생산성도 늘지는 않았다. 프랑과 금 보유고에 대한 압력이 높아졌다. 1936년 9월 즈음 정부는 이전의 잘못을 인정하고 프랑을 3분의 1쯤까지 평가절하하지 않으면 안 되었다. 심지어 이렇게 했는데도 통화에 가해지는 압력이 제거되지 않았다. 인플레이션 탓에 노동자의 소득과 중간계급의 예금이 잠식되었다. 정부 지지가 시들해졌다. 보수적인 상원이 1937년 6월에 나라의 재정난과 싸우기 위한 비상 권력을 정부에 부여하기를 거부하자, 블룸이 물러나고 급진당원인 카미유 쇼탕Camille Chautemps으

7월 14일이 프랑스대혁명의 시발점으로 여겨진다.

364) Tricolore. 프랑스대혁명 때 나타나 1794년에 프랑스 국기가 된 깃발. 파랑과 하양과 빨강으로 3등분 되어 있고 프랑스대혁명과 공화정을 상징하게 되었다.

로 교체되었다. (블룸을 비롯해서) 사회주의자 장관들은 정부에 남았다. 그러나 사회주의의 기세는 사라졌다. 정부는 이제 급진당에 지배되었는데, 급진당의 정치 성향은 그들을 오른쪽으로, 즉 더 강한 보수주의 쪽으로 옮기고 있었다.

쇼탕은 포고령으로 법을 제정할 권한(블룸에게는 주어지지 않았던 권력)을 의회에서 위임받아 세금을 올리고 사회 개혁을 끝냈다. 블룸의 정부를 거꾸러뜨렸던 것들이 대부분 바뀌지 않은 채 남아 있었다. 공채가 계속 늘었다. 프랑이 가치를 계속 잃었다(결국은 추가 평가절하를 할 수밖에 없었다). 생산성이 계속 제자리걸음을 했다. 소요가 계속 들끓었다. 인민전선은 (끈질긴 경제문제에 시달리고, 보수 우파와 파시즘 우파 측의 완강한 반대에 직면하고, 국제 정세에서 커지는 위험에 맞부딪혀서) 계속 시들어갔다.

블룸은 1938년 3월에 총리로 복귀했지만, 그것은 오스트리아가 독일제국에 편입된 뒤 확 바뀐 국제 정세 속에서였다. 이때쯤이면 프랑스는 대외 정책에 관한 근심에 시달린 나머지 사회와 경제의 실험을 참아내지 못했다. 블룸은 정부 주도 투자, 외환 관리, 부유세의 새로운 시도로 진보를 이룬다는 희망에서 급속히 깨어났다. 재무장 경비가 늘어나면서 민수 목적의 정부 지출에 제한이 가해진 한편으로 자본 도피와 금 보유고 급락으로 어쩔 도리 없이 공공 지출을 추가로 삭감하고 결국은 프랑을 세 번째로 평가절하해야 했다. 블룸의 첫 번째 행정부는 382일 지속했고, 두 번째 행정부는 겨우 26일 뒤에 끝났다. 그가 두 번째로 해임되자 신임 총리인 급진당의 에두아르 달라디에Édouard Daladier의 지도 아래 정치가 보수 우파로 옮아갔다. '실력 있는 고수'로 여겨지고 프랑스 지방 소도시의 축도縮圖인 달라디에는 소자본과 대자본 양자의 후원을 얻었고, 우파에게서 블룸의 사회 입법을 대부분 뒤집어 '1936년 6월의 혁명'을 끝냈다는 칭찬을 들었다.

프랑스에서 파시즘과 대결하고 그것을 꺾으려는 시도에서 사회당과 공산당, 급진당으로 대표되는 정치 중도파를 하나로 묶는 인민전선의 구성은 영리한 합리적 전략이었다. 적어도 그 전략은 준군사적 우파가 제3공화국에 가하는 위협을 멈춰 세웠다. 그러나 인민전선이, 꼭 필요하기는 했을지라도, 확고하게 자리를 잡지 못하는 실패는 처음부터 거의 확실했다. 공산당이 선호했을 혁명적 사회 프로그램이 채택될 가망은 없었다. 15퍼센트 이하의 국민 지지로는 실행하기 불가능했을 것이다. 급진당의 중간계급 지지층은 자기 재산에 대한 어떠한 위협에도 소스라치게 놀랐을 것이다. 그리고 사회당은 자당의 왼쪽이나 오른쪽에 있는 세력에게 지지세를 허투루 넘겨주지 않도록 조심스러운 노선을 걸어야 했다. 그러나 상당수 국민의 반대를 무릅쓰고서 차근차근 도입된 사회 개혁이 성공할 가능성은 대기업 대표들에게 짓눌리고 국제시장의 힘에 시달린 탓에 아주 낮았다.

인민전선은 이념이 서로 전혀 맞지 않는 동반자들 사이의 마지못한 결혼에 해당하는 타협을 통해 창출될 수 있었을 따름이다. 그 타협은 공동의 적에 직면하여 깊은 균열에 덧칠을 해서 그 균열을 잠시 가렸다. 그러나 그것은 정부가 직면하고 있는 벅찬 문제들 탓에 침식된 기반 위에 선 취약한 구조물이었다. 두 좌익 정당 사이의 관계 자체가 시련에 처했다. 사회당이 공산당에 품은 반감은 소련의 상황에 관해 널리 선전된 부정적 해설로, 그리고 스탈린 체제의 연출 재판에 관한 보고서로 부각되었다. 공산당은 공산당대로 파리의 노동 계급 구역인 클리시[365]에서 1937년 3월에 열린 시위에서 경찰이 공산주의자 시위대에 발포하여 6명이 죽고 200명이 다친 뒤에 블룸을 '노동자 살해자'로 여겼다.

스페인이라는 솥

대중의 의식에서 인민전선 정부의 고난이 스페인 국경 건너편에서 펼쳐지는 사태에 밀려나면서, 프랑스 좌파의 실패는 스페인 좌파를 위한 훨씬 더 큰 비극의 그늘 속으로 물러나 무색해질 참이었다. 스페인 좌파는 폭넓은 대중의 지지와 손에 들어온 국가의 자원을 가지고 싸워서 공화국을 지킬 태세를 갖추었다. 그렇지만 분파로 심하게 갈라져 서로 죽고 죽이듯 싸우고 이념으로 틈이 벌어진 탓에 스페인 좌파는 심각하게 약해졌다. 그 이념 균열은 (특히 경제가 상대적으로 앞선 카탈루냐에서는, 그리고 바스크 지방에서는) 서유럽의 다른 어느 곳에서보다 강한 지역 분리주의 정서로 덮여 있었다. 스페인 좌파에 훨씬 더 해로운 것은 스페인 사회의 해묵은 양극화였다. 심지어 프랑스와도 대조적으로, 스페인에서는 크나큰 골이 좌파와 우파의 이념적 배치를 갈라놓았다. 공화정에 대한 충성은 프랑스에서만큼 뿌리 깊지 않았다. 그 충성은 프랑스혁명과 맞먹을 만큼 스페인의 역사에 한 획을 긋는 상징적 사건과 연결되어 있지 못했다.

스페인의 제2공화국은 최근에 수립되어서 기껏해야 1931년으로

---

365)   Clichy. 파리 서북쪽 근교에 있는 행정구역.

거슬러 올라갈 따름이었다. 좌파가 만들어낸 그 공화국은 점점 극단화하는 사실상 모든 우파에게서 근본적으로 거부당했다. 우파의 반反사회주의는 극심했고, 골수에 박혔고, 만연해 있었다. 좌파 혐오는 때 묻지 않은 가톨릭의 가치와 씨줄과 날줄로 얽혔는데, 우파는 스페인의 대다수 향촌을 뒤덮은 그 가톨릭의 가치를 자기들이 형상화한 스페인 국가의 이미지에 집어넣었다. 그리고 물론 그것은 두려운 사회주의의 통치로 잃어버릴 모든 것을 가진 전통적 파워 엘리트, 즉 지주, 주요 기업가, 가톨릭교회, 가장 중요하게는 군 장교단 상당 부분의 후원을 얻었다. 그들은 권력에서 물러났지만 아직 깨지지 않았다. 힘으로 공화국을 없애 버리는 것이 그들에게는 하나의 선택이었다. 어쨌든 미겔 프리모 데 리베라의 독재는 겨우 몇 해 전인 1930년 1월에 끝났고, 프로눈시아미엔토pronunciamiento(군사 쿠데타)가 스페인 정치에서 한자리를 차지한 지 오래였다. 1936년 3월까지, 스페인의 장군들이 선출된 정부를 뒤엎으려는 시도를 새로 개시할 음모를 꾸미고 있었다.

사회주의와 공화주의 좌파가 1931년 선거에서 거둔 승리는, 제5장에서 짚었듯이, 오래가지 못했다. 새 선거가 치러진 1933년 11월에 우파가 다시 힘을 모았다. 스페인자치우익연합과 알레한드로 레루Alejandro Lerroux가 이끄는 급진공화당[366]이 연합한 우파에 좌파가 크게

---

366)   Partido Republicano Radical. 약칭은 급진당. 1908년에 창당하여 1936년까지 존속한 스페인의 정당. 처음에는 반교권적이고 혁명적인 성향을 띠었지만 나중에는 우경화했고, 부패한 당으로 악명을 얻었다.

졌다. 레루가 총리가 되었다. 그러고 나서 두 해 동안 공화정이 세워진 뒤 이루어졌던 온건한 사회 진보가 끝났고, 자주 뒤집혔다. 이것들은 좌파에게는 파시즘의 위협이 자라나고 탄압이 심했던 비에니오 네그로bienio negro, 즉 '어두컴컴한 두 해'였다. 아스투리아스 북부에서 1934년 10월에 광부들이 손에 잡히는 뭔가로 무장하고 경찰과 싸우며 보름 동안 벌인 파업이 다른 사람도 아닌 미래의 독재자 프란시스코 프랑코가 모로코에서 특별히 데려온 유달리 잔혹한 부대에 진압되면서 피가 흐른 채 끝났다. 진압은 잔인했고, 자주 야만적이었다. 민간인 2000명쯤이 죽고 4000명이 다쳤으며, 3만 명이 감옥에 갇혔다. 그들 가운데 많은 이가 감옥에 있는 동안 고문을 받았다. 스페인은 이미 내전으로 치닫고 있었다.

우파의 통치 연맹체가 금융 추문과 정치 분란에 시달리다 깨졌을 때, 새 선거가 1936년 2월에 치러졌다. 그러는 사이에 좌파가 인민전선을 결성했다. 인민전선은 (양대 세력인) 사회주의자와 (대체로 중간계급의 지지를 받는) 공화주의자의 선거 협약체였다. 공산주의자, 카탈루냐 분리주의자, 사회주의 노동조합, 아나키즘 노동조합이 각기 다른 정도의 열의를 품고 인민전선을 지지했다. 선거에서 이들과 겨루는 상대는 우익 그룹들의 국민 진영이었다. 나라가 딱 두 쪽으로 갈라졌고, 어느 때보다 급진화했다. 그 선거는 스페인의 미래를 놓고 벌이는 한판 겨루기로 묘사되었다. 우익에게 그 선거는 선과 악, 가톨릭 신앙이냐 아니면 공산주의냐, '유구한 전통의 스페인이냐' 아니면 '해체와 교회 불태우기와 (⋯) 혁명의 반反스페인이냐'의 선택이었다. 좌익의 목소리가 "러시아에서 벌어진 것을 스페인에서 할" 조짐을 보였다. 개표되자 인민전선이—득표 수(465만 4111표 대 450만 3524표)에서는 신승이었지만 의회 의석 분포(278석 대 124석)에서는 압승인—역사적 승리를 거두었다.

인민전선의 단합은 선거보다 오래 지속되지는 않았다. 공화주의자로만 이루어진 정부는 처음부터 허약했다. 자체가 분열된 사회주의자는 참여하기를 거부했다. 스페인 사회주의노동자당[367]은 온건주의자 인달레시오 프리에토Indalecio Prieto가 이끄는 당내의 개량주의파와 소련 언론이 붙여 준 '스페인의 레닌'이라는 호칭을 한껏 즐기는 프란시스코 라르고 카바예로Francisco Largo Caballero가 이끌고 점점 더 혁명화하는 노동자총동맹[368] 사이에서 갈라졌다. 노동조합 조직처럼 사회주의청년단[369]도 차근차근 이루어지는 개량이 아니라 총체적인 혁명의 관점에서 미래를 보았다. 아직은 작지만 빠르게 자라나는 스페인 공산당[370]의 매력은 확연했다.

정부가 1931~1933년의 사회·경제 변화를 복원하기 시작하고, 정치수를 풀어주고, 대지주계급에게서 땅을 몰수하고, 카탈루냐에 자

---

367) Partido Socialista Obrero Español. 1879년에 만들어진 스페인의 사회민주주의 정당. 제2인터내셔널에 속했으며, 스페인의 노동조합과 긴밀히 연계되어 활동했다.

368) Unión General de Trabajadores. 스페인의 사회주의노동자당과 제휴한 노동조합.

369) Juventudes Socialistas de España. 마드리드에 본부를 두고 1906년에 만들어진 스페인 사회주의노동자당 산하 청소년 조직.

370) Partido Comunista de España. 1921년 11월에 양대 공산주의 계열 정당이 합당해서 만들어진 스페인의 공산주의 정당.

치권을 되돌려주었다(바스크인에게도 그렇게 하겠다고 약속했다). 그러나 정부의 통제력은 약했다. 빈농과 농업 노동자가 스페인 남부에서 대영지를 점거했다. 중심 도시에서 파업이 일어났다. 교회, 즉 가톨릭 권력의 억압적 영향력의 상징에 불을 지르는 일이 1931년보다 만연했고, 이것은 우파로서는 프로파간다에 쓸 선물이었다. 좌파와 우파, 둘 다 숱한 살인을 저질렀으며, 더욱더 극단으로 치닫고 있었다. 이전에는 우파의 소분파였던 팔랑헤가 느닷없이 신입 당원을 얻고 있었는데, 그 다수가 '스페인 자치우익연합'의 청소년 운동 구성원 출신이었다. 그들은 더 나이 든 수많은 팔랑헤당 지지자보다 공격적으로 공화국에 반대하는 자세를 지원했다. 그리고 한편, 정부가 모르는 사이에 음모가 무르익고 있었다.

선거 뒤에 곧바로 프랑코를 비롯해 몇몇 군 지도자가 쿠데타를 도모했다. 그러나 때가 무르익지 않았다. 그래서 장군들은 지켜보면서 기다렸다. 정부는 프랑코를 참모총장 직위에서 해임하고 카나리아제도[371]로 보내 군부에서 비롯한 잠재적 분란을 무력화하려고 시도했다. 공화국에 몹시도 적대적이라고 알려진(그리고 실제로 쿠데타 계획 배후의 실제 주동자인) 에밀리오 몰라Emilio Mola 장군도 강등되었다. 그러나 희한하게도 몰라는 스페인령 모로코에 있는 관할 부대에서 도로 불려와서 (반란의 비밀 후원자들과 긴밀한 연계를 만들어내기에 최적의 위치에 있는) 스페인 북부의 팜플로나Pamplona에 있는 수비대를 맡았다. 몇몇 팔랑헤당 당원이 (비록 감옥 안에서도 여전히 조직을 할 수 있었을지

---

371)   Islas Canarias. 아프리카 서북쪽 연안에 있는 스페인령 섬 7개.

라도) 체포되었다. 그러나 힘없는 정부는 말썽을 미리 막을 다른 조치를 취하지 못했다.

반란이 1936년 7월 17일 스페인령 모로코와 카나리아제도에서 시작되었고, 다음 이틀에 걸쳐 스페인 본토로 확산했다. 공모자들은 신속히 쿠데타가 전개되어 군대를 넘겨받을 것으로 예상했다. 그러나 그렇게 되지 않을 것임이 곧 분명해졌다. 몇몇 지역에서는 본토의 수비대와 주민 상당수가 반군을 지지했다. 채 이틀도 되지 않는 동안 총리가 3명이었다는 것은 정부가 공황 상태라는 뚜렷한 신호였다. 몰라는 타협적 휴전 요청을 거절할 만큼 자신만만했다. 그러나 다른 곳에서는 군대와 경찰이 비록 양다리를 자주 걸치고 있었을지라도 여전히 공화국에 충성했다. 마드리드, 바르셀로나, 바스크 지방의 산세바스티안, 그 밖의 지역의 노동자가 무기를 들었다. 며칠 안에, 2월의 선거에서 그랬던 것과 아주 흡사하게도, 스페인이 완전히 갈라졌다.

동부와 남부는 대체로 공화국 편에 남았다. 그러나 남서부와 서부, 그리고 스페인 중앙부에서는 반군이 빠르게 득세했다. 군사 면에서 공화국과 반란 세력의 힘은 아주 균등했고, 경제 면에서는 대다수 주요 공업지역이 아직도 정부의 손안에 있었다. 마을 수준까지 내려가서 사람들은 좌파나 우파, 공화국이나 파시즘의 어느 한편에 섰다. 폭력이 나선형으로 상승했다. 심지어 처음 며칠 안에 양쪽에서 심한 잔학 행위가 일어났다. 반군은 정복한 지역에서 사람을 많이 죽이고 약식 처형했다. 살해된 사람의 정확한 수는, 비록 틀림없이 천 단위에 이를지라도, 확정하기 불가능하다. 공화국 편에서도 반란 지지자나 계급의 적에게 앙갚음하는 행위가 널리 퍼져 있었다. 원한이 청산되었다. 급조된 재판소의 '혁명적 정의'가 숱한 처형으로 이어졌다. 무시무시한 폭력이 성직자에게 겨눠졌다. 성직자(신부와 수사와 수녀) 6000명 이상이 살해되고, 교회가 불태워지고, 성상과 성화가 파괴되었다. 이미 전면적 내전으로 치닫고 있었다. 그러나 명확한 승자는 보이지 않았다.

3만 명을 웃도는 단련되고 노련한 전사인 프랑코의 정예 아프리카 군단[372]을 모로코에서 스페인 본토로 실어 보낼 항공기를 (이베리아반도에서 공산주의가 발판을 얻지 못하도록 막으려고 안달인) 히틀러와 무솔리니가 내놓은 7월 하순과 8월에 군사력의 균형에서 중요한 변화가 일어나기 시작했다. 이것은 독일과 이탈리아가 프랑코의 군대에 점점 더 많이 보내는 원조의 시작이었다. 히틀러와 무솔리니는 둘 다 결국은 국민 진영 스페인의 지지를 받기를 바란 한편으로 본국에서 아주 멀리서 자국 군대의 화력을 시험 삼아 사용할 기회를 반겼다. 이웃 나라에서 볼셰비즘이 승리할까 두려워하는 살라자르 치하의 포르투갈도 병력과 보급품을 내놓았다.

그 결과 국민 진영의 반군이 크게 유리해졌다. 그 상황은 만약 서방 민주주의 국가들이 같은 편인 민주 진영에 무기를 공급했더라면 분명히 역전될 수 있었을 것이다. 그러나 8월에 영국이, 그리고 그 바로 뒤에 프랑스가 스페인 공화파에 전쟁 물자를 제공하지 않는다는 국제 협약을 체결하는 일에 앞장섰다(블룸은 스페인의 사회주의자에게 원조를 해주지 않는다는 것에 관해 마음 아파 하고 양심의 가책에 시달렸다).

---

372)   Ejército de África. 스페인령 모로코에 주둔한 스페인군 소속 야전 부대.

영국과 프랑스는 스페인에서 분쟁이 심해져 전면적인 유럽 전쟁으로 바뀌는 사태를 막으려고 안달했다. 그러나 그 결과로 스페인의 분쟁이 국민 진영의 승리라는 전망으로 확 기울게 되었다. 가을에 스탈린이 공화정부 측의 군사원조 요청에 호응했지만, 무기 공급의 불균형은 지속되었다. 결국은 24개 국가가 불간섭 협정에 조인했다. 독일과 이탈리아, 그리고 소련은 모두 그 협정에 조인했는데, 불간섭을 말로만 존중하면서 비웃듯이 막대한 양의 무기를 제공했다.

불간섭이 공식 정책인데도, 유럽의 다양한 나라에서 온(대다수가 코민테른이 국제여단[373]으로 편성한 사회주의자와 공산주의자와 노동조합원인) 최소한 3만 명(이 가운데 꽤 많은 이가 유대인이었다)의 의용병이 1936년 가을 이후로 스페인으로 가서 공화국을 구하려고 애썼다. 이렇게든 저렇게든 그들 대다수는 이상주의자였으며, 그들이 보기에는 계급 전쟁에서, 그리고 파시즘을 물리치는 투쟁에서 싸웠다. 그들 가운데 수천 명이 그러다가 목숨을 잃었다. 소련의 프로파간다로 그들의 군사적 기여도가 당시에 부풀려졌고, 그 뒤로도 자주 그랬다. 그러나 국제여단은 반군에게서 마드리드를 구하는 싸움을 필두로 몇몇 대전투에서 분명히 제 몫을 해냈다. 국제여단이 전투를 수행하는 모습을 본 영국인 저널리스트 헨리 버클리는 다음과 같이 기록했다. "대체로 그들은 싸우는 방식에서 영웅이었다. 무기는 열악했고 규율

---

373) Brigadas Internacionales. 스페인 내전에서 공화국 정부군을 지원하여 반군과 싸운 국제 의용병 부대. 코민테른의 호소에 따라 1936년 9월부터 두 해 동안 4만~6만 명의 국제여단원이 전투에 임해서 1만 5000명이 전사했다. 공산주의자가 주를 이루었지만 자유주의자도 적지 않았다.

은 세우기 어려웠다. 10개 남짓한 언어가 쓰였고, 스페인어를 조금이라도 하는 이는 거의 없었다. 그들은 순전히 영웅적 용기로 기적을 일으켰다." 유럽 좌파에게 스페인 내전의 시작은 영감의 원천이었다. 스페인 내전은 차츰차츰 사기 저하의 원천으로 변했다.

프랑코의 군대가 마드리드를 향해 북쪽으로 치고 올라가다가 장기간의 포위 뒤에 그 스페인 수도를 장악하는 데 1936년 11월에 실패하자, 내전은 한껏 잔학한 행위를 해가며 싸우는 장기 소모전의 나락으로 빠져들어 갔다. 국민 진영은 더디지만 끈덕지게 전진하고 공화 진영은 비록 단기간의 역공을 해낼 수는 있을지라도 대개는 밀려서 끈질기지만 차츰차츰 절망적인 방어를 하는 패턴이 형성되었다. 1937년의 봄과 여름에 국민 진영의 군대가 북쪽으로 중대한 전진을 했다. 가을까지, 국민 진영의 군대가 (극히 중요한 원료와 결정적인 공업지대에 프랑코가 다가설 수 있게 해주는) 바스크 지방을 포함해서 북부 해안을 확보한 뒤에 공화국 정부의 통제력은 마드리드에서 남동쪽으로 해안까지 뻗친 커다란 땅덩이와 그 해안의 북쪽 일대에만, 즉 카탈루냐에만 국한되었다.

스페인 내전은 (독일의 폭격기 부대인 '콘도르 군단'[374]의 사령관 볼프람 프라이헤르 폰 리히트호펜Wolfram Freiherr von Richthofen이 표현한 대로) "우리 측 책임 없이" 폭격 실험을 할 기회를 독일에 선사했다. 여러 스페인 남부 도시의 폭격 뒤에 마드리드 공습이 이어졌다. 리히트호펜은 그 결

---

374)   Die Legion Condor. 스페인 내전 동안 국민 진영의 반군을 지원해서 공화국군과 싸운 나치 독일 공군 부대의 명칭.

과가 "아주 좋다"는 것을 알았다. 이탈리아군도 1938년 봄까지 국민 진영의 북부 공세에서 스페인의 도시와 농촌 마을을 폭격하고 있었고, 한편 독일군은 공격 강도를 차근차근 올려 빌바오에 폭탄 600톤을 떨어뜨려서 그 공세를 지원했다. 1937년 4월 26일 오후에 독일군 폭격기 30대쯤과 이탈리아군 폭격기 3대가 게르니카라는 바스크 지방의 도시에 가해서 세계를 놀라고 질리게 만든 끔찍한 공격은 단독 사건이 아니었다. 바로 그날 아침 독일군 폭격기들이 8킬로미터 떨어진 게리카이스Guerricaiz에 가한 공습에서 "단 한 채의 집도 멀쩡하게" 남겨 놓지 않은 것이다. 바스크인의 사기를 꺾어 놓을 목적으로 3시간 동안 계속되어 독일군의 눈에 "완전한 기술적 성공"으로 보인 게르니카 자체에 지속된 공격은 그 소도시에 검은 연기가 피어오르는 폐허와 300명가량의 시민 사망자를 남겨 놓았다. 때마침 도착해서 그 파괴를 목격했던 사제는 그 소도시가 불길에 휩싸인 가운데 사람들이 겁에 질려 시장에서 도망치면서 지르는 절규를 생생하게 서술했다. 1937년 파리 세계박람회의 스페인 전시관에 내걸린 피카소의 이름난 그림은 현대전의 야만성을 생생하게 묘사해 게르니카의 파괴를 불멸의 존재로 만들었다. 온 세계가 비난하는데도 독일군의 맹폭은 스페인에서 계속되었다. 그해 가을 아스투리아스에서 벌어진 싸움이 끝날 무렵 콘도르 군단 사령부는 "축소된 빨갱이 지배 영토에 있는 모든 장소와 운송 수단에 맞서 비행대대를 무자비하게 전개한다"고 결정했다.

전쟁은 1937년 여름에 결코 끝나지 않았지만, 돌이킬 수 없는 경로를 달렸다. 국민 진영의 스페인 정복은 더뎠지만 끈덕졌다. 진행이 더딘 까닭은 얼마간은 공화군의 강한 방어력 때문이었지만, 상당 부분은 프랑코의 전쟁 수행 방식 때문이었다. 그에게 전쟁은 가톨릭 국가인 스페인의 위대성을 복구하는 십자군 전쟁이었다. 이것은 그가 스페인 내부의 적으로 여긴 자들의 패배만이 아니라 그들의 말살을 요구했다. 따라서 프랑코는 신속하지만 피상적인 승리를 거두려고 서두르지 않았다.

프란시스코 프랑코는 1892년에 태어나 모든 인격 형성기를 군대에서 보냈다. 군사령관으로서 최고 기량과 불타는 야망과 흔들리지 않는 결단이 한데 합쳐져서 그를 군대의 맨 꼭대기에 올려놓았다. 공화국에 맞선 음모에 뒤늦게 가담했을지라도 그의 아프리카 군단 지휘권은 음모의 성공에 결정적이었다. 1936년 9월 말까지 국민 진영은 그를 군 최고사령관 겸 국가수반으로 받아들였다. 이듬해 4월 그는 갖가지 우익 분파를 하나의 당으로 통합했다. 그 당의 명칭은—팔랑헤 에스파뇰라 트라디시오날리스타 이 데 라스 혼스(국가생디칼리슴 공세평의회 스페인 전통 통합 팔랑헤당)[375]—아주 길고 발음하기 힘들어서 정식 명칭으로는 쓰이지 않는 것과 진배없고 언제나 줄여서 FET라고 했다.

프랑코에게는 대중을 휘어잡는 히틀러나 무솔리니의 카리스마가 없었다. 그는 철두철미하게 군대의 산물이었다. 그는 대중 선동 연설과 정치 책동을 통해서가 아니라 군 계급을 통해서, 그리고 의심할

---

375)   Falange Española Tradicionalista y de las JONS. JONS는 Juntas de Ofensiva Nacional Sindicalista의 약칭이다.

여지 없는 자신의 군사적 재능을 통해서 높디높은 지위에 이르렀다. 개인적 외모에서 그는 (작고 목소리가 새되고 음조가 높아서) 호감을 사지 못했다. 그러나 그는 (자기 눈에는 많다고 비친) 적에게 무자비하기가 서릿발 같았다. 그는 프리메이슨과 공산주의와 분리주의를 16세기의 전성기 이후로 스페인에 타락과 부패와 퇴락을 가져온 악으로 보았다. 군사령관으로서 신중함은 자기를 방해하는 적을 지속적으로 완전히 제거하여 국민 진영의 스페인 정복을 굳히려는 단호함과 떼려야 뗄 수 없었다. 그는 자기 적을 대량으로 재판한 뒤에 사형선고문을 몸소 꼼꼼히 다 읽고서 그 선고문에 서명했다. 그의 부대가 모두 합쳐 약 20만 건의 처형을 수행했다. 수감되어 감옥과 노동수용소를 채운 이가 100만 명이었다. 그것은 좌파와 기타 적에게 영원히 교훈으로 삼으려는 의도였다.

정부 편을 괴롭힌 분열, 내분, 원한, 이념 충돌을 고려하면 공화국이 프랑코의 부대에 그처럼 끈질기게, 그토록 오래도록 저항할 수 있었다는 것 자체가 대단하다. (스스로가 심하게 분열된) 사회주의자, 아나키스트, 사회주의 노동조합, 아나키스트 노동조합, 스탈린의 노선을 따르는 공산주의자, 스탈린의 노선을 거부하는 공산주의 분파, 나름의 의제를 가진 카탈루냐 좌파를 한데 묶어 준 것은 오로지 파시즘을 물리치겠다는 최우선적인 결의밖에는 없었다. (국민 진영 세력이 순수하게 파시즘이냐 아니냐를 둘러싼 순전히 정의상의 견해차는 중요하지 않다. 공화 진영에 그들은 파시스트**였다**. 이 점에서 그들이 틀렸다는 말을 과연 누가 할까?) 반파시즘이 여러 세력을 한데 묶어내는 데서 가장 강력했다. 그것이 아니라면 오직 분열과 분파만 있었다.

공화국은 내전 처음 몇 달 뒤에 거의 허물어질 듯했다. 정부 자체가 1936년 11월 마드리드에 포위되어 있다가 발렌시아로 옮겼다(이듬해 10월에 카탈루냐의 바르셀로나로 한 차례 더 물러났다). 그때까지 국민 진영의 반란 뒤에 생겨나서 현지에서 권력을 차지했던 반파시즘 위원회가 국가 당국을 대체하기 일쑤였다. 바스크 민족주의자가 바스크 자치공화국을 선언했다. 카탈루냐도 아라곤[376]처럼 제 갈 길을 갔다. 사회주의 노동조합과 아나키스트 노동조합이 자연발생적 사회혁명에 해당하는 것을 밀어붙였다. 토지 재산과 기업과 사업체가 공유로 바뀌었고, 지역 민병대가 만들어졌고, 지역 혁명위원회가 통치권을 넘겨받았다. 그것들 대부분이 비록 (적어도 단기간은) 기능을 웬만큼 발휘했을지라도 퍽 뒤죽박죽이었다.

바르셀로나에서 조지 오웰은 모스크바를 따르지 않는 작은 공산주의 조직인 파르티도 오브레로 데 우니피카시온 마르크시스타, 흔히 포움POUM으로 약칭되는 마르크스주의통합노동자당[377]의 민병대에 가입했는데, 그는 바르셀로나의 상황을 다음과 같이 서술했다. "웬만한 크기의 건물은 사실상 모두 노동자에게 점거되었고, 붉은 깃발이나 아나키스트의 검붉은 깃발로 드리워 있었다. 벽마다 낫과 망치[378]

---

376) Aragón. 16세기까지 존속한 아라곤 왕국의 근거지였던 스페인 동북부의 주.
377) Partido Obrero de Unificación Marxista. 스탈린주의에 동조하지 않는 스페인 공산주의자들이 1935년에 결성한 스페인의 좌파 정당. 스페인 내전에서 적극적으로 활약하면서 힘을 키웠지만, 공화 진영 안에서 심하게 억압을 당했다.
378) 낫과 망치는 각각 농민계급과 노동계급을 상징하는 표지다. 노동자·농민 동맹을 체제의 기틀로 보는 이념을 표현해서 소련 국기의 왼쪽 윗부분에 낫과 망

가, 그리고 혁명 정당의 머리글자가 휘갈겨 씌어 있었다. 거의 모든 교회의 내부가 파괴되었고, 성상과 성화가 불태워졌다. (…) 상점과 카페마다 집산화되었다는 공지문이 붙어 있었다. (…) 사실상 모든 이가 투박한 노동계급 옷, 또는 파란 작업복이나 살짝 바꾼 민병대 제복을 입었다." 비록 새로운 질서에 순응하는 것밖에는 선택이 없었을지라도, 사회혁명은 골수 마르크스주의자를 뺀 많은 이의 마음에 들성싶지 않았다.

민병대 자체가 제대로 무장되어 있지 못했고(조지 오웰이 본 대로, "어느 통상적인 기준으로도 완전히 어중이떠중이"여서), 형편없이 편성되어 있었다. 그 같은 부대가 무장이 잘되고 규율이 잡힌 프랑코의 부대에 맞선 전쟁에서 이길 성싶지 않았다. 중앙정부는 적응해야(그것도 재빨리 적응해야) 했다. 사회주의노동자당과 공산당이 9월에—이제는 분열을 일으키는 인물이 아니라 단합을 도모하는 인물로 (일시적으로나마) 보이는—라르고 카바예로가 이끄는 진정한 인민전선 정부에 들어갔다. 정부는 사회혁명이 훗날을 기다려야 한다는 데 동의했다. 한편, 민병대를 제대로 편성된 군대로 대체하는 것이 화급했다. 차츰차츰 중앙 당국이 권위를 행사했다. 중앙집권화된 경제, 징집제, 배급제, 조직화된 민방위로 뒷받침되는 통합된 군대가 형성되었다.

이 가운데 몇몇은 차츰 커지는 소련의 영향 아래 있었다. 스탈린의 무기가 도착하자 정부 안에서 공산당의 비중이 커졌다. 그리고 공산당은 마음속으로는 '부르주아' 공화국에 관심을 갖지 않고 훗

치가 그려져 있다.

날 '참된' 혁명을 지도하기 위해 파시즘에서 그 공화국을 구하는 데만, 그리고 그동안 급진 좌파에 있는 트로츠키주의자와 아나키스트 같은 경쟁자를 모조리 없애는 데만 관심을 가졌다. 1937년 5월에 라르고 카바예로가 직위에서 쫓겨나고 후안 네그린Juan Negrín으로 교체되었다. 영리한 정치가이자 능란한 행정가인 네그린(그는 이전에 재무장관이었다)은 공산당의 더 지배적인 역할을, 받아들일 수 있는 대가이자 프랑코를 물리칠 최선의 기회로 여겼다. 카탈루냐와 아라곤에서 사회혁명은 끝장났고, 마르크스주의통합노동자당이 무자비한 숙청 속에서 분쇄되었다. 비록 공산당의 영향력 증대가 공화국 점령지에서 많은 이에게 조금도 환영을 받지 못했고 사기를 떨어뜨렸을지라도, 공화국이 계속 싸울 수는 있었다.

1938년에 공화국의 단말마가 다가오고 있었다. 공화군의 마지막 대공세가 에브로강 하류에서 실패했다. 사기가 빠르게 떨어지고 있었고, 전쟁에 대한 염증이 널리 퍼져 있었다. 식량이 바닥나고 있었다. 카탈루냐가 마침내 1939년 초엽에 함락되었다. 엄청나게 많은 사람이 붙잡혀서 국민 진영에 처절하게 응징당했다. 난민 50만 명이 프랑스로 도주했다. 그들의 미래는 불확실했고, 보통은 비참했다. 공화국이 통제하는 나머지 지역이 3월에 무너졌다. 3월 26일에 국민 진영이 드디어 마드리드로 들어섰다. 그달 말까지 공화국의 잔여 영토가 국민 진영의 손아귀에 들어갔다. 4월 1일에 프랑코가 전쟁이 끝났다고 선언했다. 싸움터에서 죽은 이가 20만 명을 넘었다. (2500만 인구 가운데) 죽음, 또는 고문이나 투옥을 겪은 이가 100만 명을 훌쩍 넘었다. 도주해서 망명한 이는 더 많았다.

프랑코와 그의 추종자들은 승리한 뒤에 자비를 베풀지 않았다. 스페인을 정화하는 속죄성 숙청의 정신을 대표하는 인물이 정치책임 국가재판소[379] 소장에 임명된 엔리케 수녜르 오르도녜스Enrique Suñer Or-dóñez였다. 그전에 마드리드 대학교 소아의학 교수였던 그는 1938년에 공화파를 "악마 같은, (…) 가학증 환자와 미치광이, (…) 괴물"로 서술했다. 그는 공화파 뒤에 프리메이슨, 사회주의자, 아나키스트, 그리고 소련이 뒷배를 봐주는 유대인이 있으며, 《시온의 장로 의정서》에 있는 유대인의 계획이 실현되고 있다고 보았다. 그의 뒤틀린 마음속에서, 스페인 내전의 목표는 '인종을 강화하기'와 '우리의 적을 완전히 말살하기'였다. 그 같은 태도가 악마화된 좌파에 대한 보복성 접근법의 특성이었다. 내전에서 국민 진영이 이긴 뒤에 공화파 2만 명쯤이 처형되었다. 감옥과 수용소에서, 그리고 강제노역대에서 수천 명이 죽었다. 살인은 1940년대에 접어들고 한참 지나서도 한동안 지속되었다.

프랑코의 국민 진영 반군에 맞서 공화국을 지켰던 스페인의 절반 위에 이제 정적이 엄습했다. 그들에게 남겨진 것이라고는 억압적인 새 독재에 대한 쓰라린 적응과 더불어 차별과 고난과 고통뿐이었다. 그 정적은 프랑코가 1975년에 죽어서 스페인이 새 출발을 하게 될 때까지 35년 넘도록 지속될 터였다.

---

379)   Tribunal Nacional de Responsabilidades Políticas. 프랑코가 내전에서 승리하기 직전인 1939년 2월 13일에 스페인 제2공화국 지지자와 인민전선 구성원들을 억압할 목적으로 제정된 정치책임법(Ley de Responsabilidades Políticas)에 의거해서 실행된 재판의 최고 운영 기구.

스페인 내전을 피할 수 있었을까? 그렇지는 않아 보인다. 1936년에 내전을 피할 가망은 낮았다. 나라가 완전히 갈라졌고, 정부는 2월 선거 이후 처음 몇 달 뒤에 통제력을 빠르게 잃고 있었다. 5월에 프리에토가 행정부를 구성하라는 요청을 받았지만, 그의 좌익 경쟁자인 라르고 카바예로에게 저지당했을 때 내전을 피할 마지막 기회가 십중팔구는 사라졌다. 이 시점에 강하지만 온건한 사회주의 정부라면 극좌파에 놀라서 오른쪽으로 옮아가 국민 진영을 지지한 중간계급을 적어도 일부라도 돌이켜 세웠을지 모른다. 그런 일이 일어나지 않았으므로, 라르고 카바예로는 정부가 허약하고 좌파가 분열된 채로 남게 한 한편으로 중간계급 대다수는 공화국보다는 반군 쪽을 바라보게 했다. 경찰의 권력을 제한하고, 파시스트 테러단을 무장해제하고, 신뢰할 만한 국가안전부장을 임명한다는 프리에토의 계획은 실행될 수 없었다. 그러나 좌파 대부분이 이제 '온건한' 해결책을 얼마나 믿지 않았는지와 우파가 공화국을 뒤엎으려고 얼마나 결연했는지를 고려하면, 프리에토가 상황을 가라앉힐 개혁을 도입할 수 있었을지는 지극히 의심스럽다. 그러나 다른 어느 공화 진영 지도자가 우익 지도자들을 체포하거나 공화국에 대한 충성이 의심쩍다고 알려진 주요 군 지도자들을 해임하기에 충분한 권력을 행사할 수 있었을지도 마찬가지로 의심스럽다. 어쨌거나 그 시도는 수행되지 못했다. 공화국에 가장 큰 해를 끼치고 싶어 하는 이들에게 공화국을 무너뜨리려는 군사 반란 음모를 꾸밀 자유가 허용되었다.

공화국이 내전에서 이길 수 있었을까? 일단 반란이 일어나고 몰라가 휴전 조건을 거부하고 프랑코가 아프리카 군단을 스페인으로 이송하고 국민 진영이 초기의 상당한 영토 획득을 굳히자, 공화국이 이기기는 점점 더 어려워졌고 1937년 중엽이 되면 불가능한 것과 진배없었다. 좌파의 분열과 갈등은 공화국에 도움이 되지 않았다. 그러나 그 분열과 갈등이 패배의 원인은 아니었다. 정부군은 장기 방어전을 수행할 능력을 결코 효율적으로는 아닐지라도 점진적으로 갖추었다. 그러나 어느 시점에서도 정부군은 궁극적으로 승리할 수 있어 보인 적이 없다. 국민 진영에 확연하게 유리했다는 점을 감안하면, 파시즘과 공산주의라는 국제 세력들 사이의 대리 이념전의 특성을 급속히 띤 싸움에서는 외세 개입이 어느 한쪽에 확 치우친 성격을 띠지 않았을 경우에는 정부군이 궁극적으로 승리했을지도 모른다. 그런 일이 일어나지 않았으므로, 소련의 원조를 얻어 공화군이 싸움을 단지 조금 더 연장할 수 있었던 반면에 파시즘의 이탈리아와 나치즘의 독일로부터 국민 진영 반군에 온 무기는 군사적 성공을 확보하는 데 중대한 도움이 되었다. 결정적으로, 서방 민주주의 국가의 불간섭 정책(그리고 엄격한 중립을 지킨다는 미국의 결정)은 소련의 원조를 빼면 공화 진영이 찌꺼기로 버티는 동안 국민 진영은 파시즘 열강에서 좔좔 흘러나오는 무기를 받는다는 뜻이었다. 그 같은 불균형 탓에 공화 진영의 승리가 사실상 가로막히고 프랑코의 궁극적 승리가 사실상 뻔해졌다.

전쟁이 지나간 뒤 스페인은 (비록 여러 세대 동안 감춰진 가장 쓰라린 상처를 안고서였을지라도) 죽은 이들을 애도하고 있었고, 사회는 비록 깊이 팬 골이 이제 국민 통합 선언이라는 얄팍한 겉치장으로 감춰졌을지라도 아직도 완전히 쪼개져 있었고, 경제는 엉망이었으며, 절실하게 필요한 현대화의 전망은 향후 긴 세월 지체되었다. 스페인의 좌파에게 그 전쟁은 몇십 년 동안 지속될 재앙, 즉 아무리 부풀려도 지나치지 않을 규모의 파국적 패배였다. 그러나 스페인의 그 인간적 비극이 나머지 유럽에 더 광범위한 정치적 결과를 가져왔을까? 좌파의 그 패배가, 그랬을 성싶지는 않았어도, 유럽 역사의 더 넓은 경로에 영향을 주었을까? 아무리 그럴 가능성이 없었더라도, 스페인 내전에서 좌파가 이겼다면 또 한 차례의 전면적 유럽 전쟁이 어떻게든 방지되었을까?

그랬을 가능성은 아주 낮아 보인다. 프랑코의 국민 진영 세력이 패배한 뒤 공화국의 통치 아래서 스페인이 어떠했을지는 가늠하기 어렵다. 짐작건대, 궁극적 수혜자는 공산주의자들이고 스페인을 좌익 독재의 길로 데려갔을 법하다. 더 온건한 좌파는, 십중팔구 가능성이 더 낮은 결과였겠지만 승리했더라면, 서유럽의 사회주의자들에게 활력을 불어넣고 다가오는 전쟁에서 잠재적 동맹국 하나를 서방에 제공했을 것이다. 하나의 가능성은 소련을 포함하여 여러 국제 세력의 '대연합'이라는 의제의 전망을 개선해서 히틀러를 저지하는 것이었을지 모른다. 그러나 스페인에서(그리고 프랑스에서) 좌파가 승리했더라면 (유럽 평화에 으뜸 위협인) 히틀러를 저지하기보다는 도발했을 가능성이 없지는 않다. 심지어는 스페인이 나중에 독일의 침공 목표가 되었을지도 모른다. 이것들은 알 도리가 없는 시나리오다. 그런 일이 일어나지 않았으므로, 스페인에서 벌어진 사태로 말미암아 사회주의자들의 사기가 꺾였으며, 이상주의에 불타올라서 국제여단에 가담해 공화국을 위해 싸웠고 공산주의자가 과반을 차지한 50개국 출신의 수만 명은 서방 민주주의 국가들이 대의를 배반했다며 분개했다. 그렇지만 스페인은 평화주의와 군비 감축에 대한 가시지 않는 믿음이 지탱될 수 없음을 좌파 측이 더 강하게 인정하도록 만드는 데 이바지했다. 오로지 무력만이 파시즘을 물리칠 수 있었다.

새로운 유럽에서 파시즘과 볼셰비즘이 벌일 마지막 대결의 전초전일 거라고 많은 이의 두려움을 샀던 스페인 내전은 그렇게 흘러가지는 않았다. 독일과 이탈리아와 소련은 스페인에서 벌어지는 대리전에서 교전하기는 했어도 어느 나라도 (독일이 유럽 전쟁을 피할 수 없게 할 행보를 확연하게 하고 있었을지라도) 대규모 유럽 전쟁을 벌일 태세를 아직은 갖추지 못했다. 특히 독일은 지상군을 지원하는 공중 타격에 관한 중요한 전술적 교훈과 자국의 전차를 개선할 필요성을 배웠다. 독일과 이탈리아는 자국의 폭격기가 도시의 민간인들에게 무엇을 할 수 있는지를 알아챘다. 소련은 커지는 파시즘의 위협에 맞선 방어에서 서방 '부르주아' 열강에 기댈 수 없음을 깨달았다. 서방 민주주의 국가들은 그들대로 그 싸움에 자국이 끌려 들어가지 않았으니 올바른 행동이었다고 생각했다. 그 결과가 파시즘 독재와 훨씬 더 가까운 유대를 맺을 수 있는 국민 진영의 스페인이었을지라도, 그들이 보기에는 그것이 뼈아픈 볼셰비즘의 승리보다는 나았다.

스페인 내전은 끔찍한 세 해였고, 향후 몇십 년 동안 스페인을 망가뜨렸다. 그러나 스페인 내전은 유럽 대륙을 빚어내고 있었던 주요 사태 전개에서 대체로 떼어 놓을 수 있었다. 내전 전에 스페인은 대체로 유럽의 변두리였다. 정신적 외상을 남긴 짧은 기간에 스페인의 대격동은 유럽의 주의를 크게 끌었다. 그러나 1939년 이후 스페인은

(훨씬 더 큰 전쟁이 결국은 일어나자 전략적으로 중요했지만, 그렇다고 치더라도 냉전 동안 상황이 크게 바뀌어서 프랑코가 서방에 소중한 자산이 될 때까지는 더 폭넓은 관심에서 멀어져서) 유럽의 벽지로 다시 한번 주저앉았다.

나머지 유럽에, 대륙에서 일어난 또 한 차례의 대화재로 곧장 줄달음치고 있는 사태는 스페인과 별 상관이 없었다. 그 사태는 중부 유럽의 중추적인 위험 지대에서 일어나고 있었다. 그리고 그 사태를 빚어내는 것은 스페인의 끔찍한 내전이 크게 영향을 주지 못한 힘, 즉 독일의 무자비한 팽창욕이었다.

군비경쟁

1937년 11월 5일의 어둑어둑하고 스산한 늦은 오후에 베를린에서 독일 육해공군 최고사령관—베르너 폰 프리치Werner von Fritsch 장군과 (4개년 계획의 총수이기도 한) 헤르만 괴링Hermann Göring 장군과 에리히 폰 레더Erich von Raeder 제독—이 독일제국 총리청으로 찾아갔고, 그 3개 병과에 강철을 할당한다는 히틀러의 결정을 들어서 알게 되었다. 적어도, 그것이 바로 그들이 자기가 알게 될 거라고 생각한 것이다.

히틀러는 그들에게 강철 할당에 관해서는 아니었을지라도 2시간 동안 연설했다. 처음에는 새로운 것이 별로 없었다. 그들은 전에도 히틀러에게서 독일의 향후 경제 안보는 변덕스러운 국제시장에 의존해서가 아니라 '생존 공간'을 획득해야만 확보될 수 있다는 말을 여러 번 들었다. 독일이 제1차 세계대전 동안 경제 봉쇄에 노출됨으로

530

써 강화된 제국주의 이념의 한 변형이자 1920년대 중엽 이후 히틀러가 지녔던 강박들 가운데 하나인 그 생각 자체는, 물론 팽창하다가 비록 반드시는 아니더라도 어느 시점에 무장 충돌이 일어날 위험부담을 의미했다. 이것 자체는 군 지도자들, 그리고 참석한 다른 이들, 즉 베르너 폰 블롬베르크Werner von Blomberg 국방장관, 콘스탄틴 폰 노이라트Konstantin von Neurath 외무장관, 히틀러의 독일 국방군 부관인 프리드리히 호스바흐Friedrich Hossbach 대령의 근심을 사지 않았다. '생존 공간'이 실제로 뜻하는 바는 미정 상태로 남아 있었다. 그것은 향후 팽창의 다양한 개념을 망라했다. 그 어느 것도 가까운 미래의 전쟁을 반드시 의미하지는 않았다. 그러나 히틀러가 이어서 자기는 바로 그 가능성을 엄밀히 숙고하고 있다고 말했다. 시간은 독일 편이 아니었다. 현재의 군비 확충의 이점은 지속되지 않을 터였다. 히틀러는 늦어도 1943~1944년까지는 행동에 나서겠지만, 특정한 상황에서는 훨씬 더 일찍 행동에 나서야 한다는 마음을 굳혔다.

그는 심지어 이듬해인 1938년에 오스트리아와 체코슬로바키아를 공격할 가능성을 거론했다. 그 말에 듣고 있던 몇 되지 않는 이들이 크게 걱정했다. 그들이 중부 유럽에서 독일의 우위나 (괴링에게 각별한 관심사였던) 도나우강 유역의 경제적 지배를 주장하는 것에 관해서는 걱정하지 않았다. 그들의 경계심을 건드린 것은 바로 독일과 서방 열강 사이에 전쟁이 벌어질 전망이었다. 독일은 대규모 전쟁에 조금도 대비하지 못했고, 그들은 그 점을 알고 있었다. 히틀러의 말을 듣고 나서 블롬베르크와 노이라트, 그리고 다른 누구보다도 프리치의 신경이 곤두섰다. 석 달 뒤에 회의론자는 사라졌다. 히틀러가 그들을 모조리 해임해 버린 것이었다.

1937년이 저물 무렵 유럽의 가장 강력한 국가들 사이에서 벌어지는 군비경쟁은 정부 행동의 결정 요인이었고, 이 요인은 점점 더 중요해지고 있었다. 히틀러와 예하 군 지도자들의 만남은 겉으로는 강철 할당에 관해서였다. 그리고 실제로 강철이 모자라서 독일의 재무장 계획에 중대한 난관이 생겨나고 있었다. 강철 생산량이 군대의 수요에 한참 못 미쳐서, 비행기 생산이 심각하게 차질을 빚고, 전함 건조가 해군의 계획 목표치에 한참 뒤처졌다. 강철 위기가 더 심해지자, 1933년 이후로 경제 회복을 진두지휘해 왔지만 더 최근에 통제에서 벗어나고 있는 군 지출 프로그램에 중대한 이의를 제기했던 할마르 샤흐트 경제장관이 1937년 말엽에 쫓겨났다. 1936년 가을에 수립된 중대한 재무장 프로그램인 4개년 계획의 총수 괴링이 이제 실질적으로 경제를 떠맡았고, 오로지 재무장 생산을 극대화하여 비용에 거리끼지 않고 가능한 최단기간에 독일이 전쟁 태세를 갖추게 하는 경제 운영에만 관심을 두었다. 그는 루르의 재계 거물들이 저질 철광석을 제련하는 비용에 질려서 자신의 국내 생산 목표량을 채우기를 꺼리자 3개 국영 제강소에 주문해서 정확히 그 일을 해냈다.

독일 재계의 지도자들은 히틀러가 권력을 잡기 전에는 그에게 그리 열광하지 않다가 그 뒤로는 재빨리 전향해서, 활력을 되찾은 경제와 재무장 호황과 예견되는 동유럽과 유럽 남동부의 지배에서 나올 엄청난 이윤에 눈독을 들였다. 그렇지만 아무리 저질 철광석에 투자하기를 꺼렸을지라도 루르의 철강 거물들은 재무장에 들어가는 엄청난 국가 지출의 주요 수혜자였다. 화학업계의 거인인 IG 파르벤[380]

같은 거대한 기업연합체는 4개년 계획의 수요로 자사의 이윤이 치솟는 것을 이미 보았고, 눈물이 날 만큼 놀라운 가능성이 독일의 대외 정복에서 나오는 전리품으로서 기다리고 있었다. 파르벤의 사장들은 오스트리아와 체코슬로바키아로 팽창하는 것을 좋아할 수밖에 없었다. 그 두 나라가 모두 가까운 미래에 커다란 경제적 이익을 얻을(특히나 경제가 이미 심한 중압을 받는 가운데 군비 확충을 지탱하기 위해 더더욱 절실히 필요했던 원료와 공업 잠재력을 획득할) 전망을 제공했다.

공급의 병목현상과 극심한 노동력 부족이 이미 일어나고 있었다. 그 후 여러 달에 걸쳐 그 문제들은 차츰차츰 격심해질 터였고, 결국은 독일제국의 재정이 머지않아 거덜 난다는 경고까지 불러일으키곤 했다. '정상' 정부라면 경제 파국을 피하려고 지출에서 고삐를 당겨 난제에 대처해야 한다고 느꼈을 것이다. 그러나 나치 정권은 결코 '정상'이 아니었다. 군사·경제 복합체의 육중한 부문이 공유하게 되는 히틀러 나름의 일관된 견해는 오직 전쟁만이(그리고 새로운 경제 자원의 획득이) 독일의 문제를 해결하리라는 것이었다. 고조되는 독일의 경제문제는 히틀러의 전쟁 야욕에 제동을 걸기는커녕 전쟁이 화급히 필요하다는 그의 확신을 강화했다.

대외 공세라는 목적을 위해 재무장하는 다른 유럽 국가는 독일의 추축 동반자인 이탈리아였다. 그러나 이탈리아의 재무장 속도는 독

---

380)   IG Farben. 정식 명칭은 Interessengemeinschaft Farbenindustrie AG. 1925년에 여섯 화학기업이 합쳐져서 만들어진 독일의 화학기업. 당시로서는 세계 최대의 화학기업이었고 나치 정권과 거래했으며, 제2차 세계대전 직후에 전범 기업으로 해체되었다.

일과는 사뭇 달랐다. 독일에서처럼 강철 생산이 재무장 규모를 심하게 제약했다. 줄어드는 통화 준비금도 마찬가지였다. 이탈리아의 기업가들은 무기 생산에서 나오는 이윤을 극대화해서 즐거웠지만, 단기 이득을 위해 장기 투자를 하는 위험부담을 안기를 꺼렸다. 경영이 부실하고 무기 주문 의뢰에서 나쁜 실수가 있다 보니 기술과 실적이 둘 다 취약해졌다. 그리고 가뜩이나 빈약한 이탈리아의 자원은 스페인의 내전에 휘말려들면서 많이 허비되었고, 그 내전은 무솔리니가 프랑코에게 그토록 빨리 원조를 제공할 때 예견했던 것보다 훨씬 더 오래 지속되고 있었다. 1937년 말까지, 이탈리아 경제에 있는 여러 문제가 결합하면서 재무장에 상당한 제약이 가해지기 시작했다. 이탈리아에는 재무장을 급속하게 밀어붙일 산업 능력과 재정 역량이 둘 다 모자랐다. 실제로, 다른 나라들이 자국의 재무장 계획을 강화하고 있을 때, 이탈리아의 군사비 지출은 사실상 1937~1938년에 이전 한 해에 견줘 20퍼센트 떨어졌다. 무솔리니는 이탈리아가 전쟁 태세를 갖추는 데 다섯 해는 걸릴 것으로 예상하고 있었다. 그 추산조차 낙관적이었다.

1936년부터 소련 지도부는 자국에 독일이 점점 더 많이 가하는 위협에 더욱더 알레르기 반응을 보였으며, 독일은 다른 '파시즘' 열강 및 '제국주의' 열강과 반드시 제휴할 것으로 추정했다. 폐쇄 경제에서, 그리고 독재 체제 아래에서 모든 산업 생산 분야가 국가의 손안에 있었으므로 총력을 기울이는 재무장 강행 정책에는 제약이 없었다. 그렇지만 효율성이 낮고, 산업과 군대 사이에 관할 영역을 놓고 다툼이 벌어지고, 민수 생산이 군수 생산으로 전환되면서 구조적 문제가 일어나 산출량이 저해되었다. 게다가 (적어도 얼마간은 소련 방위를 위협하고 있다는 '내부의 적'에 스탈린이 지닌 피해망상의 반영인) 재앙과도 같은 숙청이 벌어졌다. 놀랍지 않게도, 크레믈[381]을 지켜본 외국인 관찰자는 소련이 심각하게 약해졌고 틀림없이 가까운 미래에는 고려 사항에 넣을 힘이 아니라는 것이 자명하다고 간주했다. 자국의 재무장 강행 정책에서 상당한 진척이 있었어도, 소련 지도자들은 자기가 받고 있는 첩보에 바탕을 두고 독일과의 격차가, 특히 항공 병기의 질이라는 결정적 영역에서, 좁혀지지 않고 벌어지고 있다고 판단했다. 그런 생각을 하면 걱정스러웠다.

서방 민주주의 국가에 재무장은 이탈리아와 특히 독일의(더불어 극동에서는 일본의) 거세지는 위협에 대응하는 필요악이었다. 전쟁이 터지고 비록 지구 전체는 아닐지라도 유럽 대륙에서 대혼란이 일어나면 서방 민주주의 국가의 국제금융과 교역과 사업이 망가지는 길밖에 없었다. 평화 유지가 서방 민주주의 국가에 이익이었다. 영국이 보기에 이 최우선 사항은 자국의 몇몇 해외 영토에 대한 통제력을 유지하는 일에서 맞닥뜨린 곤경이 고조되고 큰 비용이 들어가면서 더욱 절실해졌다. 인도는 중대한 문제로 남았다. 인도에서 영국은 독립을 요구하는 줄기찬 압력과 싸워야 했다. 이 밖에도 영국은 1936년부터 (꼬박 세 해 동안) 식민 통치에 맞선, 그리고 팔레스타인의 위임통치령

---

381) Kreml'. 원래는 성채나 성벽을 뜻하는 러시아어 일반명사이며, 특정하게는 모스크바 도심에 있는 성채를 이른다. 1918년 3월에 혁명 러시아의 지도부가 모스크바 크레믈 경내로 이주했고 소련 시절에 연방정부의 청사 구실을 했으므로, 소련 및 러시아의 연방정부를 일컫는 표현으로도 쓰인다.

에서 이루어지는 유대인의 정착에 맞선 아랍의 대규모 봉기를 잔혹하게 진압하는 일에 휘말려들었다.

영국 본토 방위에 필요한 자원이 대영제국 방위에 엄청나게 많이 돌려지지는 않았고, 자국 식민지의 방위를 위한 프랑스의 자원은 라인강 너머에서 자라나는 명백한 위험에 맞서 본토 방위를 증강해야 한다는 화급한 요구에 훨씬 더 종속되었다. 그렇지만 여전히 제국의 방어는 인력과 자원이 제공되어야 한다는 뜻이었다. 영국의 정계와 군부의 지도자들은 자국의 전 지구적 방위가 너무 지나치게 확장되어 있다는 점을 충분히 감지했다. 일본과 이탈리아와 독일에 맞서 별개의 3개 전구戰區에서 동시에 수행되는 전쟁은 악몽과도 같은 시나리오일 터였다. 이 무시무시한 전망으로 말미암아 영국이 앞장서고 프랑스가 그 뒤를 따르며 (잠재 적국들을 달랜다는) 유화정책이 강행되었다.

속력이 붙는 독일의 재무장 계획에 대등하게 맞설 능력은 크나큰 걱정거리였다. 특히 방공 상태가 몹시 걱정스러웠다. 영국의 거국내각[382]을 주도한 인물이자 1935년부터 세 번째로 총리가 되었던 스탠리 볼드윈은 세 해 전에 "폭격기는 늘 기어코 뚫고 들어올 것"이라고 말했을 때 또 한 차례의 전쟁이 일어날 경우에 공중에서 가해지는 공격에 대중이 품은 공포를 줄이려는 일을 조금도 하지 않은 셈이다. 그때, 즉 1932년에 그것은 영국이 국제 군비 감축의 일환으로

---

382)   정확하게는 볼드윈 총리가 이끈 영국의 제3차 거국내각. 1935년 6월 7일부터 1937년 5월 28일까지 존속했다.

폭격을 금지하는 일을 주도할 수도 있다는 헛된 희망의 표현이었다. 그 같은 희망이 스러지고 독일의 대규모 재무장이 불길한 사실로 인정되어야 했으므로, 영국의 방위가 방치되었고 군사력에서, 특히 공군력에서 점점 커지는 불균형에 대처할 능력이 없으리라는 두려움이 이미 1934년 가을에 표현되었다. 그런데 1935년 3월 베를린에서 열린 회담에서 히틀러가 영국 외무장관 존 사이먼John Simon 경과 (정무장관인) 앤서니 이든 옥새상서[383]에게 (정확성보다는 효과에 더 관심을 두고서) 독일은 공군력에서 이미 영국과 대등해졌다고 말했다. 그 결과로 런던에서 큰 경보음이 울렸다. 이 시점 이후로는 (대다수 자유당원과 노동당 지지자를 포함해서) 군비 감축을 아직도 선호하는 이들이 차츰차츰 불리한 처지에 놓였다. 1935년 6월에 볼드윈이 무능한 공군장관인 런던데리 경을 에너지와 힘이 더 넘치는 필립 컨리프리스터Philip Cunliffe-Lister 경으로 교체했다. 공군력의 신장과 현대화는 이제 영국 재무장의 전반적인(그리고 점점 더 실속을 기하는) 확대의 일부로서 새로운 긴급성을 띠었다.

영국의 군사 기획자들은 군비 확충에서 독일이 차지한 우세를 평가하면서 1939년을 최고로 위험한 해로 보았다. 그해에는 영국이 독일과 대결할 군사 태세를 갖추고 있어야 했다. 몇몇은 그 같은 시점 선정을 착각이라고 생각했다. 그때가 되어도 영국이 독일의 위협을 억제할 위치에 있지 못할 거라는 섬뜩한 경고가 외무부 고위층에서,

---

383) Lord Privy Seal. 국왕의 옥새를 관리하고 관련 업무를 맡는 영국의 고위 관리. 내각의 각료이기도 하다.

그리고 (물론, 재무장 지출을 대폭 증액해야 한다는 논거를 역설하려고 안달하는) 군부 안에서 나왔다. 그들은 무기에서, 특히 공중에서 줄지 않고 늘어나는 격차를 가리켰다. 경제를 너무 급하게 재무장 쪽으로 기울이면 세금 인상과 생계비 증가가 불가피해질지 모른다는 우려도 표명되었다. 그렇게 되면 사회 안정이 위협받을지 모르고, 심지어 어쩌면 사회주의 유형의 군사화된 국영 경제로 가는 문이 열릴 수도 있었다. 독일에서 오는 위협의 심각성, 위험이 가장 중대할 시점, 군사력 증강 면에서 나타나는 격차를 극복하려는 노력의 강도를 놓고 정치와 군대의 지도자들 사이에서 견해가 분분했다. 그러나 지배적인 견해는 시간을 벌고 때 이른 전쟁을 피하고, 운이 좋으면 (의심할 여지 없이, 독일과 타협하는 것을 에둘러 의미하는) 영리한 외교로 전쟁을 완전히 피하는 것이 중요하다는 것이었다. 제시되는 유력한 군사적 논지와 더불어 경제적 논지가 같은 방향, 즉 유화론 쪽을 가리켰다.

유화론의 경제적 논거는 블룸의 인민전선 정부가 1937년 무너진 뒤에 프랑스 장관들에게 훨씬 더 호소력을 지녔다. 국가 재정을 안정화하려는 시도로 도입된 긴축정책은 재무장 계획의 확대와 양립 불가능했다. 조르주 보네Georges Bonnet 재무장관은 대포와 버터를 둘 다 제공할 수는 없다고 지적했다. 대규모 재무장 계획은 감축되어야 할 터였다. 그는 프랑스의 자유주의 경제가 독일의 무제한 재무장 지출과는 결코 경쟁할 수 없다고 주장했다. 그 결과로 1938년도 국방 예산이 실제로 줄었다. 육해공군 총사령관들이 툴툴댔지만 헛일이었다.

다른 곳에서처럼 프랑스에서도 미래의 전쟁에서 가장 큰 위험으로 여겨진 공중에서 오는 위협은 특히 걱정을 불러일으켰다. 재정 제약에 보태서 최근에 국유화된 프랑스 항공기 공업의 구조 조정으로 말미암아 생산량에 문제가 생겼다. 1937년에 독일에서 비행기 5606대가 만들어진 데 비해 프랑스에서는 겨우 370대가 만들어졌다. 좌익 급진주의자로 널리 알려졌고 소련과 긴밀한 동맹을 맺기를 옹호했으므로 인기가 없었던 피에르 코트Pierre Cot 항공장관은 항공부의 예산을 60퍼센트 늘려서 비행기 생산에 다시 활력을 불어넣어야 한다고 말했다. 재정 제약을 고려하면, 불가능한 일이었다. 놀랍지 않게도, 프랑스 공군은 다가오는 전쟁에서 공군의 전망에 관해 암담해했다. 공군 총사령관은 1938년 초엽에 만약 올해 전쟁이 터진다면 "프랑스 공군은 며칠 안에 궤멸될" 거라고 예언했다. 경제와 군대의 취약성을 뼈저리게 알고 있었으므로 프랑스 지도자들은 런던에서 만들어지고 있던 정책, 즉 히틀러의 독일과 타협하는 길을 찾아내어 시간을 번다는 정책에 마뜩잖아하면서도 동조했다.

1937년 말엽에는 독일이 불러일으킨 군비경쟁이 자체의 추동력을 얻고 있었고, 모든 주요 열강 사이에서 정치적 선택권을 제한하고 있었다. 다음 두 해에 걸쳐 펼쳐질 예사롭지 않은 드라마의 윤곽이 모양을 갖춰가고 있었다. 그리고 그 드라마에서는 운신의 폭이 객관적으로 줄어들었으므로 몇 안 되는 핵심적 개인이 하는 역할이 결정적임이 판명될 터였다.

매파와 비둘기파

독일제국 총리청에서 회담이 열리고 있을 즈음인 1937년 11월에 런던에서는 영국 상원 원내총무이자 곧 외무장관이 될 핼리팩스 경이 히틀러를 방문할 준비를 하고 있었다. 핼리팩스는 중부 유럽을 놓고 독일의 그 독재자와 타협에 이르기를 바랐다. 그 타협은 1937년 5월 28일에 볼드윈을 대체했던 네빌 체임벌린 신임 영국 총리의 주도권을 반영하는 더 적극적인 유화정책의 첫걸음이었다.

볼드윈은 총리 자리에서 좋은 시기에 물러났다고 여겨질지도 모른다. 그는 국왕 에드워드 8세Edward Ⅷ가 미국인 이혼녀인 월리스 심프슨 부인과 결혼하려고 왕위를 아우인 조지 6세George Ⅵ에게 물려준 1936년 12월에 그 퇴위 위기를 능숙하게 처리했다. 볼드윈이 사임하기 2주 전에 새 국왕의 대관식에서 영국이라는 나라의 애국적 단결이 한순간이나마 과시되었다. 그 나라는 경제 불황에서 회복하고 있었고, 유럽의 대부분을 괴롭히는 정치적 극단주의를 모면했다. 그리고 전쟁의 전망을 점점 더 걱정하던 볼드윈은 유럽을 막 덮치려던 참인 장기적이고 중대한 국제 위기와 씨름해야 하기 전에 물러났다.

11월 19일에 히틀러와 만났을 때 핼리팩스는 영국 정부가 비록 "파급력이 큰 소란"을 피하고 싶더라도 "평화로운 점진적 전개"를 통해 오스트리아와 체코슬로바키아와 단치히의 현 상태에서 일어나는 변화를 받아들일 것이라고 직접 제안했다. 이것은 히틀러의 귀에 감미로운 소리였다. 히틀러는 자기는 오스트리아의 병합이나 정치적 예속화를 바라지 않는다고 핼리팩스에게 말했다. 그러면서도 그는 막후에서 바로 그 같은 결말을 향해 나아가려는 작업을 계속했다. 핼리팩스는 히틀러가 "퍽 진솔"하며 영국과 우호 관계를 맺기를 바란다는 것을 알았다고 일기에 적었다. 영국이 인도에서 맞닥뜨리고 있는 문제의 해법은 질서가 바로잡힐 때까지 간디와 인도국민회의[384] 당원 수백 명을 총살하는 것이라는 의견을 밝히는 정치 지도자를 상대하는 것은 명백히 그 교양 있는 영국 귀족의 능력 밖이었다. 돌아와서 영국 내각에 보고할 때 핼리팩스는 히틀러가 "즉각적인 모험"을 염두에 두고 있지 않다고 장관들에게 장담했고, 그에게 몇몇 식민 영토를 내줘서 그를 유럽에서 더 고분고분하게 만들자고 제안했다.

체임벌린은 핼릭팩스의 방문이 '대성공'이었다고 생각했다. 사신私信에서 체임벌린은 누이동생에게 자기는 독일이 비록 동유럽을 지배하고 싶어 하더라도 오스트리아와 체코슬로바키아를 완력을 써서 다루기를 거부하고 영국이 평화적 수단으로 이루어지는 변화는 막으려고 나서지 않겠다는 확약을 해주기만 한다면야 왜 합의에 이를 수 없는지 모르겠다고 말했다. 더 적극적인 형태의(즉, 양국 관계와 중부 유럽 영토 변경의 양해를 통해서 독일과 타협을 추구한다는) 이 새 유화론에 극구 반대한 장관인 앤서니 이든 외무장관은 1938년 1월부터 아파서 프랑스 남부에서 요양을 하고 있었다. 그가 없을 때, 외교 업무의 방향은 체임벌린의 손아귀에 있었다. 녹초가 된 이든이 체임벌린과 끊임없이 부딪히다가 1938년 2월 20일에 물러났다. 그의 후임자는 철저한 유화론자인 핼리팩스 경이었다.

자국의 방어가 약하고 전 지구적 방위 수행이 지나치게 확장되었

---

384)   Indian National Congress. 인도 민족주의를 표방하는 단체로 1885년에 만들어져서 1920년부터 간디의 지도 아래 영국의 식민 통치에 반대하며 인도 독립을 추구한 정당.

다는 점을 너무나도 잘 알고 있는, 그리고 히틀러와 타협을 모색하기를 적극적으로 기대하는 영국 정부는 이제 유럽에서 독일의 확장에 대한 주요 장애물이었다. 그것은 힘을 북돋워 주는 생각이 아니었다. 쇼탕 총리와 이봉 델보스Yvon Delbos 외무장관이 1937년 11월에 핼리팩스와 히틀러의 회담에 관한 설명을 듣고자 런던으로 갈 무렵에 파리에는 프랑스의 외교정책이 영국의 외교정책에 심하게 종속되었다는 인식이 있었다. 프랑스가 자국의 동맹국인 체코슬로바키아가 침공의 제물이 될 경우에 프랑스의 지원뿐 아니라 영국의 지원도 기대할 수 있는지 물었을 때, 체임벌린은 체코슬로바키아가 "멀리 떨어져" 있고 "우리와는 공통점이 그리 많지 않은" 나라라고 말하면서 어떠한 확언도 회피했다. 개인적으로 쇼탕은 독일이 중부 유럽에서 오스트리아와 체코슬로바키아를 희생해서 영향력을 확장하는 사태를 피할 수 없음을 사실상 인정했고, 영국이 유화론에 앞장서도록 놔두는 것에 언짢아하지 않았다.

로마에서는 1937년 11월에 베니토 무솔리니가 불과 몇 주 전에 자기가 한 독일 국빈 방문에 얼마나 감명을 받았는지를 돌이켜 볼 수 있었다. 그때 히틀러는 온갖 방법을 다 써서 추축국 동반자에게 좋은 인상을 주려고 애썼고, 성공했다. 그달 초순에 이탈리아는 반코민테른 협정에 조인했고, 그 협정을 이전 해 가을에 독일과 일본 사이에 조인된 협정과 연계했다. 그 협정은 겉으로는 소련을 겨냥했다. 그러나 이탈리아가 협정에 가담하기 전에 히틀러의 외교 특사이면서 현임 런던 주재 대사인 요아힘 폰 리벤트로프Joachim von Ribbentrop가 이탈리아와 협상하다가 그 움직임 뒤에 실제로 무엇이 있는지를 내비쳤다. 그는 (히틀러가 리벤트로프를 독일 대사로 런던에 보내는 것 배후에 있었던 소망인) 영국·독일 관계 개선 제의를 영국이 거절했다고 설명했다. 그는 그 협정이 "실제로는 분명히 반영反英적"이며 독일과 이탈리아와 일본 사이의 더 긴밀한 군사적 연대의 사전 토대임을 이해하도록 무솔리니와 이탈리아 외무장관 갈레아초 치아노Galeazzo Ciano 백작을 유도했다. 이탈리아와 일본은 독일의 강철 포옹에 더더욱 꽉 붙들리고 있었다. 영국과 프랑스에 맞선 독일과 이탈리아의 제휴를 맨 처음으로 구상하는 지령이 1938년 1월에 이탈리아 군대에 내려졌다. 자국의 재무장 계획이 적절하지 않음을 잘 알고 있는 이탈리아 군대는 전쟁이 곧 일어나지 않기만을 바랄 수 있을 따름이었다.

모스크바에서는 스탈린이 1937년 한 해의 대부분을 대숙청으로 붉은 군대 지도부를 망가뜨리면서 보냈다. 그것은 외부의 관찰자에게는 완전히 미친 짓으로 보였다. 히틀러의 견해가 그랬다. 그해 12월에 그는 "틀림없이 박살 나겠군"이라고 요제프 괴벨스Joseph Goebbels 공보장관에게 불길하게 말했다. 그러나 소련은 그가 곧바로 해야 할 일의 목록에 아직은 오르지 않았고, 그가 한 달 전에 예하 군 지도자들에게 그려 주었던 시나리오에 나오지 않았다. 소련 지도부 안에서는 자본주의 열강들과의 전쟁이 불가피하다고 보였다. 소련 지도부는 (파시즘을 가장 극단적이고 공격적인 형태의 자본주의로 보면서) 독일과 이탈리아를 그 열강들 안에 넣었다. 서방 자본주의 국가들이 동쪽으로 돌아서서 그들을 위해 공산주의에 맞서 전쟁을 벌이라고 히틀러를 부추기고 있다는 믿음이 커지고 있었다. 동쪽 국경에서도 스탈린에게 걱정거리가 있었다. 만주국과 소비에트연방 사이의 어수선한 국경을 따라 일본 군국주의가 상당한 위협을 가하기 시작했던 것이다. 전쟁이 언제 일어날지가 유일한 문제였다. 전쟁이 더 오래 미뤄질수록 소련으로서는 더 좋을 터였다. 소련의 전쟁 수행 기구가 태세를 갖추려면 갈 길이 멀었다.

한편, 스탈린의 선택권은 좁아지고 있었다. 서방 민주주의 국가들이 확연하게 허약하고 히틀러와 기꺼이 타협하려 드는 꼴을 보니 소련 외무장관인 막심 막시모비치 리트비노프Maksim Maksimovich Litvinov가 옹호하는 정책인 집단안보는 더욱더 매력을 잃었다. 차츰차츰 중량감을 얻을 대안은 독일과 관계 개선을 하는 형태로 되돌아가려는 시도였다. 1922년의 라팔로조약을 따르고 상호 경제적 이득을 지렛대로 활용한 1920년대의 상황이 일종의 선례였다. 그러나 히틀러가 최근에는 1937년 9월의 나치당 집회에서 다시 과시했던 그의 지독한 반볼셰비즘이 심지어 간접적인 제안에도 방해가 되었다. 스탈린의 세 번째 가능성은 소련의 고립을 받아들이고 때 이르게 전쟁에 돌입하는 일이 없기를 바라면서 재무장 속도를 훨씬 더 높이는 것이었다. 당분간은 이것이 유일하게 성공 가능성이 있는 방도였다.

중부 유럽과 동유럽에 있는 여러 나라의 수도에서는 1937년 늦여름에 정치 지도자들이 세력 균형이 확 바뀌고 자기들의 선택권이 제한되어 있음을 너무나도 잘 알고 있었다. 그들이 자기가 통제할 수 없는 주요 유럽 열강들의 행동에 종속되어 있음은 명백했다. 국제연맹을 통한 집단안보는, 에티오피아가 보여주었듯이, 사장된 지 오래였다. 한때 자국의 동맹 연결망을 통한 보호의 보증인이었던 프랑스는 심각하게 허약해졌고, 프랑스의 내부 분열과 경제문제는 눈에 뻔히 보였다. 영국은 중부 유럽의 현 상태를 유지하는 데 큰 관심을 두지 않고 있음이 분명했다. 독일의 경제적 영향력과 더불어 정치적 영향력도 그 공백을 메우고 있었다. 국가의 이해관계와 상호 불신이나 적의가 군사 협력에 장애가 되었다. 그러는 사이에 독일의 힘이 눈에 띄게 자라나고 있었고, 중부 유럽은 팽창주의적 움직임의 명백한 표적이었다. 초조와 우려가 확연했다. 빈과 프라하에서는 특히 걱정할 까닭이 있었다. 오스트리아와 체코슬로바키아에는 우방이 없었던 것이다. 프랑스의 외교정책이 영국의 외교정책에 심하게 연계되면서, 프랑스는 체코에 한때 그랬던 것보다는 덜 믿음직스러운 동맹국이 되었다. 오스트리아는 이탈리아의 비호를 더는 받지 못하니 히틀러의 첫 표적이 될 공산이 아주 컸다. 틀림없이 곧 움직임이 있을 터였다.

유럽 멀리에서도 (결국에 가서는 유럽 대륙에 심대한 충격을 줄) 심상치 않은 사태 전개가 있었다. 차츰차츰 군국주의화하고 공격성이 늘어나던 일본이 1937년 7월 이후에 중국에서 격렬한 전쟁을 벌이고 있었다. 12월에 난징에서 미쳐 날뛰는 일본군이 중국 민간인들을 끔찍하게 살육한 것을 비롯하여 잔학 행위가 저질러져서 세계에 충격을 주었다. 그 잔학 행위는 미국에서 고립주의 정서가 비록 느릴지라도 차츰차츰 잦아들게 한 원인이 되었다. 석 달 전에 이미 루스벨트 대통령이 세계 평화를 위협하고 있는 호전적 열강들을 '격리'할 필요성을 시사했다. (일본의 공세로 극동에서 가장 곧바로 위태로워질 이해관계를 가진) 영국으로서는 짜증 나게도 미국의 후속 행동이 아직은 전혀 없었다. 그렇기는 해도 일본과 미국을 결국은 전 지구적 차원의 전쟁으로 이끌고 들어갈 대결이 1937년에 태평양에서 거세지기 시작했으며, 루스벨트가 유럽에서 독일이 어떻든 침략을 하면 미국에도 중대한 결과가 나타나지 않을 수 없다고 미국 여론을 설득해야 한다고 인식하기 시작했다.

1938년 2월 4일에 베를린에서 느닷없이 독일제국의 정치 지도부와 군 지도부의 포괄적 개편이 공표되었다. 블롬베르크 전쟁장관과 프리치 육군 총사령관이 해임되었다. 히틀러 스스로가 개편된 독일 국방군 최고사령부의 수장 자리를 넘겨받았다. 그 결과로 그 자신의 최고 권한이 훨씬 더 높아졌다. 군 지도부의 위상은 크게 약해졌다. 서방 열강들에 맞선 전쟁에 빠져들고 있다는 두려움을 표명하는 이들은 히틀러 충성파에 수에서 크게 밀렸다. 그 충성파는 막대한 재무장 지출, 위신 회복, 독일의 국제적 지위 상승에 설득되어 히틀러 편이 되었다. 독일의 우위가 되살아나리라는 희망을 버린 적이 없는 경제계나 국가 고위 관료직의 강력한 엘리트들이 히틀러 정권을 압도적으로 지지했다. 자신감에 찬 외교는 서방 민주주의 국가들의 취약성과 분열을 이용하면서 히틀러를 대단한 인기를 누리는 독재자로 만들어 주었다. 대중은 국민투표에서 그를 지지했고, 이로써 그의 위상이 나라 안팎에서 엄청나게 올라갔다. 거대하고 다층적인 나치 운동이 그의 통치와 기구의 조직 기반을 제공해서 대중 지지의 항상적 동원을 보장했다. 히틀러의 독재는 강력하고 탄탄했으며, 어떤 중대한 반대파의 위협도 받지 않았다. 저항이 조직화할 가능성은 사라진 지 오래였다. 오직 군사 정변만이 히틀러의 지배에 실질적으로 도전할 수 있었다. 그런 조짐은 아직 없었다.

1938년 2월 초순에 이루어진 체제 지도부의 대개편에서 다른 큰 이탈은 군부 인사인 블롬베르크, 프리치와 나란히 이루어진 폰 노이라트 외무장관의 이탈이었다. 보수파인 그가 결정적 국면에서 매파인 폰 리벤트로프로 대체되었는데, 폰 리벤트로프는 히틀러의 견해를 메아리처럼 그대로 되풀이한다고 알려졌고, 런던 주재 대사로서 실패한 뒤로는 영국에 몹시 반대하는 인물이었다. 추가로 장교단과 외교단의 상층부에서 광범위한 교체가 이루어졌다. 이제 히틀러는 위험부담이 큰 자신의 외교정책에 동조하는 사람들을 핵심 요직에 두었다. 그가 내릴지 모르는 모든 결정에 가해질 수 있는 제약은 점점 약해져서 대수롭지 않게 되었다. 히틀러 주위에 있는 이들은 대담한 행보가 이내 있을 수 있다고 점쳤다. 히틀러의 측근인 고위 관리는 오스트리아의 쿠르트 폰 슈슈니크 총리가 "덜덜 떨고" 있을 거라고 일기에 남몰래 적었다.

그 뒤 한 달을 채 못 넘기고 오스트리아 정부가 베를린의 거센 압박에 투항했고, 독일군이 오스트리아 국경을 넘었으며, 오스트리아를 대게르만제국[385]에 편입하는 법안이 서둘러 만들어졌다. 3월 15일에 빈의 영웅광장Heldenplatz에 모인 희열에 찬 대군중 앞에서 히틀러는 "나의 고향이 독일제국 품으로 돌아왔습니다"라고 선언했다. 그가 예견했던 대로, 서방 민주주의 국가들이 소심하게 항의했지만 그 밖에는 아무것도 하지 않았다. 뒤이어 오스트리아 유대인과 나치 정적政敵이 지독히도 가혹한 핍박을 받았어도 파리와 런던에서 어떠한 반응

---

385)   Großgermanisches Reich. 나치 독일이 기존의 독일에 독일 혈통의 민족이 거주하는 영토를 보태서 궁극적으로 유럽에 세우려고 시도했던 독일 국가의 국호.

도 나오지 않았고, "언젠가는 우리가 독일과 다시 평화 회담을 개시할" 수 있을지 모른다는 네빌 체임벌린의 희망도 꺾이지 않았다.

체코슬로바키아가 이제 국경이 노출되었으므로 히틀러의 다음 표적이 될 것이 틀림없었다. 영국과 프랑스는 오스트리아가 독일에 함락되기 오래 전에 오스트리아를 중요하지 않다며 사실상 내버렸다. 체코슬로바키아는 다른 문제였다. 체코슬로바키아는 지리적 위치로 말미암아 중추적 존재가 되었다. 체코슬로바키아는 프랑스와 동맹 관계였고 소련과도 동맹 관계였다. 그리고 프랑스는 영국의 동맹국이었다. 체코슬로바키아가 공격당하면 전면적인 유럽 전쟁이 일어날 법도 했다. 독일의 관점에서 보면, 핵심적 위치에서 동서 양쪽과 맺은 체코슬로바키아의 연대 관계는 잠재적으로 심각한 전략적 문제를 제기했다. 그 나라의 원료와 병기는 분명히 독일의 전쟁 준비에 지극히 유용할 터였다. 그러나 체코슬로바키아 공격은 위험부담이 큰 기획이었다. 체코슬로바키아를 공격하면 독일이 서방 민주주의 국가들과 전쟁(독일의 군 지도자들 가운데 몇몇은, 특히 육군 참모총장인 루트비히 베크Ludwig Beck 장군은 이길 수 없다고 확신한 전쟁)을 벌이게 될 수 있었다.

그러나 체코슬로바키아에는 막강한 우방이 없었다. 독일이 오스트리아를 집어삼키고 있는 바로 그 순간에도 프랑스의 에두아르 달라디에 국방장관은 정부에 프랑스가 동맹국 체코에 직접적 군사원조를 제공할 수 없다고 말하고 있었다. 한편, 프랑스의 군 지도자들은 붉은 군대가 체코슬로바키아를 도와주러 올 어떠한 가능성도 일축했다. 몇 주 뒤에 프랑스 지도자들은 독일이 체코슬로바키아를 공격하면 영국이 군사 조치를 취하겠다는 보장을 하지 않을 것임을 깨달았다. 1938년 여름 동안 서방 열강들의 입장이 정해졌다. 제아무리 자국의 동맹국인 체코를 지원하겠다고 큰소리를 쳐도 프랑스는 영국 없이는 행동에 나서지 않으려 했다. 그리고 영국은 군사 개입의 전망을 제공하지 않으려 했다. 체코는 혈혈단신이었다.

체코슬로바키아의 난처한 곤경은, 앞선 오스트리아의 곤경과 다르지 않은 방식으로, 나라 안으로부터의 소요로 말미암아 더 나빠졌다. (비록 독일의 프로파간다가 주장하는 만큼은 결코 아닐지라도 다수민족인 체코인에게 학대를 당하고) 점점 나치화하는 소수민족인 수데텐 독일인의 지도자인 콘라트 헨라인Konrad Henlein이 히틀러의 지시로 프라하가 결코 들어줄 수 없는 자치권 요구를 내놓았다. 서방 열강들에게 그 요구의 적어도 일부는 합당해 보였다. 그리고 히틀러가 핍박받는 독일인들을 "고국 독일제국의 품으로" 데려오는 것밖에는 바라지 않는다고 주장했을 때, 다시 한번 더 그는 비록 극단적이고 아주 비타협적일지라도 다만 또 다른 독일계 주민 집단을 독일제국에 편입한다는 한정된 목표를 추구하고 있는 민족주의 정치가처럼 보였다. 히틀러의 동기에 대한 이해 부족이 심화되는 체코슬로바키아의 비극을 구성하는 결정적 요소였다. 유럽을 또 한 차례의 전쟁이라는 벼랑으로 데려간 드라마에서 독일의 무자비함, 체코의 무기력함, 영국와 프랑스의 나약함이 모두 역할을 했다.

허세, 벼랑 끝 전술, 못 견디게 고조되는 긴장의 여름에 히틀러는 체코슬로바키아를 힘으로 처부수기 위해 서방 열강들에 맞서 전쟁을 마다하지 않을 태세를 갖추었다. 공격 준비 완료 일자가 늦어도 10월 1일로 정해졌다. 대중 소비용으로 히틀러는 더더욱 광포한 말로 체코 정부에 해대는 공격의 분량을 늘리면서 자기는 수데텐 문제만 해결하면 유럽에서 영토 요구를 더는 하지 않겠다는 공개 선언을 했다.

네빌 체임벌린은 히틀러가 수데테란트를 독일로 편입하기만을 바랄 뿐 그 이상은 바라지 않는다고 믿고는 그와 회담을 하러 9월 중순에 두 차례 비행기를 타고 독일로 갔다. 체임벌린은 합의가 거의 이루어졌다고 낙관하면서 첫 번째 방문을 마치고 9월 15일에 돌아왔다. 그 합의란 체코가 수데테란트를 독일에 할양하고, 히틀러는 무력 사용을 단념한다는 것이었다. 사적으로 체임벌린은 히틀러가 비록 냉혹하고 무자비하기는 해도 "약속을 했을 때는 믿을 수 있는 사람이었다"는 견해를 표명했다. 그 영국 총리는 히틀러에게 선의가 있다는 생각을 금세 고쳐먹을 터였다. 한편 영국과 프랑스는 불쌍한 체코에 엄청난 압력을 넣어서, 체코가 전쟁을 벌이게 되면 영국과 프랑스의 지원에 기댈 수 없다는 것을 시사하고 영토 할양에 동의하라고 강요했다. 9월 21일에 마침내 체코가 영국과 프랑스의 강권에 크나큰 배신감을 품고 극도로 마지못해서 굴복했다. 그러나 히틀러에게는 그것으로 충분하지 않았다. 9월 22일에 그는 체임벌린과 두 번째로 만나서 그 영국 총리가 단 한 주 전에 두 사람이 합의에 이르렀다고 간주했던 것을 어겼다. 이제 그는 체코가 10월 1일까지 독일의 수데테란트 점령을 받아들여야 한다고 요구했고, 그렇지 않으면 수데테란트를 무력으로 차지하겠다고 말했다. 그는 그렇게 하면 서방 열강들과 전쟁을 하게 될 수 있다는 영국의 경고에는 개의치 않는다고 주장했다.

그러나 개인적으로 히틀러는 무력을 써서 체코슬로바키아를 통째로 쳐부수겠다는 의향에서 물러서고 있었다. 결국, 영국과 프랑스는 체코에 그가 겉보기에 원해온 것을 그에게 주라고 강요하고 있었다. 체코가 자국 영토의 난도질을 받아들이라고 협박을 당했으니, 서방 열강들과 빚는 의견 차이는 이제 상대적으로 사소했다. "당신은 협상 세부 원칙 때문에 세계대전을 벌일 수는 없습니다"가 히틀러의 공보장관 요제프 괴벨스가 그것을 간결히 표현하는 방법이었다.

그런데도 하마터면 전쟁이 일어날 뻔했다. 히틀러는 핼리팩스 외무장관을 비롯해 체임벌린 내각의 몇몇 사람을 너무 많이 몰아붙였다. 9월 25일에 그들은 히틀러의 최후통첩을 받아들이기를 거부했다. 프랑스와 영국은 특사를 베를린에 보내서 히틀러에게 만약 그가 체코슬로바키아를 공격하면 그것은 전쟁을 뜻할 거라고 경고한다는 데 동의했다. 프랑스가 동원을 시작했다. 영국은 함대를 동원했다. 소련도 동원을 하고 있었다. 전쟁이 일어날 가망이 더더욱 있어 보였다. 합의를 이뤄낼 회담을 소집하려는 시도가 미친 듯이 이루어졌다. 무솔리니가 개입해서 독일, 이탈리아, 프랑스, 영국의 4대 열강 회담을 주선했을 때 막힌 것이 뚫렸다(모든 쪽에게서 불신을 산 소련은 따돌려져서 배제되었다). 곧바로 1938년 9월 30일에 체결된 뮌헨 협정에서 드라마의 절정으로 가는 길이 트였다. 체코의 대표는 자기 나라의 해체에 착수하는 대열강들의 모임에 없었다. 두 서방 민주주의 국가는 한 독재자의 약자 곯리기에 무릎을 꿇으라고 다른 민주주의 국가에 강요했다.

프라하에서 나온 항복 공식 성명서에는 "체코슬로바키아 공화국

정부"는 "체코슬로바키아의 참여 없이 일방적으로 내려진 뮌헨의 결정에 맞서 전 세계에" 항의한다고 적혀 있었다. 기어코 전쟁을 일으키려는 비인도적 정권에 넌더리가 나서 1933년 10월에 독일을 떠나 프라하로 망명했던 (나중에는 어쩔 도리 없이 영국으로, 그다음에는 미국으로 가야 했던) 독일의 인문학 저술가이자 시사 작가인 프레더릭 닐슨[386]은 체임벌린과 달라디에에게 보낸 공개서한에서 자기가 선택한 나라인 체코 전체 주민의 울분을 의문의 여지 없이 표현했다. 그는 영국 총리에게 다음과 같이 썼다. "스스로를 속이지 마십시오! 오늘 당신의 이름에 찬사를 보내는 동일한 목소리가 이 '평화의 행위'의 씨앗에서 어떤 독성이 생겨나는지가 분명해질 그리 멀지 않은 미래에 당신을 저주할 것입니다." 달라디에를 규탄하는 글은 그에 못지않게 매서웠다. "바스티유 공격에서 수립된 프랑스의 위대성이 이제 당신의 서명 탓에 세계의 웃음거리가 되어 버렸습니다."

히틀러는 자기가, 적어도 겉으로는, 바랐던 것을 얻어냈다. 수데테란트 점령이 곧바로 수행될 터였다. 그는 나머지 체코슬로바키아를 훗날 차지할 수 있다고 믿어 의심하지 않았다. 평화는 지켜졌다. 그러나 어떤 대가를 치르고서?

체임벌린과 달라디에 두 사람은 귀국해서 열광적인 환영을 받았다. 체코를 희생해서 독일의 약자 굻리기에 굴복한 치욕이 널리 인식되는 과정은 다만 점진적으로만 이루어졌다. 대안이 있었을까? 이에

---

386) Frederic W. Nielsen. 프라하에서 나치에 저항하여 게슈타포에게 추적을 당했던 프리츠 발렌슈타이너(Fritz Wallensteiner, 1903~1996)의 가명.

관한 의견은 당시에 달랐고, 몇십 년에 걸쳐 분분한 채로 남았다. 히틀러는 모 아니면 도인 도박에서 가장 센 패를 쥐었다. 그리고 체임벌린은 하수였다. 이에 관해서는 논란이 없다. 그러나 그는 얼마나 서툴게 도박을 했을까?

체임벌린의 가장 약한 패는 영국의 재무장 상태였다. 영국해협 건너편의 달라디에에게 상태는 훨씬 더 나빴다. 두 나라의 경우에 군 지도부는 군대가 독일과 전쟁을 벌일 준비를 하지 못했다는 점을 분명히 했다. 실제로는, 프랑스와 영국 두 나라 다 독일의 군사력을 과장했다. 그러나 무장에서, 특히 공군에서 현저히 열세라는 인식은 당시의 첩보에 바탕을 두었지, 나중에 결과를 아는 상태에서 내린 판단이 아니었다(그토록 두려움을 산 유형의 전략 폭격은 당시에 실제로는 독일의 역량을 크게 넘어섰다). 독일에는 원료가 모자라고 대규모 전쟁을 벌일 준비가 충분하지 않다는 점을 강조하는 다른 첩보 보고는 무시되거나 경시되었다. 군대의 수장들은 재무장할 시간을 버는 것이 최우선 사항이라고 보았다.

그렇기는 해도 위기가 한창일 때, 즉 9월 26일에 프랑스군 최고사령관 모리스 가믈랭Maurice Gamelin 장군이 프랑스와 영국의 지도자들에게 두 나라의 병력은 체코의 병력을 보태면 모두 합쳐서 독일의 병력보다 많다고 알려주었다. 독일군을 끌어내 체코슬로바키아에서 떼어놓을 공세가 요구될 경우에 프랑스와 독일의 접경에서 프랑스가 23개 사단을 가진 데 비해 독일에는 겨우 8개 사단이 있었다. 가믈랭은 만약 이탈리아가 참전한다면 남쪽으로 공격해서 알프스산맥의 접경을 넘어 포강 유역으로 치고 들어가는 공세를 개시해서 이탈리아군을 물리친 뒤에 북쪽으로 진군해 빈으로 가고 계속 나아가서 체코를 돕겠다는 구상을 했다. 프랑스군이 독일군과 충돌하게 되면 심각한 저항에 부딪힐 때까지 전진했다가 마지노 방어선[387]으로 되돌아오겠다는 가믈랭의 발언은 덜 미더웠다. 프랑스 군부는 독일군에 어긋난 열등감을 지녔지만, 영국 군부도 마찬가지였다. 그러나 내내 근원적인 문제는 본질적으로 정치였지 군대가 아니었다.

그 문제는 1938년 한참 전에 시작되었다. 영국과 프랑스는 히틀러의 목표를 이해하는 데서, 그리고 이전 다섯 해에 걸쳐 아주 여러 차례, 가장 명백하게는 1936년의 라인란트 재무장 사태 때 그를 다루는 방법에서 짐짓 눈에 띄게 취약성과 어려움을 널리 드러내 보였다. 히틀러의 독일이 군사 강국이 되지 못하게 막으려고 그 두 나라가 한 일은 없었다. 독일의 군사 강국화를 막는 일이야말로 체임벌린이 1937년 5월에 영국 총리가 되자마자 씨름해야 할 일이었다. 영국이 군대를 경제적 제약이 심했던 시기에 자국 영해뿐 아니라 극동과 지중해에 펼쳐 전개해서 갈등을 조정하는 행위를 하면서도 군비 확장보다는 군비 감축을 추구했던 시절의 유산도 그랬다. 프랑스의 내부 혼란과 경제문제를 고려하면 서방 민주주의 국가들에서 체임벌린이 단연코 가장 주도적인 인물이었다. 게다가 그는 더 선제적으로 독일의 팽창주의적 요구를 받아들이려고 하기 일쑤였을 뿐 아니라 자기가 히틀러가 무엇을 바라는지 알고 있고, 그를 다룰 수 있으며, 그를

---

387)   Ligne Maginot. 프랑스가 독일의 침공에 대비하여 1929년부터 프랑스·독일 접경지대에 만들기 시작해서 1938년에 완공한 방어 요새 체계.

달래서 유럽의 문제를 평화롭게 해결할 수 있다는 무척 엉뚱한 자신감을 품었다.

이 확신이, 때로는 외무부 내부의 노련한 인물들의 충고에 거스르면서, 체임벌린 개인이 영국의 외교정책에 남긴 자국에 반영되어 있었다. 그의 자신감을 보여주는 표시는 그가 9월 중순의 첫 독일 방문에서 히틀러와 혼자서, 즉 일대일로 교섭을 했다는 것이다. 외무장관 핼리팩스 경은 그의 여행에 따라가지도 않았다. 훗날이라면 위기 상황을 누그러뜨리려는 노력의 일환으로 광범위한 국제 외교가 틀림없이 전개되었을 것이다. 그러나 이것은 대륙 간 왕복 외교가 나오기 한참 전이었다. 그리고 국제연맹의 기능이 거의 정지되어서 개입할 국제기구가 없었다. 한 차례의 유럽 전쟁에 피를 흘렸던 영연방 자치령들은 또 한 차례의 다른 유럽 전쟁을 좋아하지 않고 유화론을 지지했다. 아직 고립주의에서 벗어나지 않은 미국은 멀리서 지켜보았다. 루스벨트가 1938년 여름에 평화를 호소했지만, 그 이상은 하지 않았다. 자신의 반미反美 감정을 깊숙이 감추지 못하는 체임벌린은 미국에서 도움을 받을 가망에 냉담했다. 어쨌든 미국은 군사력이 약한 터라, 설령 그럴 의향을 가지고 있었더라도, 개입할 형편이 되지 못했다. 상황이 그랬으므로, 루스벨트는 체임벌린이 뮌헨회담에 갈 것이라는 말을 듣자마자 그에게 "잘하셨습니다!"라고 전보를 쳤다. 그러고 나서 생뚱맞게도 루스벨트 대통령은 뻔히 예상 가능했던 그 결과를 예수를 팔아먹은 유다의 배신에 비유했다.

따라서 그 드라마의 핵심은 (그야말로 역대급으로 어울리지 않는 맞수인) 히틀러와 체임벌린의 개인 대결에 주로 초점을 맞추었다. 자기가 히틀러와 평화를 타결해낼 수 있다는 체임벌린의 믿음은 두 번째 독일 방문에서 돌아온 직후에 충성파인 핼리팩스와 다른 각료들의 반대에 맞부딪혔을 때에야 흔들렸다. 그 믿음은 뮌헨회담 무렵에 되살아나서 체임벌린이 영국에 귀국해서 내보이며 흔들 쓸모없는 종이한 장에 히틀러의 서명을 받아냄으로써 "우리 시대의 평화"를 얻어냈다고 생각할 지경에 이르렀다. 나중에 그는 런던에서 기뻐서 어쩔줄 모르는 군중의 열기에 취한 나머지 자기가 들뜬 감정을 드러냈다고 뉘우쳤고, 전쟁을 막기보다는 늦추기만 했다고 생각할 만큼 실용적이었다. 1940년에 죽을 때까지 그는 1938년에 싸우는 것이 전쟁을 모면하지는 못했을지라도 전쟁을 늦추는 것보다 훨씬 더 나빴을 거라고 주장했다. 그는 영국이 준비되어 있지 않았고 자기는 시간을 벌어야 한다고 주장했다.

군 지도자들의 경고에도 불구하고 영국과 프랑스가 1938년에 싸우는 것이 다른 해를 기약하는 것보다 더 나았을지는 끊임없는 논란의 대상이었다. 사실 1939년에야 비로소 영국과 프랑스의 군비 지출이 독일의 군비 지출과 거의 맞먹게 되었고, 두 민주주의 국가는 그해에야 비로소 진지한 전시 계획을 세우기 시작했다. 그러나 독일도 집중적으로 재무장을 한 이전 네 해에 더해서 1939년에도 강력하게 재무장을 하고 있었고, 또한 싸울 준비가 1938년보다 훨씬 더 잘되어 있었다. 이것은 체코의 군사력을 파괴하고 이전의 체코슬로바키아에서 원료와 병기의 새 원천을 획득함으로써 보강되었다. 사실상, 어느 모로는, 1939년 무렵에는 힘의 균형이 얼마간은 독일 쪽으로 기울었다.

뮌헨의 낭패를 피할 수 있었을지도 바로 그날 이후로 논쟁의 대상이었다. 유화론에 오랫동안, 그러나 대체로 홀로 반대해온 윈스턴 처칠이 1938년에 소련 및 동유럽 국가들과 '대연합'을 맺어서 히틀러를 저지하자고 주장하는 가장 거리낌 없는 목소리였다. 훗날 그는 만약 유화가 아니라 저지가 전략이었더라면 전쟁은 필연이 아니었을 거라고 강하게 주장했다. 노동당과 다른 많은 좌파가 그 '대연합' 발상을 지지했다. 그러나 스탈린 숙청에 관한 섬뜩한 보고로 윤색된 소련에 대한 인이 박인 혐오뿐 아니라 깊은 불신은 그 같은 전략이 영국 정부나 프랑스 정부의 지지를 얻을 가망이 없다는 뜻이었다.

'대연합'의 전망이야말로 히틀러를 저지할 최선의 선택이었다. 그것이 행동으로 실행될 수 있었을지는 또 다른 문제다. 소련의 입장은 일단 프랑스가 행동에 나서서 그들의 조약 의무를 다할 (그랬을 가능성이 별로 없는) 경우에는 소련도 의무를 다하겠다는 것이었다. 설령 소련이 행동에 나서더라도 루마니아와 폴란드가 소련군이 자국 영토를 건너가도록 허용하지 않았을 것이다. 그러나 루마니아는 소련 항공기들이 자국 영토 상공을 날아가도록 허용하겠다고 시사했다. 소련 공군은 만약 프랑스가 체코슬로바키아 방어에 나선다면 그 나라를 돕겠다는 입장을 보였고, 붉은 군대 육군의 부분 동원이 이루어졌다. 그러나 스탈린은 사태 전개를 기다리면서, 즉 '제국주의 열강들'의 충돌에 휘말려들기를 저어하면서 위기 내내 신중을 기했다. '대연합'이 서쪽뿐 아니라 동쪽에서도 독일에 가했을 잠재 위협은 결코 실현되지 않았다.

또한 '대연합'을 통한 저지는 독일 안에서 막 생겨나고 있던 반대파를 고무했을 수 있다. 체코슬로바키아를 공격할 경우에 히틀러를 체포하려는 음모가 여름 동안 군 지도부와 외무부 고위 관리를 중심으로 형성되고 있었다. 뮌헨 협정은 음모가들이 행동에 나설 가망을 흩날려 버렸다. 그 음모가 어쨌든 허사가 되리라는, 또는 설령 실행되었더라도 성공하지 못했으리라는 것이 최선의 추측이다. 그러나 히틀러가 (꽤 중량감 있는 군사적 충고를 거슬러서) 체코슬로바키아를 공격하고 그 결과로 큰 두려움을 산 양면 전선 전쟁이 일어났다면, 그는 타도되지는 않았을지라도 무척 약해졌을 가능성이 적어도 없지는 않다.

그렇게 해서 장기적으로 전면전쟁이 예방되었을지를 말하기는 불가능하다. 전쟁이 어느 시점에는 불가피하다고 판명되었을 가능성이 더 크다. 그렇지만 만약 히틀러가 1938년에 저지되었거나 심지어 거꾸러졌더라면, 전쟁은 다른 상황에서 다른 전쟁이 되었을 것이다. 그런 일은 일어나지 않았으므로, 뮌헨 뒤에 얼마 되지 않아 전쟁이 터졌다.

평화의 병자성사

히틀러는 자기가 뮌헨에서 공세를 펴서 얻어낸 배당금에 기뻐하기보다는 짜증을 냈다. 그는 자기가 원했던 것으로부터 물러서야, 즉 체코슬로바키아를 무력으로 쳐부수고 싶었는데 수데테란트를 놓고 협상으로 문제를 해결하라는 압력에 양보를 해야 했던 것이다. 그는 뮌헨에서 돌아오자마자 "그놈(체임벌린)이 나의 프라하 입성을 망쳤어"

라고 고함쳤다고 한다. 신난 독일 군중은 전쟁을 불사해서 얻어낸 영토의 쟁취보다는 (체임벌린의 공이 큰) 평화의 보전에 더 환호하고 있었다. 뮌헨 협정 몇 주 뒤, 즉 11월 10일에 독일의 언론인 모임에서 한 (비공개) 연설에서 히틀러는 여러 해 동안 독일의 목표가 평화인 척했어야 해서 무력을 사용할 독일 국민의 각오가 충분하지 않았다고 시인했다.

이 솔직한 시인이 나오기 전 날 독일은 무시무시한 폭력의 밤(제국 수정의 밤)에 몸서리를 쳤다. 끔찍한 포그롬에서 (심지어 십중팔구는 낮춰 잡았을 정부의 공식 수치로도) 거의 100명에 이르는 유대인이 피살되었고, 숱하게 많은 이들이 미쳐 날뛰는 나치 폭도에게 극심한 폭행을 당했다. 폭도가 나라 곳곳을 누비면서 유대인 공회당을 불태우고 유대인 재산을 파괴했다. 그것은 (1933년과 1935년의 물결을 뛰어넘어서) 나선형으로 상승하는 반유대인 폭력의 정점이었고, 그 뒤에 오스트리아가 3월에 접수되었고 여름에 긴장이 고조되는 동안 기세가 올랐다. 뮌헨 이후에 자신의 외국 적수가 나약하다고 멸시하던 히틀러는 요제프 괴벨스 공보장관이 부추기자 나치 무리를 풀어놓으라고 승인했다.

그 포그롬의 목적은 유대인 이민의 속도를 높이는 것이었다. 이 점에서 포그롬은 성공했다. 핍박이 심해지면서 분위기가 무시무시한데도 독일에 남아 있던 유대인이 50만 명이었고, 이들 가운데 대다수는 나치가 권력을 얻기 전에 완전히 독일에 동화되어 있었다. 이제는 그들 가운데 수만 명이 이웃 나라의 국경으로 쏟아져 들어가 서유럽에서 피난처를 찾았고, 그런 다음에 영국해협을 건너 영국으로 가거나 대서양을 넘어 안전한 미국으로 가는 이가 많았다. 이민 정책이 여전히 규제 위주였는데도 유대인 7000명쯤이 네덜란드로 넘어갔고, 우여곡절 끝에 4만 명이 영국에, 약 8만 5000명이 미국에 정착했다. 영국 정부가 그 포그롬이 일어난 며칠 뒤에 도입한, 킨더트랜스포트[388] 로 알려진 난민 조처로 영국이 어린이 1만 명 남짓을 받아들였다.

그 뒤 몇십 년에 걸쳐 유대인 이민자들은 자기를 받아 준 나라의 과학 활동과 문화 활동에 크게 이바지할 터였다. 독일이 자초한 손실은 막대했다. 그러나 유럽 국가들과 미국, 그리고 (아직 영국의 위임통치 아래 있던) 팔레스타인으로 입국할 권리를 얻지 못한 유대인 수만 명은 운이 덜 좋았다. 그리고 독일의 손아귀에 남아 있는 유대인이 많았고, 전쟁이 일어날 경우에 엄청나게 많은 이가 독일의 마수에 걸려들 가능성이 더 높았다. 포그롬이 일어난 뒤 석 달이 채 안 되어 히틀러가 외부 세계에 (그가 '예언'이라고 일컬은) 으스스한 경고를 했다. 전쟁을 또 한 번 일으키면 유럽 유대인이 말살될 거라는 경고였다.

독일이 체코슬로바키아 분할의 유일한 수혜자는 아니었다. 폴란드에는 자국의 그 인접국을 미워하는 감정이 있었고, 폴란드는 체코슬로바키아의 해체에서 나오는 영토 획득 가능성에 눈독을 들이면서 1938년 여름의 위기 동안 중립으로 남았다. 제1차 세계대전 뒤에 폴란드와 체코슬로바키아, 두 나라가 영유권을 주장했지만 1920년에

---

388)　Kindertransport. 제2차 세계대전 발발 전 아홉 달 동안 독일과 독일 점령 지역의 보호자 없는 17세 이하 유대인 어린이를 영국으로 데려와서 영국인 가정에 입양될 수 있도록 영국 정부가 주도한 조치.

체코에 주어졌던 슐레지엔 남동부의 한 조각인 테셴[389]을 폴란드가 뮌헨회담 뒤에 지체 없이 주민이 분리되어 있는 채로 서둘러 병합했다. 그러나 폴란드는 만약 자국이 히틀러에게 방해가 되면 1934년 1월에 독일과 맺은 10년 기한의 불가침조약이 아무것도 아니라는 것을 곧 알아차렸다.

1938년 가을에 폴란드가 (인구 구성에서 독일계 주민이 거의 다였는데도 1920년 이후로 국제연맹의 보호 아래 있는 자유시인) 단치히를 독일에 되돌려달라는, 그리고 동프로이센을 나머지 독일제국에서 떼어 놓는 그 폴란드 '회랑'을 관통하는 운송로를 요구하는 독일의 제안을 거부했을 때 난국의 첫 신호가 나왔다. 이 쟁점에서 폴란드가 보이는 완고한 입장은 1939년에 접어들어서도 지속되었다. 히틀러는 당분간은 짜증을 억눌렀다. 그는 기다릴 수 있었다. 그해 봄에 비로소 그의 주의가 폴란드에 집중되기 시작했다.

히틀러가 그전 해 여름에 원했던 것, 즉 3월 15일에 체코슬로바키아의 나머지 영토 침공을 독일 군대가 완료한 뒤에 그랬다. '보헤미아·모라바 보호령'이 수립되었다. 슬로바키아인들이 자기들의 자치 국가를 세웠다. 오스트리아·헝가리제국이 해체하면서 등장했던 신생 민주주의 국가들 가운데 최고 성공작이었던 체코슬로바키아가 지도에서 사라졌다. 독일이 프라하에 입성한 뒤에는 히틀러가 독일계

---

389)   Teschen. 오늘날 체코·폴란드 접경에 있는 폴란드의 소도시 치에신 (Cieszyn)의 독일어 명칭. 체코어로는 테신(Těšín)이라고 한다. 20세기 초엽에는 독일인, 폴란드인, 유대인, 체코인이 살았다.

주민을 확장된 독일제국 안으로 편입하기를 목표로 삼는 민족주의 정치가일 뿐이라는 환상은 더는 있을 수 없었다. 이것은 명백한 제국주의적 정복이었다. 서방 민주주의 국가들이 드디어 히틀러의 본색을 보았다. 유화론은 죽었다. 히틀러가 그 무엇에도 멈추지 않으리라는 것은 일부러 보지 않으려고 눈을 감는 자들을 빼고는 모든 이에게 분명했다. 틀림없이 그러겠지만 다음번에는 그가 무력 저항에 직면해야 할 것임도 마찬가지로 분명했다. 전쟁이 일어날 터였다.

체임벌린은 독일의 체코슬로바키아 잔여 영토 점령과 자기가 얼간이처럼 속아 넘어갔다는 느낌에 부아가 나서 1939년 3월 31일에 독일의 다음 제물이 될 것으로 보이는 폴란드에 만약 공격을 당하면 영국이 군사 지원을 하겠다는 확약을 해주었다. 제 나름의 대외 정책이 사실상 없는 프랑스는 영국의 행보를 따라 움직였다. 소련은 양면 전선 전쟁의 가능성으로 히틀러와 맞서려는 어떠한 시도에서도 아직은 알맞은 동맹국으로 간주되지 않았다. 그 확약이 발표되기 겨우 몇 시간 전에야 통보를 받아서 성이 난 소련 지도자들은 체임벌린이 자기가 원하는 것으로, 즉 궁극적으로는 독일과 소련 사이의 전쟁으로 귀착될 장기 포석을 놓고 있다는 확신을 더욱더 굳혔다.

그 확약의 핵심 의도는 저지였다. 체임벌린은 마침내 제정신을 차리고서 히틀러가 공격 행위를 더는 하지 못하도록 저지하려는 시도에 나섰다. 그의 바람은 지금이라도 히틀러가 분별력을 찾아서 자기의 영토 요구를 무력 행사 없이 해결하는 것이었다. 그러나 동시에 체임벌린은 빈약한 입지를 선택해서 영국의 주도권을 내주었다. 그는 독일이 폴란드를 유린하지 못하도록 막기 위해 영국이 군사적으로

할 수 있는 일이 전혀 없음을 알고 있었다. 체임벌린의 조언자들은 그에게 폴란드 유린이 침공 석 달 안에 달성되리라고 말하고 있었다. 그러나 그전 해 여름에는 프랑스와 소련과 동맹 관계이며 싸울 태세를 갖춘 한 민주주의 국가에 동일한 확약을 해주기를 거절했던 체임벌린은 이제 와서는 영국을 폴란드의 운명에 결부했다. 하지만 폴란드는 (처칠이 표현한 대로) "입맛을 다시는 하이에나처럼 겨우 여섯 달 전에 체코슬로바키아의 약탈과 파괴에 가담했"으며 지리적으로 노출되고 독일의 맹공을 버텨낼 군사적 대비가 제대로 되어 있지 않은 나라였다. 영국이 새 전쟁에 참전할지는 이제부터 독일과 폴란드의 손에 달려 있을 터였다.

그 확약은 결코 히틀러를 저지하지 못할 것이었다. 실제로, 그 확약은 그를 도발하는 결과를 불러왔다. 영국에 격분해서 그는 "그놈들의 목이 멜 스튜를 놈들에게 요리해 주겠다"고 약속했다. 4월 초순에 그는 1939년 9월 1일 뒤로 언제든 폴란드를 쳐부수라는 군사 지령을 재가했다. 단치히와 폴란드 회랑을 지켜내겠다는 폴란드의 고집이 나머지 일을 했다. 1939년 한여름에 절정에 이를 위기의 윤곽이 잡혔다.

한편 무솔리니는 히틀러의 프라하 대박 탓에 세간의 시선을 빼앗기고 땅따먹기에서 따돌려졌다고 느끼고는 4월에 알바니아를 병합함으로써 변변치 않은 이탈리아의 군사력을 뻐겼다. 이에 대응하여 영국과 프랑스는 자국의 확약을 루마니아와 그리스에까지 확장했다. 아무리 이탈리아의 알바니아 공격이 형편없이 수행되었을지라도, 주요 파시스트인 디노 그란디Dino Grandi가 표현한 대로 "동쪽에서 로마 정복의 유구한 길을 무솔리니의 이탈리아에 열어줄"대승리로 자랑스레 과시되었다. 이탈리아가 가난에 찌든 그 작은 나라에서 닦기 시작한 길은 그리스 쪽으로 이어졌다. 이탈리아의 의도는 전쟁이 일어나면 영국을 지중해에서 내쫓는 것일 터였다. 남유럽에서도 긴장이 조성되기 시작했다.

유럽의 평범한 사람은 대다수 강대국의 지도자들이 마치 장기판의 장기알을 옮기듯이 자기의 운명을 결정하자, 걱정스레 지켜볼 수밖에 없었다. 1939년 여름의 일반적 분위기는 그전 해 여름의 분위기와 달랐다. 수데테란트 위기가 한창일 때 유럽이 깊은 구렁텅이의 언저리에서 비틀거리고 있다는, 즉 전쟁으로 빠져들 참이라는 두려움이 널리 퍼졌고, 뚜렷했다. 체임벌린, 달라디에, 무솔리니, 히틀러가 뮌헨회담을 마치고 돌아왔을 때 그들을 맞이하는 군중의 희열은 전쟁을 모면했다는 순전한 안도감의 표현이었다. 무엇을 해서 평화를 지켜냈는지에 관한 도덕적 함의는 나중에야 비로소 제대로 인식되었다. 사람들이 어쨌든 인식했다면 말이다. 1939년의 폴란드 위기 동안에는 체념의 분위기가 더 강했고, 희한하게도 공포 분위기는 덜했다.

독일에서는 그전 해에 내부 보고서에 기재되었던 '전쟁 정신병'이 대체로 없었다. 서방 열강들이 체코슬로바키아를 놓고 싸울 각오가 되어 있지 않았다면 (폴란드 위기에서 독일의 명백한 목표물인) 단치히를 놓고도 각오가 되어 있지 않았을 거라는 느낌이 있었다. 베를린에 본거지를 둔 미국의 언론인이자 방송인인 윌리엄 샤이러William Shirer는 8월 하순에 다음과 같이 판단했다. "거리에 있는 사람들은 히틀러가 또다시 전쟁 없이 해낼 것이라고 여전히 굳게 믿고 있다.""또다시 일이 잘 풀릴 것이다"가 드레스덴[390]에서 위태로운 격리 상태로 살고 있던 유대인 학자이지만 자기 주위의 적대적 환경을 예리하게 관찰했던 빅토르 클렘퍼러 Viktor Klemperer가 일반 여론이라고 여긴 견해였다. 위기가 급속히 달아오르자, 만약 영국과 프랑스가 독일에 전쟁을 강요한다면(귀에 못이 박이도록 프로파간다가 되풀이하여 주입하고 있던 메시지) 체념하고 싸우겠다는 용의와 더불어 전쟁이 다시 한번 더 회피되리라는 희망이 아직도 있었다. 비록 사람들 다수가, 어쩌면 대다수가 단치히와 폴란드 회랑 문제가 전쟁을 벌일 만큼 가치 있지는 않다고 생각했을지라도, 그 문제가 독일에 유리하게 해결되어야 한다는 바람이 있었다. 당시 사람들은 그 분위기가 1914년과 얼마나 다른지를 말했다. 이번에는 그 어디에도 열광은 없었다.

프랑스에서도 분위기가 바뀌었다. 전쟁에서 일어날지 모를 일에 대한 공포, 무엇보다도 폭격의 공포가 누그러들지 않았다. 그러나 히틀러가 진군해서 프라하로 들어간 뒤로는 더 큰 복원력, 즉 독일의 추가 공세에는 맞서겠다는 더 큰 결의(계속 이래서는 안 된다는 인식)가 있었다. 1939년 7월의 프랑스 여론조사에서 질문을 받은 이의 4분의 3이 단치히를 지키고자 무력을 쓸 태세가 되어 있다고 밝혔다. 일종의 거짓 정상 상태가 존재했다. 사람들이 "오늘을 즐기고" 무슨 일이 일어날지를 생각하지 않았으므로 영화관과 카페와 레스토랑이 흥청거렸다. 세계 종말을 운운하는 이들은 주로 지성계에서 나왔다. 그다음 달에 사람들이 멋진 여름 날씨에 유급 휴가를 즐기러(어쩌면 그럴

390)   Dresden. 독일 동부 작센주의 주도.

수 있는 마지막 기회를 놓쳐서는 안 된다며) 흔히 최신 베스트셀러, 즉 마거릿 미첼Margaret Mitchell의 소설《바람과 함께 사라지다Gone with the Wind》의 번역본을 손에 쥐고 해안 휴양지나 시골로 무리 지어 떠나자 대도시가 텅 비었다.

영국도 엇비슷했다. 독일이 체코슬로바키아의 나머지 영토를 점령했다고 해서 대중의 태도가 바뀌지는 않았다. 훗날 윌리엄 우드러프William Woodruff는 다음과 같이 회상했다. "평화주의와 징집을 대하는 국민의 태도에서 상전벽해와도 같은 변화가 있었다." 그때 그는 가까스로 한자리를 얻어 옥스퍼드 대학교에서 공부할 수 있었던 북부의 노동계급 출신 젊은이였다. 학생들의 토론 주제는 "올해 싸워야 할지, 아니면 다음 해에 싸워야 할지였다. 재무장은 더는 입에 올려서는 안 될 말이 아니었다." 영국에서 7월에 실시된 여론조사에서 만약 단치히 분쟁이 전쟁으로 이어진다면 폴란드와 함께 싸우겠다는 자국의 약속을 지켜야 한다고 생각하는 사람이 (4분의 3쯤으로) 프랑스의 여론조사와 거의 같은 비율이었다. 프랑스에서처럼, 사람들은 불길한 전쟁 북소리를 마음에서 떨쳐내면서 정상 상태의 환상을 부여잡았다. 댄스홀과 영화관이 흥청거렸고, 스포츠를 즐기는 사람들은 잉글랜드 대표팀과 방문 팀인 서인도 제도 대표팀 사이의 크리켓 대항전에 푹 빠져 있는(전쟁 개시 한 주 전에 제3회 크리켓 대항전이 런던의 디 오벌The Oval 경기장에서 마무리되었다) 한편으로, '웨이크스 휴가'[391] 동안에

---

391) wakes weeks. 산업혁명 이래로 해마다 잉글랜드 서북부와 스코틀랜드의 도시에서 공장이 쉴 때 노동자에게 주어지는 1~2주 휴가.

북부의 직물 공업도시에서 해변으로 빠져나가는 대탈출이 여느 때처럼 일어났다. 영국의 시골에서는 평화롭고 아름다운 그 멋진 여름에, 전쟁의 공포가 멀리 떨어져 있어 보였다. 어쨌든, 히틀러가 단치히를 놓고 허세를 부리고 있다고, 즉 만약 공격이 영국에 맞선 전쟁을 뜻한다면 그가 끝에 가서는 공격을 하지 않고 물러설 거라고 믿는 사람이 많았다.

폴란드에서는 그 확약으로 태도가 바뀌었다. 갑자기 친영국·친프랑스 감정이 일었다. 독일에 대한 적대감은 확연했다. 전쟁의 기운이 감돌았고, 만사에 먹구름이 드리웠다. 초조함이 고조되는 분위기였다. 자기가 쓴 가족 대하소설《밤과 낮》이 1935년에 폴란드의 가장 권위 있는 문학상을 받은 뒤로 유명해진 소설가 마리아 동브로프스카가 외과 수술을 받고 나서 회복하면서 7월에 폴란드 남부에 있는 은둔지의 아름다움을 즐기고 있었고, 자기가 바르샤바로 되돌아가야 할지 곰곰이 생각했지만 떠나기가 내키지 않았다. 그는 "날씨가 무척 좋고 전쟁의 전망이 무척 가까웠고, 어쩌면 삶의 마지막 목가적 생활이겠지"라고 생각했다. 시간이 소중하다는 느낌이 있었다. 그가 바르샤바로 돌아갔을 때 한 동료가 8월 초순에 폴란드 서북부에 있는 온천 휴양소로 이사하라고 설득했다. 그 동료는 "오래 생각하지 말라"고 조언하면서 "마지막 가능성, 마지막 기회야. 얘기할 게 뭐가 있겠어? 늦어도 몇 주 뒤에는 전쟁이 일어날 텐데"라고 말했다. 그달 마지막 며칠 동안 남자와 마차와 말이 급히 동원되었다. 집집마다 먹을 것과 옷을 서둘러 사서 쟁여 놓았다. 당국이 충분하게 마련해 놓지 못했던 방독면을 찾아 사람들이 돌아다녔다. 사람들은 가스가 스며들지 못하도록 방을 밀폐하고 창문에 기다란 종잇조각을 붙였다. 모두가 알았듯이, 평화의 가망은 무척이나 위태로웠다. "폴란드는 무시무시한 파국과 맞닥뜨렸다."

8월 21일 늦저녁에 어마어마한 대사건이 터졌다. 불구대천의 적수이던 독일과 소련이 바야흐로 놀라운 타결을 볼 참이었다. 파시즘이 최고의 악이라는 말을 여러 해 동안 들어왔던 소련 시민들은 히틀러가 이제는 벗임을 알고 깜짝 놀랐다. 그때 모스크바에서 살던 한 여인이 훗날 표현한 대로, "세상이 거꾸로 뒤집혔다." 볼셰비즘은 사악하다는 장광설을 여러 해 동안 들어왔던 독일 시민도 믿지 않는 그 백팔십도 전환에 마찬가지로 깜짝 놀랐다. 그러나 무엇보다도 그들은 안도했다. 그것은 "두려움을 자아내던 포위의 악몽"이 사라졌다는 뜻이었다.

몇 달 전에 독일이 먼저 시험 삼아 소련과의 경이로운 관계 개선을 타진해 보았다. 스탈린이 집단안보의 옹호자인 막심 리트비노프를 5월 3일에 해임하고 그를 대신해 뱌체슬라프 몰로토프를 외무인민위원으로 임명한 것은 크레믈의 생각에 변화가 일어났다는 신호였다. 리벤트로프는 소련이 서방 민주주의 국가들과 (런던과 파리에서, 열의는 없을지라도, 다시 의제가 되고 있던) 반독일 연합을 구상할 가능성을 없애버리고 단번에 폴란드를 완전히 외톨이로 만들 새로운 합의를 볼 가능성이 열리고 있다고 보았다. 몇 주 동안, 무역 협정을 향해 조금도 머뭇거리지 않는 발걸음이 뒤따랐다. 그리고 나서 모스크바에서 나온 간접 신호에 리벤트로프가 영토상의 상호 이익과 연관되어 있는 정치 협정을 요청할 용기를 얻었다. 그가 구해오던 용기였다.

히틀러가 폴란드를 공격할 때로 염두에 둔 (가을비가 내리기 시작하기 전인 8월 말이라는) 시기가 제 나름의 압력을 부과했다. 독일과 합의에 이를 준비를 갖췄다는 신호를 드디어 8월 19일에 스탈린이 보내왔다. 히틀러가 지체 없이 준비해서 리벤트로프를 모스크바로 보냈다. 나흘 뒤에 몰로토프와 리벤트로프가 소련과 독일 사이의 불가침조약에 각자 서명했다. 발트해, 루마니아, 폴란드의 "영토와 정치를 바꿀" 속셈으로 그 지역에서 이익 권역을 그어 정하는 비밀의정서가 만들어졌다. 그것은 상상 가능한 가장 야비한 거래였지만, 두 당사자에게는 크나큰 실리였다. 독일은 자국의 동부전선을 봉인했다. 소련은 자국의 방위를 굳건히 할 귀중한 시간을 벌었다.

그쯤 되자 이제, 임박한 독일의 폴란드 공격을 막아설 것은 아무것도 없었다. 히틀러는 영국과 프랑스가 폴란드에 대한 책무에서 물러설 거라는 가냘픈 희망을 아직도 품고 있었다. 그러나 그는 여하튼 밀고 나아갈 태세를 갖췄다. 설령 그것이 서방 민주주의 국가들과의 전쟁을 뜻할지라도 말이다. 그가 그 국가들에 품은 경멸은 지난해 여름에 굳어졌다. 그는 예하 장군들에게 다음과 같이 말했다. "우리의 적들은 하찮은 벌레야. 나는 뮌헨에서 그 점을 보았지." 그의 주요 관심사는 두 번째 '뮌헨'을 야기해서 자기가 폴란드를 쳐부술 계획을 가로막을지 모를 그 어떠한 막바지 개입도 피하는 것이었다.

위험부담이 큰 히틀러의 정책이 지난해에 서방 열강들과의 전쟁을 불러올 조짐을 보일 때, 걸음마 단계의 저항 세력이 군부와 외무부의 엘리트 사이에서 나타났다. 그러다가 그 같은 저항 세력이 얻었을지도 모를 일체의 성공 기회가 뮌헨회담으로 말미암아 사라졌다.

그들은 히틀러가 궁극적으로 재앙을 불러올 것으로 예언했다. 전쟁과 그 재앙을 향한 히틀러의 저돌적 돌진에 비밀리에 계속 반대해온 이들이 한 해 뒤에는 히틀러에 도전할 어떤 가망도 없었다. 1938년에 전쟁에 관한 견해에서 분열되었던 군 지도자들이 이제는 의문을 품고 있으면서도 아무 말도 하지 않고 아무 일도 하지 않았다. 그들은 팔자소관이라며 비록 열광적으로는 아닐지라도 히틀러를 지지했다. 그것이 결정적이었다. 내부적으로, 전쟁을 벌이겠다는 히틀러의 결의를 가로막는 것은 없었다.

8월 22일 이후로 베를린 주재 영국 대사인 네빌 헨더슨Nevile Henderson 경이 독일제국 총리청에서 열린 극도로 긴장된 여러 차례의 회담을 견뎌냈는데, 그 회담이 열리는 동안 히틀러는 평화적인 위기 해결의 희망을 겉으로는 내비치면서 몰래 폴란드 침공을 준비하고 있었다. 덧붙여 괴링도 개인 특사로 스웨덴의 기업가 비르거 달레루스Birger Dahlerus를 세 차례 런던으로 보내 독일의 선의를 제시했다. 그러나 그 협상은 독일 측으로서는 그저 뻔한 속임수였다. 계획해 놓은 폴란드 공격을 물릴 의향은 털끝만큼도 없었다. 사실, 그 공격은 8월 26일에 일어나야 했다. 히틀러는 그전 날 오후에 군대 동원령을 내렸지만, 무솔리니가 자신의 추축국 동반자에게 이탈리아가 당장은 독일과 함께 전쟁에 참여할 상황에 있지 못하다고 알린 뒤 몇 시간 지나서 공격을 취소하지 않으면 안 되었다. 무솔리니에게는 당혹스러울지라도 히틀러에게 그것은 일시적 후퇴에 지나지 않았다. 히틀러는 새 공격 일자를 곧 정했다. 1939년 9월 1일 이른 아침에 독일군이 폴란드 접경을 넘었다.

영국은 히틀러가 협상에 나서기를 마지막까지 바랐는데, 독일의 폴란드 공격에 당황하며 깜짝 놀랐다. 그 뒤에 머뭇거리며 이틀이 지나갔고, 그사이에 영국과 프랑스는 히틀러의 군대가 폴란드를 집어삼키기 시작하는 동안 일치된 행동을 하지 못했다. 무솔리니가 히틀러와 중재해서 9월 5일에 회담을 열자고 제안했다. 프랑스는 그 제안에 동의할 태세가 영국보다는 더 되어 있었다. 그러나 예상 가능하게도 그 제안은 히틀러에게 먹히지 않았다. 처칠이나 런던의 다른 사람들에게 '패배주의의 진수'로 보인 조르주 보네 프랑스 외무장관은 헷갈리는 외교 신호를 보냈고, 시간을 벌려고 애썼으며, 프랑스가 두려운 마지막 조치를 취하도록 만들기를 주저했다. 9월 2일 오후까지도 체임벌린과 핼리팩스는 독일군이 폴란드에서 물러난다면 회담을 고려해 볼 각오가 되어 있었다. 그러나 그날 저녁 의회에서 체임벌린은 히틀러와 어떻게든 협상을 더 할라치면 자기 정부가 타도될 거라고 믿어 의심하지 않게 되었다. 자기 내각 안에서 반란에 맞닥뜨리자, 그는 독일이 폴란드에서 자국 군대를 당장 거둬들여야 한다는 최후통첩을 보내서 이튿날 아침 9시에 베를린에 제출되도록 만드는 데 전념했다. 히틀러에게는 응답할 2시간이 주어졌다.

이튿날 아침, 즉 1939년 9월 3일 오전 11시 15분에 영국 곳곳에서 사람들이 라디오 주위에 몰려들어 체임벌린이 애처롭고 단조로운 어조로 최후통첩에 아무 답변을 얻지 못했고 "따라서 이 나라는 독일과 전쟁 중입니다"라고 말하는 것을 들었다. 그 직후에 울린 째지는 듯한 공습 사이렌 소리는 잘못된 경보로 판명되었지만, 앞으로 벌어질 일을 맛보기로 미리 알려주었다. 대체로 보네가 미적댄 결과로 선전포고가 같은 시각에 나오지 못했다. 그 대신 거의 6시간 늦은 그날 오후 5시에 프랑스가 결국은 영국을 따라 선전포고를 했다.

또 한 차례의 전쟁이라는 지옥으로 가는 길은 구불구불했다. 사실상 그 길은 유화론자들의 "선의로 포장"되어 있었다. 체임벌린은 하원에서 다음과 같이 말했다. "제가 이루려고 애써온 모든 것, 제가 소망해왔던 모든 것, 제가 공직 생활을 하는 동안 믿어왔던 모든 것이 으깨져 엉망이 되었습니다." 최선의 동기에서 그랬더라도 유화론은, 처칠이 표현한 대로, "좋은 뜻을 가진 유능한 사람들이 내린 틀린 판단에 관한 슬픈 이야기"이며 "재앙으로 가는 길에 늘어서 있는 이정표"였다. 영국과 프랑스에서 의심의 여지 없이 유화론자들의 "뜻은 좋았다." 그러나 그들은 자기들의 가정 교육과 경험과 정치 훈련 탓에 국제 무대에서 한 깡패와 마주할 태세를 전혀 갖추지 못했다. 그들은 결코 히틀러의 맞수가 아니었다. **그들**은 자기들이 심지어는 다른 한 나라를 늑대들에게 내던져 주는 대가를 치르고서라도 평화를 위한 협상을 할 수 있다고 생각했다. **그**는 내내 전쟁을 원했다. 그가 스무 해의 태반 동안 품어온 세계관에 따르면, 오로지 정복이 독일의 필요성을 충족해 줄 터였다. 따라서 그 길의 끝은 틀림없이 늘 하나였다. 그것은 유럽에서 다시 일어나는 전쟁이었다.

"어느 모로는 마음이 놓인다. 의심이 풀렸다." 영국 외무부 사무차관인 알렉산더 캐도건Alexander Cadogan 경의 깔끔한 반응이다. 영국의 노동계급 출신 옥스퍼드 대학생인 윌리엄 우드러프는 그날 자신의 평화주의 신념을 포기했다. "싸우는 것은 두 악 가운데 차악이었다. 나는 내 옥스퍼드 학업을 정리하고 입대할 터였다." 숱하게 많은 이들이 달려가서 전쟁 복무에 자원했다. 우드러프는 대다수 영국인의 견해를 "전쟁은 불가피하며 히틀러와 맞붙어야 한다"로 명료하게, 십중팔구 올바르게 요약했다. "그들은 기만이 끝나고 삶과 죽음을 가르는 싸움이 시작되었다고 기뻐했다." 유대인 작가 마네스 슈페르버는 파리에서 자원자들의 기다란 줄에 끼어 있었고, 무슨 일이 자기를 기다리는지 두려웠지만 부모 형제가 안전하게 영국에 있다고 안도했다. 《석간 파리》[392] 편집인 피에르 라자레프Pierre Lazareff는 일기에 다음과 같이 적었다. "떠들썩한 열광은 없다. 해야 할 일이 있다. 그뿐이다." 겨우 한 세대 전에 제 나라 땅에서 벌어진 대량 살육을 알았으므로, 경찰청 보고서가 짚었듯이, 소집된 프랑스 군인들(곧 프랑스와 프랑스 식민지의 군인 450만 명)이 순순히 싸웠지만, 1914년에 목격된 열광의 조짐은 없었다.

독일에서도 상황이 그리 다르지 않았다. 윌리엄 샤이러는 9월 3일 베를린의 분위기를 다음과 같이 짚었다. "사람들의 얼굴에는 경악과 우울이 있었다. (…) 내가 믿기로는, 1914년에 세계대전의 첫날 베를린의 흥분은 대단했다. 오늘은 흥분도, 만세 소리도, 환호도, 꽃 던지기도, 전쟁열도, 전쟁 히스테리도 없다." 훗날 독일에서 이름난 문학 비평가가 되는 마르셀 라이히라니츠키Marcel Reich-Ranicki는 바르샤바에서는 대조적으로 영국과 프랑스가 독일에 선전포고를 했다는 소식을 듣고서 억누를 길 없는 행복의 분위기가 생겼다고 회고했다. 기뻐

---

392)   Paris Soir. 1923년부터 1944년까지 파리 등지에서 간행된 일간지. 제2차 세계대전 시기에는 발행 부수가 250만 부였다.

서 날뛰는 군중이 영국 대사관 밖에 모여서 "영국 만세!"와 "자유를 위한 투쟁 만세!"라고 외쳤다. 그날 늦게 군중은 프랑스 대사관 밖에서 '라 마르세예즈'[393]를 불렀다. 군중은 원조가 오고 있다고 생각했다. 곧바로, 즉 독일의 폭탄이 폴란드의 도시에 비 오듯 쏟아지고 극한의 고통이 시작되었을 때 그들은 원조가 오지 않을 것임을 깨달을 터였다.

9월 3일에 유럽 대륙 곳곳의 숱한 감정이 무엇이었든, 사실상 모든 이가 이제 자기 삶이 확 바뀌리라는 것을 인식했다. 전쟁으로 정확히 무슨 일이 벌어질지 아무도 몰랐다. 향후 여러 해를 지극히 걱정스럽게 볼 충분한 근거가 있었다. 많은 사람이 자기가 또다시 지옥의 불길을 견뎌내야 하리라는 것을 감지했다. 그러나 영국으로 망명한 오스트리아의 유대인 작가 슈테판 츠바이크가 (완벽하지 않은 영어로 쓴) 일기에 적어놓은 불길한 예감의 심도를 느낀 이는 아마도 거의 없었을 것이다. 츠바이크가 1939년 9월 3일에 기록하기를, 새로운 전쟁은 "1914년보다 천배는 더 나쁠 것이다. (…) 이 전쟁에 독을 푸러poisining 〔원문대로〕 들끓게 만드는 **새로운** 공포가 무엇을 초래할지 우린 알지 못한다. 나는 그 범죄자들이 무슨 짓이든지 다 할 것이라고 예상하고 있다. 문명이 허물어지는구나."

---

393) La Marseillaise. 1792년 4월에 프랑스혁명 정부가 오스트리아에 선전포고를 했다는 소식을 들은 프랑스 공병장교 루제 드 릴(Rouget de Lisle)이 지은 노래. 마르세유의 의용군이 이 노래를 부르며 파리로 집결했다 해서 '라 마르세예즈'라는 이름이 붙었고, 1879년에 국가가 되었다.

8

지상의 지옥

우리는 인류의 진화에서 총체적 단절, 이성적 존재로서의 인간의 완전한 붕괴를
두 눈으로 지켜보고 있는 듯했다.

헤다 마르골리우스 코발리 Heda Margolius Ková ly,
《기구한 팔자: 프라하의 삶, 1941~1968년》(1986)

8

유럽인 수백만 명에게 제2차 세계대전은, 심지어 제1차 세계대전보다도 더, 그들이 가장 가까이 다가선 지상의 지옥이었다. 사망자 수는 (유럽에서만 4000만 명 이상이라 제1차 세계대전 때보다 4배 더 많아서) 공포감을 불러일으킨다. 상상하기 힘든 손실이다. 소련 한 나라에서만 해도 사망자가 2500만 명을 웃돌았다. 독일의 사망자는 약 700만 명, 폴란드의 사망자는 600만 명을 헤아렸다. 수치만으로는 극한에 이른 그들의 고통, 또는 숱한 가정이 입은 참상이 조금도 전달되지 못한다. 수치로는 엄청난 사상자 피해의 지리적 가중치를 가늠할 수 없다.

서유럽은 비교적 쉽사리 빠져나왔다. 영국과 프랑스에서는 죽은 사람이 제1차 세계대전 때보다 훨씬 적었다. 제2차 세계대전을 통틀어서 연합국 군인 사망자 총수는 1400만 명을 조금 웃돌았다. 이 가운데 영국(그리고 영국의 해외령)은 약 5.5퍼센트, 프랑스(그리고 프랑스 식민지)는 약 3퍼센트, 소련은 약 70퍼센트를 차지했다. 일본과 벌인 전쟁을 뺀다면, 소련의 비율은 훨씬 더 높을 것이다. 주로 폭격 탓이었던 영국의 민간인 사망자는 7만 명을 밑돌았다. 학살의 진앙(즉 폴란드, 우크라이나, 벨라루스, 발트해 연안 3국, 소련 서부)에서 민간인 사망자는 약 1000만 명을 헤아렸다.

제1차 세계대전과 달리 제2차 세계대전의 민간인 사망자 수는 전투원 사망자 수를 크게 넘어섰다. 이 전쟁은 앞서 벌어진 대전보다 훨씬 더 사회 전체를 포괄하는 전쟁이었다. 민간인의 높은 사망률은 특히 제2차 세계대전의 제노사이드적 성격의 결과였다. 1914~1918년의 전쟁과 달리, 더 뒤에 타오른 그 대전화의 핵심에는 제노사이드가 있었다. 이 전쟁은 역사상 전례 없이 인간성에 대한 공격을 불러왔다. 그것은 예전에는 없었던 구렁텅이로의 추락, 계몽사상에서 발생했던 문명의 모든 이상의 파탄이었다. 그것은 묵시록적 규모의 전쟁, 유럽의 아마겟돈[394]이었다

한 세대 만에 일어난 두 번째 전쟁은 첫 번째 전쟁의 미필 사무였다. 그 첫 번째 전쟁은 가족과 친지를 애도하는 수백만 명 외에도 격동하는 대륙을 남겼다. 서로 뒤엉킨 엄청난 민족적·인종적·계급적 증오로 말미암아 정치 폭력이 극단으로 치닫고 정치가 양극화하는 풍조가 만들어졌으며, 이러한 풍조에서 히틀러 정권이 나타나 유럽의 평화를 위험에 빠뜨렸다. 그 첫 번째 전쟁은 다른 어떤 나라보다도 더 독일에 미필 사무를 남겼다. 그러나 또 한 차례의 전쟁을 통해 대륙 지배를, 종국에는 심지어 세계 지배를 노리는 것은 엄청난 도박이었다. 독일이 지닌 자원을 고려하면, 그 도박의 성공을 여러 저해 요인이 가로막았다. 다른 나라들이 빠르게 재무장해서 온 힘을 다해 독일의 패권을 막고자 했으며, 일단 이 적들이 동원되면 가용 자원이

---

394)   기독교 신약성경의 계시록에 세상이 끝날 때 선과 악의 대전쟁이 벌어질 싸움터로 나오는 곳.

훨씬 더 컸다. 이 적들이 독일의 승리를 막을 수 있기 전에 독일이 승리할 기회는 많지 않을 터였다.

히틀러 스스로에게, 그리고 나치 지도부의 다른 이들에게 또 한 차례의 전쟁은 밑바탕에 깔려 있는 강력한 심리적 동기를 가졌다. 그 전쟁은 첫 번째 전쟁의 결과를 무효화할, 패배의 치욕과 베르사유조약의 수치를 없앨, '11월의 범죄자들'(히틀러가 보기에는 1918년 혁명을 불러일으켰던 좌파 지도자들)의 유산을 뿌리 뽑을, 그리고 특히 그가 1939년 1월에 한 연설에서 '예언했'듯이 그가 사악한 유대인 권력이라고 간주한 것을 유럽 전역에서 쳐부술 전쟁일 것이었다. 요컨대, 새 전쟁이 역사를 다시 쓸 터였다.

가진 약점을 히틀러에게 남김없이 들킨 서유럽 민주주의 국가, 즉 영국과 프랑스는 중부 유럽에서 독일의 영향력이 확대되는 것을 (그 과정에서 체코슬로바키아의 분할을 받아들이면서) 평화의 대가로 받아들일 태세를 갖추고 있었다. 이것은 그 자체로 유럽 안 세력 균형의 중대한 변동에 대한 양보였다. 독일이 무제한으로 정복한다는 전망은 완전히 다른 문제였다. 그것은 단지 유럽의 세력 균형을 교란하고 영국과 프랑스 해외 영토의 안정성을 깨뜨릴 뿐 아니라 독일의 정복으로 직접적으로 프랑스를, 심지어 영국까지도 위험하게 만들 조짐을 보였다. 히틀러와 그의 비인도적인 정권이 지배하는 유럽은 생각해 보면 카이저 지배하의 유럽보다 훨씬 더 나빴다. 그러므로 영국과 프랑스로서는 독일의 세력 확장에 저항할 때가 왔다. 영국과 프랑스에는 또 한 차례의 전쟁을 바라는 이가 거의 없었다. 1914~1918년의 고통이 아직도 생생했다. 군대는 중대한 싸움을 벌일 태세를 갖추지

못했다. 공황에서 막 회복하고 있던 경제는 전쟁에 재정을 대주기에
알맞은 상태에 있지 못했다. 시티오브런던과 영국 및 프랑스의 대기
업은 첫 번째 전쟁이 일으켰던 경제적 지진의 반복을 바랄 수 없었다.
지난 전쟁의 엄청난 출혈을 기억하는 사람들은 확실히 또 한 차례의
전쟁을 바라지 않았다. 그러나 이 전쟁을 해야 한다는 것은 명백했다.
국익과 도덕적 대의가 편의적으로 뒤섞였다. 정의의 전쟁이 있다면,
바로 이것이었다. 유럽이 평화로우려면 히틀러를 꺾어야 했다.

첫 번째 대전이 파국의 씨앗이었다면, 두 번째 대전은 이 파국의
절정, 즉 유럽 문명의 완전한 붕괴였다. 그 두 번째 대전은 첫 번째 대
전 동안 명확해졌고, 그 뒤의 20년 동안 유럽 대륙에서 불안정과 긴
장을 불러일으켰던 모든 이념·정치·경제·군사적 힘들의 궁극적 충
돌이었다. 그것은 20세기를 다시 빚어내어 규정하는 일화가 되었다.
제1차 세계대전의 유산이었던 그 유럽은 제2차 세계대전으로 끝났
다. 유럽 대륙은 스스로를 거의 파괴해 버렸지만, 살아남았다. 확 바
뀐 유럽이 이어질 터였다.

불타오르는 대륙

유럽의 전쟁에 극동의 전쟁이 합류하면서 결국 하나의 세계대전이
된 것은 주요 3단계로 나뉘며 사뭇 다른 정도와 상이한 국면에서 유
럽 대륙에 피해를 입혔다. 스웨덴, 스위스, 스페인, 포르투갈, 터키, 아
일랜드는 공식적으로 중립으로 남았다. 그 나라들은 비록 적대 행위
에 간접적으로 관여하는 것을 피하지는 않았을지라도 전투에는 참

여하지 않았다. 다른 모든 나라는 이렇게 저렇게 그 전쟁에 휩싸였다.

제1단계에서 전쟁은 폴란드에서 발트해 연안 3국으로, 그러고는 스칸디나비아반도, 서유럽, 발칸반도, 북아프리카로 번졌다. 이 전쟁은 독일과 이탈리아의 공격로를 따라갔지만 소련이 자국의 힘을 확장해 방어 경계선을 공고화할 목적으로 폴란드와 발트해 연안 3국으로 팽창하는 경로를 따르기도 했다. 독일과 합의된 대로, 소련이 1939년 9월 중순에 폴란드 동부를 점령했다. 에스토니아, 라트비아, 리투아니아 발트해 연안 3국은 1940년 4월에 강제로 소비에트 공화국이 되었고 7월에는 뒤이어 베사라비아[395]와 부코비나 북부, 루마니아의 일부가 병합되었다. 핀란드는 1939~1940년의 겨울 동안 붉은 군대의 위력에 맞서 용감한 전쟁을 벌이며 버텼지만, 결국은 발트해 연안에서 소련이 방어 장벽의 일부를 형성하도록 영토를 소련에 양보하지 않으면 안 되었다.

폴란드가 1939년 가을에 빠르게 분쇄되었다. 1940년 봄에는 덴마크, 노르웨이, 네덜란드, 룩셈부르크, 벨기에가 짓밟혔다. 그러고 나서, 거의 믿기지 않게도, (유럽 최대의 육군을 보유한) 프랑스가 5주 이상 지속되지 못한 한 차례 전역 뒤에 항복했다. 150만 명을 웃도는 프랑스 군인이 사로잡혀서 독일로 강제 이송되었고, 대부분이 다음 네 해 동안 독일에 머물렀다. 이듬해 봄에는 유고슬라비아와 그리스도 독일의 무력에 금세 무릎을 꿇었다.

---

395) Bessarabia. 오늘날의 몰도바와 우크라이나 남서쪽 일부를 일컫는 역사적 명칭.

독일이 거둔 승리의 목록에서 중대한 실패 하나가 확연히 도드라
졌다. 영국이 자국의 세계 제국의 뒷받침을 받아 정복되지 않은 채
남아 있었던 것이다. 이것은 1940년 5월 10일에 총리가 된 윈스턴 처
칠이 그달 말 무렵, 그리고 영국군이 됭케르크[396]의 해안에서 오도 가
도 못하고 있는 동안 진행된 팽팽한 논의에서 영국이 강화 협정을
위한 조건을 모색하는 것을 고려해야 한다는 외무장관 핼리팩스 경
의 제안을 고려하기를 거부한 덕이 컸다(영국 왕실과 보수당 인사 다수
는 영국의 지도자로서 핼리팩스를 선호했을 것이다). 영국이 계속 싸우겠
다고 마음먹으면서, 독일은 영국이 미국의 경제 지원, 어쩌면 군사 지
원으로부터 이득을 얻는다는 불편한 전망에 맞닥뜨렸다. 서쪽에서
전쟁을 매조지는 것은 히틀러가 20년 거의 내내 기어코 벌이겠다고
작정해온 싸움에서 소련으로 방향을 돌려 달려들기 위한 그의 전제
조건이었다. 그러나 그는 영국을 무릎 꿇게 만들어 서유럽에서 전쟁
을 승리로 끝맺을 수 없었다. 영국 침공이 1940년에 잠시 고려되었
다. 그러나 병참의 난관이 벅찼다. 침공 가능성은 크지 않았고, 그 생
각은 곧 포기되었다. 1940년과 1941년 초엽의 공습에서 영국 도시에
광범위한 손실을 입히고 수만 명의 목숨을 빼앗았는데도 영국을 폭
격해서 무릎 꿇게 만들기는 독일 공군의 역량을 훨씬 넘어선다고 판
명되었다.

공군력을 빠르게 움직이는 전차 부대와 새롭고도 파괴적인 방식
으로 결합해서 독일 국방군에 무시무시한 군사적 우위를 안겨 준 깜

---

396)   Dunkerque. 북해에 접해 있는 프랑스 북단의 항구도시.

짝 놀랄 만한 번개 같은 일련의 공격으로 1941년 봄까지 노르웨이부터 크레타섬까지 뻗친 독일의 지배가 확보되었다. 이탈리아의 형편은 덜 좋았다. 독일이 1940년 6월에 프랑스를 정복하는 시점에 전쟁에 가담한 이탈리아가 곧 그리스와 북아프리카에서 쑥스러운 군사적 취약성을 드러내는 바람에 독일이 군사 개입을 해서 허우적대는 그 추축국 협력자를 돕지 않으면 안 되었다.

유럽 지배, 그다음에는 세계 지배를 놓고 벌이는 거대한 도박에서 시간이 흐를수록 독일이 성공할 최선의 가망이 낮아진다는 강박관념을 품은 히틀러는 처음에 했던 생각을 완전히 뒤집었다. 그는 예하 장군들에게 영국에 이기는 길은 먼저 소련에 이기는 것이라고 말했다. (1939~1940년의 '겨울전쟁'[397]에서 얼마 되지 않는 핀란드군을 쳐부수는 데 쩔쩔 매는 붉은 군대에 고무된) 기이한 소련 군사 역량 과소평가에 고무되어 독일 장군들은 동방 전역에서 몇 주 안에 이길 수 있다는 믿음을 군말없이 따르게 되었다. 1940년 12월에 소련을 이듬해 봄에 침공한다는 지령이 내려졌다. 그 전역에서 승리하면 독일은 히틀러가 독일에 필요하다고 주장해온 '생존 공간'을 얻을 터였으며, 동시에 그가 20년 동안 품었던 목적들 가운데 두 번째 목적을 실행할 터였다. 그 원정에서 승리하면 그와 나치 지도부를 처음부터 비이성적으로 강박해온 '유대인 문제의 최종 해결책'이 얻어질 터였다.

---

397)　소련이 레닌그라드 방어를 위한 국경선 변경 제안을 받아들이지 않는 핀란드를 1939년 11월 말에 침공하면서 두 나라 사이에 벌어진 전쟁. 핀란드는 공세를 잘 막아냈지만 버티지 못하고 이듬해 3월에 조건을 받아들이고 강화를 맺었다.

제2차 세계대전의 제2단계는 독일군이 선전포고도 없이 소련을 침공한 1941년 6월 22일 새벽에 시작되었다. 300만 명 이상의 독일 군인이 소련 국경 너머로 전진했다. 소련 서부에서 거의 그에 못지 않게 많은 붉은 군대 군인이 독일군과 마주 보고 있었다. 이리하여 역사상 가장 거대한(단연 가장 끔찍하다고 판명될) 무력 충돌이 시작되었다.

이 거대한 작전에서 신속하게 획득되고 있는 완전한 승리에는 큰 덤이 있었다. 독일이 유럽 대륙에서 완전한 지배권을 거머쥐려면 소련의 풍부한 자원이 극히 중요했다. 그리고 이 작전 자체가 서쪽에서 비롯하는 위협을 끝낼 전제 조건이어야 했다. 영국이 미국과의 완전한 전시 동맹에 더 가까이 다가서고 있었던 것이다. 히틀러는 미국이 1942년까지는 영국 편에 서서 참전할 준비를 갖출 것으로 예상했다. 그전에 독일이 유럽 대륙의 지배권을 얻어야 한다는 히틀러의 생각은 퍽 확고했다. 이 우려는 미국 의회에서 1941년 3월에 부쳐져 무기 대여법[398]을 가결한 표결 탓에 줄지 않았다. 이 법은 영국에 주는 원조가 크게 늘어나도록 해주는 방도였다. 프랭클린 루스벨트는 아직은 굳이 참전 안건을 의회에 가져가지 않았다. 고립주의는 위축되었어도 아직은 상당한 영향력을 가지고 있었던 것이다. 그러나 무기대

---

398) Lend-Lease. 정식 명칭은 '미합중국 방위 촉진 조례(An Act to Promote the Defense of the United States).' 제2차 세계대전 동맹국에 군사원조를 하기 위해 1941년 3월 11일에 제정된 미국의 법률. 이 법으로 미국의 전쟁 비용 총액의 17퍼센트인 500억 달러(오늘날 가치로는 7000억 달러) 가치의 물량 가운데 3분의 2가 영국, 5분의 1이 소련에 주어졌다.

여법은 미국이 이제 추축국을 물리치려는 시도에 자국의 거대한 경제력을 보태는 데 전념한다는 점을 확인해 주었다. 독일로서는 미국의 경제력(그리고 틀림없이 어느 시점에는 직접적인 군사력)이 전쟁 수행에 결정적으로 영향을 미치기 전에 소련에 이기는 것은 시간과 벌이는 경주였다.

소련을 침공한 독일군의 세 갈래 공격, 즉 '바르바로사 작전'[399]은 약 1800킬로미터에 걸친 엄청나게 긴 동부전선의 북부와 중부와 남부에서 처음에는 파죽지세로 전개되었다. 스탈린은 침공이 머지않았다는, 대부분 정확했던 경고를 의도적 역정보로 여기고는 모조리 무시해서 파국을 초래했다. 붉은 군대의 많은 부대가 노출된 전방 진지에 남겨졌고, 빠르게 움직이는 선봉 기갑부대 공격의 손쉬운 먹잇감이 되었으며, 그 결과로 커다란 포위에 걸려 소련 군인 수십만 명이 사로잡혔다. 그러나 두 달 만에 '바르바로사 작전'의 야심만만한 목표는 (대비가 별로 되어 있지 않은) 겨울이 되기 전에 실현될 수 없으리라는 점이 명백해졌다. 적군이 크게 과소평가되었고, 그처럼 드넓은 나라를 정복하는 병참 실행 계획은 너무나도 거창했다. 우크라이나의 풍부한 농경지를 획득했지만, 캅카스의 유전까지 멀리 전진하기는, 또는 북쪽에서 레닌그라드를 파괴하기는 불가능하다고 판명되었다. 모스크바를 향한 전진이 늦게, 즉 10월 초에야 개시되었다. 스탈린은

---

399)   Unternehmen Barbarossa. 제2차 세계대전에서 독일이 소련을 침공하는 작전에 붙은 암호명. 붉은 턱수염이라는 뜻인 바르바로사는 12세기 초엽에 제3차 십자군을 이끌고 동방 원정을 하던 도중에 소아시아에서 익사한 신성로마제국 황제 프리드리히 1세의 별명 '붉은 수염'이다.

히틀러와 강화 협상을 하기 위해 영토를 내줄 각오를 했지만, 히틀러는 독일이 승리할 참이라고 생각하고는 관심을 두지 않았다. 독일군이 다가오자 10월 중순에 모스크바에 공황이 일어났다.

스탈린은 모스크바시를 떠날 생각을 했지만 마음을 바꿔먹었다. 사기가 흔들렸다가 되살아났다. 한편 독일군의 전진은 가을비에, 그러고는 기온이 영하 30도까지 곤두박질친 초겨울의 눈과 얼음에 허우적거렸다. 이 무렵 소련의 인구 5분의 2와 물적 자원 절반 가까이가 독일의 통제 아래 있었다. 군인 300만 명쯤이 사로잡혀 있었다. 그러나 독일군의 손실이 심상치 않게 치솟았다. '바르바로사 작전' 개시 이후로 거의 75만 명(독일 동방군[400]의 4분의 1 가까이)이 죽거나 다치거나 행방불명으로 집계되었다. 예비 병력이 벌써 바닥나고 있었다. 한편, 스탈린에게는 끝없는 보급이 있다고 보였다. 독일군 전방 부대가 모스크바 어귀 50킬로미터 이내에 있던 1941년 12월 5일에 개시된 소련군의 역공은 전쟁 개시 이후 처음으로 독일에 중대 위기를 안겨 주었다. 신속한 승리의 희망이 있던 자리에 독일이 길고도 혹독한 전쟁에 맞닥뜨렸다는 인식이 대신 들어섰다.

일본이 12월 7일에 진주만을 공격하고 미국이 이튿날 일본에 선전포고를 하면서 전쟁이 전 지구적 차원의 싸움으로 바뀌었다. 히틀러는 전략적 기회를 보았다. 일본에 맞선 전쟁이 미국을 태평양 지역에 묶어 둘 터였다. 미국이 대서양에서 '선전포고를 하지 않은 전쟁'을 추구하고 있는 동안 여러 달 묶여 있던 독일 잠수함이 풀려나 미

---

400)   Ostheer. 제2차 세계대전 시기에 유럽 전역 동부전선에 배치된 독일군 부대.

국 선박에 달려들어서 영국에 붙어 있는 주요 탯줄을 끊어내어 바다의 전쟁에서 독일이 이기도록 해줄 수 있었다. 이처럼 희망 어린 생각을 마음에 품고 히틀러가 1941년 12월 11일에 독일을 데리고 미국에 맞선 전쟁에 들어섰다. 히틀러의 근거가 무엇이든, 이제 독일이 유럽에서 전쟁에 이길 승산이 낮아졌다.

사실상, 히틀러는 일본의 군사력을 너무나도 과대평가했다. 미국에 진주만은 충격이었지만 결정타는 결코 아니었다. 일본의 팽창은 처음에는 성공했을지라도 1942년 초반에 한계에 이르렀다. 1942년 6월에 미국 해군이 미드웨이에서 거둔 대승리는 태평양에서 전쟁의 전환점이 되었다.

대서양에서는 전운의 변화가 한 해 뒤에 일어났다. 그러나 히틀러는 독일 잠수함의 파괴력도 과대평가했다. 독일 잠수함이 1942년에 누렸던 성공은 대체로 영국의 첩보부 때문에 지속될 수 없었다. 영국 첩보부가 독일의 암호생성기 에니그마[401]로 전송되는 독일군의 통신을 긴 분투 끝에 결국은 해독해서 잠수함의 위치를 찾아낼 수 있었던 것이다. 독일 잠수함에 맞선 방어가 개선된다는 것은 극히 중요한 연합국 보급품이 더 안전하게 대양을 건널 수 있다는 뜻이었다. 1943년이 되면 히틀러는 대서양 전투[402]에서도 지고 있었다.

---

401)　Enigma. 원래는 1918년에 독일에서 고안되어 쓰이다가 제2차 세계대전 동안 독일군이 군사기밀을 암호화하는 데 사용한 회전자 작동식 암호 생성 기계.
402)　Battle of the Atlantic. 제2차 세계대전 내내 대서양의 해상 수송로를 유지하려는 영국 해군과 그 수송로를 끊으려는 독일 잠수함 부대 사이에 벌어진 공방전을 일컫는 표현.

한편 독일은 팽창의 한계에 이르렀다. 1942년 10월과 11월에 3주에 걸쳐 벌어진 엘 알라메인 전투가 북아프리카에서 독일군의 전진을 끝냈고, 이듬해 그 전구에서 연합군의 완전한 승리로 가는 길을 닦았다. 소련에서는 1942년 여름에 (1941년과 견주면 병력이 크게 줄었을지라도) 독일의 두 번째 대공세가 캅카스의 석유를 확보한다는 목표를 노렸지만 스탈린그라드에서 파국으로 끝났다. 러시아의 한겨울에 다섯 달 동안 벌어져서 1943년 2월에 끝난 소모전에서 독일군 제6군이 완전히 궤멸하고 20만 명을 웃도는(독일 동맹국 군대는 약 30만 명의) 인명 손실을 보았던 것이다. 전쟁의 운세가 1942년에 돌이킬 길 없이 바뀌었다. 아직 갈 길이 멀었지만, 연합국 지도자들은 이제 최종 승리를 확신했다. 그리고 루스벨트와 처칠이 1943년 1월에 카사블랑카에서 만났을 때, 추축국이 무조건 항복을 해야 승리라는 데 합의했다.

연합군이 1942년 11월에 북아프리카에 상륙하면서 이듬해 5월에 북아프리카 주둔 추축군의 항복으로 가는 길이 열렸다. 1943년 7월에 연합군이 시칠리아로 건너갔고, 이 움직임으로 같은 달에 무솔리니가 자기의 파시스트당 지도부의 손에 실각하는 사태가 촉발되었다. 이 사건 뒤 9월에 이탈리아가 연합국과 휴전을 했고, 이에 독일군은 이탈리아의 대부분을 점령했다. 연합군 부대가 힘겹게 싸우며 느릿느릿 북쪽으로 올라가기 시작했다. 이것은 (비록 스탈린이 애타게 바라던 것은 아닐지라도) 제2전선이었다. 독일의 도시와 공업 시설에 가해지며 1943년에 파괴력에 탄력이 붙는 폭격 전역은 그렇지 않았다. 아서 해리스 공군 대장이 독일의 사기를 꺾어서 전쟁에서 이길 수단으로 구상한 영국의 '지역 폭격'[403] 정책은 그전 해에 개시되었다. 1942년 5월에 한 차례 공습으로 쾰른이 대부분 파괴되었다. 독일의 북부와 서부의 다른 도시들이 공격을 당했다. 그러나 그 어떤 것도 1943년 7월 하순에 적어도 (전쟁 전체 기간 동안 영국의 공습 피해자 총수의 절반 이상에 해당하는 숫자인) 3만 4000명의 민간인을 죽인 공습에서 함부르크를 쑥대밭으로 만든 파괴력에는 다가서지 못했다. 심지어 이것도 폭격 전역의 절정과는 거리가 멀었고, 폭격은 연합군의 공중 우세가 실질적으로 완전해지자 전쟁 마지막 해에 크게 늘어날 터였다.

동부전선에서는 독일군의 마지막 대공세가 1943년 7월에 한 주를 넘기지 못했다. '성채 작전'[404]은 쿠르스크[405]에서 (모두 합쳐 5000대를 웃도는 전차가 투입된) 거대한 전차전이 벌어진 뒤에 취소되었다. 소련군의 막심한 손실은 독일군의 손실보다 훨씬 컸다. 그러나 연합군의 시칠리아 상륙 뒤에 방어를 강화하기 위해 이탈리아 남부에서 독일군 부대가 필요했다. '성채 작전'의 종결로 주도권이 소련군으로 돌이킬 길 없이 넘어갔다. 7월은 독일에 재앙과도 같은 한 달이었다. 비상한 원상 복구력은 붕괴는 없다는 뜻이었지만, 이때쯤이면 독일의 전략은 엄청나게 월등한 병력에 맞서 질질 끄는 후위 전투를 끈질기게

---

403) 공업 시설과 교통·통신과 행정 중심지를 파괴하고 민간인 사기를 꺾을 목적을 가지고 적국 도시들을 무차별 폭격하는 정책.

404) Unternehmen Zitadelle. 독일군이 1943년 7월 5일부터 유럽 동부전선에서 소련군을 상대로 벌인 쿠르스크 전투에 붙인 암호명.

405) Kursk. 모스크바 남서쪽 450킬로미터 지점에 있는 러시아의 도시.

벌이면서 자본주의 국가인 영국과 미국이 공산주의 국가인 소련과 맺은 '대연합'이 깨지기를 바라는 것에 지나지 않았다. 독일의 자원과 연합국의 자원 사이의 격차가 돌이킬 길 없이 벌어지자, 상황이 힘들 어지고 있다는 신호가 엄연하게 나타냈다. 소련군이 11월에 키예프 를 되찾은 것은 형세가 뒤집혔다는 신호였다. 같은 달에 연합국 지도 자들이 테헤란회담[406]에서 영국과 미국이 이듬해에는 독일에 점령된 서유럽에 침공을 개시한다는 데 동의했다.

1944년 6월 6일(디데이[407])에 연합군의 노르망디 상륙이 성공하고, 보름 뒤에 붉은 군대가 '바그라티온 작전'[408]에서 거대하고 압도적인 돌파를 해내면서 유럽에서 독일의 항복으로 끝나는 전쟁의 마지막 제3단계가 열렸다. 이 단계는 모든 단계 가운데 피가 가장 많이 흐른 단계였다. 제2차 세계대전에서 죽은 모든 유럽인의 4분의 1, 즉 제1 차 세계대전 전체 기간의 모든 군인 사망자에 해당하는 수가 이 시 기에 나왔다고 할 수 있다. 제2차 세계대전 전체 기간에서 나온 영국

---

406)   루스벨트, 스탈린, 처칠이 1943년 11월 28일부터 12월 1일까지 이란의 수 도 테헤란에 있는 소련 대사관에 모여 전쟁 협력 방안을 논의하고 영미군의 유럽 대륙 침공에 동의한 회담.

407)   D-Day. 전투나 작전을 개시하는 날을 가리키는 미군의 군사 용어이 며, 특정하게는 제2차 세계대전에서 연합군이 노르망디에 상륙하는 오버로드 (Overlord) 작전의 개시일인 1944년 6월 6일을 가리키는 명칭이었다.

408)   Operation Bagration. 제2차 세계대전 유럽 동부전선에서 소련군이 독일군 을 상대로 1944년 6월 22일부터 6주 동안 전개한 작전. 이 작전으로 소련군은 독 일군 중부집단군을 섬멸하며 수백 킬로미터를 전진해 폴란드에 이르렀고, 독일군 은 돌이킬 수 없는 타격을 입었다.

및 미국 사망자의 대부분, 소련 사망자의 상당 부분, 독일 군인 사망자의 절반, 민간인 사망자의 과반수가 그 마지막 열한 달 동안 발생했다. 그 민간인 사망자 가운데 다수는 전쟁의 마지막 몇 달 동안 참화가 차츰차츰 고조되는 가운데 독일 도시들을 쑥대밭으로 만든 연합군 공습의 희생자였다. 주로 민간인인 2만 5000명의 목숨을 앗아간 1945년 2월의 드레스덴 파괴는 방공 체계가 무너지면서 독일의 크고 작은 도시에 하늘로부터 쏟아지는 공포를 상징했다. 영국 항공기는 1945년 3월 한 달에 제2차 세계대전의 첫 세 해보다 폭탄을 더 많이 떨어뜨렸다.

독일군이 '바그라티온 작전' 동안과 이후에 동부에서 입은 손실은 보상될 수 없는 손실이었다. 이는 스탈린그라드 전투나 다른 전투에서 입은 손실이 하찮아 보일 정도였다. 독일은 마지막까지 버티며 싸웠다. (독일 군인들이 소련 땅에서 저지른 끔찍한 만행을 아는지라) 소련에 정복당하는 것이 무서웠고, 그러한 생각이 다른 모든 국내 세력을 더 거세게 억눌렀고, 나치 당과 당 기관의 통제력이 포괄적이었고, 히틀러를 죽이려는 기도가 1944년 7월 20일에 실패한 뒤로는 저항을 조직하기가 불가능했고, 나치 거물들이 흥하든 망하든 히틀러와 운명을 같이한다고 인식했고, 독일의 군부 및 민간 지도부 안에서 그 독재자에 대한 믿음이 가시지 않았다는 이 모든 요인이 작용해서 이성으로는 분명히 항복해야 마땅할 때 버티려고 헛되이 발버둥 치게 되었다.

그러나 이제는 시간문제일 따름이었다. 동부전선이 무너지자 1944년 9월에 핀란드와 루마니아와 불가리아가 독일에 등을 돌렸다.

소련군이 루마니아와 불가리아를 점령했다. 1945년 1월 말까지 폴란드가 (1944년 8월의 봉기[409] 뒤에 독일의 파괴 행위로 바르샤바가 폐허가 된 채로) 소련의 손안에 들어갔다. 마찬가지로 헝가리도 3월까지 치열한 장기 전투를 치른 뒤에 소련군의 지배 아래 놓였다. 그 무렵이면 서방 연합군이 밀고 나아가 라인강을 넘었다. 이것은 독일 북부로 들어가서 극히 중요한 루르 공업지대를 차지하고 독일 남부로 무자비하게 치고 들어가는 전진의 서곡이었다. 소련의 스팀롤러[410]도 동쪽에서 똑같이 저지 불가능했고, 발트해 연안과 오더강[411]까지 밀고 나아가서 1945년 4월 16일에 개시된 베를린 최종 공격을 준비했다. 독일 안으로 들어가는 소련군의 전진과 독일제국 수도의 정복에 곁들여져서 도처에서 독일 주민에게 끔찍한 잔학 행위가 저질러지고 숱하게 많은 여자가 강간당했다. 더 앞서서 소련 영토에서 독일군 점령자들이 저지른 이루 말할 수 없는 잔학 행위에 대한 야만적 보복의 최상의 검증각서들 가운데 하나였다.

독일을 동쪽과 서쪽에서 공격하는 두 대부대가 4월 25일에 엘베

---

409)　소련군이 폴란드까지 전진해서 바르샤바 진입이 머지않아 보이는 상황에서 런던의 폴란드 망명정부와 연계된 폴란드 내부의 저항 세력인 국내군(Armia Krajowa)이 1944년 8월 1일에 바르샤바에서 일으킨 무장봉기. 초기에는 기세를 올렸지만, 독일이 무장친위대를 투입해서 전투원과 민간인을 가리지 않고 무자비하게 진압하면서 막심한 피해를 입고 10월 2일에 끝났다.
410)　증기롤러(steamroller)에 빗대어 저항하는 적군을 압도적인 병력과 화력으로 유린하며 전진하는 군대를 일컫는 표현이다.
411)　Oder 江. 폴란드, 체코, 독일의 국경을 지나 중부 유럽을 가로질러 발트해로 흘러 들어가는 850킬로미터 길이의 하천.

강[412]에서 만났다. 미군과 소련군이 악수를 했다. 독일제국이 두 동강 났다. 같은 날 베를린이 붉은 군대에 포위되었다. 5월 2일까지는 베를린 전투가 끝났다. 히틀러는 이틀 앞서 벙커에서 자살했다. 히틀러가 선택한 후계자인 카를 되니츠Karl Dönitz 대제독이 어쩔 수 없는 상황에 마침내 무릎 꿇기 전까지 짧지만 피비린내 나는 싸움이 추신격으로 붙었다. 독일군이 모든 전선에서 완전히 항복한다는 조약이 1945년 5월 8일에 영국과 미국과 소련의 대표들이 있는 자리에서 체결되었다. 유럽 역사상 가장 끔찍한 전쟁이 끝났다. 아직 (물자와 인명의) 희생을 셈할 일이 남았다. 정치적 결과와 도덕적 결과가 향후 수십 년의 형태를 빚을 터였다.

바닥 없는 비인간성의 구렁텅이

전쟁은 다 비인간적이며, 현대전은 특히 그랬다. 현대식 무기는 민간인이 점점 더 많이 살육 속으로 끌려들어 가면서 전쟁에서 일어나는 살상이 규모 면에서 엄청날 뿐 아니라 비인격적이 되었음을 뜻했다. 1914~1918년의 대전쟁은 이 특성을 충분히 예증해 주었다. 그러나 아무리 끔찍했을지라도 그 대전쟁은 제2차 세계대전 동안 인류가 빠져든 바닥 없는 비인간성의 구렁텅이에 밀려 미미해졌다.

인종 혐오와 계급 혐오, 극단적 인종주의, 피해망상적 반유대주의,

---

412) Elbe 江. 체코에서 발원하여 독일 동부를 지나 북해로 흘러들어가는 1112 킬로미터 길이의 하천.

광신적 민족주의로 갈가리 찢긴 유럽에서 미증유의 추락이 곧 일어날 참이었다. 혐오에 내몰려 전쟁에 뛰어들어서 적을 (단지 물리치는 데 그치지 않고) 기어코 절멸해 버리겠다고 작정하는 것이 기본적 인간성의 모든 기준을 무너뜨릴 비법이었다. 이것이 비록 서유럽에서는 훨씬 덜했을지라도, 동부의 전쟁에서는 군인 사이에서 흔한 실정이었다. 총력전은 그 같은 치명적 반감을 상상 불가능한 규모의 실제 대량 학살로 바꾸는 데 꼭 필요한 구성 요소였다.

모든 전쟁에서 싸움터의 살육에는 제 나름의 탄력이 붙는다. 제2차 세계대전도 예외가 아니었다. 그러나 서유럽, 그리고 북아프리카의 전역에서 전투는 대개 상대적으로 재래전이었다. 동유럽에서는 달랐다. 그곳에서는 잔인성과 무감각, 그리고 순전한 인명 경시가 도저히 믿기지 않을 만큼 심했다. 그곳에서 전투는 인종 전쟁의 일부였다. 이 인종 전쟁은 독일의 국가사회주의 지도부가 가진 식민지 유형의 정복과 인종 청소라는 합동 목표의 직접적 산물이었다.

전투원에게뿐 아니라 민간인에게도, 그 결과로 나타난 지상의 지옥은 워낙 이념의 산물이었다. 달리 말해, 누가 살아야 하는지와 누가 죽어야 하는지는 다른 무엇보다도 먼저 이념의 문제였다. 이 이념은 폴란드에서, 그리고 동부의 전쟁 동안 바로 시작부터 민간인에게 가해진 테러와 살육에 뚜렷하게 반영되었다. 이념이 최우선시된다는 가장 명백한 예증은 곧 전면화한 제노사이드에서 극단적 폭력의 모든 숱한 희생자 가운데 유대인을 지목해서 선정하는 것이었다.

그렇지만 이념은 경제적 필요와 손을 맞잡고 함께 갔다. 이 점은 독일 자체 안에서 1939년에 시작된 이른바 '안락사 조처'에서 이미 확연했다. 이 조처는 주로 우생학의 필수 원칙인 '인종적 퇴화자' 제거를 겨냥한 것이었다. 더 앞서 히틀러는 그 같은 어떤 조처도 전쟁에 대비하고 있어야 한다고 말한 적이 있다. 1939년 10월에 그는 자기가 서명한 '안락사 조처' 비밀 인준서의 일자를 앞당겨 9월 1일로 바꿔 적었는데, 이것은 그가 전쟁의 개시를 인도적 기본 원칙인 생명권의 그 같은 근본적 위반을 시작할 순간으로 보았다는 분명한 증표다. 그 '조처'에 관한 정보가 사람들에게 알려져서 뮌스터 주교인 클레멘스 아우구스트 그라프 폰 갈렌Clemens August Graf von Galen이 규탄에 나선 뒤인 1941년 8월에 조처가 마찬가지로 비밀리에 중단되었다.[413] 그때까지 정신병원 환자 7만 명쯤이 그 조처의 제물이 되었다. 이 총수치는 의사들이 '안락사 조처' 대상이 되기에 적절하다고 간주되는 환자를 추천했는데도 의사들의 예측치를 뛰어넘었다. 그러나 1941년 8월의 그 '중단 명령'은 '쓸모없는' 정신질환자를 없애 버리는 과정의 종식과는 거리가 멀었다. 정신질환자 살해는 이제 강제수용소로 넘겨져 비밀에 부쳐졌다. '안락사' 살해의 희생자는 모두 합쳐서 20만 명을 넘었다고 추산된다. 의사와 간호사가 자기 환자의 고의적 살해에 깊이 연루되어 있었다. 정신질환자 살해는, 비록 이념적으로 추진되었을지라도, '쓸모없는 생명'으로 간주된 자들을 제거해서 경제 절약을 하는 것도 목적으로 삼았다. 달성될 절약이 정확히 계산되었다.

---

413) 1941년 여름에 독일 가톨릭교회 뮌스터 교구의 갈렌 주교가 대중 강론에서 나치 정권의 '안락사' 프로그램을 거듭 비판했다. 그 강론의 전문이 독일 곳곳에 몰래 유포되었고, 갈렌 주교는 '뮌스터의 사자'라는 별명을 얻었다.

오스트리아의 린츠 가까이에 있는 하르트하임 정신병원의 원장이 한 표현은 이랬다. "정신질환은 국가에 부담이다."

유대인 제노사이드로 가는 단계에도 중요한 경제적 요소가 있었다. 폴란드에 세워진 게토는 처음에는 당연시된 정복지의 유대인 대량 '청소'가 빨리 이루어질 수 없음이 명백해졌을 때 독일인 점령자에게 아주 큰 이익을 올려주는 기업체가 되었다. 그 결과로, 나중에 게토 운영자 가운데 몇몇은 유대인이 강제 이송되어 살해되기로 정해졌을 때 자기 게토의 폐쇄를 보고 싶어 하지 않았다. 그러나 일할 수 없는 유대인은 어떠했을까? 독일에 병합된 폴란드 서부에 있는 포젠의 독일 보안방첩대[414] 우두머리가 "모든 유대인을 더는 다 먹여 살릴 수 없"으니 "노동능력이 없는 유대인을 빠르게 작용하는 모종의 조제약으로 죽여 없애기"를 생각해 보아야 한다고 이미 1941년 7월에 제안한 바 있었다. 폴란드 총독령[415]으로 알려진 독일 점령 폴란드 중앙부의 나치 우두머리인 한스 프랑크Hans Frank는 다섯 달 뒤에 관할령에 있는 유대인 350만 명을 말살하는 긴급 사안의 개요를 작성하면서 부하들에게 유대인은 "식량을 많이 처먹어서 우리한테 지독히도 해롭다"고 말했다. 나중에 유대인이 수백만 명 단위로 살육되고 있을 때, 폴란드의 또 다른 일부인 오버슐레지엔의 아우슈비츠에 있는 나치의 최대 강제수용소는 말살을 산업 이윤과 결합했다. 거대한 그 복

---

414)   Sicherheitsdienst. 1931년 3월에 창설된 나치친위대 산하 방첩 기관. 1939년에 제국보안본부의 부서로 바뀌었다.

415)   Generalgouvernement. 1939년에 독일이 폴란드를 분할 점령한 뒤 폴란드와 우크라이나 일부에 설치한 행정 기구의 관할 영토.

합단지에는 (독일 국가를 위해 총 3000만 마르크의 이윤을 만들어내는 수인 4만 명의 노예노동으로 작동하는 산업 시설인) 지부 수용소 28개가 있었다. 수인은 더는 노동을 할 수 없을 때 가스실로 보내졌다.

이념도 독일 지도부가 정복과 점령을 바라보는 식으로 경제학과 긴밀하게 엉켰다. 독일 국민을 위한 식량을 확보하는 것이 지상명령이었다. 1916~1917년의 '순무 겨울'[416]이 제1차 세계대전 동안 사기가 떨어지는 까닭이 되었던 적이 있다. 되풀이되어서는 안 되었다. 유럽의 나머지 지역이 굶주리는지는 중요하지 않았다. 독일의 소련 점령으로 2000만 명과 3000만 명 사이의 슬라브인과 유대인이 굶주려 죽는 것이 당연시되었다. 괴링은 "독일인이 한 사람도 굶주려 쓰러지지 않아"야 한다는 것이 유일한 고려 사항이라고 점령지에서 온 나치 지도자들에게 말했다. 때로는 옴짝달싹하지 못해서, 심지어 똥오줌을 지릴 만큼 빽빽하게 꽉 채워지고 하루 6000명꼴로 죽는 절박한 소련군 포로들 사이에 사람을 잡아먹는 사례가 있었다. 독일의 손아귀에 들어간 소련군 포로 570만 명 가운데 330만 명이 먹을 것이 모자라서 굶주림이나 관련된 질병으로, 또는 날씨가 너무 추워서 괴롭게 죽었다. 한편, 독일은 유럽 점령지에서 나오는 곡물의 20퍼센트, 지방의 25퍼센트, 고기의 거의 30퍼센트를 섭취하고 있었다.

군수생산에 노동력이 더더욱 절실히 요구될 때 수용소에서 포로

---

416)   Steckrübenwinter. 제1차 세계대전 동안 해상 봉쇄를 당한 상태에서 독일 민간인과 군인이 흉작으로 수확량이 급감한 감자 대신에 맛없는 순무를 먹으며 1916~1917년 겨울을 힘들게 보낸 상황을 빗대어 일컫는 표현.

가 굶어 죽는 것은 어처구니없다는 생각이 나치 지도부에게 서서히 들었으므로, 마침내 아주 빈약한 배급이 소련군 포로에게 주어졌다. 그렇더라도 사로잡힌 뒤에 소련군 포로 과반수는 살아남지 못했다. 유대인의 경우에, 노동력이 심각하게 부족한데도 유럽을 반쯤 가로질러 유대인을 수송해서 죽이는 데는 명백한 모순이 있었다. 그러나 여기서 이념이 명백히 최우선시되는 상태가 유지되었다.

폴란드는 독일이 점령하기 시작할 때부터 이념의 실험장이었다. 정복된 영토의 서쪽 지역, 즉 서프로이센과 (이제는 그 지방을 가로질러 흐르는 강의 이름을 따서 '라이히스가우 바르텔란트[417]'로 개칭된) 포즈난과 오버슐레지엔 지역이 독일제국에 병합되어서, 독일제국은 제1차 세계대전 전에 프로이센의 일부였던 영토를 단지 그냥 복원하지 않고 꽤 많이 확장했다. 이 지방은 주민이 압도적으로 폴란드계일지라도, 이제 무자비하게 '독일화'될 터였다. 독일이 점령한 폴란드 영토에서 인구밀도가 가장 높은 지방인 중부와 남부가 ('잔존한 폴란드Restpolen'라고 업신여기며 부르는 구어적 용법으로) 폴란드 총독령이라고 불렸고, 병합된 영토에서 나온 "인종적으로 바람직하지 않은 개체"를 내버리는 쓰레기장으로 여겨졌다. 늘 그랬듯이, 히틀러가 기조를 정했다. 그는 "힘든 인종적 투쟁"일 것이라고 선언했다. 법적 제약이 들어설 자리는 없을 터였다. 이 모든 것이 모여서 마침내 예속된 폴란드 국민에게

---

417) Reichsgau Wartheland. 오늘날 폴란드의 바르타(Warta)강(독일어로는 바르테(Warthe)강) 유역의 폴란드 영토가 1939년에 병합되어 구성된 나치 독일의 부속령.

는 극악한 불행과 고통이 되었고, 폴란드 주민 안에서 하층 중에서도 최하층인 유대인에게는 제노사이드로 들어가는 대기실이 되었다.

폴란드인 경멸은 독일에 널리 퍼져 있었다. 히틀러 스스로가 폴란드인을 "사람이라기보다는 짐승"이라고 서술했다. 그는 그렇게 생각한 유일한 독일인이 결코 아니었다. 거의 예외 없이, 폴란드에서 복무하는 독일 군인은 자기가 목도하거나 가담한 허가된 살인, 무자비한 핍박, 대규모 경제 약탈에 이의를 달지 않았다. 폴란드인은 법의 보호를 받기는커녕 열등 인간으로 취급되어 어떤 형태의 교육도 받지 못하고, 자의적으로 수감되거나 처형되는 노예노동 공급처에 지나지 않을 터였다. 기아선상의 배급제가 시행되었다. 폴란드 문화는 근절되고, 폴란드가 국가라는 관념은 일절 소멸되고, 문화와 국가성의 담지자인 폴란드 지식인은 제거되거나 독일의 강제수용소로 보내질 터였다. 아우슈비츠는 유대인용 절멸수용소가 되기 한참 전에 폴란드인에게 극단적 공포의 장소였다. 폴란드 서부의 병합 지역에서는 가톨릭 교회가 폐쇄되고, 수많은 성직자가 감옥에 갇히거나 목숨을 잃었다. 공개 처형은 흔한 일이었고, 그 처형의 희생자는 다른 사람들의 기가 꺾이도록 매달린 채로 여러 날 동안 남겨지곤 했다.

그러나 지하 저항은 결코 완전히 분쇄되지는 않아서 실제로는 보복이 끔찍한데도 규모 면에서 자라나, 아무리 탄압이 혹독할지라도 점령자에게 점점 더 문제를 일으키는 굳세고 무척 용감한 비합법 운동을 형성했다. 개인의 저항 행위에는 집단 징벌이 자주 뒤따랐다. 결코 완전하지 않은 기록에 기댄 한 추산으로는 거의 2만 명에 이르는 폴란드인의 목숨을 보복 조치로 앗아간 사례 769건이 있었다. 독일이 점령하고 있는 동안 약 300개 마을이 파괴되었다. 테러는 전세가 바뀌자 점령 기간에 늘기까지 했고, 독일의 폴란드 통제력이 더 위태로워졌고 저항은 더 대담해졌다. 한 여인은 다음과 같이 회상했다. "우리가 위협받는다고 느끼지 않은 순간은 결코 없었지요. 우리는 집을 나설 때마다 집을 다시 볼 수 있을지 알지 못했어요." 모든 이가 사람들을 몰아서 붙잡아 독일에서 강제 노동을 시키려고 강제 이송하는 것을 두려워했다. 1943년까지 폴란드인 100만 명이 독일의 군수공업에서 일하고 있었다. 그들의 친척도 자주 그들이 어디 있는지 알지 못했다. 고향 땅을 다시 보지 못한 이가 많았다.

병합된 지역에서 유대인을 강제로 내보내는 일이 신속히 이루어질 수 있다고 성급하게 가정되었다. 궁극적인 의도는 폴란드 총독령에서도 유대인을 내보내는 것이었다. 그러나 1939년과 1941년 사이에 유대인은 폴란드 총독령 밖으로가 아닌 안으로 강제 이송되었다. 1939~1940년의 한겨울 동안 10만 명이 넘는 폴란드 기독교인과 유대인이 소지품 몇 개만 챙겨 짐을 싸라는 통지를 받고 몇 분도 되지 않아 난방도 안 되는 가축 수송 열차 안으로 몰아 넣어졌고, 폴란드 총독령에 내팽개쳐졌다. 1940년 한 해 동안 몇십만 명이 그 뒤를 따랐다. 1941년 3월까지 40만 명 이상이 더 강제 이송되었고, 비슷한 수가 독일로 보내져 강제 노역을 했다. 오로지 '바르바로사 작전' 준비 덕분에 83만 1000명의 추가 강제 이송이 방지되었다.

그 강제 이송의 목적은 발트해 연안과 그 밖의 다른 곳의 독일계 주민의 정주를 위한 공간을 마련하는 것이었다. 유대인은 폴란드 남동부의 루블린 지방에 있는 거대한 지정 구역에 가두어질 터였다. 적어도, 초기의 목적은 그랬다. 그러나 독일은 연관된 병참의 난제를 너무나 얕잡아 보았다. 곧 한스 프랑크가 폴란드 총독령의 자기 관할지 안에 유대인을 더 많이 받아들이기를 거부했다. 나치 지도자들이 자기 지역에서 유대인을 강제 이송하라고 압박하지만 그 유대인을 수송해서 보낼 곳이 어디에도 없고 폴란드 정복 이후로 나치의 손아귀 안에 유대인 수백만 명이 더 들어오자, 폴란드 총독령에 있는 지정 구역의 대안이 더더욱 절실하게 추구되었다. 1940년 프랑스에 승리를 거둔 뒤에는 프랑스의 식민지인 마다가스카르⁴¹⁸가 유럽 유대인의 목적지로 잠깐 고려되었다. 그 가능성도 실행 불가능하다고 판명되었다. 결국은 '바르바로사 작전'을 계획하는 동안 유럽 유대인을 소련의 황량한 동토로 강제 이송하는 것이 가능한 안으로 떠올랐다.

폴란드는 독립한 지 겨우 스무 해가 지난 1939년 9월에 또다시 분할되었다. 독일과 소련이 합의한 분계선 동쪽의 폴란드 국민은 이념으로 결정된 다른 종류의 참사에 시달렸다. 여기서 목표는 독일화가 아닌 소련화였다. 폴란드 동부에 곧 사회혁명이 부과되었다. 1940년에 토지가 집산화되고, 지주가 소유지에서 쫓겨났다. 은행이 국유화되고, 예금이 몰수되었다. 많은 공업 기계가 해체되어 소련으로 보내졌다. 사립학교와 종교학교가 문을 닫았고, 종교 수업과 역사 수업이 금지됐으며, 마르크스와 엥겔스에 따른 교리문답이 도입되었다. 소련의 이익에 위협을 가한다고 상상된 모든 이가 제거되었듯이, 폴란드 민족주의의 말살은 자명했다. 폴란드 엘리트는 특히나 위태로웠다.

---

418) Madagascar. 아프리카 대륙 동남부에 있는 58만 7000제곱킬로미터의 섬.

1940년 3월 5일에 스탈린과 소련 공산당 정치국원들이 폴란드 동부에서 2만 명이 넘는 폴란드 엘리트를 죽이라는 명령서에 각자 서명했다. 그 가운데에는 그해 5월에 사라진 폴란드군 장교 1만 5000명이 있었다. 그들 가운데 4000명 이상의 주검을 1943년 4월에 스몰렌스크 부근의 카틴 숲에서 독일군이 찾아냈다. 누가 그들을 죽였는지는 오랜 논란거리였다. 그러나 지금은 소련의 비밀경찰인 엔카베데가 그들을 쏘아 죽였다는 데 의심의 여지가 없다. 다른 1만 1000명은 스탈린의 명령으로 처형되었다고 집계된 총 2만 1857명의 일부로 비슷한 운명을 맞았음이 거의 틀림없다.

소련이 점령한 뒤에 체포의 물결이 따라 일었다. 10만 명을 웃도는 폴란드 시민이 붙잡혔고, 대다수가 여러 해 동안의 굴라크 징역형을 받았고, 사형 판결을 받은 이는 8500명을 웃돌았다. 예전의 소련 국경 가까이에 정주한 폴란드인은 특별한 위험에 처했다. 몇몇 지역에서는 현지의 우크라이나인과 벨라루스인이 부추김을 받아서 폴란드인의 재산을 약탈하고 심지어는 폴란드인 이웃을 죽였다. 지역 민병대가 그 폭력의 선봉에 섰다. 보통은 상상의 산물로 소련에 특별한 위협이라고 여겨진 이들이 몰이를 당해 강제 이송되었다. 대규모 강제 이송은 극도로 잔혹하게 실행되었다. 거의 40만 명에 이르는(어떤 추산으로는 훨씬 더 많은) 폴란드인이 난방이 안 되고 창문도 없는 봉인 차량에 실려 1만 킬로미터에 이르는 겨울 열차 여행을 해서 시베리아나 카자흐스탄의 황무지에 있는 강제수용소로 보내졌다. 수송 도중에 약 5000명이 죽었고, 굶주리고 병을 앓다가 이듬해 여름 1만 1000명이 더 죽었다.

강제 이송을 위한 몰이에 관여한 엔카베데 대원들 가운데 한 사람이 훗날 당시 자신의 심리 상태를 들여다볼 수 있게 해주었다. 그는 다음과 같이 말했다.

나는 한두 개 마을의 강제 이송을 책임졌다. 지금 그것에 관해 생각하는데, 애들이 그렇게 자그마할 때 그 애들을 붙잡아간다는 건 정말로 힘들다. (…) 물론, 나는 그 애들이 우리의 적, 소련의 적임을 알았고, 그 애들은 '재활용'되어야 했다. (…) 이제 나는 그것을 뉘우치지만, 그때는 달랐다. (…) 스탈린은 모든 사람에게 신과도 같았다. 그리고 그의 모든 말은 어떠한 주제도 매조지는 마지막 말이었다. 그것이 옳지 않다는 건 생각조차 할 수 없었다. 그때는 그것을 믿어 의심하지 않았다. 내려지는 결정은 모두 옳았다. 나 하나만의 의견이 아니었다. 우리는 모두 그렇게 생각하고 있었다. 우리는 공산주의를 건설하고 있었다. 우리는 명령에 따르고 있었다. 우리는 믿었다.

독일의 심한 핍박을 고려하면, 놀랍지 않게도, 소련의 폴란드 동부 점령을 반기는 유대인이 많았다. 또한 그들은 전쟁 전에 폴란드에서 차별을 자주 겪었다. 붉은 군대의 도착은 해방을 약속한다고 보였다. 유대인은 때로는 붉은 깃발을 내걸어서 자기들이 생각하는 해방자를 맞이했다. 드물지 않게 유대인이 소련 점령자들과 함께 행정직을 차지했고, 선뜻 부역해서 폴란드인 가톨릭교도 사이에서 분노를 많이 불러일으켰다. 독일군은 1941년 6월에 소련을 침공한 뒤 그 지역을 점령하게 되고 폴란드 동부에 있는 여러 감옥에서 엔카베데가 저지른 잔학 행위에 희생된 수천 명의 주검을 발견했을 때, 볼셰비키뿐 아니라 볼셰비키를 섬기는 행위를 한다고 널리 여겨졌던 유대인에 대한 혐오를 어렵지 않게 자아냈다. 실제로 유대인 대다수가 소련의 점령이 무엇을 뜻하는지를 곧 깨닫게 되었다. 그것은 해방이 아니었다. 재산을 빼앗긴 이가 많았고, 지식인과 전문 직업인들이 대거 체포되었다. 강제 이송된 이들의 3분의 1이 유대인이었다.

폴란드 동부에서 이루어진 소련화의 잔혹성은 1940년 소련에 병합된 뒤 에스토니아와 라트비아와 리투아니아에서 이루어진 것과 비슷했다. 한편, 독일의 폴란드 점령의 야만성은 독일이 서유럽 점령지를 취급하는 방식에서는 나타나지 않았다.

독일이 1941년 4월에 유고슬라비아를 침공한 뒤 (보스니아와 헤르체고비나를 편입해) 새로 만들어진 국가인 크로아티아에서 독일인들은 자기들을 위해 더러운 짓을 해줄 다른 이들을 찾았다. 독일이 우스타샤[419] 파시스트들의 지도자인 안테 파벨리치Ante Pavelić를 우두머리로 삼아 세운 정권은 사실상 어떻게 해도 표현할 길 없는 공포의 통치를 펼쳤다. 그의 통치는 권력을 얻기 전에는 십중팔구 5000명 남짓할 지지자를 거느렸지만, 나라에서 (인구 630만 명의 거의 절반인) 비非크로아티아인을 모조리 '청소'하려고 작정한 광신적 운동이었다. 파

419) Ustaša. 우스타셰(Ustaše)라고도 한다. 크로아티아인의 민족주의와 가톨릭 신앙을 표방하며 1929년부터 1945년까지 존속한 크로아티아의 극우 테러 조직.

벨리치의 목표는 크로아티아에서 200만 명에 이르는 세르비아인의 3분의 1을 가톨릭 신자로 만들고 3분의 1은 내쫓고 3분의 1은 죽여서 '세르비아 문제'를 해결하는 것이었다. 악독한 미친 짓이었다.

파벨리치가 (사람 눈알이 가득 찬 바구니 하나를 기념품으로 자기 책상에 놓아두었다는 말이 있으니) 완전히 제정신이었는지는 어쩌면 의심의 여지가 있다. 그러나 그의 추종자 대다수는 제정신이었음을 의심할 필요가 없다. 하지만 그의 살인 부대가 비크로아티아인의 영향력을 모조리 없앨 목적으로 특히 세르비아인과 유대인과 집시를 표적 삼아 때때로 마을 전체를 학살하면서 저지른 잔학 행위는 가학적 공포의 깊이를 드러내 주었다. 일례로, 자그레브에서 멀지 않은 한 소도시의 남자, 여자, 어린이 500명쯤이 사살당했다. 부근의 마을에서 250여 명이 모여들어 가톨릭으로 개종하여 죽음을 피하라고 제안할 때, 우스타샤 대원 6명이 그들을 한 세르비아 정교 교회에 가두고는 못이 삐죽삐죽 나온 몽둥이로 머리를 때려서 한 사람씩 차례차례 죽였다. 다른 살육의 난장판에는 몸서리가 날 만큼의 수치와 고문이 따랐다. 정치 폭력이 오랫동안 흔한 일이었던 곳에서조차 그 같은 인간적 재앙은 전에는 전혀 겪어 본 적이 없었다. 우스타샤는 1943년까지 사람을 40만 명 남짓 죽였다.

우스타샤는 크로아티아를 넘겨받았을 때 예전의 유고슬라비아에 있었던 민족 적대감을 확실히 활용할 수 있었다. 그러나 우스타샤의 무지막지한 만행은 전쟁 이전의 어떤 단계에서든 존재했던 것보다 훨씬 더 크고 심한 민족 혐오를 낳았다. 그것은 독일에도 역효과였다. 크로아티아에서 우스타샤는 독일의 노골적인 후원을 받으며 행동에 나섰다. (루마니아에서는 이렇지 않았다. 루마니아에서는 파시즘 단체인 철위대가 하도 폭력을 마구 휘두르며 활개를 치는 바람에, 루마니아 석유의 중요성 때문에 안정을 갈망한 독일이 루마니아의 지도자 이온 안토네스쿠Ion Antonescu 장군의 철위대 탄압을 지원하게 되었다.) 그들의 잔학 행위는 추축국에 반대하는 감정과 새로 생겨나는 요시프 브로즈 티토Josip Broz Tito 휘하 공산주의 파르티잔[420] 운동의 힘을 더 키워 주었다.

이미 유럽의 동부와 남부의 대부분이 지독한 비인간성의 구렁텅이로 더욱더 깊이 떨어지고 있던 차에 독일이 1941년 여름에 소련을 침공하면서 완전히 새로운 장章이 시작되었다. 비록 1939년 9월 이후로 독일의 폴란드 점령 동안 나타난 엄청난 야만성이 나치가 보기에는 '유대인 볼셰비즘'의 번식장인 소련에서 비인간성의 나락에 끝도 없이 빠져드는 상황을 미리 보여주었을지라도, 동부의 전쟁, 즉 히틀러의 전쟁은 앞선 모든 전역과는 전혀 달랐다. 히틀러 스스로가 그 야만성을 조장하고 허가하는 데서 없어서는 안 될 존재였다. 그러나 그는 그 야만성의 추동력이자 과격한 대변자였지, 제1원인은 아니었다.

그 스스로가 예하 군 지도자들에게 소련에서 벌일 전쟁은 '절멸전'일 것이라고 말했다. 공산주의자 군인은 고결한 적수로 여겨지지 않을 터였다. 독일군 지도부는 사로잡힌 소련군 정치위원을 재판 없이 죽이라는 명령, 그리고 사실상 소련 민간인을 마음대로 사살해도 된다고 선언하는 명령의 작성에서 공모자였다. 독일군 지도부 자체

---

420)   제2차 세계대전 동안 독일 점령군과 부역자에 맞선 동유럽 지역, 특히 유고슬라비아와 소련 비정규군의 투쟁을 일컫는 표현.

가 '인종 대 인종'의 싸움으로 서술한 전쟁에서 '짐승'이나 '범죄자'로 거듭하여 묘사된 적에 맞서 무자비하게 행동하라는 이러한 류의 격려를 고려하면, 놀랍지 않게도, 소련과 벌이는 전쟁에서는 극단적 야만 행위가 처음부터 만연해 있었다. 야만 행위는 금세 독일군 행동의 특징이 되었고, 그러면서 소련 방어자의 보복성 야만 행위를 불러일으키고 양쪽의 거리낌 없는 비인간적 행위가 급속히 나선형으로 증폭하는 현상을 빚었다. 서유럽에서 전역이 벌어지는 동안에는 그 같은 일이 일어난 적이 없다. 서유럽에서는 정복이 워낙 신속하게 진행되어 심지어 패배자 측에서도 전사상자 수가 비교적 적었고, 피점령국 주민의 대우가 동부에서보다 훨씬 덜 가혹했다. 소련이 공격당하는 동안 인명의 말살은 처음부터 어마어마했다. 그리고 서부와는 달리 동부에서는 공세의 일부로 막대한 수의 민간인이 살육당했다.

동부의 전쟁은 완전히 제노사이드 전쟁이었다. 동부의 전쟁은 그런 식으로 계획되었다. '바르바로사 작전' 개시 몇 달 전 히틀러의 명백한 후원을 얻어 하인리히 힘러Heinrich Himmler 나치친위대·경찰 상급지도자[421]와 라인하르트 하이드리히Reinhard Heydrich 제국보안본부[422] 부장은 독일의 손아귀에 있는 (580만 명으로 추산되는) 유대인을 모두 소련에서 정복될 땅으로 강제 이송하여 '유대인 문제의 최종 해결책'을

---

421)   SS- und Polizeiführer. 나치친위대, 게슈타포, 경찰의 대부대를 지휘하는 나치 독일의 고위 관리.
422)   Reichssicherheitshauptamt. 나치친위대가 1939년 9월 27일에 보안방첩대 등 여러 정보기관을 통합하여 만든 보안경찰 기구. 제2차 세계대전에서 나치 독일과 독일 점령지의 적성 분자를 적발하는 일을 했다.

달성할 수 있다고 생각했다. 그곳에서 유대인은 굶주리거나 과로하거나 아프거나 북극권의 추위에 노출되어서 죽을 터였다. 독일이 그 전쟁을 신속한 승리로 끝맺을 수 없었으므로, 소련으로 강제 이송한다는 정책은 실현 불가능하다고 판명되었다. 그렇지만 소련 유대인의 살육은 독일의 정복에 내재된 일부였다. 소련 침공 개시에 가까워지자, 제국보안본부 대원들로 이루어진 대형 '임무부대'(특무기동대[423]) 4개가 군대를 따라다니면서 '체제 전복 분자'를 모조리 없애라는 지시를 받았다. 이 '체제 전복 분자'는 주로 유대인이었다.

'바르바로사 작전'이 개시되어 발트해 연안 3국으로 전진하면서 독일군은 독일을 소련의 지배라는 멍에를 벗겨 줄 해방자로 보는 리투아니아와 라트비아와 에스토니아의 민족주의자 사이에서 자발적 부역자를 힘들지 않게 찾아냈다. 소련은 1940년에 이 나라들을 병합했을 때 시민 수만 명을 굴라크로 강제 이송했다. 소련의 억압으로 전 국민이 혹독한 대우를 받았다. 소련의 관리와 경찰 가운데서 유대인이 두드러졌다. 발트해 연안 3국에는 유대인과 볼셰비키가 구분되지 않는다고, 소련의 손에 자기가 겪는 고통이 유대인 탓이라고 믿으려 드는 이가 많았다.

독일과 독일의 부역자들은 극단적 민족주의자 사이에서 유대인을 미워하는 반감을 쉽사리 불러일으킬 수 있었다. '바르바로사 작전'이 1941년 6월 22일에 개시된 지 며칠 지나지 않아 리투아니아에 독일

---

423)   Einsatzgruppen. 제2차 세계대전에서 민간인 대량 학살, 특히 이른바 '유대인 문제의 최종 해결책'을 실행한 나치친위대 산하 학살 전담 조직.

군이 도착한 뒤 곧 폭도가 포그롬으로 유대인 2500명쯤을 죽였다. 리투아니아인 부대가 악랄한 작전을 수행하며 독일 제국보안본부 소속 임무부대를 도왔는데, 그 작전은 발트해 연안 지대에서는 점령 처음 몇 달 동안, 심지어 나치의 기준으로도, 엄청나게 잔혹했다. 라트비아에서도 별반 다르지 않아서, 독일군이 라트비아인의 도움을 얻어서 1941년 말엽까지 유대인 8만 명 가운데 거의 7만 명을 죽였다. 유대인이 아주 적었던 에스토니아에서는 독일의 명령 아래 활동하는 현지인 부대가 자기들이 붙잡을 수 있었던 963명을 모두 죽였고, 소련에 부역했다며 비非유대인 에스토니아인 5000여 명을 추가로 죽였다. 발트해 연안 지대에서 활동하는 임무부대는 그해 말까지 정확히 총 22만 9052명의 유대인을 (다른 희생자 1만 1000여 명과 더불어) 죽였다고, 관료적으로 정확하게, 자랑스레 기록했다.

또한 멀리 남쪽, 즉 우크라이나에서도 이때까지 엄청나게 많은 유대인이 살육당했다. 그러나 발트해 연안 지대와는 달리, '열등한' 슬라브인이라고 간주된 우크라이나의 비非유대인이 독일인 정복자에게 무자비하게 취급되었다. 발트해 연안 지대에서처럼, 우크라이나인은 처음에는 두 팔을 벌려 독일군을 반겼다. 한 여인은 다음과 같이 기억했다. "우리는 모두 그들을 봐서 기뻤어요. 그들은 모든 것을 앗아가고 우리를 굶주리게 했던 공산주의자에게서 우리를 구해 줄 테니." 1932년의 끔찍한 기아[424]는 아직도 가슴이 먹먹한 기억이었다. 스

---

424) 소련 지도부의 정책 실패 탓에 1932~1933년 우크라이나에 대기근이 일어나 350만 명 안팎으로 추정되는 우크라이나인이 굶어 죽었다. 이 비극은 우크라

탈린의 억압이라는 가혹한 행태는 그 이후에도 사라지지 않았다. 독일군이 침공하자 붉은 군대에서 탈영하거나 동원을 기피하려고 사라진 우크라이나인이 많았다. 독일군에 붙잡히지 않으려고 소련군이 퇴각할 때, 엔카베데가 우크라이나인 수감자 수천 명을 총살해서 감옥을 비웠다. 소련의 '초토' 조처로 가축이 죽고 산업 기계가 파괴되자, 숱하게 많은 우크라이나인이 남겨져 힘겹게 지냈다. 1941년 9월 19일에 독일군이 키예프에 도착한 지 며칠 안에 소련군이 매설한 지뢰가 터져 도심이 뒤흔들리고 큰불이 나서 사람이 많이 죽고 2만 명을 웃도는 사람이 집을 잃었다. 그랬으므로 우크라이나 주민 사이에서 소련을 미워하는 마음이 깊고도 널리 퍼져 있을 까닭이 충분했고, 독일군이 해방자로 환영받은 것도 놀라운 일이 아니었다. 오직 완전한 바보짓만이 그 심정을 소련보다 독일에 대한 훨씬 더 큰 미움으로 바꿔 놓을 수 있었을 것이다. 그러나 독일인 정복자가 바로 그 바보짓을 했다.

몇몇 열렬한 나치 이념가들조차 동부에서 독일의 통치가 확실하게 지속되도록 우크라이나인을 동맹자로 만들고 우크라이나를 일련의 위성국의 하나로 만들자고 주장했다. 그러나 히틀러는 우크라이나인을 러시아인과 똑같이 "허무주의적으로 아시아적"이라고 보았다. 그는 우크라이나에서 수행되는 무자비한 지배, 즉 무지막지하기 이를 데 없는 에리히 코흐Erich Koch 제국판무관이 자신의 대리인으로서 그곳에서 실행하는 정책을 전적으로 지지했다. 하인리히 힘러의

이나어로 홀로도모르라고 불린다.

견해는 우크라이나가 독일인의 향후 정주를 위해 "깨끗이 치워져"야 한다는 것이었다. '동방종합계획'[425] 안에 우크라이나 주민 다수의 운명이 포함되기로 정해졌는데, 그 계획은 슬라브인이 압도적 비중을 차지하는 3100만 명쯤을 동부의 정복지에서 다음 25년에 걸쳐 '치워 버리기'로 했다.

훨씬 더 광범위한 이 제노사이드는 전세가 독일에 불리하게 바뀌었기 때문에 실행될 수 없었다. 그렇더라도 독일인이 우크라이나인과 라트비아인과 리투아니아인, 그리고 다른 부역자로 이루어진 치안 부대의 도움을 얻어 가혹한 탄압을 한 점령은 워낙 잔인해서 주민들 사이에 스며 들어가는 공포를 자아냈다. 점령자가 제멋대로 쏘는 총에 맞은 주검이 거리에 나뒹구는 일이 흔한 모습이었다. 공개 처형의 희생자는 폴란드에서처럼 사람들의 기를 꺾을 용도로 며칠 동안 매달린 채로 남겨졌다. 파괴 행위가 일어날라치면 보복으로 수백 명이 처형되었다. 징발 식량을 내놓지 않았다면서, 또는 파르티잔을 지원했다면서 온 마을을 불태웠다. 한 키예프 주민은 "우리는 독일군 무리를 볼 때마다 곧바로 숨곤 했다"고 회상했다.

이때쯤이면 독일에서 군수공업에 쓸 노동력이 절실해져서, 1942년 부터는 몰이를 당해 독일제국으로 강제 이송되는 것이 크나큰 공포를 자아냈다. 그것은 사형선고나 마찬가지로 보였다. 강제 이송된 이의 수가 1943년 5월까지 100만 명으로 불어나자 거의 모든 가족이

---

425) Generalplan Ost. 제2차 세계대전 중 독일군이 점령한 동유럽 영토에서 인종 청소를 수행하고 동유럽을 독일인의 식민지로 만들려는 나치 정권의 계획.

영향을 받았다. 강제 이송은, 그리고 강제 이송이 실행되면서 나타난 잔혹성은 파르티잔 활동을 위한 위대한 모병 부사관 노릇을 했다. 독일의 점령은 처음에는 환영하던 주민을 적국 국민으로 바꿔 놓았다. 그러나 소련도 우크라이나의 적이었다. 우크라이나 민족주의 파르티잔은 독일군뿐 아니라 소련의 파르티잔과도 격돌했다. 한 우크라이나 파르티잔 대원은 그 격돌이 어땠는지를 훗날 다음과 같이 회고했다. "독일 놈들은 우리를 그냥 죽였지만, 빨갱이 파르티잔의 만행은 달랐지. (…) 그놈들은 아시아식으로(그는 이렇게 표현했다)—귀를 자르고 혀를 뽑아서—사람을 고문했지. (…) 하지만, 물론, 우리도 아주 잔인했어. (…) 우리는 사로잡은 적을 살려두지 않았고 그놈들도 마찬가지였으니, 우리는 서로서로 죽였어. 그게 당연했지."

(키예프 인구의 4분의 1 남짓했을지라도 우크라이나 전체 인구로 보면 약 5퍼센트에 지나지 않는 150만 명가량인) 우크라이나 유대인은 우크라이나의 비유대인과 달리 당연히 독일의 정복을 두려워했다. 그러나 그들은 심지어 최악의 악몽 속에서도, 독일의 점령 아래에서 어떤 운명이 곧바로 자기에게 닥칠지를 상상할 수 없었을 것이다.

악독하기 일쑤였던 반유대주의는 독일군이 도착하기 오래 전에 이미 우크라이나에 널리 퍼져 있었다. 점령이 시작되자마자, 우크라이나 유대인은 벗이 없는 사회 안에서 독일인 점령자의 잔혹한 맹공에 직면했다. 유대인 이웃을 돕는 우크라이나인은 미미했다. 소수였어도 독일인 점령자에게 유대인을 일러바치거나 학살에 가담하려 드는 이가 훨씬 더 많았다. 그러나 대다수 우크라이나인은 가만히 있거나 아무것도 하지 않았다. 유대인의 부와 재산과 지위에 대한 질투가 우크라이나의 반유대주의에서 큰 역할을 했다. 동부의 다른 지역에서처럼, 유대인은 소련이 자행하는 탄압의 끄나풀이라는 믿음도 한몫했다. 붉은 군대가 1943년에 우크라이나를 되찾았을 때, "이 유대 놈들이 여기에 다시 왔네"라는 말이 자주 들렸다.

독일군이 우크라이나에 들어설 무렵 동부 곳곳에서 유대인 남자뿐 아니라 여자와 어린아이까지 살육당하고 있었다. 키예프의 변두리에 있는 바비야르Babi-Yar 골짜기에서 1941년 9월 29~30일 이틀에 걸쳐 일어난 거대한 학살에서 유대인 남녀와 어린이 3만 3771명이 기관총 사격에 도륙되었다. 독일군의 정복으로 독일의 지배가 확장되면서 우크라이나 곳곳에서, 벨라루스에서, 그리고 한때 소련의 영토였던 다른 지역에서 가을과 겨울에 수만 명이 더 살해되었다. 제노사이드가 이때까지는 동부에서 전면적이었다. 그것은 독일이 점령한 유럽 전역에서 전면적 제노사이드를 위한 프로그램으로 곧 조정될 터였다.

(유럽의 여러 나라에 있는 유대인 주민의 추산치가 이따금 무척 부정확했을지라도) '최종 해결책'에서 말살될 유대인 수의 목표치는 1942년 1월에 1100만 명이었다. 거기에는 (독일의 통제 아래 있지는 않지만 향후 어느 시점에는 '최종 해결책'에 편입되리라고 가정된) 잉글랜드, 핀란드, 아일랜드, 포르투갈, 스웨덴, 스위스, 스페인, 터키의 유대인이 들어 있었다. 그 목표치는 달성될 수 없었다. 그렇더라도, 전쟁이 진행되어 살육을 종결지었을 때 유대인 550만 명쯤이 살해되어 있었다.

제2차 세계대전 동안 비전투원이 어마어마한 규모로 끔찍하게 학살되는 와중에 희생자의 위계는 없었다. 한 개인이 굶어 죽든 일하다 죽든, 총으로 죽든 가스로 죽든, 히틀러의 하수인에게 죽든 스탈린의 하수인에게 죽든, 그 사람이 '쿨라크'든 유대인이든 동성애자든 (독일인에게 약 50만 명이 살해된) '집시'든, 그는 가족과 친지가 있는 이였고 전투의 불운한 전사상자가 아니라 고의로 살해된 누군가였다. 누구도 순위에서 더 위나 아래에 놓여서는 안 된다. 그러나 그 살해의 배후에 있는 동기에는, 그리고 그 말살 프로그램의 본질적 성격에는 차이가 있었다. 사악한 힘을 지닌 온 누리의 적으로서 제거되어야 한다고 전쟁이 시작되기 오래 전에 이념상으로 간단명료하게 정리된 사회 집단이나 인종 집단은 유대인밖에 없었다. 오직 유대인만이 치밀한 관료 기구를 통해 파괴 대상 후보자로 그토록 주의 깊게 명부에 올려졌다. 게다가 다른 어느 인간 집단도―(비칭이 '집시'인) 신티와 로마니조차도―실제로 체계적 프로그램으로, 즉 단순히 대량 총살로가 아니라 점점 더 공업화된 대량 말살 체계로 그처럼 무자비하게 말살되지는 않았다.

제2차 세계대전을 구성하는 파괴와 황폐화와 참상의 전체 목록에서 유럽 유대인의 살육은 인류가 비인간성의 구렁텅이로 떨어진 최저점이었다. 절멸수용소 시체 소각장의 불길은 거의 문자 그대로 지상의 지옥의 물리적 현현이었다.

베를린에서 온 광범위한 지령을 받아서 활동하는 현지 나치 지도자들이 1941년 가을 동안 동유럽의 다른 지역에서 별개의 학살 행위를 개시했다. 그 행위는 '유대인 문제'의 가장 근본적인 '해결책'을 만들어내겠다는 히틀러 나름의 의욕으로 고취되었다. 동유럽에서 이루어지는 이 행위는 전면적 제노사이드로 움직이는 속도를 높였다. 제노사이드가 이미 맹위를 떨치고 있던 러시아로 유럽의 유대인을 강제 이송한다는 목표가 독일군이 소련에 거두리라고 예상된 조속한 승리가 실현되지 않았을 때 포기되어야 했기 때문에 가을에 그 움직임이 탄력을 얻었다. 나치 지도자들이 자기 담당 지역을 '유덴프라이[426]'로 선언하려고 여러 달 동안 재촉해서 압력이 고조되었으므로, '유대인 문제의 최종 해결책'을 위한 다른 어딘가가 발견되어야 했다.

폴란드에 있는 살육 장소로 대거 강제 이송하는 프로그램이 1942년 초엽에 등장하고 있었다. 이때쯤이면 살육 방법으로 대량 총살보다 이동 가스실과 고정 가스실이 더 선호되었다. 폴란드 서부의 헤움노[427]에서 (이삿짐 차를 닮았지만 밀폐된 뒷칸 안으로 일산화탄소를 뿜어내도록 개장된) 가스실 차가 1941년 12월에 가동하기 시작했고, 가동을 중지할 때까지 유대인 15만 명쯤을 죽였다. 1942년 3월과 4월에 폴란드 유대인이 폴란드 동부의 베우제츠[428]와 소비부르[429]로 실려 가서 고정 가스실에서 죽고 있었다. 6월에 바르샤바 근처의 트레블링카[430]가 그

---

426) judenfrei. '유대인을 모조리 없앤', 또는 '유대인이 일소된'이라는 뜻으로 나치가 사용한 독일어 낱말.

427) Chełmno. 폴란드의 소도시. 독일어 명칭은 쿨름(Kulm). 1941년 12월부터 가동하기 시작한 나치의 절멸수용소가 세워진 곳이다.

428) Bełzec. 1942년 3월부터 가동한 나치의 유대인 절멸수용소가 있었던 폴란드 동남단의 마을.

429) Sobibór. 1942년 5월부터 가동한 나치의 유대인 절멸수용소가 있었던 폴란드 동단의 마을.

430) Treblinka. 바르샤바 북동쪽 4킬로미터 지점에 있는 폴란드의 마을이며, 1942년 7월부터 가동한 나치의 유대인 절멸수용소가 있었던 곳이다.

뒤를 이었다. 트레블링카는 폴란드 유대인을 모조리 없애 버리기를 목표로 삼은 '라인하르트 작전'[431]의 일환으로 여름까지 작동한 3대 절멸수용소의 세 번째 수용소였다.

이 세 수용소에는 노동의 요소가 없었다. 사실상, '수용소camps'는 잘못된 명칭이다. 경비병, 그리고 가스실과 시체 소각장에서 주검을 처리하는 더러운 일을 해줄 '특별노무대Sonderkommandos'로 잠시 보류된 약간의 재소자를 빼면 거주자가 없었다. '라인하르트 작전'의 '수용소'는 그곳으로 보내진 유대인을 죽인다는 단 하나의 목적을 위해 존재했다. 도착한 뒤 몇 시간을 넘긴 이가 거의 없었다. 1943년 가을에 문을 닫을 때까지 이 수용소에서 주로 폴란드인인 유대인 175만 명쯤이 목숨을 잃었다. 전쟁 동안 살육된 전체 총수의 거의 반인 270만 명쯤의 유대인이 1942년 한 해에 죽임을 당했다. 대다수가 '라인하르트 작전' 수용소에서 죽었다.

그러나 1943~1944년의 주요 살육 단지는 아우슈비츠였다. '라인하르트 작전' 수용소들과는 달리, 아우슈비츠로는 유대인을 단지 죽이기 위해서가 아니라 노예 노동력으로 부리려고 수송했다. 또한 '라인하르트 작전' 수용소들과는 달리, 1942년 이후로 아우슈비츠로 보내진 유대인의 태반은 폴란드 외부에서 왔다. 아우슈비츠는 유럽 전역에서, 즉 슬로바키아와 프랑스에서 시작해 벨기에와 네덜란드로, 그리고 곧 다른 나라들로 확장된 유대인 강제 이송이 1942년에 개시

---

431)   Aktion Reinhard. 독일 점령지에 있는 유대인을 모조리 죽일 목적으로 1941년 10월부터 1943년 11월까지 나치가 수행한 비밀 계획에 붙은 암호명.

되었을 때 이미 (처음에는 폴란드인 수인을 위한) 거대한 강제수용소 겸 노동수용소였다.

강제 이송된 이들은 대개는 아우슈비츠에 있는 모체 수용소에서 2킬로미터 떨어져 있는, 그러나 어마어마하게 더 큰 보조 수용소인 비르케나우[432]로 보내졌다. 1942년 5월 이후로는 노동할 수 없는 유대인이 노예노동을 할 수 있는 유대인과 분리되어 곧장 가스실로 보내졌는데, 가스실의 살인 용량은 (하루에 5000구에 가까운 주검을 태울 수 있는) 새 시체 소각장이 1943년에 지어졌을 때 엄청나게 확대되었다. 이때쯤이면, 제노사이드 프로그램의 촉수가 나치가 점령한 유럽의 가장 먼 구석구석까지 뻗쳤다. 독일의 지배 아래로 들어간 유일한 영국 왕실령인 채널제도의 맨 서쪽 섬[433]에서조차 세 유대인 여성(오스트리아 유대인 2명, 폴란드 유대인 1명)이 처음에는 프랑스로, 그다음에는 아우슈비츠로 강제 이송되었다. 그들의 이후 운명은 알려지지 않았지만, 아무도 전쟁에서 살아남지 못했다.

아우슈비츠로 보내는 최대의 강제 이송이 마지막 강제 이송이었는데, 그것은 1944년 봄과 여름에, 즉 독일의 헝가리 점령 뒤에 이루어진 헝가리 유대인의 강제 이송이었다. 독일은 헝가리 유대인의 노동과 부가 필요했다. 그러나 경제적 동기는 파괴의 이념적 지상명령과 뒤섞였다. 히틀러는 1944년 5월에 예하 군 지도자들에게 헝가리

---

432)   Birkenau. 정확하게는 1941년에 아우슈비츠 강제수용소 근처의 브제진카 (Brzezinka, 독일어로는 비르케나우)에 지은 아우슈비츠 제2 비르케나우 강제수용소.

433)   건지(Guernsey)섬.

국가 전체가 "아주 촘촘한 간첩망"인 유대인들에게 "침식되고 부식되었다"고 말했다. 독일이 이기려면 그들을 반드시 말살해야 한다는 것이었다. 히틀러의 군사령관들은 그가 독일 민족의 존속만이 중요하다고 강조하면서 "그 문제를 해결하고자" 개입했다고 말했을 때 우레 같은 박수로 응답했다. 그 결과 헝가리 유대인들이 아우슈비츠로 대거 강제 이송되었다. 그들 가운데 43만 7402명이 7월까지 아우슈비츠의 가스실에서 숨졌다.

아우슈비츠에서 약 110만 명(유대인 100만 명, 폴란드인 정치수 7만 명, 신티와 로마니 2만 명 이상, 소련군 포로 1만 명, 여호와의 증인 신자와 동성애자 수백 명)이 살해되었다. 붉은 군대가 1945년 1월 말에 아우슈비츠의 수인들을 해방했다. 무정해진 소련군 병사들조차 1944년 7월에 루블린·마이다넥에 있는 부분적 절멸수용소[434]에 마주쳤을 때 충격에 빠졌다. 그곳에는 20만 명으로 추산되는 희생자 가운데 유대인 8만 명쯤이 있었다. 그들이 아우슈비츠에서 발견한 것은 훨씬 더 나빴다. 그러나 이때조차도 유대인의 고통은 끝나지 않았다. 적군이 다가오자 처음에는 폴란드에서, 마지막에는 독일 본토에서 남아 있는 수용소가 소개되면서 전쟁 마지막 몇 달 동안 거의 다 유대인인 수용소 재소자 25만여 명이 죽음의 행진 도중에 목숨을 잃었다.

아우슈비츠와 그 밖의 절멸수용소에 보내진 이들 각자에게 즉시

---

434) Konzentrationslager Lublin-Majdanek. 나치 독일이 폴란드 남동부의 루블린시 근교에 있는 마이다넥에 세워 1941년 10월부터 1944년 7월까지 운영한 절멸수용소.

이름이 붙여졌다. 대량 살육의 관료제는 이름을 숫자로 바꿨다. 살해자에게 희생자는 이름 없는 이였다. 그것은 아주 현대적인 살인 방식이었다. 파시스트 민병대에 붙잡혀 1944년 2월에 아우슈비츠·모노비츠에 있는 노예노동수용소[435]에 갇히는 신세가 된 이탈리아의 유대인 화학자 프리모 레비는 정체성을 빼앗기는 것이 어떤 느낌인지를 회상했다. 그것은 "한 인간의 말살"과 다를 바 없었다. 그는 계속해서 다음과 같이 회상했다. "우리는 밑바닥에 가 닿았다. 이것보다 더 아래로 가라앉을 수는 없다. 이것보다 더 비참한 인간의 조건은 없으며, 생각건대 더 비참할 수도 없을 것이다. 아무것도 우리에게 더는 속하지 않는다. 그자들은 우리 옷을, 우리 신발을, 심지어 우리 머리카락을 앗아 갔다. (…) 그자들은 심지어 우리 이름까지 앗아 갈 것이다." 그자들은 이름을 앗아 갔다. 그는 자기가 수인 번호 174517임을 곧 알았다. 그 번호는 그의 왼팔에 새겨져 있었다. 그는 이렇게 말했다. "이것이 지옥이다. 오늘, 우리 시대에는, 지옥은 틀림없이 이 같을 것이다."

그러나 몇몇 사람은 강제수용소 번호를 넘어서는 정체성을 간직했고, 가스실에 들어갈 준비를 하는 그 순간에도 인간의 존엄성을 지켰다. 하임 헤르만Chaim Hermann은 아내와 딸에게 주목할 만한 마지막 편지를 썼다. 참으로 가스실에서 들려오는 목소리인 그 편지는 아

---

435) Konzentrationslager Monowitz. 나치의 아우슈비츠 수용소 부속 공업단지로 오늘날 폴란드의 모노비체(Monowice)에 세워져 1942년 10월부터 1945년 1월까지 운영된 강제수용소 겸 노동수용소.

우슈비츠의 한 시체 소각장 가까이에 있는 사람의 재 밑에서 1945년 2월에 발견되었다. 그는 수용소의 자기 삶을 아내가 상상할 수 있는 그 어떤 세상과도 "전혀 다른 세상"으로 묘사하면서 "그냥 지옥이지, 하지만 단테의 지옥은 이곳의 이 진짜 지옥에 견주면 그야말로 하찮아"라고 썼다. 그는 자기가 이 지옥을 "차분하게, 그리고 어쩌면 영웅적으로(이것은 상황에 달렸을 것이다)" 떠나겠다며 아내를 안심시켰다.

모든 사람이 그처럼 담담하지는 않았다. 지은이가 아우슈비츠에서 죽은 뒤에 사라지지 않고 남은 체코어 시 한 수가 그 끔찍한 일을 저지른 자들에게 품은 깊은 분노, 타락과 죽음에 맞선 내면적 저항, 희생자 가운데 많은 이가 분명히 공유했을, 심판의 날이 언젠가는 틀림없이 동터오리라는 감정을 아주 잘 보여준다.

그리고 더욱더 많은 우리가 여기 아래 있어.

우리는 나날이 불어나고 늘어나지.

너희 들판은 우리 때문에 벌써 부풀어 있고 어느 날 너희 땅은 터지겠지.

그리고 나서 우리가 무시무시한 대열을 지어서 나타날 거야, 우리 두개골들과 앙상한 정강이들 위에 두개골 하나가 얹혀서.

그리고 우리는 모든 사람의 얼굴에 대고 고함칠 거야, 우리 죽은 자는 고발한다!

지상의 지옥이 지닌 여러 의미

이름이 알려지지 않은 그 체코 시인에게, 그리고 숱한 다른 이에게는 그토록 많은 무고한 희생자의 무의미한 살육에서 의미를 찾기가 어려웠다. 많은 유대인이 끝없는 고통과 죽음을 겪는 동안 하느님은 어디에 계시느냐고 물었다. 하느님이 계신다면, 그분은 왜 그처럼 끔찍한 일을 허용하셨을까? 상상할 수 없는 참상을 당하는 유럽의 많은 지역에서 기독교인들은 같은 질문을 자주 했다. 이와는 대조적으로, 다른 이들은 자신의 믿음에 매달렸다. 그들이 남긴 것은 그것뿐이었다고 보이는 경우가 잦았다. 신티와 로마니 희생자 수십만 명이 핍박을 받고 목숨을 잃으면서 종교 신앙에서 구원을 찾을 수 있었는지, 아니면 절망과 무기력을 느꼈는지를 알아내기는 더 어렵다. 그들 가운데는 시인이 없었다. 대다수가 글을 몰라서 후세에 자신의 고통에 관한 기록을 남기지 못했다. 헤아릴 수 없이 많은 인명이 의도적으로 말소되고 기억과 구전 전통을 넘어서는 흔적을 거의 남기지 못했다.

제노사이드와 거대한 규모의 '민족 청소'는 독일 지도부에게, 그리고 인종 정책을 시행하려고 애쓰는 군대와 경찰과 관료제의 수많은 하급자들에게 그 전쟁이 가지는 의미의 본질적 일부였다. 그들에게 희생된 수백만 명에게는 자주 철저한 몰이해밖에는 다른 것이 있을 수 없었다. 그 희생자들이 견뎌야 한 것에 지극히 당연하게 나오는 반응은 인간에 관한 가장 암울한 비관론이었을 것이고, 때때로 그랬다. 그러나 놀랍게도 허무주의를 넘어서는 것이 있었다. 심지어 아우슈비츠에서도 루트비히 판 베토벤Ludwig van Beethoven의 〈환희의 송가〉가 불렀다. 인간이 만든 이 지옥에서조차 아직은 인간애가, 즉 비록 종교 자체는 아닐지라도 음악이 불러낼 수 있는 초월의 감성이 아직은 있었다.

사람들은 자기 나름의 의미를, 또는 의미의 부재를 찾아냈다. 그 거대한 싸움 동안 살고 싸우고 죽는 수백만 명을 위한 전쟁의 '의미'를 말하는 것이 가능할까? 그들은 자기 삶을 휩쓸어 가서 영원히, 자주 극심한 정신적 외상을 남겨 놓으며 바꿔 놓은 사건의 소용돌이를 어떻게 생각했을까? 명백히, 각 개인은 독특한 모종의 방식으로 그 전쟁을 경험했다. 그 전쟁은 많은 의미를 지녔으며, 또는 자주 어떤 의미도 전혀 지니지 않았다. 상황은 사뭇 다양해서 경험을 좌우했고, 그 전쟁이 무슨 의미를 지닐 수 있는지에 관한 느낌을, 경험을 통해서, 때때로 좌우했다. 경험은 순전히 개인적이지는 않았다. 많은 경험이 공유되었고, 공통의 경험은 자주 부분적으로 국적이라는 우연으로 형성되었고, 다른 경험은 비록 빈번하게 국적의 영향을 받고 국가라는 렌즈를 통해 인식되었을지라도 국적을 넘어서서 확장되었다.

수백만 명이 아주 다양한 전선에서, 바다에서, 또는 공중에서, 어떤 이는 점령군에서, 다른 어떤 이는 거국적 저항 세력의 어슴푸레한 게릴라전에서 군 복무를 했다. 여성이 군 복무에 대거 가세했다. 그들 가운데 수십만 명이 필수적인 보조 업무를 하고 저항 운동에서 중대한 역할을 했으며, 붉은 군대에서는, 그리고 유고슬라비아 파르티잔 대원 가운데에서는 일선에서 싸웠다. 전에 없이 전쟁에 휘말려든 민간인은 저 멀리서 전투 중에 있는 가족과 친지를 날마다 걱정했다. 또한 유럽의 대다수 지역에서 민간인은 적의 점령에 적응해야 했고, 심한 물자 부족에 시달리고 폭격의 공포와 강제 소개의 정신적 외상에 자주 직면해야 했다. 점령의 성격은 여러 결정적 방식으로 전시 경험을 빚어냈다. 동유럽에서 기괴한 수준으로 자행된 비인간적 행위에 직접 견줄 만한 것이 서부에는 없었다. 그러나 서부에서도, 비록 나라마다 다를지라도, 점령 기간은 심성에 쓰리디쓰린 자국을 남겼다. 어디에서나 삶 자체가 이전보다 더 위태로웠다. 수백만 명에게 전쟁은 살아남기와 그리 다르지 않았다. 분명히 바로 이것이 모든 나라의 숱한 전투원에게 전쟁이 맨 먼저 뜻한 바다.

전투원

가장 중대한 위험에 처한 육해공군 군인에게 유일한 생각과 관심은 가장 흔하게는 죽지 않고 살아남기였다. 전투가 한창일 때 성찰이 들어설 여지는 없었다. 대포가 불을 뿜기 시작하면 공포와 불안이 압도적 감정이었다. 고향에 있는 가족과 친지 생각, 그들을 지켜내야 한다는 생각, 살아서 그들에게 돌아가야 한다는 생각이 강력한 동기부여 요인이었다. 적군이 가족과 친지에게 했던 것을 앙갚음할 필요성도 자주 그랬다. 자기가 살아남기 위한 싸움을 넘어서서, 바로 옆에 있는 전우에 대한 충성이 하나의 동기로서 그 뒤를 바짝 따랐다. 동부전선에서 전쟁이 벌어지는 동안 그랬듯이 인명 손실이 그토록 대규모일 때는, 그리고 군부대 전체가 거듭해서 궤멸되고 재편되고 있을 때는 '집단에 대한 충성'은 그것이 예를 들어 영국의 공업 도시에서 제1차 세계대전 속으로 진군했던 '친구' 대대에 지닌 의미를 지녔을 수는 없다. 그러나 살아남기는 바로 옆에 있는 전우의 행동에 크게 좌우되었다. 따라서 생존을 위한 싸움이 옆에서 나란히 싸우고 있는 이들의 생존을 위한 싸움도 되도록 정한 것은 자기 이익이었다. 싸우지 **않기**의 결과에 대한 두려움도 한몫을 했다. 특히, 소련 군인과 독일 군인은 싸우기를 거부하거나 탈영할 경우에 자기편에게서 자비를 바랄 수 없었다.

군대에 있는 사람들은 싸움터의 열기에서 벗어나면, 비록 성찰하는 개인이 아니었을지라도, 자기가 개인의 생존을 넘어서 무엇을 위해 싸우고 있는지에 관해 무슨 생각을 했는지를 집으로 보내는 편지나 때로는 일기에서 적어도 슬쩍은 알려준다. 의미에 관한 식역하識域下 인식이 훈련과 훈육과 배경을, 그리고 오랫동안 습득되어 공유된 문화 가치를 통해 싸움의 직접적이고 개인적인 이유 위에 포개져 놓였다.

독일 국방군 군인들이 1941년 6월에 소련 국경 너머로 쏟아져 들어갈 때 자기가 볼셰비즘의 무시무시한 위협에서 독일을 지켜낼 십자군의 일부라는 믿음이 그들 대다수가 하는 행동의 동력이었다. 그 믿음은 그들이 그 뒤에 붉은 군대뿐 아니라 민간인을 상대로, 그리고 유대인 학살과 연관해서 수행한 야만적인 전쟁 방식을 그럴듯하게 정당화해 주었다. 한 교양 있는 독일 군인은 소련 땅에 발을 디디면서 고향에 있는 친구에게 "여기서 유럽은 끝난다"는 글을 써 보냈다. 그가 보기에, 독일군은 고상한 기독교 서방 세계를 볼셰비즘이라는 역겨운 무신론적 문화 파괴 행위로부터 지켜내려고 거기 있었다. 그리고 비록 이념적인 반유대주의자는 아닐지라도, 동일한 그 군인은 "유대인 볼셰비즘"에 관한 나치 프로파간다를 받아들였다. 그는 자기 부대가 행군하면서 거쳐 가는 몇몇 마을의 유대인 주민에게 혐오감을 감추지 않았다. 민간인으로 살 때는 상점 주인이었던 한 예비 경찰관은 1941년 8월에 아내에게 보내는 편지에서 유대인 남녀와 어린이 150명을 사살했다고 썼다. 그는 다음과 같이 적어 보냈다. "유대인은 완전히 박멸되고 있지. 그것에 관해 생각하지 마오. 그것은 그래야 하는 거야." 대량 처형이 일어날 때 무덤덤하게 지켜보는 군인이 많았다. 몇몇 군인은 사진을 찍었다. 그 경찰관은 아내에게 말했다. "우리는 그 광경을 보고는 마치 아무 일도 일어나지 않은 양 일을 하러 돌아갔어." 그런 뒤에 그는 "파르티잔은 적이고 악당이니 사라져야 해"라며 재빨리 변명거리를 댔다. 그런 정서가 양심을 달래 주어서 실제의, 또는 추정의 파르티잔 활동에 대한 앙갚음으로 마을 수백 개(벨라루스에서만 해도 600개 마을)가 불태워지고 주민이 학살될 때(또는 불태워져 죽을 때) 처음에는 때때로 괴로웠지만 요구되는 것에 곧 익숙해졌다.

물론, 비인도적 행위에도 예외가 있었다. 1943년과 1944년에 히틀러를 죽이려고 여러 차례 시도하는 독일 저항 세력의 근간을 이루게 되는 용감한 장교들이 동부에서 유대인이나 다른 사람들에게 저질러지는 무지막지한 잔학 행위를 알고 자극을 받아 음모를 꾸몄다. 그들의 분투는 무엇보다도 불운 탓에 좌절되었다. 그러나 헤닝 폰 트레스코Henning von Tresckow 장군과 클라우스 솅크 그라프 폰 슈타우펜베르크Claus Schenk Graf von Stauffenberg의 이름은 히틀러 치하 독일의 비인도적 행위를 알고서 욕지기를 느끼는 다른 많은 사람들의 대표가 된다.

몇몇 평범한 군인도 벌어지고 있는 일에 처음부터 마음이 편하

지 않았다. 어떤 이는 때로는 종교적 신념에서 그 만행에 마음속으로
는 반발하거나 심지어 드물게는 유대인을 도왔다. 한때 히틀러를 찬
양하고 전쟁에서 독일의 대의를 완전히 믿은 나치당원이자 돌격대원
이었던 빌름 호젠펠트Wilm Hosenfeld는 바르샤바에 주둔한 하급 장교로
서 자기가 보고 들은 것에 질려 버린 나머지 강한 가톨릭 신앙에 자
극받아 자기가 할 수 있는 곳에서는 자청해서 유대인을 도왔다. 그가
도와서 구해낸 이들 가운데는 폴란드의 유대인 음악가 브와디스와
프 슈필만Władisław Szpilman이 있었는데, 슈필만의 이야기는 먼 훗날 로
만 폴란스키Roman Polanski의 영화 〈피아니스트〉로 유명해졌다. 호젠펠트
는 1942년 7월에 아내에게 보내는 편지에서 유대인이 수천 명씩 살해
되고 있다고 말한 뒤에 "악마가 사람의 모습을 했을까?"라고 물었다.
자기가 던진 물음에 그는 이렇게 답했다. "나는 그것을 의심하지 않
아." 그는 역사에 전례가 없다고 적었다. 그는 그것을 "당신이 부끄러워
서 땅바닥에 주저앉고 싶어 할 만큼 끔찍한 살인죄"라고 서술했다.

그렇게 고결하게 행동하는 이들의 수는 아마 100명쯤이었으리라
고 추산되었다. 어쩌면 몇몇 다른 이들의 행동은 후세에 기록되지
않았을 것이다. 그러나 어쨌든 그 숫자는 독일 국방군에서 복무한
1800만 명을 웃도는 수치와 견주면 적었다.

이들 대다수는 자기가 전쟁의 목적이라고 들은 말을 얼마간 곧이
들었다. 모든 지표는 솔직한 나치이자 히틀러가 총애한 장군들 가운
데 한 사람인 발터 폰 라이헤나우 육군원수가 간추려 말한 견해가
적어도 얼마간은 군대의 일반 병사들에게까지 밑으로 스며들었음을
가리킨다. 라이헤나우는 동부에서 독일 군인이 지니는 의무를 1941년

10월 10일 자 일반명령에서 다음과 같이 명확히 밝혔다.

> 유대인·볼셰비즘 체제 정벌의 최고 목표는 권력 수단을 완전히 분쇄해서 아시아적 영향력을 유럽 문화권에서 근절하는 것이다. 그러므로 부대원에게 종래의 일면적인 군인 업무를 넘어서는 과업도 생겨난다. 동방에서 군인은 군사술 규범을 따르는 전사일 뿐 아니라 가차 없는 원민족_{völkisch, 原民族} 이념[436]의 담지자이면서 독일 민족 및 동류 민족에게 가해졌던 모든 만행의 보복자이기도 하다. 이 때문에 군인은 유대 열등 인종이 매섭지만 올바른 속죄를 하게 할 필요성을 완전히 이해해야 한다.

그 같은 독일 군인들이 자기가 싸우고 있는 목적이라고 생각한 것은 불분명한 유토피아 미래상, 즉 분쇄된 적들에 대한 독일인의 인종적 우월성과 지배가 자기 가족과 자손에게 평화와 번영을 보장해 줄 '신질서'였다. 이처럼 모호한 희망은 1944~1945년에 사라졌다. 그러나 전쟁은 아직도 의미를 지녔다. 그렇게 오뚝기처럼 무너지지 않고 끝까지 수행되는 전쟁은 이제는 다른 이념적 지상 과제, 즉 '독일제국의 수호'에 주로 기댔다. 그 문구에는 단순히 정치적이거나 지리적인

---

436) 19세기 말엽부터 20세기 전반기에 성행했던 독일의 국수주의 이념. 범게르만주의와 반유대주의 성향을 띠고 의회주의와 마르크스주의에 극렬히 반대했으며, 고대 게르만인의 위대한 전통을 독일 민족 재탄생의 기반으로 강조했다.

추상적 실체뿐 아니라 가족, 고향, 재산, 문화적 뿌리의 수호가 압축되어 담겨 있었다. 무엇보다도 동부에서 자기와 자기 전우가 어떤 죄악을 저질렀는지를 알고 있기에 계속 싸운다는 것은 붉은 군대에 맞서 어떤 희생을 치르더라도 버틴다는 것을 뜻했다. 복수심에 찬 붉은 군대가 승리한다면 자기가 소중히 여기는 모든 것이 틀림없이 파괴될 터였다. 규율과 훈련, 좋은 통솔력과 나란히 전쟁의 이념적 의미가 독일 국방군에서 사실상 끝까지 사기를 높게 유지하는 데 도움이 되었다.

독일의 군사 동맹국에 전쟁의 의미는 훨씬 덜 명확했고, 사기를 유지하기가 훨씬 더 어려웠다. 주로 루마니아인인 비非독일인 군인 69만여 명이 1941년에 소련 침공에 가담했다. 스탈린그라드에서 그토록 파국적인 최후를 맞이하는 공세에는 루마니아인, 헝가리인, 크로아티아인, 슬로바키아인, 이탈리아인이 모두 참여했다. 소련군의 역공에서 사로잡힌 비독일인 추축국 군인이 거의 30만 명이었다. 히틀러는 그들에게 투지가 없다며 화를 내면서 경멸할 따름이었다. 실제로 그들의 투지는 독일군의 투지에 못 미쳤는데, 이해할 만한 까닭에서 그랬다. 소련 혐오는 팽배했지만, 독일 군인에게 그랬듯이 그것 하나로는 동기부여가 되는 의미를 독일의 동맹국에 주기에 충분하지 않았다. 독일의 동맹국들에는 그들이 생각하기에 싸워서, 그리고 어쩌면 목숨을 잃어가면서 쟁취할 가치가 있는 사회나 체제의 명확한 미래상이 없었다. 탈영은 흔한 일이었고, 사기 저하는 걷잡을 수 없었고, 통솔력은 형편없었다. 루마니아군 장교는 장비를 제대로 갖추지 못하고 정원에 못 미치는 부하 부대원들을 개나 다를 바 없이 다뤘다. 그들 가운데 많은 이가 위협을 받아야만 싸운다는 것이 이상한 일은 아니었다. "루마니아 군인들한테는 실질적 목표가 없었다. 그들은 무엇을 위해 싸우고 있었을까?" 그들과 맞서고 그들이 전투 부대로서 취약하다는 점을 지켜본 이전의 붉은 군대 군인 한 사람이 던지는, 꼭 들어맞는 물음이었다. 돈강[437]에서 싸우고 있는 이탈리아 군인들도 자기가 거기서 무엇을 하고 있는지 자주 궁금해했다. 그들은 고향에서 멀리 떨어진 채 지독한 조건에서 자기에게 별 의미가 없는 전쟁 속에 있었다. 그들에게 투지가 없다는 것은 놀라운 일이 아니었다. 소련군 통역관이 한 이탈리아군 부사관에게 왜 그의 대대가 총한 방 쏘지 않은 채 항복했느냐고 묻자 그 부사관은 이렇게 대답했다. "우리는 반격이 잘못일 거라고 생각했기 때문에 반격하지 않았습니다."

이탈리아 군인 대다수는 싸우고 싶지 않았다. 차츰차츰 그들은 무솔리니가 밉살맞은 독일인에게나 어울리는 전쟁에 자기를 끌어들였다고 느꼈다. 분명하거나 충만한 이념적 의미가 없었기에 그들로서는 동기를 부여하는 강력한 목적이 전쟁에 없었다. 그들이 패배한 대의를 붙들고 계속 싸우기보다 항복하기를, 살아남기를 선호한 것은 아주 합리적이었다. 그러나 이탈리아가 1943년 9월에 전쟁에서 이탈하면서 자기 나라 북쪽은 독일군에, 남쪽은 연합군에 점령당하자, 이탈리아인은 자기 자신, 가족, 고향에 직접 영향을 미치는 이념적 대

---

437) Don 江. 모스크바 남쪽 120킬로미터 지점에서 발원해 러시아 남부를 지나 아조프해로 흘러 들어가는 길이 1870킬로미터의 하천.

의를 위해서는 (점령군에 맞서, 그리고 서로 맞서) 끈질기게 싸울 태세를 갖추었음을 보여주었다. 이탈리아는 전후에 어떤 종류의 나라가 될까? 즉 다시 파시즘 국가가 될까, 아니면 사회주의 국가가 될까?

거대한 다민족 전투 조직체인 붉은 군대의 군인에게, 전쟁은 전혀 다른 의미를 지녔다. 미학력자 출신으로 원시적 조건에서 살다가 온 이가 대다수였다. 보병 4분의 3이 농민이었다. 벽지 마을에서 온 몇몇 소년은 군대에 들어오기 전에는 전깃불을 본 적조차 없었다. 자기가 수행하고 있는 전쟁에 관한 더 깊은 의미의 성찰이 그들 대다수의 머리에 선뜻 들어섰을 성싶지 않다. 의심할 여지 없이, 많은 이가 싸워야 했기 때문에, 선택권이 남겨지지 않았기 때문에, 싸우지 않는다는 것은 죽음을 모면할 수 없다는 뜻이었기 때문에 싸웠다. 그러나 1941년에 파국의 벼랑 끝에 있다가 네 해 뒤에 완전한 승리를 거둔 붉은 군대의 그토록 놀라운 전투력과 사기가 두려움 하나만으로 지탱되었을 리 없다.

사실, 붉은 군대의 사기는 1941년 여름에 막을 길 없어 보이는 독일군이 전진하면서 연전연승할 때 완전히 무너질 뻔했다. 탈영병 비율이 높았다. 탈영병을 사형으로 응징하는 비율도 높았다. 그러나 쉬지 않고 퍼부어지는 프로파간다와 독일군은 패자를 도살한다는 끊임없는 이야기, 그리고 드디어 붉은 군대가 모스크바 코앞에서 이기면서 생긴 영웅담이 결국은 상황이 더 나빠지는 사태를 막았다. 독일 국방군 군인과 마찬가지로 소련군 군인들은 전쟁에서 의미를 보았다. 그것을 조리 있게 표현할 수는 없었을지라도 말이다. 그들의 동기부여에서 이념이 한 역할을 얕잡아 보면 잘못일 것이다. 그것이 비록 이제는 애국심 강조와 조율되었을지라도, 반드시 정권의 공식 이념은 아니었다. 스탈린은 스탈린그라드에서 승리로 끝나는 붉은 군대의 1942년 11월 돈강 대공세의 아침에 부대원들에게 연설할 때 애국적 어조로 다음과 같이 말했다. "친애하는 장군과 병사 여러분, 나는 여러분을 내 형제로 호칭합니다. 오늘 여러분은 공격을 개시하고 여러분의 행동이 나라의 운명을, 독립국으로 남을지 아니면 망할지를 결정합니다." 그것을 지켜본 한 사람이 그날 자기의 감정을 다음과 같이 회고했다. "그 말들이 참으로 내 가슴에 와닿았다. (…) 눈물이 나려고 했다. (…) 나는 참된 솟구침, 영성의 솟구침을 느꼈다."

그러나 그것은 그저 애국심은 아니었다. 애국심과 마르크스레닌주의 이념은 서로를 보완했다. 군인은 볼셰비즘으로 훈육되었다. 모스크바 코앞에서, 스탈린그라드에서, 쿠르스크에서 싸우는 이들은 그밖에는 아무것도 알지 못했다. 그들은 어릴 적부터 모두를 위한 더좋은 새로운 사회라는 미래상을 흡수했다. 스탈린을 "아버지 같다"고 상상했다고 인정하고 그의 목소리를 듣는 것을 "하느님의 목소리"에 비유한 붉은 군대 참전 용사는 설사 억압을 했더라도 "스탈린은 미래를 구현했고, 우리는 모두 그것을 믿었다"고 말했다. 이 공산주의 모국의 유토피아적 미래상이 이제 극심한 위협 아래 놓였다. 그 미래상은 아직은 현실이 될 수 있었지만, 소련 영토를 짓밟고 소련 시민을 죽이고 도시와 마을을 쑥대밭으로 만들려고 하이에나처럼 엄습하고 있는 히틀러의 파시스트들을 쳐부숴야만 그럴 수 있었다. 그것은 강력한 메시지였고, 일단 전세가 뒤집히고 독일제국의 국경이 붉은 군대의 시야에 들어오자 복수심이라는 구성 재료가 보태져서 그 메시지의 효능은 커지기까지 했다. 붉은 군대 군인에게 자기가 수행하고 있는 것은 (어떠한 인적 손해가 있더라도 싸워서 이겨야 하는) 방어 전쟁, 정의의 전쟁이었다. 그것은 강력한 동기부여였다. 그 전쟁은 실질적 의미를 지녔다.

서유럽 연합군 전투원에게 전쟁은 단일한 의미로 환원될 수 없었다. 전쟁이 터진 뒤에 초기의 서방 연합국인 영국과 프랑스와 폴란드에 곧 영연방 자치령이 가세했다. 영국과 프랑스의 식민지가 막대한 병력을 내놓았다. 인도만 해도 250만 명을 내놓았고 이들은 주로 일본군과 벌이는 전투에서 전개되었으며, 북아프리카 식민지는 1942년 이후에 프랑스 군사력의 재확립을 위한 기지를 내놓게 되었다. 전쟁 초기 단계부터 영국인과 나란히 폴란드인과 프랑스인과 함께 싸운 다른 많은 유럽인들 가운데는 체코인, 벨기에인, 네덜란드인, 노르웨이인이 있었다. 미국과 다른 많은 나라가 더 뒤에 연합국 편에 서서 참전했다. 1942년에 26개 국가가 추축국 열강에 맞선 연합을 이루었고, 스스로를 '국제연합'이라고 불렀다. 필연적으로 전쟁은 유럽에서뿐 아니라 일본이 참전한 뒤에는 극동에서도, 바다와 하늘에서 싸우는 제각각 매우 다른 전투부대의 남녀들에게 다양한 의미를 지녔다. 스스로 생각하기에 자기가 수행하고 있는 전쟁의 목적이 무엇인지를 연합국 군인이 다른 군인보다 조금이라도 더 잘 설명하지는 못했다. 집에 부치는 편지는 자기가 견뎌내야 하는 최악의 고난, 고통, 공포, 정신적 외상을 가족과 친지가 느끼지 않도록 군 복무 생활의 더 일상적인 측면을 흔히 다뤘다. 전우애가 아주 중요했고, 집과 가족에게 돌아가기를 바라는 마음은 거의 보편적이었으며, 뭐니 뭐니 해도 문제가 되는 것은 개인의 생존이었다. 그러나 비록 대개는 말로 표현되지는 않았을지라도, 사기를 유지해 주고 이 전쟁을 싸울 가치가 있는 것으로 만드는 문화적 가치와 동기를 부여하는 식역하 신념이 존재했다.

영국에 터전을 마련한 망명 폴란드인과 자유프랑스[438] 시민에게, 그리고 연합군에 가담한 다른 유럽 국가의 시민에게 대의는 명백했다. 즉 자기 조국을 독일의 점령에서 해방하는 것이었다. 그러나 자유프랑스의 지도자인 드골 장군은 프랑스 시민 대다수를 오랫동안 대변하지 못했다. 국내외의 프랑스인에게 전쟁은 단일한 의미를 지니지 않았다. 망명한 폴란드인에게도 전쟁은 여러 의미를 지녔다. 대의는 독일의 멍에에서 자유로워지는 것뿐만 아니라 전후의 폴란드가 한 형태의 굴종을 또 다른 형태의 굴종으로 바꿔치기해서 소련의 지배 아래로 들어가지 않도록 애쓰는 것이었다. 그 중요성은 전쟁이 진행되면서 커졌다.

프랑스 땅에서 싸우던 폴란드인의 4분의 3이 전사하거나 사로잡혔을지라도, 1940년에 폴란드군 최고사령관이자 폴란드 망명정부 총리인 브와디스와프 시코르스키Władisław Sikorski 아래에서 폴란드의 육군 군인과 공군 대원 1만 9000여 명이 프랑스에서 영국으로 소개되었다. 그러고는 폴란드인 조종사들이 브리튼 전투에 유난히 크게 이바지했다. 그보다 덜 알려진 사실이 (1930년대에 더 초기의 에니그마 모델

---

438)   France Libre. 프랑스가 독일에 항복한 뒤 드골 장군이 1940년 6월 런던에 세운 프랑스 망명정부.

을 이미 풀어낸 적이 있는) 폴란드인 암호 전문가들이 영국 및 프랑스와 협력해서 에니그마 암호를 풀어내는 데 도움이 되었다는 것이다. 그 덕택에 연합국은 독일의 전파 신호를 해독할 수 있게 되었고, 이것은 연합군이 대서양 전투에서 마침내 거둔 승리의 결정적 요인이었다.

1942년 이후에, 즉 스탈린이 폴란드인 수인 수만 명을 굴라크에서 풀어주고 소련·폴란드 외교 관계를 재정립한 뒤에, 브와디스와프 안데르스Władisław Anders 장군 예하 폴란드 군인 4만여 명이 영국군과 나란히 북아프리카에서, 그리고 나서는 연합군과 함께 이탈리아에서 싸웠다. 안데르스 본인은 소련인들에게 붙잡혀서 감옥에 있는 동안 그들 손에 심한 고문을 당했다. 그는 풀려난 뒤에 놀랍지 않게도 소련에 극렬히 반대하는 태도를 버리지 않았다. 1943년 4월에 카틴에서 발견된 섬뜩한 주검들은 독일의 점령뿐 아니라 소련의 점령도 공포라는 점을 폴란드인 망명객들에게 가장 확연하게 생각나게 해주는 것이었다. 1944년 8월에 바르샤바 봉기가 짓밟히면서 독립적인 폴란드를 세운다는 희망이 사라졌다. 이듬해 2월 얄타회담에서 영국과 미국이 폴란드의 국경선을 다시 정리하면서 폴란드를 전후 소련의 세력권으로 넘기는 데 동의하자 폴란드의 배신감은 절정에 이르렀다. 망명한 폴란드인뿐 아니라 폴란드 안의 국민 태반인 비공산주의자 폴란드인에게도 제2차 세계대전은 국가의 재앙으로 시작하고 끝이 났다.

샤를 드골Charles de Gaulle은 1940년 이전에는 잘 알려지지 않은 프랑스 육군 하급 장교였다. 독일이 벨기에를 침공하는 동안 장군 계급까지 진급했고, 그 뒤 곧 프랑스 정부 국방차관에 임명되었던 그는

1940년 여름에 영국의 후원을 받아 자유프랑스 망명군의 지도자로서 지위를 굳혔다. 자유프랑스 망명군은 장교 140명에 병력이 2000명쯤에 지나지 않는 작은 군대였다. 런던에서 프랑스 국민에게 보내는 일련의 또랑또랑한 라디오 방송 연설에서 드골은 자유프랑스가 진정한 프랑스를 대표한다고 주장했다. 그는 독일과 비시 정권에 대한 도전을 구현하려고 시도했고, 비시 정권의 정통성 주장을 일절 부정했다. 그러나 그는 전쟁 중반까지 거의 성공하지 못했다. 프랑스에는 비시 정권 언론의 영향을 받아 그를 반역자로 보는 이가 많았다.

알제리의 메르셀케비르에 있던 프랑스 함대가 (독일 손에 들어가지 않도록) 1940년 7월 3일에 처칠의 명령에 따라 격침당해서 프랑스 해군 병사 1297명이 목숨을 잃은 사건[439]은 프랑스 본토에서, 또는 프랑스의 식민지에서 연합국의 대의에 대한 지지를 얻어내는 데 도움이 안 되었다. 프랑스 본토의 프랑스 군대보다 훨씬 더 수가 많은 식민지의 프랑스 군대는, 식민지 당국과 더불어 처음에는 비시 정권에 충성했고 1940년 9월에 다카르[440]에 상륙하려던 자유프랑스 군대를 물리쳤다. 전세가 독일에 불리하게 바뀌고 비시 정권이 인기를 잃으면서 식민지의 지지가 자유프랑스 쪽으로 움직였다. 다만 그 움직임은 점진적이었다. 드골이 처칠 및 루스벨트와 맺은 껄끄러운 관계

---

439)　1940년 7월에 프랑스령 알제리의 항구도시 메르셀케비르(Mers-el-Kébir)에 있는 프랑스 함대가 오랑(Orán)으로 가서 투항하라는 권고를 받아들이지 않자 프랑스 함선이 독일군에 넘어갈까 두려워한 영국 해군이 정박해 있던 프랑스 함대를 포격해서 격침한 사건.
440)　Dakar. 아프리카 대륙 서단에 있는 세네갈의 항구도시.

와 자유프랑스 지도부의 내부 분쟁이 1942년 11월에 연합군이 북아프리카에 상륙한 지 한참 지난 뒤까지 비시 정권에 일사불란하게 반대하는 데 방해 요인이 되었다. 그 시점에 자유프랑스의 병력은 적어도 명목상으로는 그때까지 비시 정권에 충성했던 23만 명에 견줘서 아직도 겨우 5만 명을 헤아렸다. 알제[441]로 본부를 옮기고 프랑스 안에서 자라나는 저항운동을 지지함으로써 위상을 높인 드골은 1943년 여름에나 비로소 논란의 여지가 없는 대기 정부의 수반으로 사실상 인정되었다. 권력과 지지를 키우면서 그는 이제 비시 정권의 경쟁자를 대표했다. 독일이 이전에는 점령되지 않았던 지역까지 넘겨받은 1942년 11월부터 비시 정권은 점점 더 미움을 받는 독일인 통치자들에 어느 때보다도 더 종속된 꼭두각시였다.

영국 군인은 자기 나라를 외국의 점령에서 해방하려고 싸우지 않는다는 점에서 유럽의 동맹국 군인 사이에서 특이했다. 이 의미에서 그들이 싸우고 있는 목적인 대의, 즉 전쟁의 의미는 더 추상적이고 덜 명확했다. 그들은 압도적으로 처칠을 전쟁 지도자로 지지했다. 그러나 장교단 안에서 대표되는 엘리트를 넘어서면 자유와 민주주의를 위한 싸움 외에 대영제국의 위대성을 보전하기 위한 것이라는 전쟁의 의미에 대한 처칠 자신의 믿음을 공유하는 이는 많지 않았다. 영국인과 함께 나란히 싸우는 많은 식민지 군인은 사실은 정반대를, 즉 자기 나라가 식민 통치에서 벗어나는 독립을 바랐다. 심지어 영국 본토 출신의 군인에게도 수천 마일 떨어진 극동에서 잔인하고 무자

---

441)   북아프리카의 서지중해 연안에 있는 알제리의 최대 도시이자 수도.

비한 적인 일본에 맞서 싸우면서 자기가 영국 제국주의를 지탱하려고 거기에 있다는 인식은 별로 없었다. 대다수에게 중요한 것은 일본군의 맹습뿐 아니라 지옥 같은 정글을, 그리고 너무나도 자주 포로 상태로 받는 이루 말로는 설명할 길 없는 잔혹한 대우를 견뎌내고 살아남는 것이었다. 부대원 가운데 집으로 보내는 편지에서 자기의 생존을 넘어서는 전쟁의 의미에 관해 말하는 이는 별로 없었다. 그것에 관해 말한 한 사람, 즉 한 영국군 장교는 그렇더라도 거의 틀림없이 꽤 널리 통용된 모호한 이상을 표현하는 편지를 북아프리카에서 전사하기 직전에 부모에게 써 보냈다. 그는 "자기가 뭔가 더 나은 것을 바라는 모든 '보통 사람'들의 진심 어린 염원"이라고 묘사한 것, 즉 그들의 아이들에게 더 어울리는 좋은 세상을 위해 죽을 각오가 되어 있다고 썼다.

더 나은 미래로 가는 길을 닦는 것이 전쟁의 의미라는 이 인식은, 비록 입 밖에 내지 않는 경우가 잦았을지라도, 영국군 사이에 널리 퍼져 있었다. 그 인식은 요람부터 무덤까지라는 형태의 국가 복지를 모든 영국 시민에게 제공할 사회보장제도의 뼈대를 짜는 자유당원 윌리엄 베버리지의 보고서가 1942년 11월에 발간되면서 국내에서 목소리를 얻었다. 베버리지 보고서는 해외에 있는 군인들 사이에서 널리 거론되었는데, 그 자체가 전쟁이 새로운 사회로 가는 관문으로 여겨진다는 표시였다. 전쟁이 단지 나치즘이라는 위협을 물리치고 쳐부수는 것에 관해서일 뿐 아니라(이것이 분명하고도 으뜸가는 목적이었을지라도), 일단 그 주요 과업이 완수되면 국내에서 낡은 세상과 관계를 끊는 것에 관해서이기도 하다는 인식은 퍼져 스며들면서 영국 군인들에게 목적의식을 주었고 사기를 유지하는 데 도움이 되었다. 그것은 독일에 맞선 전쟁은 승리로 끝났고 일본에 맞선 전쟁은 아직 한창인데도 전쟁 영웅 처칠이 더 공정한 사회로 결국은 대체될 특권과 재산과 지위의 낡은 계급사회를 대표한다며 군인 수백만 명의 표로 거부된 1945년에 영국의 총선거에서 표출될 터였다. 히틀러의 독일에 맞선 싸움뿐 아니라 유토피아적 희망이 영국의 전쟁수행노력에 의미를 부여했다.

그러나 군대에서 복무했던, 그리고 큰 희망을 품고 시작했던 몇몇 이들에게 전쟁은 (정치에서, 더 나은 미래에서, 인간 자체에서) 환멸을 안겨 주었다. 랭커셔 노동계급 출신으로 불황 동안 옥스퍼드 대학교에 다녔던 윌리엄 우드러프는 평화주의적 사회주의자였다가 사회의 개선과 변화를 얻어내려면 나치즘과 싸워야 한다고 입장을 바꿨다. 그러나 그는 내면의 변화를 일으킨 채로 전쟁에서 돌아왔고, 그의 낙관주의는 싸움터에서 스러졌다. 훗날 그는 다음과 같이 썼다. "전쟁 전에 나는 새로운 문명의 건설에 관해 이야기했다. 결국 나는 문명이 얼마나 부서지기 쉬운지를 알았다. (…) 다른 사람들의 죽음에 관한 기억이 희미해지는 데는 시간이 오래 걸렸다." 의심할 여지 없이 똑같이 느끼는 다른 귀환 군인이 많았다.

국내 전선

제2차 세계대전에서는 전선과 후방 사이의 간극이 이전의 어떤 전쟁에서보다 좁았다. 간극이 아예 없는 경우도 잦았다. 전선과 후방이 다소간에 한데 합쳐졌다. 동유럽의 여러 지역에서는 히틀러의 군대와 스탈린의 군대가 미쳐 날뛰며 전진과 후퇴를 거듭하고 파르티잔 활동이 확산하면서 전투와 국내 전선의 분리된 의미가 대체로 지워졌다. 유럽의 다른 지역에서는 구분이 더 뚜렷했다. 다양한 방식으로 모든 교전국의 국민은 대개는 독일 점령자의 군홧발에 짓밟혀 지상의 지옥을 견뎠다.

리히텐슈타인[442]과 안도라[443]와 바티칸 같은 소국과 더불어—스위스, 스웨덴, 스페인, 포르투갈, 터키, (1937년까지는 아일랜드 자유국으로 알려진) 에이레[444]—단 6개 중립국이 용케도 비교적 별 탈 없이 빠져나갔다. 그러나 그 나라들조차 전쟁의 영향을 받지 않은 채로 남지는 못했다. 그 각각의 중립국 국민은 경제 파탄으로, 몇몇 경우에는 직접적 봉쇄로 말미암아 곤궁을 겪었으며, 가끔은 (예를 들어 샤프하우젠[445]과 바젤[446]과 취리히[447] 같은 스위스 도시처럼) 심지어 연합군의 오폭으로 우발적 공습을 당해 민간인이 죽고 다쳤다. 그렇지만 각 중립국은 최악의 사태를 피했다. 그 나라들의 중립 노선은 제각기 달랐

---

442)   Liechtenstein. 오스트리아와 스위스 사이에 있는 160제곱킬로미터 넓이의 공국.

443)   Andorra. 프랑스와 스페인 사이에 있는 넓이 468제곱킬로미터의 소공국.

444)   Éire. 아일랜드의 아일랜드어 명칭.

445)   Schaffhausen. 스위스 북단의 소도시. 1944년 4월 1일에 미 육군 항공대의 오폭으로 시민 40명이 목숨을 잃는 피해를 보았다.

446)   Basel. 스위스, 프랑스, 독일의 국경이 맞닿는 곳에 있는 스위스의 도시. 1944년 3월 4일에 미 육군 항공대의 오폭으로 피해를 보았다.

447)   Zürich. 스위스 북부에 있는 스위스 최대 소도시. 1944년 3월 4일에 미 육군 항공대의 오폭으로 시민 5명이 목숨을 잃는 피해를 보았다.

다. 이념 성향은 오직 부분적으로만 그 노선을 정했다. 그 노선은 훨씬 더 큰 정도로 전략적 필요성과 경제적 이점의 결과였다.

국민의 4분의 3이 독일어 사용자인 스위스는 독일이 침공해 올 가능성을 걱정했고, 결국은 자국의 모든 국경에서 추축국 열강들에 노출되어 있었으므로 어쩔 수 없이 간접적으로 분쟁에 끌려 들어갔다. 독일이, 나중에는 연합국이 스위스의 영공을 거듭 침범했다. 그리고 양편 다 스위스 은행을 이용했다. 식량과 연료를 수입해야 할 필요성은 스위스가 독일과 교역 연계를 유지하는 것이 극히 중요하다는 뜻이었다. 정밀 기기 수출은 독일의 전쟁수행노력을 도왔다. 스위스 은행은 다량의 독일 금을 보유했는데, 점령된 나라들에서 강탈한 그 금의 대부분은 전쟁수행노력에 극히 중요한 원료를 다른 중립국에서 사는 데 쓰였다. 그리고 연합국이 압박했는데도 석탄과 철과 건축자재, 그리고 전쟁의 첫 단계에서는 무기와 군사 장비가 독일에서 이탈리아로 가는 도중에 스위스를 거쳤다. 한편, 스위스가 독일의 인접국이라는 것은 스위스가 피난민과 탈출한 전쟁 포로에게는 선뜻 택할 만한 목적지라는 뜻이었다. 언제나 기꺼이는 아니었을지라도, 스위스는 도주한 군인과 민간인 수십만 명을 받아들였다. 그러나 스위스는 나치의 핍박을 피해 도주하는 유대인 난민 3분의 1 이상을 비롯한 다른 많은 이들을 돌려보냈다.

스웨덴의 중립은 스위스의 중립과 마찬가지로 심하게 훼손되었다. 영국의 봉쇄로 교역이 큰 타격을 입었다. 이것이 전쟁 초기 단계에 스웨덴과 (이미 스웨덴의 주요 교역 상대였던) 독일의 무역이 크게 늘어나는 이유가 되었다. 스웨덴산 고급 철광석의 수입은 독일의 철강 생산에 아주 중요했다. 스웨덴산 볼베어링도 (봉쇄를 우회하여 샛길로 들어가 영국의 전시 경제에도 거의 똑같이 필수적이었더라도) 독일의 전쟁수행노력에 중요했다. 스웨덴에 절실하게 필요한 석탄은 독일에서 대량으로 수입되었다. 병력과 무기의 통과를 허용하면서 중립이 깨졌다. 독일군 병력이 1941년에 소련 공격에 앞서 스웨덴을 거쳐 핀란드로 수송되었다. 모두 합쳐서 200만 명을 웃도는 독일 군인이 노르웨이와 독일 사이에 있는 스웨덴을 거쳐 갔다. 그리고 무기와 군 장비를 실은 철도 화차 수천 량이 스웨덴을 거쳐 노르웨이뿐 아니라 핀란드까지 운송되었다. 그러나 스웨덴은 특히 전쟁 후반기에 (덴마크와 노르웨이에서 피신한 유대인을 비롯해) 난민 수천 명을 받아들였다. 스위스처럼 스웨덴도 중요한 첩보를 연합국에 제공했다.

이베리아반도에서는 스페인과 포르투갈이 두 나라 다 공식적으로는 중립일지라도 교전국 열강에 다른 자세를 보였다. 영국의 가장 오랜 동맹국인 포르투갈은 중립이면서도 독일보다 연합국을 선호했고, 일단 전세가 확연하게 독일에 불리해지자 유난히 더 그랬다. 특히, 마지못해 1943년에 해준 아소르제도[448] 항공기지 이용 승인은 대서양을 횡단하는 연합국 호송 선단이 보호를 더 많이 받게 된다는 뜻이었다. 이와 대조적으로 프랑코는 훗날 자신의 영리한 지도력으로 스페인이 전쟁에 휘말려들지 않게 했다고 주장했지만, 실제로는 추축국 편에 서서 참전하려고 안달했다. 그러나 그의 참전 가격은 너무

---

448)　Açores 諸島. 아조레스제도라고도 한다. 포르투갈 서쪽 1500킬로미터 지점에 있는 포르투갈령 섬 9개로 이루어진 대서양상의 제도.

높았다. 그는 프랑스를 희생하여 북아프리카에서 영토를 얻으리라는 기대를 했을 뿐 아니라 독일이 들어줄 수 없다고 생각할 만큼 엄청난 분량의 식량 및 무기 청구서를 내놓았다. 프랑코는 자신의 이념에 따라 추축국을 더 좋아하는 성향을 바꾸지 않았다. 주요 원료 수출품이 독일로 보내졌고, 독일 잠수함이 스페인에서 연료를 재보급하도록 허용되었고, 2만 명에 가까운 프랑코의 동포가 자원해서 동부전선에서 독일을 위해 싸웠다. 그러나 결국은 독일이 질 것이 뻔해지자, 그리고 절실히 필요한 식량과 기타 수입품을 연합국이 차단하는 바람에 정신이 확 들자 프랑코는 차츰차츰 태도를 바꿔서 자국의 중립이 연합국의 이익에 봉사하도록 허용했다.

파멸을 불러올지 모를 또 한 차례의 전쟁에 끌려 들어가지 않으려는 터키의 염원, 그리고 지중해에서 확대되는 싸움에 지리상 노출되어 있는 상황이 터키의 중립을 떠받치는 근거였다. 4000만 파운드가 넘는 차관과 신용거래에 고무되어 군사 장비를 사들인 터키는 전쟁 초기에는, 비록 참전하라는 모든 압력에 저항했을지라도 연합국을 선호했다. 그리고 스페인의 중립과 마찬가지로, 터키의 입장은 지중해와 북아프리카에서 연합국의 전쟁수행노력을 간접적으로 도왔다. 그러나 터키는 독일이 팽창해서 1941년에 자국의 국경까지 다가오자 독일과 우호조약을 맺었다. 그 조약은 독일의 승전에 대비하는 보험성 필수 대책이었다. 독일은 1943년에 터키가 전시 경제에 없어서는 안 되는 크롬철광의 양을 꼭 늘려서 조달하도록 상당한 압력을 가했다. 그러나 터키는 여전히 중립을 유지했다. 전세가 독일에 불리해지자 터키는 재개된 연합국의 압력에 맞서 이 입장을 계속 유지했다. 터키는 어떤 싸움에도 휘말려들기를 계속 회피했으므로 1945년 2월 23일에야 드디어 순전히 상징적으로 독일에 선전포고를 했다.

영국에 반대하는 감정이 아일랜드 민족주의자 사이에 널리 퍼져 있었어도 에이레의 중립은 연합국 지지 쪽으로 심하게 기울었다. 영국이 (뒤늦게 1938년에야 항구들을 아일랜드에 마침내 넘겨주었는데) 미국으로 가는 해상 운송로를 단축해 주었을 그 항구들의 이용권을 얻지 못한 것은 사실이다. 그러나 영국 선박은 아일랜드의 조선소에서 수리되었다. 아일랜드 영공은 해안 초계에 이용되었다. 바다에서 건져 올려진 연합군 항공대원은 송환된 반면에 독일 항공대원은 억류되었다. 그리고 아일랜드섬 방어에서 공동의 이익을 놓고 아일랜드 정부와 영국 정부 사이에서 상당한 협력이 이루어졌다. 더욱이 공식입장이야 무엇이든, 아일랜드의 많은 가족이 영국에 있는 친척과 긴밀한 연계를 지니고 있었다. 중립인데도 4만 2000명으로 추산되는 에이레 시민이 자원해서 참전했고(이들 가운데 수천 명이 영국 군복을 입고서 목숨을 잃었다), 약 20만 명이 아일랜드해[449]를 건너가서 영국의 전시 경제를 위해 일했다. 에이레의 중립은 기묘한 종결부를 맞이했다. 에이레 총리(티셔흐[450])이자 독립 투쟁의 고참 용사인 에이먼 데벌레라Éamon de Valera는 1945년에 루스벨트 대통령의 죽음에 조의를 표하고 나서 보름이 채 지나지 않아 히틀러가 죽었다는 소식을 듣고 독일에 공식 조의를 하는 극소수 클럽에 가입했다.

---

449)   아일랜드와 영국 사이에 있는 바다.
450)   Taioseach. 내각 총리와 정부 수반을 뜻하는 아일랜드어 낱말.

영국의 민간인은 유럽의 모든 교전국 국민 가운데 가장 운이 좋았다. 1940년과 1941년에 독일 폭탄의 소나기를 맞은—그러고 나서 1944~1945년에 다시 비행 폭탄(즉 V1[451])과 V2 로켓[452]으로 공격당한—런던의 이스트엔드나 다른 영국 도시들(그 가운데서도 코번트리, 사우샘프턴, 브리스톨, 카디프, 맨체스터, 리버풀, 셰필드, 헐, 글래스고, 그리고 북아일랜드에서는 벨파스트)의 시민에게는 그렇게 보이지 않았을 것이다. 다른 나라 주민과 마찬가지로 영국 민간인들은 식량을 더 적게 가졌고, 더 장시간 노동을 해야 했고, 고난과 멀리서 싸우는 가족과 친지에 관한 걱정, 맹폭을 당한 지역에서 집이 없어진 상태를 견뎌내야 했다. 그들은 문에서 기척이 난 뒤 남편, 아들, 아버지, 또는 형제가 전투 중에 죽거나 실종되었음을 알리는 겁나는 전보가 건네질 때 느끼는 깊은 상실감을 견뎌내야 했다. 특히 여성은 새로운 물질적 고난의 예봉을 견뎌내야 했다. 여성은 홀로 남겨져 남편이 멀리 떠나 있는 동안 아이들을 돌보는 일, 그리고 노동시간이 긴데도 가정의 살림살이까지 해내야 하면서 주식의 일부인 일상의 식료품을 배급하는 엄격한 제도에 대처했다. 예전에는 고용된 적이 없거나 가정주부였던 여성이 1939년부터 1943년 사이에 노동인구에 보태진 (50만 명 더 불어난) 증가분의 80퍼센트를 차지했다.

그렇지만 영국 민간인의 삶에 가해진 압박은, 제아무리 컸을지라

451)　보복 무기 1호(Vergeltungswaffe 1)의 준말. 나치 독일이 개발해서 1944년 6월부터 영국 등지를 공격하는 데 쓴 순항 유도탄.
452)　보복 무기 2호(Vergeltungswaffe 2)의 준말. 나치 독일이 개발해서 1944년 9월부터 영국 등지를 공격하는 데 쓴 세계 최초의 장거리 탄도미사일.

도 실질적으로 다른 모든 유럽 국가에서 경험된 압박에는 한참 못 미쳤다. 무엇보다도, 영국은 점령당한 나라가 아니었다. 독일인 점령자가 경제에 무자비한 부담을 주지도 않았다. 향후 언제까지인지 정해지지 않은 시기까지 독일의 산업을 위해 일하도록 내몰리는 강제노동도 없었다. 대도시 밖에서는 전쟁으로 말미암은 물리적 파괴는 거의 없었고, 심지어 도시 안에서도 폭탄으로 생긴 피해는, 비록 혹심했을지라도 비교적 한정된 지역에 국한되었다. 비록 유럽 대륙 대다수 지역에서 봇물처럼 터져 나오는 피난민과 소개민에 견줄 바는 아닐지라도, 수천 명이 집을 잃었다. 식량 배급제는 생활수준에 크나큰 충격을 주었지만, 레닌그라드 주민의 끔찍한 굶주림은 말할 나위도 없고 독일의 점령이 그리스에 불러온(그리고 연합국의 봉쇄가 부추긴) 기아 상태와 전쟁이 끝날 때에 가까워져서 독일이 네덜란드의 식량 공급선에 가한 봉쇄에는 조금도 미치지 못했다. 비록 물자 품귀 사태가 더 심했던 다른 나라보다는 덜했을지라도, 암시장이 번성했다. 특히나 영국이 점령되지 않은 상태로 남았다는 사실은 결정적으로 정복자의 요구에 순응해야 한다는 압력이 없었다는 뜻이며, (매우 많은 수준에서) 부역한 이들과 (다양한 방식으로) 저항하기를 선택한 이들 사이를 가르는 틈이 없었다는 뜻이다.

영국은 제2차 세계대전 동안 이전이나 이후 그 어느 때보다도 필시 더 단합된 사회였을 것이다. 히틀러의 독일과 화해하고 싶어 하는 이들처럼 수가 줄어드는(상류계급 기득권층에서 가장 두드러지는) 소수파는 곧 잠자코 있거나 오즈월드 모즐리 경과 그 밖의 저명한 파시스트처럼 구금되었다. 그러나 억압적인 권위주의 체제에서와는 달리, 다수파의 목소리가 강제되거나 날조되지는 않았다. 전쟁수행노력을 후원하는 광범위한 합의가 실제로 존재했다. 물론 사기는 전쟁의 운세가 오르락내리락하면서 요동쳤고, 식료품의 입수 가능성 같은 물질적 관심사의 영향을 받았다. 폭격도 사기를 비록 깨지는 못했을지라도 (훨씬 나중의 전설과는 반대로) 뒤흔들었다. 전쟁 기간(주로 1940~1941년과 1944~1945년)에 폭격으로 다친 사람은 약 30만 명이고 이 숫자의 5분의 1쯤이, 즉 6만 명 이상이 목숨을 잃었다. 물론 이것은 아주 높은 수치였지만 예상치보다는 훨씬 더 적었고, 일반 대중의 사기를 해치기에는 충분하지 않았다.

나날의 삶에 관한 불평불만이 흔했고, 산업 분규와 파업의 횟수는 늘기까지 해서 1944년에는 조업 중단이 2000건을 웃돌고 생산 분야의 작업 상실 일수가 300만 일을 넘었다. 그러나 비록 정부에 반갑지는 않았을지라도, 파업은 대개 짧았고 대부분은 임금과 노동조건에 관해서였다. 파업은 전쟁에 반대하는 항의가 아니었다. 사기야 오르든 떨어지든, 무기를 든 군인처럼 영국의 민간인에게는 전쟁을 반드시 수행해야 한다는 기본적인 인식과 정의감이 있었다. 프로파간다가 정의로운 대의에 관한 이 인식을 북돋는 일에서 제 몫을 당연히 했다. 그러나 프로파간다의 성공은 이미 존재하는 합의를 공고히 하는 데 있었다. 전쟁 이전에는 반동적 정치가로서 심한 분열을 일으키는 인물이었던 처칠이 합의를 구현해서 때로는 90퍼센트를 웃도는 수행 지지도를 한껏 누렸다. 그의 강력한 연설은 자주 추정되어왔던 결정적인 사기 진작 역할을 하지 않았을지는 모르지만, (1940년 5월과 6월의 됭케르크 철수처럼) 결정적 순간에는 의심의 여지 없이 사기를 끌어올렸고 자유와 민주주의의 생존에 극히 중요하다고 전쟁에 부여된 의미에 관한 인식을 강화했다. 처칠의 의의는 만약 영국의 전시 지도자가, 거의 기정사실이었던 대로, 핼리팩스 경이었다면 영국의 운명이 어땠을지를 상상함으로써 간단히 가늠할 수 있다.

전쟁은 독일 국방군 전진 범위 훨씬 너머에 있어서 점령되지 않은 소련의 드넓은 오지에서도 단합 효과를 냈다. 프로파간다에서 애국적 방어를 강조하면서 특히 러시아의 민족 감정에 호소하고 심지어 러시아 정교회와 정치·종교 협약을 선언하는 쪽으로 태도를 바꾼 스탈린 체제의 변화는 그토록 잔인하고 무자비한 적을 쫓아낸다는 대의에서 엄청난 고난을 견뎌낼 용의를 북돋는 일을 돕는 데 효과가 없지 않았다. 민간인의 전시 동원에는 (비록 노동수용소에 억류된 재소자의 수는 떨어졌을지라도) 심한 강제와 억압이 어쩔 수 없이 따랐다. 주민의 충성심에 조금이라도 의심이 있는 곳에서는 극히 엄격한 조치가 취해졌다. 몇몇 소수민족(볼가 독일인,[453] 크림 타타르인,[454] 칼믹인,[455] 체첸인[456]) 가운데 소수가 침공자에게 호의를 보였을 때, 스탈린은 엄청난 고난과 막대한 인명 손실의 와중에서도 주저하지 않고 그 민족

---

453)   18세기에 러시아 제정의 권유로 유럽 러시아 남부의 사라토프 일대와 동남부의 볼가강 유역으로 이주해서 정착한 독일인들의 후손.

454)   13세기에 몽골의 주치(Juchi)를 따라 아시아에서 이주해온 튀르크계 부족이 크림반도에 정착해 생겨난 민족.

455)   Kalmyks. 카스피해 서북쪽 해안에 사는 오이라트(서몽골)인을 일컫는 러시아어 명칭.

456)   캅카스 동북부의 소수민족.

전체를 소련 제국의 머나먼 지역에 있는 불모지로 강제 이송했다. 그렇지만 테러와 탄압 그 자체로는 소련 민간인의 비상한 전쟁수행노력이 설명될 수 없다.

소련 시민들이 견뎌낸 고난과 그들이 직면해야 했던 곤경의 규모는 말로는 이루 다 표현할 길이 없다. 독일의 1941년 침공의 여파 속에서 집을 잃은 시민이 약 2500만 명이었다. 감자를 빼고는 식량이 철저히 배급되었고, 거의 모든 시민이 극심한 식량 부족에 대처해야 했다. 레닌그라드에서 약 100만 명이 실제로 굶어 죽었다. 심지어 소련의 나머지 지역에서도 도시 주민은 기아를 겨우 넘기는 수준에서 살았다. 농민이 철저한 국가 징발에 내놓지 않고 남겨 둔 비공인 잉여 농산물을 팔고 사는 암시장은, 아무리 처벌이 엄혹하더라도 생존에 결정적이었다. 거의 언제나 배가 고팠는데도 사기가 무너지지 않았다. 일일 노동시간이 길어졌고, 어떠한 노동 경범죄도 혹독한 처벌을 받았다. 그러나 엄청나게 많은 (가정주부와 학생과 은퇴자 등) 새 노동자가 자원해서 일했다. 특히 여성이 전에 없이 노동인구 안에 편입되어 1943년까지 공업 노동자의 57퍼센트를, 집단농장 노동자의 80퍼센트 이상을 차지했다.

때로는 이전의 두어 배인 새 기준 생산량에 동의가 이루어졌다. 생산이 1941년의 재앙에서 회복되는 데 꼬박 두 해가 걸렸다. 그러나 생산이 회복되자 군사적 승리를 거둘 수 있는 발판이 마련되었다. 사람들은 남편이나 아버지나 아들이 나라의 생존 자체를 위해 싸우고 있는 것을 보았기 때문에 심한 내핍을 받아들였다. 대규모 사망이 오랫동안 문화의 일부였던 곳에서조차 그 전쟁으로 말미암아 새로운 차원의 손실이 일어났다. 그 손실을 모면하는 가정은 거의 없었다. 상황이 그랬으므로, 전쟁에 질 경우에 그들 모두가 직면할 위험은 인내할 수 있는 새로운 공동체 의식과 아무리 강하더라도 강압의 힘만으로는 불러일으킬 수 없는 의지를 만들어냈다.

　독일에 점령된 경험은 나라마다 크게 달랐다. 체코 영토가 1939년 3월 이후로 ('보헤미아·모라바 보호령'이라는 이름으로) 독일의 지배 아래 놓였고, 제2차 세계대전이 거의 끝날 때까지 체코 땅에서는 전투가 없었다. 그 보호령의 경제적 중요성과 체코인 노동자에 대한 의존도가 너무 높아서 독일은 어쩔 도리 없이 나치친위대의 '인종 전문가'들이 바라는 (슬라브계 주민의 추방이나 심지어 절멸 등의) 엄혹한 인종적 해결책을 회피해야 한다고, 그리고 지배 아래 놓인 주민을 처음에는 너무 가혹하게 통치하기를 삼가야 한다고 느꼈다. 그러나 커지는 조짐이 있는 소요와 항거를 억누르고자 라인하르트 하이드리히 제국보안본부장이 1941년 가을에 보호령 부총독에 임명되었을 때, 분위기가 나빠졌다. 이제 탄압이 급격히 거세졌다. 영국의 특수작전집행처[457]가 비행기에 태워 들여보낸 체코인 애국자들이 프라하에서 1942년 5월 27일에 하이드리히를 암살하려고 시도해서 그에게 치명상을 입히는 데 성공한 뒤에 탄압이 정점에 이르렀다. 그가 6월 4일에 죽자 흉포한 보복이 촉발되었다. 하이드리히를 죽인 요원들은 자

---

457)　Special Operation Executive, SOE. 제2차 세계대전 동안 추축국 점령지에서 정보 수집, 파괴 책동 및 비정규전, 저항 세력 지원을 수행한 영국의 기관. 1940년 7월에 창설되어 1946년 1월까지 존속했다.

살해서 보복을 모면했다. 그러나 그 암살의 앙갚음으로 여성 200명
이 포함된 체코인 1300명이 처형되었다. 리디체라는 읍이 (한 체코인
요원에게서 그 이름이 발견되자) 통째로 파괴되었다.[458] 히틀러는 만약 말
썽이 더 일어나면 막대한 수의 체코인을 동부로 강제 이송하겠다고
을렀다. 그 뒤로 보헤미아·모라바 보호령은 붉은 군대가 코앞까지 다
가오자 프라하가 세차게 일어나 봉기한 전쟁 막판까지 비교적 조용
하게 남아 있었다.

　일찍 이루어진 보헤미아·모라바 보호령의 점령과는 대조적으로
헝가리는 1944년 3월에야 비로소 점령되었다. 그해 10월에 붉은 군
대가 헝가리로 전진하는 가운데 (비록 3월 이후에 다만 독일의 지시에 따
라서였더라도) 국가수반이 되었던 호르티 제독이 헝가리가 독일과 동
맹 관계를 끊고 소련과 단독 강화를 맺고 있다고 밝혔을 때, 히틀러
가 지체 없이 그를 끌어내리고 또 다른 꼭두각시 통치자(즉, 화살십자
당 파시스트들의 광신적 지도자인 살러시 페렌츠)로 바꿨다. 살러시 정권
은 부다페스트에서 여러 주 동안 맹렬한 시가전이 벌어진 뒤 헝가리
가 1945년 2월 붉은 군대에 항복했을 때까지만 지속되었다. 그러나

---

458)　영국에서 훈련받은 체코슬로바키아 망명정부 특공대, 즉 오팔카(Opálka),
발칙(Valčík), 쿠비시(Kubiš), 가브칙(Gabčik) 등이 프라하에 잠입해 1942년 5월
27일에 하이드리히가 탄 차에 폭탄을 던졌다. 크게 다친 하이드리히는 일주일 뒤
에 죽었다. 범인 색출에 나선 독일군은 특공대원들이 숨어 있던 성당을 급습했고,
대원들은 모두 자살했다. 나치는 저항 세력에 보여주는 경고로 6월 10일에 프라하
서북쪽 22킬로미터 지점에 있는 리디체(Lidice)를 불태운 뒤 16세 이상 남자를 모
조리 죽이고 여자와 아이들은 수용소로 보냈다.

살러시의 흉포한 화살십자당이 헝가리 유대인들을 상대로 테러 통치를 펼쳤으므로 살러시 정권은 그들에게 치명적이었다. 그 테러 통치는 그들이 독일 치하에서 겪었던 고난에 찍는 무시무시한 종결부였다.

유럽의 몇몇 점령지에서는 전쟁이 예속된 주민 사이에서 단합을 촉진하기는커녕 심한 분열을 일으켰다. 남유럽에서는 분열이 워낙 격심해서 내전 상황을 불러왔고, 그 내전은 점령군에 맞선 전쟁과 겹쳐졌다.

독일의 유고슬라비아 점령의 야만성, 학살과 어마어마한 보복 행위, 말로는 이루 다할 길 없는 우스타샤의 역겨운 잔학 행위는 별개의 양대 파르티잔 운동, 즉 복벽復辟된 유고슬라비아 왕정 아래서 대大세르비아[459]를 복원하고 싶어 하는 민족주의자 군 장교들이 이끄는 체트니크[460]와 크로아티아인인 요시프 브로즈 티토가 이끄는 공산주의자들의 성장을 북돋웠다. 그러나 파르티잔은 독일군, 우스타샤, 보스니아 무슬림, 몬테네그로 분리주의자, 알바니아 분리주의자뿐 아니라 자기들끼리도 서로 싸웠다. 전쟁이 마지막 단계로 접어들고서야 비로소 티토의 공산주의 파르티잔이 영국의 군수품과 무기로 지원

---

459)   세르비아 민족주의자들이 세르비아의 기존 영토에 지난날 세르비아인이 거주했거나 지배했던 영토까지 편입해서 만들려고 구상했던 더 거대한 세르비아 국가.
460)   Četnik. 추축군에 협조하는 크로아티아인과 싸우기 위해 조직된 유고슬라비아의 무장 저항 조직. 체트니크는 연합군이 유고슬라비아 왕정을 다시 세워 주기를 바라면서 추축군에 저항했지만, 독일군이 저항 활동에 연루되었다고 의심받는 주민을 처절하게 응징하자 적극적 저항을 회피했다.

을 받으면서 저항을 주도하고 새로운 유고슬라비아 국가의 전후 지도부의 밑바탕을 마련하게 된다. 유고슬라비아는 유럽에서 (붉은 군대의 원조를 받은) 파르티잔이 결국에 가서는 통제권을 쥐고 정부를 구성할 수 있었던 유일한 나라였다.

철저히 약탈당하고 통화가 파탄 나고 독일 점령군과 이탈리아 점령군이 엄청난 규모의 물적 공물을 가져가면서 그리스에 곧바로 기아가 일어났다. 이 극심한 식량 부족은 이전에 그리스의 곡물 거의 3분의 1이 재배되었던 마케도니아 동부와 트라키아[461]가 독일의 침공 이후에 불가리아의 통제 아래 놓여 이 지역에서 식량 반출이 금지되면서 크게 악화했다. 전쟁은 대다수 그리스인에게 날마다 발버둥 쳐서 살아남는 것을 뜻했다. 사보타주 행위에 독일이 무자비하게 가하는 보복과 나란히 이루어지는 엄청난 강탈이 유고슬라비아에서처럼 급성장하지만 심하게 갈라진 파르티잔 운동의 게릴라 활동을 북돋웠다. 1943년까지 유럽 최대의 공산주의 저항운동이 공산주의가 아닌 민족주의 공화주의자들의 거센 반발을 받았는데, 이들이 결국에 가서는 영국의 후원을 얻을 터였다. 전후에 나라를 쑥대밭으로 만들 내전의 뿌리가 단단히 내렸다.

이탈리아에서도 1943년 7월 무솔리니가 무너진 뒤에 독일군이 북부를 점령하고 연합군이 훨씬 너그럽게 남부를 점령하면서 전쟁 자

---

461)　발칸반도 북동부를 일컫는 표현. 원래는 오스만제국 영토였는데 20세기 초엽에 전쟁을 거치면서 불가리아와 그리스와 터키에 분할되어 오늘날에는 북부는 불가리아, 남서부는 그리스, 남동부는 터키에 속한다.

체 안에서 내전이 일어나는 것과 진배없는 상황이 조성되었다. 파시즘 체제는 이탈리아 사회의 깊은 균열을 살짝 가려왔을 따름이다. 처음부터 결코 큰 인기를 얻지 못했던 전쟁으로 말미암아 내부의 불만이 커졌고 사기가 무너졌다. 이 상황은 (더불어 물가 폭등과 암시장 창궐이 따르는) 극심한 식량 부족으로, 그리고 나서는 연합군의 폭격으로 말미암아 더 두드러졌다. 폭격으로 말미암아 국민이 정부를 지지하며 단합하기는커녕 국민을 공습에 노출시킨 파시즘 당국에 엄청난 분노가 일었다.

독일이 다시 무솔리니를 가르다 호수[462]에 있는 살로Salò에 근거지를 둔 꼭두각시 정권의 수반으로 삼은 뒤에 저변에 있던 분열이 급격히 과격해진 형태를 띠었다. 파시즘 혁명을 완수할 가능성을 기대하는 강경한 광신자와 이상주의자가 포함된 무솔리니 추종자들이 점점 더 절박해져서 악랄한 살인 부대를 만들어 파르티잔이나 방해가 되는 모든 사람을 목매달거나 사살했다. 한편, 다양한 파르티잔 조직은 독일군 점령자에 맞선 전쟁에서 사보타주 행동에 나섰을 뿐 아니라 빈번하게 해묵은 원한을 풀어서 파시스트를 찾아내는 곳에서마다 다달이 파시스트 수백 명을 암살했다. 전쟁과 사실상 내전이 결합하면서 무솔리니의 이른바 살로 공화국[463]이 존속한 기간은 이탈리

---

462)   Lago di Garda. 밀라노와 베네치아 사이에 있는 이탈리아 북부의 호수. 넓이 2350제곱킬로미터의 이탈리아 최대 호수이기도 하다.

463)   Repubblica di Salò. 정식 명칭은 이탈리아 사회공화국(Repubblica Sociale Italiana). 1943년 7월에 권좌에서 쫓겨나 가택 연금된 무솔리니를 찾아내 구출한 히틀러가 그를 내세워 이탈리아 북부에 세운 꼭두각시 이탈리아 파시즘 정권. 살

아 북부의 이탈리아인에게는 전쟁 전체에서 가장 끔찍하고도 폭력적인 시기가 되었다. 4만 명에 이르는 파르티잔이 싸우다가 죽임을 당했다고 추산되며, 추가로 파시즘 반대자 1만 명이 보복 살해의 제물이 되었고, 파시스트나 부역자 1만 2000명쯤이 '숙청' 행위에서 제거되었다. 공산주의자들이 우세했지만 다른 정치 색채를 띤 활동가들을 끌어안은 반反파시즘 저항 세력은 1945년 4월까지 25만 명을 웃도는 활동가의 지지를 활용할 수 있었다.

그러나 유고슬라비아나 그리스와는 달리 그들은 거국적 해방 전쟁으로 여긴 것에서 공동의 적에 맞서 단결할 수 있었고, 연합군이 도착하기 전에 북부의 크고 작은 여러 도시를 통제할 만큼 대규모 봉기를 물러나는 독일군에 맞서 개시했다. 4월 말에 그들은 무솔리니를 붙잡아 사살할 수 있었고, 그의 주검을 밀라노 도심에 매달아 놓았다. 한편, 이탈리아 남부에서는 1943년 9월 이후 연합군의 점령이 북부의 내전을 모면한다는 것을 뜻했다. 그 대신 1944년 6월에 연합군이 로마에 들어온 뒤 이탈리아 남부 사회는 다원주의 정치가 처음으로 다시 깨어나는 거죽 아래서 해묵은 후견인주의로 금세 되돌아갔다. 이탈리아에서 전쟁은 처음에 그랬던 것만큼 끝에도 커다란 남북의 분리를 남겨 놓았다.

북유럽과 서유럽에서는 독일의 점령이 남부의 내전 상황 같은 것을 조금도 불러일으키지 않았다. 동유럽과 남유럽에 견줘서, 유럽 대륙의 이 지역들의 점령은 적어도 전쟁 초기 단계에는 비교적 평온했

로를 수도로 삼아 1943년 9월 23일부터 1945년 4월 말까지 존속했다.

다. 그렇지만 전쟁은 기본적으로는 정복당한 나라의 삶이라는 현실을 받아들이게 된다는 뜻이었다. 독일은 기존의 국가 관료 체제에서, 그리고 정치적 신념에서 부역하기를 갈망하는 소수파에게서 어김없이 협력을 얻어냈다. 독일의 점령이 끝날 날이 얼마 남지 않았음이 명백해지자 규모가 커지는 또 다른 소수파가 적극적 저항의 위험천만한 세계에 들어섰다. 그러나 대다수 사람들은 철저한 부역자도 아니었고 저항 세력의 투사도 아니었다. 그들은 제 나라의 해방을 보고 싶어 했지만, 점령이 얼마나 오래 지속될지 알 길이 없었으므로 형태야 어떻든 새로운 정권에 적응하는 모종의 방식은 피할 수 없었다. 유럽 서북부 국가들의 국민이 어떻게 적응했는지가 전쟁이 그들에게 무엇을 뜻했는지를 형성했을 뿐 아니라 지속적 유산을 지니기도 했다. 점령의 성격과 점령된 나라의 (엘리트와 대중 양자의 행동을 상당히 좌우하는) 유력한 정치 문화, 그리고 비교적 너그러웠던 초기의 관리 행정에서 주민을 점점 더 가혹하게 대하고 극심한 물질적 곤란을 부과하는 행태로의 변화가 독일의 지배에 대한 다양한 반응의 형성에서 근본적이었다.

비록 점령의 궤적은 자주 비교적 비슷했을지라도 네덜란드, 벨기에, 노르웨이, 덴마크의 전시 경험은 달랐다. 독일은 처음에는 서유럽을 평온하게 유지하기를 열망했다. 반항이 아니라 협력이 독일이 바라는 것이었다. 특히 저지대 나라들[464]과 스칸디나비아의 게르만계

---

464)   Low Countries. 오늘날의 벨기에와 네덜란드와 룩셈부르크와 대충 일치하는 유럽 대륙 서북부의 낮은 삼각주 주변 일대를 일컫는 역사적 명칭.

민족을 먼 미래에 독일제국에 편입한다는 모호한 개념이 있었으므로, 군사적 정복은 동유럽에서처럼 정복당한 사람들을 노예로 삼기를 겨냥하지 않았다. 각각의 나라에는 독일의 통치를 적극적으로 환영하는 소수의 자생적 파시스트나 국가사회주의자가 있었다. 노르웨이 꼭두각시 정부의 비드쿤 크비슬링Vidkun Quisling 총리는 서방 연합국이 부역자에게 붙여준 '퀴즐링'[465]이라는 일반명사에 자기 이름을 내주기까지 했다. 그 네 나라는 각각 무장친위대의 외국인 사단에 가담하는 광신자들의 소부대를 제공했다. 대략 네덜란드인 5만 명, 벨기에인(플라망인[466]과 프랑스어를 쓰는 왈론인[467]) 4만 명, 덴마크인 6000명, 노르웨이인 4000명이 복무했다. 대다수 국민은 이념에 몰입하는 철저한 부역자들을 대개 반역자로 미워했으므로 점령자는 자주 이들이 대체로 역효과를 일으킨다고 여겼다. 반면에 관료와 경찰의 자발적 협력은 점령의 효율성에 필수적이었다.

1942년 이후에, 즉 점령이 무한정하지는 않으리라는 것이 더욱더 명확해지자, 그리고 식량과 기타 물자, 노동력을 내놓으라는 독일의 요구가 확 거세지자 갖가지 형태의 대중적 저항이 크게 늘었다. 그렇지만 서유럽 안에서조차 점령의 압력에는 큰 차이가 있었다.

예를 들어, 덴마크에서는 독일의 지배가 전쟁 기간 대부분에 북유럽과 서유럽의 다른 점령지에서보다 훨씬 덜 억압적이었다. 이 점은

---

465) quisling. 비드쿤 크비슬링에서 비롯하여, 자기 나라를 점령한 적의 꼭두각시 노릇을 하는 반역자를 뜻하게 된 영어 낱말.
466) Vlamingen. 플라망어를 사용하며 주로 벨기에 북부에 사는 게르만계 주민.
467) Walloon. 왈론어를 사용하며 주로 벨기에 남부에 사는 켈트계 주민.

점령 기간에 (덴마크 민간인 사망자 총수가 1100명쯤이어서) 인명 손실이 비교적 적었다는 데 반영되어 있었다. 덴마크는 1940년 4월에 침공을 당하자마자 거의 곧바로 항복했고, 국왕 크리스티안 10세는 나라에 머물렀으며, 독일 총독 아래서 정부가 계속 나라를 다스렸다. 부역은 처음에는 효과를 발휘했다. (덴마크가 다량의 식품을 독일로 보내는데도) 식량 배급은 더 좋았고 강제 노동은 도입되지 않았고 나라가 직접 약탈당하지 않았으며, 점령 비용이 연간 국민소득에서 차지하는 비율이 노르웨이에서는 67퍼센트이고 벨기에에서는 52퍼센트인 데견줘 덴마크에서는 22퍼센트에 지나지 않았다. 그러나 1943년 8월부터 덴마크에서 정책이 바뀌었다. 그 뒤에 부역에 맞선 항거가 일어났고, 덴마크 정부가 사퇴하지 않으면 안 되었다. 그 뒤로는 점령이 더가혹해지고 독일 경찰이 훨씬 더 심하게 설쳐대고 보복 수준이 확높아졌으며, 비협조와 노골적 저항이 둘 다 더 확연해졌다. 협조의 자리에 포악성이 들어섰고, 그 포악성으로 말미암아 저항운동이 자라나서 1944~1945년에 최고의 활동 수준에 이르렀다.

독일 지배의 특성 탓에 모든 유럽 서북부 국가들에서 처음에는 만연했던 순응이 달랠 길 없는 민심 이반으로 변했다. 예를 들어, 네덜란드에서는 1940년에 이미 배급제가 철저해서 특히 도시 주민의 식량 부족이 심했고 덩달아 물가가 치솟고 암시장이 걷잡을 길 없이 퍼지는 한편으로, 야간통행 금지와 운행 제한으로 공공 생활이 최소 수준으로 줄어들었다. 법을 잘 지키는 사람도 난방을 하고 먹을 것을 얻으려면 사실상 법을 어기지 않으면 안 되었다. 독일의 노동력 부족이 격심해지자 노동자를 저인망식으로 훑어 모아들여서 독일의 군수공업에서 일하도록 강요하는 행태는 금세 대중 소요의 추가 원천이 되었다.

다른 곳에서처럼 네덜란드에서도 얼마 안 되는 사람만이 지하 저항운동에 가담했다. 저항은 위험하기 짝이 없는 행위여서, 늘 배신과 배반에 시달리고 가족에게 무시무시한 위험을 불러일으키며 붙잡힌 이는 끔찍한 고문과 죽임을 당했다. 네덜란드에서 직접적으로 연루된 이들의 수는 십중팔구 1944년 가을 전에는 2만 5000명쯤을 헤아렸고, 그 뒤에는 아마도 1만여 명이 더 가세했을 것이다. 소모율이 높았다. 네덜란드 저항 세력의 3분의 1 이상이 체포되었고, 4분의 1 가까이가 전쟁에서 살아남지 못했다.

300만 명 남짓한 노르웨이 인구에서 조금 더 높은 비율이 저항에 적극적으로 관여했다. 자주 영국에 망명해서 훈련을 받은 노르웨이의 저항 세력 투사들이 병력 이동을 막으려고 독일의 해상 운송, 연료 공급, 산업 시설과 더불어 나중에는 철도까지 파괴하는 공작을 수행했다. 그들은 영국의 특수작전집행처와 긴밀한 연락을 취하면서, 부분적으로는 (베르겐[468]과 셰틀랜드제도[469] 사이를 오가는 선박인) '셰틀랜드 버스'를 통해 활동을 지탱했다. 전쟁이 끝날 때까지 4만 명 남짓한 노르웨이인이 저항에 적극적으로 관여했다. 사보타주나 점령 세력 요원을 공격하는 행위를 하면 공동체 전체가 독일의 지독한 보복에 직면했다. 이 보복은 실제로 무시무시했다. 예를 들어, 게슈타포

---

468) Bergen. 노르웨이에서 두 번째로 큰 노르웨이 서남단의 항구도시.
469) Shetland Islands. 영국 스코틀랜드 북동쪽에 있는 한 무리의 섬.

요원 2명을 죽인 저항 세력 투사들을 비호했다는 이유로 노르웨이의 작은 어촌인 텔라보그가 완전히 파괴되고 마을의 남자 주민들이 베를린 부근의 작센하우젠[470]에 있는 강제수용소로 보내졌다(그들 가운데 31명이 죽었다).

독일의 점령 아래 있는 나라들 안에서 적극적 저항에 관여한 이들은 점령의 끝을 보려는 열망으로만 단합되었지만, 다른 경우에는 자주 이념상 보수주의자 및 민족주의자와 사회주의자 및 공산주의자 사이에서 뚜렷하게 분열되었다. 그렇지만 그토록 위험한데도, 저항 세력은 종전이 가까워지면서 지원 연결망을 확장했다. 독일의 점령이 가혹해질수록, 독일에 반대하는 감정의 힘이 국민의 일체감과 해방의 열망을 결합하는 구실을 더 많이 했다. 그렇지만 독일의 징벌 조처로 주민이 당하는 고통은 자주 극심했다. 네덜란드의 저항 세력이 1944년 9월에 아른험[471]에서 연합군의 상륙을 도우려고 철도를 멈춰 세웠을 때, 독일이 보복으로 식량 공급을 끊어 버리는 바람에 매섭게 추운 1944~1945년 '배고픈 겨울'[472]에 온 국민이 굶주리고 극심한 땔감 부족에 시달렸다. 전쟁 말기에야 구호물자가 연합군의 공중투하

---

470)   Sachsenhausen. 베를린 북쪽 35킬로미터 지점에 있는 오라니엔부르크 (Oranienburg) 시의 한 구역. 나치 정권은 1936년에 정치수를 가두는 강제수용소를 작센하우젠에 세웠고, 1945년까지 운영했다.

471)   Arnhem. 네덜란드 동부의 도시.

472)   Hongerwinter. 1944~1945년 겨울에 독일의 네덜란드 점령군이 식량과 연료의 공급선을 끊어서 인구 밀집 지역인 네덜란드 서부가 맞이한 기근과 물자 부족 사태를 일컫는 표현. 이로 말미암아 2만 명 안팎의 민간인이 죽었다고 추산된다.

로 겨우 전달되었다. 네덜란드인에게 전쟁은 다른 무엇보다도 싸움이 벌어지는 마지막 몇 달 동안 그 같은 고통의 정신적 외상을 뜻했다.

정복된 유럽 서북부 국가의 국민 사이에서 점령이 어떤 연대를 만들어냈든, 그 연대가 (동유럽의 유대인 공동체와 견주면 대개 작았던) 유대인 공동체까지 확장되지는 않았다. 지독한 반유대주의가 확산될 필요는 없었다. 그렇더라도 유대인은 흔히 '국외자'로 여겨졌고, '노란 별표'를 붙이고 다니라고 강요되었을 때에는 더더욱 그랬다. 유대인을 한데 모아서 강제 이송하겠다는 독일 지배자들의 단호한 결의와 유대인을 조금이라도 도와주면 가혹한 응징을 당할지 모른다는 공포가 결합된다는 것은 가장 심대한 위험에 직면해 있는 그 사회집단이 가장 덜 보호되고 가장 많이 노출되어 있다는 뜻이었다.

그러나 비유대인 주민은 전적으로 수동적이거나 적대적이지는 않았다. 암스테르담의 유대인을 1941년 2월에 강제 이송하려고 몰이를 하려는 첫 시도는 대중의 단기 파업을 촉발하기까지 했다. 비록 그랬다가 네덜란드 관료와 경찰이 더 선뜻 점령자와 협력하도록 부추기는 역효과를 불러일으켰을지 모를지라도 말이다. 때로는 독일의 의도를 미리 헤아려 이루어지기까지 하는 그 같은 협력은 유난히 더 많은 유대인(나치가 '순혈 유대인'으로 지정한 14만 명 가운데 약 10만 7000명)이 강제 이송되도록 거들었다. 그 유대인 대다수가 목숨을 잃었는데, 그들은 다른 서유럽 국가 출신이기보다는 네덜란드 출신이었다.

그러나 기독교 원칙과 갖가지 다른 동기에서 스스로 위험을 무릅쓰고 유대인을 돕는 이들이 있었다. 즉결 강제 이송을 당하지 않을, 일정한 보호를 받는 이인종간異人種間 결혼을 한 유대인과 반半유대인을 비롯한 네덜란드 유대인 2만 5000명쯤이 개인이나 구조 연결망에서 그 같은 도움을 받는 혜택을 누려서 체포를 피해 종적을 감추고 위태로운 비합법 지하 생활을 하게 되었다. 비록 이들 가운데 8000명이 숨어 지내다가 붙잡혔을지라도 말이다. 점령자의 손아귀를 피하도록 유대인을 돕는 벨기에의 연결망은, 특히 유대인 스스로의 비합법 조직은 더 광범위했다. 유대인 2만 4000명쯤이 벨기에에서 아우슈비츠로 강제 이송되었다. 그러나 1920년대에 동유럽의 빈곤과 포그롬을 피해, 그리고 1930년대에 독일에서 달아나 브뤼셀[473]과 안트베르펜[474]에 살게 된 최근 이주민이 태반을 차지하는 유대인 3만 명이 모종의 피신처를 찾아내 점령기를 넘기고 목숨을 용케 부지했다. 노르웨이의 작은 유대인 공동체의 절반이 넘는 유대인 수백 명이 도움을 받아 중립국인 스웨덴으로 빠져나갔다. 비록 남은 이들 대다수가 결국은 목숨을 잃었을지라도 말이다. 1943년에 (유대인이 총인구에서 미미한 비중을 차지하고 잘 동화된) 덴마크에서는 비유대인이 유대인 이웃에게 독일 점령자가 계획한 몰이가 머지않았다고 경고하여 도피하도록 도왔다. 그 결과 죽임을 당하도록 강제 이송되기로 지명된 유대인의 태반이 외레순 해협[475]을 건너 스웨덴의 안전한 피난처로 빼돌려졌다. 비록 살아남을 가망이 동유럽보다 서유럽에서 훨씬 더 컸을지라도, 유대인 대다수는 여전히 '유대인 문제의 최종 해결'을

---

473)   Brussel. 벨기에의 수도.
474)   Antwerpen. 벨기에 북부의 도시. 벨기에에서 두 번째로 큰 도시이기도 하다.
475)   Øresund; Öresund. 덴마크와 스웨덴 사이에 있는 해협.

완수하려는 독일의 무자비한 강행 움직임의 제물이 되었다.

정복당한 유럽 서북부 국가들 가운데 단연 가장 큰 국가인 프랑스의 국민은 북쪽 이웃 나라의 경험을 얼마간 공유했다. 그러나 상당한 차이점이 있었다. 몇몇 차이점은 프랑스가 (파리를 비롯한 프랑스 북부와 대서양 해안선 전체를 따라 내려가는 좁다란 지대 등 국토의 3분의 2쯤을 차지하는) 피점령지와 프랑스 한복판에 있는 온천 도시인 비시에 수도를 둔 비점령 준準자치 지구로 나뉜 것에서 비롯했다. 전쟁이 사람들에게 무엇을 뜻하는지는 이념 성향과 개인 경험뿐 아니라 전쟁의 지속 기간에 걸쳐서, 그리고 (비시나 피점령지뿐 아니라 심지어 지방과 지역 등) 지리적 위치에 따라 다양했다.

푸앵카레가 1914년에 불러내는 데 성공했던 '거룩한 단결'의 인식이 이번에는 없었다. 공황에 빠진 북부 도시 주민의 4분의 3이 다가오는 독일의 침공을 피해 남쪽으로 도주한 1940년에 당한 패배의 파국으로 말미암아 프랑스 국민은 분열되고 굴욕을 느꼈다. 그러나 그 충격과 나란히, 설령 분열이 있더라도 적어도 제3공화국 혐오에서는 단합한 프랑스 우익은 패배를 민족의 재탄생을 불러올 기회로 반겼다.

사회주의자였다가 독일에서 일할 프랑스 노동자를 징집하는 일을 책임지는 노동장관이 된 마르셀 데아Marcel Déat와 나중에 "볼셰비즘에 맞선 십자군"에 들어가 동부전선에서 싸울 다른 프랑스인 자원자 4000명에 합류하는 파시즘 지도자 자크 도리오처럼 이념적 신념에서 우리나와 협력한 일급 부역자들이 있었다. 가장 눈에 띄는 부역의 면모들 가운데 하나가 비시 정권의 피에르 라발 부총리였다. 능란한 실용론자이자 정치적 협잡꾼인 그는 독일이 이기기를 바란다고 드러내놓고 선언했는데, "그렇지 않으면 모든 곳에 볼셰비즘이 들어서리라는 이유"에서였다. 이처럼 공공연한 부역은 프랑스인 대중의 전형은 아니었다. 그러나 적극적 저항도 (점령 초반에는 틀림없이) 전형은 아니었다. 점령된 다른 서유럽 국가의 국민과 마찬가지로, 프랑스 국민 대다수는 점령에 (비록 열광적으로는 아니었을지라도) 적응하는 길을 찾아야만 했다. 그들은 불가피할 때는 새 지배자에 협력했고 흔히는 얼마간 거리를 두고 '관망'하는 자세를 취했으며, 점령이 더 가혹해지고 해방의 전망이 더 머지않아 보이자 슬슬 더 혐오감을 드러내 보였다.

유럽 서북부의 다른 곳에서처럼 독일의 점령은 처음에는 비교적 부드러웠지만, 독일이 역경에 부딪히기 시작하면서 더 엄혹해졌다. 프랑스에 대한 경제적 요구는 혹심했다. 프랑스 정부 예산의 55퍼센트가 점령 비용을 메웠고, 프랑스의 총 공업 생산량의 40퍼센트가 독일의 전쟁수행노력에 들어갔고, 프랑스 농산물의 15퍼센트가 독일의 식탁에 음식이 계속 오르게 도왔으며, 1943년까지 60만 명이 독일에서 일하도록 징발되었다. 다른 유럽 서북부 지역의 가정처럼 프랑스 도시의 대다수 가정의 전쟁 경험은 식량을 자주 암시장을 통해 얻으려고 늘 발버둥 치는 것이었다.

심한 박탈과 물질적 고난을 겪은 프랑스의 경험은 두 지구에 걸쳐 있었다. 그러나 그 두 지구 사이의 분계선은 실질적 의미를 지녔다. 프랑스의 남쪽 3분의 1에서는 정부가 독일인이 아닌 프랑스인의 손에 있었다. 물리적으로나 심리적으로나 패배의 흉터가 남았을지라도, 비점령지에서는 프랑스인이 대체로 자신의 운명을 통제했다. 비시는 전쟁에 대한 또 하나의 의미를 프랑스인 수백만 명에게 제공했다. 그 의미란 많은 이가 보기에 1940년 패전하기 오래 전에 썩어빠지고 타락했다고 불신을 샀던 제3공화국의 거부, 그리고 프랑스의 '전통' 가치인 '노동, 가족, 조국'[476]의 복원이었다. 프랑스가 무너진 뒤에 페탱 육군원수를 수반으로 삼은 권위주의 체제가 스스로 일컬은 명칭인 '프랑스 국가'[477]는 (비록 인기가 첫 한두 해 뒤에 썰물처럼 확 빠져나갔을지라도) 처음에는 널리 인기를 얻었다. 퇴역 군인 120만여 명이 (파시즘 유형의 거수기 단체와 닮은 구석이 있는 조직인) '프랑스 용사단'[478]에 서둘러 가입해서 페탱 원수에게 충성을 맹세하고 페탱 주위에 형성된 성대한 개인숭배의 저변을 이루었다. 가부장적 권위와 기독교의 대표자, 즉 무신론과 사회주의와 세속화에 대항한 반동의 상징으로 내세운 인물로서 페탱은 가톨릭교회 지도부의 지지도 누렸다.

　80대 나이의 페탱 원수는 파시즘 운동에 공통된 젊음이라는 상징성을 구현하지 못했다. 그렇더라도 그의 정권은 신화화된 과거를 소환하고, 향촌과 '땅으로 되돌아가기'를 예찬하고, 유기적 사회를 이상화하고, 국민을 '갱생'할 젊음과 모성과 출산 장려 정책을 강조한다는 점에서(특히 '내부의 적'을 핍박한다는 점에서) 파시즘의 특성을 띠었다. 심지어 비시 정부 초기에도 좌익 시장들이 쫓겨나고, 프리메이슨

---

476)　Travail, Famille, Patrie. 프랑스대혁명의 구호이자 프랑스 제3공화국의 표어인 '자유, 평등, 형제애'를 대신해서 비시 프랑스가 내세운 표어.

477)　État Français. 비시 프랑스의 정식 국호.

478)　Légion Française des Combattants. 제1차 세계대전의 정신을 앞세워 프랑스 민족의 가치를 부흥한다는 명목으로 비시 정부가 1940년 8월 29일에 창설한 퇴역 군인 단체.

단원이 모든 국가 고용직에서 해임되고, 노동조합 조직이 해체되었다. 외국인, 정치수, 사회적으로 '바람직하지 않은 개체', 로마니, 유대인을 가둘 억류 수용소가 10개 남짓 세워졌다. 비시 당국은 피점령지역의 '아리아화' 프로그램을 확대해서 유대인 회사 수천 개를 몰수했고, 그 회사를 프랑스인 회사에 가장 헐값에 팔았다. 비시 정권은 유대인 고용을 제한하는 반유대인 법규를 도입했다. 1942년과 그 뒤에 비시 당국의 관료와 경찰은 (프랑스에 있는 유대인 총인구 30만 명의 반쯤인) 외국 유대인의 몰이와 잔혹한 강제 이송에서 열성을 다해 부역하여 프랑스의 피점령지에서 오는 강제 이송에 보탰다. 프랑스에서 폴란드에 있는 죽음의 수용소로 강제 이송된 유대인 7만 5721명(이 가운데 2567명만 살아남았다) 가운데 5만 6000명을 외국 유대인이 차지했다.

비유대인도 차츰차츰 심해지는 억압과 씨름해야 했다. 이미 1941년 가을 무렵에 맨 처음으로 독일인 요원이 암살당하자 50명에 이르는 볼모가 보복으로 처형되었다. 다른 보복성 대량 총살이 곧 그 뒤를 이었다. 1944년 6월 연합군이 상륙한 뒤에 보복의 횟수와 규모가 확 늘어났다. 나치 무장친위대가 저지른 가장 악명 높은 행위에서 리모주[479] 서북쪽에 있는 오라두르쉬르글란 마을이 레지스탕스를 위해 무기를 숨겨 두고 있다는 오해를 사서 완전히 파괴되고, 마을 주민 642명이 사살되거나 불에 타 죽었다. 1943년에 비시 지구에 세워진 프랑스

---

479)　Limoges. 프랑스 중서부의 소도시.

인 파시스트 준군사 치안대인 밀리스[480]가 탄압 테러 기구로서 게슈타포만큼 두려움을 샀다. 그러나 다른 곳에서처럼, 독일의 지배가 끝날 날이 얼마 남지 않았음이 분명해지자 억압은 차츰차츰 역효과를 내게 되었다. 억압은 예전에는 단합이 존재하지 않았던 곳에서 (해방이라는 목표로 뭉치는) 단합을 만들어내는 데 한몫을 했다.

붙잡히면 무시무시한 징벌을 받는데도—(독일이 소련을 침공하자 다시 활력을 띤) 공산주의자와 (드골의 지도 아래 차츰차츰 굳건해지는) 보수주의자 사이에 갈라진—적극적 저항의 범위는 더 넓어졌고 줄지 않았다. 그리고 대다수 사람들이 적극적 참여를 회피하고 여전히 '관망'하는 자세를 선호한 한편, 저항에 관여하는 이들에 대한 지지의 수준은 올라갔다. 독일에서 의무 노동을 하도록 강요하는 법률이 1943년 2월 16일에 도입되자 대중 불복종의 분위기가 조성되어 적극적 저항의 성장을 북돋웠다. 징집된 이들 가운데 많은 사람이 그냥 종적을 감췄고, 흔히 산이나 먼 시골로 사라졌다. 그들은 그곳에서 현지인에게 받아들여져 지낼 곳을 얻었고, 연합군이 1944년 6월에 상륙한 뒤로 해방이 다가오자 커져가는 저항운동에 가세하는 경우가 드물지 않았다.

제2차 세계대전 뒤에, 무엇보다도 저항이 그 전쟁이 프랑스인에게 의미했던 바를 상징하게 되었다. 이것은 프랑스가 패배 이후 '암흑기' 동안, 특히 프랑스인 스스로가 (적어도 처음에는) 통제한 비점령지에서

---

480)　Milice. 비시 프랑스에서 우익 조직을 모태로 1943년 1월에 창설된 3만 명 규모의 준군사 조직. 독일 당국을 도와 유대인을 색출하고 레지스탕스를 탄압했다.

겪었던 것의 덜 자랑스러운 측면을 은폐하려는 의도였고, 오랫동안 은폐했다. 프랑스는 여러 해가 지나야 '비시 신드롬'을 정면으로 마주할 준비가 될 터였다.

독일의 '국내 전선'에서 전쟁은 다른 어떤 나라의 국민과도 공유되지 않은 의미를 띠었다. 1941년 12월 미국과의 교전 행위가 시작되기 전에 베를린에서 전쟁을 직접 겪은 미국인 문필가인 윌리엄 샤이러가 폴란드에서 벌인 단기 전역에 대한 기본적 반응이라고 조금은 냉소적으로 적은 것은 중대한 우려가 1941년 가을에 고조될 때까지는 전반적으로 적용되었는데, 그 내용은 이러했다. "독일인이 성공하고 자기 허리띠를 너무 많이 졸라맬 필요가 없는 한, 이것은 인기 없는 전쟁이 아닐 것이다." 1941~1942년 겨울까지, 식량과 기타 자원을 얻으려고 유럽 대부분의 지역을 강탈하는데도 국내의 내핍이 급격히 심각해지고 식량 배급이 확 줄자 민간인 사이에서 허리띠 졸라매기가 필요해졌다. 그에 따라 전쟁은(그리고 독일을 그 전쟁으로 데리고 들어간 정권은) 인기를 잃었다.

무엇보다도 1942년 말에 재앙과도 같은 스탈린그라드의 패배로 확연하게 상징되는 급격한 전황 악화로 말미암아 어쩌면 전쟁에서 질 수도 있다는 인식이 국내 주민 사이에서 고조되었다. 이렇게 되자 이번에는 패전이 무엇을 뜻할지를 생각하지 않으면 안 되었다. 프로파간다는 독일제국의 적들, 즉 서방 연합국과 무시무시한 볼셰비키의 거룩하지 못한 동맹이 활개를 치면 군대가 패할 뿐만 아니라 독일이, 그리고 독일 민족이 철저하게 파괴된다는 공포를 활용했다.

사람들은 점령된 동부에서 독일이 끔찍한 범죄를, 특히 유대인에게 저질렀음을 잘 알고 있었다. 비록 침묵의 공모 속에서 그 인식을 의식적으로, 또는 무의식적으로 억눌렀을지라도 말이다. 상세히는 몰 랐을지라도 유대인의 운명이 널리 알려져 있었다는 표시가 숱하게 많다. 반유대주의 프로파간다의 침투를 무심결에 드러내면서, 많은 사람이 패배했을 경우에 있을 '유대인의 보복'에 대한 두려움을 표현 했다. 그리고 그들은 붉은 군대가 독일에 들어온다면 자비를 기대할 수 없음을 알고 있었다. 전황이 급속히 나빠지고 있는데도 무릎을 꿇지 않고 버티겠다는 독일 국민의 태세가 유지되는 데는 패전의 결 과에 대한 두려움이 큰 몫을 했다.

독일이 유럽 대다수 지역에 가했던 전쟁의 참사가 마지막 두 해 동 안 반대로 독일 자체에 가해졌다. 독일 민간인에게 전쟁의 마지막 단 계는 지상의 지옥이었다. 수백만 명에게 정신적 외상의 특징이 된 것 은 폭탄의 공포였다. 괴벨스는 그것을 '테러 폭격'이라고 일컬었다. 이 경우에는 프로파간다가 거짓말을 하지 않았다. 폭격은 독일 국민을 공포에 질리게 한다는 뜻이었고, 사람들은 자기의 도시가 지워지듯 파괴되는 동안 무방비 상태로 남겨졌으니 실제로 공포에 질렸다. 군 사적 관점에서 점점 더 의미가 없어지는 공습에서 떨어지는 폭탄으 로 40만 명 이상이 죽었고 80만 명이 다쳤다. 가옥 180만 채쯤이 부 서졌고, 집을 잃은 채로 남은 사람이 거의 500만 명이었다.

폭격에 덜 노출된 독일 동부의 민간인은 다른 종류의 공포에 직면 했다. 붉은 군대가 돌진해서 독일제국 안으로 들어서자 사람들이 공 포와 겁에 질려 서쪽으로 쏟아지듯 들어가는 피난민의 물결에 합류 하고자 기온이 섭씨 영하 20도인 혹한의 조건에서 집을 떠나 도피해야 했던 것이다. 파멸을 피할 길 없는 독일 동부에서 절박하게 빠져 나가다가 목숨을 잃은 민간인이 50만 명에 가까웠고, 그 가운데는 여자와 어린이가 많았다. 붉은 군대의 진로에 있는 숱한 독일 여성들 에게 전쟁의 마지막 단계는 그들 가운데 20퍼센트로 추산되는 이들 이 소련 군인에게 강간을 당했으므로 자기 몸에 가해지는 폭력을 뜻 했다. 한편, 전쟁의 마지막 몇 달 동안 **날마다** 1만 명을 웃도는 독일 군인이 목숨을 잃고 있었다.

군인뿐 아니라 민간인의 사망자 수가 천문학적으로 치솟자, 전쟁 은 독일인들에게 새 의미를 띠었다. 그들은 스스로를 전쟁의 희생자 로 여겼다. 그들은 독일에 재앙을 불러왔다며 히틀러와 나치 지도부 를, 자기 나라를 파괴했다며 연합국을, 심지어 전쟁을 불러일으켰다 며 (소수의 완강한 반유대주의자 핵심층 사이에서는) 또다시 유대인을 탓 했다. 전쟁 직후에 한 전직 장군은 "우리는 우리가 바보처럼 속아 잘 못된 길로 들어서서 이용당했다고 믿는다"는 표현으로 공통의 정서 를 표출했다. 정신적 외상을 입은 사람들은 희생양을 찾고 스스로를 희생자로 인식하면서 (숱한 유럽인이 나치의 멍에 아래에서 궁핍과 고역, 죽음과 파괴로 고생하는 바로 그 순간에) 자기들이 수백만 명씩 모여 히 틀러의 초기 성공에 환호하고 독일 국방군의 승리에 기뻐했다는 사 실을 모르는 척하기 일쑤였다. 그러나 비록 그 도덕적 파탄이 빠짐없 이 완전히 인식되는 데 오랜 세월이 걸릴지라도, 1918년과 견줘 패배 가 적어도 이번에는 전면적이고 완전하고 최종적이었다.

영속적 의미

이 지상의 지옥을 겪으며 살아간 이들에게 경험의 직접성은, 다양한 발현 형태로 제2차 세계대전이 자기에게 무엇을 뜻하는지를 빚어냈다. 후세대는 그 전쟁의 영속적 의의를 얼마간 더 뚜렷이 볼 수 있었고, 그 전쟁이 유럽에서 20세기 역사의 결정적 중간 휴지기라는 점을 더 똑똑히 볼 수 있었다.

파시즘이 주요 정치적 힘으로서 확정적으로 종식되었다는 것이 하나의 확연한 결과였다. 경쟁하는 3대 이념과 힘의 배열이, 즉 자유민주주의와 공산주의와 파시즘이 제1차 세계대전으로부터 나타났다. 제2차 세계대전 뒤에 경쟁하는 정치체제로 남겨진 것은 자유민주주의와 공산주의뿐이었다. 파시즘은 군사적으로 철저히 패배하고 인도人道에 반反하는 파시즘의 전례 없는 범죄가 점점 더 드러나면서, 차츰차츰 줄어들고 정치적으로 대체로 무력해진 찬양자들이 볼 때를 빼고는 신용을 완전히 잃었다.

제2차 세계대전의 결정적인 결과 하나는 유럽의 지정학적 구조의 개편이었다. 제1차 세계대전이 끝나면서 (곧 소련이 될) 러시아는 혁명으로, 그러고 나서는 내전으로 심한 몸살을 앓았다. 미국은 국제연맹에 가입하기를 꺼리고 고립주의로 옮아가서 유럽과 거리를 두었다. 대체로 1945년 2월에 얄타회담에서 결정된 소련의 세력권이 동유럽 전역으로, 심지어는 독일 자체 안으로 크게 확장되면서 제2차 세계대전이 끝났다. 군사적 승리를 거둔 뒤 곧바로 이제 소련은 순조롭게 착착 초열강이 되고 있었다. 자국의 막강한 (자체가 제2차 세계대전의 산물인) 군산복합체를 바탕 삼아 전쟁을 겪으며 이미 초열강으로 벼려진 미국은 서유럽 전역에 지배권을 확립했고, 1918년과는 달리 유럽 대륙에 장기간 머무를 운명이었다. 제1차 세계대전은 제국을 해체해서 숱한 위기를 안은 국민국가로 대체했던 반면에, 제2차 세계대전은 소련과 미국이 지배하는 두 세력권으로 양분된 유럽을 남겨 놓았다. 그 두 세력권 안에서 국가의 이해관계는 두 신생 초열강의 지정학적 관심사에 빠르게 종속되고 있었다.

동유럽의 민족들, 즉 여섯 해 동안의 대전화에서 가장 많이 고생했던 이들에게 그 전쟁은 한 폭군의 자리에 다른 폭군이 들어앉는 것을 뜻하게 되었다. 나치의 공포에서 벗어나게 해줄 구원자로 붉은 군대를 보았던 동부의 여러 나라가 이제 몇십 년 지속될 소련의 억압 아래로 들어갔다. 스탈린은 피를 그토록 많이 흘리면서 얻어낸 이득을 포기하지 않을 것이었다. 그 점은 분명했다. 서방 동맹국들은 그의 새로운 유럽 분할에 동의했다. 그 서방 동맹국들에는 자국의 동맹국에 달려들어 군사적으로나 경제적으로나 심리적으로나 해낼 역량이 없는 전쟁을 또 한 차례 벌이지 않는 이상 선택권이 없었다. 동유럽인들에게는 달갑지 않은 위안이었다.

서유럽은 제2차 세계대전으로 말미암아 (1945년의 폐허를 들여다보면 알아채기 어려웠겠지만) 새출발을 하게 되었다. 폭탄이 파괴를 하고 있던 바로 그 순간에 1918년 이후 유럽 대륙을 몹시도 괴롭혔던 실수를 피하면서 유럽을 재건하려는 계획이 세워지고 있었다. 동유럽이 소련의 지배와 국가가 운영하는 사회주의 경제 아래에서 난국에 대처한 반면, 서유럽의 재건은 자본주의 기업심에 활력을 다시 불어

넣었다. 정치뿐 아니라 경제에서도 전쟁은 유럽을 갈라놓았다.

또한 유럽이 재정돈되면서 예전에 유럽 대륙을 지배했던 왕년의 세 '대열강', 즉 영국과 프랑스와 독일이 근본적으로 약해졌다. 영국은 전쟁으로 파산했고, 대열강으로서 지위가 크게 허물어졌다. 영국의 제국은 전쟁에서 영국을 뒷받침했지만, 식민지 민족들은 제국의 허약성을 인식하고는 차츰차츰 독립을 기대했다. 이미 흔들리던 식민 지배의 토대가 이제는 여느 때보다도 더 취약해졌다. 프랑스는 1940년의 패배로 국가적 긍지에 심대한 타격을 입었고, 그 타격은 무척 칭찬을 받은 레지스탕스의 용기로도 결코 상쇄되지 않았다. 또한 프랑스의 식민지들은 독립에 눈길을 주고 있었고, 파리의 통치가 앞으로도 무기한 이어지는 꼴을 좌시할 자세가 더는 되어 있지 않았다.

1918년에 패배했지만 파괴되지는 않았고 훗날 히틀러의 권력 장악으로 가는 길을 닦는 들끓는 분노를 품고 있었던 독일이 이번에는 철저히 꺾였다. 얄타에서 합의된 (영국과 미국과 소련, 그리고 늦게 추가된 프랑스의) 4개 점령지로 나뉜 독일은 완전히 허물어진 나라였고, 정치적으로뿐만 아니라 경제적으로도 파괴되었으며 국가로서의 주권은 제거되었다. 이것은 비스마르크 시절 이후로 유럽 정치가들의 골머리를 썩였던 '독일 문제'가 끝났다는 표시였다. 패전 직후에 독일 제국에서 지배적인 힘이던 프로이센 자유주가 해체되고, 독일 군대가 해산되고(따라서 독일 군국주의의 어떠한 위협도 종식되고), 독일의 우위를 위한 경제적 근간을 제공했던 공업 기반이 연합국의 통제 아래 놓였다. 군대와 국가에서 아주 오랫동안 중대한 역할을 해왔던 독일 귀족 대다수의 고향인 독일 동부의 여러 주에 있는 대토지 재산이

15. 몇몇 시 의회는 형편없는 주거 상태와 싸우려고 결연하게 노력했다. '붉은 빈'의 사회주의 시정부는 카를마르크스호프의 건설을 발주했고, 1930년에 완공된 카를마르크스호프에는 빈의 빈민 거주자용 아파트 1382채가 들어 있었다.

16. 프랑크푸르트암마인에서 (십중팔구 히틀러의 연설을 들으려고 1932년 7월 28일에) 열린 나치 선거 집회. 나치당은 사흘 뒤 치러진 총선거에서 37.4퍼센트를 득표했고, 이것은 히틀러가 이듬해 1월에 총리가 되기 전에 나치당이 선거에서 거둔 승리의 정점이었다.

17. 오스트리아의 억압적인 권위주의 정권에 맞서 1934년 2월 12일에 사회주의자들이 일으킨 봉기를 정부군이 유혈 진압한 뒤에 빈의 카를마르크스호프 바깥에 서있는 경비대원.

18. 이탈리아의 (국민투표 익살극에 지나지 않는) '선거'용으로 1934년 3월 26일에 나온 파시즘 프로파간다. '찬성' 투표를 하도록 귀에 못이 박이도록 퍼부어지는 '예'(Si)라는 딱 하나의 낱말이 되풀이되는 가운데 무솔리니의 거대한 '빅브라더' 이미지가 겹쳐 놓여 있다. 이탈리아 사람들은 유일 정당 선거인 명부에만 투표할 수 있었다. 놀랍지 않게도, 국가파시스트당의 득표율은 99.84퍼센트였다.

19. 1936년 8월 초에 나치 독일이 내준 융커스-52 항공기를 타고 본토로 갈 비행을 기다리는 프랑코 장군의 아프리카 군단 병사들. 히틀러와 무솔리니가 국민 진영 군대에 내준 수송 수단은 내전 동안 프랑코가 초기에 성공하는 데 결정적이었다.

20. 1939년 가을에 아마도 독일에서 일하려고 모여 있는 (틀림없이 그리 부럽지 않은 운명이 기다리고 있는) 폴란드 사람들이 독일군의 감시를 받고 있다.

21. 1940년 5월 말에 연합군이 됭케르크에서 밀려나 철수한 뒤에 버려진 영국군 전쟁물자를 사진 촬영하는 독일군 선전부대원들.

22. 1940년 10월 7일에 독일군이 영국의 수도를 공습하는 동안 지하철 역으로 대피한 뒤 에스컬레이터 위에서 잠 자는 런던 시민들.

23. 나치 무장친위대 노르웨이인 군단 모집 포스터. 1941년 6월 29일에 부대가 편성될 때쯤 나왔음이 틀림없는 '공동의 적에 맞서…… 볼셰비즘에 맞서'라는 구호가 적혀 있다.

24. 스탈린그라드 전투 뒤 1943년 초엽에 붉은 군대에게 사로잡힌 독일, 이탈리아, 헝가리 군인들의 끝없는 행렬

25. 1943년에 오스트리아의 마우트하우젠에 있는 강제수용소에서 무거운 화강암 덩어리를 걸머지고 채석장 꼭대기로 186개 계단을 오르는 재소자들.

*chaque heure de travail en Allemagne
c'est une pierre apportée au rempart qui*
PROTÈGE LA FRANCE

26. 1944년 프랑스의 '의무노동제'를 선전하는 반볼셰비키 포스터. '독일에서 노동하는 한 시간 한 시간은 프랑스를 지켜주는 성벽에 쌓는 돌덩이다'라는 구호가 포스터에 적혀 있다. 그러나 그 의무노동은 혐오의 대상이었고, 많은 징집자가 도주해서 자라나는 저항운동에 합세했다.

27. 1944년 6월 4일 로마 해방 뒤에 콜로세움을 지나쳐 가는 미군 전차를 바라보는 이탈리아 사람들.

28. 제2차 세계대전 끝 무렵에 폐허가 된 바르샤바를 찍은 소련 측 사진. 한 폴란드 여인은 쑥대밭이 된 바르샤바 시를 보고서 "여기는 매장지다. 여기는 죽음이다"라고 말했다.

29. 1946년 5월 6일에 놀랍게도 쾌활한 표정을 하고 체코슬로바키아의 리베레츠(라이헨베르크) 근처에 모여 있는 수데테 독일인들. 어쩌면 가장 나쁜 시절을 넘겼다고 느끼면서 독일로 보내지기를 기다리는 이 사람들은 1947년 가을까지 지극히 야만스럽기 일쑤인 방식으로 체코슬로바키아에서 쫓겨나는 독일인 300만여 명의 일부였다.

30. 서유럽의 새로운 번영으로 가는 길을 상징하는 미국의 원조 프로그램을 선전하는 포스터에 "마셜 플랜에 길을 터주자"라는 구호가 적혀 있다. 스탈린은 동유럽 블록을 위한 마셜 플랜을 거부했다.

독일의 국경이 서쪽으로 옮아가면서 영구히 상실되었다. 한때 문화와 학문으로 국제적 찬사를 받았던 독일이, 비록 독일 지도부와 치러야 할 셈은 아직 남았을지라도, 승리를 거둔 연합국이 곧 벌일 전쟁범죄 재판에서 이제는 도덕적으로 천덕꾸러기 신세로 전락했다.

문명 붕괴의 어마어마한 규모가 완전히 인식되기까지는, 그것이 제2차 세계대전이 남긴 유산의 이해에서 합당한 핵심적 지위를 차지하기까지는 긴 세월이 걸릴 터였다. 독일의 제노사이드 정책으로 말미암아 인종적 정주 형태가, 특히 동유럽에서 다시 형성되었다. 특히 유대인이 말살되면서 여러 세기에 걸쳐 형성된 풍성한 문화적 기풍이 획 사라져 버렸다. 또한 독일과 그 동맹국들이 한 '민족 청소' 행위의 충격파는 쉬이 가시지 않았고, 때로는 유고슬라비아에서처럼 공산당이 수십 년 동안 통치해도 지워지지 않을 비탄스러운 유산을 남겼다. 동유럽에 독일계 민족이 존재하는 상황도 스탈린식의 잔혹한 행위로, 그리고 나서는 전쟁 직후 시기에 폴란드인, 체코인, 헝가리인, 루마니아인이 한 잔혹한 '청소' 행위로 말미암아 해소되었다. 그러나 무엇보다도 문명의 붕괴는 오로지 인종이라는 근거 하나로 유럽의 유대인을 물리적으로 말살하려는 독일의 시도로 표시되었다. 이 거대한 전쟁에 인종 기획, 즉 제노사이드적 말살의 기획이 있었다는 것은 시간이 흐르면서 마음속에서 그 전쟁을 규정하는 특성으로 여겨지게 될 터였다.

어떻게 이 대환난이 가능할 수 있었을까? 어떻게 유럽이 이 바닥 없는 비인간성의 구렁텅이에 빠져들 수 있었을까? 이러한 윤리적 의문이 여러 세대 동안 유럽 대륙에 끊임없이 제기될 터였다. 제2차 세계대전은 행동에 대한 법적 제약이 모두 제거되거나 뒤틀려서 비인도적 목적에 쓰일 때 인간이 저지를 수 있는 끔찍한 범죄를 어느 때보다도 더 명백하게 드러내 주었다. 강제수용소는 무엇보다도 인간의 존재가 아무런 가치를 가지지 못한, 독단적인 의지가 삶이냐 죽음이냐를 결정할 한 세계의 악몽을 상징하게 되었다. 그토록 많은 유럽인에게 지상의 지옥인 이 상황을 만들어내면서 유럽이 하마터면 스스로를 파괴할 뻔했음이 점점 더 분명해졌다. 유럽이 자살의 경로 위에 있었다는 깨달음은 완전히 새로운 출발을 해야 한다는 뜻이었다.

독일이 1945년 5월 8일에 항복하면서 유럽의 전쟁이 끝났을지라도, 유럽 군대는 일본도 무조건 항복을 할 때까지 석 달 동안 더 극동에서 싸우고 있었다. 일본이 완전히 패배하면서 세계대전이 끝났다. 종전은 무엇보다도 향후 수십 년 동안 유럽의 미래를, 그리고 세계의 나머지 지역의 미래를 빚어낼 사건으로 재촉되었다. 그 사건은 8월 6일에 히로시마라는 일본 도시에 원자폭탄이 떨어지고 이어서 사흘 뒤에 똑같이 파괴적인 공격이 나가사키에 가해진 것이었다. 미국은 네 해 동안 핵과학자들의 선구적 연구를 활용하면서 더불어 막대한 자원을 쏟아부어 원자폭탄을 만들어오고 있었다. 원자폭탄 투하는 단번에 정치적·군사적 힘의 토대를 확 바꾸었고, 전쟁이 인식될 수 있는 방식을 재형성했다.

제1차 세계대전의 솜에서처럼 대량 살육을 하며, 또는 제2차 세계대전의 스탈린그라드에서처럼 여러 달 동안 시가전을 하며 전쟁을 하는 것은 미래에는 불가능할 터였다. 그러나 유럽의 미래 전쟁은 제2차 세계대전에서조차 결코 다가서지 못하는 규모의 파괴를 뜻할 터였다. 이제 원자폭탄이 원자폭탄 보유국에 무시무시한 (핵무기의 파괴력이 훨씬 더 커졌으므로 발사 단추를 눌러 한 나라를 통째로 파괴할 힘을 지닐) 무기를 주었다. 제2차 세계대전의 궁극적 유산은 유럽을, 그리고 나머지 세계를 전례 없는 파괴력을 지닌 무기의 항상적 위협 아래 남겨 놓는 것이었다. 이제부터 유럽인은 핵폭탄의 그늘에서 살아가는, 즉 핵 절멸의 위협에 마주 서는 법을 배워야 할 터였다. 핵폭탄의 버섯구름은 새 시대의 상징이 될 터였다. 세계의 전환점이었던 것이다.

9

암울한 몇십 년 동안의
소리 없는 이행

자연이 진공을 싫어하는 만큼 확연하게
역사는 좀처럼 끝나지 않는다.
우리 시대의 서사는 행이 바뀌지 않고 이어지는 문장이며,
모든 마침표는 맹아 단계의 쉼표다.

마크 슬라우카, 《아슬아슬한 시간에 나온 에세이: 성찰과 반박》(2010)

유럽이 자기파괴에 열중한다고 보인 30년은 장기적인 사회경제적 가치 체계와 문화적 발전 추세에 연속성이 있으리라고는 상상할 수 없어 보일 만큼 너무나도 처참했고, 그 시대의 특징은 심대한 파열이었다. 그러나 유럽 암흑시대의 거죽 밑에서는, 비록 정신적 외상에 영향을 안 받지는 않았을지라도 끊기지는 않은 소리 없는 이행 속에서 사람들의 삶이 계속 형성되거나 재형성되었다.

사회경제적 변화를 결정하는 여러 비인격적 장기 요인의 이면에는 사람의 삶을 이끄는 가치와 신념이 있었다. 그것은 아직은 압도적으로 기독교 교회의 전유물이었다. 그렇지만 그 시대의 가장 중요한 정치·사회 사상의 다수는 교회의 영향력 밖에 있거나 반대 입장에 있었다. 유럽의 지식 엘리트는 자기가 문명의 위기라고 인식한 것에 어떻게 반응했을까? 노동과 성찰, 그리고 (이따금) 기도를 하고 나면 네 번째 영역 하나가 남았다. 그 영역은 여가, 그리고 급변하는 대중 연예·오락 분야에서 얻게 될 즐거움이었다. 이 네 영역, 즉 경제적·사회적 변화, 기독교 교회의 역할, 지식인의 반응, '문화 산업'은 각각 전후 세계에 중대한 자국을 남길 연속과 변이를 드러내 준다.

경제와 사회: 변화의 역학

1914년과 1945년 사이에 유럽을 괴롭힌 그 모든 끔찍한 일을 거치면서 유럽 국가들의 경제와 사회는 실제로는 서로 마찬가지로 얼마간 더 성장하고 있었다. 물론 중대한—특히 국가적, 민족적, 지역적, (이것들과 자주 뒤섞인) 종교적—차이점은 남아 있었다. 무엇보다도 이 차이점들은 정체감을 빚어내는 것이었는데, 사회 계급보다 훨씬 더 그랬다. 상류계급을 별도로 치고 군 복무를 제쳐 놓으면 외국 여행을 할 기회가 극히 제한되어 있어서 민족 정체감이(그리고 그것에 자주 따르는 편견이) 심해졌다. 제1차 세계대전 뒤에 대륙이 파편화해서 (극단적 민족주의로 자주 추동되는) 국민국가가 이전보다 훨씬 더 우세해지고 사뭇 다른(그리고 양립 불가능한) 경제 모델을 가진 통치 체제가 (가장 두드러지게는 러시아와 이탈리아와 독일에서) 수립되었으므로, 나라들이 다 함께 더 가까이 붙기보다는 오히려 서로 떨어지는 경향이 나타났다. 두 차례의 세계대전이 제 나름의 왜곡과 분기를 만들어냈음은 말할 나위가 없다.

하지만 정치적인 차별성과 구별성을 뛰어넘는(또는 그 차별성과 구별성으로 말미암아 기껏해야 일시적으로만 중단되는) 중요한 본원적 발전 패턴이 있었다. 유럽의 다른 여러 지역에 다양한 정도와 상이한 속도로 영향을 미치는 산업화의 장기적 충격은, 결정하는 역동적 힘이었다. 뒤이은 변화는 사실상 유럽 대륙 전체에 영향을 미쳤고 국경의 제한을 받지 않았다. 심지어 발전이 가장 더딘 나라도 (다른 곳에서 이미 진행 중인 변화를 들여오거나 그대로 따라 하거나 제 것으로 받아들이면

688

서) 어떤 식으로든 영향을 받았다. 더 부유하고 경제적으로 앞선 서유럽 및 북유럽과 더 가난한 남유럽 및 동유럽 사이의 격차는 20세기의 전반기에는 거의 줄지 않았다. 그렇더라도 (인구 변동, 도시화, 산업화, 고용 유형, 사회보장, 문맹률, 사회적 이동성 등) 발전의 추세는 대체로 비슷했다.

인구

두 차례의 세계대전, 수많은 내전, 정치가 유발한 대기근, 경제공황, 대규모 '민족 청소'가 일어났는데도 유럽의 인구는 20세기 전반기에 계속해서(19세기 후반기보다는 덜 급속했을지라도) 상당히 늘었다. 1913년에 유럽에는 거의 5억 명이 살았다. 이 수치는 1950년이 되면 거의 6억 명에 이르렀다. 물론, 그 성장은 균일하지 않았다. 유럽 대륙의 몇몇 지역에서 정치적 요인과 군사적 요인이 영향력을 명백하게 행사했다. 소련의 1946년 인구는 1941년 인구보다 2600만 명 더 적었다. 독일의 인구 통계도 양차 세계대전, 또한 1930년대 대공황의 악영향을 분명하게 보여준다. 그러나 그 두 나라에서, 비록 여러 해 동안 여성이 남성을 수에서 크게 앞질렀을지라도, 인구 감소는 일시적이었다고 판명되었다. 경제적 후진성도 인구 변동 패턴에서 역할을 했다. 예를 들어, 아일랜드의 인구는 수많은 젊은이가 주로 영국에 있는 일자리를 찾아 고국을 떠나면서 줄었다.

그렇지만 전반적 인구 추이는 상향이었다. 주원인은 가파른 사망률 하락이었다. 19세기 후반기에 시작되었지만 20세기 전반기에 가속이 확 붙은 사망률 하락세가 지속되었던 것이다. 출생률도 떨어지고 있었지만, 사망률보다는 훨씬 더 느리게 떨어졌다. 1910년에 출생 시 기대 수명이 유럽 서북부에서는 약 55세, 러시아에서는 약 37세였고, 튀르크에서는 35세 이하였다. 40년 뒤에 유럽 대륙 전역의 사람들 대다수는 65세 이상까지 살 기대를 할 수 있었다. 20세기가 시작될 때, 가장 높은 출생률과 사망률은 동유럽과 남유럽에서 나올 터였다. 1950년이 되면 북유럽 및 서유럽과의 격차가 꽤 좁혀졌다. 러시아에서조차 끔찍한 일들을 견뎌야 했는데도 차르 치하에서 1000명당 28명이던 사망률이 1948년에는 1000명당 11명으로 눈에 띄게 떨어졌다.

사망률 감소는 대체로 공중위생, 더 나은 주거, 보건 교육, (영아 사망률 감소를 크게 도운) 상응하는 산모 건강의 개선이 더 크게 강조된 결과였다. 전반적으로 경제 발전 수준과 대체로 연계되어 속도는 다를지라도, 유럽 국가는 20세기 전반기에 걸쳐 보건이 크게 개선되는 경험을 했다. 정부 지출로 자주 후원되는 (제4장에서 언급된) 1920년대의 주택 건설 대호황으로 말미암아 가장 불결한 과밀 거주가 얼마간 줄었고, 상하수도와 개인위생이 개선되었다. 그럭저럭 늘어나는 실질소득과 (곡물 소비 대비 육류 소비의 비율이 오르면서) 더 나아진 식단도 사망률 감소에 이바지했다. 공중보건이 중요하다는 인식이 상대적으로 선진국인 유럽 서북부 국가들에서 유럽 대륙의 동부와 남부로 확산했다. 그러나 알바니아, 마케도니아, 이탈리아 남부, 터키처럼 위생 관리가 형편없고 개인위생이 불충분하고 의료 시설이 모자란 후진성을 극복하는 작업이 거의 이루어지지 않은 곳에서는 사망률이 여전히 유난스레 높았다.

의학 지식과 치료에서 이루어진 진보는 감염성 질병에 걸려 이른 나이에 죽을 가능성을 크게 낮춤으로써 사망률 감소에 이바지했다. 의학의 진보는 (비록 제1차 세계대전에서 재건 수술[481]이 얼마간 진척을 이루었을지라도) 수술 기법에서보다는 부상 치료와 폐결핵과 인플루엔자 같은 치명적 질병과 싸울 의약품의 개발에서 더 많이 이루어졌다. 제1차 세계대전 말기에 나돈 인플루엔자가 군사상의 살육 자체보다 사람 목숨을 훨씬 더 많이 앗아 갔다. 어린이가 특히 장 질환을 쉽게 앓았고, 출산과 관련된 영아 사망률이 높은 상태에 머물러 있었다. 그러나 파상풍과 디프테리아를 막는 예방주사와 항말라리아 약품이 그랬듯이, 설폰아마이드[482]가 점점 더 많이 쓰이기 시작해서 감염성 질병을 억제했다. 처음에는 상처 감염을 막으려고 개발된 페니실린이 제2차 세계대전이 끝날 무렵에는, 비록 서방 연합국에서만이었을지라도 입수 가능해졌다. 그러고 나서 전후 세계에서 예방주사가 훨씬 더 널리 쓰이게 되었다. 국가가 생활 조건과 공중보건을 개선하는 일을 거의 하지 않았던 남유럽의 향촌 지역에서는 때로는 제2차 세계대전 한참 뒤에도 말라리아가 계속해서 실질적인 문제였다. 그러나 이곳에서도 감염성 질병이 제어되어가고 있었다. 예를 들어 이탈리아에서 1922년에 23만 4000건이었던 말라리아 발병 사례가 1945년까지 5만 건 아래로 떨어졌고, 1950년이 되면 그 질병은 거의 완전히 제거되었다.

---

481)　인간 신체의 특정한 기능을 복구하는 수술.
482)　상처의 세균 감염을 막는 효과가 탁월한 유기화합물.

유럽 대륙에서 더 가난하고 덜 발전한 지역이 출생률이 낮아지는 일반 추세를 계속 어기기도 했다. 출생률 감소는 러시아와 스페인과 포르투갈에서는 1920년대에야 비로소 시작되었고, 이탈리아 남부와 터키에서는 심지어 제2차 세계대전 뒤에야 시작되었다. 두 세계대전 사이의 터키에서 출생률 수준은 어머니 1인당 출산 5회 이상이었다. 그 무렵 유럽 대부분의 지역에서는 출산 횟수가 어머니 1인당 약 2.5회, 몇몇 나라에서는 (이민이 없는 상태에서는 인구의 재생산에 필요한 비율보다 더 낮은) 2회 이하로 떨어졌다. 이 상태는 스칸디나비아 국가들과 특히 (출생률 감소가 일찍 시작된) 프랑스에서 출생률이 떨어지고 민족이 쇠퇴한다는 크나큰 걱정을 불러일으켰고, 이탈리아와 독일에서는 특히 파시즘 이념에 활용되었다. 산아제한 확산과 (자체가 문자해독률 상승으로 도움을 얻은) 가족계획 교육 강화가 출생률 하락에서 큰 몫을 했다. 서유럽에서 (아직은 혼외 출생에 사회적 오점이 붙었으므로) 혼내 출생 비율이 약 90퍼센트였고, 결혼율이 (1930년대 말엽의 단기 붐을 제쳐두면) 꽤 안정적으로 유지되었으니 (더 많은 수의 젊은 여성이 유급 고용에 들어서면서 조장된 추세인) 부부가 그냥 아이를 더 적게 가지는 쪽을 선택하고 있다는 요인이 결정적이었다. 유럽의 가톨릭 지역과 동유럽 및 남유럽의 더 가난한 향촌 지역은, 비록 방향이 같고 수렴 속도가 경제 현대화의 더 높은 수준과 나란히 늘어나는 경향을 보였을지라도, 출생률 감소라는 일반 패턴에는 단지 점진적으로만 보조를 맞추었다. 서유럽에서 그 일반 추세의 예외가 아일랜드 농촌 인구의 상대적 규모였다.

유럽 내의 중대한 사회·경제적 변천은, 직접적으로 유발되지 않은 곳에서는, 전쟁으로 강화되었다. 향촌에서 공업화하는 지역으로의 이동과 남쪽 및 동쪽에서 서유럽으로의 이동은 (전쟁의 압력 탓에 크게 악화한 장기 추세인) 하나의 특징이었다. 전쟁과 '민족 청소'로 말미암은 인구의 대량 이전은, 비록 장기적인 결과를 낳았을지라도 정치적 격변의 더 단기적인 결과였다.

제1차 세계대전 전에는 미국 이민이 유럽의 가장 가난한 지역들의 고된 빈곤에서 벗어나는 탈출로 하나를 제공했다. 그러나 미국이 1920년대 초엽에 엄격한 이민 할당제를 도입하자, 그 탈주의 대하천이 실개천으로 바뀌었다. 더 나은 삶을 바라거나 핍박에서 벗어나려는 사람 대다수가 새로 살 곳을 유럽 안에서 찾아야 했다. 이것이 경제적 이민자에게 주로 뜻하는 바는 급성장하는 공업지역에서 일자리를 찾는 것이었다. 1920년대 경제 회복의 뚜렷한 하나의 특징은, 즉 이주민이 시골에서 도시로 유입되는 현상은 1930년대의 대공황동안 줄었지만 멈추지는 않았다.

땅을 일구는 인구는 모든 곳에서 줄었다. 1910년에 유럽 전체에서 농업이 생산량의 약 55퍼센트를 차지했다. 이 수치는 1950년까지 40퍼센트로 떨어졌다. 농업에서 공업으로의 최대 이동은 러시아에서 일어났고, 많게는 전체적인 농업 지분 하락의 절반을 차지했다. 그러나 농촌 인구의 규모는 모든 나라에서 줄고 있었다. 공업화된 보헤미아[483]가 슬로바키아의 농촌으로부터 노동자를 끌어당겼다. 밀라노와

---

483)   Bohemia. 체코어로는 체히(Čechy). 체코 서부에 해당하는 유럽 중심부의 지역을 일컫는 역사적 명칭.

토리노[484]가 이탈리아 남부에서 이주민을 끌어들였다. 폴란드인이 자국의 남부와 동부에서 더 급속히 공업화하고 있는 서부 지역으로 이동했다. 그리고 많은 동유럽인과 남유럽인이 독일과 프랑스와 네덜란드의 성장하는 공업 분야에서 영속적인 일자리를 찾았다. 프랑스에서는 (급증이 있었던 제2차 세계대전 동안 사실상 끝날) 인구 수준이 정체했으므로 두 세계대전 사이에 외국인 노동자의 필요성이 가장 컸다. 1931년이 되면 프랑스 인구의 약 8퍼센트, 즉 330만 명쯤이 최근의 이민자였다.

제2차 세계대전이 (시골에서 도시로, 농업에서 공업으로, 남쪽과 동쪽에서 북쪽과 서쪽으로) 장기적 이전을 크게 북돋웠다. 완전고용이 이루어진 독일에는 국가 이념이 외국인 혐오적이었는데도 1939년이 되면 50만 명에 가까운 외국인 노동자가 있었다. 그들 가운데—폴란드인, 이탈리아인, 유고슬라비아인, 헝가리인, 불가리아인, 네덜란드인을 비롯해—거의 50퍼센트가 (노동력이 심하게 모자란 곳에서) 흔히 계절노동자로 땅에서 일했지만 공업도 더 많은 수의 외국인 노동자를, 특히 체코슬로바키아 출신의 노동자를 빨아들이고 있었다. 전쟁 동안 독일의 노동력 수요가 점점 더 절박해지면서, 특히 1942년 이후로 (몹시 가혹한 강제 노동에 징용된 사람이 대다수인) 외국인의 수가 엄청나게 치솟았다(이들 가운데 3분의 1이 여성이었다). 1944년 중엽까지 외국인 765만 1970명(이들 가운데 전쟁 포로가 193만 87명이었다)이 독일 노동력의 4분의 1 이상을 차지했다.

---

484) Torino. 이탈리아 서북부의 공업 도시. 특히 자동차 공업이 발달해 있다.

독일은 자국의 노동력 필요를 위해 유럽 대륙에 걸쳐 있는 제국을 활용할 수 있었다(무척이나 무자비한 방식으로 활용했다). 그러나 노동력 수요는 전쟁으로 말미암아 모든 교전국에서 크게 늘었다. 남성이 전선으로 불려가자 부족분의 대부분을 여성이 메웠다. 이런 일이 제1차 세계대전에서 일어났지만, 그 변화는 단기적이었음이 판명되었다. 남성이 전쟁에서 돌아오자 여성이 곧 노동시장에서 쫓겨났다. 그 변화는 제2차 세계대전에서 더 지속적인 현상이 되었다. 두 세계대전 사이에 고질적으로 보였던 영국의 실업이 일소되었다. 여성, 즉 가정주부와 이전에는 고용되지 않았던(또는 집안일을 떠난) 이들이 노동인구 증가분의 4분의 3 이상을 차지했다. 전쟁 전에 이미 여성이 널리 고용된 소련에서는 1942년에 노동인구의 절반 이상이 여성이었다.

물론 가장 급작스럽고 격렬한 20세기 전반기 유럽 인구의 내부 이동은, 심지어는 전시 경제의 수요로 부양되었을 때조차도 단순히 노동시장의 장기 추세 결과는 아니었다. 정치 행위와 군사 행위로 일어난 인구 격변이 훨씬 더 급격했다. 인구 격변은 비록 1936년부터 1938년 사이에 스페인 내전에서 200만 명 남짓한 난민이 나왔을지라도, 동유럽에서 가장 심했다. 제1차 세계대전 도중이나 직후에 새로 들어서는 신생 국가들의 영토 상실, 국경 변경, 민족 '조정'으로 말미암아 유럽 대륙의 동쪽 절반에서 거의 800만 명이 원래의 거주지에서 쫓겨났다. 100만 명에 이르는 아르메니아인이 원래 살던 곳에서 쫓겨났고, 그 뒤에 그들 대다수가 1915년에 튀르크가 수행한 끔찍한 강제 이송에서 죽었다. 전후에 이루어진 1923년 인구 교환에서 100만 명 가까운 그리스인과 터키인이 강제로 쫓겨났다. 세계대전과 혁명 뒤에 곧바로 일어난 내전으로 쑥대밭이 된 러시아에서는 목숨을 잃은 이와 피난을 해야 했던 이의 수가 1000만 명 이상으로 추산되었다. 1930년대 스탈린 정권의 집산화와 숙청의 시대 동안 동쪽으로 도피한 사람이 수백만 명이었고, 그러고 나서 1941년에 독일군의 전진로로부터 동쪽으로 도피하는 수백만 명이 더 있었다. 예를 들어, 볼가 독일인 40만 명을 1941년에 소련의 중앙아시아와 시베리아의 불모지로 강제 이주하는(그리고 더 뒤에는 크림 타타르인과 더불어 캅카스에서―총 100만 명 남짓한―칼믹인, 인구시인,[485] 카라차이인,[486] 발카르인,[487] 체첸인을 대량 강제 이송하는) 등 스탈린이 전시에 안보에 위협을 가한다고 여겨지는 이들을 대량으로 강제 이송하면서 거대한 이민이 추가로 생겨났다.

1941년 말엽까지 유럽 유대인의 살육이 단계적으로 급상승하고 있었다. 전쟁 전에 나치 독일에서 도피해 나온 유대인이 대부분인 난민 수십만 명이 다른 나라들에서 (비록 이 나라들은 그들을 받아들이기를 주저했을지라도) 구원을 찾으려고 했다. 그들 가운데 반쯤은 해외로, 주로 미국과 팔레스타인으로 갔다. 그러나 이 탈출 경로는 전쟁으로 막혀 버렸다. 그 뒤에 독일의 절멸 정책에서 유대인 550만 명쯤이 목숨을 잃었다. 그러고 나서 제2차 세계대전이 끝난 뒤에 이루어

---

485) Ingush. 캅카스 동북부의 토착 민족. 대부분 인구셰티아에 거주하며 수니파 무슬림이다.
486) Karachai. 캅카스 북부의 튀르크계 민족. 대부분 카라차이체르케시야 공화국에 거주한다.
487) Balkar. 캅카스 북부에 거주하는 민족. 캅카스 북부의 토착민과 튀르크계·페르시아계 종족이 섞여서 형성된 민족이며, 대다수가 수니파 무슬림이다.

진 국경 변경과 추방으로 말미암아 추가로 대규모 인구 이전이 일어났다. 예를 들어, 1950년에 신생 독일연방공화국의 인구 3분의 1이 그 영토 안에서 태어난 사람이 아니었다. 그 인구 유입이 서독의 전후 복구에 극히 중요한 이바지를 하게 될 터였다.

모든 거시경제 데이터처럼 인구 이전에 관한 원래 그대로의 통계는 완전히 비인격적이며 연루된 죽음, 파괴, 고통, 비참을 일절 말해 주지 않는다. 그렇더라도 그 통계는 20세기 유럽의 성격을 여러모로 바꾼 변화를 알리는 데에서 중요하다. 파국적인 20세기 전반기 동안 유럽 전역에서 생활수준이 (적어도 전투, 폭격, 약탈 또는 일부러 살인을 일삼는 정책으로 목숨을 잃거나 삶이 망가지지 않은 이들 대다수에게는) 실제로 높아졌음을 상이한 기준에 따라 보여주는 데이터도 똑같이 비인격적이다. 기대 수명의 연장과 나란히 1인당 소득이 25퍼센트 넘게 올랐고, 과반의 구매력이 더 커졌으며, (소득 증가뿐 아니라 식단 개선의 지표인) 개인의 평균 키가 4센티미터 늘었고, 문자해독률이 크게 올랐다. 이 추세는 물론 전쟁이나 다른 간난으로 말미암은 중대한 편차를 감출지라도, 유럽 대륙 전역에서 널리 일반적이었다. 남유럽과 동유럽에서 제1차 세계대전 전에 가장 덜 발달한 지역들이 제2차 세계대전 전에 유럽 대륙의 더 앞선 서쪽 지역들과 수렴한다는 뚜렷한 신호를 보였다.

전쟁과 경제: 교훈 배우기

각각의 세계대전은 장기적인 경제 발전에, 비록 비교적 짧았을지라도 파국적 단절이었다. 1914~1945년의 처참한 시기에 대다수 유럽 국가의 평균 성장률은 제1차 세계대전 이전이나 제2차 세계대전 이후보다 낮았다. 그리고 제1차 세계대전에서 패전한 나라들이 평균 성장률을 회복하는 데 10년쯤 걸렸다. 그러나 그 나라들은 회복했고, 비록 전쟁 전보다는 느렸을지라도 성장은 수그러들지 않고 지속되었다. 만약 1914년 전의 전쟁 이전 성장이 계속되었더라면, 1929년에 도달된 세계 생산량 수준은 식량에서는 1923년에, 공산물에서는 1924년에, 원료에서는 1927년에 달성되었으리라고 추정되었다. 이 같은 (단지 유럽의 생산량이 아니라 세계의 생산량에 관한) 추정은, 어떤 보류 통고가 달릴지는 몰라도, 전쟁으로 성장에 걸린 제동이 일시적이었지 장기적인 역전은 아니었음을 가리킨다.

1914년 이전에 도달된 세계화 수준은 전쟁으로, 그리고 나서는 1930년대 대공황 동안의 보호무역주의와 경제 민족주의로 방해를 받고 가로막혔다. 그리고 나서 유럽 경제의 생산량은 제2차 세계대전 동안 다시 떨어졌고, 물론 생산물 대부분은 군사 장비에 맞게 조정되어야 했다. 그러나 이번에는 반등이 신속했다. 제2차 세계대전 뒤에 성장은 급속했고 제1차 세계대전 직후보다 훨씬 강력했으며, 그 영향력은 더 오래 지속되었다. 교훈이 습득되었다. 두 세계대전 사이에는 그토록 심하게 모자랐지만 이제는 회복에 극히 중요하다고 받아들여진 국제 협력을 포용하려는 용의가 있었다. 새로운 수준의 국가 개입이 실행되어 안정성을 회복하고 경제를 조절했다. 결정적 요인은 미국의 완전한 경제적 우위와 미국의 사상과 과학기술과 자본의 중대한 수출이었다. 그러나 이후 30년에 걸친 전례 없는 경제성장의 밑바탕은 유럽 자체 안에서, 그리고 유럽 대륙의 가장 암울한 시기에 마련되었다. 엄격하게 경제적인 관점에서 전쟁은, 심지어 1914~1918년과 1939~1945년에 벌어진 싸움의 규모로도 그저 부정적이기만 한 손실 재무상태표를 지니지 않았을 뿐만 아니라 지속적 중요성을 지닌 긍정적 결과도 가져왔다.

전쟁이라는 조건이 경제성장과 과학기술 진보를 두드러지게 자극했다. 독재 체제는 말할 나위도 없고 민주주의 국가조차 엄청나게 확장된 생산을 전쟁수행노력을 위해 운영하려고 경제에 대거 개입하지 않으면 안 되었다. 그러려면 전쟁이 새로운 수요를, 예를 들어 제2차 세계대전 동안 항공기 생산에서 필요한 알루미늄의 (지속적이라고 자주 판명된) 수요를 창출했듯이 국가가 건설과 자본 설비와 노동 훈련에 투자해야 했다. 무기의 대량 생산에는 더 효율적인 방식의 공장 조직 및 경영과 더 집중적인 기계화가 이미 제1차 세계대전에서 요구되었다.

농업은 농장에서 노동력이 빠져나가는 시기에 토지의 생산성을 극대화하기 위한 기계화의 확대로 수혜를 보았다. 예를 들어, 제2차 세계대전 초기에 새 트랙터 3000여 대가 영국 농부에게 가용해졌고 온갖 농업 기계의 생산이 늘어났다. 한편 전차와 대포와 비행기의 수요가 점점 더 막대해지면서 트랙터를 생산할 여력이 거의 남지 않은 독일에서는, 농부들이 대개는 아쉬운 대로 가족과 외국인 강제노동자와 전쟁 포로의 수고로 꾸려 나가야 했다. 전쟁 자체 동안 농경 방식의 현대화가 별로 진척되지 않은 유럽 대륙의 다른 지역에서처럼 독일에서 농업의 기계화와 생산의 집약화[488]는 (전쟁 기간에 농촌 노동력의 입수 가능성에서 가차 없이 나타나는 장기적 하락세를 뒤집을 길이 없었으므로) 대체로 전후 재건기를 기다려야 했다.

기술과 과학의 혁신은 두 전쟁에서, 특히나 제2차 세계대전에서 두드러졌고, 그 효과는 지속적이었다. 전쟁 때 전혀 새로운 발견이 쏟아져 나온다는 주장이 반드시 사실은 아니었다. 하지만 심지어 돌파가 평시에 이루어졌던 곳에서도 전시 생산의 긴급성 탓에 급속한 진척이 자주 이루어졌다. 미래의 전쟁에서는 항공전이 결정적이라고 여겨졌으므로 항공기 과학기술이 제1차 세계대전 동안 크게 개선되었고, 그 혁신은 1920년대와 1930년대에 여객기 항공의 팽창에 이바지했다. 영국 공군의 엔지니어 프랭크 휘틀Frank Whittle과 독일의 엔지니어 한스 폰 오하인Hans von Ohain이 1930년대에 동시에 고안하고 개발한 제트 엔진은, 비록 1944년에 메서슈미트 Me 262 전투기[489]용으로 독일에서 최초로 대량 생산되었을지라도, 제2차 세계대전 뒤에 항공 여행을 혁명화할 터였다. 훗날, 우주 탐사는 베른헤르 폰 브라운Wernher von Braun과 여타 독일 과학자들이 V2 미사일을 쏘아 올리려고 개발했던 로켓 과학기술에 바탕을 둘 터였다.

미국은 나치당원이자 나치친위대 장교인 브라운의 능력을 빠르게 인식했고, 브라운은 미국의 새로운 환경으로 이송되어 미국 우주 기획의 발전에서 중대한 역할을 할 터였다. 미국에서 원자폭탄을 만들어낼 전시 기획으로 이어진 전쟁 직전의 핵분열 발견은 전후의 평화

---

488)   자연과 물적·인적 자원을 더 잘 활용하고 기계 등 더 발달한 생산수단을 써서 생산을 늘리는 것.
489)   Messerschmitt Me 262. 1944년 4월에 세계 최초로 실전 투입된 독일의 제트 추진 전투기.

적 핵에너지 이용으로 가는 길을 열었다. 기존의 과학기술에서 이루어진 더욱더 많은 전시 혁신이나 급속한 진전(예를 들면 레이더, 합성 물질 생산, 전자계산기, 무선송신)이 전후 시대에 막대한 영향을 줄 터였다. 전전의 선구자들에게 기댄 바가 많은 이 발전은 전쟁이 없었더라도 어떻게든 이루어졌으리라는 데는 의문의 여지가 없다. 그러나 그 발전이 더 더뎠을 가능성이 아주 크다.

제2차 세계대전은 제1차 세계대전보다 훨씬 더한 정도로 '총력전'이었다. 비단 독재 통치 아래 있는 사회에만 그렇지도 않았다. 국가 지도자들은 자국의 전시 경제 운영에서 더 이전의 전쟁으로부터 중요한 교훈을 배웠다. 예를 들어 그들은 인플레이션 통제에서 전임자들보다 훨씬 능숙했고, 제1차 세계대전 동안 몇몇 교전국에서처럼 인플레이션이 날뛰도록 허용하지 않았다. 영국에서는 세금이 제1차 세계대전 시기의 수준보다 훨씬 더 높은 수준으로 올랐고 단기 대출의 필요성이 줄어들었으며, 그 덕에 정부는 비교적 낮은 이율로 장기 대출을 계속할 수 있었다. 새로 초인플레이션에 빠져들 수 있다는 피해망상이 결코 가시지 않은 독일에서는 치솟는 전쟁 비용을 점령된 영토들이 대부분 치렀기 때문에 세금이 영국보다 훨씬 더 낮게 유지될 수 있었다.

독일과 영국은 자국민에 대한 식량 공급의 국가 통제에서도 스펙트럼의 양 끝에 있었다. 제1차 세계대전 동안 독일에서 생활수준이 뚝 떨어지고 식량 부족이 격심해지면서 불만이 걷잡을 수 없이 치솟던 기세가 나치 지도자들의 정치적 의식에 깊이 아로새겨져 있었다. 그 사태는 그들이 유럽 대륙의 식량과 다른 자원을 무자비하게 수탈했으므로 제2차 세계대전 동안에는 되풀이되지 않았다. 1941~1942년 겨울의 위기 뒤에 이루어진 최초의 중대한 배급 삭감은 매우 인기가 없었지만, 전쟁의 마지막 단계까지는 큰 폭의 삭감이 일어나지 않았다. 유럽 대부분 지역의 피점령 국가들이 그 대가를 치러서, 우크라이나와 그리스에서는 기근 수준에 이르는 식량 부족 사태가 심해지고 네덜란드에서는 1944~1945년의 '배고픈 겨울'에 거의 기아가 일어났다. 비록 식량 가격이 공식적으로 통제되고 식량이 배급제로 할당되었을지라도 암시장이 모든 곳에서 만연했다. 감자와 빵을 제외한 모든 주식의 배급제는 어쩔 도리 없이 불평을 불러일으켰지만, 그래도 국민에게 널리 받아들여졌고 사회 화합의 유지에 도움이 되었으며, 한편으로 비록 식단이 단조롭다는 대가를 치렀을지라도 많은 사람의 건강을 실제로 개선해 주었다.

상공업계의 지도적 인사들이 제2차 세계대전 동안 제1차 세계대전 때보다 훨씬 더 많이 발탁되어서 정부 정책의 형성을 거들었다. 기업가들은 전시 생산뿐 아니라 전후 세계를 위한 계획 수립에도 몰두했다. 나치 정권이 (다른 모든 것처럼) 경제를 틀어쥐었던, 그리고 연합군의 폭탄이 훨씬 더 심한 파괴를 불러온 독일에서조차 기업가들은 자기의 열성적인 전시 협력을 재건을 위한 비밀 계획과 결합했다. 전쟁의 마지막 몇 달 동안 파멸 직전인 상황에서 나치 정권이 수행하는 헛된 자기파괴에 끌려 들어가지 않기를 바라면서 그들은 알베르트 슈페어Albert Speer 군수생산제국장관과 협력해서 히틀러의 1945년 3월자 '초토화' 명령에 따른 무의미한 산업 시설 파괴를 저지했다. 실제로, 독일에서는 산업의 파괴가 전쟁으로 말미암은 일반적 황폐화 수준에는 한참 못 미쳤으며, 기업가들은 (자기들에게 이익이 되도록) 복구를 촉진할 대책에 계속해서 깊이 관여할 수 있었다. 다른 주요 국가들의 경제도 거의 마찬가지였다. 전쟁을 위한 동원이 이루어지면서 엄청난 경제 역량이 풀려났고 자주 심하게 훼손되었지만 파괴되지는 않았으며, 군비 대신에 평시의 재건에 이용될 막대한 노동 자원이 가용해졌다. 재건을 위한 잠재 역량은 폐허 속에서 휴면 상태에 있었다.

전시의 경제 동원처럼 복구에는 국가가 필요했다. 유럽에서는 물적 파괴의 수준이 워낙 심했으므로 국가가 경제 운용에서 물러나기란 불가능했다. 경제가 시장의 힘을 통해 스스로 치유될 수 있다는 믿음은 전간기의 경제 민족주의로 힘을 잃었다. 프랑스와 영국의 계획 입안자들은 오직 국가만이 대규모 사회 기반 시설 기획에 필요한 수준의 투자를 해서 경제를 재건할 수 있다는 데 동의했다. 미국의 지도자들은 비록 자유시장을 선호할지라도 이 국면에서는 이의를 제기할 수 없었던 한편, 소련에서는 물론 엄격한 국가 통제가 확립된 지 오래였다. 거대한 주택 건설 기획이 조직되어야 했다. 식량이 모자란 탓에 국가의 통제와 할당도 지속되어야 했다. 영국에서는 1950년대에 접어들고 한참 지나서도 배급제가 지속되었다.

이에 상응해서 제2차 세계대전 직후에 1920년대와 1930년대에는 결코 고려되지 않은 방식으로 국가의 지출 및 통제의 수준이 유럽 경제를 빚어냈다. 그러나 (비록 물론 소련 통제하의 동독에서는 사태 전개가 사뭇 달랐을지라도) 미국의 영향 아래 서독은 영국과 프랑스에서 채택된 훨씬 더 강력한 국가 주도 경제관리 모델을 따르지 않게 될 터였다. 나치즘 12년 동안 심한 국가 통제를 경험한 터라 신나게 자유 시장을 제약하는 요소가 제거되고, 관료제가 과감하게 축소되고, 산업 카르텔이 폐지될 터였다. 실제로, 비록 그 무렵에는 복구가 잘 진행되고 있었을지라도, 처음에는 높은 수준이었던 국가의 개입과 관리가 곧 대다수 국가에서 도로 줄어들기 시작할 터였다.

총력전의 사회적 충격

정부가 자국 사회를 위해 더 많은 일을 해서 생활 조건을 개선해야 한다는 기대도 제2차 세계대전이 끝날 즈음에 국가 개입을 강요했다. 물론, 제1차 세계대전 동안에도 기대가 드높았다. 설령 이 기대가 그 뒤에 대개는 크게 좌절되었을지라도 말이다. 그러나 중대한 한 영역에서는 눈에 띄는 진척이 이루어졌다. 경제가 앞선 대다수 나라는 몇몇 나라, 특히 독일과 영국이 1914년 전에 이미 도입했던 제한된 사회보장 조항을 노동자 정당의 압력 아래 두 세계대전 사이에 확대했다. 조항과 범위에서 아직은 편차가 컸으며, 제도 자체가 결코 균일하지도 않았다. 그러나 공통의 추세가 하나 있었다. 두 번째 세계대전 뒤에 이제는 원숙한 복지국가 건설로부터 후퇴하는 일은 있을 수 없었다. 기대가 훨씬 더 높았고, 국가는 그 기대에 부응할 수밖에 없었다. 모든 성향의 정치인들, 즉 노동운동 지도자뿐 아니라 자유주의자와 보수주의자가 비록 의제는 달리했을지라도 복지망을 더 넓히라고 압박했다. 심지어 파시즘 정권의 엄격한 규제 아래서도 대중 동원은 국가 복지를 포함해 더 나은 삶의 기대를 높였다. 생활수준 개선, 새 주택, 포괄적 사회보험, 한 가정당 자동차 한 대('국민차', 즉 폴크스바겐), 여가 시설 확장의 약속이 나치즘이 지닌 매력의 일부였고, 무솔리니 치하 이탈리아의 파시즘도 마찬가지였다.

그 약속들은 파국적인 전쟁에 빠져들기 전에는 대체로 이행되지 않은 채로 남았다. 그러나 그 같은 물질적 번영과 복지의 개선을 위한 틀을 국가가 제공하리라는 기대는 파시즘이 파멸한 뒤에도 살아남아서 전후 정부에 받아들여졌다. 영국에서는 국가가 '총력전'에서 국민이 한 희생을 이번에는 존중해서 전쟁으로 말미암은 완전고용이 유지되도록, 사회복지와 의료를 모든 사람이 이용할 수 있도록, 1930년대의 빈곤과 박탈이 결코 되돌아올 수 없도록 보장해야 한다는 정서가 보편적이었다. 1944년에 영국 정부는 윌리엄 베버리지가 두 해 전에 베버리지 보고서에서 제안한 사회보험 대책의 성공에 필요한 완전고용 프로그램에 전념했다. 사회정책은 명백히 전후 정부의 의사일정에서 우선시되었다.

그러나 20세기 전반기에 유럽에서 일어난 사회 변화의 정도를 부풀리지 않아야 할 것이다. 여성이 사회에서 차지하는 지위가 이 점을 뚜렷이 보여준다. 제1차 세계대전 전에 페미니즘 운동은 (여성 참정권 운동가들의 선전 활동으로 그 쟁점이 더 폭넓은 대중의 관심을 얻었던) 스칸디나비아와 영국에서, 특히 여성 투표권을 요구하는 데에서 비교적 강했다. 그러나 유럽의 가톨릭 지역에서, 그리고 자유주의 형태의 입헌 통치가 그리 발달하지 못한 유럽 대륙의 동부와 남부에서 특히 여성의 권리를 위한 운동이 훨씬 더 약했다. 독일어 사용권인 중부 유럽에서는 페미니즘 운동이 주로 중간계급 여성 사이에서 지지를 얻었다. 그러나 그 운동의 진척은 반동적 보수주의와 (여성해방의 추구를 사회와 경제를 변혁하려는 더 광범위한 투쟁에서 하위 요소로 간주하는) 사회주의라는 두 남성 위주 영역 사이에 끼어서 짓눌렸으므로 한정적이었다.

제1차 세계대전으로 말미암아 많은 나라에서, 적어도 여성 투표권이라는 쟁점에서는 돌파가 이루어졌다. 그 전쟁에서 여성이 중대한 이바지를 했다고 인정되면서 여성 참정권에 대한 태도에서 변화가 일어났고, 전쟁 뒤에 유럽의 대다수 지역에서 여성에게 투표권이 주어졌다. 그러나 프랑스에서는 1944년에, 이탈리아에서는 1946년에야, 루마니아와 유고슬라비아에서는 같은 해에, 벨기에에서는 1948년에 비로소 선거권이 여성에게까지 확대되었다. 그리스는 훨씬 나중인 1952년에, 즉 내전 뒤에 뒤따랐다. 중립국인 스위스에서는 여성이 1971년에야 비로소 연방 차원에서(개별 주에서는 1958년부터 다양한 시기에), 그리고 소국인 리히텐슈타인에서는 1984년에 뒤늦게 투표권을 얻었다.

투표권 외에 여성이 가정과 직장에서 차지하는 지위는 별로 바뀌지 않았다. 사회는 아직도 완전히 남성 위주였다. 영국에서 베버리지 보고서는 아내를 남편의 사회보험 납부와 급부에 종속된 채로 남겼으며, 프랑스의 1946년 헌법은 아직도 여성이 어머니 역할을 다해야 한다고 강조했다. 여성은 노동시장에서 대체로 차별 대상으로 남았다. 기혼 여성의 경우에는 특히 그래서, 기혼 여성은 주로 가정주부와 출산자로 계속 간주되었다. 직업의 상급 직위는 대체로 기혼 여성에게 닫힌 채로 남아 있었다. 유급 고용은 아직도 대개는 (간호, 복지 후생, 초등학교 수업, 비서 업무, 또는 점원 등) 여자의 일로 여겨지는 분야에서 이루어졌다.

교육에서도 여성은 계속해서 지독히 불리했다. 분명히, 대학에서 공부하는 여성의 수가 1900년부터 1940년 사이에 유럽 전역에서 오르는 추세가 있었다. 이것은 그 시기에 걸쳐 (아직 적었던) 학생 수의 2배 넘는 증가의 일부였다. 그러나 여성은 그 증가에서 작은 몫만을 차지했다. 제2차 세계대전 전에 학생에서 여성이 차지하는 비율이 (핀란드에서는 거의 3분의 1이었고, 프랑스와 영국과 아일랜드에서는 4분의 1을 넘었고, 스페인과 그리스에서는 단 7~8퍼센트로 떨어져서) 서유럽 전역에서 5분의 1을 밑돌았다. 무척 많은 젊은 남성이 군대로 불려가면서 제2차 세계대전 동안 대학에서 여성의 수가 늘었다. 그러나 더 전반적인 여성의 지위에서처럼, 여기에서도 큰 변화는 몇십 년 뒤에야 비로소 일어날 터였다.

사회적 이동성의 정도도 상상보다는 훨씬 더 낮았다. 분명히 엄청난 파괴와 세계경제의 대붕괴, 그리고 대공황이 끼어 있는 양차 세계대전의 시대에 걸친 정치의 격변이 불가피하게 (특히 지주 엘리트의) 부를 크게 침식했다. 물론, 부의 몰수는 볼셰비키 혁명의 검증 각인이었다. 예를 들어, 지주가 심하게 저항했는데도 상당한 토지 재분배가 폴란드, 체코슬로바키아, 루마니아, 불가리아에서 이루어졌다. 양차 세계대전에 걸쳐 있는 시기 전체는 자본 축적과 부의 성장이라는 장기 추세가 대규모로 멈추는 시기였다. 그렇지만 전쟁 직전에 부와 사회적 지위를 가진 자들은 그 전쟁이 끝났을 때, 이제 소련의 지배 아래 들어간 동유럽 지역을 빼면, 여전히 그 부와 지위를 보전하는 경향을 보였다.

적의 점령을 겪지 않았던 영국에서는 제도와 사회의 연속성이 유럽의 대다수 지역보다 뚜렷했다. 세금이 더 높아지거나 재산이 군대에 징발되거나 상속세를 내면서 영지의 상당 부분을 잃는 바람에 사회 엘리트의 부가 사실상 꽤 많이 잠식되었다. 특히 토지 귀족과 지방 신사, 그리고 다른 대규모 자본의 사적 소유자의 부가 흔히 급감했다. 그리고 그들이 빈번하게 한탄했듯이, 가내 하인을 찾기가 힘들었다. 상류계급의 집에서 집안일을 하는 단조롭고 힘든 장기 고역에 젊은 여성이 더는 들어서고 있지 않았다. 전전 시기의 귀족적 생활방식은 대체로 사라졌다. 그러나 지위의 상실은 거의 없었으며, 잉글랜드와 웨일스에서는 1946~1947년에 아직도 성인 인구의 단 1퍼센트가 주식 총액의 반을 소유했다.

프랑스의 정치 엘리트와 경제 엘리트에서 일정한 변동이 있었다. 레지스탕스에서 역할을 해서 위신을 얻은 새로운 사람들이 (물론, 여성은 예외적으로만) 전쟁 이전의 사람들을, 자주 망신을 당한 제3공화국 지도자들과 비시 정부 부역자들을 대체했다. 그러나 지역 차원에서는 일단 최악의 부역자들이 숙청되자 연속성이 많이 있었다. 이탈리아에서도 전쟁 직후 시기에 골수 파시스트의 숙청이 끝나고 공산주의자들이 새 정부에서 몰려났을 때 정치적 계급은 근본적으로는 바뀌지 않은 채로 남았다. 경제에서는 일단 소요가 잦아들기 시작하자, 전쟁 전에 이탈리아의 사업체를 경영하고 남부에서 거대한 토지 재산을 소유했던 가문들은 대체로 종전과 마찬가지였다. 그러나 프랑스나 다른 곳에서처럼 기술 관료적 성격이 더 강한 새로운 기업가 계급이 곧 이탈리아 산업에서 입지를 다지기 시작한 반면에, 피렐리나 피아트 같은 대기업에서는 노동조합이 새로운 작업장 기풍의 보증인이었다. 또한 파시즘이 무너진 뒤에 중앙정부의, 그리고 지방(특히 북부의 대부분의 지역에서처럼, 크고 작은 도시의 통제권이 좌파의 손에 있는 곳)의 국가 관료제와 사법제도에서 일어난 변화의 정도를 얕잡아 보기 쉽다.

1944년 7월에 히틀러를 죽이려던 음모에서 독일의 상류계급 구성원들이 두드러졌다. 그러나 상류계급도 몇몇 끔찍한 잔학 행위를 주관했다. 상류계급은 군 지도부에서, 그리고 나치친위대 최고위 계급에서도 과대 대표되었다. 재산 몰수, 무자비한 피점령 국가 수탈, 노예노동, 제노사이드의 경제학에 긴밀히 연루된 재계 지도자가 많았다. 최악의 사례 가운데 몇몇은 결국은 연합국의 전후 재판에서 응징을 당할 터였다. 그러나 서독에서 엘리트의 연속성 수준은 동부의 여러 주에서 영지 소유자들이 그랬듯이, 전쟁과 점령으로 토지를 잃어버린 곳을 빼고는 1945년의 황폐화를 겪고도 놀라울 만큼 높은 채로 남았다.

전반적으로, 정치와 경제의 엘리트는 20세기 전반기 내내 자가 재생산하는 경향을 보였다. 더 중대한 변화는 20세기 후반기에야 일어날 터였다. 상향 이동해서 엘리트에 진입하는 일은 여전히 드물었다. 주요 교전국 가운데 부분적 예외가 독일이었는데, 독일에서는 나치당과 많은 당 산하 조직이 얼마간의 사회적 상승을 쉽게 만들어 주었다. 비슷한 그 무엇을 파시즘 치하의 이탈리아에서 볼 수 있었다. 그러나 이것의 정도가 쉽사리 과장된다. 더 큰 수준의 변화는 더 뒤에 일어났다. 폭탄은 사회적 차이를 알지 못해서 부자와 빈자를 가리지 않고 떨어진다고 가끔 주장되었는데, 이 주장조차 맞지 않았다. 크고 작은 도시의 밀도 높은 공동주택과 빈민가에 모여 사는 가난한 주민이 최악의 폭격을 경험할 가능성이 훨씬 더 컸다. 중간계급이 사는 더 쾌적한 교외와 영지의 대저택은 폭격을 피해 멀쩡하게 남을 가능성이 훨씬 더 높았다.

훗날 '박탈의 순환'[490]이라고 불리게 될 것이 아직도 대체로 우세했다. 제2차 세계대전에서 귀향하는 군인들은 흔히 입대할 때 그만두었던 종류의 직업으로 되돌아갔다. 그들의 사회 계급은 대개 바뀌지 않았다. 그들의 삶을 빚어낸 환경도 바뀌지 않았다. 시골에서 도시로 가는 장기 추세는 도심에 가까이 있는 허름한 주택에 들어가 살고 중간계급이나 전문직 계급으로 상향 이동할 기회를 거의 갖지 못하는 공업 노동계급이 더 커진다는 뜻이었다. 그러나 비록 성장 속도는 다를지라도, 유럽 전역에서 서비스 부문이 팽창했으므로 중하급 사무직이나 관리직으로 이동할 가능성이 높아지고 있었다. 사회적 이점을 갖지 못한 채 태어난 이들이 얻는 교육 기회는 아직 극히 적었다. 농촌 지역에서는 인구가 감소하고, 마을에 있는 젊은이가 더 적어지고, 부릴 만한 농장 일꾼이 줄어드는 현상이 전시 경제의 수요 탓에 심해졌다. 전쟁의 영향을 물리적으로 받지 않은 유럽의 더 외진 지역에 있고 기계화와 현대식 운송이 거의 침투하지 못한 농장

490)   1960년대 이후로 완전고용, 번영, 복지 수혜가 지속되는데도 빈곤, 박탈, 부적응 등의 사회문제가 사라지지 않는 까닭을 부모의 결함이 자녀에게 영향을 미쳐 대물림되는 가족 내 요인으로 설명하는 이론. 1970년대에 유행했다.

에서 틀에 박힌 나날의 일상은 50년 전의 세대에게는 낯익었을 것이다. 공장노동자의 (물론 제1차 세계대전 이전보다는 덜 고되고 노동시간이 더 짧아졌지만 여전히 더 앞 세대 노동자의 눈에 익은) 나날의 삶도 마찬가지였다.

제2차 세계대전으로 가장 심하게 황폐해진(주로 독일부터 동유럽과 남유럽을 가로질러 소련의 서부 지역까지 뻗어 있는) 유럽의 지역에서는 되돌아갈 전전의 정상 상태가 거의 없거나 전혀 없었다. 우크라이나와 벨라루스와 폴란드라는 거대한 지대가 전투의 참화와 제노사이드 살육이 (유럽의 다른 어디서보다도 더 심하게) 벌어지는 동안, 그리고 독일군이 물러가면서 펼친 '초토화' 전술의 파괴 탓에 쑥대밭이 되어 버렸다. 패전이 다가오는데 항복하기를 거부하다가 나라가 결딴난 독일 자체에서는, 전쟁이 끝날 때 인구의 3분의 2가 원래 살던 곳에서 이런저런 방식으로 쫓겨났다. 군인 수백만 명이 사로잡혀 있었다(이들 가운데 대다수, 즉 서방 연합국에 투항했던 300여만 명이 1948년까지 차츰차츰 풀려났지만, 소련군 손에 잡힌 300만 명은 1955년에야 마지막 한 명까지 다 풀려났다). 동부의 여러 주에서 온 피난민의 거대한 유입으로 증가한 민간인 인구가 (대도시에서 주택 50퍼센트가 부서져 버린 탓에) 초만원 상태의 주거지에 쑤셔 넣어졌고, 총체적 패배에 주눅 들고 불확실한 미래에 직면했다. 그러나 그들은 자기가 사는 지역이 전쟁이 끝났을 때 용케도 서방 연합국에 점령되고 공포와 혐오의 대상인 소련에 점령되지 않았다면서 기뻐했다. 막대한 인명 손실과 경제 파괴뿐 아니라 정치권력의 성격이 무엇보다도 더 문제가 되었기 때문이다. 분단된 전쟁 직후 시기의 독일에서는 대체로 점령국의 이해관계가(서부에서는 미국과 영국과 프랑스, 동부에서는 소련이) 그들의 삶의 윤곽을 결정했다.

크게 이겼다는 승리감과, 의심의 여지 없이, 살아남았다는 안도감은 소련 국민에게 동전의 한 면이었다. 다른 한 면은 죽은 가족과 친지 수백만 명에 대한 애도, 또는 자신의 도시와 마을이 적에게 소멸당했을 때 삶을 재건하려는 시도였다. 전쟁이 끝났을 때 별로 바뀌지 않은 스탈린 체제가 이제는 사실상 전시의 영광으로 강해지고 정당해져서 지속되었다. 그 체제의 특징은 아직도 몰수, 공출과 생산 할당량의 과중한 부과, 경찰국가의 전횡에 시달리기, '믿음이 가지 않는다'고 간주된 자들인 전쟁 포로의 비인도적 처우, 도로와 철도의 재건에 투입되는 부역이었다. 이제는 이 체제가 심지어 제1차 세계대전 전에도 유럽 대륙의 가장 가난한 지역을 이루었던 동유럽의 대부분 지역에도 부과되었다. 제2차 세계대전에서 겪은 엄청난 고통과 황폐화에 더해 이제 그 나라들은 서유럽에 새 활기를 곧 불어넣을 경제적 추동력으로부터도 절연될 터였다.

경제 회복의 전망

세계경제에서 제2차 세계대전은 제1차 세계대전 뒤에 이미 눈에 띄었던 장기 추세를 두드러지게 만들었다. 그 추세란 세계의 생산 및 교역에서 유럽의 몫이 떨어지고 있다는 것이었다. 또한 제2차 세계대전은 영국이 세계의 지배적 경제 열강인 미국에 확실하게 종속되는 기점이기도 했다. 이 사태 전개는 제1차 세계대전 이후에 이미 확연했지만, 이제는 제2차 세계대전에서 전쟁 비용 조달이라는 요구로 완전히 확인되었다. 전쟁수행노력을 충족하려고 영국의 부채가 치솟자, 전쟁에서 세계의 산업 거인으로 등장한 미국에 대한 경제적 의존이 극심해졌다. 전쟁이 끝날 무렵에 영국은 재정 면에서 무릎을 꿇고 있었고, (제2차 세계대전의 완전한 승자인) 미국은 경제 호황을 누리고 있었다. 전쟁 동안 미국의 산업 생산량은 미국 역사의 이전 그 어느 때보다 컸다. 생산량이 해마다 (제1차 세계대전 동안의 7퍼센트에 견줘) 15퍼센트씩 늘어났고, 경제의 생산 역량이 50퍼센트 커졌다고 추산된다. 1944년이 되면 세계 군비의 40퍼센트 이상이 미국에서 생산되었다. 영국의 수출이 줄어들면서 미국의 수출이 (1944년에 1939년 수준보다 3분의 2 더 높게) 치솟았다.

미국은 자국의 경제력 덕분에 무기대여법안을 통해 연합국 전쟁수행노력의 비용을 조달하는 데 큰 도움을 줄 수 있었다. 미국 의회는 1941년 봄에 루스벨트 대통령의 묘안인 무기대여법을 뒷받침한다는 데 동의했다. 이로써 미국은 과도하게 부하가 걸리고 엄청난 빚을 진 나라들에 돈을 내라고 요구하기보다는 자국의 동맹국들에 장비를 '빌려' 줄 수 있게 되었다. 전쟁이 끝날 때까지 미국의 무기대여법 수출 총액은 320억 달러를 웃돌았고, 이 가운데 140억 달러 가까이가 영국으로, 더없이 유용한 90억 달러가 (식량, 공작기계, 화물차, 전차, 비행기, 철도 선로, 기관차가 제공된) 소련으로 갔다. 미국은 전쟁의 물주였고, 곧 평화의 물주가 될 터였다.

전쟁이 끝나기 전에 미국은 자국의 경제적 패권 덕에 1945년 이후에 소련의 지배 아래로 들어가지 않은 유럽 절반의 전후 경제를 위한 제도적 장치를 형성하는 일에서 결정 권한을 얻었다. 비록 이 결정의 완전한 영향력은 몇십 년 뒤에야 비로소 느껴질지라도 말이다. 연합군이 노르망디에 상륙한 다음 달인 1944년 7월 거의 내내, 국제연합을 구성하는 44개 연합국에서 온 700명 이상의 대표가 회담을 하려고 뉴햄프셔주에 있는 브레턴우즈Bretton Woods의 한 미국 호텔에서 (그 호텔이 너무 작고 수리 상태가 형편없었으므로 조금은 불편하게) 만났다. 그들은 1930년대의 경제 민족주의, 대공황, 파시즘의 승리를 불러온 재앙을 영구히 이겨낼 전후 세계의 전 지구적 경제 질서의 원칙을 만들어내려고 시도했다. 가장 중요한 이들은 영국과 미국의 대표단이었다. 그러나 이제 어느 쪽이 우두머리 노릇을 하는지 명백했다. 회담 마지막 날에 이루어진 협정의 배후에 있는 몇몇 핵심 발상을 내놓은 이는 영국 대표단의 존 메이너드 케인스 단장이었다. 그는 대공황기에 우세했던 경제학 정설의 위험성을 이해하게 되었고, 대량 실업을 극복할 국가 개입과 적자 지출을 옹호하는 그의 반反순환주기 이론은 전쟁 동안 중대한 영향력을 얻었다. 그러나 영국과 미국의 의견이 갈리는 곳에서는 미국 대표단의 해리 덱스터 화이트Harry Dexter White 단장이 표명하는 미국의 이해관계가 이겼다.

브레턴우즈 회담은 통화가 자유로이 태환될 수 있고 그 통화의 환율이 미국의 달러에 고정된 (대체로 케인스의 영감에 따른 발상인) 새로운 통화 질서를 확립하여 신용을 잃은 이전의 금본위제를 대체했다. (그러나 '태환성'의 중대한 첫 시험은 재정 위기가 한창이고 달러 보유고가 심각하게 고갈되어 파운드를 달러로 환전할 수요가 막대한 와중에 영국이 파운드의 태환성을 취소하지 않으면 안 되었던 1947년 여름에 참담하게 실패할 터였다.) 화이트의 두 안건은 결국은 중대한 전후 제도로서 형태를 갖출 터였다. 그 두 제도는 개별 국가의 예산 문제를 바로잡는 한편으로 체제 안에서 안정성을 보전하는 것을 목표로 삼는 (국제통화기금[491]이 되는) 국제안정기금과 비록 초기 공여액은 필요한 것에 견주면 실제로는 소액이었을지라도 전후의 재건에 없어서는 안 될 자본을 제공할 (세계은행[492]으로 바뀌는) 국제부흥개발은행[493]이었다. 회담 참석자들은 국제무역의 자유화를 위한 규칙을 확정할 추가 기구의 필요성도 인정했다. 그러나 이것은 결실을 보지 못했고, 국제무역 관계는 1947년에 체결되어서 처음에는 23개 국가가 서명한 관세 및 무역에 관한 일반 협정[494] 아래에서 결국은 규제되었다.

브레턴우즈 회담의 초기 성공을 가로막는 뛰어넘을 수 없는 정치적 장벽이야 무엇이든, 그 회담은 전간기의 재앙으로 되돌아갈 수 없

---

491)   International Monetary Fund, IMF. 국제적인 통화 협력, 금융 안전성 확보, 국제 무역의 확대 등을 목적으로 1944년 브레턴우즈 회담에서 설립된 국제 금융 기관.

492)   World Bank. 1946년 8월에 발족한 국제 금융기관. 경제개발을 위해 개발 도상국 정부에 대부금을 제공하는 기능을 수행하며, 국제통화기금 및 세계무역기구와 함께 3대 국제 경제기구의 하나라는 평가를 받는다.

493)   International Bank for Reconstruction and Development, IBRD. 브레턴우즈 회담의 의결 사항에 따라 1945년 12월 27일 설립되어 제2차 세계대전으로 큰 피해를 입은 국가에 재건 비용을 조달해 주는 기능을 수행한 국제 금융기구. 오늘날에는 세계은행의 산하 기구가 되어 빈곤한 국가를 구제하는 기능도 수행하고 있다.

494)   General Agreement on Tariffs and Trade, GATT. 관세나 수출입 규제 등 무역 장벽을 없애고 국제무역의 자유를 증진하고자 1947년에 제네바에서 조인되어 이듬해 발효된 국제 협정.

다는 결단을 표시했다. 그 회담은 재앙을 배태한 국제무역 및 재정 붕괴의 되풀이를 피하려면 자본주의경제 자체의 토대가 개혁되어야 한다는 점을 받아들인다는 지표였다. 미국의 달러가 국제금융의 중심축으로서 약해진 파운드를 대체해야 한다는 점이 분명했다. 미국은 무역 자유화의 동의에 그랬듯이, 그 대체에 무척이나 기뻐했다. 유럽인도 이것을 전후 경제 질서의 기본 전제로 받아들였다. 그러나 강조점의 차이가 있었다. 영국과 프랑스에는 단지 재건을 위해서가 아니라 제약되지 않는 자본주의 경제의 엉뚱한 변덕에 대항하고 대량 실업의 재발을 막기 위해서라도 전쟁 전에는 상상할 수 없었던 규모의 국가 개입이 필수 요소가 되었다. 그 결과로 말미암은 (물론 소련 세력권에는 적용될 수 없는) 절충은 자유주의적인 자유무역과 국가 주도의 혼합경제 대두였다. 자본주의는 비록 급진적으로 바뀌거나— (냉전이 형성되면서 지지세를 유지하려고 몸부림치는) 공산당의 급감하는 지지 세력이 하는 도전을 제외하면—근본적으로 도전을 받지 않았더라도, 모든 곳에서 웬만큼은 개혁되었다. 황폐해진 1945년에는 예견하기 힘들었을지라도, (독일인들이 '사회적 시장경제soziale Marktwirtschaft'라고 일컫게 된) 경제적 자유주의와 사회민주주의의 혼합이 다음 30년 동안 이루 말로 다 하지 못할 번영을 가져다주고 정치적으로 서유럽에 큰 혜택을 안겨 주었다.

1945년 이후 이 결합의 성공을 위한 중요한 전제 조건 하나가 제1차 세계대전 이후에는 존재하지 않았다. 서방 연합국들은 1919년 독일에, 그리고 다른 패전국들에 그랬다가 무척이나 참담한 결과를 불러일으켰던 것과는 달리, (독일의 동부 지구에서는 문제가 달랐어도) 혹심한 전쟁 배상금을 부과하려고 들지 않았다. 전후의 독일을 공업화 이전의 경제 상태로 되돌리자고 제안하는 모건도 계획[495]이 1944년에 잠시 진지하게 고려되었다(따라서 프로파간다 거리로 쓸 선물을 나치 정권에 안겨 주었다). 비록 루스벨트와 처칠이 향후 독일의 산업 생산량 수준을 확연하게 제한한다는 데 동의했을지라도, 영구히 7000만 명을 가난뱅이로 만들고 유럽의 복구에 열쇠가 되는 경제를 망가뜨린다는 것이 헛된 짓임이 금세 인정되었다. 냉전이 본격화하기 시작하자 더더욱 그랬다.

철의 장막은 그 자체가 유럽 대륙의 서쪽 절반에는 간접적 이점이 될 터인 반면에 동쪽 절반은 부러워할 만하지 않은 운명에 처하도록 만들 터였다. 이것은 그의 장막 뒤에 갇힌 민족들에는 어마어마한 인간 비극이었다. 40년 넘게 지속될 자유의 박탈은 그 값을 따질 수 없다. 그러나 제1차 세계대전 뒤에 민족 갈등, 민족주의적 폭력, 국경 분쟁에 시달렸던 유럽의 그 지역들을 소련의 혹심한 억압에 잃은 것은 유럽 서쪽의 이미 더 부유한 지역들에는 득이었다. 이 나라들은 대두하는 소련 세력권의 나라들과는 달리, 허물어진 자국 경제의 재건에서 미국의 후원을 활용할 수 있었다.

1914년부터 1945년 사이에 유럽인은 자체의 경제적 기반을 부수는 데 열중하는 것처럼 보였다. 놀랍도록 대조적으로, 다음 30년 동

---

495) Morgenthau Plan. 미국의 헨리 모건도 재무장관이 독일의 군사력과 공업을 철저히 해체한다는 기조로 1944년에 작성한 제2차 세계대전 이후 독일 처리 계획안. 큰 비판을 불러일으켜서 실행되지는 않았다.

안 서쪽에서 많은 이가 전례 없는 지속적 번영을 누리리라는 것은 1945년의 폐허에서는 전혀 상상할 수 없었다. 번영이 지속되면서 서유럽의 생활수준이 완전히 바뀔 터였다. 그러나 동유럽의 사뭇 다른 상황에서조차 생활수준이 올라가서 주민 대중에게는 소란스러웠던 전간기 동안의 수준을 훌쩍 넘어설 터였다. 유럽의 국가들에는 이 변혁을 스스로 불러일으킬 역량이 없었을 것이다. 유럽 대륙의 분리된 두 절반에서 유럽 국가들은 자국의 경제적 실질의 재건을 위해 새로운 양대 초강대국인 미국과 소련에, 정반대의 방식으로 크게 의존했다. 정치뿐 아니라 경제에서도 1945년 이후에 유럽의 두 절반은 각기 별개의 길을 가도록 정해져 있었다.

기독교 교회: 도전과 연속성

생계 확보라는 위태로운 과업을 넘어, 사람들이 자기 삶의 틀을 어떻게 짜는지는 아직은 압도적으로 기독교 교회의 도덕과 가치의 영향을 받았다. 20세기 전반기에 유럽은 무신론이 공식 이념인 소련의 서쪽에 있고 (국민이 무슬림인 세속 국가) 터키의 서북쪽에 있는 기독교 대륙으로 남아 있었다. 아직 기독교 교회는 특히 농민과 중간계급 안에서 막대한 사회적·이념적 힘을 행사했다. 그리고 기독교 교회는 모든 곳에서 제1차 세계대전 뒤에 유럽을 뒤흔드는 정치적 격동 속으로 휩쓸려 들어가면서 그 힘을 이용했다.

1882년에 이미 독일 철학자 프리드리히 빌헬름 니체Friedrich Wilhelm Nietzsche가 "신은 죽었다"는 유명한 선언을 했다. 이 선언은 때 이른 부고였다. 기독교 교회는 스스로가 20세기 전반기에 현대사회가 가하는 위협, 무엇보다도 '무신론 볼셰비즘'에 맞서 수세에 처해 있다고 느꼈다. 실제로 사람들이 국가에, 정치 운동에, 또는 다른 공공 제도에 기대서 자기에게 필요한 것을 얻었으므로, 점점 더 많아지는 사람이 보기에 교회가 해줄 것은 없었다. 근대성을 보는 요제프 로트_{Joseph Roth}의 음울한 시선을 환기하는 1932년의 소설 《라데츠키 행진곡》[496]에 나오는 등장인물 가운데 하나인 호이니츠키 백작[497]은 이렇게 말했다. "민족주의는 새로운 종교예요. 사람들은 교회에 나가지 않고 민족주의 집회에 나갑니다." 막스 베버_{Max Weber}의 '세상의 탈주술화脫呪術化'는 성사聖事와 구원과 구제, 그리고 내세의 영원한 행복에 대한 신비주의적 믿음이 호소력을 잃고 있다는 뜻이었다. 그리고 전쟁과 제노사이드가 유럽을 유린하자, 합리성과 진리에 대한 믿음에 니체가 가했던 공격과 종교 신앙에 뿌리를 둔 도덕에 대한 그의 부정은 결코 틀리지 않아 보였다. 기독교 교회는 이 시대에서 더럽혀지지 않은 채로는 빠져나갈 수 없었다. 그러나 믿음의 상실도, 기독교 주요 교파의 신도 수 감소도 과장되거나 시기가 앞당겨져서는 안 된다. 두 세

---

496) Radetzkymarsch. 할아버지가 싸움터에서 황제의 목숨을 구하여 귀족이 된 트로타 가문 3대의 일상사를 통해 오스트리아 제국의 흥망성쇠를 그려내면서, 제1차 세계대전 이후 오스트리아 사회가 안은 문제의 근원을 파헤친 요제프 로트의 역사소설. 제목은 쿠스토차 전투 승리를 기념해 오스트리아의 요제프 폰 라데츠키 육군원수에게 헌정하는 곡으로 1848년에 초연된 〈라데츠키 행진곡〉에서 따왔다. 《라데츠키 행진곡》, 창비, 2012.

497) Chojnicki. 《라데츠키 행진곡》에 폴란드인 귀족으로 나오는 등장인물.

계대전 뒤에도 그 영향력은 여전히 심대했다. 그 모든 고난을 겪었는데도 기독교 교회는 재앙과도 같은 20세기 전반기를 놀랍도록 멀쩡하게 견뎌내고 살아남았다. 기독교 교회의 주된 문제는 더 나중에 올 터였다.

제1차 세계대전의 시작이 기독교에 활기를 불어넣었다. 전쟁이 일어나자 하느님은 모든 이의 편으로 보였다. 어쨌든, 모든 교전 열강의 기독교 교회는 하느님이 자국의 대의를 지지한다고 주장했다. 독일인은 "하느님은 우리와 함께하신다Gott mit uns"고 말했다. 프랑스인은 자기 나라를 지키려고 "거룩한 단결"을 선언하면서, "하느님은 우리 편이시다Dieu est de notre côté"라고 주장했다. 다른 나라들도 마찬가지로 재빨리 애국심과 기독교를 뒤섞었다. 성직자들은 선뜻 그 전쟁을 민족의 십자군, 즉 야만에 맞서 문명을, 악에 맞서 선을 지키는 '성전'으로 보았다. 물론, 평화주의자가 몇몇 있었지만 성직자 대다수는 자국의 전쟁을 압도적으로 지지했다. 그들은 싸우러 나가는 군대와 그 군대가 들고 싸우는 무기를 축성祝聖했으며, 곧 있을 공세의 성공을 위해 기도했다. 모든 곳에서 민족주의가 기독교의 기본 교의를 그대로 받아들였다. 평화의 사람들이라고 알려진 이들에게 성직자의 호전성은 울림이 클 수 있었다. 1915년 대림절[498] 설교에서 영국국교회의 아서 위닝턴잉그럼Arthur Winnington-Ingram 런던 주교가 (비록 허버트 헨리 애스퀴스 Herbert Henry Asquith 영국 총리는 그의 말이 유난스레 멍청한 한 주교의 헛소리라

---

498)　예수 그리스도께서 오시기를 간절히 기다리는 성탄절 이전 4주를 가리키는 기독교 교회력의 절기. 대강절, 강림절이라고도 한다.

고 생각했을지라도) "악한 사람뿐 아니라 선한 자도 죽이고 나이 든 이뿐 아니라 어린이도 죽이"라고 영국 군인들에게 촉구했다. 적어도 시종일관 한 교회 지도자는 자기가 중립이라고 선언했고, 공정한 강화 조약을 맺으라고 여러 나라에 촉구했다. (1914년 9월에 선출된) 베네딕토 15세가 1917년에 국제 중재, 점령지 철수, 전쟁 배상금 폐지, 군비 축소를 주창하는 평화안을 내놓았다. 애쓴 보람도 없이 그는 비밀 당 파원, 자기의 편애를 인정하지 않으려 드는 위선자라고 욕을 먹었다. 그를 프랑스인은 '독일 교황'이라고, 독일인은 '프랑스 교황'이라고 불렀다.

성직자로서는 그 전쟁으로 기독교 부활의 전망이 생겨났고, 이 점은 지켜본 이들이 '성찬대로 되돌아오기'라고 이름 붙인 것으로 입증되었다. 잉글랜드에서는 교회 다니기의 반짝 증가 이상이 있었는지는 분명하지 않다. 실제로 (무척 많은 남자가 전선으로 떠나는 일이 없었던) 전쟁 이전보다 1916년에 교회에 나가는 사람 수가 더 적었다. 그러나 후방에서 유가족의 수가 늘어나면서 (살아 있는 사람을 죽은 사람과 교감할 수 있게 해준다는) 심령술이 효과가 있다는 믿음이 급증했다. 불안감이 클 때 사람들이 기도에 의지하는 것은 놀라운 일이 아니었다. 군인들은 전투에 앞서 기도를 자주 했고, 그 뒤에 목숨을 잃지 않은 이들은 무사 귀환에 감사 기도를 했다. 종교는 미신과 뒤섞였다. 종교 상징물을 몸에 지니고 전선으로 가는 이가 많았다. 십자가나 묵주나 휴대용 성경이 부적 노릇을 했다. 가장 나쁜 일이 일어나면 군종 사제가 금세 와서 전사한 병사의 전우들의 머리에 죽음은 희생이라는 기독교의 상징성을 떠올려 주었다. 그 상징성은 전몰자의 무덤 위에 세운 임시 나무십자가의 확산으로 보강되었다.

베르됭 전투와 솜 전투 뒤에 어떻게 신앙이 아직도 가능한지를 묻는 이들이 틀림없이 있었다. 그 살육의 와중에 얼마나 많은 군인이 기독교 신앙을 잃었는지를 알아낼 수는 없다. 독일의 한 목회 보고서는 다음과 같이 판단했다. "기도를 올려 봤자 이루어지지 않는 듯하고 전쟁은 오래 지속되고 전쟁의 야만성이 끔찍한 탓에 많은 군인이 하느님의 공의와 전지성全知性을 의심하게 되었고, 그래서 종교에 더는 신경 쓰지 않는다." 그러나 고향에 있는 가족과 마찬가지로, 대다수 군인은 전쟁이 끝나고 나서 바뀐 세상에 복귀했을 때 이런저런 형태의 기독교에 적어도 명목상으로는 계속 충실했다. 사람들은 심지어 교회 예배에 가지 않는 곳에서도 대개는 여전히 교회에 기대어 세례식과 결혼식과 장례식을 치렀다. 그리고 (비록 특히 남유럽의 몇몇 지역에서는 성직자에 맹렬히 반대하는 움직임이 꽤 컸을지라도) 투쟁적으로, 또는 근본적으로 종교에 반대하는 정서는 별로 표출되지 않았다. 그러나 종교적 유대는 이미 약해진 곳에서는, 가장 뚜렷하게는 도시민 사이에서는 전쟁을 거치면서 지속적으로 강화되지 않았다. 기독교 신앙에서 멀어지고 기독교 교회에는 충성하는 (여성보다 남성 사이에서 더 두드러진) 장기 추세가 지속되었다.

가톨릭 신앙보다 개신교 신앙의 형편이 더 나빴다. 스위스, 발트해 연안 국가들, 스칸디나비아 국가들, 네덜란드에서는 20세기 초엽에 개신교 교회에 대한 충성도가 쇠퇴하는 추세가 있었다. 비록 이와 더불어서 교회 자체 안에서는 활력이 지속되었을지라도 말이다. 영국 국교회에서 부활절 영성체를 받는 사람의 수가 1920년대 초엽부터

1950년대까지 꾸준히 떨어졌다. 독일에서는 성찬식에 참석하는 사람의 수가 1920년부터 1930년 사이에 11퍼센트, 견신례[499]를 하는 사람의 수는 같은 기간 무려 45퍼센트나 줄었다.

신도를 붙잡아 두는 데서는 가톨릭교회가 더 능란한 모습을 보여주었다. 가톨릭교회는 19세기 중엽에 시작되었던 가톨릭 신앙 재활성화를 지속했다. 가톨릭교회는 현대 세계가 가하는 위협, 특히 자유주의와 사회주의라는 위협에 맞서는 보루로서의 교황이라는 인물에서 구현된 교리의 엄격성과 조직상의 중앙집권화를 통해 두각을 나타내는 동시에 대중적 호소력을 넓히는 데 성공했다. 원죄 없는 잉태[500]에 관한 교황 비오 9세Pius IX의 선언[501]이 1854년에 나온 뒤에 동정녀 마리아 숭배가 되살아나면서 대중의 독실한 신심이 일어났다. 이 신심은 1858년에 피레네산맥의 (이미 제1차 세계대전 한 해 전에 순례자를 100만 명 넘게 끌어들이고 있던) 루르드Lourdes, 1879년에 아일랜드 서부의 노크Knock, 1917년에 포르투갈의 파티마Fátima에서 일어났다는 성모 발현[502]으로 고양되었다. 새로운 수준의 대중적 성자 숭상이 부추겨졌다. 헤아릴 수 없는 고통을 프랑스인에게 안겨 주었던 제1차 세

499) 유아 세례를 받은 기독교인이 자란 뒤에 사제의 안수기도를 받고 신앙을 굳히는 교회 성사.
500) 성모 마리아는 잉태된 순간부터 하느님의 은총을 받아 원죄가 없었다는 로마 가톨릭교회 교리.
501) 교황 비오 9세가 1854년 12월 8일에 발표한 사도 헌장 〈형언할 수 없는 하느님(Ineffabilis Deus)〉.
502) 예수 그리스도의 어머니 마리아가 나타나 여러 사람에게 모습을 보이는 초자연적 기적 현상을 기독교에서 일컫는 표현.

계대전이 끝난 지 두 해가 채 안 된 시기가 민족의 영웅 잔 다르크를 시성諡聖하기에 좋은 때로 여겨졌다. 실제로는 교회가 5세기 전에 (나중에 무죄로 드러나는 날조된 협의로) 잔 다르크를 파문해서 이단이라며 불태워 죽였는데도 말이다. 잔 다르크의 시성은 국가가 세속적 가치를 고취하고 반교권주의가 거센 나라에서 신앙심을 북돋으려는 시도였다. 뒤이어 추가로 가톨릭의 영적 삶의 모범으로 묘사된 프랑스의 젊은 가르멜회[503] 수녀인 리지외의 테레즈('작은 꽃')[504]가 1925년에, 그리고 숭배를 받는 루르드 출신 인물인 베르나데트 수비루[505]가 1933년에 시성되었다. 교황 비오 11세Pius XI가 민족주의와 세속주의에 대응할 의도로 1925년에 그리스도 왕 대축일[506]을 선포한 뒤에 대중의 신앙심이 또 한 차례 더 고양되었다. 이 대축일 선포는 정치적·사회적 삶의 중심에 기독교 윤리를 놓으라고 가톨릭교도에게 호소했다.

---

503) Carmelitae. 정식 명칭은 가르멜산의 성모 형제회. 이스라엘 북부에 있는 기독교의 성지 가르멜산에서 탁발 종단으로 시작해 13세기에 로마 교황청의 인가를 받은 기독교 수도회.

504) Thérèse de Lisieux(1873~1897). 프랑스 가톨릭교회의 성자. 어려서부터 수녀가 되고 싶어 했고, 15세에 가르멜 수녀회에 들어가서 1890년에 정식 수녀가 되었다. '예수의 작은 꽃'으로 불렸다. 결핵으로 숨진 뒤 유고가 책으로 나와 유명해졌다.

505) Bernadette Soubirous(1844~1879). 프랑스 가톨릭교회의 성자. 가난한 집의 맏딸로 태어났고, 1858년 2월 11일과 6월 16일 사이에 성모 마리아를 18번 보았다고 해서 유명해졌다. 1933년 그리스도 왕 대축일에 성자로 시성되었다.

506) 1925년 12월에 교황 비오 11세가 '그리스도 왕'의 의미를 성대히 기리고자 제정한 가톨릭 교회의 대축일. 11월 20일과 26일 사이의 주일에 쇤다.

가톨릭 평신도가 회원인 사회단체와 자선단체도 주민을 교회에 묶어 두는 데 도움을 주었다. 본디 19세기 중엽에 세워진 '가톨릭 운동'[507]은 평신도의 가톨릭적 삶에 관여하도록 자극하고 노동운동과 농민운동에 기독교 가치를 불어넣으려고 시도해서 얼마간 성공했다. 브르타뉴[508]의 몇몇 지역에서는 사제들이 대중 지역 신문을 운영했고, 농부가 거름을 살 수 있는 농경 협동조합을 조직했다. 니더외스터라이히[509]와 스페인 북부의 향촌 지역에서도 신용은행과 농민과 소작농을 돕는 다른 방법에 적극적으로 관여해서 교회에 대한 지지를 굳히고 사제의 지배력을 키우는 데 도움을 주었다.

가톨릭교회는 특히 교회가 신앙의 충성을 강한 민족 정체감 속에 섞어 넣을 수 있는 곳이나 불리한 소수자를 대변하는 곳에서 번성했다. 폴란드와 아일랜드 자유국, 제1차 세계대전으로부터 등장한 신생 국가인 이 두 나라에서 가톨릭 신앙은 사실상 민족 정체성의 표현이 되었다. 폴란드에서 1930년대에 정치와 사회의 긴장이 커지자 교회는 스스로를 민족 통합을 위한 보수적 운동, 그리고 가톨릭 신앙을 가진 폴란드인과 폴란드의 소수민족인 우크라이나인, 벨라루스인, 독일인, 특히 유대인 사이의 차이를 강조하는 민족주의와 긴밀히 연계했다. 대체로 개신교 신앙을 가진 북아일랜드에서 가톨릭교도는 (주거와 일자리, 그리고 실질적으로 사회 및 정치 생활의 모든 면에서) 차별을

---

507) Actio Catholica. 가톨릭 평신도가 성직자의 사도직을 도와서 가톨릭의 사회적 영향력을 북돋는 행위, 그리고 그러한 행위를 하는 단체 및 조직.

508) Bretagne. 프랑스 동북단의 반도 지역.

509) Niederösterreich. 오스트리아 동북단의 9개 도를 일컫는 명칭.

받는 가운데 정체성을, 그리고 가톨릭 신앙을 지니고 있으며 더 크고 이제는 독립한 아일랜드 남부와 하나가 되려는 민족주의적 포부와 결합한 별개의 하위문화를 벼려냈다.

영국에서도 해묵은 선입견이, 특히 1845년 기근[510] 뒤에 영국 서북부로 대거 이주했던 아일랜드인 이주민 사이에서 강한 가톨릭적 정체감과 가톨릭교회에 대한 충성의 정서를 부추겼다. 굳게 뭉친 아일랜드인 가톨릭 공동체는 다수자인 개신교도에게서 큰 반감을 사고 심한 차별을 받았는데, 이것은 심지어 스포츠에도 반영되었다. 가톨릭 신자는 글래스고의 레인저스 축구단에, 개신교 신자는 이웃한 경쟁 구단인 셀틱 축구단에 입단이 허용되지 않았다. 또한 네덜란드에서도 소수자 하위문화가 가톨릭 신앙의 번영에 바탕을 제공했으며, 바스크 지방에서는 교회가 불리한 처지에 놓인 언어 공동체를 지탱하는 것과 동일시될 수 있었다. 독일에서도 비스마르크가 1870년대에 (독일제국 인구의 거의 3분의 1을 대표하는) 가톨릭교회에 가한 공격으로부터 강한 하위문화가 대두했다. 가톨릭의 신앙과 제도는 히틀러가 권력을 넘겨받을 때까지 번영했다. 그 시점에 독일의 개신교 교회처럼 가톨릭교도는 근본적으로 새로운 도전에 직면했다.

(종류가 다양한) 개신교 교회와 통일성이 더 큰 가톨릭교회 둘 다 특정하게는 볼셰비즘, 그러나 더 전반적으로는 정치적 좌파에 맞선

---

510)   아일랜드 대기근이라고도 한다. 1845년에 감자잎마름병이 돌아 아일랜드인의 주식인 감자 수확량이 줄어들면서 일어났다. 1845년부터 1852년까지 100만 명 안팎으로 추산되는 아일랜드인이 굶어 죽어 아일랜드섬 인구가 5분의 1 넘게 감소했다.

싸움을 근현대 세계에서 기독교를 지켜내는 데 결정적이라고 보았다. 온갖 형태의 '근대성'이 물리쳐야 할 위협으로 여겨졌다. 따라서 그 양대 교파는 자명하게 정치적 우파 쪽에 섰고, 국가라는 보수적 요새와 자기가 좌파에 맞선 보루로서 행사하는 사회적 권력을 옹호했다. 따라서 불가피하게 교회와 교도는 전간기 유럽의 격렬한 충돌에 헤어날 길 없이 휘말려들게 되었다.

그렇다고 해서 꼭 교회가 민주주의에 반대하지는 않았다. 가톨릭 중앙당은 1919년 독일에서 바이마르공화국을 형성했던 주요 정치 세력에 속했고, 1920년대에 독일에서 그 새로운 민주주의의 대들보로 남았다. 1919년에 만들어진 이탈리아 인민당은 무솔리니가 1926년에 그 당을 금지하기 전에 이탈리아의 다원주의 정치체제에서 주로 향촌의 지지자에게 유난히 가톨릭적인 정치적 의사를 표현해 주었다. 정치체제가 위협받지 않은 민주주의 국가인 영국에서 (흔히 '기도하는 보수당'이라는 별명으로 불린) 영국 국교회는 기성 체제의 기둥이었다. 이와 대조적으로, 영국에서 상당한 지지세를 보전한 다양한 비국교 非國敎 기독교 교회들[511]에는 정부를 더 과격하게 비판하지만 민주주의는 비판하지 않는 경향이 있었다. 그러나 좌파의 중대한 위협이 제기되는 곳에서는 그 두 주요 교파의 교회가 어김없이 국가의 권위를 뒷받침했다. 그리고 두 교파는 그 위협이 극단적이라고 인식하면 할수록, 더욱더 극단적인 반동을 지지할 각오를 했다.

---

511)   영국사에서 영국국교회에 순응하지 않는, 즉 영국국교회 이외의 다른 여러 개신교 교파를 일컫는 표현.

그 반동이 독일보다 극단적인 곳은 어디에도 없었다. 독일에서는 (실제로는 교리와 지역 면에서 분열되었지만 명목상으로는 독일 인구 3분의 2 이상을 다양한 형태로 포괄하는) 개신교 교회가 마르틴 루터Martin Luther 의 시대 이래로 국가권력과 긴밀하게 결탁했다. 1918년의 혁명과 카이저의 퇴위, 그리고 군주정을 대체하는 새 민주주의에 종교계는 크게 낙담했다. 이른바 '믿음의 위기Glaubenskrise'는 군주정의 복원이나 새로운 형태의 국가 지도력이 독일에서 정치와 경제의 곤경뿐 아니라 도덕의 곤경도 이겨내리라는 희망을 조장했다. 수많은 개신교 사제가 보기에는 참된 영도자 한 분이 있어야 했다. 그분은 1932년의 한 개신교 신학서에 나오는 표현으로는, "전쟁과 평화를 손에 쥐고 하느님과 교감하시"는 (바이마르공화국의 단순한 "정치꾼들"과는 대비되는) "참된 정치인"일 터였다. 이 같은 생각에 맞추어, 개신교 성직자들은 1933년에 히틀러의 권력 접수를 대개는 신앙의 부활을 고취할 민족 재각성의 시작으로 여겼다. 심지어 개신교 교회의 일부 진영은 나치화하기까지 했다. '독일 기독교도'[512]는 구약을 유대인의 것이라며 거부했고, '예수 그리스도의 돌격대'임을 자랑스러워했다. 그러나 그 같은 극단, 즉 (비록 몇몇 지역에서는 상당한 지지를 얻었을지라도) 소수파 성직자의 전유물은, 대체로 교리적으로도 조직적으로도 보수적인 신앙 부활 개념을 가진 대다수 개신교도에게 거부되었다.

처음에는 그 '독일 기독교도'가 승리할 듯 보였다. 그러나 그들의

---

512)   Deutsche Christen. 나치즘의 반유대주의와 인종주의 원칙을 지지하면서 독일 교회 내부에 1932년부터 1945년까지 존재했던 압력단체.

요구에 대한 반발이 빠르게 형성되었다. 자율적인 28개 지역 교회를 하나의 '제국교회'[513]로 통합한다는 나치의 초기 목표는 엄청난 반감을 불러일으켰고, 결국은 포기되어야 했다. '독일 기독교도'라는 '이단'을, 그리고 교회의 강제 중앙집권화를 목표로 삼는 정치의 개입을 철저히 거부하는 일군의 성직자들이 1934년에 바르멘[514]에 모여서 교회를 국가 아래 두는 것을 '틀린 교리'라며 공개적으로 반대했다. 그러나 바르멘 선언은 (스위스의 신학자 카를 바르트Karl Barth의 영향을 받아) 교리의 순수성이라는 쟁점에 스스로를 국한했고 정치적 반대를 삼갔다. 어쨌든 (바르멘 선언 배후에 있는 이들이 스스로를 일컫는 명칭인) 고백교회[515]는 개신교 목회자의 소수파만을 대표했다. 대다수 성직자는 히틀러 정권을 계속 지지했다. 일부 개신교 신학자는 자기가 교리상 이유로 여긴 것을 반유대주의와 인종적 이상과 나치 지배에 제공했다. 개신교 교회는 유대인의 대우, 1938년 11월의 포그롬, 또는 훗날 죽음의 수용소로 보내는 강제 이송에 공개 항의를 하지 않았다. 그리고 민족적으로 공세적인 대외 정책, 전쟁에서 자행되는 정복, 또는 소비에트 러시아의 혐오스러운 볼셰비키 정권을 쳐부수려는 시도에 이의를 제기하는 개신교도는 거의 없었다.

---

513)   Reichskirche. 나치 정권이 공인한 독일의 개신교 교회.
514)   Barmen. 지금은 부퍼탈(Wuppertal)시의 일부로 편입되어 있는 독일 중서부의 옛 공업 도시.
515)   Bekennende Kirche. 1930년대 중엽에 독일의 모든 개신교 교파의 교회를 나치즘에 찬성하는 단일 교회로 통합하려는 나치 정권의 시도에 반발한 개신교 교회의 운동.

가톨릭교회의 정치적 입장은 대체로 사회주의 거부와 가장 극단적 형태의 사회주의인 공산주의의 파문으로 결정되었다. 1931년의 회칙 〈40주년〉[516]에서 교황 비오 11세는 자본주의와 국제 금융의 불공평성을 비판했지만, 그의 공산주의 비난은 분명했고, 그는 사회주의의 유물론 교의가 가톨릭교회의 가르침과는 양립 불가능하다고 선언했다. 갈등이 아닌 연대에 의존하는 사회 질서, 그리고 기업과 노동과 정부의 협력에 바탕을 둔 산업 관계의 주창은 이탈리아의 파시즘이, 그리고 오스트리아와 포르투갈과 스페인의 준파시즘 정권이 '조합 국가'를 채택하는 데 어렵지 않게 도움이 되었다. 여기서 '연대'는 국가가 부과했고 기업을 역성들었으며 강압으로 지탱되었다.

이탈리아의 가톨릭교회는 무솔리니와 조금은 불편한 휴전 관계를 맺었고, 이 휴전은 1929년의 라테란조약으로 확정되었다. 가톨릭 신앙을 이탈리아의 유일한 국교로 인정해 주고 (더 이전인 1870년에 이탈리아 통일이 완료되자마자 교황령이 더는 존재하지 않았는데) 바티칸시국을 세워 준 답례로 교회는 사실상 정치에 소극적인 입장에 섰고, 특히 이탈리아의 파시즘 지배를 용인했다. 교회는 파시스트 폭력배의 폭력에 입을 다물었고, 나중에는 에티오피아에서 거둔 승리를 반겼으며, 인종 법률의 도입에 반대하지 않았다. 교회가 보기에 이탈리아의 파시즘은 아무리 꼴사나운 단짝일지라도 어쨌든 공산주의보다는

---

516)   Quadragesimo Anno. 교황 레오 13세가 1891년에 회칙 〈새로운 사태 (Rerum Novarum)〉을 공표한 지 40년이 되는 1931년 5월 15일에 교황 비오 11세가 사회·경제 질서의 윤리적 함의를 논하는 내용을 담아 공표한 회칙.

훨씬 나았다. 그러나 교회와 관련된 문제에서 교황청은 확고하고도 효과적인 방어 체제를 구축해서 사회의 모든 영역에 대한 국가의 '총체적 요구'에 격렬히 항거했다. 교회의 관점에서 그 정책은 성공적이었다. 종교 활동이 웬만큼 되살아났다. 성직자의, 교회에서 결혼하는 사람의, 교회학교에 다니는 학생의 수가 늘었다. 교황 비오 11세는 특히 교육과 가톨릭 운동을 보호했다. 그는 가톨릭 운동의 활동에 대한 제한을 받아들여야 했지만, 가톨릭 운동을 폐지하려는 국가의 시도는 포기되었다.

프랑스에서는 가톨릭교회가 제3공화국을 적대시했다. 어쨌든 제3공화국은 반교권주의를 조장하고 특히 교육에 대한 교회의 지배력을 깨면서 현대사회의 세속적 가치를 북돋워왔다. 양차 세계대전 사이에 교회는 반동적인 (때로는 극단적인) 우파를 어지간히도 지지했으며, 나중에는 페탱의 비시 정권을 따뜻하게 반겼다. 스페인에서는 내전에서 교회의 열광적인 프랑코 지지를 뒷받침하는 맹렬한 반反사회주의가 확립된 지 오래였다. 일찍이 1916년에 스페인에서 가장 널리 읽히는 종교 정기간행물이 "사회주의의 파렴치함"과 "모더니즘의 전염에 맞서 경보를 울렸다." 그 정기간행물은 스페인은 진정으로 가톨릭적일 때 위대했고 종교가 쇠퇴하면 국가도 뒤따라 쇠퇴했다고 거듭 공언했으며, 곧 스페인을 다시 완전히 가톨릭적으로 만들 '십자군'을 소집하고 있었다. 이 같은 견해를 고려하면, 이베리아반도에서 가톨릭교회가 "하느님을 섬기지 않는" 마르크스주의 교리에 맞선 보루 노릇을 했고 스페인에서는 내전 뒤에 프랑코의 지배를 위한, 그리고 포르투갈에서는 살라자르 정권을 위한 이념적 근간을 제공했다는 것은 놀라운 일이 아니다.

1933년 이전에는 나치 운동의 내용이 반反기독교적이라고 경고했던 독일의 가톨릭 주교들이 히틀러가 총리가 되고 교회의 권리와 제도를 보전하겠다고 약속한 지 몇 주 뒤에 태도를 백팔십도 바꾸고는 새 국가를 지지하라고 가톨릭교도를 부추겼다. (전간기에 바티칸이 다양한 국가와 맺은 정치·종교 협약 40건 가운데 하나인) 독일제국과 교황청의 정치·종교 협약이 (애당초 나치 정권이 가톨릭의 의례와 조직과 제도에 적대적이라는 조짐이 있었는데도) 비준되었다. 그 정치·종교 협약은 처음부터 효력을 잃은 문서였고, 히틀러 정권이 확립되면서 정권의 이미지에 유리한 일방적 협정이었다. 그러나 그 협약은 독일에서 가톨릭교회를 보호하는 데는 쓸모가 없었다.

심지어 그 정치·종교 협약이 비준되기 전에도 가톨릭교회 기관들이 공격당하기 시작했다. 가톨릭중앙당이 신속히 해산되었다. 대규모 가톨릭 청소년 운동이 곧 금지되었다. 교회 출간물이 억압당했다. 사제가 시달리고 체포되었다. 교회 행렬이 규제되었다. 늘 책동이 있었다. 비록 헛일일지라도, 바티칸은 1933년부터 1937년 사이에 협약 위반에 70번도 넘게 항의했다. 핵심 영역인 교육이 가톨릭교회와 국가 사이 소모전의 중심이 되었는데, 이 싸움에서 나치 정권은 분노의 확산과 얼마간의 공공연한 항의를 무릅쓰고 고압적 압박을 통해 차츰차츰 승리했다. 나치즘을 대하는 가톨릭교회 지도부의 태도는 원칙적으로는 적대적이었다. 고위 지도부는 나치 정권 이념과 자국민에 대한 총체적 요구가 지닌 반기독교적 본질을 가톨릭 신앙과 완전히 양립 불가능하다고 여겼다. 그러나 실제로는 교회에 대한 공격에 맞서 열렬하게 방어하는 동시에 교회에 대한 총공격에 훨씬 더 심하게 노출되는 사태를 피하고자 정부 정책의 다른 여러 영역에서는 전반적 순응이 이루어졌다. 나치 정권은 가톨릭교회가 반反볼셰비즘을 지지하고 민족주의를 내세우는 공세적 대외 정책에 찬동할 거라고 확신할 수 있었다.

심지어는 1938년 11월 9~10일의 포그롬 뒤에도 독일의 가톨릭교회는 점점 더 심해지는 유대인 핍박을 공식적으로 규탄하지 않았다. 일찍이 1933년 4월에 뮌헨·프라이징의 대주교인 외경스러운 미하엘 파울하버 추기경이 (나중에 교황 비오 12세Pius XII가 될) 바티칸시국 국무원장[517]이자 전직 독일 주재 교황대사[518]인 에우제니오 파첼리Eugenio Pacelli 추기경에게 왜 가톨릭교회 지도부가 "유대인을 위해 개입하지 않는"지를 설명한 적이 있다. "유대인에 맞선 싸움이 가톨릭교도에 맞선 싸움도 될 터이므로 바로 지금은 그럴 수 없습니다." 그것은 가톨릭교회가 나치 독일에 있는 유대인의 운명에 보이는 소극성의 핵심을 콕 집어내는 설명이었다.

비오 11세가 1937년의 회칙 〈극도의 슬픔으로Mit brennender Sorge〉에서 인종주의를 대놓고 규탄한 것은 사실이다. 그러나 처음에 파울하버 추기경이 초를 잡은 다음 파첼리가 다듬은 그 회칙은 바티칸이 준비했지만 발표하지는 않았던 더 이전의 성토문보다 덜 직설적이었고 분

---

517) 　바티칸시국의 대내외 업무를 관장하는 로마 교황청의 관료 기구인 국무원의 수장.

518) 　바티칸시국이 국가나 국제기구에 파견하는 사절이나 주재 대사.

명한 나치즘 규탄을 회피했으며 유대인 핍박을 직접 언급하지 않았다. 더욱이 그 회칙은 늦게 나왔고, 비록 나치의 격분에 부딪히고 가톨릭 성직자의 고난을 키웠을지라도 독일 안에서 일으킨 충격은 미미하기만 했다. 그리고 성무성부[519]가 1937년의 여름과 가을에 반유대주의를 비롯한 나치 이론을 규탄할 '구체적 사실'의 제시를 목표로 삼는 새 선언문을 준비했을 때, 파울하버 추기경은 독일의 가톨릭교회에 위험하니 공표하지 말라고 권고했다.

그럼으로써 교회가 받는 압력이 거세지는데도 독일의 가톨릭교회 지도부가 계속해서 행동에 나서지 않을 길이 닦였다. 뮌스터의 갈렌 주교가 1941년에 '안락사 조치'에 맞서 취한 용감한 입장과는 대조적으로 독일의 가톨릭 주교들은 전쟁 동안 유대인이 강제 이송과 절멸을 당하는데도 공개적으로 규탄하지 않았다. 그러는 사이에 가톨릭 신자인 독일 군인들은 개신교 신자 동포와 마찬가지로, 교회의 전적인 후원을 받으며 전쟁에 나섰으며 성직자가 지지하는 믿음, 즉 잔혹한 소련 침략을 수행하면서도 자기는 무신론을 내세우는 볼셰비즘에 맞서 기독교의 가치를 수호하는 십자군 전쟁을 수행하고 있다는 믿음을 품었다.

독일의 위성국에서는 기독교 교회가 유대인과 야만적 인종주의 정책의 다른 희생자를 후원하는 문제에서 기껏해야 명암이 엇갈리는

---

519)　聖務聖部. 라틴어로는 Sanctum Officium. 주로 기독교 교리를 감독하는 교황청의 주요 부서. 1965년에 신앙교리성(Congregatio pro Doctrina Fidei)으로 개칭되었다.

경력을 지녔다. 가톨릭 신앙을 가진 크로아티아에서는 우스타샤가 유대인뿐 아니라 세르비아인과 신티와 로마니에게 자행하는 역겨운 가학 행위가 바티칸 측의 공개 규탄에 부딪히지 않았다. 입에 올리기 조차 끔찍한 크로아티아 국가수반 안테 파벨리치는 심지어 교황을 알현하기까지 했다. 프란체스코회[520] 수사들은 우스타샤의 가장 나쁜 몇몇 잔학 행위에 연루되었다. 그러나 크로아티아의 최고 성직자인 알로지예 스테피나츠Alojzije Stepinac 대주교는 크로아티아 국가에 여전히 충성하면서도 유대인이나 세르비아인을 위해 34차례 개입하고 분명하게 인종주의를 규탄했으며, 서로 다른 종교를 가진 부부의 유대인 배우자와 자녀의 체포와 강제 이송을 막자고 호소해서 성공을 거두었다.

대통령 요제프 티소Jozef Tiso 몬시뇰[521] 스스로가 현직 가톨릭 사제인 슬로바키아에서 거의 모든 주교가, 비록 몇몇 용감한 예외가 있었을지라도, 정부의 반유대인 정책을 뒷받침했다. 놀랍게도 바티칸은 티소의 성직자 지위를, 십중팔구는 슬로바키아에서 그가 누리는 인기 때문에 말소하지 않기로 했다. 브라티슬라바[522]에 있는 국가평의회[523]에서 근무하는 다른 사제 16인의 지위도 마찬가지였다. 심지어

---

520)   아시시의 성 프란체스코(1181~1226)가 청빈한 삶을 표방하며 1209년에 세운 가톨릭교회 산하 탁발 종단.

521)   Monsignor. 큰신부님이라고도 한다. 교황청과 가톨릭교회에서 주교품을 받지 않은 고위 성직자에게 주어지는 명예 호칭.

522)   Bratislava. 슬로바키아의 수도.

523)   제2차 세계대전 기간에 나치 독일의 위성국가로 존재했던 슬로바키아 공

바티칸시국 국무원장 보좌관인 도메니코 타르디니_{Domenico Tardini} 몬시뇰도 당혹한 듯했다. 그는 1942년 7월에 다음과 같이 평했다. "교황청이 히틀러를 고분고분하게 만들 수 없다는 것은 누구나 다 압니다. 하지만 우리가 사제 한 사람조차 통제할 수 없다는 것을 누가 이해하겠습니까?"

헝가리의 가톨릭교회 지도부는 호르티 제독의 정부를 강하게 지지했고, 1944년까지 정부의 반유대인 정책에 반대하지 않았다. 그러면서 교황대사와 헝가리 교회 수장이 세례를 받은 유대인만은 강제 이송되지 않게 하려고 개입했다. 그러나 강제 이송은 어떻게든 진행되었다. 뒤늦게야, 즉 1944년 유대인이 50만 명 가까이 아우슈비츠로 보내진 뒤에야 비로소 주교들이 싱거운 사목 교서[524]에서 강제 이송에 미약하게 항의했다. 국가 지도자인 이온 안토네스쿠 육군원수의 통치 아래 유대인 수만 명의 죽음을 불러일으킨 루마니아의 광적인 반유대주의에 정교회 지도부는 승인은 아닐지라도 기껏해야 무덤덤한 태도를 보였을 뿐이다. 루마니아 정부가 1942년에 유대인 30만 명을 더 강제 이송하라는 독일의 압력에 점점 저항하게 한 데는 아마도 부쿠레슈티 주재 교황대사의 호소가 이바지했을 것이다. 그러나 안토네스쿠는 전황을 고려해 이미 강제 이송에 관해 여러 달 동안 꾸물거리고 있었다. 추축국 군대의 처지가 돌이킬 길 없이 나빠

화국의 의회 상원.
524)　가톨릭교회에서 주교가 교리, 신앙, 전례 등에 관해 관할 교구의 신도나 신부에게 보내는 공식 문서.

지자 루마니아의 나머지 유대인의 강제 이송을 주저한 그의 태도는 1944년까지 연합국과 교섭할 창구를 열어 두려는 시도의 일부였다.

유대인이 인구에서 미미한 소수였고 반유대주의가 비교적 온건한 불가리아에서는 정교회 지도부의 입장이 루마니아 정교회 지도부와는 두드러지게 달랐다. 불가리아에서 정교회는 계획된 유대인 강제 이송에 직접적으로 반대했다. 그러나 (최근에 획득된 마케도니아와 트라키아에서는 유대인 강제 이송이 진행되었을지라도) 불가리아 자체에서 강제 이송이 중단된 것은 (국왕이 공감하지 않은) 교회의 항의와는 전혀 무관했다. 원칙이 아닌 기회주의에 바탕에 둔 그 중단에는 독일이 전쟁에 질 공산이 커 보일 때 강제 이송을 명령하는 것이 현명해 보이지 않는다는 불가리아 정부의 인식이 반영되었을 따름이다.

독일에 점령된 유럽 국가들에서 교회의 입장과 교회가 유대인 핍박에 보인 반응은 아주 다양했다. 발트해 연안과 우크라이나에서는 성직자가 대개 주민의 극단적 민족주의와 반유대주의와 반소련 감정을 공유했고, 유대인을 죽이려는 공격을 직접적으로 지지하지 않았을 때는 침묵을 지켰다. 폴란드에서는 가톨릭 사제와 많은 종단이 큰 개인적 위험을 무릅쓰고 유대인 수천 명을 도왔다. 주민들 사이의 유대인에 대한 강렬한 적대감에 필적하는 반유대주의가 성직자 사이에서도 공공연하게 표출되었을지라도 말이다. 네덜란드에서는 개신교 교회와 가톨릭교회 둘 다 1942년 7월에 유대인 편에 서서 항의했고, 유대인을 강제 이송하지 말라고 요구했다. 가톨릭교회 지도부는 교황청의 사전 승인을 받았다. 강제 이송에 항의하여 아르투어 자이스잉크바르트Arthur Seyss-Inquart 제국판무관에게 보내졌던 강한 전보문이

1942년 7월 26일에 모든 교회에서 낭독되었다. 그러나 항의해도 헛일이었다. (개신교 교회 지도부의 개인적인 호소와 달리) 공개적이었던 그 항의와 위트레흐트 대주교 요한네스 데 용Johannes de Jong이 취한 비타협적 태도에 대한 앙갚음으로, 세례를 받고 가톨릭 신자가 되었던 유대인 수백 명이 보름 안에 강제 이송되어 아우슈비츠에서 죽었다. 비록 네덜란드의, 그리고 이웃 나라인 벨기에의 성직자가 유대인 구출 조직망에서 한몫을 했을지라도, 강제 이송의 공개 규탄은 더는 없었다.

종교적 가치를 복원하고 도덕을 되살려낼 사람으로 페탱 육군원수를 그토록 열렬히 환영했던 프랑스 가톨릭 주교단에 유대인은 대체로 아무런 고려 대상이 아니었다. 프랑스의 주교들은 1940년과 1942년 사이에는 반유대인 입법을 이의 없이 받아들였다. 1942년 여름에 강제 이송이 개시되면서 그들의 입장이 바뀌었다. 공개 항의를 하면 교회가 앙갚음을 당할지 모른다는 두려움이 얼마간 있었다. 그렇지만 몇몇 주교가 공개 성명서와 사목 교서에서 강하고 직설적으로 강제 이송에 반대하는 목소리를 냈다. 비시 정부는 그 항의에 속을 태웠다. 그러나 항의는 일어날 때만큼 빠르게 사그라들었다. 정부는 주교단이 페탱에 바치는 충성을 이용했고, 이 주교단을 세금 감면과 종교 단체 보조금으로 회유했다. 1943년 초엽에 강제 이송이 재개되었을 때, 그 전 해의 항의가 다시 일어나지 않았다. 수도원뿐 아니라 가톨릭교회든 개신교 교회든 성직자(그리고 평신자) 개인이 유대인 수백 명을 숨겨 주는 일을 도왔는데, 그들 가운데는 어린이가 많았다(그 어린이 가운데 한 명이 훗날 저명한 홀로코스트 역사가가 되는 사울 프리들렌더Saul Friedländer였다). 그러나 가톨릭교회 지도자들은 자기가 바꿀

738

수 있는 것이 없음을 받아들이면서 대개는 체념하고 숙명론적 태도를 취했다.

한편, 교황 비오 12세는 제노사이드 살육을 공개적으로 공공연하고 명확하게 규탄하지 않았다. 그 전모나 정확한 세부 사항은 아닐지라도 살육의 실체는 아무리 늦어도 1942년까지는 바티칸에 명확했다. 교황들 가운데 가장 수수께끼 같은 이 교황의 동기는 설령 닫혀 있는 그 시기 바티칸 자료보존소의 자료가 완전히 공개되더라도 십중팔구 명확하게는 확인되지 않을 것이다. 그렇지만 그가 '히틀러의 교황'이었다거나 유대인의 운명에 비정했다거나 반유대주의가 밴 탓에 행동에 나서지 못했다는 비난은 틀렸다. 1939년에 히틀러에 대한 독일의 저항을 남몰래 부추겼고, 이듬해 서부 공세의 날짜에 관한 정보를 서방 연합국에 흘렸고, 굶주리는 그리스인에게 식량을 공급하는 일을 주선했고, 피난민을 도울 구호 기구를 세웠던 비오 12세는 유대인 핍박에 관해 결코 비활동적이지 않았다. 그러나 그가 보기에 최우선 사항은 가톨릭교회의 보호였다. 제1차 세계대전 시기의 교황 베네딕토 15세처럼, 그는 스스로를 분쟁의 중재자이자 무엇보다도 신을 부정하는 공산주의로부터 가톨릭 신앙을 수호하는 자로 여기면서 막후에서 벌이는 조용한 외교를 통해 행동하려고 애썼다.

비오 12세는 목소리를 크게 내면 (자기가 직접적 책임을 지는 가톨릭교회와 가톨릭교도뿐 아니라 더 넓게는 독일 측 잔학 행위의 제물에게도) 상황이 더 나빠질 거라는 그럴듯한 견해를 지녔다. 독일의 주교들은 이미 1930년대에 나치 정권과 공개적으로 맞서면 교회의 입지가 훨씬 더 나빠질까 두려워하며 맞서지 않으려고 했다. 1940년에 폴란드의 주교들은 끔찍한 앙갚음을 불러일으킬까 겁을 내서 공공연한 잔학 행위 규탄을 삼가라고 바티칸에 충고했다. 교황은 이탈리아 대사에게 "우리가 말을 하면 폴란드인의 운명이 훨씬 더 힘들어지기만 할 것임을 알기에 말하지 않을 따름입니다"라고 말했다. 그는 유대인의 운명에 관해서도 똑같은 견해를 가졌던 것으로 보인다.

1942년 가을이 되면 히틀러 정권의 제노사이드 의도가 명명백백해졌다. 이 단계에서 독일의 정책을 공개 규탄하면 유대인의 처지가 더 나빠질 수 있을 따름이었다. 그렇지만 유럽의 유대인을 말살하려는 히틀러 정권의 가차 없는 움직임을 막아낼 힘이 자기에게 없음을 알고서 비오 12세는 새 전략을 시도하기를 꺼렸다. 그의 최우선 사항은 여전히 가톨릭교회를 보호하는 것이었다. 1942년 9월에 바티칸 주재 미국 부대사는 바티칸 관리들에게서 교황이 독일에서, 그리고 점령지에서 가톨릭교도의 상황을 더 나쁘게 만들기를 회피하고 싶어 하기 때문에 유대인 절멸을 공개 규탄하지 않을 거라는 말을 들었다.

1942년 12월 24일에 세계에 공표된 성탄절 메시지에서 비오 12세는 "자기가 어떤 잘못도 일절 저지르지 않았는데도 때로는 오로지 그저 자기의 국적, 또는 자기의 인종 탓에 죽임을 당하거나 차츰차츰 사라질 자로 이름에 점이 찍혀 있는 사람 몇십만 명"을 짧고도 간결하게만 언급했다. 스물여섯 쪽짜리 문서에 이 스물일곱 낱말이 있었다. 그는 메시지가 "짧지만 잘 이해되었다"고 주장했다. 그것이 사실인지 아닌지와 상관없이, 그 메시지는 그의 거의 유일한 공개 항의였던 셈이다. 베를린 주교인 콘라트 그라프 폰 프라이징Konrad Graf von

Preysing 몬시뇰에게 보내는 이듬해 4월 자 편지에서 비오 12세는 자신의 침묵이라는 문제로 되돌아가서 "보복과 압력의 위험이 (…) 나대지 말라고 충고해 줍니다"라고 썼다. 그는 (가톨릭 신자가 아닌 '비非아리아인'을 말하지 않고) "모든 비아리아인 가톨릭 교도에 대한 자신의 배려"를 표현했지만, "불행히도 우리는 현재 상황에서 우리의 기도로밖에는 달리 그들을 도울 수 없습니다"라고 덧붙였다.

비록 다시 한번 더 공개 규탄을 삼갔을지라도, 교황은 사적으로 개입해서 강제 이송에 관해 슬로바키아 정부와 헝가리 정부에 항의했다. 1943년 10월에 그는 바로 자기 눈앞에서 벌어지는 유대인 강제 이송에 직면했다. 로마의 유대인들이 강제 이송을 위해 몰이를 당하기 일주일쯤 전에 바티칸은 위험이 임박했다는 말을 에른스트 폰 바이츠제커Ernst von Weizsäcker 교황청 주재 독일 대사에게서 들었지만, 교황은 그 정보를 유대인 지도자들에게 넘기지 않았다. 그러고 나서 유대인들이 잡혔을 때, 바티칸은 그 독일 대사에게 공식 항의를 했다. 공개 항의를 하면 "강제 이송이 더 활발하게 벌어지는 결과를 가져올 뿐"이라는 경고가 나온 뒤에, 공개 항의는 또다시 없었다. 아마도 교황은 만약 자기가 베를린의 불쾌감을 불러일으키면(가능성이 낮지 않은 반응이므로) 바티칸시가 폭격이나 군사행동으로 파괴될까 두려워했다고도 추정되어왔다. 그렇지만 이것이 동기인지와는 상관없이, 교회는 로마의 유대인을 도울 실질적 조치를 취해서 도피자 약 5000명을 수녀원과 수도원에 숨겼다. 이 구명 조치를 규정하는 교황의 지시 문서는 발견되지 않았지만, 유대인을 교회 건물에 숨기는 동시적 노력이 자연발생적으로 일어났음 직하지는 않다. 한 목격자, 즉 예수

회의 로베르트 라이버Robert Leiber 신부는 비오 12세가 교회 건물의 문을 유대인에게 열어 주라고 상급 건물 관리인들에게 몸소 명령했다고 훗날 말했다. 500명쯤이 카스텔 간돌포[525]에 있는 교황의 여름 거처에서 도피처를 얻었다.

비오 12세의 공공연한 침묵은 그의 평판을 돌이킬 길 없이 해쳤다. 그의 1942년 성탄절 메시지는 놓쳐 버린 기회였다. 딱 한 주 앞서서 연합국 열강들이 유대인의 "냉혹한 절멸이라는 냉혈적 정책"을 공개적으로 규탄했기 때문에 특히 그렇다. 제노사이드를 언급하기로 마음먹었다면 비오 12세는 우렁차고 명백하고 분명한 규탄으로 그 뒤를 따랐어야 했다. 그런 일이 일어나지 않았으므로, 모호한 언어가 사용된 탓에 그의 메시지에는 별다른 영향력이 없었다. 그렇더라도 이 무렵이 되면 교황이 아무리 분명하게 공개적으로 항의나 규탄을 했더라도 '유대인 문제의 최종 해결책'을 완수하겠다는 독일의 강박관념이 멈추지는 않았을 것임이 틀림없다.

이것이 평범한 교회 신자들에게 얼마나 문제가 되었을까? 십중팔구 답은 그리 많이 문제가 되지 않았다일 것이다. 유럽 대다수 지역에서 유대인은 대개는 미움받는 소수자였다. 전쟁은 수백만 명을 생존을 위한 싸움에 빠뜨렸고, 그 싸움 속에서 유대인의 운명에 신경 쓰는 사람은 틀림없이 비교적 소수였을 것이다. 유대인을 적대하지 않는 곳에서는 무관심이 널리 퍼져 있었다. 사람들에게는 다른 걱정

---

525)   Castel Gandolfo. 이탈리아반도 중동부에 있는 소읍. 교황의 여름 별장이 있는 곳으로 이름나 있다.

거리가 있었다. 일단 전쟁이 끝나자 양대 기독교 교파가 유럽의 유대인이 말살되고 있을 때 저지른 잘못은 교회 신도의 행동에, 또는 교회에 대한 신도의 충성심에 별다른 영향을 주지 않았다.

교회가 유대인 핍박에 보인 명암이 엇갈리는 반응을 제쳐 두고서라도 전간기에, 그다음에는 제2차 세계대전 자체 동안 교회가 직면했던 문제들은 사실상 전쟁 직후에 교회의 입지를 해치거나 교회에 다니는 사람들의 행동에 큰 영향을 미치지 않았다. 물론, 소련의 지배아래로 들어간 지역에서는 그렇지 않았다.

가톨릭교회는 어느 정도 소생을 경험하기조차 했다. 전쟁 동안 대다수 나라에서 교회 출석이 늘었다. 전쟁 뒤에도 여전히 계속 강했던 이 현상에는 십중팔구 가톨릭 신앙이 전쟁의 격심한 정신적 외상 뒤에 신도에게 제공한다고 보이는 안전감이 반영되었다. 새로 생긴 당을 포함해서 정당들이 서독, 네덜란드, 벨기에, 이탈리아, 프랑스, 오스트리아에서 가톨릭의 원리를 북돋웠다. 독일과 오스트리아에서 가톨릭교회는 스스로를 공격과 핍박을 당한 나치즘의 희생자로 묘사하는 데 성공했다. 지난날을 돌이켜 보면서 가톨릭교회를 나치즘에 맞선 저항의 매개체였던 양 바꿔치기했는데, 찬동과 부역이라는 이전의 영역은 감춰지고 거론되지 않았다.

전후 이탈리아의 헌법은 무솔리니가 가톨릭교회와 맺은 1929년 라테란조약을 인정했고, 교회가 계속해서 교육을 형성하고 공중도덕을 결정했다. 살라자르 치하 포르투갈과 프랑코 치하 스페인에서 국민 정체성은 가톨릭교회와 긴밀히 연계되었으며, 교회는 두 독재 체제의 뿌리 깊은 반사회주의에 이념적 정당성을 부여했다. 스페인에서 교회는 정권을 무조건 지지해 주고 내전의 일면적 기억을 관리해 준 답례로 세금을 면제받고 국가의 개입에서 자유로워지고 검열권을 얻었다. 주로 가톨릭을 믿는 아일랜드에서도 가톨릭교회가 전에 없이 번성해서(국민의 과반이 정기적으로 교회에 다니는 유일한 나라인지라) 높은 인기와 엄청난 정치적 영향력을 누렸다. 바티칸에서는 교황 비오 12세가 교체되지 않고 임기가 계속되었으며, 이른바 현대세계의 악에 맞선, 그 가운데에서도 가장 두드러진 악인 무신론의 공산주의에 맞선 반동의 요새로서 교황의 위신이 오르기조차 했다. 교황 일인 통치의 정점은 1950년에 교황이 직권을 이용해 동정녀 마리아가 육신으로 승천되었다는 '무오류' 선언[526]을 했을 때 찾아왔다. 그러나 이러한 형태의 절대적 일인 통치는 세속성과 회의론이 점점 더 강해지는 민주주의 시대에 덤의 여생을 살고 있었을 따름이다.

　교리와 조직 면에서 분열되고 국가별로 분리된 개신교 교회는 가톨릭 신앙의 국제적 위력과 연대에 기댈 수 없었다. 유럽 서북부의 대다수 지역에서 개신교 신앙의 장기적 잠식이 지속되었다. 영국과 스칸디나비아 국가들의 국민은 명목상으로는 압도적으로 기독교인으로 남았지만, 교회 출석자의 감소는 전쟁으로 말미암아 기껏해야 미미하게 멈췄을 따름이다. 중립국인 스웨덴에서는 그 감소가 지속적이었고, 모든 곳에서처럼 시골보다는 도시에서 더 두드러졌다. 노

---

526)　1950년 11월 1일에 교황 비오 12세가 공표한 회칙 〈지극히 관대하신 하느님(Munificentissimus Deus)〉에서 숨을 거둔 성모 마리아의 육신과 영혼이 하느님의 은총으로 하늘로 올라갔다고 선언되었고, 이것이 가톨릭교회의 교리가 되었다.

르웨이와 덴마크에서는 교회가 국민적 저항과 연계되었으므로 이전의 감소에 잠시 제동이 걸렸다. 네덜란드에서 네덜란드 개혁교회도 독일 강점기 동안 항거했던 경력을 바탕으로 전쟁 직후에 개신교 신앙을 재활성화할 수 있었다. 당대의 가장 중요한 신학자인 카를 바르트의 고향이자 여러 개신교 국제 조직의 본부이며 개신교 교회가 난민 구호에서 한몫을 했던 스위스에서도 전쟁 뒤에 활력이 지속되어서, 세속주의로 쏠리는 전반적 추세를 교회가 한동안 버텨냈다. 영국의 개신교 신앙도 전후 시기에 되살아나서 1950년대에 신자 수의 정점에 이르렀다가 가파른 하락기에 들어섰다.

물론, 독일의 개신교 교회는 제3제국 동안 취했던 입장과 대면해야 했다. 나치 정권에 대한 저항에서 개신교 교회가 한 역할이 강조되고 나치즘 지지 수준이 높았음이 경시되면서, 나치 시대로부터의 성직자의 연속성은 이 연속성이 한 세대나 그 이상 동안 여전히 불완전하고 자주 변명조일 터임을 뜻했다. 적어도 가톨릭교회 지도자들과는 대조적으로, 개신교 교회 지도자들은 전반적으로 나치 시대 동안 저지른 중대한 잘못을 (비록 세세한 사항은 꺼렸을지라도) 공개적으로 인정할 각오를 했다. 그러나 교회가 1945년 10월에 슈투트가르트에서 했던 자체 유죄 선언은 통합보다 분열을 불러왔다고 판명되었다. 그 선언은 비록 많은 독일인이 부적절하다고 여겼을지라도, 성직자의 양심을 달래는 데는 얼마간 도움이 된 한편으로, 다른 독일인들은 나치의 범죄에 대한 집단 유죄의 함의를 부정했다.

그렇지만 개신교 교회는 전쟁 직후에 스스로 개편하고 다시 활기를 불어넣으려고 많은 일을 했으며, 난민을 돌보는 중요한 역할을 했다. 유럽 서북부 전역의 전반적 패턴과 나란히, 교회에 대한 명목상의 충성이 특히 도시에서 예배 참석자 감소와 함께 지속되었다. 거의 전적으로 개신교 지역인 동부, 즉 소련 점령지에서는 교회와 교회 조직이 국가로부터 큰 압박을 받았다. 교회는 존속했지만 점점 더 특정한 일부를 위한 제도로서 존재하는 한편, 교회 다니기는 쇠퇴해서 공식적으로 무신론을 표방하는 한 사회 안에서 신앙을 유지하려고 애쓰는 미미한 소수자의 전유물이 되었다.

유럽에서 가톨릭 신앙이 겨울 직전에 잠시 누린 포근한 날씨와 짝이 되는 것이 개신교 신앙에는 없었다. 그러나 전쟁 직후의 세계에서 두 신앙에 다 연속성이 우세했다. 중대한 변화는 1960년대에나 일어날 터였다. 덜 열성적이고 더 사색적인 이에게, 전쟁의 참상과 전쟁의 큰 불길이 타오르는 동안 엄청난 규모로 저질러진 잔학 행위가 끝난 뒤 곧 드러난 사실은 교회의 행동에 관해, 그리고 그 같은 악이 활개를 치도록 내버려 둘 수 있는 하느님에 관해 의문을 제기했다. 또한 제2차 세계대전이 더 멀어져 역사 속으로 들어가면서도 그 두 의문은 커지기만 할 따름이지 줄지는 않을 터였다.

지식인과 유럽의 위기

20세기 전반기 거의 내내 (갖가지 분야의 주요 사상가와 작가 등) 유럽의 지식인은 사회가 위기에 처했다는 생각에서 헤어나지 못했다. 1890년대 이래로 사회사상에 이미 존재했던 관념, 즉 세상이 비합리적이라는 생각이 제1차 세계대전이라는 재앙으로 말미암아 아주 거세졌다.

사회가 광기에 빠져 버린 것으로 보였다. 문명이 또 한 차례의 재앙이 일어날 위태로운 상황에 처해서 지극히 연약한 것으로 드러났다. 이 느낌은 1920년대의 문화적 활력을 키우는 데 도움을 주기조차 했다. 그리고 그 1920년대의 짧은 몇 해 동안에는 재앙을 피할 수도 있어 보였다. 그러나 전례 없이 혹심한 자본주의의 위기인 대공황 탓에 파시즘의 호소력이 커지자 문명이 파국적 위기에 처했다는 인식이 지식인 사이에서 눈에 띄게 강해졌다.

이 뒤틀린 문명을 배출해낸 자유주의적 부르주아 가치는 사방팔방에서 공격을 받았다. 이미 1920년대에 지식인은 상아탑에서 고결하고 초연하게 지내는 쪽을 더는 택할 수 없음을 깨달아가고 있었다. 이 점은 히틀러가 독일에서 승리하면서 확실해졌다. 1933년 5월에 독일의 새 주인들에게 받아들여질 수 없다고 간주되는 저자들의 책을 불태우는 행위[527]는 최고의 충격이었다. 그 탓에 독일의 문학계와 예술계에서 가장 두드러지는 인물들 가운데 나라 밖으로 떠나야 했던 이가 많았고, 그들의 과반이 유대인이었다.

문명이 위기에 처했다는 느낌이 곳곳에 스며들어 있었다. 지식인 사이에서는 자유민주주의를 고수하는 이가 더더욱 적었다. 대다수 지식인은 위기 해결에 필요한 근본적 변화가 그 위기를 불러온 것으로 보이는 체제에서 나올 수 있는지를 의심했다. 부르주아사회에 큰

---

527) 괴벨스의 선동으로 1933년 5월 10일에 나치당원 대학생들이 나치즘에 거스른다고 간주된 책들을 도서관에서 꺼내 각 대학의 광장에서 한꺼번에 불사르는 행사를 벌였다.

환멸을 느끼고 그 사회를 대표하는 정치체제에 대한 믿음을 잃으면서 지식인의 반응이 양극단으로 갈렸다. 좌파로, 즉 마르크스주의의 몇몇 이형으로 가는 것이 가장 흔했다. 그러나 소수는 파시즘 우파에 기대를 걸었다. 비록 사뭇 다른 방식으로였을지라도 그 두 형태의 반응에 공통된 것은 낡은 것을 싹 치워 버리고 사회의 일신이라는 유토피아적 이상에 바탕을 둔 새로운 사회로 대체해야 한다는 느낌이었다.

지식인은 사회민주주의 좌파 쪽으로는 거의 돌아서지 않았다. 사회민주주의의 상대적 온건성은 서로 대립하고 있는 양극단과 어울리지 않으며 위기의 중대성에 현실적인 답을 가지고 있지 않다고 보였다. (유럽 대륙의 대다수 국가를 괴롭히고 있는 정치적 극단에 대체로 영향을 받지 않은 영국과 사회민주주의적 개혁을 놓고 합의가 이루어졌던 스칸디나비아는 일반적 추세에서 비교적 멀찍이 떨어져 있었다.) 그 대신 구원을 위해 공산주의에 기대를 걸고 소련을 짙어가는 어두움 속에서 비치는 한 줄기 빛으로 자주 여기는 이가 많았다. 현재에 관한 암울함이 깊어가는 와중에 공산주의 세계혁명의 약속이 미래의 크나큰 희망을 제공했다. 계급 없는 평등, 국제주의, 자본주의라는 굴레의 철폐 등 마르크스주의 교의가 지식인 이상주의자에게 엄청난 호소력을 발휘하고 있었다. 마르크스주의 정치이론가들은—그 가운데서도 (파시즘 치하 이탈리아에서 장기 구금형을 받는 동안 주요 저작을 쓴) 안토니오 그람시, 독일의 아우구스트 탈하이머August Thalheimer, 추방된 레프 트로츠키, 오스트리아의 오토 바우어, 헝가리의 루카치 죄르지Lukács György가—정통 스탈린주의의 굴레 밖에서 자본주의 위기의 정교한 분석을 내놓았다.

그러나 그들의 대열 밖에서, 양차 세계대전 사이의 지식인들이 마르크스주의에 이끌린 계기는 대개 마르크스주의 이론서를 면밀히 읽어서라기보다는 자유와 정의와 평등에 바탕을 둔 새로운 사회질서의 틀로서 마르크스주의에 (언제나 그 교의가 소련에서 취하는 정치적 형태에는 아니었을지라도) 감정적으로 몰입해서였다. 이들 가운데는 프랑스의 앙리 바르뷔스Henri Barbusse, 로맹 롤랑Romain Rolland, 앙드레 지드André Gide, 앙드레 말로André Malraux, 독일의 베르톨트 브레히트와 안나 제거스Anna Seghers, 폴란드의 알렉산데르 바트Aleksander Wat, 프랑스에 정착한 폴란드 출신 망명객인 마네스 슈페르버, 헝가리의 아서 케스틀러, 영국의 존 스트레이치John Strachey, 스티븐 스펜더Stephen Spender, 위스턴 휴 오든Wystan Hugh Auden, 조지 오웰이 있었다.

그 가운데서도 가장 중요한 것이 반反파시즘이었다. 공산주의는 나치즘의 노골적으로 악랄한 신조의 인종주의, 국수주의, 군국주의의 완전한 거부를 대표했다. 지식인은 나치즘이 진보적 가치와 문화적 자유에 펼치는 노골적 공세를 극히 역겨워했다. 그러나 지식인을 철저히 질리게 만든 것은 인본주의적 신념의 본질 바로 그것에 가하는 나치즘의 공격이었다. 나치즘이 정치적·인종적 적이라고 간주한 것에 가해지는 폭력을, 무자비한 유대인 취급에서 가장 명백하게 드러난 폭력을 대놓고 옹호했으므로 많은 지식인이 자기에게 열려 있다고 느낀 유일한 선택이 가장 치열하게 헌신하는 반파시즘 세력인 소련이 후원하는 공산주의를 지지하는 것임이 자명해졌다.

세계적으로 유명한 역사가이자 걸출한 좌파 지식인인 에릭 홉스봄이 제2차 세계대전 한참 뒤에 설명했듯이, 그가 아직 베를린의 10대 소년일 때 바이마르공화국의 단말마를 목격하면서 했던 선택이 공산주의에 대한, 그리고 소련에 대한 그의 한평생 헌신의 기반을 이루었다. 그것은 그의 경우에는 스탈린 체제의 범죄에 관한 폭로뿐 아니라 많은 지식인을 멀리 떠나게 만들 1956년 헝가리 침공[528]과 1968년 체코슬로바키아 침공[529]을 보고도 꺾이지 않은 헌신이었다. 홉스봄은 이렇게 회고했다. "나 같은 누구에게는 사실상 오직 하나의 선택이 있었다. (…) 특히나 이미 감정적으로 좌파에 이끌린 채로 독일에 도착한 한 소년에게 공산당밖에 그 무엇이 남았을까?"

스탈린주의의 참상에 관한 지식이 반박 불가능해진 뒤 오래 지나서도 많은 지식인이 소련 공산주의에 관한 환상에 사로잡혀 헤어나오지 못했다. 어떤 이들은 찬란한 새로운 사회가 창출되는 과정에 있다는 소련의 프로파간다에 그냥 무비판적으로 눈을 감았다. 영국 노동당의 길라잡이들 가운데 두 사람, 즉 시드니 제임스 웨브와 비어트리스 포터 웨브Beatrice Potter Webb는 1935년에 《소련 공산주의: 새로운 문명?Soviet Communism: A New Civilization?》이라는 제목의 당혹스러운 스탈린주의 찬가를 펴냈다. 그 두 사람은 자신의 판단을 확신한 나머지 숙청

---

528) 헝가리에 간섭하는 소련의 영향력에 불만을 품은 헝가리 시민들이 1956년 10월 23일에 벌이기 시작한 시위가 봉기로까지 번지자 소련 지도부는 11월 초순에 소련군을 투입해 사태를 유혈 진압했다.

529) 1968년 1월에 체코슬로바키아 사회주의 공화국에 개혁 정부가 들어서서 자유화를 실행하자 8월에 소련군이 바르샤바 조약군을 앞세워 체코슬로바키아로 들어가 저항을 유혈 진압하고 개혁을 가로막았다.

이 한창이던 두 해 뒤에 그 책의 재쇄를 펴낼 때 제목에서 물음표를 떼어 냈다. 다른 이들은 독일의 위대한 극작가 베르톨트 브레히트처럼 유토피아적 공산주의 사회의 인도적 미래상에 매달리면서도 공산주의 독재의 비인도적 실상에는 그냥 영원히 두 눈을 감았다. 지식인들은 대체로 소련의 실상을 인정하려고 들지 않았다. 그들은 꿈이 깨지도록 내버려 둘 수 없었다. 심리적으로 자주 그들은 더 나은 세상을 만들어낼 인류의 능력에 관한 유일한 희망이 공산주의라는 자기의 믿음을 내버릴 수 없었다. 스탈린주의가 모든 형태의 그러한 믿음을 허용하지 않는다는 명백한 증거가 있을 때조차도 그랬다.

다른 이들은 스탈린 체제의 엄청난 살육을 유토피아 건설에서 나타나는 애석한 부작용으로 여겼다. 죄 없는 몇몇 사람이 '부수적 피해'로서 고통을 겪어야 했을지라도 죽임을 당한 이들 대다수는 혁명의 진정한 적이라는 주장이 있었다. 혁명 내부에 있는 적들의 힘이 막강하다 보니 폭력이 극단으로 치달았으며, 이 사태는 불운하지만 그럴 수밖에 없었다는 것이다.

대안적 변명 하나가 스탈린은 러시아혁명의 연속이 아니라 그 혁명의 부정, 혁명 이상의 완전한 왜곡, 소련 건국의 아버지인 레닌의 '참된' 길로부터의 일탈이라고 빈번하게 표현되는 신념이었다. 예를 들어, 폴란드 시인 안토니 스워님스키Antoni Słonimski는 스탈린 시대의 억압을 마르크스주의나 러시아혁명 탓으로 돌리기를 시종일관 거부했다. 제2차 세계대전 동안 소련 체제의 손에 지독히 고생한 아방가르드 시인이자 마르크스주의 신문 편집인인 폴란드의 알렉산데르 바트는 훗날 자기는 "스탈린을 끔찍한 사람, 무시무시한 짓을 하는 누군가로 간주했"지만 "프롤레타리아트의 본산"인 소련을 비판하지 않으려고 했다고 설명했다.

영국의 철학자 버트런드 러셀은 러시아혁명에 한껏 열광하면서 (일찍이 1920년에) 러시아를 찾아갔다가 테러의 사용과 무자비한 정적 제거에 질려 버린 채로 떠날 몇 안 되는 사람들 가운데 한 명이었다. 그러나 그는 그때는 볼셰비즘을 안 좋게 말하면 반동분자들을 지지한다는 비난을 산다는 것을 잘 알고 있었다. 걸출한 프랑스 작가 앙드레 지드도 러시아혁명의 목표에 공감했지만 1930년대 중엽에 소련을 방문한 뒤 마음을 바꿨다. 그는 1936년에 공산주의 비판서를 펴내서 인신공격을 많이 당하고 이전의 좌파 벗들을 잃었다. 히틀러가 권력을 넘겨받자 독일에서 쫓겨나 (수많은 유대인 망명객의 목적지인) 파리에서 망명 상태로 살며 일하던 폴란드 유대인 마네스 슈페르버는 일찍이 1931년 모스크바를 방문한 뒤로 소련 공산주의에 의심을 품었고, 그 의심은 커져만 갔다. 그러나 그는 "내게 정치적으로나 감정적으로나 어려움을 불러일으킬 지식을 회피했"으며 어처구니없는 스탈린식 연출 재판 탓에 1937년 공산당에서 떠날 때까지는 주로 파시즘과 싸우려는 동기에서 당원으로 남았다.

역시 유대인이며 부다페스트에서 태어난 다작의 작가이자 문필가인 아서 케스틀러는 1931년 독일 공산당에 입당했지만 우크라이나에서 강제 농업집산화와 기근을 제 눈으로 본 뒤에는 소련의 실상에 환멸을 느끼기 시작했다. 그러나 절연은 느닷없이, 또는 금세 일어나지 않았다. 그 절연은 스페인 내전으로 일어났다. 수많은 다른 좌파 지식인처럼 그는 파시즘과 싸우려고 스페인으로 갔다. 그러나 공산당의 정책이 오로지 소련의 이익에 좌우되는 꼴을 본 데다가 충성스러운 공산주의자들을 기소한 연출 재판에서 명백히 거짓인 혐의를 듣고서 그는 (사형선고를 받고 한동안) 프랑코의 한 감옥에서 지내는 동안 마음속으로 스탈린주의를 버렸다. 그때조차 그는 반反파시즘의 단합을 유지하려고 1938년에 마침내 공산주의와 관계를 끊을 때까지는 여러 달 동안 그것에 관해 입을 다물었다. 그의 뛰어난 소설《한낮의 어둠》(1940)은 스탈린식 연출 재판에서 소련의 충직한 일꾼이었던 이들의 어처구니없는 '자백'을 받아내기 위해 정통에서 이탈했다고 기소된 피고에게 가해진 심리적 압박의 으스스한 재현이었다. 케스틀러는 1930년대에 많은 좌익 지식인이 직면한 중대한 딜레마에 정통으로 맞부딪히고 있었다. 그 딜레마란 소련이 자기들을 움직이는 동기였고 깊이 간직했던 이상의 기괴한 희화화가 되어 버렸음을 인정하면서도 어떻게 파시즘의 위협을 이겨내고 물리칠 역량을 지닌 단 하나의 힘에 충성을 유지하느냐였다.

지식인들 가운데 상당한 규모의 소수파에게 (러시아혁명과 뒤이은 내전과 스탈린 독재에 따르는 폭력의 수준은 말할 나위도 없고) 좌파의 이상은 상극이었다. 이들은 유럽의 위기에서 벗어날 구원을 찾아 우파를 쳐다보았다. 몇몇은 파시즘의 솔직한 옹호자가 되었다. 그들의 공통점은 퇴락한 인류가 야만성과 허무주의에 빠져들지 않도록 막을 정신적 갱생이 필요하다는 믿음이었다. 1920년대와 1930년대의 파시즘이 (제2차 세계대전의 끔찍한 제노사이드에서 완전히 표출된 파시즘의 비인간성은 아직은 미래의 일이었으므로) 그들에게 대안적 유토피아를 제공했다. 그 유토피아는 과거의 문화적 가치의 대체로 신비주의적인 고양을 그 가치를 통합하는 동질적이고 통일된 현대 국가라는 미래 상과 뒤섞었다.

파시즘의 호소는 그렇게 격세유전적이지 않았다. 예를 들어, 현대 기계 시대의 혁명적 폭력을 예찬하고 무솔리니를 찬양하는 필리포 마리네티와 미래주의자의 희망은 과거에 호소하기가 아니라 유토피아적 현대사회의 미래상에 있었다. 고트프리트 벤Gottfried Benn 같은 표현주의530) 시인은 (비록 금세 환멸을 느끼게 될 터일지라도) 새로운 현대 미학을 창출할 혁명적 힘으로서의 나치즘에 이끌릴 수 있었다. 영향력 있는 모더니즘 시인이자 비평가인 에즈라 파운드는 미국에서 태어났지만 제1차 세계대전 전에는 런던을 본거지로 삼았다. 그는 자기가 전쟁에 대한 국제 자본주의의 책임이라고 여긴 것에 역겨움을 느끼고 자유민주주의를 경멸하면서 파리로, 그다음에는 이탈리아로 이주했고, 이탈리아에서는 무솔리니를 예찬하고 이탈리아 파시즘을 새로운 문명의 전조로 여겼다. 벤이나 다른 이들과는 대조적으로 파운드는 결코 환멸을 느끼지 않았다. 아무튼 그는 파시즘에 대한 자신의 믿음을 결코 철회하지 않았다.

"새로운 인간"에 대한, "참된" 문화의 갱신과 민족의 재탄생에 대한 신념은 지적 엄격성에 도전하는 신비주의적 표현을 자주 초래했다. 프랑스의 정치 저술가이자 소설가이며 민족과 문화의 타락에 괴로워

---

530) 20세기 초에 독일에서 시작된 시와 회화의 모더니즘 운동. 물리적 실제보다는 감정적 경험의 의미를 표현하는 데 주력하며, 세계를 철저히 주관적 관점에서 표현해 감정적 효과를 노리고 세계를 근본적으로 비트는 성향이 특징이었다.

하던 피에르 드리외 라로셀Pierre Drieu la Rochelle에게 파시즘(그리고 나치의 프랑스 점령)은 "20세기의 대혁명(영혼의 혁명)"인 셈이었다. 파시즘에 찬동하는 또 다른 프랑스 작가 로베르 브라지야크Robert Brasillach는 파시즘을 "20세기의 시 바로 그것", 즉 "민족적 동지애"의 정수로 여겼다.

민족 재탄생을 통한 정신적 부흥에 대한 믿음이 지식인에 대한 파시즘의 호소력을 상당 부분 설명해 준다. 무려 250명이나 되는 지식인이 1925년에 파시즘을 "과거를 멸시하고 부흥을 염원하는 모든 이탈리아인의 믿음"으로 칭찬하는 〈파시스트 지식인 선언문〉에 서명했다. 로마 대학교의 걸출한 철학 교수인 조반니 젠틸레가 그 선언문을 작성했다. 젠틸레는 개인의 도덕적 의지를 대신해서 부르주아 자유주의의 타락을 극복할 윤리적 국가를 창출하려고 이탈리아 파시즘을 쳐다보았다. 1920년대 중엽에 그는 "느리지만 확실하게 옛 이탈리아를 압도할 새 이탈리아의 영혼"을 이야기했다. 그는 "사악한 거짓 우상을 깨부술, 그리고 국가의 의무인 주권을 자각한 국가의 힘 안에서 민족의 건강성을 회복할 건강한 에너지의 표출로" 파시즘의 야만성을 기꺼이 자랑하기까지 했다.

더더욱 놀라운 것은 독일의 주요 철학자인 마르틴 하이데거Martin Heidegger가 나치 운동에 투신한 일이었다. 1927년에 출간된 《존재와 시간Sein und Zeit》을 통해 명성을 확립한 아주 복잡하고 세련된 이 사상가의 철학이 그를 그가 보기에 나치 운동이 대표하는 이상 쪽으로 쏠리게 만들었다. 자기의 시대가 "정신적으로 퇴락했다"는 믿음, 하이데거가 "본래적 존재"라고 일컬은 것에 대한 믿음, 그리고 곁들여서 독일 민족에게는 문화적 갱생을 불러올 특별한 운명이 있다는 믿음이 결정적이었다. 이 대부분은 그의 탁월한 지성에도 불구하고, 낭만적 신비주의에 가까워졌다. 그는 "하나는 러시아로, 다른 하나는 미국으로 이루어진 거대한 집게발" 사이 한가운데에 독일이 놓였다고 보았다. 러시아와 미국이 "결박에서 풀려난 과학기술과 평균적 인간의 무제한의 조직화라는, 똑같은 황량한 광분"을 함께 만들어냈다는 것이다. 1935년에 그는 유럽이 "절멸로 가는 길"을 오직 "중앙에서 나오는 역사적으로 정신적인 새로운 힘의 전개"로만 막을 수 있다고 썼다. 하이데거는 1933년 5월 1일에 입당했으니 이 무렵이면 히틀러의 나치 운동에 투신한 지 오래였다. 3주 뒤에 그는 프라이부르크 대학교의 신임 총장으로서 연설하면서 새 정권에 찬사를 보냈고, 히틀러를 ("독일의 현실, 과거와 미래, 그리고 독일의 법"으로 언급하면서) 찬양했으며, (자기를 가르쳤던 스승인 에드문트 후설Edmund Husserl을 비롯한) "비非아리아인" 동료들을 프라이부르크 대학교에서 몰아냈다.

문화적 또는 '정신적' 혁명이 반드시 일어나야 한다는 믿음은 자유민주주의의 근본적 거부와 손을 맞잡고 함께 다녔다. 이 두 경향은 결코 독일에 국한되지는 않았을지라도, 독일에서 유난히 강했다. 독일의 문화사가 아르투어 묄러 반 덴 브루크Arthur Moeller van den Bruck는 "독일의 모든 정치 참화"를 정당들 탓으로 돌렸다. 그가 1923년에 펴낸 책《제3제국Das Dritte Reich》은 비록 결코 실현될 수 없을지라도 이루려고 분투해야 하는 독일의 완벽성이라는 천년왕국적 미래상을 내놓았다. 브루크는 나치 국가가 자신의 구호를 채택하는 것을 살아생전에는 보지 못했는데, '보수 혁명'을 옹호한 독일의 다른 '신보수주의' 급진파처럼 히틀러 정권의 실상을 겪었더라면 환멸을 느꼈을 법하다. 유기적 독일 국가의 건설을 민족의 부흥과 정신적 갱생으로 가는 길로 예견했던 또 다른 신보수주의자인 에드가르 융Edgar Jung은 나치 통치의 실상으로 말미암아 금세 미몽에서 깨어나게 되었고, 악명 높은 '긴 칼의 밤'에 히틀러의 졸개들에게 목숨을 잃었다.

독일의 헌법 이론가인 카를 슈미트Carl Schmitt는 독일에서 새로운 질서의 실상에 더 쉽게 적응할 수 있었다. 1920년대에 이미 저명해진 슈미트는 의회 제도가 민주주의의 진정한 표현임을 부인했다. 그는 강력한 주권국가에, 그리고 통치자와 피치자의 합일을 대표하고 공익을 섬기고자 필요하다면 어떠한 법적 제한 규정에서도 벗어나 결정권을 행사할 역량을 지닌 영도자에 찬성했다. 이러한 의미에서 법은 통치자와 피치자를 한데 묶지 않았다. 오히려 법은 질서를 유지할 책임을 지는 주권적 권력의 '결단주의'[531]에서 비롯되었다. 1933년 5월 나치당에 입당한 슈미트는 나중에 '영도자 국가' 개념의 정당화를 거들었다. 히틀러가 '긴 칼의 밤'에 돌격대 지도자들을 죽이라고 명령한 뒤에 슈미트가 〈영도자께서 법을 보호하신다〉라는 제목의 논설문을 펴낸 것은 일탈이 아니었다.

물론, 전간기 유럽 지성계의 복잡성과 다양성은 양극화된 반대인 좌파와 우파, 공산주의와 파시즘으로 단순하게 한정될 수는 없다. 실제로, 몇몇 지적 추세는 정치에서 완전히 초연한 것이나 마찬가지였

---

531)   Dezisionismus. 주권적 권력의 결단이 모든 규범과 도덕의 근원이고 어떤 것에도 구속되지 않으며, 권력의 효능은 권력의 내용이 아니라 권력이 결단을 했다는 사실에서 나온다는 교의.

다. 경험으로 입증될 수 있는 전제만이 어떤 의미를 가진다고 주장하는 빈학파[532]와 특히 연관된 철학 분야인 논리실증주의가 한 예가 될 수 있다. 경제사상도 정치사상도 반드시 양극단에 이끌리지는 않았다. 어쨌든, 그 시대의 가장 중요한 지식인들 가운데는 공산주의와 파시즘을 둘 다 싫어한 영국인 자유주의자 존 메이너드 케인스가 있었다. 유럽이 마르크스주의적 국가 주도 사회주의나 파시즘적 권위주의에 바탕을 둔 사회 모델에 점점 더 기대를 걸 때, 케인스는 수정민주주의 안에서 수정자본주의로 가는 방법을 내놓음으로써 자본주의적 자유민주주의의 목숨을 구했다. 당대의 가장 뛰어난 경제학자인 케인스의 저작이 제2차 세계대전 뒤에 경제정책의 형성에 필수불가결한 이바지를 할 터였다. 그가 1936년에 펴낸《고용, 이자 및 화폐의 일반 이론General Theory of Employment, Interest and Money》은 건전재정과 균형예산에, 그리고 제 나름의 평형을 만들어낼 시장에 기대를 거는 고전적인 경제학 정설을 거부했다. 그 대신에 케인스는 국가 지출을 늘려서 경제를 자극하여 완전고용을 창출할, 그래서 경제성장을 뒷받침할 수요를 만들어내는 정부 개입에 이론 기반을 제공했다. 그러나 설령 그의 영국 상류계급 배경과 영국 정치 구조의 상대적 견고성이 그가 자유민주주의의 틀 안에서 경제정책을 통한 해결책을 추구한다는 것을 뜻할지라도, 포괄적 위기감 역시 케인스를 몰아붙였다.

십중팔구는 상류계급이 사회적 지위뿐 아니라 거의 유일무이한

---

532)   Wiener Kreis. 1924년부터 1936년까지 빈 대학교에서 정기적으로 만나 교류하던 자연과학자, 사회과학자, 논리학자, 수학자의 모임.

수준의 정치적 안정성을 계속 누린 영국에서만 소설가 에벌린 워Eve-lyn Waugh가 명쾌하게 밝힌 기이한 종류의 판단이 가능했을 것이다. 사회적 속물, 정치적 반동분자, 정통 가톨릭 신앙으로 개종한 열성 신자이며 영국의 귀족에 매료되고 사회의 나머지 부분을 업신여긴 워는 정치를 완전히 일축하고는 행복의 기회는 사람이 사는 "정치적·경제적 조건의 영향을 그리 많이 받지 않는다"는, 그리고 정부 형태는 다 거기서 거기여서 더 좋고 나쁠 것이 없다는 터무니없는 말을 했다.

이처럼 별난 견해는 대다수 유럽 지식인이 푹 빠져 헤어나오지 못하던 위기감과 동떨어져 있었다. 1930년대 말엽에 좌파 인사들의 절망은 깊어가기만 했다. 스페인으로 가서 파시즘에 맞선 싸움에 가담한 많은 사람이 환멸에 차서 돌아왔다. 그리고 나서는 1938년에 체코슬로바키아가 당한 배반에 대한 실망이 찾아왔다. 이듬해 프랑코의 최종 승리와 (그들이 정치적 악의 화신이라고 본 정권과 그토록 많은 사람이 찬양했던 나라 사이의 우호 관계를 확립하는) 히틀러·스탈린 불가침 조약은 추가로 삼켜야 할 지독히도 쓰디쓴 약이었다. 그러는 사이에 지성계가 의존하는 다원성과 개방성이 독일과 이탈리아와 소련, 그리고 유럽의 나머지 지역에서 으스러지고 말았다. 그 뒤로 이내 유럽의 '정상적인' 지성계는 여섯 해의 긴 전쟁 기간에 사실상 겨울잠에 들어갔다.

파시즘에 반대하는 가장 강력한 지성의 목소리 가운데 여럿이 이제 독일인 망명객들에게서 나왔다. 그들 가운데는 막스 호르크하이머Max Horkheimer와 테오도어 비젠그룬트 아도르노Theodor Wiesengrund Adorno

가 이끄는 (비록 레닌주의자는 아닐지라도) 뛰어난 마르크스주의자 철학자와 사회과학자로 이루어진 (뉴욕으로 본거지를 옮긴) 유력한 프랑크푸르트학파[533]의 구성원들, 그리고 다른 정치적 신념을 가진 작가들이 있었다. 이런 작가들로는 토마스 만, 그의 형인 하인리히 만Heinrich Mann, 알프레트 되블린Alfred Döblin, 에리히 마리아 레마르크, 리온 포이히트방거Lion Feuchtwanger, 안나 제거스가 있었다. 히틀러의 제국이 유럽 대륙을 거의 다 집어삼키자 슈테판 츠바이크는 유럽과 유럽 문화, 그리고 인류 자체의 미래에 절망한 채로 브라질로 망명했다. 1942년 2월에 그와 아내는 과다한 수면제를 먹고는 손을 맞잡고서 다가올 죽음을 기다렸다.

1945년 이후 유럽의 지성계에 활력이 돌아오기 시작했을 때, 미래에 관한 비관론과 낙관론이 둘 다 뚜렷했다. 문명이 바닥까지 가라앉았다는 것 자체가(특히 카를 바르트의 신학이 영향을 크게 미친 기독교의 소생 안에서) 사회가 기독교의 가치와 신앙으로 되돌아갈 수 있다면 미래에 희망이 있다는 느낌을 일깨워 주었다. 또한 우여곡절 끝에 나치의 위협에 승리를 거둔 자유민주주의에 대한 희망이, 비록 1950년대에나 비로소 제대로 탄력을 받을지라도 다시 생겨났다. 프랑스의 걸출한 정치철학자인(그리고 열렬한 반反마르크스주의자인) 레몽 아롱Raymond Aron은 "우리는 다시 굴레 아래로 들어가지 않고서도 과장된

---

533)   Frankfurter Schule. 프랑크푸르트 대학교 산하 사회연구소(Institut für Sozialforschung)에서 교조적 마르크스주의를 배격하고 마르크스주의, 정신분석학, 사회학을 기반 삼아 현대 자본주의 사회를 분석하려고 시도한 신마르크스주의 사회이론가 집단을 일컫는 표현.

전쟁의 시대를 마감할 수 있다"고 생각했다. 양차 세계대전에서 교훈을 얻었다. "폭력을 써봤자 아무것도 해결되지 않는다." 그는 서방의 "자유의 사명"이 성공할 가능성이 크다고 생각했다.

그러나 다른 이들에게는 낙관론이 정반대 방향에서, 즉 공산주의가 끝끝내 이길 거라는 새로워진 희망에서 나왔다. 소련은 나치즘에 승리했다. 공산주의자는 나치의 점령과 용감하게 싸웠던 저항운동에서 유난히 큰 역할을 했다. 그러나 소련에 대한 믿음은 서유럽에서 줄어들고 있었다. 소련과 맺었던 전시 동맹이 해체되고 초기의 냉전이 조성되자, 동유럽에 소련의 멍에가 씌워지자, 스탈린주의의 참화가 더 널리 인식되자 소련형 공산주의에 대한 희망이 적대감의 새로운 분위기에 밀려났다.

대두하고 있는 냉전에서 소련을 대하는 입장을 형성하는 데서 전쟁 직후 시기에 조지 오웰의 디스토피아 소설 두 편(《동물농장》과 《1984》)보다 더 중요한 문학 작품은 십중팔구 없었을 것이다. 오웰은 내전 동안 스페인에서 스탈린이 경직된 당 노선에서 벗어난 모든 편향을 대하는 불관용을 보고는 크게 질려 버렸다. 그의 반反공산주의는 히틀러·스탈린 불가침조약으로 더 거세졌다. 그리고 독일이 1941년 침공한 뒤에 스탈린이 영국의 동맹이 되었을 때 오웰은 "이 역겨운 살인자가 일시적으로 우리 편이 되더니, 숙청 등이 갑자기 잊힌다"며 자지러졌다. 스탈린 독재의 등장에 관한 그의 통렬한 풍자인 《동물농장》이 1944년에 마무리되었을 때 출판사들이 소련과의 전시 동맹 때문에 출간을 거부했다. 그 책은 이듬해 유럽에서 전쟁이 끝난 뒤에 마침내 큰 찬사를 받으며 나왔고, 냉전의 새로운 분위기를 조성하기도 했고 반영하기도 했다. 동유럽이 소련의 지배 아래로 들어갔을 때인 1949년에 출간된(탈고된 해인 1948년의 뒷자리 두 숫자의 순서를 바꿔서 제목을 정한) 소설《1984》에서 그 같은 독재가 개인의 자유와 정치적 관용에 무엇을 뜻할지에 관해 오웰이 보여준 섬뜩한 미래상은 훨씬 더 큰 영향력을 지녔다.

전후의 지적 분위기에서 두드러지는 추이 하나가 대두하는 소련 공산주의 비판이 구조적인 나치즘 분석과 연계되는 새로운 방식이었다. 소련의 공산주의와 독일의 나치즘, 이 두 체제는 본질상 동일한 현상의 분리된 발현으로 간주되었고, 죽은 나치 정권이라는 악은 소련에서 나온다는 살아 있는 위협으로 대체되었다. 비록 1920년 이래 존재했을지라도, 전체주의라는 개념이 이제는 변화한 위력적인 방식으로 사용되어서 그 두 체제의 지독한 비인간성을 한데 묶었다. 1950년대 중엽에 냉전의 분위기 속에서 (독일 출신의) 미국인 정치학자 카를 요아힘 프리드리히Carl Joachim Friedrich의 출판물이 이 용법 변화에 중추적인 요인이 될 터였다.

그러나 그 이전에 이미 중대했던(서방 세계 전역에서 영향력이 무척 컸던) 저작은 미국으로 망명한 독일 유대인이며 얄궂게도 히틀러의 철인왕哲人王 마르틴 하이데거의 연인이었으면서도 스스로가 걸출한 정치이론가인 해나 아렌트Hannah Arendt의 저작이었다. 1949년까지 아렌트는 자신의 탁월한 분석을 마무리하고 있었고, 두 해 뒤에《전체주의의 기원The Origins of Totalitarianism》이 나왔다. 이 책은 사실상 대체로 나치즘이 권좌에 오른 사태의 설명이었으며, 제1부와 제2부에서는 소련이라는 열강의 본성과는 관련이 없는 반유대주의와 제국주의에 초점이 맞춰져 있었다. 소련과의 비판적 비교는 제3부 〈전체주의〉에서 이루어졌다. 이 〈전체주의〉의 대부분은 대폭 개정된 후속판에 비로소 나타났다. 비교 연구인 이 제3부에서 "근본적 악"의 가장 으스스한 모습이 그려졌다. 완전히 새로운 정치 현상인 그 "근본적 악"의 본질은 법의 모든 기반을 부수고, "우리가 아는 모든 기준을 허물어 버리"고, "모든 인간이 똑같이 군더더기가 되어 버렸"던 "절멸 공장"에 의존하는 "총체적 테러"라는 것이다.

그것은 문명 붕괴의 혹심한 평가였다. 많은 지식인의 눈에, 유럽이 18세기의 계몽주의 이후로 합리성과 진보라는 원칙에 바탕을 둔 문명사회를 향해 택한 경로는 엉망이 되었다. 현대사회 자체의 바로 그 기반이 허물어졌다. 이미 1944년에 호르크하이머와 아도르노는 계몽주의 시대가 엉뚱하게도 "이성의 자기파괴"로 끝났다는 결론을 내렸다.

그러나 호르크하이머와 아도르노의 비평은 나치즘과 스탈린주의에 국한되지 않고 현대의 자본주의 대중문화로 확장되었다. 그리고 그들이 붙인 명칭인 이 "문화 산업"은 곧 서유럽 전체를 에워싸게 될 터였다.

"쇼를 마저 다 합시다": 대중 연예오락 사업

대체로 교육을 잘 받지 못한 유럽의 대중 사이에는 자기가 겪으며 보내고 있는 위기를 이해하려는 지식인의 고통스러운 시도에 관심을 가진 사람이 거의 없었다. 그리고 종교는 대중을 거머쥐는 힘을 느리지만 확실하게 잃고 있었다. 국민의 문자해독률과 교육 수준이 높을수록, 도시화 수준이 높을수록, 산업 경제가 발달할수록, 가톨릭교회와 개신교 교회는 사람들의 충성심을 붙잡아 두려고 더 발버둥 쳐야 했다. 교회는 기독교를 거부하고 대안 '세속 종교'를 내놓는 철학뿐 아니라 (비록 시골에서는 덜 그랬을지라도) 도시의 현대식 생활의 숱한 일상적 오락과도 경쟁해야 했다. 교회는 비어가고 있을지 모르지만 술집, 축구장, 무도장, 영화관은 미어터지고 었었다. 대공황이라는 참상이 끼어들어 있는 양차 세계대전의 대학살 와중에 사람들은 삶을 살 만하게 만들어 주는 것을 아직도 찾고 있었다. 사람들은 재미를 원했다. 아무리 따분할지라도 대다수 사람의 삶을 빚어내는 것은 경제 상태나 교회의 도덕적 구속만이 아니라 (잿빛 속에서 번쩍이는 알록달록한 색채, 지루함을 비껴가는 기분 전환, 불쾌함을 덜어주는 위안 등) 자기 존재를 더 즐겁게 만들어 주는 것이었다.

사람들이 압도적으로 원하는 것은 사제의 설교나 지식인의 사상이나 '고급 문화'의 교화가 아니라 연예오락이었다. 대중 연예오락의 확산은 1920년대에 이미 엄청나게 진행되었다. 대중 연예오락은 아직은 대규모 사업이 아니었지만, 곧 그렇게 될 터였다. 경제 불황의 짙은 먹구름 속에서도 다음 10년 동안 대중 연예오락이 대도약을 한 배후에는 주로 과학기술의 향상이 있었다. 한때는 연예오락이 한 번에 기껏해야 몇백 명에게만 가닿을 수 있는 실연 공연에 의존했던 반면에, 장만할 만한 가격대의 라디오와 유성기의(흔히 이 둘이 합쳐진 '라디오그램'의) 대량 생산은 온 나라 곳곳에서 같은 순간에 수백만 명이 자기가 가장 좋아하는 연예인의 목소리를 거실에서 혼자 들을 수 있음을 뜻했다.

대다수 파동과 혁신의 발원지는 미국이었다. 수백만 명에게(특히 서유럽의 젊은이들에게) 미국은 새롭고 활기차고 짜릿한 모든 것을 대표했다. 대중음악과 영화는 가장 역동적인 힘이었다. 미국과 강한 문화적 유대를 지니고 같은 말을 쓰는 영국은 (비록 미국 연예인이 수입되어 영국 음악가가 일자리를 잃지 않도록 1930년대에 장벽을 세웠을지라도) 다른 어느 곳보다도 미국의 영향에 개방적이었다. 젊은이들은 서둘러 미국의 영향을 열렬히 받아들였다. 기득권층은 덜 열광했다. 근엄하고 청교도 같은 영국방송공사 초대 사장 존 리스_{John Reith} 경은 자기가 미국의 영향력으로 말미암은 영국 라디오의 문화적 오염으로 여긴 것을 막으려고 노력했다. 그러나 막을 길 없는 변화를 멈춰 세우려던 그의 노력은 실패할 것이 뻔했다. 소비주의가 급팽창한다는 것은 새로운 문화 매체가 제공해야 하는 것을 찾는 물리지 않는 수요, 즉 연예오락 사업이 급성장해서 엄청나게 증진된 수요가 있으며, 그 사업으로 돈을 버는 여러 집단, 곧 연예 사업가, 가요 발매업자, 예능인의 대행인, 음반 제작자를 비롯해 많은 이가 있다는 뜻이었다.

멈춰 세울 수 없는 대중음악의 발전은 라디오의 발달과 손을 맞잡고 이루어졌다. 그래서 주요 라디오 공연자들이 하룻밤 새에 스타가 되었다. 일찍이 1870년대에 토머스 에디슨이 마이크로폰과 더불어 축음기를 발명했다. 그러나 심지어 1920년대에도 녹음은 퍽 초보적인 상태에 머물러 있었다. 그 시대나 이전 수십 년의 인기곡들 가운데 어느 것도 후대가 들을 수 있을 만큼 오래가지 못했다. 상황이 곧 바뀔 터였다. 10여 년 뒤에 마이크로폰과 녹음 기술이 엄청나게 좋아졌다. 증폭이 더 나아졌으므로 가수에게는 우렁찬 목소리가 더는 필요하지 않았다. 가수는 얼마간 거리를 두고 자기 목소리를 마이크로폰에 내질러야 하는 대신에 마이크로폰을 '끌어안을' 수 있었고 겨우 몇 해 전보다 훨씬 더 좋은 소리를 만들어냈다. 감상에 젖은 노랫말을 더 '나긋나긋하게' 속삭일 수 있는 새 유형의 '크루너'[534]가 나타나서 어마어마한 인기를 얻었다. 1930년대에 미국으로부터 빠르게 대서양을 건너가는 대단한 인기를 얻는 크룬 창법 '슈퍼스타'의 첫 사례가 빙 크로스비Bing Crosby였다. 몇 해 뒤에 프랭크 시나트라Frank Sinatra가 똑같은 일을 했다. 그들의 음반은 수천 장 단위가 아니라 수백만 장 단위로 팔렸다. 어빙 벌린Irving Berlin이 작곡한 빙 크로스비의 달콤한 〈화이트 크리스마스〉의 음반은 그가 1941년에 초연을 한 이후로 5000만 장 넘게 팔렸다. 심지어 몇십 년 뒤에도 성탄절이 다가오면 백화점과 대형 상점에서 틀어주는 녹음 음악에서 그 노래를 피하기는 어려웠다.

유럽의 크루너도 어마어마한 인기를 얻었다. 이 인기는 흔히 대체로 자기 나라에 국한되었지만, '당신 생각The Very Thought of You'이라는 곡으로 대성공을 거둔 영국의(사실은 모잠비크 태생의) 크루너인 알 보울리Al Bowlly처럼 몇몇은 미국에서 일정 수준의 성공을 거두었다. 유럽의 여가수들도 자기 나라에서 유명인이 되었고, 때로는 자기 나라를 넘어섰다. '작은 참새' 에디트 피아프[535]는 1930년대 중엽에 스타 반열

---

534)   crooner. 우렁찬 목소리가 아니라 감성적이고 감미로운 목소리로 재즈 스탠더드 곡을 부르는 남성 가수를 일컫는 별칭.

에 오르기 시작해서, 몇 해 안에 가장 인기 있는 프랑스 연예인이(그리고 나중에는 국제 명사가) 되었다. 잉글랜드에서는 1920년대에 노래와 연기로 이미 전국적 명성을 쌓았던 랭커셔 여공 출신 그레이시 필즈_Gracie Fields_가 대공황기에 코미디 공연 목록과 감상적인 노래로 인기의 절정에 이르렀다. 전쟁이, 그리고 군인을 위한 라디오 연예오락이 나름의 여성 스타를 배출했다. 가장 유명한 몇몇 영국 댄스 밴드[536]와 함께 가수로서 라디오와 음반을 통해 1930년대 말엽에 이미 유명했던 베라 린_Vera Lynn_에게 곧 '군대의 애인'이라는 별명이 붙었다. 시대와 완벽하게 들어맞은 린의 대인기 곡인 '우리는 다시 만나리라_We'll Meet Again_'를 모르는 영국 군인은 없었다. 비록 나치 관리들은 좋아하지 않았을지라도 랄레 안데르센_Lale Anderse_의 '릴리 마를렌_Lili Marleen_'[537]은 독일 국방군에서 애창곡이 되었고, 놀랍게도 전선을 넘어가서 (마를레네 디트리히_Marlene Dietric_가 부른) 영어 번안곡으로 연합국 군인에게도 인기곡이 되었다.

1930년대와 1940년대의 주요 대중 가수들은 음악 자체의 변혁의

535)   Édith Piaf. 에디트 피아프의 본명은 에디트 조반나 가시옹(Édith Giovanna Gassion)이었는데, 142센티미터의 단신이어서 참새의 프랑스어 속칭인 피아프를 예명으로 얻었다.
536)   British dance band. 1920~1930년대에 영국의 댄스홀과 호텔 무도장에서 발달한 대중 재즈와 댄스 음악의 한 장르.
537)   보초를 서는 병사가 고향의 아가씨를 그리워하는 내용의 대중가요. 독일 군인 한스 라이프(Hans Leip)가 1915년에 쓴 가사에 노르베르트 슐체(Norbert Schultze)가 1938년에 붙인 곡을 랄레 안데르센이 이듬해 불러 음반으로 녹음했다. 1941년에 독일군 라디오에서 처음 방송된 뒤 엄청난 인기를 끌었다.

(그리고 상업화의) 산물이었다. 음악의 뿌리를 아프리카 출신 미국인 노예와 컨트리 음악에 둔 흑인 음악가들의 초기 소규모 '핫' 재즈[538] 밴드와 블루스 밴드가 1920년대 말엽까지 백인 위주의 빅 밴드[539]로 대체되고 있었다. 각 밴드는 리더의 이름을 따서 이름을 붙였고, '스타' 보컬리스트를 과시했으며, 더 폭넓은 라디오 청중에 맞춰 더 잔잔하고 더 편곡된 음향과 더 감상적인 호소력을 특색으로 삼았다.

빅 밴드의 새로운 사운드도 1920년대에 (크로스비에게 노래를 할 중요한 기회를 처음으로 주는) 폴 화이트먼 오케스트라[540]가 성공하면서 미국에서 시작되었다. 사실상 플레처 헨더슨Fletcher Henderson 같은 흑인 음악가들이 이끄는 몇몇 주요 빅 밴드가 있었다. 그러나 흑인 음악가들은 상업 음악 시장에서 아직도 차별에 맞닥뜨렸다. 1920년대에 핫 파이브 밴드[541]와 핫 세븐 밴드[542]로 명성을 얻었던 위대한 트럼펫

---

538) hot jazz. 재즈의 한 장르. 20세기 초에 뉴올리언스에서 발달한 재즈 스타일로, 뉴올리언스의 밴드가 1910년대에 시카고와 뉴욕으로 옮아가서 발전했다. 전통 재즈나 딕시랜드(Dixieland)라고도 한다.

539) big band. 10명 이상 악단 형태의 대규모 밴드. 1910년대에 처음 시작되었으며, 1940년대에 와서는 재즈의 일반적인 밴드 형식으로 자리잡았다. 빅 밴드 형태로 연주되는 재즈 장르를 가리키기도 한다.

540) Paul Whiteman Orchestra. 미국의 음악가 폴 화이트먼(1890~1967)이 제1차 세계대전 직후 결성해서 이끈 대중적 댄스 밴드. 1920년부터 전국적 인기를 끌었으며, 1920년 11월 3일부터 '폴 화이트먼과 그의 오케스트라'라는 이름을 쓰기 시작했다.

541) Hot Five band. 루이 암스트롱이 1925년에 결성한 5인조 악단으로 트럼펫, 트롬본, 클라리넷, 밴조, 피아노 연주자로 이루어졌다. 루이 암스트롱과 그의 핫 파이브(Louis Armstrong and His Hot Five).

연주자 루이 암스트롱Louis Armstrong과 같은 최고의 재즈 연주자 몇몇은 바뀌는 추세에 순응했고 신생 빅 밴드에서 스타가 된 다음에 제 나름의 밴드를 이끌었다. 흑인 공연자는 유명하더라도 가장 수지맞는 계약을 맺지 못하게 가로막는 인종적 편견 탓에 제 나라에서 거둔 성공이 아직 제한적이었던 1930년대에 암스트롱은 최대의 대중적 찬사를 유럽에서 얻었다. 그의 밴드가 1932년에 유럽을 순회할 때, "그는 어떤 미국인 공연자도 겪어 본 적이 없는 가장 열렬한 환영을 받았다." 초기의 모든 '재즈의 왕' 가운데 가장 복잡하고 혁신적인 듀크 엘링턴Duke Ellington은 1933년에 런던 펄레이디엄543]에서 그의 밴드가 첫 공연을 개시했을 때 똑같은 일을 겪었다. 그의 표현으로는 "박수가 아주 엄청났는데, 끝도 없이 이어지는 박수였다." 여섯 해 뒤 1939년 4월에 스톡홀름에서 열린 그의 제2차 유럽 순회공연은 스웨덴 팬들이 그의 마흔 번째 생일을 거창하게 축하하면서 황홀한 절정에 이르렀다.

그러나 '스윙'544]이 새로 유행하는 대중음악의 새로운 추세에 밀려 암스트롱과 엘링턴조차 설 자리를 잃고 있었다. 스윙으로의 이행에서 주요 주창자(이자 수혜자)는 러시아에서 반유대 테러를 피해 미국으로 도피했던 사람의 아들인 베니 굿먼Benny Goodman이었다. 별명이

542) Hot Seven band. 1927년에 '루이 암스트롱과 그의 핫 파이브'에 드럼 주자와 튜바 주자를 보태 만들어진 악단.
543) London Palladium. 1910년에 런던 도심에 세워진 2286석 규모의 극장.
544) Swing. 1930년대부터 미국의 뉴욕에서 성행한 역동적인 리듬의 재즈 음악. 흑인 음악가가 초기 재즈를 주도했다면, 스윙에서는 백인 연주자가 두드러졌다.

'스윙의 왕'인 굿먼은 정통 재즈를 연주하는 밴드의 걸출한 클라리넷 연주자였으며, (대공황 동안 이전의 다른 주요 흑인 음악가들과 마찬가지로 돈이 없어 고생한) 플레처 헨더슨의 편곡에서 이익을 얻었다. 그러나 덜 혁신적이고 재능이 떨어지는 많은 이가 굿먼을 모방했다. 그들은 대개 스윙을 대중적인 댄스 뮤직으로 바꾸었고, 댄스 뮤직이 노리는 것은 1930년대에 유럽의 대부분 지역을 가로지른 '댄스 광풍'을 활용하는 것이었다.

미국 군인들이 전쟁 동안 지터벅[545](또는 자이브[546])을 유럽에 가져다주기 전에 찰스턴 춤의 짜릿한 리듬이 더 차분한 폭스트롯,[547] 퀵스텝,[548] 왈츠에 자리를 내주었을지라도, 1920년대보다 훨씬 더 댄스홀은 젊은이를 위한 실연 대중 연예오락의 번성하는 중심지였다. 가장 인기 있는 댄스 밴드 리더는 주요 유명인이 되었다. 영국에서 가장 크게 성공한 댄스 밴드의 리더인 잭 힐턴Jack Hylton은 공장에서 한 주 동안 고된 일을 하고 받는 보수가 2~3파운드일 때 주급 1만 파운드를 받을 수 있었다. 1938년에 힐턴은 (유대인 네댓 명이 끼어 있는) 자

---

545) jitterbug. 1930년대에 미국의 흑인 사이에서 유행한 4분의 4박자의 경쾌하고 템포가 빠른 춤. 제2차 세계대전 시기에 미군 병사들을 통해 세계 곳곳에 퍼졌다.
546) jive. 재즈에 맞춰 추는 격렬하고 선정적인 춤으로, 1930년대 말부터 미국 흑인 사이에서 유행하기 시작했다. 아메리칸 스윙(american swing)이라고도 한다.
547) foxtrot. 보통 템포의 래그타임 곡이나 재즈 템포의 4분의 4박자 곡으로 추는 사교댄스의 스텝, 또는 그 연주 리듬. 1910년대 중엽에 유행하기 시작해서 1930년대에 엄청난 인기를 끌었다.
548) quickstep. 1920년대에 등장한 4분의 4박자의 경쾌하고 빠른 스텝의 춤. 스탠더드 댄스 종목의 하나가 되었다.

기 밴드를 데리고 베를린으로 가서 엄청나게 큰 스바스티카 현수막을 뒤에 두고 무척이나 흥이 넘쳐 춤을 추는 사람들에게 한 달 동안 연주를 해주었다.

그러나 나치 독일의 스윙 음악은, 전반적으로 재즈와 마찬가지로 '검둥이 음악'이라고 욕을 먹었다. 일부러 영국식 옷차림과 꾸밈새를 흉내 내는 젊은이들은 전쟁 동안 스윙에 흠뻑 빠지는 심취를 나치 정권의 규율화에 맞선 일종의 청년 항의로 바꾸기까지 했고, 그런 행동을 했다고 어김없이 핍박을 받았다. 그러나 히틀러의 독일은 그 추세에 완전히 등을 돌릴 수는 없었고, 실제로는 나름의 '관제' 스윙 밴드인 찰리와 그의 오케스트라[549]를 가졌다. 전쟁 중인데도 영국에는 이 관제 밴드의 연주를 애청하는 청취자들이 있기도 했다. 한편, 아무리 "정치적으로 올바르지 않더라도," 파리의 젊은 나치친위대 장교들은 재즈 클럽을 계속 드나들었다. 나치즘조차 대중음악의 호소력을 막을 수는 없었다.

그러나 나치 정권은 인종 순수성의 기준에 맞지 않는 대중 연예인들을 없앨 수는 있었다. 그들 가운데는 인기 있는 유대인 카바레 예능인인 프리츠 그륀바움Fritz Grünbaum이 있었다. 독일의 1938년 오스트리아 병합 직후에 오스트리아에서 도피하려고 했지만 체코 국경에

---

549) Charlie and his Orchestra. 괴벨스가 베를린의 재즈 연주자들을 모아서 1940년에 결성한 나치 독일의 관제 스윙 밴드. 이 밴드의 연주는 단파 라디오로 영국과 미국에도 방송되었다. 명칭은 밴드의 가수인 카를 슈베들러(Karl Schwedler)의 영어 애칭에서 비롯했다.

서 되돌려보내진 그는 부헨발트 강제수용소[550]로, 그다음에는 다하우 강제수용소[551]로 보내졌고 1941년에 다하우에서 죽었다. 원래 보헤미아 출신이고 특히 레하르 페렌츠Lehár Ferenc와 함께 주로 가벼운 뮤지컬과 오페레타[552]를 만들었으며 역시 유대인이었던 프리츠 뢰너베다Fritz Löhner-Beda도 독일의 오스트리아 병합 뒤에 빈에서 체포되어 다하우로, 그다음에는 부헨발트로 보내졌다가 끝내 1942년에 아우슈비츠로 강제 이송되었다. 그는 부속 공업단지인 모노비츠에서 맞아 죽었다. 그리고 (테너인 리하르트 타우버Richard Tauber가 불러서 유명해진) 인기곡 '부인, 저는 당신 손에 입을 맞춥니다Ich küsse Ihre Hand, Madame'[553]를 만들어서 특히 이름을 날린 슐레지엔 태생 유대인 작곡가 랄프 에르빈Ralf Erwin은 1933년에 나치가 권력을 넘겨받은 뒤에 독일을 떠났다. 에르빈은 독일의 프랑스 점령 기간에 붙잡혀서 1943년에 프랑스의 한 억류 수용소에서 죽었다. 문화생활의 다른 통로에서처럼 대중 연

---

550) Konzentrationslager Buchenwald. 나치 정권이 1937년에 바이마르시 부근의 숲에 세워서 체제 반대자들을 가두었던 강제수용소. 부헨발트라는 낱말 자체는 너도밤나무라는 뜻이다.

551) Konzentrationslager Dachau. 나치 정권이 반대 세력을 탄압할 목적으로 1933년 뮌헨 부근의 소도시인 다하우에 세운 최초의 강제수용소.

552) operetta. '작은 오페라'라는 뜻의 이탈리아어 낱말. 말 그대로 작은 규모의 오페라로 시작해서 19세기에 대사·춤·노래가 많이 들어간 가극으로 발전했으며, 미국으로 건너가서 뮤지컬로 변형되었다.

553) 로베르트 란트(Robert Land) 감독, 하리 리트케(Harry Liedtke)와 마를레네 디트리히가 주연으로 독일에서 1929년에, 미국에서는 1932년에 개봉된 동명 영화의 주제가. 작곡가는 랄프 에르빈(Ralph Erwin), 작사가는 프리츠 로터(Fritz Rotter), 가수는 리하르트 타우버였다.

예오락에서도 나치는 사악할 뿐 아니라 어처구니없는 인종 정책으로 독일을 터무니없이 재미없는 곳으로 만들었다.

그러는 사이에 스윙, 그리고 빅 밴드 댄스홀 음악의 전성기가 지나가고 있었다. 댄스홀은 무척 많은 젊은이가 병역을 이행하려고 떠나면서 뚜렷하게 어려움에 맞닥뜨렸다. 밴드는 구성원이 군대에 불려갔을 때 활동을 자주 중단해야 했다. 몇몇 구성원은 군복을 입고 있는 동안에도 연주 활동을 계속했다. 그러나 다른 몇몇은 더는 그럴 수 없었다. 연합국 해외원정부대[554] 소속 48인 미군 밴드의 저명한 리더인 글렌 밀러Glenn Miller는 1944년 12월 프랑스에 있는 미군 부대를 즐겁게 해주려고 비행기를 타고 가던 길에 그를 태운 비행기가 사라져서 영국해협 상공에서 행방불명되었다. 그의 죽음은 빅 밴드의 끝이 시작되는 상징적 기점이었다. 빅 밴드는 속절없는 긴 쇠퇴기에 접어들어 운영비와 인건비가 더 싼 소규모 밴드로 대체되었다. 그렇지만 음악의 상업화는 전쟁으로 기껏해야 멈칫했을 따름이지 결코 끊기지 않았으며, 전후 시기에는 극적으로 확장될 터였다.

연예오락 사업의 호황이 영화에서보다 더 명백한 곳은 없었다. 그리고 영화보다 과학기술 혁신이 더 중요한 연예오락 분야는 없었다. 1920년대에 이미 영화 관객이 크게 늘어나서 무성영화를 보았다. 그러나 무성영화가 유성영화로 확 바뀌면서 영화의 전성기가 찾아왔다. (무성영화에서였다면 사실상 약 10분을 넘지 않았을) 음향이 들어 있

---

554)   제2차 세계대전 유럽 서부전선에서 유럽 본토를 침공하여 독일을 제압하기 위해 영국에 결집한 연합국 군대.

는 첫 장편 특작 영화이며 알 졸슨_Al Jolson이 얼굴을 검게 칠하는 분장을 하고 나오는 감상적 뮤지컬 〈재즈 싱어_Jazz Singer〉는 1927년에 미국에서 곧바로 대성공작이 되었다. 두 해 안에 할리우드 영화 대다수가 음향을 사용했다. (제작비가 비싸고 총 제작 편수에서 차지하는 비율이 아직은 낮았을지라도) '발성영화'의 급속한 확산에는 영화 산업의 엄청난 팽창과 할리우드의 어마어마한 문화적 영향력이 따랐다.

소수의 거대 기업, 즉 MGM, 워너브라더스, 파라마운트, RKO 픽처스, 20세기폭스가 곧 영화 제작, 영화관 소유, 시장 통제를 사실상 분리했다. 1940년대 중엽, 즉 절정기에 할리우드의 영화 촬영소들이 영화를 한 해에 400편쯤 만들어내고 있었는데, 그 가운데 다수가 코미디, 뮤지컬, 서부극, 월트 디즈니의 만화영화였다. 어마어마하게 쏟아져 나오는 영화의 상당수가 신속히 대서양을 건넜다. 1930년대 중엽에 미키 마우스와 도널드 덕은 미국에서만큼 유럽에서도 잘 알려져 있었으며, 디즈니의 첫 장편 만화영화 〈백설공주와 일곱 난쟁이_Snow White and the Seven Dwarfs〉는 1937년 개봉된 뒤에 미국뿐 아니라 유럽에서도 대단한 호평을 받았다. 외국영화 수입이 제한되었고, 유대인이 지배하는 탓에 타락한 미국 문화의 산물로 간주된 것이 공식적으로 혐오되는데도 히틀러조차 디즈니의 만화영화를 좋아했다. 그는 요제프 괴벨스가 1937년에 성탄절 선물로 미키 마우스 영화 18편을 주었을 때 기뻐했다.

한때 아주 창의적이었던 독일의 영화 산업은 이 무렵이면 확고하게 나치의 손아귀 안에 있었다. 히틀러 집권 이전 민주주의의 위태로운 마지막 시기의 작품들 가운데는 1930년에 개봉되어 마를레네 디트리히를 하룻밤 새에 일약 세계적인 스타의 반열에 올려놓았던 최초의 독일어 '발성영화'인 (영어판으로도 만들어진) 〈파란 천사Der blaue En-gel〉가 있었다. 그러나 곧 영화 제작자, 배우, 감독은 주로 미국으로 이주하지 않으면 안 되었다. 독일에 머무른 '비非아리아인' 수천 명이 직업을 잃었다. 남은 창의적 인재에게 이제 정권을 위한 작업이 맡겨졌다. 젊고 멋진 레니 리펜슈탈Leni Riefenstahl이 선전영화에서, 특히 히틀러와 정권을 예찬하는 〈의지의 승리Triumph des Willens〉(1935)와 〈올림피아Olympia〉(1938)에서 영화감독으로서 예술적 재능을 보여주었다.

그러나 독일인이 전례 없이 많이(한 해에 약 10억 명이) 영화관에 몰려들 때 관객이 바라는 것은 연예오락이었지 프로파간다가 아니었다. 나치 프로파간다의 대가인 괴벨스조차 이것을 인정했다. 나치 독일에서 제작된 영화 대다수는 프로파간다가 (적어도 대놓고는) 아니라 가벼운 오락물이었다. 〈희망 음악회Wunschkonzert〉(1941)나 〈위대한 사랑Die große Liebe〉(1942) 같은 로맨스물과 뮤지컬은 전쟁이라는 암울한 현실로부터 짧은 현실도피를 제공했다. 괴벨스가 현실도피 연예오락을 (그리고 매체를 통한 사기 유지를) 중시한다는 증표는 그가 천연색 영화 〈뮌히하우젠Münchhausen〉의 제작에 아낌없이 해준 자금 지원이었다. 폰 뮌히하우젠 백작의 모험에 관한 그 희극 공상물은 1943년에 스탈린그라드의 재앙 탓에 휘청거리던 독일 관객들에게 즐거움과 재미를 주었다.

파시즘 국가인 이탈리아에서도 영화 산업이 정권의 심한 통제와 검열을 당했다. 독일에서처럼, 외국영화 수입이 제한되었다. 대개가 가벼운 코미디와 로맨스 드라마였을지라도 대다수 이탈리아 영화에는 파시즘 프로파간다와 전쟁 예찬이 어떻게든 가미되었다. 세월이 흘러도 변하지 않는 것은 거의, 또는 전혀 없었다. 그러나 영화 산업을 위한 두 유산은 사라지지 않았다. 1937년에 무솔리니가 로마 바깥에 기술적으로 앞선 제작 설비를 갖춘 이탈리아의 첫 영화 촬영소, 즉 치네치타Cinecittà(영화 도시)를 열었다. 다섯 해 앞서 1932년에 베네치아 영화제가 만들어졌고, 1934년부터 해마다 최고의 이탈리아 영화와 최고의 외국영화에(거의 늘 독일 영화에) '무솔리니배杯'가 주어졌다.

스탈린 체제의 통제가 시민 생활의 모든 영역을 숨 막히도록 아주 꽉 조이는 1930년대에 소련에서도 창의성이 거의 완전히 질식했다. 영화 제작이 심하게 관료화했다. 대체로 이러한 사정과 심하게 끼어드는 검열의 결과로 이전 10년 동안의 연간 제작 편수의 절반에 그치는 편수의 영화가 개봉되었다. 외국영화 수입이 거의 완전히 중단되었다. 그리고 1920년대에 두드러졌던 아방가르드 영화 실험은—소련의 영화 관객은 기회가 주어지면 (설령 아직은 정권의 가치에 심하게 짓눌렸더라도) 코미디와 가벼운 뮤지컬에 주로 이끌렸을지라도—'사회주의 리얼리즘'[555]의 따분한 획일성으로 대체되었다.

권위주의 정권의 속박을 뺀다면, 유럽의 영화 산업이 번영할 가망은 더 컸다. 그러나 할리우드 거대 기업체의 자금력과 화려함과 야망과 경쟁할 수 있는 곳은 없었다. 언어가 영어 사용권 시장 침투에 장벽이 되는 곳에서 이것은 특별한 난제였다. 영화의 탄생지이며 영화

---

555)   프롤레타리아트의 해방 같은 사회주의적 가치를 예찬하는 이상화된 리얼리즘 예술 양식. 1932년부터 소련의 공식 예술 양식으로 선언되었다.

가 1920년대의 예술 아방가르드의 두드러진 일부였던 프랑스에서 유성영화의 도래는 영화를 지성적 예술 양식에서 주요 대중 연예오락 매체로 바꿔 놓았을 뿐 아니라 한 나라에 지나치게 국한된 시장에 자금을 조달하는 데서 문제를 불러일으켰다. 장편 특작 영화 제작 편수가 1930년대 초엽에 급증했지만, 영화 산업의 제작사가 자잘해서 대형 업체가 없는지라 제작비 마련에 어려움을 겪었다. 1934년에 개봉된 영화의 4분의 3이 외국영화였고, 그래서 프랑스 예술작의 생산에 위협이 된다는 항의가 일고 미국이 프랑스 영화를 '침공'한다는 경멸이 표출되고 보호를 해달라는 요구가 나왔다. 프랑스의 영화제작자들은 발버둥 치며 경쟁했다. 미국과는 달리 민간 대기업을 통해 자금이 마련될 가망이 없었다. 인민전선 정부 아래에서 작성된 보고서가 국가의 자금 조달을 권고했을 때 그랬듯이, 국가가 개입해야 했다. 국가가 영화 제작비를 대는 정책은 제3공화국 붕괴 직전에 실행되었고, 비시 정권 아래에서 지속되었다.

재정은 미국과의 경쟁과 더불어 영국의 영화 산업에도 문제였다. 영국 영화의 제작을 북돋우고 외국영화의(달리 말하면 주로 미국 영화의) 수입을 제한하다 보니 형편없는 영화가 더 많이 만들어질 따름이었다. 다른 곳에서처럼, 영화 제작 편수는 대단했다. 1936년 한 해에만 거의 200편의 영화가 개봉되었다. 영국 영화 산업의 정점이었다. 그러나 한편으로 영화제작사들은 살아남으려고 발버둥 치고 있었다. 1937년이 되면 지난 10년 동안 존재했던 600개 이상의 영화 제작사 가운데 살아남은 제작사는 겨우 20개였다. 헝가리인 이민자인 알렉산더 코르더Alexander Korda처럼 대예산을 가진 주요 제작자들조차 어려움에 맞부딪혔다. 자본 집중을 피할 길은 없었다. 1930년대 말엽까지 소수의 대형 영화사가, 그 가운데서도 두드러지게 (J. 아서 랭크ᴶ· ᴬʳᵗʰᵘʳ Rank가 1937년에 창립한) 랭크 오거나이제이션 영화사[556]가 영국의 영화 제작, 영화관 소유, 배급 사업의 대부분을 통제했다. 곧 랭크는 대형 영화관 체인인 고몽[557]과 오디온[558]을 소유했는데, 이 무렵 거의 모든 영국 도시 도심에서 이 두 회사의 영화관이 눈에 잘 띄는 자리를 차지했다.

이 '꿈의 궁전'은 호화로운 내부 장식을 갖추고 관객 좌석 수가 흔히 1000석을 웃도는 멋들어진 아르데코[559] 건물인 경우가 많았다. 그러나 영화관의 대부분은 결코 '궁전'이 아니었고, 때로는 사실상 아주 너저분한 '싸구려 극장'이었다. 이것은 대형 배급사에 매달려서 영화를 받는 소형 자영업체였고, 영화가 주요 영화관에 나온 뒤에야 그 영화를 상영할 수 있을 따름이었다. 1939년이 되면 영국에는 영화관이 5000개쯤 있었고, 영화의 인기가 새로운 절정에 이르면서 그 대

---

556) The Rank Organization. 1937년부터 1996년까지 존재한 영국의 연예오락 복합기업. 창립 뒤에 곧 영국의 제작사, 배급사, 영화관을 소유하고 수직적으로 통합한 최대 기업체였다.
557) Gaumont. 프랑스의 발명가 레옹 고몽(Léon Gaumont)이 1895년에 창립한 세계 최초이자 최고(最古)의 영화사. 1898년에 영국 지사를 두었는데, 이 지사가 1922년에 독립했다.
558) Odeon. 1928년에 창립된 영화관 운영사. 영국, 아일랜드, 노르웨이에 지부를 두고 있었다.
559) Art Déco. 전통적인 수공예 양식과 기계 시대의 대량 생산 방식을 절충해서 제1차 세계대전 이후에 나타난 시각예술 디자인 양식. 풍부한 색감과 기하학적 문양, 호화로운 장식이 특징이었다.

다수가 번성했다. 영화 관람은 극장 관람보다 훨씬 더 쌌다. 실제로, 많은 지방 극장의 소유주가 시류를 감지하고는 극장을 더 수지맞는 영화관으로 개장했다. 심지어 대공황기에도 (경제의 찬바람에서 벗어나 두어 시간 동안 온기와 현실도피를 제공해 주는) 영화 관람은 감당할 만한 가격대였다. 1930년대에는 영화표가 에누리되어서 실업자의 80퍼센트가 정기적으로 영화관에 갈 수 있었다. 모두 합쳐서 2300만 명이 주마다 '화면'을 보러 갔다. 이 무렵에 영화표 연간 총판매량은 10억 장에 가까웠다.

영화관은 새로운 예배당, 영화 스타는 새로운 신이 되었다. 유럽 국가들은 자국의 스타를 배출했다. 비록 그 스타의 매력이 대개는 국경을 넘지 못했을지라도 말이다. 국제적 명성을 확립하는 영국 배우 한 사람이 〈유령은 서쪽으로 간다The Ghost Goes West〉(1935), 앨프리드 히치콕 감독의 〈39계단The 39 Steps〉(1935), 그리고 〈굿바이, 미스터 칩스 Goodbye, Mr.Chips〉(1939)에 출연해 이름이 알려지게 된 상냥한 로버트 도냇Robert Donat이었다. 영어 사용권 밖에서는 스타가 국제 팬을 얻기는 훨씬 더 어려웠다. 한스 알버스Hans Albers는 독일에서는 누구나 다 알아보는 유명인인데도 외국에서는 거의 무명인이었다. 그렇기 때문에 꼭 미국으로 가야 했다.

마를레네 디트리히와 (오스트리아 유대인의 후손인) 페터 로레Peter Lorre는 미국으로 떠나서 국제 스타가 되었다. 한편, 에밀 야닝스Emil Jannings와 스웨덴 여배우 사라 레안데르Zarah Leander는 둘 다 할리우드에 등을 돌리고는 대체로 독일어 사용 국가에서만 명성을 누렸다. 패권에 가까운 할리우드의 영향력을 고려하면, 대다수 국제 스타는 어쩔 수 없이 미국인이었다. 전쟁이 유럽을 덮쳤을 때, 당시 할리우드 초대형 영화 가운데서도 가장 초대형 작인 〈바람과 함께 사라지다Gone With The Wind〉(1939)에서 클라크 게이블Clark Gable은 국제적 인기의 새로운 정점을 찍었고 그 뒤를 곧 존 웨인John Wayne, 험프리 보가트Humphrey Bogart, 로런 버콜Lauren Bacall, 오손 웰스Orson Welles 등이 따랐다. 전쟁이 끝나자, 미국이 유럽의 대중문화를 계속 지배할 길이 (적어도 유럽 대륙의 서쪽 절반에서는) 열렸다.

사회경제적 틀, 신앙의 유형과 기독교 교회의 제도적 위상이 계속 이어지면서도 소리 없이 변혁되고 지적 사조가 바뀌고 미국에 점점 더 지배되는 소비주의적 여가 산업이 모든 곳에 퍼져 나가는 상황 너머에는 피할 길 없는 현실이 놓여 있었다. 그 현실은 자살이나 다를 바 없는 파국적인 20세기 전반기에 유럽이 갈가리 찢겼다는 것이다. 전쟁으로 쑥대밭이 된 한 대륙에서 향후의 압도적인 문제는 그 폐허에서 옛 유럽의 자살 경향을 이겨낼 수 있는 새 유럽이 형성되기 시작할 수 있는지와 어떻게 그럴 수 있는지였다.

통합된 유럽이라는 발상은 새롭지 않았지만 유럽의 재앙이 한창일 때 유럽 대륙을 거의 완전히 파괴했던 민족주의를 넘어설 한 방도로 다시 떠오르고 있었다. 이미 제1차 세계대전 뒤에 (오스트리아·헝가리의 외교관과 일본인 어머니의 아들인) 오스트리아의 귀족 리하르트 폰 쿠덴호베칼레르기Richard von Coudenhove-Kalergi가 포르투갈부터 폴란드까지 걸쳐 있는 유럽 관세·통화 지역을 구성하자고 호소한 적이 있다. 그는 프랑스와 독일의 상호 혐오 극복을 새 유럽의 필수적 기반으로 보았다. 몇 해 뒤에, 즉 1929년에 프랑스의 아리스티드 브리앙 외무장관이 정치적·사회적 협력에 의거해서 유럽국가 연방이라는 착상을 내놓았다. 같은 프랑스인이며 훗날 유럽 통합으로 가는 첫 움직임에 영감을 줄 장 모네(Jean Monet)는 1943년에 알제[560]에 있는 자유 프랑스 대기 정부의 일원으로 있는 동안 평화는 유럽 국가들이 스스로를 한 연방의 일부로 재구성하지 않으면 있을 수 없다고 선언했다. 다른 곳에서도 비슷한 발상이 나돌았고, 독일의 반反나치 인사들 안에서도 그랬다.

심지어 가장 암울한 전쟁 기간에도 엄청난 용기로 히틀러에 맞선 독일 저항 조직에 가담했고 나중에는 흔히 목숨으로 값을 치렀던 이들은 국가들 사이의 갈등이 아니라 협조 위에 세워지는 더 나은 유럽을 심사숙고하고 있었다. 신학자 디트리히 본회퍼(Dietrich Bonhoeffer)는 1942년 스톡홀름에서 조지 벨(George Bell) 치체스터 주교를 만났을 때 일단 히틀러가 제거되면 독일 정부가 유럽 국가들의 서로 맞물리는 경제와 유럽 군대의 건설을 기꺼이 적극 지지할 것이라고 말했다. 전쟁 이후의 새로운 유럽이라는 착상을 세밀히 다듬으면서 '크라이자우 동아리' 저항 집단[561]의 회원들은 1943년에 "민족 문화의 자유롭고 평화로운 발전은 개별 국가의 절대주권 유지와 더는 조화를 이룰

---

560) 알제리의 수도. 아프리카 북부 지중해 연안의 항구도시.
561) Kreisauer Kreis. 1940년부터 크라이자우〔오늘날 폴란드 남부의 크르지조바(Krzyżowa)〕에 있는 영지 저택에 모여 시국을 논의하던 25명 남짓한 독일 상류층 인사와 지식인의 모임. 히틀러 정권에 반대하는 행동을 모색하다가 1944년에 체포되었다.

수 없다"는 입장을 굳게 견지했다. 같은 해에 보수주의자인 카를 괴르델러Carl Goerdeler가 작성한 또 다른 각서에는 상설 유럽경제평의회를 만들고, 관세선[562]을 없애고, (유럽 경제부와 유럽 외무부, 그리고 유럽군 등) 공동의 정치 조직을 만들어서 또 한 차례의 전쟁으로부터 유럽을 보호할 '유럽연방'의 창설이 언급되었다.

이러한 생각은 (그때는) 물거품이 되었다. 독일에서 그 생각을 의제로 올린 이들은 곧 제거되어 영원히 잠잠해졌다. 그러나 그들이 외친 이상론은, 그리고 심지어 그들이 내놓은 구체적 제안 가운데 몇몇은 일단 유럽 대륙의 잔해가 치워지기 시작하면 널리 통용되고, 그들의 목표는 선견지명으로 보일 터였다. 그때 완전히 다른 원칙 위에서 새 유럽이 옛 유럽의 잿더미에서 뛰쳐나오기 시작할 수 있었다.

---

562)   동일한 관세법이 적용되는 지역과 그렇지 않은 지역의 경계. 국경선과 대개는 일치한다.

10

잿더미로부터

이 땅 위에는 페스트가 있고 희생자가 있으니,
할 수 있는 한은 페스트의 편에 서기를 거부해야 한다.

알베르 카뮈 Albert Camus, **《페스트》(1947)**

To Hell and Back

10

1945년의 유럽은 죽음과 파괴의 그늘에서 살아가는 대륙이었다. "여기는 매장지다. 여기는 죽음이다." 폐허가 되어 알아볼 길 없는 바르샤바가 해방 직후 그 도시에 돌아온 폴란드 작가 야니나 브로니에프스카Janina Broniewska의 눈에 비친 모습이다. 1929년에 간행된 《베를린 알렉산더 광장Berlin Alexanderplatz》의 저자로 이름난 알프레트 되블린은 12년이 넘는 강제 망명 뒤에 독일로 되돌아와서는 "이름밖에는 아무것도 없는" 도시를 보고 충격을 받았다.

유럽 대륙에서 철도망, 운하, 교량, 도로가 폭격으로 망가졌거나 후퇴하는 군대의 손에 부서졌다. 많은 지역에 가스나 전기나 물이 없었다. 식량과 의약품 공급이, 그리고 1945년이 끝나가고 겨울이 다가오는데 난방용 연료 공급이 몹시 달렸다. 농업 생산량이 절반 가까이 줄었다. 영양실조가 만연했다. 모든 곳에 혹심한 굶주림이 있었고, 더불어 굶주린 탓에 질병이 생겼다. 집이 압도적인 문제였다. 사람들이 어쨌든 집을 가진 곳에서는 보통 집을 다른 사람과, 그것도 낯선 사람과 공유해야 하는 경우가 잦았다. 그러나 어마어마했던 파괴의 여파로, 무주택 상태가 파국적 규모였다. 독일 점령군에게 쑥대밭이 된 소련 서부 지역에서는 비바람을 피할 거처가 없는 사람이

2500만 명이었다. 독일에서는 전쟁 이전 주택의 40퍼센트, 즉 모두 합쳐 약 1000만 채가 사라졌다. 요컨대, 전쟁이 끝났을 때 집이 없는 채로 남겨져 크고 작은 도시의 폐허 속에서 뭔가를 샅샅이 뒤지며 먹을 것과 비바람 피할 곳을 애타게 찾는 사람이 5000만 명을 웃돌았다.

다른 방식으로 집이 없는 사람('실향 난민', 강제노동자였던 사람, 피난민, 또는 전쟁 포로) 수백만 명이 더 있었다. 적십자가 지치지 않고 일하며 구호를 조직화했다. (국제연합이 실제로 창설되기 두 해 앞선) 1943년에 미국이 국제연합구호·재건기구[563]를 세웠다. 본부를 워싱턴시에 두고 40개국이 넘는 나라의 후원을 받은 이 기구는 자기가 겪은 일로 정신적 외상을 입은 이가 많은 실향 난민 650만 명에게 물품을 공급하고 가능한 곳에서는 그들을 본국으로 송환하기 위해 할 수 있는 일을(그것도 많이) 하는 인도주의 일꾼들을 제공했다. 난민 대다수가, 비록 자주 혹심한 고생을 더 하고 나서였을지라도, 우여곡절 끝에 가족에게로 되돌아갈 터였다. 그들이 바랐을지 모를 환영이 늘 있지는 않았다. 부부는 때로는 여러 해 동안 서로를 보지 못했고, 그러는 사이에 남남이 되었다. 놀랍지 않게도 이혼율이 치솟았다.

되돌아가지 못할 이가 많았다. 그들은 실향 난민 수용소에서나 포로 신세로 고향에서 멀리 떨어진 곳에서(특히 100만 명을 웃도는 전쟁

---

563) United Nations Relief and Rehabilitation Administration, UNRRA. 제2차 세계대전에서 추축국에 침공당한 나라에 구호 사업을 펼치고자 미국이 앞장서고 연합국 48개국이 출자해서 1943년 11월에 만들어진 국제기관. 1945년에 국제연합 산하 기관이 되어 1947년까지 활동했다.

포로가 죽은 곳인 소련의 혹심한 조건에서) 죽을 터였다. 어떤 이들은 고향으로 돌아가고 싶어 하지 않았다. 돌아가면 자기에게 어떤 일이 벌어질지를 마땅히 겁내는 이들 가운데는 러시아인과 우크라이나인이 있었다. 전쟁이 끝날 무렵 스탈린과 맺은 협정에 따라 서방 연합국이 소련으로 '본국 송환'한 사람이, 추축국 편에 서서 싸웠던 카자크 수만 명을 포함해서 200만 명에 이르렀다. 즉석 처형이 아닌 곳에서는 여러 해 동안 굴라크나 머나먼 유배지로 보내지는 것이 보통 그들의 운명이었다. 일가친척이 살해되고 공동체가 파괴되었으니 어쨌든 돌아갈 고향을 가진 유대인은 거의 없었다. 그렇지만 (어떤 이는 정치적 난민, 또 어떤 이는 전쟁범죄자인) 다른 이들은 새로운 나라를 찾아내고 때로는 새로운 정체성을 고안해내야만 할 터였다.

유럽 대륙의 물리적 파괴의 규모는 1918년의 규모를 훨씬 넘어섰다. 그리고 인명 손실은 제1차 세계대전의 군인 사망자 수의 최소 4배였다. 하지만 제1차 세계대전은 만성적인 정치적·경제적 분란의 유산을 남겨서 새로운 분쟁의 씨앗을 뿌렸다. 이와 대조적으로, 훨씬 더 나쁜 재앙이 이번에는 전례 없이 안정된, 그리고 유럽 대륙의 서쪽 절반에서는 분명히 견줄 데 없이 번영하는 놀라운 시기로 이어졌다. 어떻게 그럴 수 있었을까?

1945년의 폐허 속에서는 분명 상상할 수 없는 일이었다. 그때는 누구도 그 비범한 변화가 그처럼 짧은 시간 안에 유럽에서 일어나리라고는 예측할 수 없었다. 실제로, 전쟁 직후 시기에는 그 변화가 일어날 낌새가 거의 없었다. 이 시기는 정치는 불안하고 경제는 엉망이고 사회는 비참하고 비인간성은 한층 더 심해진 시대였다. 1949년이 되어서야 비로소 새로운 유럽의(이제는 정치적으로, 이념적으로, 경제적으로 분단된 대륙의) 윤곽이 뚜렷이 나타났다.

(시원찮은) 카타르시스

스스로를 불태우는 파괴에서 유럽이 회복하기 시작하기에 앞서 직전 과거의 끔찍한 일에 책임 있는 이들이 응징되어야 했다. 전쟁이 끝났을 때 유럽은 그저 쑥대밭이 된 대륙이 아니라 야생의 대륙이었다. 혼돈과 무질서가 널리 퍼져 있었다. 점령군은 통치를 단지 점진적으로만 부과할 수 있었다. 지방 행정이 빈번히 무너졌다. 상황이 자주 무정부 상태에 가까웠다. 공권력이 어떻게든 존재하는 곳에서도, 공권력은 잔혹하게 원한을 푸는 부적절한 사태를 막을 수 없었다. 심지어 공권력이 그 사태를 대놓고 부추기지 않은 곳에서도 그랬다. 아무리 부적절했을지라도 앙갚음을 하면 당했던 잔학 행위, 기괴한 학대, 참을 수 없는 고통, 사람들이 견뎌내야만 했던 끝없는 참상에 모종의 카타르시스가 이루어졌다. 전쟁이 끝나자마자 헤아릴 수 없이 많은 유럽인에게는 앙갚음하려는 갈망이 그 무엇보다, 심지어는 해방의 기쁨보다도 컸다.

패자였던 이들이 자기를 괴롭혔던 자들에게 가하는 폭력이 처음에는 만연했고, 보통은 억제되지 않았다. 다하우 수용소, 부헨발트 수용소, 나츠바일러·슈트루트호프 수용소,[564] 베르겐·벨젠 수용소[565]

---

564)   Konzentrationslager Natzweiler-Struthof. 프랑스 동단의 소도시인 나츠빌레

에서, 그리고 상상할 수 없는 참상이 벌어진 다른 곳에서 마주친 것에 충격을 받은 서방 연합국 군인들은 때로는 수용소 수인들이 앙갚음을 하도록 부추기거나 적어도 앙갚음을 제지하지 않았다. 몇몇 경우에는 수인이었던 이들이 흥분해서 죽일 듯이 경비병에게 달려들었다. 노예노동자였던 이들과 실향 난민의 무리가 상점을 약탈해서 찾을 수 있는 모든 술을 거머쥐었고, 독일 민간인을 두들겨 패거나 죽였다. 독일 본토 안에서는 이 같은 거친 잔학 행위를 점령군이 비교적 빠르게 억제했다. 다른 곳에서는 독일인이 훨씬 더 많이 위험에 노출되었다. 동유럽에서는 일련의 나라에 걸쳐 흩어져 있는 독일계 주민이 자기 동포가 뿌렸던 씨앗에서 자라난 걷잡을 길 없는 증오를 거둬들였다.

　유고슬라비아에서는 전쟁 직후의 (십중팔구 유럽의 다른 어느 곳에서도 견줄 데 없는 규모일) 폭력이 실제로는 1945년 4월 한 달 동안 그 나라를 떠나 힘겹게 서쪽으로 가버린 독일인에게 겨눠지지 않았고, 그 대신 혐오받는 크로아티아의 우스타샤와 슬로베니아인 부역자에게 겨눠졌다. 그리고 그 폭력은 통제되지 않는 광포한 무리가 아니라 승리한 파르티잔의 조직화한 부대가, 주로 세르비아인 공산주의자들이 행사했다. 학살이 숱하게 일어났다. 대량 총살과 무시무시한 야만 행위가 있었다. 가장 믿을 만한 추산은 (부역한 군인뿐 아니라 민간인) 희

르(Natzwiller)와 쉬르멕(Schirmeck)에서 1941년부터 1944년 사이에 운영된 나치 독일의 수용소.

565)　Konzentrationslager Bergen-Belsen. 1943년에 독일 북부 니더작센(Niedersachsen)주의 소도시인 베르겐에 세워진 나치 독일의 대규모 포로수용소.

생자 수가 7만 명쯤이었다고 시사한다. 인구 규모에 견주어 보면, 그수치는 이탈리아에서 일어난 보복 살해의 규모보다 10배, 프랑스의경우보다는 20배 더 심했다.

그렇더라도 서유럽에서는 사람들이 견뎌냈던 것에 대한 난폭한 보복이 있었다. 최악의 보복은 이탈리아에서 일어났는데, 이탈리아에서는 전쟁의 마지막 단계 동안 살육된 이들이 1만 2000명쯤이었다고 추산되며, 그들 대다수는 파시스트였던 이들이다. 전쟁 말기 여러주 동안 북부의 몇몇 도시에서 전쟁 파르티잔이 파시스트당의 고관,기관원, 부역자, 정보원을 제멋대로 처형했다. 군중이 몇몇 소도시의감옥에 난입해서 갇혀 있던 파시스트들에게 사형私刑을 가했다. 프랑스에서는 비시 정권을 눈에 띄게 지지했던 9000명쯤이 죽임을 당했는데, 이 사태는 주로 1944년 8월 해방될 즈음에 일어났다. 그러나네덜란드에서도, 벨기에에서도 군중이 제 손으로 법을 집행하리라고예언된 '도끼의 날'이 완전히 실현되었다. 그 두 나라에서는 희생자가모두 합쳐서 400명을 밑돌았다. 그렇더라도 1944년 가을 벨기에가해방된 뒤에 잔혹한 보복 행위가 벌어져서 (주로 잔챙이) 부역자 100명쯤이 약식 처형되었고, 1945년 5월에 두 번째 처형의 물결이 일었다. 자의적으로 처형된 이들 가운데는 사적 원한이나 사업 경쟁의 제물도 있었다.

'수평적 부역자'로 고발된(적과 잠자리를 같이하는 죄를 지었다고 간주된) 여인들이 서유럽에서 흔히 마을 전체의 억눌린 분노의 희생양이 되었다. 프랑스, 이탈리아, 덴마크, 네덜란드, 채널제도에서 그 같은 여인들은 사회의 따돌림을 받아 머리카락이 깎이고 옷이 벗겨져

알몸이 되어서, 그리고 때로는 몸에 똥칠이 되어서 의례적 모욕을 당했다. 프랑스 한 나라에서만 해도 여성 2만 명쯤이 그들과 같은 곳에 사는 주민으로 이루어진 (남성이 압도적으로 많은) 군중 앞에서 수모를 당했다.

그러한 폭력이 일어났다는 것이 아니라 심지어 한때 비시 정권이 들어섰던 프랑스나 독일의 위성국이었던 헝가리, 슬로바키아, 루마니아, 크로아티아에서조차 그 폭력이 얼마나 짧게 지속되었는지가 돌이켜 보면 눈에 띄는 점이다. (내전을 유발할 조건이 전쟁 동안 태동하고 있다가 곧 손실이 막대한 기나긴 내부 분쟁으로 전환될) 그리스를 제쳐 두면, 점령군이나 새로 들어선 민간 정부가 놀랍도록 빠르게 상당한 통제력을 획득했다. 공권력 자체가 (점령을 겪었던 중부 유럽과 동유럽의 여러 지역에서 독일계 주민을 내쫓으면서 더불어) 보복 행위를 계속 부추긴 곳을 빼고는 마구잡이 폭력은 차츰차츰 제어되었다.

폴란드 망명정부와 체코 망명정부의 지도자들이 전쟁이 끝나고 나서 제 나라에서 독일인을 모조리 몰아내겠다는 의도를 천명했을 때, 연합국은 축복을 해주었다. 축출은(에둘러 일컫기로는 인구 이전은) 결코 독일계 주민에 국한되지 않았다. 알타회담과 포츠담회담에서 합의된―소련(우크라이나) 국경을 서쪽으로 밀어 옮겨서 폴란드 영토였던 부분을 편입하고 폴란드 국경을 서쪽으로 밀어 옮겨서 이전의 독일 영토를 차지하는―국경 변동이 일어난 뒤, 독일인뿐 아니라 폴란드인과 우크라이나인이 대량으로 이송되었다. 적어도 120만 명의 폴란드인과 50만 명에 가까운 우크라이나인이, 흔히는 심한 폭력과 야만 행위가 벌어지는 와중에 고향에서 퇴거되어 머나먼 목적지로 보내졌다. 또 다른 우크라이나인 5만 명이 체코슬로바키아를 떠났으며, 4만 명을 웃도는 (양차 세계대전 사이에는 체코슬로바키아의 한 도道였지만 1945년에 우크라이나에 할양된 카르파티아 루테니아[566] 출신이 많은) 체코인과 슬로바키아인이 반대 방향으로 갔다. 10만 명 남짓한 헝가리인이 루마니아에서 몰려났고, 거의 같은 수의 사람이 슬로바키아에서 수데테란트로 이송되고 슬로바키아인 7만 명이 헝가리에서 체코슬로바키아로 들어갔다.

놀랍게도, 나치의 난폭한 공격에서 살아남은 유대인의 고통은 아직 끝나지 않았다. 유대인도 전후 유럽의 비인간적 행위라는 조류 위에 떠다니는 표류물의 일부를 이룰 터였다. 아직도 유대인 22만 명쯤이 전후의 폴란드에 있었고, 아마도 25만 명이 헝가리에 있었을 것이다. 그러나 폴란드와 헝가리와 슬로바키아의 몇몇 도시에서 반유대인 폭력이 분출한 뒤에 유대인 수백 명이 죽은 채로 남겨졌고, 다른 많은 유대인이 떠나지 않으면 안 되었다. 이 사태들 가운데서도 최악은 1946년 7월에 폴란드의 키엘체에서, 몇 주 뒤에 헝가리의 미슈콜츠에서 일어난 포그롬이었다.

키엘체 폭력 사태는 이틀 동안 사라졌다가 집으로 돌아온 한 사내아이의 아버지가 자기 아들을 납치했다며 유대인을 고발한 뒤 7월 4일에 터졌다. 유대인이 기독교인 아이 한 명을 죽였다는 소문이 빠르게 퍼졌다. 사람들은 유대인이 인신 공양을 한다는 혐의를(또다시 되살아난 낡은 비방을) 선뜻 믿은 듯하다. 경찰과 군 당국은 모여들어 처

---

566)   오늘날 우크라이나의 서단에 해당하는 지역을 일컫는 역사적 지명.

벌을 요구하는 군중을 쫓아 버리지 않고 손을 놓았다. 그 포그롬에서 모두 합쳐 유대인 41명이 살해되었다. 비록 최악의 사건이기는 했을지라도 키엘체는 폴란드에서 유대인 351명의 목숨을 앗아간 더 광범위한 유형의 반유대주의 폭력의 일부였다. 지독한 반유대인 편견은 전쟁과 점령과 홀로코스트가 일어났는데도 명백히 끈질기게 남아서 사라지지 않았다. 실제로, 나치의 폴란드 유대인 공격으로 많은 폴란드인이 유대인 재산의 강탈에서 이득을 보았다. 전후의 그 폭력에는 부분적으로 유대인 배제와 유대인 재산 몰수에 바탕을 두었던 사회질서에 유대인이 아직도 위협을 가한다는 느낌이 얼마간 내재해 있었다. 죽음의 수용소에서 살아남은 생존자들은 옛집에 돌아오자마자 (폴란드뿐 아니라 다른 동유럽 지역에서도) 한때 벗이라고 여겼던 자들에게서 적대적인 대접을 받았다. 이제 그자들은 자기가 차지한 집과 재산의 주인이었던 이를 보고는 조금도 기뻐하지 않았다. 키엘체에서 폭동이 일어난 지 석 달 안에 폴란드 유대인 7만 명쯤이 팔레스타인에서 새 터전을 잡았다. 폴란드, 헝가리, 불가리아, 루마니아, 체코슬로바키아에서 다른 유대인들이 대거 그 뒤를 따랐다. 끝내 그들은 유럽에서는 자기에게 미래가 없다는 결론을 내렸던 것이다.

동유럽의 여러 민족에게는 독일인이 자기들 사이에서 사는 한 카타르시스가 있을 수 없었다. 독일인 공동체가 여러 세기 동안 존재해 온 도시와 시골에 많이 사는 독일계 주민이 엄청난 야만 행위에 가장 심하게 노출되었다. 연합국은 "질서 정연하고 인도적인" 이전을 규정했다. 실상은 그것과는 동떨어져 있었다. 누구도 지난날 참화의 책임자로 보이는 이들을 보호하려고 애쓰는 데 관심을 두지 않았다. 독일이 패전하자 전쟁과 점령 동안 고조되어온 이해할 만한 증오가 끓어넘쳐 보복 행위가 끝도 없이 일어났고, 처음에는 제어되지 않았다. 7월 말까지 독일인 50만~75만 명이 (강탈당하고 강간당하고 두들겨 맞고 식량을 빼앗기거나 치료를 받지 못한 채로) 새로 폴란드 영토가 된 지역에서 몰려났다. 잔학 행위는 흔한 일이었다. 폴란드 당국은 그 잔학 행위를 거의, 또는 전혀 막지 않았다. 독일인은 사실상 들짐승이나 벌레로 여겨져서, 사냥당해 제멋대로 죽임을 당했다. 독일인이 가했던 고통에 폴란드인이 앙갚음하는 행위의 흉포함에는 소련인들조차 충격을 받았다. 모스크바에 보낸 붉은 군대의 1945년 8월 30일자 보고서에 따르면, "정당한 사유 없이 독일인 주민을 죽이고 근거 없이 체포하고 일부러 모욕을 주면서 감옥에 오랫동안 가두는 사례가 더 많고 더 잦았다."

체코슬로바키아에서는 수데텐 독일인들이 나치 동조자였는지에 상관없이 반역자로 간주되었다. 체코슬로바키아의 에드바르트 베네시Edvard Beneš 대통령이 1945년 5월 12일에 라디오에서 "독일 문제를 확실하게 청산해야" 한다고 말했고, 이에 곧바로 2만 명을 웃도는 남녀 어른과 어린이가 통보받자마자 브르노에서 퇴거당했다. 이들 가운데 일부는 오스트리아 국경까지 가는 강행군에서 살아남지 못했다. 한 가톨릭 사제는 "네 이웃을 사랑하라"는 기독교 계명은 독일인들에게는 적용되지 않는다고 선언했다. 그들은 사악하며 그들과 셈을 치를 때가 왔다는 것이다.

이 같은 증오의 표출에는 예상대로 끔찍한 폭력이 뒤따랐다. 독일인들이 자기 집에서 몰려났고 재산이 약탈되었다. 그들은 억류 수용소에서 가혹한 학대를 당했고, 수용소의 생활 조건은 지극히 혹독했다. 한때 유명했던 프라하 태생의 배우 마르가레테 셸Margarete Schell은 그 같은 수용소에서 자기가 겪은 일을 일기에 적었다. 셸은 남자들이 저녁 점호 동안 채찍질을 당하고, 그들 가운데 몇몇은 다시 채찍을 맞은 다음에 쪼그리고 오리걸음으로 연병장을 쓰러질 때까지 돌아야 했던 모습을 이야기했다. 셸 자신도 다른 학대와 모욕을 당하면서, 허락받지 않고 편지를 써서 내보냈다고 수용소장에게 몽둥이로 얻어맞았다.

수용소 밖에서는 체코의 민병대와 공산주의자 행동대, 그리고 다른 무장단이 독일인을 제멋대로 공격하고 모욕하고 죽였다. 최악의 잔학 행위들 가운데 한 사례로, 1945년 7월 31일에 우스티나트라벰(아우시히)[567]에서 독일인 수백 명이 학살당했다. 많은 독일인(체코의 통계에 따르면, 1946년 한 해에만 5558명)이 스스로 목숨을 끊었다. 1947년 가을까지 독일인 약 300만 명이 체코슬로바키아에서 몰려났다. 살해된 수데텐 독일인이 최소한 1만 9000~3만 명이었다. 그러나 잔혹한 축출에 따르는 질병과 영양부족으로 죽은 사람, 그리고 비바람에 노출되어 죽은 사람까지 더한다면 그 수는 훨씬 더 커질 공산이 크다. 난폭한 축출과 잔학 행위가 여러 주 동안 벌어진 뒤에 강제 이송이, 비록 아직도 잔혹하게 수행될지라도, 체코 정부뿐 아니라 연합국도 고삐 풀린 폭력을 제지하는 데 관심을 가졌기 때문에 더 단단히 제

---

567)   Ústí nad Labem. 체코공화국 동북단의 도시. 독일어로는 아우시히(Aussig)라고 하며, 엘베강(체코어로는 라베강)과 지류가 합류하는 곳에 있다.

어되었다.

중부 유럽과 동유럽에서 독일의 피점령지로 이송된 독일인은 모두 합쳐서 적어도 1200만 명이었다. 전쟁 뒤의 비참한 상황 속에서 그 피점령지에는 그들을 맞아들일 설비가 제대로 갖춰져 있지 않았다. 그 독일인 피추방민을 맞이하는 독일 본토 안의 반응은 결코 따듯하지 않았다. 1946~1947년에 뷔르템베르크의 시골에서 몇몇 사람이 이렇게 기도했다. "우리는 굶주리고 심하게 고생하고 있습니다. 주 하느님, 저 어중이떠중이를 고향으로 보내소서. 저들을 도로 체코슬로바키아로 보내소서. 주 하느님, 저희에게서 저들을 치워 주소서." 1949년에 한 여론조사에서 본토 주민의 약 60퍼센트와 피추방민의 96퍼센트가 관계를 나쁘다고 기술했다. 상주민 독일인들은 새로 도착한 이들이 거만하고 후지고 믿을 만하지 않다고 생각했다. 새로 도착한 이들은 상주민 독일인들이 제 잇속만 차리고 쌀쌀맞고 쩨쩨하다고 생각했다. 1948년에 한 고소인이 지역 시장에게 보낸 호소문에는 다음과 같이 씌어 있었다. "저희는 사람들이 여기서 저희를 원하지 않으며 저희를 보고 싶어 하지 않는다는 것을 압니다만, 저희도 차라리 고향 땅에 있고 싶고 누구에게도 짐이 되지 않으려 합니다. 귀하는 저희 말을 믿을 수 있습니다. 저희는 피난민이 아닙니다. 모든 도덕률에 어긋나게도 저희는 집에서 쫓겨나고 고향 땅에서 몰려나고 가진 것을 모조리 빼앗겼고, 마지못해서 의사 확인도 없이, 어쨌든 저희의 자유의지와 상관없이 여기로 옮겨졌습니다."

가장 정확한 추산에 따르면, 잔혹한 축출이 벌어지는 동안 이렇게 저렇게 목숨을 잃은 독일인이 적어도 50만 명이었다. 추가로 150만 명의 운명이 알려져 있지 않다. 루마니아와 헝가리와 유고슬라비아에 있는 유서 깊은 독일인 공동체 출신의 다른 독일인들이 '살아 있는 배상금'의 일부를 이루었다. 즉, 소련의 포로수용소로 강제 이송되어 부럽지 않은 운명에 처했던 것이다.

1950년이 되면 동유럽에 남겨진 웬만한 규모의 소수민족 수가 훨씬 더 적어졌다. 소수민족이 완전히 제거되지는 않았다. 발트해 연안 3국과 우크라이나에는 불리한 처지에 있지는 않았을지라도 상당한 규모의 소수민족인 러시아인이 있었다. 소련은 어쨌거나 인종상 러시아인이 지배했다. 그리고 물론 유고슬라비아에는 조각보 같았던 전전의 잡다한 민족 대다수가 아직도 그대로 남겨졌다. 그러나 동유럽 국가들의 국민은 민족 구성 면에서 전쟁 이전보다 훨씬 동질적이었다. 옛 다민족 동유럽은 대체로 사라졌다. 급격한 추방과 끔찍한 민족 청소가 섬뜩한 작용을 한 것이다.

독일이 항복하고 처음 몇 주 안에 원초적 증오가 폭발해서 그처럼 제어되지 않은 극단적 폭력으로 치달은 뒤에 정의에 대한 요구는 국가가 통제하는 통로로 더 돌려졌다. 이러한 상황은 새로 구성된 정부가 철저한 개혁을 단행하고, 전임 부역자 행정부를 숙청하고, 부역자를 체포해서 재판에 넘기고, 유죄판결을 받은 자를 엄하게 처벌하겠다는 태세가 일정 수준의 신뢰를 얻은 곳에서 더 신속하게 일어났다. 거국적 저항 세력에 가담했던 존경받는 이들이 새 정부 안에 있으면, 그 과정의 촉진에 한결 도움이 되었다. 노르웨이와 덴마크와 프랑스에서 일어난 것과 같은 신속한 경찰 숙청이 그러했고, 이는 국가에 대한 신뢰가 어느 정도 복원되는 데 이바지했다. 유럽 대부분의 지역에서도—여러 해 동안의 싸움에 지친, 그리고 '정상 상태'로 불릴 수 있는 그 무엇으로든 되돌아가기를 너무나도 열망해서 폭력과 갈등을 영속화하고 싶어 하지 않는—주민들은 권위에 순응할 태세를 갖췄다. 그러나 남유럽과 동유럽 대부분의 지역에서처럼 공권력에 대한 신뢰가 느릿느릿 재확립되어야 했던 곳에서는, 제어되지 않은 폭력이 가라앉는 데 시간이 더 걸렸다. 은닉된 무기가 민병대와 자경단, 이전의 파르티잔의 손에 자주 남아 있었고, 이들은 그 무기를 포기하기를 주저했다. 그러나 사람들은 폭력이 차츰차츰 잦아들거나 국가권력의 억제를 받기에 앞서 정부가 전쟁범죄자와 부역자에 엄중한 조치를 취할 거라고 믿어야 했다.

이제 소련의 비호 아래 놓인 나라들에서 파시스트와 부역 정권 지지자의 '공식' 숙청은 과감했지만, 곧 차츰차츰 새로운 지배자에 대한 충성을 판정하는 매우 독단적인 수단이 되었다. 가장 나쁜 범법자로 여겨진 이들은 재판에 넘겨져서 때로는 공개 처형되었다. 1946년에 리가에서 (비록 어떤 이들이 주장하는 10만 명은 분명히 아닐지라도) 엄청난 군중이 독일인 7명이 교수형에 처하는 모습을 지켜보았다. 잃었던 영토를 소련군이 재점령했을 때, 1944년 7월과 8월에 리투아니아에서 처형된 1700명처럼, 이전에 부역했음이 명백한 이들은 대개 손쓸 겨를도 없이 곧바로 총살당했다. 그러나 가장 흔한 형태의 처벌은 소련의 황량한 지역에 있는 중노동수용소로 유형을 보내는 강제 이송이었다. 그 수용소에서 되돌아오는 일은 대개 없었다. 1944년부터 1949년까지의 기간에 에스토니아와 라트비아와 리투아니아에서 적어도 50만 명은 강제 이송되었다고 추산된다. 헝가리에서는 14만~

20만 명이 체포되어 소련으로 강제 이송되었는데, 그들 대다수가 굴라크로 갔다. 파시즘에 공감하거나 공산주의에 반대하는(흔히는 동의어로 여겨지는) 행위를 했다는 혐의를 받는 이들 가운데 다수가 감옥에 갇혔다. 루마니아에서는 정치범 수가 1948년까지 (전체 인구의 2퍼센트인) 25만 명으로까지 치솟았다. 그 무렵이면 실제 부역 행위와 '계급의 적'으로 지명된 자들의 '반혁명'으로 간주된 행위 사이의 선이 흐릿해진 지 오래였다.

1945년 가을에 헝가리의 한 도시에서 프란체스코회 수사인 설레즈 키스Szaléz Kiss 신부와 그가 운영하는 청소년 단체의 구성원이 많이 포함된 청소년 60명쯤이 소련 군인들을 살해했던 한 '파시스트 음모'에 가담했다는 혐의로 체포되어 기소되었다. 고문으로 억지 자백이 나왔다. 키스와 10대 청소년 3명이 처형되었고, 다른 청소년들은 감옥으로 보내지거나 소련으로 강제 이송되었다. 그러나 마르크스주의 이론이(그리고 공산주의 실천이) 파시즘을 가장 극단적 형태의 반동으로 간주한다는 사실은 사법적 숙청이 동유럽에서 표적을 정해 놓은 체계적 숙청의 수행에서 어려움에 맞부딪힌다는 것을 뜻했다. 공산주의자가 아닌 주민 대부분이 잠재적으로 연루되어 있었기 때문이다. 그 대신 루마니아나 불가리아나 헝가리에서처럼, 숙청은 정치적 복종을 확보하는 독단적인 방법이 되었다. 죄가 조금도 없는 개인이 정치적으로 순응하지 않는다는 태도를 사소하게라도 무심코 드러내면, 사적인 원한으로 말미암아 '파시스트'로 고발될 수 있었다.

서유럽에서 '공식' 숙청은 공산당의 통치를 받는 나라에서보다 덜 준엄했고, 국민이 일반적으로 원하는 것보다도 덜 준엄했다. 대어

급 부역자들(노르웨이의 비드쿤 크비슬링, 네덜란드의 안톤 뮈세르트Anton Mussert, 프랑스의 피에르 라발)은 처형되었다(여든아홉 살인 페탱 원수는 종신형으로 감형되었다). 숙청은 특히 전쟁 직후에는 분명히 진지하게 받아들여졌다. 서유럽 곳곳에서 개인 수십만 명(덴마크에서는 4만 명, 노르웨이에서는 9만 3000명, 네덜란드에서는 12만 명, 벨기에에서는 무려 40만 5000명)이 체포되어 반역이나 전쟁범죄나 부역을 했다는 혐의로 재판을 받았다. 그러나 선고를 받은 이 대다수가 비교적 사소한 범죄로 유죄였고, 가벼운 형을 받았다. 그들 가운데 조기 석방되거나 오래지 않아 사면된 이가 많았다.

사형선고는 물론이고 심지어는 장기 감금형도 비교적 적었다. 예를 들어 벨기에에서 체포된 이들의 80퍼센트 이상이 기소를 완전히 모면했고, 241명이 처형되었으며, 유죄판결을 받은 다른 이들 대다수는 단기형 선고를 받았다. 네덜란드에서는 (다수가 꽤 사소한 위반 건인) 유죄판결 4만 4000건 가운데 처형이 40건이고, 장기 감금형이 585건이었다. 그러나 노동 징용 몰이, 유대인 강제 이송, 저항에 대한 보복에 깊이 연루된 공무원과 경찰이 가벼운 처벌을 받았다. 한편, 프랑스에서는 숙청이 비교적 가혹했다. 약 30만 건이 추적을 당해서 12만 5000건이 기소되었다. 비록 대다수가 궐석이었을지라도 거의 7000건에 사형이 선고되었다. 그렇더라도 처형이 약 1500건이고 (주로 단기) 감금형이 3만 9000건이었다. 대다수 처벌이 1947년에 사면으로 뒤집혔다. 1951년이 되면 최악의 전쟁범죄자들 가운데 약 1500명만이 여전히 교도소에 있었다.

오스트리아에서는 성인 인구의 14퍼센트인 50만 명쯤이 나치당원이었고, 최악의 나치 전쟁범죄자들 가운데 몇 명이 배출되었다. 그러나 오스트리아는 스스로를 독일 침략의 첫 제물로 묘사할 수 있게 되었다. 오스트리아가 부역자들에게는 유럽에서 가장 안전한 곳 가운데 하나였다는 것은 합당한 평이다. 오스트리아에서 전쟁범죄로 말미암은 사형은 겨우 30건이었다. 이웃 나라인 체코에서는 그 수치가 686건이었다. 오스트리아의 경찰과 법조인 가운데 숙청된 이가 많았다. 1945년에 오스트리아에서 고용된 나치당원 27만 명 가운데 절반이 1946년 중엽까지 해고되었다. 비록 곧 사면되어 재고용된 이가 많았을지라도 말이다. 법원이 선고한 감금형은 1만 3600건이었고, 대부분 단기형이었다. 1948년에 사면으로 경범 위반자의 90퍼센트가 재통합되었다. 1950년대 중엽에는 더 굵직한 나치의 사면이 뒤따랐다. 전쟁의 긴박성이 가시자 법원은 전반적으로 더 관대해졌다. 가장 악랄한 경우가 아니고서는 전시 행위의 처벌과 보복보다 기능을 발휘하는 국가의 재건이 모든 곳에서 더 우선시되었다.

유럽의 모든 피점령 국가에는 열성적 부역자들이 있었다. 그러나 그들이 국민 대다수의 지지를 얻는 일은 설령 있더라도 아주 드물었으며, 이때가 되면 자국에서 보편적으로 미움을 샀다. 그러나 독일에서는 히틀러가 오랫동안 대단한 인기를 누렸고, 그의 정권은 유럽의 평화를 짓밟았던 군국주의적 민족주의로 폭넓은 지지를 얻었다. 독일인 수백만 명이 나치당원이고 당 산하 단체의 구성원이었다. 유대인 핍박과 후방의 또 다른 지독한 비인간적 조치를 지지했던 이가 많았으며, 점령군에 있던 이들은 (독일에 되돌아온 사람들에게서 침묵의 지지를 자주 얻었는데) 유럽의 피점령지에서 저질러진 무지막지한 야만 행위에 자주 연루되어 있었다. 알프레트 되블린이 고국 땅에 되돌아오자마자 처음에 받은 인상은 독일인 스스로가 "자기 시대의 사건들과 기묘하게 동떨어진 관계"를 맺어서 오로지 나날의 일상에만 집중하면서 자기에게 닥친 재앙을 이해할 수 없다는 것이었다. 독일이 유럽에서 과연 다시 긍정적 역할을 할 수 있을지, 그리고 어떻게 할 수 있는지를 1945년에 자신 있게 답할 수 있는 이는 없었다. 연합국이 1945년 여름에 포츠담회담에서 명문화했듯이, 독일에서 이전의 나치를 숙청하기는 독일을 민주주의 체제로 재건하는 과정에서 명백한 첫걸음이었다. 그러나 그것은 행하기보다 말하기가 더 쉬웠다.

몇몇 주요 나치는 제3제국이 무너져 폐허가 되었을 때나 그 직후에 연합국에 사로잡혀 있을 때 스스로 목숨을 끊어서 운명을 피했다. 그런 자들로는 요제프 괴벨스 공보장관, (몇십 년 뒤 히틀러의 베를린 벙커[568]에서 멀지 않은 곳에서 유해가 발견된) 히틀러의 오른팔 마르틴 보어만Martin Bormann, 독일노동전선의 광신적인 우두머리인 로베르트 라이Robert Ley, 공포스러운 나치친위대·경찰 상급지도자인 하인리히 힘러Heinrich Himmler가 있었다. 아우슈비츠 수용소 소장이었던 루돌프 회스나 폴란드 서부에 있는 '바르테가우'[569]의 잔인한 맹주인 아르투어 그라이저Arthur Greiser처럼 몇몇은 폴란드에 넘겨졌고, 폴란드인은 그들을 아주 잔혹하게 핍박하고 처형했다. 그러나 다른 이들, 악명이

---

568) 1945년 1월 16일에 히틀러는 베를린 도심에 축조된 대형 지하 방공호에 들어가 지내면서 독일의 마지막 항전을 지휘했다.
569) Warthegau. 라이히스가우 바르텔란트의 줄임말.

가장 드높게는 '유대인 문제의 최종 해결책'의 '운영자'인 아돌프 아이히만Adolf Eichmann은 (매우 놀랍게도) 바티칸 내부의 경로에서 나온 도움을 받아 스페인을 거쳐 남아메리카로 몰래 빼돌려졌다. 그러나 연합국은 나치 정권의 주요 인물 21명을 사로잡았다. 그들 가운데는 한때 히틀러의 지정 후계자였던 헤르만 괴링, 한때 외무장관이었던 요아힘 폰 리벤트로프, 제국보안부 부장이었던 에른스트 칼텐브루너Ernst Kaltenbrunner, 폴란드 총독이었던 한스 프랑크, 1941년에 스코틀랜드로 기이한 비행[570]을 하기까지 나치당 부총수였던 루돌프 헤스Rudolf Hess 가 있었다. 재판에 곧 회부될 전쟁범죄자들 가운데는—(독일 국방군 최고사령부의 수장인) 빌헬름 카이텔Wilhelm Keitel, (참모부 작전부장인) 알프레트 요들Alfred Jodl, (1943년까지 해군 총사령관이었던) 에리히 레더, (레더의 후임으로 해군의 수장이 되었고 히틀러가 자살한 뒤 잠시 국가대통령이었던) 카를 되니츠 등—군 지도자들도 끼어 있었다.

붙잡힌 나치 지도자들을 범죄 혐의로 재판에 회부하는 것은 어렵지 않았다. 그러나 이것 자체가 법률상의 지뢰밭이었다. 1945~1946년 한 해 동안 뉘른베르크[571]에서 (판사 1인과 4개 점령 열강 측의 검사단을

---

570) 평소에 독일과 영국의 화평을 모색해온 헤스는 영국에 평화안을 제안하겠다며 1941년 5월 10일에 혼자서 몰래 비행기를 몰고 독일에서 스코틀랜드로 갔다. 붙잡힌 헤스는 제2차 세계대전이 끝날 때까지 수감되었으며, 나치 정권은 헤스의 돌발 행위가 '환각' 탓이라고 밝혔다.

571) Nürnberg. 독일 남부 바이에른주의 도시. 1930년대에는 나치 당대회가, 제2차 세계대전 직후에는 나치 전범재판이 열린 곳이다.

갖추고) 열린 국제군사재판소[572]를 위한 선례도, 확립된 재판권도 없었기 때문이다. 처칠은 주요 전범들을 잡히는 대로 곧바로 총살하자고 제안했다. 스탈린은 전범들을 우선 재판한 다음에 총살하기를 선호했다. 유럽 전역의 대중 여론은 즉결 심판에 찬성했다. 그러나 그들의 유죄를 그저 추정하기보다는 그들이 유죄임을, 특히 독일 국민에게 과시하기 위해 유무죄를 가려야 할 자들을 상대로 법률 소송을 제기하자는 미국의 압력이 이겼다. 피기소자들 가운데 괴링, 리벤트로프, 프랑크, 보어만(궐석), 카이텔, 요들을 비롯한 12명이 교수형을 선고받았다(괴링은 형이 집행될 수 있기 전에 자살했다). 유난히 운이 좋아서 교수형 집행인의 밧줄을 모면할 알베르트 슈페어를 비롯한 나머지 피기소자 대다수에게는 장기 감금형이 선고되었다. 나치당, 나치친위대, 게슈타포가 범죄 조직으로 선언되었다. 뒤이어서 1946년과 1949년 사이에 미국만이 수행하는 추가 재판 12건이 뉘른베르크에서 진행되었다. 모두 합쳐서 185명인 정부 부서, 군부, 산업계, 의료계, 법조계의, 그리고 제국보안본부 소속의 살육 전담 조직인 특무기동대Einsatzgruppen의 주요 인물들이 전쟁 동안 저질러진 악랄한 범죄에 연루된 혐의로 기소되었다. 재판의 결과로 24건의 사형선고가 있었고, 피고 가운데 20명에게 종신형, 98명에게 더 짧은 형기가 선고되었다.

---

572)   International Military Tribunal. 연합국, 즉 미국, 소련, 영국, 프랑스가 구성한 검사단과 재판단이 가장 극악한 전쟁범죄자로 독일인 24인을 기소해서 재판한 법정. 재판은 뉘른베르크에서 1945년 11월 20일부터 이듬해 10월 1일까지 진행되었다.

뉘른베르크 재판을 '승자의 정의'로 매도하는 이들이 그때도 많았고, 그 뒤로도 많았다. 그들은 소련 스스로가 엄청난 전쟁범죄를 저질렀고 드레스덴과 함부르크, 그리고 다른 도시에 연합군이 가한 폭격[573]도 전쟁범죄이므로 뉘른베르크 재판은 익살극에 지나지 않는다고 주장했다. 틀림없이 서방의 사법 기준으로 뉘른베르크 재판은 완벽과는 거리가 멀었다. 그러나 나치 전범을 재판하지 않는다는 것은 문명화된 세계의 눈에는 기괴한 부작위[574]였다. 실제로, 독일에서 실행된 여론조사는 그 재판과 판결의 공정성이 크게 인정받았음을 보여주었다. 태반이 돌격대와 나치친위대와 게슈타포 같은 조직 전체의 기소에 찬성했다. 약 70퍼센트는 전쟁범죄의 책임이 뉘른베르크 재판의 피고석에 있는 자 너머로까지 확장된다고 생각했다. 나치당의 다른 당원들과 중하급 지도자들도 고발되어야 한다는 느낌이 널리 퍼져 있었다. 그러나 거기서 여러 문제가 시작되었다. 이 사람들은 누구였는가? 그들의 죄는 얼마나 컸을까? 그들은 어떻게 지목되었을까? 800만 명을 웃도는(인구의 약 10퍼센트인) 독일인이 나치당원이었고 수천만 명이 이런저런 당 산하 조직의 일원이었을 때, 독일을 점령하고 있는 열강들이 죄 있는 자와 죄 없는 자의 구분뿐 아니라 유죄의 등급을 어떻게 구분했을까?

독일 사회를 탈나치화하는 과업은 벅찰 뿐 아니라 전혀 실행 불가

---

573)　영미군 폭격기 부대가 1943년 7월 25~29일에 함부르크를 맹폭해서 5만 명이 목숨을 잃었고, 1945년 2월 13~15일, 3월 2일, 4월 17일에 드레스덴을 맹폭해서 2만 명을 웃도는 민간인이 목숨을 잃었다.

574)　不作爲. 마땅히 해야 할 일을 일부러 하지 아니함을 뜻하는 법률 용어.

능하다는 것이 곧 인식되었다. 세 서방 연합국 점령지에서는 미국이 그 과업의 추구에, 초기 단계에서는 틀림없이 가장 단호했다. 서방 연합국들은 독일인이 제3제국 시기에 나치 조직에 관여한 것에 관해 써넣어야 하는 설문지 수백만 장을 자주 훈련이 되지 않은 소수의 점령군 직원들이 처리하는 것이 행정상 불가능함을 금세 알았다. 그 설문지는 보통 질문 문항이 적힌 종이의 가치밖에는 없었다. 모든 이가 기재 항목에서 진실을 말하지는 않았다. 1945년 말까지 억류 수용소가 가득 차 있고 국가 고용인 수천 명이 해고되었지만, 독일 사회의 철저한 탈나치화는 불가능하다고 판명되고 있었다. 미국 점령지 하나에서만 해도 처리된 설문지가 겨우 160만 장인데 알려진 나치 350만 명이 아직도 분류를 기다리고 있었다. 그리고 미국은 1947년에 독일에서 물러날 예정이었다.

영국과 프랑스라고 해서 더 잘 대처하고 있지는 않았다. 영국은 1945년 봄에 영국군에게 해방되었을 때 대중에게 그토록 충격을 준 베르겐·벨젠 수용소에서 저질러졌던 끔찍한 잔학 행위에 책임이 있는 자들의 일부를 재판해서 처형했다. 또한 영국은 독일인 약 20만 명을 해고했다. 해고자는 식량 생산, 철도, 우편 업무에 종사하는 사람들도 있기는 했지만 (교사를 포함한) 공공 부문 종사자, 경찰, 기업 임원에서 많이 나왔다. 그러나 점령 비용은 빈털터리가 된 영국에는 지나치게 높았다. 독일의 재건이라는 긴급한 필요성에 밀려 위상 면에서 탈나치화가 한참 뒤로 처지기 시작했다. 그리고 탈나치화는 독일인들이 해야 할 일이었다. 이들 가운데는 지극히 켕기는 과거를 지닌 이가 많았다. 그렇지만 독일인이 자기 나라를 스스로 운영해야 할 터였다. 영국처럼 프랑스도 급속히 실용주의로 돌아설 수밖에 없었다. 복수심에 찬 초기의 숙청은 현실적 필요에 길을 비켜 줘야 했다. 프랑스 점령지에서 독일인 교사 4분의 3이 점령 처음 몇 주 만에 해고되었다. 그러나 1945년 9월에 학교가 다시 개교했을 때 그들 모두가 재고용되었다. 프랑스는 모두 합쳐 50만 장인 설문지를 가까스로 처리할 수 있었다. 그리고 프랑스는 놀랍도록 관대했다. 자동 처벌을 받은 개인은 1만 8000명뿐이었다. '중죄인'의 수가 미국 점령지에서는 1654명인 데 견줘서 프랑스 점령지에서는 13명이었다.

1946년 초엽에 서방 연합국들은 자국의 실패를 인정하고는 독일인이 제 나름의 탈나치화를 책임지도록 했다. 연합국의 전반적 감독 아래 독일인이 직원으로 일하는 수백 개의 구역별 재판소가 세워졌다. 수정된 형태의 설문이 계속되었다. 중죄인부터 완전히 무죄로 판결된 이들까지 다양한 범주의 유죄도 그러했다. 재판소에 회부된 거의 모든 사람이 흠잡을 데 없어 보이는 자격을 갖추고 피고가 나치 시절에 선행을 했음을 보증해 줄 누군가를 찾아낼 수 있다고 보였다. 그 보증이 (널리 쓰이는 빨래 세제의 선전에 나오듯이, '더 하얗게 빨아 주는') '페르질[575] 증명서'라는 별명을 까닭 없이 괜히 얻지는 않았다.

탈나치화 과정 전체가 차츰차츰 전락해서 익살극에 지나지 않게 되었다. 600만 건을 웃도는 사건의 심리가 진행되어서 3분의 2가 즉시 사면되었다. 재판정에 선 이들 가운데 적어도 10분의 9가 경범 위

---

575) Persil. 독일의 생활용품 제조업체인 헨켈(Henkel)사가 제조해서 판매한 세탁용 합성세제의 상표.

반자에 지나지 않았다고 판결되었다. 대다수가 단순한 '동반자'로 분류되거나 완전히 무죄 판정을 받았다. '동반자' 제조공장이라는 딱 들어맞는 별명을 얻은 재판소는 가장 나쁜 위반자만 빼고 수십만 명을 사면한 서독 정부가 가결한 법률로 1951년에 마침내 종결되기 오래 전에 주민들에게서 신뢰도 잃고 널리 미움도 사게 되었다. 한편, 이전에 해고되었던 공무원 대다수가 복직되었다. 탈나치화의 실패에는 그 절차의 인기가 점점 떨어지고, 나치 범죄의 집단 유죄라는 추정의 거부감이 퍼져 나가고, 급변하는 정치 상황에서 행정적 필요에 실용적으로 적응해야 하는 사정뿐 아니라 국가사회주의에 관한 대중의 정서도 반영되어 있었다. 숱한 여론조사에 적혀 있는 그 정서는 국가사회주의가 좋은 발상이었는데 잘못 실행되었으며 어쨌든 공산주의보다는 낫다는 것이었다.

소련 점령지에서는 탈나치화가 서방 연합국이 택한 경로와는 다른, 더 엄혹한 경로를 따라갔다. 수만 명이 (나치 시절의 강제수용소를 포함해) 수용소와 소련 비밀경찰이 운영하는 감옥에서 숨졌다. 소련 본토에 있는 노동수용소로 보내진 사람은 더 많았다. 동쪽 점령지에서는 50만 명을 웃도는 독일인이 1945년 말까지 직위에서 해고되었다. 법조인, 공직자, 대학교수, 학교 교사의 대숙청이 실행되었다. 1946년 가을까지 실제로 4만 명을 웃도는 새 교사가 이미 임용되어 있었다. 1945년부터 1950년 사이에 판사 3분의 2와 초등학교 교사 4분의 3이 대체될 터였다. 새로운 교사와 관료가 받은 훈련은 최저 수준인지라, 질은 뻔했다.

그러나 소련 점령지에서조차 현실적 고려 사항은 무시될 수 없었다. 의사는 심지어 나치 시절 자격증을 지녔어도 대개는 자리에 남겨졌고, 대체하기가 교사와 관료보다 쉽지 않았다. 또한 이념을 묵인하는 것이 목적에 유리할 때는 이념도 묵인될 수 있었다. 미국은 로켓 개발 프로그램 작업을 위해 나치 과학자 수백 명을 슬쩍 빼돌렸다. 러시아도 동부 점령지에서 이전의 나치들을 데리고 거의 같은 일을 했다. 더욱이 (비록 소련이 독일의 공업을 철저하게 해체해서 독일을 거덜 낸다는 목적을 촉진하려고 최선을 다하고 있었을지라도) 소련 점령지도 마냥 거덜 낼 수만은 없었다. 결국 중하급 나치는 제 잘못을 깨달았음을, 마음에서 우러나서 마르크스레닌주의의 가르침으로 전향했음을, 국가 주도 사회주의의 지령으로 작동하는 근본적으로 다른 사회로 나아가는 길을 깨달았음을 증명하라는 권고를 받았다. 붉은색은 새로운 갈색이었다.[576]

숙청이 다르게 실행될 수 있었을까? 동유럽에서도, 서유럽에서도 어떻게 대안 경로가 선택될 수 있었을지 알기는 쉽지 않다. 대두하는 소련 세력권에서 숙청은 의문의 여지 없이 가차 없었고, 정치적으로 고분고분하게 만들기 위한 날이 꽤 무딘 도구였다. 진짜배기 전쟁 범죄자와 부역자뿐 아니라 '반동'과 '체제 전복 분자'와 '반反소련파'의 제거를 목표로 삼은 신속하고 철저한 숙청은 메시지를 전했다. 국민 과반은 친소련은 고사하고 공산주의자도 아니었으며, 자유선거에서 공산당에 투표할 성싶지 않았다. 그러나 숙청은 새로운 통치자의 무자비함이 지닌 의도를 분명히 알렸다. 사람들은 주눅이 들어서 복종

576) 붉은색은 사회주의와 공산주의를, 갈색은 나치즘을 상징하는 색이었다.

했다. 잔혹했을지라도 과거와의 과격한 절연은 효과를 보았다.

서유럽에서 숙청에 만족한 사람은 거의 없었다. 많은 사람에게 그 숙청은 너무 관대했고, 다른 이들에게는 너무 가혹했다. 그러나 합의에 바탕을 두고 사회를 재건하려면 질질 끄는 맞비난과 앙갚음이라는 분열이 아니라 통합이 요구되었다. 책임자 처벌에 대한 이해할 만한 갈망은 풀려야 하지, 남아서 정치와 더불어 사회를 재건하려는 장기적 노력에 독이 되어서는 안 되었다. 드높은 열정은 제어되어야 했다. 자연적 정의[577]는 정치에 종속되어야 했다. 미래 지향이 더 철저한 과거 청산에 우선해야 했다. 집단 기억상실증이 성공으로 가는 길이었다.

매우 수상쩍은 과거를 지닌 많은 사람이 늙을 때까지 천수를 누리다가 편히 죽을 수 있었다. 그들이 희생자에게 결코 보여주지 않았던 아량이 그들에게 베풀어졌다. 서방이 파시즘 동조자였던 이들에게 상대적으로 너그러웠고 그들이 사회에 워낙 빨리 재편입되었다는 사정이 소련의 프로파간다에 유리하게 작용했다. 그러나 소련 자체도 중대한 잔학 행위를 저질렀던 사람들을 붉은 군대에 많이 품고 있었다. 비록 소련에서는 당연히 그들이 정의로운 대의에 따라 행동했다고 여겨졌을지라도 말이다. 냉전이 본격적으로 시작되자, 동방과 서방의 정치적 고려에 따라 숙청의 시간이 끝났다고, 즉 서방에서 反공산주의가 점점 집요해지니 동방에서 사회주의의 단합을 위해 과

---

577)   적법절차의 기본 법원리이며, 편견 배제의 원칙과 쌍방 청문의 원칙으로 구성된다.

거를 묻어 두고 더는 거론하지 않아야 한다고 결정되었다.

비인도적 행위의 희생자들이 보기에 적절한 처벌이 가해졌다는 것, 독이 완전히 빠졌다는 것은 조금도 사실이 아니었다. 그들이 겪었던 일은 아마 무엇으로도 보상될 수 없을 것이다. 완전한 카타르시스는 상상할 수 없었다. 청산이 어쩔 수 없이 불완전했다는 표시로, 악랄한 범죄를 저지른 전쟁범죄자들이 몇십 년 뒤에도 여전히 추적을 당해서 적발되어 재판에 넘겨질 터였다. 20세기의 나머지 기간에 유럽은 전쟁 기간의 기괴한 비인도적 행위의 악취를 결코 완전히 없애지는 못할 터였다.

정치가 다시 깨어나다: 분단과 불확실성

새로운 형태의 다원주의 정치가 전쟁 뒤에 눈에 띄게 빨리 다시 기지개를 켰다. 독일에 정복되면서 몇몇을 제외한 모든 나라에서 연속성이 깨져 버렸다. 정치는 새로운 모습을 띠어야 했다. 그러나 정치적 다원주의의 기반이 아직은 있었다. 그 기반은 오랫동안 짓눌려 있었지만, 매우 빠르게 다시 작동했다. 금지와 핍박의 거죽 아래서, 특히 좌파 정당들은 이전의 지지 기반을 대부분 보전했을 뿐 아니라 저항의 경력으로 고양되어 지지 기반을 자주 확장했다. 이전의 자유주의 정당과 보수주의 정당에는 불연속성이 더 컸다. 그러나 심지어 여기서도 두드러지는 점은 이전의 정치 기반이, 비록 새 이름을 가진 정당의 경우일지라도 얼마나 신속하게 재구성될 수 있었는지였다.

그렇지만 미래의 정치적 풍경의 윤곽은 무척 불분명했다. 파시즘은 막대한 대가를 치르고 분쇄되었고, (비록 독일에서 나치의 부활에 관한 우려가 즉시 사라지지는 않았고 반면에 스페인과 포르투갈은 마치 시간이 흐르지 않은 양 옛 상태에 머물러 있을지라도) 파시즘 유형 권위주의로의 회귀는 배제될 수 있었다. 이와 대조적으로 소련 공산주의의 위신은 소련의 승전으로 말미암아 치솟았다. 활력을 되찾고 반파시즘으로 단결한 좌파에서 소련 공산주의가 지지를 많이 누렸다. 많은 이가 영감과 희망을 찾아 아직, 또는 다시 모스크바를 바라보았다. 그러나 좌파 대다수는 다원주의적 정치체제를 분명히 원하거나 적어도 다원주의적 민주주의가 당분간 필요하다는 점을 받아들였다. 그리고 좌파 이외에 모든 곳에서, 특히 광역 도시권 밖에는 사회주의에 반대하고 보수적이고 기독교 교회의 영향을 자주 강하게 받는 상태에 머물러 있는 커다란 사회 영역이 있었다. 각국에서 정치체제의 명확한 성격과 그 체제의 대중적 기반의 배열은 다만 점진적으로만 변했다.

제2차 세계대전 직후에 (대공황 동안 사기가 떨어지고 분열되고 패배했으며 파시스트들에게 테러를 당하고 내몰려서 위험천만한 반대 행위를 해야 했던) 좌파에게 마침내 호기가 온 듯 보였다. 1930년대의 인민전선이 공동의 파시즘 반대를 통해, 비록 오래가지는 못했을지라도 하나로 뭉친 적이 있다. 1945년에 철천지원수를 깨뜨린 뒤에 승리로 분위기가 고조된 상태에서 반파시즘은 또다시 좌파를 다 함께 묶는 접착제였다. 특히 공산주의자들은 결연한 저항의 이력에서 득을 보았다. 좌파는 (공산주의든 사회주의든) 순풍에 돛을 단 격으로 보였다.

서유럽에서 거듭난 다원주의 정치

대다수 나라에서 전후에 치러진 첫 선거에서 공산당은 전전의 지지 수준에 견줘 지지세를 2배 넘게 불렸다. 1945~1946년에 공산당의 최고 득표율은 프랑스(26퍼센트 이상), 핀란드(23.5퍼센트), 아이슬란드 (19.5퍼센트), 이탈리아(거의 19퍼센트)에서 있었다. 지지도가 벨기에, 덴마크, 룩셈부르크, 네덜란드, 노르웨이, 스웨덴에서는 10퍼센트와 13퍼센트 사이였고, 독일의(서독에서는 전국 선거가 1949년 이전에는 치러지지 않았다) 일부 지방선거에서는 14퍼센트에 이르렀다. 그러나 공산당 지지율이 오스트리아와 스위스에서는 겨우 5~6퍼센트였고 영국에서는 0.4퍼센트로 보잘것없었다. 하지만 전반적으로 사회당 지지도는 오스트리아와 스웨덴과 노르웨이의 전후 첫 선거에서, 그리고 서독의 일부 지방선거에서 40퍼센트를 넘어서고, 벨기에와 덴마크에서는 30퍼센트를 웃돌고 네덜란드에서는 그 수준을 조금 밑돌아서 공산당 지지도를 앞질렀다. 프랑스와 이탈리아에서는 좌익의 총득표율이 (프랑스에서 47퍼센트, 이탈리아에서 39퍼센트로) 상당했지만 공산당과 사회당 사이에서 꽤 고르게 반반으로 나뉘었다.

반파시즘이라는 본질적으로 소극적인 성격의 유대와 한때는 극우와 죽이 맞았던 보수적 기득권층에 대한 뿌리 깊은 반감에 오직 좌파만 해낼 수 있다고 널리 인식된 류의 포괄적인 사회적·경제적 변혁의 열망이 보태졌다. (비록 노르웨이는 경제 기반 시설의 20퍼센트를 잃었을지라도) 전쟁이 덜 파괴적이었던 스칸디나비아 국가들에서는 사회민주주의 좌파가 전쟁 전에 만들어 놓았던 권력 기반을 다지고 사회복지에서 중대한 지속적 변화를 도입할 수 있었다. 전시의 부역 정부에 연루된 탓에 처음에는 얼마간 손상을 입은 덴마크의 사회민주당이 잠시 공산당에 당했던 손실을 곧 회복했다. 노르웨이에서는 사회민주주의가 저항운동에 가담함으로써 탄탄해져서 강해졌고, 스웨덴에서는 여전히 강했다. 전쟁 동안 번영했던 몇 안 되는 유럽 국가 가운데 하나였고 1944년에 덴마크로부터 확실하게 독립했던 소국인 아이슬란드에서는 사회민주당이 공산주의 계열의 인민통일당[578]에 계속 뒤처졌다. 그러나 두 당은 연정에서 보수적인 독립당[579]에 가담했는데, 놀랍게도 이 연정은 나라를 현대화하고 어선단 지원을 통해 생활수준을 개선하는 데서 근본적 견해차를 거의 보이지 않았다. 스칸디나비아에서는 정치 구조나 경제·사회 개혁 정책이 전쟁으로 잠시 주춤했지만 멈추지는 않았다.

핀란드에서도 사회민주주의가 주요 세력임이 판명되었다. 그 결과가 1945년에는 명백해 보이지 않았을지라도 말이다. 그때는 핀란드가 소련 세력권의 일부가 될 공산이 더 커 보였다. 1945년에 (스스로를 '인민민주연맹'[580]이라고 부르는) 핀란드 공산주의자들이 1929년 이후 처음으로 선거에 참여할 수 있었다. 그들의 득표율은 사회민주당의 (전쟁 이전에 올렸던 득표율에 한참 못 미치는) 25퍼센트에 단지 조금

---

578) Sameiningarflokkur alþýðu-Sósíalistaflokkurinn. 아이슬란드의 공산당과 사회주의 계열 군소 정당이 1938년에 합쳐서 결성한 정당.
579) Sjálfstæðisflokkurinn. 보수당과 자유당이 1929년 5월에 합쳐서 만들어진 아이슬란드의 중도 우파 정당.
580) Suomen Kansan Demokraattinen Liitto. 1944년에 핀란드 사회민주당에서 빠져나온 좌파 세력이 핀란드 공산당을 중심으로 모여 결성한 정치 조직.

만 뒤처진 23.5퍼센트였다. 이 두 정당은 농민동맹[581](21퍼센트)과 함께 연립정부를 형성했다. 국유화, 조세·복지 개혁, 국가의 광범위한 경제 통제를 비롯한 좌익 강령을 가진 이 연립정부는 독립을 보전하면서도 이웃 나라인 소련과 좋은 관계를 맺는 신중한 노선을 걸었다. 내무장관 자리와 다른 4개 장관 자리가 공산주의자들에게 주어졌다. 1946년에는 공산주의자인 마우노 페칼라Mauno Pekkala가 총리가 되기까지 했다.

소련이 통제하는 동유럽 국가들에서 일어나고 있듯이 공산당이 권력망에 더 많이 침투하는 상황도 핀란드의 운명일 수 있어 보였다. 그러나 스스로 단합하지 못한 핀란드 공산당은 사회민주당과 농민당의 거센 반대에 부딪혔고, 1948년 선거에서 그 두 당에 뒤졌다. 그러는 사이에 반공산주의가 자라나고 있었고, 1948년 2월에 체코슬로바키아에서 일어난 공산당의 권력 접수가 경각심을 불러일으켰다. 핀란드 정치 지도자들은 특히 단 한 달 뒤에 소련과 벌인 군사동맹 협상에서 영리하게 행동했으며, 협상의 결과로 덜 구속적인 협정, 즉 '우호·협력·상호원조' 방위조약[582]이 맺어졌다. 그러나 무엇보다 결정적으로 스탈린이 자기 나름의 실용주의적 이유로 (국제사회가 체코슬

---

581)　Maatalouden liiga. 1906년에 만들어진 중도 성향의 핀란드 농민 정당. 1920년대부터 유력 정당으로 발돋움했으며, 오늘날 핀란드 중앙당(Suomen Keskusta)의 전신이다.

582)　1948년 4월 6일에 핀란드와 소련이 맺은 조약. 핀란드는 서방의 소련 공격에 협조하지 않고 소련은 핀란드의 정치적·경제적 독립성을 보장한다는 이 조약의 기조는 소련이 해체되는 1991년까지 유지되었다.

로바키아의 정변[583]에 보인 부정적 반응이 작용해서인지) 선뜻 핀란드를 독립적인 인접국으로 남겨 두고 소련의 세력권에 있는 다른 나라들처럼 위성국의 지위를 강요하지 않았다. 상황이 그랬으므로, 비록 모스크바에서 심하게 공격당했을지라도, 사회민주당은 1948년 이후 여러 해 동안 핀란드의 정치와 경제를 형성하는 데에서 상당한 역할을 할 수 있었다.

영국의 노동당도 전쟁이 끝나자 승리했다. 노동당은 본질적으로 사회민주주의의 한 형태를 지지했다. 비록 그 전개가 바탕부터 유럽 대륙의 사회민주당의 전개와는 사뭇 달랐을지라도 말이다. 무엇보다도 노동당은 공산주의에서 비롯한 심각한 도전에 부딪힌 적이 없었다. 그래서 영국 좌파에는 분열, 즉 내분이 없었다. 그리고 물론 좌파는 파시즘 정권이나 핍박이나 나치의 점령에 직면하지 않아야 했다. 전시 거국정부로 통상적인 정당정치가 유보되었다. 그러나 1945년 정당정치가 재개되었을 때, 아직은 옛 구조가 있었다. 이전 30년 동안 총 3년쯤만 여당이 아니었던 보수당이 야당으로 밀려났고, 자당의 정치 강령과 내부 조직을 재고해야 했다. 그러나 보수당은 한눈에 보아도 그냥 보수당이었고, 세계적 명성을 지닌 보수당 지도자는 처칠이었다.

1945년 선거를 결정한 것은 영국에서 대중의 의식에 새겨져 있는

---

583) 체코슬로바키아 공산당이 1948년 5월 선거에서 제1당이 될 가능성이 높지 않은 상황에서 공산당이 2월 21~25일에 무력시위로 비공산주의자 장관과 관료를 제거하고 군대를 장악한 사건.

대공황의 기억이었다. 그 암울한 시절로 되돌아갈 수는 없었다. 그 같은 참상의 재발을 막을 사회·경제 개혁의 요구가 1945년 7월에 치러진 선거에서 윈스턴 처칠을 권좌에서 몰아내고 노동당에 의회 의석의 60퍼센트 이상을 몰아주며 압승을 안겼다. 카리스마라고는 조금도 없지만 매우 유능한 클레멘트 애틀리Clement Attlee 신임 총리가 이끄는 새 정부는 (19세기 초엽 윌리엄 블레이크William Blake의 시에 표현된 대로) "잉글랜드의 푸르고 즐거운 땅에" 예루살렘을 바로 지금 세우는[584] 일에 나섰다. 매우 노련하고 적임인 장관들이 애틀리를 뒷받침했다. 가장 두드러진 장관들 가운데는 전간기 영국에서 아주 유력한 노동조합 지도자였던 어니스트 베빈Ernest Bevin이 있었다. 베빈은 전시 정부에서 노동장관으로 묵직한 존재감을 지닌 인물이었으며, 이제는 애틀리의 묘수들 가운데 하나로 외무장관이 되었다. 또 다른 핵심 인물은 베빈과 이름이 비슷한 어나이린 베번Aneurin Bevan이었다. 광부였으며 힘찬 웅변가인 베번은 웨일스 광산 마을이 겪은 궁핍과 곤궁을 마음에 깊이 아로새겼고, 애틀리 아래에서 보건장관이 되었다. 당내의 좌익 반항아였으며 이전에 스탈린에게 품었던 열광을 영국 대사로서 전시에 모스크바에 머무는 동안 서서히 버렸던 근엄한 스태퍼드 크립스Stafford Cripps 경은 영국의 전후 경제 운영에서 특히 영향력을 지녔다.

---

584) 영국의 시인이자 예술가인 윌리엄 블레이크(William Blake, 1757~1827)의 시 〈아득한 옛날 저들의 발길은(And Did Those Feet in Ancient Time)〉에 들어 있으며 1906년에 휴버트 패리(Hubert Parry)가 지은 찬가 '예루살렘'의 가사이기도 한 이 구절은 영국의 1945년 총선거에서 노동당의 선거 구호로 쓰였다.

민주적 수단을 통한 사회·경제적 혁명이야말로 새 노동당 정부의 목표였다. 탄광, 철도, 가스와 전기, 잉글랜드은행이 국가 소유가 되었다. 전시 연립정부가 1944년에 도입한 교육법[585] 아래에서 중등학교 진학 기회가 국민에게 더 많이 주어졌다. 노동자의 권리가 개선되었다. 광범위한 주택 건설 프로그램이 시행되었다. 무엇보다도, "더 나은 전후 영국의 **으뜸** 부적"으로 적절하게 묘사되었던 용어이며 애틀리 정부의 최고 성취인 '복지국가'가 확립되었다. 어머니에게 직접 지급되는 가족수당이 보편적으로 제공되었으며, (1942년에 마련된 베버리지 경의 사회보장 기획의 대부분을 실행하는) 여러 복지 입법이 전쟁 이전의 가장 심한 궁핍을 제압하기 시작했다. 대다수 사람들이 보기에 당시의, 그리고 그 뒤 몇십 년 동안의 가장 큰 성취는 1948년의 국민보건의료 서비스[586]의 창립이었다. 주로 영감이 넘치는 어나이린 베번의 작품인(그리고 의료계의 거센 반발을 산) 국민보건의료 서비스로 환자는 (물론 세금으로 내는 개인 분담금을 빼고는) 돈을 직접 내지 않고 치료를 받았다. 그 결과로 사회 빈곤층을 위한 보건의료 서비스 제공이 크게 개선되어 폐렴과 디프테리아와 결핵으로 말미암은 죽음이 줄어들었다. 이것은 중대하고 지속적인 진전이었다.

그렇지만 영국에서 전쟁 직후를 살아간 이들에게는 동전의 또 다른 면이 있었다. 그것은 내핍이었다. 영국은 이겼지만 가난했다. 영국

---

585) Education Act. 1944년 8월부터 잉글랜드와 웨일스에서 시행된 중등교육과 관련된 일련의 법률 개혁령.
586) National Health Service, NHS. 세금으로 재원을 마련해서 포괄적 보건의료 서비스를 임상 수요에 따라 국민에게 무료로 제공하는 영국의 제도.

이 갚아야 할 빚은 어마어마했다. 영국의 방위 비용은 여전히 대제 국 열강의 방위 비용이었다. 그리고 아주 긴요하고 크게 환영받는 사 회개혁은 국가의 복지 지출이 더 늘어난다는 뜻이었다. 영국이 빚을 지지 않으려면 수출은 늘고 수입은 확 줄어야 했다. 그 결과는 전시 의 소비 지출 제한의 장기 지속이었다.

복지 개혁으로 최악의 궁핍은 없어졌다. 그렇더라도 다수의 국민 대중에게 나날의 삶은 힘들고 칙칙하고 물질적 위안거리가 모자랐 다. 대다수 기본 식료품이 여전히 배급되었다. 전쟁에서 빵 배급제 없이 싸워서 이겼는데, 1946년에 빵 배급제가 시행되어 두 해 동안 지속되었다. "난 이 전쟁에서 누가 이겼는지 이따금 궁금해요"라는 (1946년에 잉글랜드 북부의 한 가정주부가 한) 말에는 널리 퍼져 있는 정 서가 반영되어 있었다. 손에 넣을 수 없는 물품이 많았다. 언제든 어 디서든 모종의 보급 물자가 도착했다는 말이 있으면 줄이 섰다. 특히 여성이 몇 시간이고 시간을 내서 줄을 서야 했는데, 물품을 얻지 못 하는 경우가 잦았다.

서유럽의 다른 지역에서는 배급이 종료된 지 오래인 1954년에 비 로소 식품 배급이 끝났다. 그때에야 어린이가 배급표 없이도 단것을 손에 넣을 수 있었다. 그리고 휘발유 배급이 끝나고 나서야 자동차를 가진 이가 장거리 운행을 하기에 넉넉한 휘발유를 구할 수 있었다. 처음에는 널리 존재했던 내핍 생활의 내성이 차츰차츰 닳아서 사라 졌다. 1950년이 되면 노동당에 투표했던 이들 가운데 일부가 노동당 을 저버렸다. 바야흐로 보수당이 정권을 되찾을 참이었다.

그러나 정당정치의 분열이야 어떻든, 노동당이 도입한 복지 개혁은

(경제적 변화와 산업 국유화, 그리고 다른 정책과는 대조적으로) 널리 모든 정당의 지지를 받았다. 보수당은 1930년대의 정치로 되돌아갈 수 없음을 깨닫고 변화의 필요성을 받아들였고 변화에 잘 적응했으며, 그러면서 스무 해 넘게 지속될 사회정책의 핵심 사항에 두드러지게 합의가 이루어지는 시기가 도래했다. 노동당의 개혁 추진력이 1948년 이후에 줄어들었고, 당의 정권 장악은 모두 다섯 해만 지속되었다. 그러나 그동안 노동당은 나라를 돌이킬 길 없이 바꿔 놓았다. 영국의 경로는 노동당 집권기에 유럽 대륙의 경로와 갈라져서 계속 달라졌다. 당대인의 기억이 생생한 최근에 자국을 두 차례의 세계대전에 끌고 들어간 유럽과 떨어져 있다는 확연한 분리감이, 그리고 이해관계에서 영연방과 자국의 전시 동맹국인 미국과 느끼는 일체감이 향후 여러 해 동안 영국의 정치 문화에 강한 영향력을 계속 행사할 터였다.

서유럽의 대다수 지역에서 좌파의 시간은 빠르게 지났다. 이렇게 된 이유 하나는 좌파의 분열이 곧 다시 드러났다는 것이다. 반파시즘 하나만으로는 좌파를 한데 묶어 두기에 충분하지 않았다. 오랜 균열이 불가피하게—한편으로는 다원주의적 민주주의의 틀 안에서 변화에 헌신하는(그리고 개선되고 통제되는 자본주의와 협력할 태세를 갖춘) 사회주의 정당과 다른 한편으로는 모스크바에 밀착해서 자본주의를 완전히 철폐하고 국가 권력을 배타적으로 장악하려고 활동하는 공산주의 정당 사이에—새로 다시 벌어졌다.

둘째 이유는 제2차 세계대전 이후 가장 중요한 새 정치 세력, 즉 기독민주주의[587]의 등장이었다. 활력을 되찾은 이 보수주의는 다원주의적 민주주의를 전적으로 지지했으며, 이전에는 쪼개져 있던 사회·

정치적 이해관계를 반공산주의를 통해 소극적으로 통합할 뿐 아니라 실질적 사회 개혁을 지지함으로써 적극적으로 통합하면서 옛 종교 정당의 선거 기반을 넓힐 수 있다고 판명되었다. 전쟁 이전의 보수 엘리트는 대개 변화를 가로막으려고 애썼고, 자기들의 이익을 위협한다고 여긴 민주주의를 자주 방해했다. 파시즘과 제휴했던 오점이 없는 새 정치 엘리트는 전쟁 뒤에 다른 접근법을 취해서 사회 변화를 받아들여야 한다고, 그리고 의회민주주의를 반겨야 한다고 보았다. 새 엘리트는 의회민주주의를 자기들의 이익에 부합하도록 만들려고 들었다. 그 결과로, 사회주의나 공산주의가 어떻게든 별로 침투하지 못했던 일련의 나라가 기독교 원리의 틀 안에서 사회 변화를 포용하는 보수적이지만 개량주의적인 정치의 호소력에 노출된 채로 있었다.

기독민주주의의(그리고 다른 형태의 보수주의의) 대두하는 힘과 더불어 공산주의의 약화와 좌파 분열 심화의 밑바탕을 이루는, 무엇보다 중요한 셋째 이유는 동유럽과 서유럽 사이에서 깊어져 곧 냉전으로 굳어진 분리였다. 이것이 모든 요인 가운데 가장 중요한 요인임이 판명되었다. 동유럽에서 확장된 공산주의 권력의 불미스러운 측면이 더 확연해질수록, 서유럽의 보수 정당이 소련에 대한 해묵은 반감과 자국의 공산주의에 대한 두려움을 활용하기가 더 쉬웠다.

서유럽의 대부분 지역에서 정치적 충성은 기본적으로 세 갈래로,

---

587) 기독교에 입각한 민주주의를 행하려는 중도 우파 이념. 복지, 사회보장, 노동자 경영 참여를 받아들이면서도 사회주의와 대립했다.

즉 사회주의와 공산주의와 기독민주주의로 급속히 갈라졌다. 서방 연합국과 소련 사이의 반감이 깊어지자, 공산주의 지지세가 떨어지고 기독민주주의가 입지를 다졌다. 좌파는 점점 정치 의제를 형성할 수 없게 되었다. 편차는 있지만 이것이 벨기에, 룩셈부르크, 오스트리아, 이탈리아, 프랑스, 서독에서 추세였다. 네덜란드에서 가톨릭국민당[588]은 다른 나라들의 새 기독민주당보다 더 협소한 종교 기반을 지녔다. 전쟁 이전의 네덜란드 사회에서 두드러졌던 독특한 정치·문화적 '기둥들'은—즉 (더 느슨한 자유주의적·보수적 그룹으로 나뉘는) 사회주의와 가톨릭과 개신교는—대개 살짝만 다른 형태로 재형성되었다. 벨기에의 정치 틀도 수정된 복원의 한 사례였다. 중간계급과 향촌 주민이 개량된 자본주의 경제의 주요 수혜자임이 판명되었으므로, 주도 세력은 보수 세력이었으며 급진 좌파는 공업 노동계급 사이에서 호소력을 잃었다. 공산당이 (네 열강에 점령되었지만 해방된 나라로 취급된) 오스트리아에서는 비록 사회민주당과 새로운 유형의 기독민주주의인 오스트리아 국민당[589]이 지배하는 대연정 정부에 참여하도록 허용되었을지라도, 처음부터 미미한 세력이었다. 분명한 최우선 사항은 전전의 분열을 재개하기보다는 국민 단합을 확립하는 것이었다.

1945년에 이탈리아의 미래는 혁명적 좌파가 결정할 공산이 커 보

---

588) Katholieke Volkspartij. 1945년 12월에 창당해서 1980년에 해체할 때까지 주로 집권 여당이었던 네덜란드의 기독민주주의 정당.

589) Österreichische Volkspartei. 1945년 4월에 만들어진 오스트리아의 보수적인 기독민주주의 정당. 창당 이후로 사회민주당과 더불어 오스트리아 정치에서 양당 체제의 한 축으로 대연정을 이루기도 했다.

였다. 그러나 중대한 경제문제가 지속되는 가운데, 가톨릭 정당인 인민당의 걸출한 당원이었던 알치데 데가스페리Alcide De Gasperi가 이끄는 기독민주당[590]이 그해 말 이전에 이탈리아 정치에서 가장 중요한 신진 세력으로 떠오르고 있었다. 이탈리아의 기독민주주의는 무척 보수적인 분파를 가톨릭 노동조합원들이 포함된 좌익 분파와 뒤섞었다. 그러나 데가스페리는 당의 좌우익을 조종해서 통제권을 유지하는 데 능수능란하다고 판명되었다. 공산당의 지도자는 전쟁 시기를 모스크바에서 보냈던 팔미로 톨리아티Palmiro Togliatti였는데, 공산당원을 데리고 기꺼이 정부 안으로 들어가겠다는 그의 용의가 초기 단계에서 데가스페리를 도왔다. (성립 가능성이 없어 보이는 기독민주당과 공산당과 사회당의 연정인) 데가스페리의 정부는 사실상 숙청을 끝냈고, 최근 임명된 많은 경찰서장과 도지사를 노련하고 오래된 관리로 대체했고, 대기업을 운영해오던 '코미사르'의 손에서 그 대기업을 빼내 개인 소유로 되돌렸으며, 공공질서를 다시 세우기 시작했다. 1946년 6월 2일 선거에서 유권자들이 심하게 흠집 난 군주정을 거부하고 이탈리아를 공화국으로 바꾸는 동시에 그 연정을 집권당으로 확정했다.

이탈리아 정치의 세 갈래 분열은 계속될 예정이었다. 사회당과 공산당이 함께 대중 지지의 가장 큰 부분을 차지했다. 그러나 두 당은

---

590) Democrazia Cristiana. 1943년 12월에 만들어진 이탈리아의 기독민주주의 정당. 1946년과 1948년의 선거에서 거푸 제1당이 되었고, 1994년에 해체할 때까지 주로 집권당으로 남았다.

지지 기반에서뿐 아니라 정책 목표에서도 갈라졌다. 더욱이, 좌파 지지세는 이탈리아 북부의 공업지역에 심하게 국한되어 있었다. 더 많은 농촌 지역은 대부분 기독민주당을 지지했고, 기독민주당은 총 투표수의 3분의 1을 웃도는 표를 얻은 분명한 승자였다. 갓 시작한 냉전이 1947년 5월에 극복 불가능하다고 판명된 정부 내 긴장으로, 그리고 공산당원의 축출로 이어졌다. 1946년에 40퍼센트였던 공산당과 사회당의 통합 득표율이 '빨갱이의 위협'이라는 두려움 아래 치러진 1948년 4월 의회 선거에서는 31퍼센트로 떨어졌다. 교황 비오 12세가 이탈리아인에게 기독교에 반대하는 정당을 지지하는 이는 누구라도 반역자라고 말했다. 미국의 반공산주의 프로파간다도 무척 효과를 보였다고 판명되었다. 기독민주당은 득표율을 35퍼센트에서 48.5퍼센트로 올려서 의회 하원에서 의석의 과반을 차지할 수 있었다. 파르티잔의 혁명적 폭력에서 보수적인 기독민주당의 과반수 집권 여당으로의 전환은 놀라웠다. 좌파의 분열은 기독민주당이 나름대로 내부가 분열되었으면서도 향후에 불안정한 정치체제에 대한 통제권을 용케 유지할 수 있음을 뜻했다.

프랑스는 전후의 첫 선거에서 공산당이 26퍼센트로 사회당(24퍼센트)보다 표를 더 많이 얻은 유일한 서유럽 국가였다. 그러나 새로운 정치 세력은 프랑스판 기독민주당인 국민공화운동Mouvement Républicain Populaire이었는데, 이 세력은 1945년 10월 21일의 입법부 선거에서 25퍼센트를 득표했다. 그 선거 뒤에 (레지스탕스의 주요 세력이었던) 사회당 및 공산당과 함께 국민공화운동은 3자 동맹, 즉 제4공화국의 헌법을 고안할 권한을 지닌 임시정부의 일부가 되었다. 1944년 8월 25일에 해방될 때 이미 임시정부를 구성했던 샤를 드골이 계속해서 이 정부의 수반이었다. 국민공화운동은 조르주 비도Georges Bidault 같은 몇몇 지도자들이 레지스탕스에서 수행했던 역할에서 이득을 볼 수 있었다. 다른 기독민주당들처럼 국민공화운동은 가톨릭적 사회사상에 뿌리를 두고 좌파에 발휘된 호소력을 더 전통적인 보수적 지지세와 용케도 결합해냈다. 국민공화운동은 1946년부터 1958년까지 제4공화국 내내 대다수 정부에서 역할을 했다. 그러나 서유럽 대부분 지역의 기독민주주의와는 달리 몇 해 안에 그 지지세는 자라나기보다는 시들었다. 가톨릭교회가 정치에 미치는 영향은, 예를 들어 이탈리아나 서독보다는 프랑스에서 더 적었다. 그러나 국민공화운동의 점진적 실패는 대체로, 다른 기독민주당들과는 달리 국민공화운동이 (1947년에 등장하여 다른 사람도 아닌 프랑스의 걸출한 전쟁 영웅 샤를 드골을 앞세운) 보수 우파 측의 중대한 도전에 직면했기 때문이다.

국민공화운동은 실제로 처음에는 원대한 사회 개혁을 이루고자 사회당 및 공산당과 협력할 태세를 보였고, 소련과의 우호 관계 증진을 지지했다. 각 정당은 복지 시책의 대폭 확대와 광범위한(은행, 보험회사, 탄광, 전기·가스 생산, 항공사, 르노 자동차 회사의) 국유화를 옹호했다. 보수주의가 몸에 배었는데도 드골은 국가 소유와 (프랑스 경제를 현대화하고 생산을 복구하는 데 필요한 조치를 감독할 권한을 받은 노련한 경제학 전문가인 장 모네가 기획하고 주도하는) 계획경제로 가는 움직임을 받아들였다. 탄탄한 정치적 후원을 얻어 프랑스판 '뉴딜'이 모양을 갖추기 시작했다. 높은 수준의 산업 생산성을 확보하고 도시에 대한 식량 공급을 급속히 확대하도록 농민을 격려하고 더 좋은 사회보장, 연금, 출산 수당, 기타 개선책을 보통 사람의 삶에 도입하는 데에서 (보통 공산당이 지배하는) 노동조합, 공산당 자체, 사회당, 국민공화운동이 역할을 했다. 그러나 그 변화가 효과를 보는 데는 시간이 걸렸다. 인플레이션이 심하고 식량과 많은 기본 물품이 모자라서 떨어진 생활수준이 해방 뒤 적어도 두 해 동안은 여전히 낮았다. 자연히 정치 갈등이 커졌다. 정부의 인기에 충격이 가해졌음은 예상할 수 있다.

가시지 않는 어려움, 심해지는 정치 환멸, 다원주의 체제 안에서 흔한 정당정치의 분열과 갈등은 통합된 프랑스의 꼭대기에 있는 드골의 지고한 자아상과 어울리지 않았다. 1946년 1월에 그는 임시정부 수반직에서 갑자기 물러났다. 그는 6월에 다시 등장해 행정 권력을 지닌 대통령이 선출되어야 한다고 세차게 주장했다. 누가 그 대통령이어야 할지를 추측하기는 어렵지 않았다. 유권자들은 동의하지 않았고, 대신에 입법부 권력이 행정부 권력보다 더 큰 제4공화국에 (유권자 3분의 1이 굳이 애써 투표하지 않은 상태에서, 비록 미온적으로라도) 찬성 투표를 했다. 그 결과는 전쟁 이전의 제3공화국의 여러 단점을 그대로 되풀이할 체제였다. 상충하는 정치적 이해관계의 불안정한 연합을 으레 대표하는 정부를 물러나게 만드는 (비례대표제를 통해 선출된) 입법부의 권력을 강화함으로써 새 헌법은 정치적 불안정성이 지속되도록 만들었다.

그 새 헌법의 장치를 업신여기는 드골은 자기가 프랑스인민연합Rassemblement du Peuple Français이라고 부른 새로운 정치 운동을 만들고 이끌 작정이라고 1947년 4월에 선언했다. 통상적인 정당정치를 초월하고 민족주의적 통합과 반공산주의, 그리고 대통령에게 부여된 강한 행정

권력의 강령 위에 구성되었다는 드골의 당은 한 해 안에 정치적 우파를 잠식하고 있었으며, (대부분 중간계급과 농민으로부터) 당원 50만 명을 얻었고 비록 전국 차원에서는 도약하기가 좀처럼 쉽지 않았을지라도 프랑스 북부의 여러 지방자치단체 선거에서 득표율을 35퍼센트까지 올렸다.

그러나 3자 연립정부는 삐걱거리고 있었다. 공산당이 우세한 노동조합이 1947년 4월에 일으킨 파업의 물결과 마다가스카르와 인도차이나에서 프랑스의 제국주의 지배를 지탱하려는 정부의 무력 사용에 대한 공산당의 반대를 이용해서 사회당원인 폴 라마디에_{Paul Ramadier} 총리가 공산당원 장관들을 해임했다. 3자 연립정부가 끝났다. 공산당은 30년 넘도록 다시는 정부에 참여하지 않을 터였다. 국민공화운동, 사회당, 급진당, 군소 정당이 남겨져 얼마간은 허세로 '제3의 세력'으로 묘사된 일련의 불안정한 정부를 구성했지만, 오로지 공산당과 드골 지지 야당에 대한 적대감으로만 단결을 지탱했다. 1950년대 초엽이 되면 프랑스의 보수 우파가 분열을 이겨내지 못하면서 국민공화운동 지지세가 허물어지고 있었다. 제4공화국의 나머지 기간에 허약한 정부가 내리 들어설 예정이었다.

점령된 독일의 서부 지구들은 유럽의 정치적 재각성의 중추적 각축장이었다. 독일의 항복 뒤에 정치적 풍경의 재구성이 무척 빠르게 시작되었다. 베를린의 독일 기독민주연합[591]은 이미 1945년 6월의 창

---

591) Christlich Demokratische Union Deutschlands. 1945년 6월에 만들어진 독일의 기독민주주의 중도 우파 정당.

당 메시지에서 조국의 재건에서 모든 노력을 통합하자고 독일인에게 호소했다. 사회민주당과 심지어 공산당도, 비록 다른 방식으로일지라도, 국가 통합을 복구의 개시를 위한 지지를 얻으려는 즉각적인 노력의 중심점으로 삼았다. 좌파와 우파 둘 다 지지 기반을 넓혀야 한다고, 그리고 바이마르공화국에서 정치를 망쳐서 히틀러의 1933년 승리로 가는 길을 닦았던 분열을 이겨내야 한다고 보았다. 권좌로 가는 도중에 나치당은 사회당과 공산당이 1918년 혁명과 혁명 직후로 거슬러 올라가는 처참한 내분을 지속하는 동안 가톨릭중앙당을 제외한 낡은 '부르주아' 자유주의 정당과 보수 정당을 크게 파괴했다. 그러고 나서는 열두 해 동안의 길고도 쓰라린 독재와 혹독한 반대파 핍박이 뒤따랐다. 그러나 전쟁 직후 시기에 두드러지는 것은 다원주의적 정치가 얼마나 빨리 재개되었는지뿐 아니라 정치적 지지의 유형이 처음에는 바이마르공화국 시기의 유형과 얼마만큼 흡사했는지, 그리고 그 유형을 사회 계급뿐 아니라 종교적 충성이 여전히 얼마만큼 결정했는지다.

기독민주연합은 보수 우파에서 지지 기반을 빠르게 구축했고, 그래서 바이마르공화국 시기의 파멸적 분열을 이겨내는 데 큰 효과를 보았다. 기독민주연합은 계급과 종파를 초월해 나치 과거의 죄상을 극복하고 아직 존재하는 "세상의 무신론 세력"과 싸울 기독교 일신의 정신을 구현하는 정당을 자처했으며, 기독교 원리에 의거해 근본적으로 개혁된 자본주의에서 민주주의를 사회정의와 결합하는 사회를 기대했다. 이미 1946~1947년에 기독민주연합은 독일 서부 지구들의 지방 및 지역 선거에서 남쪽의 일부에서는 50퍼센트를 웃도는,

더 북쪽에서는 대개 30퍼센트 이상의 표를 얻으면서 최대 정당으로 빈번히 떠올랐다.

독일 기독민주연합의 초대 지도자이자 거의 스무 해 동안 이 당의 거목이 될 사람은 이 무렵에 이미 거의 일흔 살이었던 콘라트 아데나워Konrad Adenauer였다. 히틀러가 권력을 넘겨받기 전에 그는 쾰른시 시장이었으며, 그 뒤에는 제3제국 시기에 감옥에 두 차례 갇혔다. 그는 라인란트의 가톨릭교회에 단단히 뿌리를 두었고, 공산주의에 열렬히 반대했으며, 서방과의 화해를 옹호했다. 냉전이 1947년 이후로 피할 길 없는 현실이 되자, 아데나워는 기독민주연합을 움직여서 자본주의의 실질적 개혁을 지향하는 초기 성향에서 벗어나 자유주의적 시장경제로 방향을 틀었다. 비록 당의 프로그램이 자유시장 자본주의의 가장 심한 불평등의 결과를 사회복지 대책으로 계속 완화했을지라도 기독민주연합은 대기업에 더 우호적인 입장에 섰고, 이 추세를 특히 당의 경제학 권위자인 루트비히 에르하르트Ludwig Erhard가 촉진했다. 기독민주연합은 우경화하면서 더 작은 신생 정당인 자유민주당[592]과 상당한 공통점을 찾아냈다. 자유민주당은 개인의 자유뿐 아니라 경제적 자유의 원칙 위에 만들어졌고, 몹시 친기업적이었으며, 모든 국유화 구상에 반대했다. 1949년의 첫 전국 선거에서 자유민주당은 12퍼센트, 사회민주당은 29퍼센트를 득표했고, 기독민주연합은 31퍼센트로 간신히 앞섰다. 자유민주당의 12퍼센트는 아데나워 연

---

592)   Freie Demokratische Partei. 1948년 12월에 만들어진 독일의 우파 정당. 당세는 비교적 약했지만, 제1당과 연정을 이뤄서 연방정부에 여러 번 참여했다.

방총리 아래서 기독민주연합이(그리고 기독민주연합의 자매 정당이며 더 보수적이고 가치 면에서 매우 가톨릭적인 바이에른 기독사회연합[593]이) 연립 정부의 대들보를 제공할 수 있도록 해주는 데에서 결정적이라고 판명되었다.

　보수 우파가 새로운 단합을 발견하는 동안, 좌파는 분열로 되돌아가고 있었다. 사회민주당과 공산당은 죽어가는 나치 정권에 맞서 함께 싸우면서 독일의 공업 도시와 대규모 공장에서 1945년에 발생했던 '안티파'[594]에서(즉 반파시즘 위원회에서) 하나로 뭉쳤다. 그러나 전쟁이 끝나자마자 승리한 서방 연합국들은 '안티파'를 새로운 사회의 건설적 구성 요소로보다는 질서에 대한 위협과 공산주의의 도입부로 간주하고서 해체했다. 그것은 다원주의적 자유주의·보수 민주주의로의 회귀에 대한 어떤 급진적 대안도 가로막겠다는 연합국의 결의를 보여주는 첫 표시였다. 실제로 '안티파'가 정치적 재건에 지속적 토대를 제공할 수 있었으리라고는 보이지 않는다. 그러나 '안티파'에는 어떤 기회도 주어지지 않았다. 그것은 변화를 바라지만 혁명적 실험에는 그리 입맛이 당기지 않는 독일 국민 태반의 분위기에 들어맞았다. 공산당은 공업 노동계급에 있던 이전의 근거지에서 벗어날 수 없었다. 심지어 냉전이 본격화해서 공산당 지지세를 거의 완전히 허물기 전에도 서부 지구들에서 공산당의 평균 득표율은 사회민주당

---

593)　Christlich-Soziale Union in Bayern. 1945년 10월에 만들어져서 바이에른주에서만 활동하는 독일의 보수적인 기독민주주의 정당.

594)　Antifa. 반파시즘 행동(Anti-Faschistische Aktion)의 줄임말. 파시즘에 반대하는 탈중앙집권화된 급진적 정치 운동.

평균 지지 수준의 3분의 1인 10퍼센트 미만이었다.

사회민주당은 사회와 경제의 급진적 변화에 전념했다. 나치의 강제수용소에서 보낸 10년에서 비롯하는 도덕적 권위의 소유자인 사회민주당 지도자 쿠르트 슈마허Kurt Schumacher는 독일 국가 통합의 조속한 복원을 옹호했다. 그 통합이 민주주의 원칙과 새로운 경제 질서 위에 굳건히 구축된 통합이었을지라도 말이다. 그는 주요 공업을 국유화하고 대영지를 몰수해서 농지를 재분배할 것을 주창했다. 그러나 그는 공산주의에는 열렬히 반대했다. 그는 1933년의 재앙을 나치를 지지하는 중간계급뿐 아니라 공산주의자의 탓으로 돌렸다. 그리고 그는 공산당이 소련의 독일 지배의 문을 열 거라고 점점 더 두려워했다. 그러나 예상대로 그의 계급투쟁 수사는 보수적인 독일의 큰 영역을 제 편으로 만들지 못했다.

1949년 연방의회[595] 선거에서 퍽 다양한 정당이 경쟁했다. 정치적 풍경은 아직도 형성 중이었다. 그러나 그 풍경의 주요 윤곽(기독민주당, 자유민주당, 사회민주당 사이의 3등분)은 이미 뚜렷해지고 있었다.

독일의 동부 지구를 포함해 동유럽에서는 정치 풍경이 처음부터, 즉 냉전이 고정불변화하기 오래 전에 바탕부터 다른 모습을 띠었다. 서방 연합국들은 틀림없이 자국의 점령지들에서 (예를 들어, 보통은 사회민주주의자보다 보수주의자를 더 선호하면서) 정치의 재건에 나름의 통제력을 행사했지만, 그 간섭 수준은 소련의 지배 아래 있는 유럽 지

---

595) Bundestag. 1949년 5월 8일 공표된 독일의 헌법에 따라 세워진 독일의 입법부. 냉전 탓에 베를린이 아닌 독일 중동부에 있는 본(Bonn)에서 개원했다.

역에서의 소련의 간섭에 견주면 미미했다.

동유럽에서 짓밟힌 다원주의 정치

소련은 처음에 비록 독일 동부지구의 전략적 발전에 관해 나중에 사실로 보이는 것보다 더 불확정적이었을지라도, 다원주의적 민주주의를 차츰차츰 말로만 존중했다. 처음에는 다원주의의 허울이 있었다. 사회주의 정당과 공산주의 정당뿐 아니라 자유주의 정당과 보수 정당도 세워졌다. 그러나 공산당을 옹호하는 압력은 공공연하고 가차 없었다. 나치 집권 시기를 모스크바에서 망명객으로 보냈던 발터 울브리히트Walter Ulbricht와 기타 공산당 지도자들이 행정 요직을 빠르게 넘겨받으면서 단단한 공산당 권력 기반을 확보하는 일에 나섰다. 산업의 국유화, 몰수 토지의 재분배, 경제·행정·전문직 엘리트의 숙청이 재산도 부도 소유하지 못한 이들 사이에서는 예상대로 인기 있다고 판명되었다. 그러나 공산당 지지세가 사회민주당 지지세에 한참 못 미친다는 점이, 그리고 공산당이 투표로 민주주의 과반수를 얻을 수 없다는 점이 1945~1946년 겨울 동안 치러진 지방선거에서 분명해졌다.

1946년 2월이 되면 공산주의자들이 두 정당을 합치라고 다그치고 있었다. 슈마허가 사회민주당의 반대파를 열정적으로 이끌었다. 히틀러 정권에 오랫동안 적극적으로 저항했던 저널리스트였으며 이제는 사회민주당 열성 지지자인 루트 안드레아스프리드리히Ruth Andreas-Friedrich가 그 위험을 뚜렷이 감지했다. 안드레아스프리드리히는 1월 14일 일기에 속내를 다음과 같이 털어놓았다. "아홉 달 동안 독일 공산주

832

의는 모스크바의 명령을 받는 자였다. (…) 만약 우리가 **이** 올가미 안에 머리를 들이민다면, 우리 스스로가 없어질 뿐 아니라 베를린과 동독 전체도 없어진다. 민주주의에는 패배, 국가 볼셰비키의 세계열강 주장에는 승리." 좌파는 쪼개졌다. 안드레아스프리드리히는 다음과 같이 평했다. "한 해 전에는 게슈타포의 테러에 맞서 서로 도왔던, 다른 누군가의 목숨을 위해 제 목숨을 내걸었던 사람들이 오늘은 철천지원수처럼 서로를 공격한다." 비록 베를린 동부 구역에서는 금지되었을지라도, 베를린 서부 구역들에서 3월에 표결이 이루어졌고 사회민주당원 80퍼센트 이상이 합당을 거부했다. 안드레아스프리드리히는 "폭력과 위협과 프로파간다에 맞서 자결 의지가 승리했다"고 적었다.

그렇지만 1946년 4월에 소련 점령지에서 그 양대 좌파 정당의 강제 합당이 일어나서 독일 사회주의통일당[596]이 만들어졌다. 이 새 정당은 처음부터 공산당의 지배 아래 있었고, 동쪽 점령지에 마르크스레닌주의 형태의 '민주집중제'[597]를 부과하는 주요 수단으로 여겨졌다. 독일 사회주의통일당은 압력이란 압력은 다 가했는데도 1946년 10월에 어느 지방선거에서도 절대 과반 득표를 하지 못했다. 그러나 이때쯤 정치의 동맥이 굳어가고 있었다. 진정한 다원주의의 흔적이

---

596)   Sozialistische Einheitspartei Deutschlands. 소련의 독일 점령지 내 독일 사회민주당과 독일 공산당이 강제로 통합되어 1946년 4월에 만들어진 좌파 정당. 1949년부터 1990년까지 동독의 집권당이었다.
597)   민주주의와 중앙집권의 원칙을 조합해서 표결로 정해진 결정이 모든 당원에 구속력을 지닌다는 마르크스레닌주의 정당의 조직 원칙.

차츰차츰, 그러나 차근차근 제거되고 있었다. '인민민주주의'[598]로의 전환에 반대하는 이들이 직위에서 해임되었고, 이들 가운데 많은 사람이 투옥되었다. 1949년 1월에 정식으로 독일 사회주의통일당이 마르크스레닌주의 당으로 선언되었고, 독일판 스탈린주의 독재가 확립되었다.

독일의 동부 지구에서 벌어진 일은 전쟁 직후 시기에 소련의 지배가 동유럽 대부분의 지역에서 확립되는 방식과 엇비슷했다. 소련의 힘이 정세를 결정하는 유일한 요인은 아니었다. 나치에 부역했다는 이유로 말미암은 전쟁 이전 엘리트의 평판 실추, 토착 공산당의 지지도, 부의 재분배에서 이득을 볼 기대, 서방 연합국에 대한 불신의 고조가 모두 역할을 했다. 그러나 소련의 힘은 방정식의 상수, 즉 공약수이자 가장 중요한 단일 결정 요인이었다. 그리고, 동독에서처럼, 민주주의적 다원주의가 공산당 통치에 필요한 지지를 산출하지 않으리라는 것이 명백해지면 공산당의 우세를 확보하려는 압박이 거세지는 것이 패턴이었다.

헝가리가 가장 뚜렷한 예증이었다. 여러 정당으로 이루어진 임시 정부가 대지주에게서 몰수한 땅을 농민에게 재분배해서 인기를 얻었고, 그래서 1945년 11월 선거에서 투표자의 17퍼센트만이 공산당을 지지한 반면에 농민 위주의 소농당小農黨[599]이 무려 57퍼센트의 득표

---

598) 제2차 세계대전 이후 공산주의 국가의 통치 형태에 관한 마르크스레닌주의의 개념. 이론상으로는 사회주의로 가는 도정에서 다당제 민주주의를 허용했다.
599) Független Kisgazdapárt. 정식 명칭은 독립소농·농업노동자·시민 정당(Független Kisgazda-, Földmunkás- és Polgári Párt). 1930년 10월에 만들어진 헝가

율을 올렸다. 그러나 그렇다고 해서 공산당이 모스크바를 등에 업고 1949년에 완전한 권력을 손에 거머쥘 때까지 소농당 및 다른 형태의 반대파가 공산당의 악랄한 협박 전술로 차츰차츰 파괴되는 상황이 방지되지는 않았다.

폴란드에서는 모스크바가 뒤를 받쳐 주는 '루블린 위원회'⁶⁰⁰⁾가 이미 1944년 말에 폴란드의 임시정부로 소련의 공식 인정을 받았으며, 공산당이 경찰과 보안 기구의 통제권을 거머쥐었다. 전쟁이 개시된 뒤로 런던에 망명했던 국민 진영 정부는, 비록 여전히 서방 연합국들에서 폴란드의 정통 정부로 인정받았지만 무력했다. 그러나 연합국은 폴란드 문제를 해소하고 싶어 했다. 국민 진영 정부의 총리를 지낸 스타니스와프 미코와이치크Stanisław Mikołajczyk를 비롯한 몇몇 국민정부 각료가 서방 지도자들에게 설득되어 1945년 6월 하순에 폭넓게 구성된 국민통합임시정부⁶⁰¹⁾에 가담했고, 선거가 뒤이어 치러질 것으로 전망했다. 곧바로, 즉 다음 달에 포츠담회담이 열리기 전에 이미 연합국은 폴란드의 기성사실을 마지못해 받아들이고는 런던 망명정부 인정을 정식으로 철회했다.

리의 우파 정당.

600)   정식 명칭은 폴란드 인민해방위원회(Polski Komitet Wyzwolenia Narodo-wego). 소련군이 점령한 폴란드 영토에 폴란드 공산주의자들이 1944년 7월에 세운 통치 기구.

601)   Tymczasowy Rząd Jedności Narodowej. 공산주의자들과 미코와이치크가 이끄는 정파 등 여러 세력이 연합해서 1945년 6월 28일에 만든 폴란드의 임시정부. 이듬해 1월 19일에 새 정부에 권한을 넘기고 해체했다.

1945년 2월에 열린 얄타회담에서 스탈린은 민주주의적 선거를 약속했다. 그러나 그가 말하는 민주주의는 서방 열강이 말하는 민주주의가 아니었다. 1947년 1월에 폴란드에서 마침내 선거가 치러졌을 때, 그 선거는 소련의 심한 억압과 협박의 맥락 속에 있었다. 살해된 공산당 반대자가 100명을 웃돌았고, 수만 명이 감옥에 갇혔고, 많은 반대파 후보가 자격을 빼앗겼다. 공식적으로는 공산당 진영이 표의 80퍼센트를 얻었다. 진정으로 자유로운 선거에서 진짜 득표율이 어 떠했을지를 알아낼 수는 없다. 서방 열강들은 소련의 강화되는 통제력에 영향을 미칠 길이 없어서 하릴없이 방관했다. 당연히, 폴란드인은 전쟁이 도대체 무엇이었는지 스스로 물었다. 폴란드인은 전쟁이 폴란드의 독립을 보전하기 위해서였다고 생각했다. 공산당원이 정부 기구에 비집고 들어가고, 정치적 반대파를 협박, 체포, 투옥하고 소련군과 보안부대의 후원을 받아 선거가 조작되는 비슷한 행태가 루마니아와 불가리아에서 공산당이 권력을 접수하는 행태의 특성이었다.

체코슬로바키아는 달랐다. 거기서 벌어진 일에 (워싱턴의 몇몇 정책 입안자가 상황을 예측했다고 주장했을지라도) 서방은 속상해했다. 1946년 5월에 (미군뿐 아니라 소련군도 사전에 철수해서) 의문의 여지 없이 자유로웠던 선거에서 공산당이 38.6퍼센트로 가장 높은 득표율을 올려 웬만큼의 민주주의적 정통성을 얻었다. 공산당의 성공은 놀라운 일이 아니었다. 사회적 곤경이 막심했고, 빈곤 수준이 무척 높았고, 주택이 없는 상태가 만연했고, 경제 붕괴가 극심했다. 여러 해 동안의 독일 점령도 다른 곳에서처럼 비난과 분개를 뒤에 많이 남겼다. 사람들이 공산당에 기대를 건 까닭들에는 의심의 여지 없이, 특히 식자들 사이에서는 (공산주의가 "인류의 영원한 이상"이라는 열렬한 믿음, 그리고 사익을 "사회 전체의 선" 아래에 둘 "사회주의로 가는 각국 나름의 경로"[602]라는) 상당한 이상주의가 있었다. 어쨌든—독일의 강제수용소에서 지독히 고생했던 유대인 여성이었고 (날조된 '반국가 음모' 혐의로 1952년에 처형될) 체코 정부의 공산당원 장관[603]의 아내인—헤다 마르골리우스 코발리가 훗날 표현한 바로는 그랬다.

그렇지만 비록 최대 정당이었을지라도, 공산당은 아직 과반에 못 미치는 (그리고 체코 지방보다 슬로바키아 지방에서 훨씬 적은) 지지를 얻었다. 전시의 모스크바 망명에서 갓 돌아온 오랜 스탈린주의자인 클레멘트 고트발트Klement Gottwald 신임 총리는 널리 퍼진 반대에 직면했다. 설령 그 반대가 자기들끼리 분열된 여러 정당에서 나왔을지라도 말이다. 경제난이 고조되었으므로, 슬로바키아인의 상대적 자치권 문제가 해결되지 않은 채로 남았으므로, 그리고 미국의 경제 원조를 거부하라는 스탈린의 압력을 받고서 동유럽에서 새로 생기는 소련 세력권에 억지로 편입되었으므로 1947년에 공산당이 지배하는 정부의 인기가 떨어졌다. 공산당은 1948년 5월에 치러질 새 선거를 마지못해 승인했다. 공산당이 득표율을 더 높일 가망은 없었다. 그러나

---

602)   제2차 세계대전 뒤에 동유럽 각국의 특수한 상황을 인정하고 고려해서 표준적인 혁명보다는 점진적인 발전으로 사회주의로 이행한다는 정치 전략.

603)   루돌프 마르골리우스(Rudolf Margolius, 1913~1952). 홀로코스트에서 생존한 체코 유대인 공산당원 경제학자였으며, 체코슬로바키아 정부의 무역장관으로 일하다 1952년 11월 20일에 트로츠키주의자, 티토주의자, 시오니스트 혐의로 연출 재판에 회부되어 12월 3일에 교수형에 처해졌다.

경찰 통제권을 확장하는 공산당의 조치에 항의해서 공산당원이 아닌 여러 장관이 어리석게도 연립정부에서 물러났을 때, 전면적인 정치 위기가 촉발되었다. 공산당은 자당의 요구를 지지하는 대중 시위를 조직했다. 망설이는 모든 이들에게 가해지는 압력이 고조되었다. 초대 체코슬로바키아 대통령의 아들인 얀 마사리크_Jan Masaryk_ 외무장관이 집무실 창문 밑 포장도로 위에서 죽은 채로 발견되었다. 공식적으로는 자살 사건이었지만, 대다수 사람들은 그가 정권의 *끄*나풀에게 살해되었다고 생각했다. 온전한 공산당 쿠데타가 진행 중이었다. 공산당이 5월의 선거를 완전히 통제했고, 새 의회에서 제1당이 되었다. 불운한 에드바르트 베네시 대통령이 강요를 받아 새 정부를 임명했는데, 그 정부는 고트발트가 여전히 총리였지만 이제는 공산당에 완전히 지배되었다.

1948년 6월에 고트발트가 병을 앓는 베네시를 대신해서 대통령이 되었다. 초기의 열광은, 그것이 진정으로 존재한 곳에서 곧 스러졌다. 헤다 마르골리우스 코발리가 본 대로, 몇 달 안에 "소련이 우리 모델이 되었고" 법치가 위태로워졌다. 수천 명이 사라져 감옥과 수용소로 들어가면서 엄청난 반대파 탄압이 뒤따랐다. 전쟁 전에 중부 유럽에서 다원주의적 민주주의가 서방의 유화정책으로 망가진 다음에 히틀러에게 파괴될 때까지는 존속했던 유일한 나라에 이제는 소련식 체제가 들어섰다. 이것은 소련의 세력권 어디에서든 스탈린주의가 서방식 민주주의의 확립과 양립 불가능하다는 확증이었다.

유고슬라비아에서만 소련의 영향력을 확장하려는 시도가 실패했다. 그러나 여기서는 아주 특수한 상황이 우세했다. 붉은 군대가

1944년 가을에 도착할 무렵에 이미 티토의 파르티잔이 유고슬라비아의 대부분을 통제했던 것이다. 전쟁이 끝나자 소련군이 다시 물러갔고, 티토가 유고슬라비아의 해방자라는 영광을 한껏 누리게 되었다. 더욱이 티토가 이끄는 유고슬라비아 공산당은 모스크바의 도움을 받지 않고 권력에 이르렀고, 알바니아의 공산당을 제외하면 유럽에서 그렇게 했던 유일한 공산당이었다. 이전에는 소련의 충성스러운 대행자였을지라도, 티토의 위상은 냉전이 본격화하기 시작하면서 모스크바의 요구에 순응하라는 스탈린의 압력에 도전할 수 있게 해줄 확고한 자율적 권력 기반을 그에게 주었다. 그 소련 독재자의 협박이 티토에게는 통하지 않았다. 티토는 전통적인 민족 분열을 뛰어넘는 새로운 통합을 자기가 몸소 상징하는 나라 전역에서 대중의 폭넓은 지지를 누렸고, 발칸반도라는 요새 안에서 안전했던 것이다. 위험 부담이 큰 모험이었을 침공을 감행하지 않는 한 스탈린이 할 수 있는 일은 없었다. 1948년 6월에 모스크바와 베오그라드 사이의 분열이 코민테른의 후속 조직인 코민포름[604]에서 유고슬라비아 공산당이 배제되면서 공식화했다. 스탈린의 증오는 제어되지 않았다. 소련과 그 위성국들은 경제 보이콧으로 유고슬라비아를 굶겨 무릎을 꿇게 만들려고 했는데, 헛일이었다. 티토는 모스크바로부터 심한 욕을 끊임없이 먹으면서도 독자적인 길로 계속 나아갔다.

---

604)   Kominform. 1944년에 해체된 코민테른을 계승해서 1947년에 창립된 국제 공산주의 운동 중앙 기구. 미국의 소련 봉쇄 정책에 대항해서 유럽 9개국 공산당의 정보 교환과 활동 조정을 도모하고자 만들어졌고 1956년에 해체했다.

소련 자체 안에서 사람들은 그 엄청난 희생이 헛될 수는 없다고 느꼈다. 그러나 1945년의 승리를 맞이했던 보편적 환희는 곧 심한 환멸에 자리를 내주었다. '대조국전쟁'[605]에서 승리하면 정치적 분위기가 더 이완되리라는 희망은 급속히 사라졌다. 그 대신 스탈린 체제는 장악력을 굳혔고, 억압 기구가 한 번 더 작동했다. 소련 지도자들은, 누구보다도 더 스탈린은 큰 위험이 앞에 있다고 보았다. 나치 점령자에 부역한 소련 시민이 많았고, 새로운 시민 수백만 명이 공산주의 신봉자로 바뀌어야 했고, 새로 얻은 드넓은 영토가 통합되어야 했으며, 자본주의적 제국주의의 위협은 아직도 커 보였다. 게다가 나라가 재건되어야 했다. 막심한 물적 손실의 극복은 급속한 산업 성장을 만들어낼 집약적 프로그램이 재개된다는 뜻이었다.

진척은 대단했다. 1947년까지 소련의 공업이 다시 전전의 생산량과 맞먹는다고 주장되었다. 막심한 대가는 이미 참담했던 생활수준의 추가 하락이었다. 우랄 지방과 시베리아에 있는 군수공장에서 1945년 가을에 큰 파업과 시위가 일어났다. 생활 조건에 항의하는 편지가 50만 통을 웃돈다고 비밀경찰이 보고했다. 1945년과 1946년의 흉작으로 농업 생산 문제가 악화했고, 향후 여러 해 동안 농업 생산량이 전쟁 이전보다 훨씬 뒤처졌다. 기근이 다시 한번 더 우크라이나와 소련의 다른 지역에 들이닥쳐서 200만 명의 목숨을 앗아갔다. 소련 시민 1억 명쯤이 영양실조에 걸렸다. 스탈린과 소련 지도부로서는 소련

---

605)   소련과 러시아연방에서 제2차 세계대전 유럽 전구 동부전선, 즉 독소전쟁을 일컫는 표현.

국가가 생존하고 회복하고 방어를 재건하려면 그 곤경을 견뎌내야 했다. 소요의 모든 잠재 가능성, 상상 가능한 모든 반대 징후는 가차 없이 분쇄되어야 했다. 1930년대의 테러를 생각나게 하는 체포와 숙청과 연출 재판의 물결이 소련과 동유럽의 위성국가들을 덮쳤다.

전쟁 포로였던 이, 생각이 다른 수상쩍은 이, 지식인, 소수민족 집단, 특히 유대인이 특별한 표적이었다. 이윽고 소련의 수용소와 형벌 유형지에 있는 수감자가 또다시 무려 500만 명이었다. 전쟁은 소련에서 새로운 사회를 만들어내기는커녕 낡은 사회를 강화했다. 혹독한 억압은 조금이라도 풀릴 수 없었다. 그 무시무시한 스탈린주의가 전쟁 직후에 누그러지지 않고 지속되었다.

1947년이 되면 냉전에 얼음이 끼고 있었다. 이즈음에 (이질적 요소 없이 대체로 단단한 소련 세력권이 점점 더 불안해하지만 단호해지는 미국 주도의 서방 세력권과 대치하는) 분단이 이미 견고해지고 있었다. 이듬해가 되면 그 분단이 굳게 고정되었다. 그 분단은 회피될 수 있었을까? 비록 동유럽에서는 아닐지라도 서유럽에서 정치의 재활성화가 다른 경로를 취할 수 있었을까? 그 두 경우에서 그러지 않았을 공산이 아주 커 보인다. 궁극적으로는, 유럽이 반반으로 쪼개지지 않도록 막기에는 (한편에서는 공산주의의 전진을 두려워하고 다른 한편에서는 호전적인 자본주의적 제국주의를 두려워하는) 상호 불신이 너무 깊었다.

물론 돌이켜 보면, 스탈린이 동유럽에서 편 정책은 자주 겉보기보다는 덜 한결같았고 처음에는 미리 정해져 있지 않았다. 그렇더라도 애초에 명백한 것은 공산당 지배의 대안이 허용되지 않으리라는 것이었다. 종잡을 길 없는 서방식 다원주의 정치라는 위험을 무릅쓸

수는 없었다. 공산당이 진정한 공개 선거를 통해 권력을 획득하지 못
하리라는 것이 분명해지자, 다른 수단으로 공산당의 지배를 확보할
협박과 침투와 압박이 불가피했다. 그러나 그렇게 하면 상황은 소련
의 영향 아래 들어가지 않은 유럽 대륙 지역과의 분리가 심화될 따
름이었다.

결정적으로, 서유럽 어디에서도 공산당은 자유선거에서 과반의
지지를 얻을 만큼 인기를 얻지 못했다. 그리고 대다수 서유럽인이 놀
란 나머지 멍하니 쳐다보는 동유럽 공산당의 권력 획득 방법이 반공
산주의 정당과 서방 연합국이 비난하기 쉬운 표적이 되면서 서유럽
의 대부분 지역에서 공산주의 지지세가 훨씬 약해지기 시작했다. 빠
르게 확대되는 분단은 불가피했다. 서유럽에서 분단은 1945년에 시
작될 때부터 무엇보다도 먼저 공산당의 지배 아래 있는 위성국들이
라는 보호 완충 지대에 대한 소련의 필요성이 불러일으켰으며, 그 분
단은 주요 열강들 사이의 국제적 대립 자체가 상황을 규정하는 형태
를 띠었으므로 확장될 수 있을 따름이었다. 분단은 스탈린이 유럽을
재건할 미국의 원조 제공에 등을 돌리고, 동유럽이 (소련의 지배 아래
서) 제 나름의 길을 간다고 주장한 1947년에 굳어졌다.

서유럽에서는 냉전이 본격적으로 시작하면서 급진적 경제정책의
범위가 훨씬 더 제한되었다. 공산주의가 서방에서 영향력을 확장한
다는 두려움이, 특히 중추적 국가인 독일에서, 점령국인 서방 연합
국들, 특히 미국이 보수 정치와 자유주의화된 경제를 후원하는 상황
의 중대한 추가 구성 요소였다. 따라서 서유럽에서 실제로 선택된 경
로와는 다른 정치적 경로가 선택될 가능성은 애초에 무시해도 될 만

큰 미미했다. 1945년 이후 유럽의 정치적 재각성은 그 재각성을 형성하는 국제적 맥락에서는 상상할 수 없었다. 냉전 시작의 책임 추궁은 대체로 무의미하다. 냉전은 피할 수 없었을 것이다. 유럽 대륙의 분단은 제2차 세계대전의, 그리고 이념적으로나 정치적으로나 적대적인 새로운 초열강, 즉 미국과 소련의 유럽 정복의 불가피한 결과였다.

철의 장막이 쳐지다

유럽을 나누는 '철의 장막'이라는 생생한 이미지를 처음 만들어낸 원조를 흔히 윈스턴 처칠로 본다. 처칠이 1946년 3월에 미주리주 풀턴의 웨스트민스터 대학교에서 한 유명한 연설에서 그 '철의 장막'을 말했다는 것이다. 그러나 사실 히틀러의 공보장관인 요제프 괴벨스가 이미 한 해 앞서 소련의 루마니아 점령을 묘사하면서 공개적으로, 그리고 사적으로 '철의 장막'을 언급한 적이 있다. 전쟁 마지막 몇 달 동안 히틀러와 괴벨스는 영국과 미국과 소련의 힘이 합쳐진 연합이 깨진다고 거듭해서 예측했다. 그들이 보지 않으려고 한 것은 나치 독일을 쳐부순다는 목표가 전시 동맹을 지탱해 준 바로 그것이라는 점이었다. 그 목표가 일단 이루어지자, 그토록 본질적으로 적대적인 요소들로 구성된 연합의 해체는 막을 길이 없는 것이나 진배없었다. 그 해체는 단 한 번의 결정적 파열로 즉시 일어나지 않고 세 해쯤의 기간에 걸쳐 차츰차츰, 그리고 결정적이고 누적적인 여러 단계를 밟으며 일어났다. 그러나 1945년 여름 이후로 그 해체는 한 방향으로만 (유럽의 분단 쪽으로만) 나아갔다.

제1차 세계대전 뒤에 미국의 우드로 윌슨 대통령은 영국과 프랑스의 지도자들과 합세해서 전후 질서를 정했다. 혁명과 내전으로 심한 몸살을 앓고 서방 열강들이 고조되는 공포감을 품고 대하는 러시아는 아무 역할을 하지 못했다. 미국은 그 뒤 곧 국제연맹에 가입하지 않기로 했고, 유럽의 사태에 직접 휘말려들지 않도록 물러났다. 1945년과는 극명히 대조적이었다. 제2차 세계대전 뒤에 왕년의 유럽 대열강들은 새로운 질서를 빚어내기에는 군사적으로나 경제적으로나 너무 허약했다. 프랑스는 제 나름의 내부 문제에 시달렸다. 프랑스의 경제는 인플레이션이 심하고, 자본이 도피하고, 생산수준이 낮아서 엉망이었다. 영국의 재정난은 1946년에 미국과 캐나다의 상당 액수의 차관으로 겨우 구제되었다. 영국이 제국에서 철수하기 시작했다는 것은 영국 경제가 허약하다는 신호였다. 제국의 자랑거리로 '가장 소중한 것'이었던 1947년에 인도에 독립이 주어졌다. 파급력이 엄청난 결과를 빚은 또 다른 행보로서 영국은 팔레스타인의 골치 아픈 위임통치령에서 물러났고, 그 결과로 1948년에 이스라엘 국가가 세워졌다. 한편 자국의 해외 영토를 포기하기를 더 주저한 프랑스는 점점 더 거세지는 인도차이나 식민 전쟁에 휘말려들었고, 이미 1945년에 독립국인 '베트남 민주주의 공화국'을 대표한다고 주장했던 호찌민의 북베트남 군대와 싸웠다. 이것도 나중에 중대한 결과를 빚을 터였다. 제1차 세계대전은 유럽 대열강의 식민 제국을 보전했고, 심지어는 확장하기까지 했다. 제2차 세계대전은 식민 제국이 종식되는 시대를 열었다. 제국 정복의 시대는 끝났다.

유럽의 대열강들이 사라지면서(즉, 독일은 파괴되고 프랑스와 영국은 극도로 허약해져서) 유럽에 남은 진공에 미국과 소련이 들어섰다. 남아 있는 그 양대 세계열강은 전쟁으로 말미암아 다른 방식으로 엄청나게 강해졌다. 미국의 경제력은 이제 다른 모든 나라의 경제력을 훨씬 앞질렀고, 미국의 군산복합체는 막강했다. 대조적으로 소련은 유럽 대륙에서 벌어지는 전쟁의 예봉을 네 해 동안 견뎌내면서 어마어마한 경제적 손해를 입었지만, 성취한 대승리를 자랑하는 거대한 군사 기구를 건설해냈고 이제는 사실상 동유럽 전체를 지배했다. 심지어 1947년에도, 즉 전시의 군사력이 급감한 뒤에도 아직 소련군에는 전투태세를 갖춘 280만 명 남짓한 군인이 있었다. 유럽에 있는 미군은 종전 한 해 안에 30만 명 이하로 줄었다.

전시의 '3두' 회담에서 (이 배타적 '클럽'에 속하는 허영이 아직 영국에게 허용되었지만) 두 신생 초열강의 우위가 드러났다. 1945년 10월 24일에 샌프란시스코에서 이루어진 국제연합 기구의 창립도 그러했다. 사라진 국제연맹보다 더 역동적인 기구로 예견된 국제연합은 처음에는 6월 26일에 헌장에 조인한 50개 회원국으로 이루어졌다(이 국가들 가운데 유럽 국가는 3분의 1이 채 안 되었다). 다섯 나라(미국, 소련, 영국, 프랑스, 중국)가 어떤 결정도 거부할 권리를 지닌 중요 기구인 안전보장이사회의 상임이사국이 되었다. 그러나 이 나라들 가운데 영국과 프랑스는 전쟁으로 크게 약해졌으며(그리고 자국의 식민 제국에서 고조되는 문제에 직면했고), 중국은 일본과 여덟 해 동안 전쟁을 벌인 뒤에 불구 상태가 되고 국민당과 공산당 사이의 계속된 내전에 시달렸다. 확연하게, 오로지 미국과 소련만이 지배 열강이었다.

그 두 나라는 자국의 형상에 따라 새 유럽을 획정했으며, 각각 자국의 전후 역할을 더 광범위한 이념적 사명의 일부로 해석했다. 미국의 정치·경제 철학의 외부 확장으로서 자유주의화와 민주주의화가 공산당의 독점적 국가 통제 및 경제 운영과 마주쳤다. 그러한 반대 양극의 충돌이 오래 지연될 수는 없었다. 그 충돌은 유럽 차원이 아니라 전 지구적인 차원의 힘겨루기로 바뀔 터였다. 그러나 불균형이 있었다. 미국에 유럽은, 비록 지극히 중요할지라도, 본국의 해안에서 멀리 떨어져 있었다. 공산주의는 비록 커지는 위협으로 인식될지라도, 지리적으로 멀리 떨어져 있는 위협이었다. 스탈린에게 유럽은 자국의 바로 앞에 있었고, 자국의 존속을 한 세대 안에 두 차례나 위협했다. 더욱이 국제 자본주의의 힘은 (아직도 강력한 적이고) 패하지 않았다. 스탈린의 최우선 관심사는 혁명의 수출이 아니라 소련의 안전 보장이었다. 그러므로 유럽은 불가피하게 냉전의 주요 싸움터일 터였다. 그리고 유럽 안에서는 이념적 적대자들이 착 붙어 있는 독일이 똑같이 불가피하게 분쟁의 진앙이 될 터였다.

영국 외무부는 유럽에서 소련이 팽창하리라는 전망을 전쟁이 끝나기 전에 이미 걱정하고 있었다. 미국은 이때는 스탈린에게 더 호의를 품고 있었다. 그러나 소련이 유럽 안팎으로 영향력을 확장한다는 허깨비가 머지않아 미국 국무부의 뇌리도 사로잡기 시작했다. 특히 모스크바 주재 미국 대사관의 외교관 조지 프로스트 케넌이 유명한 1946년 2월 자 '장문의 전보'[606]에서 소련의 팽창을 방지해야 한다고

---

606)   The Long Telegram. 왜 소련은 세계은행을 지원하지 않는지 묻는 미국 재무부의 질문에 답변하려고 모스크바 주재 대사관 직원인 케넌이 1946년 2월 22일

어두운 어조로 경고한 뒤에 '봉쇄'가 곧 핵심 개념이 되었다. 케넌은 소련의 팽창이 직접적인 군사 개입보다는 침투와 정치적 압력을 통해 추구되고 있다고 상정했다.

그 같은 우려는 지나고 돌이켜 보면 아무리 과장된 것으로 판명될지라도 1946년에는 명백해 보였다. 소련은 그해 봄에 뒤늦게 (1941년 이후로 소련군과 영국군에 점령되어 있던) 이란에서 마지못해 물러났다. 또한 미국은 1946년에 소련이 터키 해협(다르다넬스해협과 보스포루스 해협) 통제권을 양보하라고 터키에 압력을 가하자, 비록 스탈린이 결국은 가을에 단념했을지라도 우려할 심각한 근거를 보았다. 훨씬 더 걱정스러운 것은 그리스의 상황이었다. 스탈린은 처칠과 합의한 대로 1944~1945년에 그리스를 기꺼이 영국의 세력권에 남겨 두었고, 봉기를 일으킨 공산주의자들을 돕지 않았다. 그러나 1946년 3월에 (비록 스탈린의 도움은 여전히 받지 못했을지라도 티토의 유고슬라비아에서 지원을 얻어) 봉기가 다시 시작되었을 때, 공산주의의 진출이 최초의 '봉쇄' 정책 행사로 이어졌다.

그리스 내전이 소련에 팽창할 기회를 줄 위험은 미국에 현실로 보였다. 2월에 영국의 어니스트 베빈 외무장관이 재정이 허약해진 영국은 그리스와 터키에 군사원조나 경제원조를 더는 해줄 수 없다고 미국인들에게 말했을 때는 더더욱 그러했다. 1947년 3월 이후로는 미국이 그리스 우파에 군사원조와 훈련을 제공했고, 이것은—비록

미국 정부에 보낸 전보. 이 글에서 케넌은 소련의 팽창 야욕의 기원은 러시아의 역사에서 기인한다는 자신의 러시아/소련관을 요약했다.

(사망자 4만 5000명과 엄청난 물적 손해 등) 손실이 막대했고 뒤이은 탄압이 그리스가 참된 국민 통합을 이룰 전망을 지속적으로 해쳤을지라도—좌파에 이기는 데 결정적이었다. 미국에 '봉쇄'는 성공작으로 판명되었다. 해리 트루먼Harry Truman 대통령은 '봉쇄'를 ('전체주의'에 맞서는 '자유 국민'을 지원해서 공산주의의 확산을 저지한다는) 하나의 '정책 원칙'으로 선언하기까지 했다. '봉쇄'는 냉전의 만트라[607]가 되었다.

한편, 특히 독일이 중대한 시험장으로 여겨지고 있었다. 소련이 경제 면에서 협조적이지 않다고 판명되면서, 소련 점령지에서 공산당에 확실한 지배적 지위를 주려는 압박이 고조되면서, 동부 점령지가 점점 더 제 나름의 길을 가면서, 독일을 점령하고 있는 열강들 사이의 갈등이 1946년 한 해 동안 심해졌다. 처음에는 미군이 1947년에 유럽에서 철수할 것으로 예상되었다. 그러나 미국의 제임스 프랜시스 번스James Francis Byrnes 국무장관이 1946년 9월의 중요한 연설에서 미군은 떠나지 않고 머물러 있을 거라고 밝혔다. 번스는 포츠담회담에서 구상된 연합국관리이사회[608]를 통한 독일의 합동 관리가 실패했음을 인정했고, 서유럽 전체에 극히 중요하다고 여겨진 독일의 경제 부흥이 점령지를 기반 삼아서 수행되어야 할 거라고 시사했다. 1947년 1월까지 이것은 미국과 영국 사이에 미영 점령지[609]의 형성에서 현실

607) 불교 등의 종교에서 읊조리면 심리적·영적 힘을 준다고 여겨지는 음절이나 낱말이나 구절.
608) 제2차 세계대전 말기에 연합군이 점령한 독일과 일본 등 추축국을 관리할 목적으로 주요 연합국 국가들의 대표로 구성된 조직.
609) Bizone, 또는 Bizonia. 미국과 영국이 점령해서 통치하던 1947년 1월 1일

이 되었다. 이로써 독일이 공식적으로 별개의 국가로 분단되는 것은 단지 시간문제가 되었다.

유럽 분단의 결정적 순간은 미국의 조지 마셜George Marshall 국무장관이 광범위한 유럽 부흥 계획[610]을 공표한 1947년 6월에 찾아왔다. 흔히 일컫는 명칭인 '마셜 플랜'은 (방법에서는 경제적일지라도 목적에서는 무척 정치적인) 큰 상징적 의미를 지닌, 그리고 서유럽인에게 새 희망을 준다는 점에서 엄청난 심리적 중요성을 지닌 조치였다. 유럽 부흥 계획은 그것에 달라붙게 된 신화야 무엇이든, 흔한 믿음과는 달리 유럽의 전후 번영을 창출하지 않았다. 그러기에는 마셜 플랜의 규모가 너무 제한적이었다. 그렇지만 마셜 플랜은 무척 중요했다.

경제성장은 마셜 플랜보다 먼저 이루어졌고, 1945년까지 거슬러 올라갔다. 독일을 제외한 모든 서유럽 국가가 1938년보다 (마셜 플랜 원조가 흘러나오기 시작한 해인) 1948년에 이미 더 높은 자본 형성을 기록했다. 그리고 국민총생산이 독일에서만(심하게), 그리고 이탈리아에서만(살짝) 10년 전보다 낮은 수준에 머물렀다. 그러나 마셜 플랜은 의심의 여지 없이 복구를 북돋웠다. 서유럽 국민총생산 지수가 (1938년을 100으로 잡아서) 1948년부터 1950년 사이에 87에서 102로 올랐고, 장기적인 급상승이 시작되었다. 수출량도 크게 늘었고, 런던 자본시

현재의 독일 영토.

610) European Recovery Plan. 제2차 세계대전 뒤에 유럽의 경제를 복구해서 공산주의의 확산을 막고자 1947~1951년에 16개 서방 국가에 행한 미국의 원조 프로그램. 제안자인 조지 마셜 국무장관의 이름을 따서 마셜 플랜(Marshall Plan)이라고도 불렸다.

장의 부활이 유럽 안팎의 무역을 도왔다. 특히, 운송망 재건에 대한 투자와 기반 시설의 현대화가 마셜 플랜 원조에서 이득을 보았다.

대서양 양편에 있는 원조 프로그램 옹호자들은 당시에 마셜 플랜이 경제 붕괴로부터 '유럽을 구하기'에 관한 것이라고 주장했다. 이것도 과장이었다. 비록 유럽이 분명히 1947년에 격심한 경제문제와 여전히 씨름하고 있었을지라도 말이다. 농업 산출량이 전쟁 전보다 3분의 1 더 적었다. 이때까지 공업 생산량이 아직 전전 수준으로 회복되지 못했다. 주택과 식량의 부족이 심했다. 이 부족 사태는 공업 생산이 아직 부진한 독일에서만 유난히 극심하지는 않았다. 서방 연합국에 더더욱 명백해지고 있듯이, 독일 경제가 회복되지 않으면 유럽 대륙의 나머지 지역이 지체될 터였다. 수요가 억눌린 데다가 화폐 공급이 구입 가능한 상품의 양을 앞질러서 인플레이션으로 회복의 가망성이 크게 저해되었다. 헝가리와 루마니아와 그리스에서 통화가 붕괴했다. 프랑스 물가는 전쟁 전 수준의 4배였다. 화폐 유통량이 독일에서는 1938년의 7배였고, 이탈리아에서는 20배였다. 담배나 다른 상품이 가치를 잃은 통화를 물물교환 경제에서 대체했다. 인플레이션은 평가절하를 통한 통화개혁과 긴축 조치로 다만 점진적으로 제어되었다.

그러나 1947년까지 유럽 경제의 회복을 가로막는 주요 문제는 (절실히 필요한 원료 수입과 투자를 위한 자본재에 지급할 달러가 모자란) '달러 부족 사태'였다. 이 불균형은 달러에 고정된 통화에 바탕을 둔 무역 자유화를 위해 겨우 세 해 전에 브레턴우즈 회담에서 신중하게 고안된 협정을 망쳤다. 경제 회복의 지속을 가로막는 이 장애물이 바로 마셜 플랜이 이겨내려는 대상이었다. 유럽 국가들에 (미국 국민총 생산의 2퍼센트인) 120억 달러 이상이 4년의 기간에 걸쳐 주어졌다. 영국이 최대 수혜자여서 서독에 주어진 금액의 2배 이상을 받았는데, 그 금액은 거의 모두 영국의 빚을 갚는 데 들어갔다. 그러나 마셜 플랜의 효과는 이전에는 적국이었던 서독과 이탈리아와 오스트리아에서 가장 컸다. 이 나라들은 이제는 자국이 더는 적국이 아니라 장기적 회복과 정치적 안정성의 전망을 제시하는 미국 주도의 기획에 속한다고 느끼게 되었다.

마셜 플랜은 결코 이타적이지 않았다. 마셜 플랜 아래에서 구매되는 물건의 대다수는 미국으로부터 구입되었으므로 마셜 플랜은 유럽의 사업뿐 아니라 미국의 사업에도 도움이 되었다. 그러나 마셜 플랜은 경제적 고려를 넘어서서 명백히 정치적이었다. 그 구상부터 마셜 플랜은 갓 시작된 냉전에서 하나의 무기로 간주되었다. 유럽을 경제적으로 강하게 만들기는(그리고 휘청거리는 경제 거인인 독일을 유럽 안에서 재활성화하기는) 유럽 대륙의 서쪽 절반을 미국의 이해관계에 묶어 놓아서 소련의 팽창주의에 가장 굳건한 장벽을 놓을 터였다.

소련을 포함한 유럽의 모든 나라에 마셜 플랜 원조가 제안되었다. 그러나 마셜이 스스로 예상(하고 희망)한 대로, 소련은 그것을 거부했고, 자국의 세력권 안에 있는 (무척 못 내켜하는 폴란드와 체코슬로바키아를 비롯한) 나라들에 자국과 똑같이 행동하라고 강요했다. 있음 직한 소련의 반발을 피하고 싶어 하는 핀란드도 거부했다. 스탈린의 마셜 플랜 원조 거부는 결정적 행보였다. 그것은 큰 실수였을까? 동유럽은 거부한 탓에 마셜 플랜이라는 자극이 주었을 수도 있는 그 어떤 가능한 혜택도 얻지 못했다. 그리고 유럽인 수백만 명이 보기에 마셜 플랜은 정치뿐 아니라 도덕에서도 미국에 우위를 안겨 주었다. 그러나 스탈린의 관점에서는, 소련과 소련 위성국들의 안보가 미국의 우월한 경제력에 취약하다고 걱정했으므로 마셜 플랜 원조를 거부하면 동유럽에서 소련의 힘을 공고하게 만드는 데 서방이 참견할 수 없도록 확정되었다. 그의 두려움은 미국으로부터 받는 경제원조가 소련의 위성국들에서 소련의 정치적 지배를 뒤흔들었을 수단이었으리라는 것이었고, 그럴 공산이 아주 컸다. 스탈린의 결정은 유럽이 확실하게 쪼개져서 두 동강 난다는 뜻이었다.

소련 세력권 밖에 있는 16개 유럽 국가가(그리고 독일 서부지구들의 대표들이) 나서서 마셜 플랜의 이행을 조율할 유럽경제협력기구[611]를 1948년 4월에 구성했다. 이 기구는 그저 철의 장막이라는 선을 따른 분단이 아니라 서유럽 국가들 자체 사이의 지속적 분단으로 판명될 것의 전조였다. 미국은 서유럽의 경제적인, 그리고 정치적이기도 한 통합을 구상했다. 마셜 플랜은 이 방향으로 가는, 비록 하나의 초국가 조직을 끌어들이기는 해도, 처음에는 유럽의 관세동맹으로 향하는 발걸음에 입각해 있었다. 미국은 새로운 서유럽을 자국의 구상에 따라 구성할 생각을 했다. 그러나 유럽 국가들은 자국의 개별 국익에 따라 움직였다. 이 국익은 유럽의 통합이라는 미국의 구상을 곧 흐트

---

(611)　Organization for European Economic Cooperation, OEEC. 마셜 플랜을 효율적으로 집행하고자 유럽의 18개국이 1948년 4월에 만들어 1961년까지 존속한 기구.

러뜨리고, 그다음에는 망칠 터였다. 미국 외교관 조지 케넌이 위압적으로 표현한 대로, 유럽인에게는 유럽을 위한 새로운 "설계도"를 그릴 정치적 역량도 없었고, "미래상의 명료성"도 없었다. 스칸디나비아 국가들은 "러시아에 관해 병리적으로 신경과민 상태"였고, 영국은 "심하게 아프고," 다른 나라들은 영국을 괴롭히는 통합 의지 결여라는 동일한 병을 앓았다.

프랑스 지도자들은 자국의 국익을 다른 무엇보다도 독일의 재건이라는, 그리고 루르 지역 중공업의 경제력에 다시 의존할 수 있는 군사력의 일신이라는 전망에 맞서는 안보를 제공하는 것으로 여겼다. 이 최고 이해관계는 미국이 선호하는 유형의 자유무역 경제 통합에 아주 잘 들어맞지는 않았다. 프랑스 나름의 전후 재건 계획은 독일의 석탄과 코크스의 이용권을 보장할 루르의 국제화에 기초해 있었으며, 그 과정에서 독일을 영구히 약하게 만들 터였다. 그러나 1948년 6월에 서방 연합국들이 단일한 서독 국가를 세우기로 결정했을 때, 프랑스는 자국의 정책을 독일의 연료 자원과 철강 생산의 할당에 대한 향후 협력의 정책으로 바꿔야만 했다. 그것은 훗날 유럽경제공동체[612]의 토대를 이룰 중대한 프랑스·독일 협약의 기원이었다.

영국에는 아주 다른 국익이 있었다. 런던의 정책 입안자들에게는 마셜 플랜에서 구상된 (향후 통합의 명백한 출발점인) 유럽 관세동맹에

612)   European Economic Community, EEC. 프랑스, 서독, 이탈리아, 벨기에, 네덜란드, 룩셈부르크가 각국의 시장을 단일 시장으로 통합하고자 1958년 1월 1일에 창설한 기구. 회원국이 12개국으로 늘었고, 1993년에 유럽공동체(European Community)로 이름이 바뀌었다.

서 영국에 불리한 점들만 보였다. 고위 공무원들은 "유럽과의 장기적 경제 협력에는 우리가 좋아할 만한 것이 없다"고 믿었다. 그들은 그 같은 조처가 결국은 영국을 해로운 경제적 경쟁에 처하게 만들고, 국내에서 회복을 위한 독자적 조치를 취하지 못하도록 막고 달러 유출을 심화해서 미국의 원조에 종속된 상태를 강화할 거라고 두려워했다. 특히, 영국의 국익은 영연방과의 유대와 세계무역의 소생에 있어 보였다. 마셜 플랜 배후의 핵심 인물 가운데 한 사람인 미국 외교관 윌리엄 L. 클레이턴William L. Clayton의 다음과 같은 평가는 진실에 가까웠다. "영국의 문제점은 영국이 대영제국과 제국을 이끄는 자국의 지위를 우리의 도움으로 어떻게든 보전할 수 있으리라는 희망을 품고 고집을 피우며 버티고 있다는 것입니다." 조지 마셜이 직접 요약한 대로, 영국은 "전적으로 유럽 국가는 아니라는 지위를 유지하는 동시에 (…) 유럽 프로그램에서 한껏 이득을 얻고" 싶어 했다. 더 작은 유럽 국가들 가운데 몇 나라가 영국과 비슷한 입장을 취했다. 따라서 유럽 경제 통합이라는 미국의 목표는 애초에 성공할 가망이 없었다. 유럽의 경제 협력이 차츰차츰 대두할 때, 이 협력은 마셜 플랜이 아니라 뒤이은 루르의 석탄과 철강에 관한 프랑스·독일의 관계 회복에서 유래할 터였다. 그리고 영국은 그 협력에 관여하지 않을 터였다.

1948년 가을에 유럽의 경제적 분리는 정치적 분리와 짝을 이루고 있었다. 소련은 이른바 "유럽을 노예로 삼으려는 미국의 계획"을 저지한다는 목표를 명시하고—코민테른의 후속 조직인—코민포름(공산당 정보국)을 10월에 세웠다. 소련은 세계가 (미국이 지배하는) 제국주의 진영과 (소련의 영향을 받는) 민주주의 진영으로 나뉜다고 말했다.

1949년 1월까지 소비에트 진영은 나름의 경제 틀인 경제상호원조회의[613]를 미국이 주도하는 마셜 플랜의 대응물로 창설했다.

마셜 플랜은 유럽이 두 적대 진영으로 분단되는 것을 확정했다. 서독 국가를 만들어내는 조처가 그 분단을 굳혔다. 1948년 6월에 서방 연합국들은 서독 국가의 수립에 동의했으며, 경제를 되살릴 재정 기반을 제공하고 많은 독일인이 나중에 자국으로서는 제2차 세계대전의 실질적 종식으로 간주하게 되는 통화개혁을 도입했다. 독일마르크[614]가 도입되고 그 뒤 곧바로 많은 생산품의 가격 통제가 해제되자 암시장이 빠르게 사라지고 경제의 정상 상태가 시작되었다. 소련은 동부 점령지 나름의 새 통화로 대응했다. 훨씬 더 위협적으로, 소련은 서부 점령지들과 (도시 자체는 4개 열강의 관리 아래 있지만 소련 점령지 약 150킬로미터 안쪽에 있는) 수도 베를린 사이의 육상 연결로를 봉쇄했다.

소련의 목표는 서방 연합국을 베를린에서 쫓아내는 것이었다. 미국은 베를린을 시범 판례로 여겼다. 체코슬로바키아의 공산당 쿠데타가 그들의 뇌리에 생생했다. 미국은 베를린에서 철수하면 소련이 힘을 뻗쳐서 서유럽까지 옥죄는 사태가 시작될까 봐 두려워했다. 베

---

613)　Council for Mutual Economic Assistance, COMECON. 미국의 마셜 플랜에 대항하고자 소련의 주도 아래 1949년에 결성되어 1991년까지 존속한 사회주의 국가들의 경제 협력 기구.
614)　Deutsche Mark. 약칭은 D-Mark. 1948년에 라이히스마르크를 대체하는 통화로 도입되어 서독과 통일 독일에서 2002년까지 사용된 독일의 공식 통화.

를린 봉쇄는 연합국의 급조된 항공 수송으로 깨졌다.[615] 1948년 6월 26일에 항공 수송이 개시되어 321일에 걸쳐 수행된 27만 8000건의 비행으로 보급 물자 230만 톤이 봉쇄된 베를린 서부 지구 주민에게 전달되었고, 1949년 5월 12일에 스탈린이 봉쇄를 풀어서 마침내 패배를 인정했다. 서방 열강에 그 항공 수송은 자연스레 프로파간다의 승리를 제공했고, 공산주의 세력의 확산에 맞선 안전장치로서 유럽에 머물겠다는 미국의 태세와 결단을 표시했다.

5월 하순에 서독 대표들이 이제 독일연방공화국(서독)으로 예견되는 것을 위한 '기본법,' 즉 헌법을 작성했다. 1949년 9월 20일에 독일연방공화국이 정식으로 출범했다. 이 무렵이 되면 소련은 자국의 점령지에 별개의 국가가 만들어지는 것을 담담히 받아들였다. 10월 7일에 예전의 동부 점령지에 독일민주공화국이 건립되면서 독일의 분단이 향후 (많은 이가 '영구히'라고 추정한) 무기한으로 확정되었다.

극히 짧은 기간에 독일은 서방인의 눈에 유럽 대륙의 향후 안보에 대한 위협에서 소련의 팽창에 맞서는 보루로 바뀌었다. 프랑스와 영국은 1947년 3월 됭케르크에서 만나서 미래에 있을 수도 있는 독일의 침공에 여전히 대항하는 방위조약을 맺었다. 이 조약은 한 해 안에 (네덜란드와 벨기에와 룩셈부르크가 추가로 서명해서) 브뤼셀조약으로 확대되었다. 그러나 이때쯤이면 더는 독일이 아니라 소련이 주요 위

---

(615)   독일 통치를 둘러싸고 서방과 대립한 소련이 1948년 6월 24일에 서베를린을 봉쇄하여 물자 부족 사태가 일어나자 미국과 영국이 26일부터 11개월 동안 식량과 생활필수품을 항공기로 서베를린에 운송하기 시작했다.

협으로 여겨지는 변화가 일어나고 있었다. 소련의 힘에 대한 커지는 두려움은 유럽 대륙에 무기한 머무르겠다는 미국의 확약과 더불어, 서유럽 방위를 위한 안보 협약에 미국을 정식으로 편입하는 것이 결정적이라는 뜻이었다. 뒤를 받쳐 주는 미국의 군사력이 없다면 유럽이 위험에 얼마나 노출되어 있는지를 철저히 드러내 준 베를린 위기는 잠재적인 소련의 팽창주의에 대한 장벽으로서 대서양 동맹의 창출에 가하는 박차였다.

1949년 4월 4일에 브뤼셀조약 조인국들이 미국, 캐나다, 이탈리아, 포르투갈, 덴마크, 노르웨이, 아이슬란드와 함께 워싱턴조약에 서명해서, 그들 가운데 어느 한 나라라도 공격당할 경우에 상호 지원을 확약하는 북대서양조약기구North Atlantic Treaty Organization, NATO(나토)를 세웠다. 북대서양조약기구는 자체의 보잘것없는 방위가 제공할 수 없는 안전감을 서유럽에 제공했다. 나토의 중요성은 서유럽 방위에 대한 통일된 확약의 표현으로서 꽤 상징적이었다. 북대서양조약기구는 실제로는 무화과 잎사귀였다. 소련의 지상군 병력은 서방 연합국의 지상군 병력보다 수적으로 12대 1까지 우세했고, 유럽에 주둔한 서방 연합국 지상군 14개 사단 가운데 단 2개 사단만이 미군이었다.

유럽의 안보는 어쨌든 이내 재고되어야 했다. 1949년 8월 29일에 소련이 자국의 첫 원자폭탄을 오늘날의 카자흐스탄에 있는 한 실험장에서 터뜨렸다. 그것은 서방에 충격이었다. 미국은 자국의 핵무기 우세가 훨씬 더 오래 지속될 것으로 생각했다. 그 대신에 두 군사 초열강은 이제 유럽의 커다란 분수계를 이루는 철의 장막의 맞은쪽을 서로 째려보았다. 양쪽의 핵무기 보유고가 급속히 늘어나면서 이제 냉전이 빠르게 얼어붙어서 적대하는 양대 세력권으로 나뉘었다. 냉전은 다음 40년 동안 그 상태로 남아 있을 터였다.

1949년이 되면, 동유럽과 서유럽이 둘 다 (사뭇 다른 방식으로) 어수선했던 네 해 전에는 예견하기 불가능했던 수준의 안정과 경제성장으로 가는 도중이었음이 더 분명해지고 있었다. 제1차 세계대전 뒤에 오랫동안 지속된 혼란과의 대조는 뚜렷했다. 무엇 때문에 그랬을까?

독일의 대열강 야망의 종식, 전쟁범죄자 및 부역자 숙청의 충격, 지속적 형태로 확정된 유럽의 분단, 1940년대 말 무렵에 도약하기 시작하던 경제성장, 원자폭탄(그리고 곧 수소폭탄) 전쟁의 새로운 위협이라는 다섯 가지 결정적 요인이 어우러져서 예상 불가능한 변혁의 토대가 마련되었고, 그 변혁은 1950년대 동안 비로소 완전히 실현되었다.

제1차 세계대전 이전 시기부터 1945년까지 유럽사에 면면히 흐르며 상처를 내는 결정적이고 파괴적인 연속성의 요인 하나는 세계열강이(심지어 지배적인 세계열강이) 되려는 독일의 야망이었다. 그 야망은 1914년이라는 폭발의 일부 배경을 이루었고, 심하게 확대된 공격성을 띠고서 1933년 뒤에 되돌아와서 1939년에 제2차 세계대전으로 곧바로 이어졌다. 그러나 그 야망은 1945년의 철저한 패배로 최종적으로 완전히 꺾였다. 유럽의 핵심부에서 커다란 힘을 지닌 이 지정학적 격동이 제거되자 유럽 대륙에 (심지어 냉전의 분단 속에서도) 새 기회가 주어졌다.

최악의 전쟁범죄를 저지른 자와 부역자의 숙청은 아무리 불충분하고 불만족스러웠을지라도 나치즘과 부역 행위의 희생자들에게 웬만큼의 카타르시스를 주었을 뿐 아니라 극우의 폭력 정치가 1918년 이후에 했던 대로 사회에 독을 풀 기회를 갖지 못한다는 것을 뜻했다. 전간기의 정치적 불안정성의 결정적 요소 하나가 거의 다 사라졌다. 비록 끔찍한 유혈 사태 속에서 이루어졌을지라도, 동유럽에서 국경이 변하고 인구가 이동하면서 전간기에 존재했던 인종적 동질성의 정도가 훨씬 더 높아졌다. 그렇게 되면서, 비록 소련의 혹독한 억압 아래에서였을지라도 유럽 대륙의 동쪽 절반이 더 평온해졌다.

기이해 보일지 모르지만 유럽을 갈라놓은 철의 장막은, 몇십 년 동안 소련의 지배를 받는 신세가 된 동유럽 민족들에게는 심한 고통이었을지라도, 안정의 밑바탕으로 판명되었다. 소련이 동유럽에 견고하기 이를 데 없는 통제력을 행사하면 할수록, 이에 미국은 서유럽에 영향력을 행사해서 맞서려는 결의를 더 다지게 되었다. 곧 한 방향의 흐름으로 난민 수백만 명이 쏟아져 나오는 철의 장막의 구멍이 될 베를린은 연합국의 1948년 항공수송 작전 뒤에 미국의 서방 방위의 상징으로 바뀌었다. 미국의 존재와 그것이 제공하는 보호감 없이는, 서방에서 반공산주의의 이념적 외투막을 만들어내는 데 도움을 준 안정성의 정도에 근접하는 어떤 것을 상상하기가 어렵다.

서유럽으로 팽창해 들어가려는 소련의 군사 계획은 (그 같은 팽창이 당시에는 명백히 두려움을 샀을지라도) 존재하지 않았다. 그러나 서방 경제를 재건하고 연약한 정치체제를 떠받쳐 주고 방위 우산을 제공해 주고 공산주의의 위협에 대한 프로파간다 공격을 주도하기 위한 미국의 후원이 없었다면, 서유럽의 공산당들이 더 큰 지지를 얻어서 다원주의적 민주주의를 세울 가망을 줄였음 직하다. 만약 미국이 처음에 의도했던 대로 1947년까지 유럽에서 물러났다면, 심하게 약해진 예전의 유럽 강대국인 프랑스와 영국에 서유럽의 성공적 재건을 지휘할 역량이 있었을지 의심스럽다. 미국이 유럽에서 물러나지 않았기에 유럽에서 자본주의의 승리가 보장되었다. 그것이 반드시 두루두루 환영받지는 않았다. 좌파는 특히나 그것을 싫어했다. 많은 이가 본 바대로, 점증하는 유럽의 '미국화'는 모든 곳에서 따뜻한 환영을 받지는 않았다. 전쟁 이전처럼, 몇몇 집단에서는 미국화가 유럽 문화가 퇴락한다는 표시라며 일축되었다. 그러나 지속되는 미국의 존재로 생기는 불리함이 무엇이든, 불리함보다는 유리함이 훨씬 더 컸다. 미국의 비호 아래에서 서유럽은 나름의 통합 형태를 찾아내 근과거의 민족주의적 위험을 떨쳐내기 시작할 기회를 얻었다.

이것은 만약 전후의 내핍에도 불구하고 곧 뚜렷해지기 시작한 전례 없는 수준의 번영을 위한 기반이 경제성장으로 마련되지 않았더라면 여하튼 가능하지 않았을지도 모른다. 마셜 플랜은, 비록 그 성장의 원인은 아닐지라도, 서유럽에서 미래를 위한 새 희망의 상징이었다. 1920년대에 경제 안정을 해치는 데 일조했던 배상금 대신에 미국의 차관이라는 추동력이 있었다. 마셜 플랜 원조는 중요한 자양분과, 1951년의 한 보고서의 표현처럼, "스스로 회복해낼 힘"을 유럽 경제에 주었다. 그 급성장의 배후에는 어마어마한 양의 예비 노동과 생산능력, 억제된 수요, 기술혁신이 있었다. 제1차 세계대전 뒤에 판을 쳤던 식으로 시장의 힘에 기대어 전쟁 이전의 조건을 복원한 결과를 보고 배운 교훈과 성장을 자극하는 케인스식 통화정책 기법의 적용도 중대한 역할을 했다. 그리고 서유럽은 기술이 앞서고 번영하는 미국과 경제적으로 전보다 더 긴밀하게 엮이게 되었다.

동유럽은 마셜 플랜 원조를 거부하면서 곧 유럽 대륙의 서쪽 절반에 한참 뒤처지게 되었다. 그러나 소련의 끊임없는 억압 아래에서 동유럽에서도 전쟁 뒤에 경제성장에 속력이 붙었고, 물질적 진보는 인상적이었다. 전간기에 못사는 저개발 사회가 민족주의의, 인종의, 계급의 갈등으로 갈가리 찢겼던 곳에 이제는, 아무리 과정이 강압적이었을지라도 상대적인 번영과 안정의 기반이 있었다.

끝으로, 핵무기가 철의 장막 양쪽에서 정신을 바짝 차리도록 만들었다. 어마어마한 파괴력을, 히로시마와 나가사키를 파괴했던 원자폭탄보다 훨씬 더 큰 위력을 곧 지닐 그 같은 무기의 존재는 너무나도 무서운 전망을 제시했기에 새 초강대국 사이에 꼭 냉전만은 아닌 열전熱戰이 일어날 가능성이 줄어들었다. 수소폭탄이 나타나면서 미국과 소련은 1953년이 되면 '상호확증파괴mutually assured destruction'(어울리게도 약칭이 'MAD'이다)의 잠재 가능성을 획득했다. 핵무기 보유는 곧 유럽에서 가장 치열한 다툼이 벌어지는 국내 정치 요인들 가운데 하나가 될 터였다. 일단 (대열강이 모여 앉는 탁자의 상석을 계속 차지하고 밀려나지 않으려고 안달인) 영국과 프랑스가 핵무기를 지니자 특히 더 그러했다. 그러나 핵무기가 일단 나타나자(그리고, 미국이 그랬듯이, 1945년에 실제로 두 번 사용되자) 사라지기를 바랄 수 없었다. 놀랍지 않게도, 핵무기의 존재 바로 그것이 두렵게 여겨졌고, 핵무기가 언젠가 사용될 수도 있다는 가능성은 완전한 공포로 여겨졌다. 그러나 재앙과도 같은 제3차 세계대전을 일으킬 수도 있을 초강대국의 핵무기

대결 가능성이 1918년에 유럽의 첫 번째 대참화가 끝났을 때는 결코 가능하지 않았던 안정성을 1945년 이후 분단된 유럽에서 확립하는 데 결정적이었을 공산이 (비록 실질적으로 입증할 수는 없을지라도) 아주 커 보인다.

1945년에 유럽의 미래는, 유럽에 미래가 있다고 보인 한에 있어서, 독립 국민국가들의 대륙의 미래로 보였다. 그리고 유럽은 두 동강 난 절반으로 고착되었을 때에도 여전히 국민국가들의 대륙이었다. 그러나 이것이 바뀌기 시작했다. 소련의 군사력은 동유럽에서 국가 이익이 소련의 이익에 급속히 종속된다는 것을 뜻했다. 국민국가의 주권이 금세 사라졌다. 서유럽의 국가들은, 비록 차츰차츰 미국의 영향을 받았을지라도 국가 주권의 침해에 더 예민했다. 영국과 프랑스보다 더 그런 나라는 없었다.

제2차 세계대전 이후 첫 몇 해 동안 초국가 정치체에 관해 말하는 이는 거의 없었고, 윈스턴 처칠은 1946년에 '유럽합중국'을 구상할 때 자기가 제안하는 새 정치체에 영국을 넣지도 않았으며 (그가 영국이 꼭 들어가 있어야 한다고 고집하는 범주인) 대열강의 지배를 아직 받지 않는 세계를 상상하지도 않았다. 그러나 대두하는 냉전과 경제 성장의 싹이 민족주의적 경쟁으로 죽지 않도록 해야 할 필요성이 결합하면서 서유럽의 경제와 안보 양자를 더 조정하고 통합하라는 압력이 나오기 시작했다. 1948년의 유럽경제협력기구의 구성은, 그리고 이듬해의 북대서양조약기구와 (법치 및 기본 인권의 옹호와 관련된 문제에서 유럽 차원의 협력에 전념하는) 유럽평의회[616]의 구성은 수수한 시작이었다. 이상주의와 실용주의를 결합하는 이 기구들은 여러 국가의 이익과 더 큰 차원의 유럽 통합의 조정으로 가는 길에 내디딘 아직은 꽤 작은 발걸음이었다.

유서 깊은 분열은 여러 국가의 이익을 신속하게, 또는 일괄적으로 넘어서기에는 너무 깊었고, 특히나 영국은 자국의 지위나 주권이 어떻게든 위축될라치면 질색했다. 프랑스가 루르의 석탄 및 철강 생산의 합동 관리를 위해 1950년에 (쉬망 플랜[617]이라는) 기획안을 내놓았을 때, 유럽 통합이라는 이상주의적 개념보다는 독일연방공화국의 건립 이후 독일의 재무장 가능성의 억제를 통한 국가 안보라는 문제가 더 중요했다. 그러나 그 기획은 (하나의 '공동 시장'으로, 그리고 나름의 운영 기구를 가진 유럽경제공동체의 창설로 이어질 경로의 시작이었으니) 결정적 행보임이 판명되었다.

자체 안에서 분열되어 있지만 곧 각 부분이 전쟁이 끝났을 때 가능해 보였던 것보다 더 굳건한 기반 위에 서 있는 새로운 유럽이, 모든 확률에 어긋나게도, 잿더미에서 뛰쳐나와 뚜렷한 모습을 아주 빠르게 갖추었다. 미래는 정해져 있지 않았다. 그러나 살아 있는 사람들의 기억이 생생하게 남아 있는 근래에, 즉 유럽 대륙이 하마터면

---

616) Council of Europe. 긴밀한 상호 협조를 통해 유럽의 경제와 사회의 발전을 도모하고자 서유럽 10개국이 1949년 5월 5일에 설립한 국제기구. 오늘날에는 회원국이 유럽의 47개국으로 늘어났다.

617) 프랑스의 로베르 쉬망(Robert Schuman) 외무장관이 1950년에 제창한 프랑스와 독일의 석탄·철강 공동 운영 계획. 이 계획에 따라 유럽석탄철강공동체를 세운다는 조약이 1951년 프랑스, 독일, 이탈리아, 베네룩스 3국 사이에 맺어져 이듬해 발효했다.

자기파괴를 할 뻔했던 몇십 년 동안 상상할 수 있었던 것보다 더 안정되고 번영하는 유럽의 가능성이 가장 끔찍한 역대급 전쟁으로 몸과 마음에 난 흉터가 사라지지 않는 가운데서도 대두하고 있었다.

1.

독일 현대사 전공자인 저자 이언 커쇼는 아돌프 히틀러와 독일 나치즘의 최고 권위자 가운데 한 사람이며, 20세기에서 21세기로 넘어가는 세기 전환기에 즈음해서 학계와 대중의 주목을 받는 블록버스터급 학술서를 줄줄이 써내 대가 역사학자의 반열에 올라섰다. 커쇼의 숱한 명저 가운데 지금까지 우리 말로 옮겨진 책으로는 2부작 히틀러 평전이 있다.

커쇼는 워낙은 중세 유럽 경제사 전문가로 역사학계에 데뷔했다. 그랬던 그가 방향 전환을 해서 20세기 현대 독일의 사회사를 연구하게 된 계기는 흥미로우면서도 시사적이다. 중세 독일의 농민을 연구해서 더 깊이 있는 중세사학자가 되고자 독일어를 배웠던 커쇼는 서른 살이었던 1972년에 독일의 바이에른에 들렀다. 뮌헨의 한 카페에서 영국인인 커쇼와 이야기를 주고받게 된 한 독일 노인이 그에게 이런 말을 했다. "너희 영국인은 바보야. 너희 나라가 우리 나라와 한편이 되었더라면 좋았을 거야. 함께했더라면 우리가 볼셰비즘을 쳐부수고 세계를 지배할 수 있었을 텐데 말이지!" 그러고는 한마디를 더 보탰다. "유대인은 비열한 족속이라니까!"

나치즘이 히틀러를 비롯한 소수 광신자 집단의 전유물이 아니라 독일 사회의 동조를 얻어 활개를 쳤던 이념이었다는 사실을 확연히 드러내 주는 이 말을 들은 뒤에 커쇼에게는 독일의 평범한 사람들이 나치즘을 지지하게 되는 과정과 그 지지의 원인을 알고 싶다는 생각이 들었다. 중세사학계로서는 안타까운 순간이고 현대사학계로서는 반가운 순간이었다고 하지 않을 수 없다.

2.

숱한 독일인이 한때 품었던, 그리고 나치 독일의 패망 뒤에도 적잖은 독일인이 쉽사리 떨쳐내지 못한 속내를 드러낸 그 노인과 대화를 나눈 뒤에 연구 주제를 바꾼 커쇼는 독일의 위대한 역사학자 마르틴 브로샤트Martin Broszat를 스승으로 모시고 파시즘, 나치 독일, 히틀러 등 하나같이 굵직굵직한 주제를 파고들면서 탐구를 거듭했다. 커쇼의 말마따나, 독일은 유럽 "대륙의 핵심부에 있는 나라"다. 지금도 그렇지만, 독일은 유럽에서 일어나는 변화의 영향을 고스란히 받았으며, 다른 한편으로 독일의 격동에서 나오는 충격파는 그대로 유럽 전체로 퍼져나갔다. 커쇼가 독일 현대사에 품게 된 관심이 전체 유럽의 현대사로 확산되는 것은 어찌 보면 필연이었을지 모른다. 역사가로서 원숙해진 커쇼는 지난 세기 유럽의 현대사를 개관하는 개설서를 2010년대 중엽에 내놓았다. 바로 20세기 유럽사 2부작이다. 그리고 이 책은 그 2부작의 제1권이며, 파란만장한 20세기의 절반을 다룬다.

커쇼가 그려내는 20세기 전반기의 유럽은 일종의 '지옥'이다. 영어판의 원제에도 들어 있지만 이 책의 본문에는 지옥hell이라는 낱말이

스무 번 넘게 나온다. 유럽은 지옥과 다를 바 없는 시대를 헤쳐가며 살아남아야 했다. 유럽의 20세기 전반기는 제1차 세계대전으로 시작해서 제2차 세계대전으로 끝났으며, 그사이에는 혁명과 대공황이 끼어 있었으니 그럴 만도 하다. 그러면서도 커쇼는 "20세기는 예사롭지 않게 인상적이고 비극적이고 한없이 매혹적인 세기"였다고 평가한다. '죽다 겨우 살아나다'라는 책의 본제처럼 유럽이 죽음을 떨치고 되살아나서 다시 비약했으니, "한없이 매혹적인 세기"라는 표현이 적잖은 설득력을 지닌다.

3.

대가라도 개설서를 쓰기는 쉽지 않다. 대가라서 그럴 수도 있다. 역사 서술도 대작 회화와 마찬가지여서, 지난날 인간사의 전체 구도에 몰입하다 보면 세부 묘사가 취약해지고 세부 묘사에 치중하다 보면 전체 구도가 허술해지기 마련이다. 역사 서술의 전체 구도와 세부 사항의 적절한 균형이 잡히면 좋은 역사 개설서가 된다. 이 책이 그렇다.

커쇼는 구도를 확실하게 잡고서 세부를 섬세하게 그려냈다. 그는 유럽을 지옥과도 같은 위기에 빠뜨린 4대 요인으로 "첫째, 인종주의적 민족주의의 폭발. 둘째, 거세고도 조정 불가능한 영토 개정 요구. 셋째, 격심한 계급 갈등. 넷째, 자본주의의 장기 위기"를 제시하면서 이 요인들을 하나하나 분석하고 더 나아가 그 4개 요인이 서로 맞물리면서 폭발력을 키우는 과정을 탐구한다. 그러나 자칫 뻑뻑한 느낌을 줄지도 모를 그 분석과 탐구는 생생하고도 흥미로운 여러 일화와 어우러지면서 역동성과 생동감을 얻는다. 비중에서는 차이가 있을지

몰라도 영국, 프랑스, 독일, 러시아는 물론이고 유럽을 구성하는 소국들도 빠짐없이 다뤄진다. 유럽사라고는 하지만 튀르크(터키)에게도 얻어 마땅한 발언권이 주어진다.

이렇듯 커쇼가 독자들에게 내놓은 이 책에는 요리로 치자면 영양이 넘친다. 물론, 몸에 좋은 영양은 풍부한데 맛은 없는 요리도 없지 않다. 그런데 커쇼의 요리에는 풍미를 돋우는 양념도 적절하게 들어가서 맛도 좋다. 역사의 세찬 소용돌이에 휘말려 든 보통 사람들의 애환 어린 삶의 단면, 야만스럽기 이를 데 없는 전투에 이골이 난 평범한 군인들의 심리, 감수성 풍부한 예술가들의 예리한 정서를 섬세하게 잡아내는 묘사가 이 책의 곳곳에 적절하게 배어 들어가 있어서 지루할 틈이 없다. 스포츠 애호가임이 분명한 커쇼가 책 도입부에서 한 스포츠 비유와 본문 몇 군데에 집어넣은 스포츠 이야기로 말미암아 감칠맛까지 돈다. 독자는 대가의 솜씨와 더불어 재치까지 느낄 수 있을 것이다.

4.

한국 출판 시장의 상황이 날이 갈수록 오히려 척박해지는 터에 이른바 '벽돌 두께'의 유럽사 번역서를 펴내겠다는 결단을 흔쾌히 내려준 이데아출판사에 감사의 마음을 전한다. 이데아출판사가 커쇼의 20세기 유럽사 2부작의 가치를 알아보고 한국어판 출간을 결단해 준 덕택에 이 책이 세상에 나와 빛을 볼 수 있었다. 또한 옮긴이가 번역 과정에서 미처 잡아내지 못한 자잘한 실수와 잘못을 짚어 주고 꼼꼼히 문장을 다듬어 준 편집자에게도 고마움을 전하고 싶다.

자, 이제 지성적인 독자들의 반응을 차분히 기다릴 때다. 이 두툼한 책을 펼쳐 들고 지난 세기의 전반기에 '죽다 겨우 살아난' 유럽이 걸었던 굽이굽이 길을 이언 커쇼의 안내를 받아 따라간 독자라면 마지막 쪽을 넘긴 다음에 해야 할 일이 하나 남아 있다. 이 역사서가 2부작의 제1권이라는 점을 머릿속에 떠올리는 것이다. 내친 김에 물리적으로나 학술적으로나 이 제1권과 같은 부피와 무게를 지닌 제2권을 구해 읽으면서 나머지 20세기 후반기를 마저 경험해 봐야 하지 않을까? 제2권의 제목은 '롤러코스터를 타다!'이다. 이 책 못지않게 짜릿하지 않겠는가?!

2020년 가을 류한수

끈 하나는 얼마나 길까? 20세기 유럽의 참고문헌도 그렇게 길다. 그래서 어쩔 도리 없이 무척 선별적인 다음의 목록은 흥미롭고 내가 이 책을 쓰는 데 유용했던 저작에 국한된다. 이 목록에는 몇몇 전문 연구 단행본과 학술지 논문만 들어가 있다. 둘 다 모든 역사학 연구를 이루는 데 없어서는 안 될 구성 요소다. 20세기에 중요한 실마리를 던지는 픽션이 있을 수도 있겠지만, 나는 픽션을 넣지 않았다. 나는 대체로 영어 개설서에 집중했다. 이 여러 영어 개설서에는 특정한 나라나 주제에 관한 상세한 자체 참고문헌이 들어 있다. 내가 당대의 짧은 인용문을 제공하려고 이용한 저작들은 별표로 표시되어 있다.

Abelshauser, Werner, Faust, Anselm & Petzina, Dietmar (eds.), *Deutsche Sozialgeschichte 1914-1945*, München, 1985.

Adamthwaite, Anthony, *Grandeur and Misery: France's Bid for Power in Europe, 1914-1940*, London, 1995.

Addison, Paul, *The Road to 1945: British Politics and the Second World War*, London, 1975.

*Aldcroft, Derek H., *From Versailles to Wall Street 1919-1929*, Harmondsworth, 1987.

Aldcroft, Derek H., *The European Economy, 1914-1990*, London, 3rd edition, 1993.

Alexander, Martin (ed.), *French History since Napoleon*, London, 1999.

*Alexander, Martin & Graham, Helen (eds.), *The French and Spanish Popular Front: Comparative Perspectives*, Cambridge, 1989.

Aly, Götz, *'Final Solution': Nazi Population Policy and the Murder of the European Jews*, London, 1999.

Aly, Götz, *Hitler's Beneficiaries*, London & New York, 2007.

*Andreas-Friedrich, Ruth, *Schauplatz Berlin. Ein Deutsches Tagebuch*, München, 1962.

Angelow, Jürgen, *Der Weg in die Urkatastrophe*, Berlin, 2010.

*Annan, Noel, *Our Age: Portrait of a Generation*, London, 1990.

*Applebaum, Anne, *Iron Curtain: The Crushing of Eastern Europe 1944-1956*, London, 2012.

Arendt, Hannah, *The Origins of Totalitarianism*, Orlando, FL, 1966.

*Aron, Raymond, *The Century of Total War*, London, 1954.

Ascherson, Neal, *The Struggles for Poland*, London, 1987.

Bach, Maurizio & Breuer, Stefan, *Faschismus als Bewegung und Regime. Italien und Deutschland im Vergleich*, Wiesbaden, 2010.

Bade, Klaus J. et al. (eds.), *Migration in Europa. Vom 17. Jahrhundert bis zur Gegenwart*, Paderborn, 2008.

Balderston, Theo, *The Origins and Cause of the German Economic Crisis, November 1923 to May 1932*, Berlin, 1993.

Balderston, Theo, 'War Finance and Inflation in Britain and Germany, 1914-1918', *Economic History Review*, 42/2 (1989).

Balderston, Theo (ed.), *The World Economy and National Economies in the Interwar Slump*, Basingstoke, 2003.

Banac, Ivo, *The National Question in Yugoslavia: Origins, History, Politics*, Ithaca, NY, 1984.

Bankier, David (ed.), *Probing the Depths of German Antisemitism*, Jerusalem, 2000.

Barber, John, & Harrison, Mark, *The Soviet Home Front, 1941-1945: A Social and Economic History of the USSR in World War II*, London, 1991.

Bartov, Omer, *Hitler's Army*, New York, 1991.

Bartov, Omer, *Murder in our Midst: The Holocaust, Industrial Killing, and Representation*, New York, 1996.

Bartov, Omer, *Mirrors of Destruction: War, Genocide, and Modern History*, New York,

2000.

Barzun, Jacques, *From Dawn to Decadence, 1500 to the Present: 500 Years of Western Cultural Life*, London, 2001.

Bauer, Yehuda, *The Holocaust in Historical Perspective*, London, 1978.

Becker, Jean-Jacques, *The Great War and the French People*, Leamington Spa, 1980.

Beetham, David (ed.), *Marxists in Face of Fascism*, Manchester, 1983.

Beevor, Antony, *Stalingrad*, London, 1998.

Beevor, Antony, *Berlin: The Downfall, 1945*, London, 2003.

*Beevor, Antony, *The Battle for Spain*, London, 2006.

Beevor, Antony, *D-Day: The Battle for Normandy*, London, 2009.

Beevor, Antony, *The Second World War*, London, 2012.

Beevor, Antony & Vinogradova, Luba (eds.), *A Writer at War: Vasily Grossman with the Red Army 1941-1945*, London, 2006.

Bell, P. M. H., *The Origins of the Second World War in Europe*, London, 2007.

Bell, P. M. H., *Twelve Turning Points of the Second World War*, London, 2011.

Bellamy, Chris, *Absolute War: Soviet Russia in the Second World War - A Modern History*, London, 2008.

Benson, Leslie, *Yugoslavia: A Concise History*, London, 2001.

Berger, Heinrich, Dejnega, Melanie, Fritz, Regina and Prenninger, Alexander (eds.), *Politische Gewalt und Machtausübung im 20. Jahrhundert*, Wienna, 2011.

*Berghahn, Volker, *Germany and the Approach of War in 1914*, London, 1973.

Berghahn, Volker, *Modern Germany: Society, Economy and Politics in the Twentieth Century*, Cambridge, 1982.

Berghahn, Volker, *The Americanisation of West German Industry, 1845-1973*, Leamington Spa, 1986.

Berghahn, Volker, *Sarajewo, 28. Juni 1914. Der Untergang des alten Europa*, München, 1997.

Berg-Schlosser, Dirk & Mitchell, Jeremy (eds.), *Conditions of Democracy in Europe, 1919-39*, Basingstoke, 2000.

Berg-Schlosser, Dirk & Mitchell, Jeremy (eds.), *Authoritarianism and Democracy in Europe, 1919-39: Comparative Analyses*, Basingstoke, 2002.

*Berkhoff, Karel C., *Harvest of Despair: Life and Death in Ukraine under Nazi Rule*,

Cambridge, MA, & London, 2004.

Bessel, Richard, *Germany after the First World War*, Oxford, 1993.

Bessel, Richard, *Germany 1945: From War to Peace*, London, 2009.

Bessel, Richard (ed,), *Fascist Italy and Nazi Germany: Comparisons and Contrasts*, Cambridge, 1996.

Bessel, Richard & Schumann, Dirk (eds.), *Life after Death: Approaches to a Cultural and Social History of Europe during the 1940s and 1950s*, Cambridge, 2003.

Blanning, T. C. W. (ed.), *The Oxford Illustrated History of Modern Europe*, Oxford, 1996.

Blatman, Daniel, *Les marches de la mort. La dernière étape du génocide nazi*, Paris, 2009.

Blinkhorn, Martin, *Carlism and Crisis in Spain, 1931-1939*, Cambridge, 1975.

Blinkhorn, Martin, *Democracy and Civil War in Spain, 1931-1939*, London, 1988.

Blinkhorn, Martin, *Fascism and the Right in Europe*, Harlow, 2000.

Blinkhorn, Martin (ed.), *Fascists and Conservatives: The Radical Right and the Establishment in Twentieth-Century Europe*, London, 1990.

Blom, Philipp, *The Vertigo Years: Change and Culture in the West, 1900-1914*, London, 2008.

Bloxham, Donald, *The Great Game of Genocide: Imperialism, Nationalism and the Destruction of the Ottoman Armenians*, Oxford, 2005.

Bloxham, Donald, 'The Armenian Genocide of 1915-1916: Cumulative Radicalization and the Development of a Destruction Policy', *Past & Present*, 181 (2003).

Bond, Brian, *War and Society in Europe, 1870-1970*, London, 1984.

Borodziej, Włodziemierz, *Geschichte Polens im 20. Jahrhundert,* München, 2010.

Bosworth, R. J. B., *The Italian Dictatorship*, London, 1998.

Bosworth, R. J. B., *Mussolini*, London, 2002.

Bosworth, R. J. B., *Mussolini's Italy: Life under the Dictatorship*, London, 2005.

Bosworth, R. J. B. (ed.), *The Oxford Handbook of Fascism*, Oxford, 2009.

Botz, Gerhard, *Krisenzonen einer Demokratie. Gewalt, Streik und Konfiktunterdrückung in Österreich seit 1918*, Frankfurt am Main, 1987.

*Bourke, Joanna, *An Intimate History of Killing: Face-to-Face Killing in Twentieth-Century Warfare*, London, 1999.

Bracher, Karl Dietrich, *The Age of Ideologies: A History of Political Thought in the Twentieth Century*, London, 1985.

Brechenmacher, Thomas, 'Pope Pius XI, Eugenio Pacelli, and the Persecution of the Jews in Nazi Germany, 1933-1939: New Sources from the Vatican Archives', *Bulletin of the German Historical Institute London*, 27/2 (2005).

Brendon, Piers, *The Dark Valley: A Panorama of the 1930s*, London, 2001.

Breuilly, John, *Nationalism and the State*, Manchester, 1993.

*Brittain, Vera, *Testament of Youth* (1933), London, 1978.

Broadberry, Stephen & Harrison, Mark, (eds.), *The Economics of World War I*, Cambridge, 2005.

Broadberry, Stephen & O'Rourke, Kevin H. (eds.), *The Cambridge Economic History of Modern Europe. vol. 2: 1870 to the Present*, Cambridge, 2010.

Broszat, Martin, *The Hitler State*, London, 1981.

Browning, Christopher, *Fateful Months: Essays on the Emergence of the Final Solution*, New York, 1985.

Browning, Christopher, *The Path to Genocide*, Cambridge, 1992.

Browning, Christopher, *The Origins of the Final Solution*, Lincoln, NB, & Jerusalem, 2004.

Brüggemeier, Franz-Josef, *Geschichte Grossbritanniens im 20. Jahrhundert*, München, 2010.

*Brusilov, A. A., *A Soldier's Notebook* (1930), Westport, CT, 1971.

Buber-Neumann, Margarete, *Under Two Dictators: Prisoner of Stalin and Hitler* (1949), London, 2008.

Buchanan, Tom, *Europe's Troubled Peace 1945-2000,* Oxford, 2006.

*Buckley, Henry, *The Life and Death of the Spanish Republic: A Witness to the Spanish Civil War* (1940), London, 2014.

Bulliet, Richard W. (ed.), *The Columbia History of the 20th Century*, New York, 1998.

Burgdorff, Stephan & Wiegrefe, Klaus (eds.), *Der 2. Weltkrieg. Wendepunkt der deutschen Geschichte*, München, 2005.

Burleigh, Michael, *The Third Reich: A New History*, London, 2000.

*Burleigh, Michael, *Sacred Causes: Religion and Politics from the European Dictators to Al Qaeda*, London, 2006.

Burleigh, Michael & Wippermann, Wolfgang, *The Racial State: Germany 1933-1945*, London, 1991.

Burrin, Philippe, *La dérive fasciste*, Paris, 1986.

Burrin, Philippe, *Living with Defeat: France under the German Occupation, 1940-1944*, London, 1996.

Burrin, Philippe, *Fascisme, nazisme, autoritarisme*, Paris, 2000.

Buruma, Ian, *Year Zero: A History of 1945*, New York, 2013.

Calder, Angus, *The People's War: Britain 1939-1945*, London, 1971.

Calic, Marie-Janine, *Geschichte Jugoslawiens im 20. Jahrhundert*, München, 2010.

Cannadine, David, *The Decline and Fall of the British Aristocracy*, New Haven, CT, & London, 1990.

Cannadine, David, *Class in Britain*, London, 2000.

Caplan, Jane (ed.), *Nazi Germany*, Oxford, 2008.

Caplan, Jane & Wachsmann, Nikolaus (eds.), *Concentration Camps in Nazi Germany: The New Histories*, London, 2010.

*Carey, John, *The Intellectuals and the Masses,* London, 1992.

Carley, Michael Jahara, 1939. *The Alliance that Never Was and the Coming of World War II*, Chicago, IL, 1999.

Carr, Raymond, *Spain, 1808-1975*, Oxford, 1982.

Carsten, F. L., *The Rise of Fascism*, London, 1967.

Carsten, F. L., *Revolution in Central Europe 1918-19,* London, 1972.

Cecil, Hugh & Liddle, Peter (eds.), *Facing Armageddon: The First World War Experienced*, London, 1996.

Cesarani, David, *Eichmann: His Life and Crimes*, London, 2004.

Cesarani, David (ed.), *The Final Solution: Origins and Implementation*, London, 1996.

*Charman, Terry (ed.), *Outbreak 1939: The World Goes to War*, London, 2009.

*Chickering, Roger & Förster, Stig (eds.), *Great War, Total War: Combat and Mobilisation on the Western Front 1914-1918*, Cambridge, 2000.

Ciano's Diary, 1937-1943, ed. Malcolm Muggeridge, London (1947), 2002.

*Churchill, Winston S., *The Second World War*, vol.1, London, 1948.

Clark, Christopher, *Kaiser Wilhelm II*, Harlow, 2000.

*Clark, Christopher, *The Sleepwalkers: How Europe Went to War in 1914*, London,

2012.

Clark, Martin, *Modern Italy 1871-1982*, London, 1984.

Clarke, Peter, *The Keynesian Revolution in the Making 1924-1936*, Oxford, 1988.

Clarke, Peter, *Hope and Glory: Britain 1900-1990*, London, 1996.

Clavin, Patricia, *The Great Depression in Europe, 1929-1939*, Basingstoke, 2000.

Clavin, Patricia, *Securing the World Economy: The Reinvention of the League of Nations, 1919-1946*, Oxford, 2013.

Clogg, Richard, *A Concise History of Greece*, 2nd edition, Cambridge, 2002.

*Clough, Shepard B., Moodie, Thomas & Moodie, Carol (eds.), *Economic History of Europe: Twentieth Century*, London, 1965.

Conquest, Robert, *The Harvest of Sorrow: Soviet Collectivization and the Terror-Famine*, London, 1988.

Constantine, Stephen, *Unemployment in Britain between the Wars*, London, 1980.

Conway, Martin, *Catholic Politics in Europe 1918-1945*, London, 1997.

Conway, Martin, *The Sorrows of Belgium: Liberation and Political Reconstruction, 1944-1947*, Oxford, 2012.

Conway, Martin, 'Democracy in Postwar Europe: The Triumph of a Political Model', *European History Quarterly*, 32/1 (2002).

Corner, Paul, *The Fascist Party and Popular Opinion in Mussolini's Italy*, Oxford, 2012.

Corner, Paul (ed.), *Popular Opinion in Totalitarian Regimes*, Oxford, 2009.

Cornwall, M. (ed.), *The Last Years of Austria-Hungary*, Exeter, 1990.

*Cornwell, John, *Hitler's Pope: The Secret History of Pius XII*, London, 1999.

Cornwell, John, *Hitler's Scientists: Science, War and the Devil's Pact*, London, 2003.

Costa-Pinto, António, *Salazar's Dictatorship and European Fascism: Problems of Interpretation*, New York, 1995.

Costa-Pinto, António, *The Blue Shirts: Portuguese Fascists and the New State*, New York, 2000.

Crampton, R. J., *Eastern Europe in the Twentieth Century*, 2nd edition, London, 1997.

*Cross, Tim (ed.), *The Lost Voices of World War I*, London, 1988.

Cull, Nicholas, Culbert, David & Welch, David (eds.), *Propaganda and Mass Persuasion: A Historical Encyclopedia, 1500 to the Present*, Santa Barbara, CA, 2003.

*Dąbrowka, Maria, *Tagebücher 1914-1965*, Frankfurt am Main, 1989.

Dahrendorf, Ralf, *Society and Democracy in Germany*, London, 1968.

Davies, Norman, *God's Playground. vol. 2: A History of Poland*, Oxford, 1981.

*Davies, Norman, *Europe: A History*, Oxford, 1996.

Davies, Norman, *Europe at War, 1939-1945: No Simple Victory*, London, 2006.

Davies, R. W. & Wheatcroft, S. G., *The Years of Hunger: Soviet Agriculture 1931-1933*, London, 2009.

Davies, Sarah, *Popular Opinion in Stalin's Russia: Terror, Propaganda and Dissent, 1934-1941*, Cambridge, 1997.

Dear, I. C. B. & Foot, M. R. D. (eds.), *The Oxford Companion to the Second World War*, Oxford, 1995.

De Grazia, Victoria, *How Fascism Ruled Women: Italy, 1922-1945*, Berkeley, CA, 1992.

Diehl, James M., *Paramilitary Politics in Weimar Germany*, Bloomington, IN, 1977.

Dilks, David, *Churchill and Company: Allies and Rivals in War and Peace*, London, 2012.

*Dilks, David (ed.), *The Diaries of Sir Alexander Cadogan 1938-1945*, London, 1971.

*Döblin, Alfred, *Schicksalsreise. Bericht und Bekenntnis. Flucht und Exil 1940-1948*, München & Zürich, 1986.

*Duggan, Christopher, *The Force of Destiny: A History of Italy since 1796*, London, 2008.

*Duggan, Christopher, *Fascist Voices: An Intimate History of Mussolini's Italy*, London, 2012.

Eatwell, Roger, *Fascism: A History*, London, 1996.

Edgerton, David, *The Shock of the Old: Technology and Global History since 1900*, London, 2008.

Eichengreen, Barry, *Golden Fetters: The Gold Standard and the Great Depression, 1919-1939*, New York, 1995.

Ekman, Stig & Åmark, Klas (eds.), *Sweden's Relations with Nazism, Nazi Germany and the Holocaust*, Stockholm, 2003.

Eksteins, Modris, *Rites of Spring: The Great War and the Birth of the Modern Age*, Boston, MA, 1989.

Eley, Geoff, *Forging Democracy: The History of the Left in Europe 1850-2000*, New

York, 2002.

*Elger, Dietmar, *Expressionism: A Revolution in German Art*, Köln, 1994.

*Englund, Peter, *The Beauty and the Sorrow: An Intimate History of the First World War*, London, 2011.

Erdmann, Karl Dietrich, *Das Ende des Reiches und die Neubildung deutscher Staaten*, München, 1980.

Evans, Richard J., *The Coming of the Third Reich*, London, 2003.

Evans, Richard J., *The Third Reich in Power*, London, 2005.

Evans, Richard J., *The Third Reich at War*, London, 2008.

*Evans, Richard J. & Geary, Dick (eds.), *The German Unemployed*, London, 1987.

Faber, David, *Munich: The 1938 Appeasement Crisis*, London, 2008.

*Fainsod, Merle, *Smolensk under Soviet Rule*, (1958), Boston, MA, 1989.

Falter, Jürgen, *Hitlers Wähler*, München, 1991.

Feldmann, Gerald D., *Army, Industry and Labor in Germany 1914-18*, Princeton, NJ, 1966.

Feldmann, Gerald D., *The Great Disorder: Politics, Economics and Society in the German Inflation, 1914-1924*, New York, 1993.

Feldmann, Gerald D. (ed.), *Die Nachwirkungen der Inflation auf die deutsche Geschichte 1924-1933*, München, 1985.

*Ferguson, Niall, *The Pity of War*, London, 1998.

Ferguson, Niall, *The Cash Nexus: Money and Power in the Modern World 1700-2000*, London, 2002.

*Ferguson, Niall, *The War of the World: Twentieth-Century Conflict and the Descent of the West*, New York, 2006.

Ferro, Marc, *The Great War 1914-1918*, London, 1973.

Ferro, Marc (ed.), *Nazisme et Communisme. Deux régimes dans le siècle*, Paris, 1999.

*Figes, Orlando, *A People's Tragedy: The Russian Revolution 1891-1924*, London, 1996.

*Figes, Orlando, *The Whisperers: Private Life in Stalin's Russia*, London, 2008.

Figes, Orlando, *Revolutionary Russia 1891-1991*, London, 2014.

Finer, S. E., *Comparative Government*, Harmondsworth, 1970.

Fischer, Conan, *The Rise of the Nazis*, Manchester, 1995.

Fischer, Conan, *The Ruhr Crisis 1923-1924*, Oxford, 2003.

Fischer, Conan (ed.), *The Rise of National Socialism and the Working Classes in Weimar Germany*, Providence, RI, & Oxford, 1996.

Fischer, Fritz, *Germany's Aims in the First World War*, New York, 1967.

*Fischer, Fritz, *Krieg der Illusionen*, Düsseldorf, 1969.

Fischer, Fritz, *Juli 1914. Wir sind nicht hineingeschlittert*, Hamburg, 1983.

Fisk, Robert, *In Time of War: Ireland, Ulster, and the Price of Neutrality, 1939-45*, Philadelphia, PA, 1983.

Fitzpatrick, Sheila, *Everyday Stalinism: Ordinary Life in Extraordinary Times - Soviet Russia in the 1930s*, New York, 1999.

Flood, P. J., *France 1914-18: Public Opinion and the War Effort*, Basingstoke, 1990.

Flora, Peter et al. (eds.), *Western Europe: A Data Handbook*, 2 vols., Frankfurt am Main, 1983.

Foot, M. R. D., *Resistance: European Resistance to Nazism 1940-45*, London, 1976.

Förster, Jürgen (ed.), *Stalingrad. Ereignis, Wirkung, Symbol*, München, 1992.

Foster, R. F., *Modern Ireland 1600-1972*, London, 1989.

*Fox, Robert (ed.), *We Were There: An Eyewitness History of the Twentieth Century*, London, 2010.

Frei, Norbert, *National Socialist Rule in Germany: The Führer State*, Oxford, 1993.

Frei, Norbert, *Adenauer's Germany and the Nazi Past: The Politics of Amnesty and Integration*, New York, 2002.

Frei, Norbert, *1945 und wir. Das Dritte Reich im Bewusstsein der Deutschen*, München, 2005.

Frei, Norbert (ed.), *Was heißt und zu welchem Ende studiert man Geschichte des 20. Jahrhunderts?*, Göttingen, 2006.

Frevert, Ute, *Eurovisionen. Ansichten guter Europäer im 19. und 20. Jahrhundert*, Frankfurt am Main, 2003.

Friedländer, Saul, *Nazi Germany and the Jews: The Years of Persecution 1933-39*, London, 1997.

Friedländer, Saul, *The Years of Extermination: Nazi Germany and the Jews 1939-1945*, London, 2007.

Friedrich, Jörg, *Der Brand. Deutschland im Bombenkrieg 1940-1945*, Berlin, 2004.

Fröhlich, Elke, *Der Zweite Weltkrieg. Eine kurze Geschichte*, Stuttgart, 2013.

Fulbrook, Mary, *History of Germany: 1918-2000. The Divided Nation*, Oxford, 2002.

Fulbrook, Mary, *Dissonant Lives: Generations and Violence through the German Dictatorships*, Oxford, 2011.

Fulbrook, Mary (ed.), *20th Century Germany: Politics, Culture and Society 1918-1990*, London, 2001.

Fulbrook, Mary (ed.), *Europe since 1945*, Oxford, 2001.

Furet, François, *Le passé d'une illusion. Essai sur l'idée communiste au XXe siècle*, Paris, 1995.

Gaddis, John Lewis, *The Cold War*, London, 2005.

Garfeld, Simon, *Our Hidden Lives: The Everyday Diaries of a Forgotten Britain 1945-1948*, London, 2004.

Gatrell, Peter, *A Whole Empire Walking: Refugees in Russia during World War I*, Bloomington, IN, 1999.

Gatrell, Peter, *Russia's First World War: A Social and Economic History*, Harlow, 2005.

Gay, Peter, *Weimar Culture*, London, 1974.

Geary, Dick, *European Labour Protest 1848-1939*, London, 1981.

Geary, Dick, *European Labour Politics from 1900 to the Depression*, Basingstoke, 1991.

Geary, Dick (ed.), *Labour and Socialist Movements in Europe before 1914*, Oxford, New York & München, 1989.

*Gedye, G.E.R., *Fallen Bastions. The Central European Tragedy*, London, 1939.

Gehler, Michael, *Europa. Ideen, Institutionen, Vereinigung*, München, 2005.

*Geiss, Imanuel (ed.), *July 1914: The Outbreak of the First World War - Selected Documents*, London, 1967.

Gellately, Robert, *Lenin, Stalin and Hitler: The Age of Social Catastrophe*, London, 2007.

Gentile, Emilio, *The Sacralization of Politics in Fascist Italy*, Cambridge, MA, & London, 1996.

Gerlach, Christian, *Extrem gewalttätige Gesellschaften. Massengewalt im 20. Jahrhundert*, München, 2010.

Gerlach, Christian & Aly, Götz, *Das letzte Kapitel. Der Mord an den ungarischen Juden 1944-1945*, Frankfurt am Main, 2004.

*Gerwarth, Robert, 'The Central European Counter-Revolution: Paramilitary

Violence in Germany, Austria and Hungary after the Great War', *Past & Present*, 200 (2008).

Gerwarth, Robert, *Hitler's Hangman: The Life of Heydrich*, New Haven, CT, & London, 2011.

Gerwarth, Robert (ed.), *Twisted Paths: Europe 1914-1945*, Oxford, 2008.

*Gerwarth, Robert & Horne, John, 'Vectors of Violence: Paramilitarism in Europe after the Great War, 1917-1923', *The Journal of Modern History*, 83/3 (2011).

*Gerwarth, Robert & Horne, John (eds.), *War in Peace: Paramilitary Violence in Europe after the Great War*, Oxford, 2012.

Gilbert, Felix, *The End of the European Era, 1890 to the Present*, 3rd edition, New York, 1984.

Gilbert, Martin, *Recent History Atlas 1860 to 1960*, London, 1966.

Gilbert, Martin, *First World War Atlas*, London, 1970.

Gilbert, Martin, *Atlas of the Holocaust,* London, 1982.

Gildea, Robert, *Marianne in Chains: Daily Life in the Heart of France during the German Occupation*, New York, 2002.

Gildea, Robert, Wieviorka, Olivier & Warring, Anette (eds.), *Surviving Hitler and Mussolini: Daily Life in Occupied Europe*, Oxford & New York, 2006.

*Gisevius, Hans Bernd, *To the Bitter End*, Boston, 1947.

Glenny, Misha, *The Balkans 1804-1999: Nationalism, War and the Great Powers*, London, 1999.

Goltz, Anna von der & Gildea, Robert, 'Flawed Saviours: The Myths of Hindenburg and Pétain', *European History Quarterly*, 39 (2009).

Graham, Helen, *The Spanish Republic at War 1936-1939*, Cambridge, 2002.

Graml, Hermann, *Hitler und England. Ein Essay zur nationalsozialistischen Außenpolitik 1920 bis 1940*, München, 2010.

*Graml, Hermann, *Bernhard von Bülow und die deutsche Aussenpolitik*, München, 2012.

*Graves, Robert, *Goodbye to All That* (1929), London, 2000.

Gregory, Adrian, *The Last Great War: British Society and the First World War*, Cambridge, 2008.

Gregory, Adrian, 'British "War Enthusiasm" in 1914 - A Reassessment', in Gail

Brayborn (ed.), *Evidence, History and the Great War: Historians and the Impact of 1914-18*, New York & Oxford, 2003.

Griffn, Roger, *The Nature of Fascism*, London, 1991.

Griffn, Roger, *Modernism and Fascism: The Sense of a Beginning under Mussolini and Hitler*, London, 2007.

*Griffn, Roger (ed.), *Fascism*, Oxford, 1995.

Griffn, Roger (ed.), *International Fascism: Theories, Causes and the New Consensus*, London, 1998.

Gross, Jan, *Fear: Anti-Semitism in Poland after Auschwitz*, Princeton, NJ, 2006.

Gruchmann, Lothar, *Der Zweite Weltkrieg*, München, 1975.

Gundle, Stephen, Duggan, Christopher & Pieri, Giuliana (eds.), *The Cult of the Duce: Mussolini and the Italians*, Manchester, 2013.

*Hamann, Brigitte, *Hitlers Wien. Lehrjahre eines Diktators*, München, 1996.

*Hamann, Brigitte, *Der Erste Weltkrieg. Wahrheit und Lüge in Bildern und Texten*, München, 2004.

Hardach, Gerd, *The First World War 1914-1918*, Harmondsworth, 1987.

Harrison, Joseph, *An Economic History of Modern Spain*, Manchester, 1978.

Harrison, Joseph, *The Spanish Economy in the Twentieth Century*, London, 1985.

Hartwig, Wolfgang, *Utopie und politische Herrschaft im Europa der Zwischenkriegszeit*, München, 2003.

Hastings, Max, *Armageddon: The Battle for Germany 1944-45*, London, 2004.

Hastings, Max, *Finest Years: Churchill as Warlord 1940-45*, London, 2009.

*Hastings, Max, *All Hell Let Loose: The World at War 1939-1945*, London, 2011.

Hastings, Max, *Catastrophe: Europe goes to War 1914*, London, 2013.

Hayes, Paul (ed.), *Themes in Modern European History 1890-1945*, London, 1992.

Henke, Klaus-Dietmar & Woller, Hans (eds.), *Politische Säuberung in Europa. Die Abrechnung mit Faschismus und Kollaboration nach dem Zweiten Weltkrieg*, München, 1991.

*Hennessy, Peter, *Never Again: Britain 1945-1951*, London, 1993.

Herbert, Ulrich, *Hitler's Foreign Workers*, Cambridge, 1997.

Herbert, Ulrich, *Geschichte Deutschlands im 20. Jahrhundert*, München, 2014.

Herbert, Ulrich, 'Europe in High Modernity: Reflections on a Theory of the 20th

Century', *Journal of Modern European History*, 5/1 (2007).

Herf, Jeffrey, *The Jewish Enemy: Nazi Propaganda during World War II and the Holocaust*, Cambridge, MA & London, 2006.

Herwig, Holger H., *The Outbreak of World War I: Causes and Responsibilities*, Boston, MA, 1997.

Hewitson, Mark, *Germany and the Causes of the First World War*, London, 1983.

Hilberg, Raul, *The Destruction of the European Jews*, New York, 1973.

Hirschfeld, Gerhard, *Nazi Rule and Dutch Collaboration: The Netherlands under German Occupation, 1940-1945*, Oxford, 1988.

Hirschfeld, Gerhardt, Krumeich, Gerd & Renz, Irena (eds.), *'Keiner fühlt sich hier mehr als Mensch . . .'. Erlebnis und Wirkung des Ersten Weltkriegs*, Frankfurt am Main, 1996.

Hirschfeld, Gerhardt, Krumeich, Gerd & Renz, Irena (eds.), *Brill's Encyclopedia of the First World War*, 2 vols., Leiden, 2012.

Hobsbawm, Eric, *Age of Extremes. The Short Twentieth Century, 1914-1991*, London, 1994.

*Hobsbawm, Eric, *Interesting Times: A Twentieth-Century Life*, London, 2002.

Hobsbawm, Eric, *Fractured Times: Culture and Society in the Twentieth Century*, London, 2013.

Hoensch, Jörg K., *A History of Modern Hungary, 1867-1986*, Harlow, 1988.

Hoeres, Peter, *Die Kultur von Weimar. Durchbruch der Moderne*, Berlin, 2008.

Hoffmann, Peter, *The History of the German Resistance 1933-1945*, Cambridge, MA, & London, 1977.

Hogan, Michael, J., *The Marshall Plan: America, Britain, and the Reconstruction of Western Europe, 1947-1952*, Cambridge, 1987.

Horne, John & Kramer, Alan, *German Atrocities 1914: A History of Denial*, New Haven, CT, & London, 2001.

Horne, John (ed.), *State, Society and Mobilization in Europe during the First World War*, Cambridge, 1997.

Horne, John (ed.), *A Companion to World War I*, Oxford, 2012.

*Hosenfeld, Wilm, *'Ich versuche, jeden zu retten'. Das Leben eines deutschen Offziers in Briefen und Tagebüchern*, München, 2004.

Hosking, Geoffrey, *A History of the Soviet Union*, London, 1985.

Hosking, Geoffrey, *Russia and the Russians*, London, 2001.

*Höss, Rudolf, *Kommandant in Auschwitz*, München, 1963.

Howard, Michael, *War in European History*, Oxford, 1976.

Howard, Michael & Louis, Wm. Roger (eds.), *The Oxford History of the Twentieth Century*, Oxford, 1998.

*Hughes, S. Philip, *Consciousness and Society: The Reorientation of European Social Thought, 1890-1930*, New York, 1958.

Illies, Florian, 1913. *Der Sommer des Jahrhunderts*, Frankfurt am Main, 2012.

Isaacs, Jeremy & Downing, Taylor, *Cold War*, London, 1998.

*Jäckel, Eberhard, & Kuhn, Axel (eds.), *Hitler. Sämtliche Aufzeichnungen 1905-1924*, Stuttgart, 1980.

Jäckel, Eberhard, *Hitler in History*, Hanover & London, 1984.

Jäckel, Eberhard, *Hitlers Weltanschauung. Entwurf einer Herrschaft*, Stuttgart, 1991.

*Jäckel, Eberhard, *Das deutsche Jahrhundert. Eine historische Bilanz*, Stuttgart, 1996.

Jackson, Julian, *The Politics of Depression in France*, Cambridge, 1985.

Jackson, Julian, *The Popular Front in France: Defending Democracy, 1934-1938*, Cambridge, 1988.

Jackson, Julian, *France: The Dark Years*, Oxford, 2001.

Jackson, Julian, *The Fall of France: The Nazi Invasion of 1940*, Oxford, 2003.

*Jackson, Julian (ed.), *Europe 1900-1945*, Oxford, 2002.

*Jahoda, Marie, Lazarsfeld, Paul F. & Zeisel, Hans, *Marienthal: The Sociography of an Unemployed Community*, London, 1972.

James, Harold, *The German Slump: Politics and Economics 1924-1936*, Oxford, 1986.

James, Harold, *Europe Reborn: A History, 1914-2000*, London, 2003.

Jarausch, Konrad, *The Enigmatic Chancellor: Bethmann-Hollweg and the Hubris of Imperial Germany*, New Haven, CT, & London, 1973.

Jelavich, Barbara, *History of the Balkans. Vol. 2: Twentieth Century*, Cambridge, 1983.

Jenkins, Roy, *Churchill*, London, 2001.

Jesse, Eckhard (ed.), *Totalitarismus im 20. Jahrhundert. Eine Bilanz der internationalen Forschung*, Bonn, 1999.

Joll, James, *Europe since 1870: An International History*, London, 1973.

*Joll, James, *The Origins of the First World War*, London, 1984.

*Judt, Tony, *Postwar: A History of Europe since 1945*, London, 2005.

Judt, Tony, *Reappraisals: Reflections on the Forgotten Twentieth Century*, London, 2009.

Judt, Tony with Snyder, Timothy, *Thinking the Twentieth Century: Intellectuals and Politics in the Twentieth Century*, London, 2012.

*Jünger, Ernst, *Storm of Steel* (1920), London, 2003.

*Jünger, Ernst, *Kriegstagebuch 1914-1918*, ed. Helmuth Kiesel, Stuttgart, 2010.

Kaelble, Hartmut, *Historical Research on Social Mobility*, London, 1981.

Kaelble, Hartmut, *A Social History of Western Europe 1880-1980*, Dublin, 1989.

Kaelble, Hartmut, *Kalter Krieg und Wohlfahrtsstaat. Europa 1945-1989*, München, 2011.

Kann, R. A., Kraly, B. K. & Fichtner, P. S. (eds.), *The Habsburg Empire in World War I*, New York, 1977.

Kater, Michael H., *The Nazi Party: A Social Profile of Members and Leaders, 1919-1945*, Oxford, 1983.

Kater, Michael H., *Different Drummers: Jazz in the Culture of Nazi Germany*, Oxford, 1992.

Kater, Michael H., *The Twisted Muse: Musicians and their Music in the Third Reich*, Oxford, 1997.

Kater, Michael H., *Weimar: From Enlightenment to the Present*, New Haven, CT, & London, 2014.

*Kedward, Rod, *La vie en bleu: France and the French since 1900*, London, 2006.

Keegan, John, *The First World War*, London, 1999.

*Kershaw, Ian, *The 'Hitler Myth': Image and Reality in the Third Reich*, Oxford, 1987.

*Kershaw, Ian, *Hitler*, 2 vols., London, 1998, 2000.

Kershaw, Ian, *Fateful Choices: Ten Decisions that Changed the World 1940-1941*, London, 2008.

Kershaw, Ian, *The End: Germany 1944-45*, London, 2012.

Kershaw, Ian & Lewin, Moshe (eds.), *Stalinism and Nazism: Dictatorships in Comparison*, Cambridge, 1997.

Kertzer, David I., *The Pope and Mussolini: The Secret History of Pius XI and the Rise of Fascism in Europe*, Oxford, 2014.

*Keynes, John Maynard, *The Economic Consequences of the Peace*, London, 1919.

Kielinger, Thomas, *Winston Churchill. Der späte Held. Eine Biographie*, München, 2014.

Kiesel, Helmuth, *Geschichte der literarischen Moderne*, München, 2004.

Kindlberger, Charles P., *The World in Depression 1929-1939*, Harmondsworth, 1987.

Kirk, Tim & McElligott, Anthony (eds.), *Opposing Fascism: Community, Authority and Resistance in Europe*, Cambridge, 1999.

Kitchen, Martin, *The Coming of Austrian Fascism*, London, 1980.

Kleine-Ahlbrandt, William Laird, *Twentieth-Century European History*, St. Paul, MN, 1993.

*Klemperer, Victor, *Ich will Zeugnis ablegen bis zum letzten. Tagebücher 1933-1941*, vol.1, Darmstadt, 1998.

Knox, MacGregor, *Mussolini Unleashed 1939-1941*, Cambridge, 1986.

Knox, MacGregor, *Common Destiny: Dictatorship, Foreign Policy, and War in Fascist Italy and Nazi Germany*, Cambridge, 2000.

Knox, MacGregor, *To the Threshold of Power, 1922/33: Origins and Dynamics of the Fascist and National Socialist Dictatorships*, vol. 1, Cambridge, 2007.

Koch, Stephen, *Double Lives: Stalin, Willi Münzenberg and the Seduction of the Intellectuals*, London, 1995.

Kochanski, Halik, *The Eagle Unbowed: Poland and the Poles in the Second World War*, London, 2012.

Kocka, Jürgen, *Facing Total War: German Society, 1914-1918*, Leamington Spa, 1984.

Kolb, Eberhard, *The Weimar Republic*, London, 1988

Kolko, Gabriel, *Century of War: Politics, Conflicts, and Society since 1914*, New York, 1994.

*Kovály, Heda Margolius, *Under a Cruel Star: A Life in Prague 1941-1968* (1986), London, 2012.

*Kossert, Andreas, *Kalte Heimat. Die Geschichte der deutschen Vertriebenen nach 1945*, Berlin, 2008.

Kramer, Alan, *Dynamic of Destruction: Culture and Mass Killing in the First World War*, Oxford, 2007.

Krumeich, Gerd (ed.), *Nationalsozialismus und Erster Weltkrieg*, Essen, 2010.

Kühlwein, Klaus, *Pius XII. und die Judenrazzia in Rom*, Berlin, 2013.

*Kulka, Otto Dov, *Landscapes of the Metropolis of Death*, London, 2013.

Kulka, Otto Dov, 'History and Historical Consciousness: Similarities and Dissimilarities in the History of the Jews in Germany and the Czech Lands 1918-1945', *Bohemia*, 46/1 (2005).

Kulka, Otto Dov & Jäckel, Eberhard (eds.), *The Jews in the Secret Nazi Reports on Popular Opinion in Germany, 1933-1945*, New Haven, CT, & London, 2010.

Kulka, Otto Dov & Mendes-Flohr, Paul R. (eds.), *Judaism and Christianity under the Impact of National Socialism*, Jerusalem, 1987.

Lamb, Richard, *The Ghosts of Peace 1935-1945*, Salisbury, 1987.

*Laqueur, Walter, *Europe since Hitler*, London, 1972.

Laqueur, Walter (ed.), *Fascism: A Reader's Guide,* Harmondsworth, 1972.

Larkin, Maurice, *France since the Popular Front*, Oxford, 1988.

Larsen, Stein Ugelvik, Hagvet, Bernt & Myklebust, Jan Peter (eds.), *Who Were the Fascists?*, Bergen, 1980.

Larsen, Stein Ugelvik, with the assistance of Hagtvet, Bernt (ed.), *Modern Europe after Fascism 1943-1980s*, 2 vols., New York, 1998.

Latourette, Kenneth Scott, *Christianity in a Revolutionary Age. vol. 4: The Twentieth Century in Europe*, Grand Rapids, MI, 1969.

Leitz, Christian, *Nazi Germany and Neutral Europe during the Second World War*, Manchester, 2000.

*Leonhardt, Jörn, *Die Buchse der Pandora. Geschichte des Ersten Weltkriegs*, München, 2014.

*Levine, Joshua (ed.), *Forgotten Voices of the Somme*, London, 2008.

*Levy, Primo, *If This Is a Man*, London, 1960.

Lewin, Moshe, *The Making of the Soviet System*, London, 1985.

Lewin, Moshe, *The Soviet Century*, London, 2005.

Liddle, Peter (ed.), *Captured Memories 1900-1918: Across the Threshold of War*, Barnsley, 2010.

Liddle, Peter (ed.), *Captured Memories 1930-1945: Across the Threshold of War - The Thirties and the War*, Barnsley, 2011.

Lidegaard, B., *Countrymen: The Untold Story of How Denmark's Jews Escaped the Nazis*,

London, 2014.

Lieven, D. C. B., *Russia and the Origins of the First World War*, London, 1983.

Linz, Juan J., *The Breakdown of Democratic Regimes: Crisis, Breakdown and Reequilibration*, Baltimore, MD, & London, 1978.

Linz, Juan J. & Stepan, Alfred, *The Breakdown of Democratic Regimes: Europe*, Baltimore. MD, & London, 1978.

Lipset, Seymour Martin, *Political Man*, London, 1960.

*Liulevicius, Vejas Gabriel, *War Land on the Eastern Front: Culture, National Identity and German Occupation in World War I*, Cambridge, 2000.

*Lloyd George, David, *War Memoirs*, vol.1, London, 1933.

Longerich, Peter, *Holocaust: The Nazi Persecution and Murder of the Jews*, Oxford, 2010.

Longerich, Peter, *Himmler*, Oxford, 2012.

*Lounguina, Lila, *Les saisons de Moscou 1933-1990*, Paris, 1990.

Lowe, Keith, *Inferno: The Devastation of Hamburg, 1943*, London, 2007.

Lowe, Keith, *Savage Continent: Europe in the Aftermath of World War II*, London, 2012.

Lukacs, John, *At the End of an Age*, New Haven, CT, & London, 2002.

Lyttelton, Adrian, *The Seizure of Power: Fascism in Italy 1919-1929*, London, 1973.

Lyttelton, Adrian (ed.), *Liberal and Fascist Italy*, Oxford, 2002.

Macartney, C. A., *The Habsburg Empire, 1790-1918*, London, 1968.

*MacCulloch, Diarmaid, *A History of Christianity*, London, 2009.

Machtan, Lothar, *Die Abdankung. Wie Deutschlands gekrönte Häupter aus der Geschichte felen*, Berlin, 2008.

Machtan, Lothar, *Prinz Max von Baden. Der letzte Kanzler des Kaisers*, Berlin, 2013.

Mack Smith, Denis, *Mussolini*, London, 1983.

MacMillan, Margaret, *Peacemakers: Six Months that Changed the World*, London, 2002.

MacMillan, Margaret, *The War that Ended Peace: How Europe Abandoned Peace for the First World War*, London, 2013.

Maier, Charles S., *Recasting Bourgeois Europe*, Princeton, NJ, 1975.

*Maier, Charles S. (ed.), *The Cold War in Europe: Era of a Divided Continent*, New York, 1991.

*Maier, Klaus A., 'Die Zerstörung Gernikas am 26. April 1937', *Militärgeschichte*, 1 (2007).

Maiolo, Joe, *Cry Havoc: The Arms Race and the Second World War 1931-1941*, London, 2010.

Mak, Geert, *In Europe: Travels through the Twentieth Century*, London, 2008.

Mamatey, Victor & Luža, Radomir, *A History of the Czechoslovak Republic, 1918-1948*, Princeton, NJ, 1973.

Mann, Michael, *Fascists*, Cambridge, 2004.

Mann, Michael, *The Dark Side of Democracy: Explaining Ethnic Cleansing*, Cambridge, 2005.

Mann, Michael, *The Sources of Social Power. vol. 3: Global Empires and Revolution, 1890-1945*, Cambridge, 2012.

Marrus, Michael, R., *The Nuremberg War Crimes Trial 1945-46: A Documentary History*, Boston, MA, & New York, 1997.

Marwick, Arthur, *The Deluge: British Society and the First World War*, London, 1965.

Marwick, Arthur, *War and Social Change in the Twentieth Century: A Comparative Study of Britain, France, Germany, Russia, and the United States*, New York, 1975.

Marwick, Arthur (ed.), *Total War and Social Change*, London, 1988.

Mason, Timothy W., *Sozialpolitik im Dritten Reich. Arbeiterklasse und Volksgemeinschaft*, Opladen, 1977.

Mason, Timothy, W., *Nazism, Fascism and the Working Class: Essays by Tim Mason*, ed. Jane Caplan, Cambridge, 1995.

Mawdsley, Evan, *The Stalin Years: The Soviet Union, 1929-1953*, Manchester, 1998.

Mawdsley, Evan, *The Russian Civil War*, Edinburgh, 2000.

Mayer, Arno J., *The Persistence of the Old Regime: Europe to the Great War*, London, 1981.

Mayer, Arno J., *Why Did the Heavens Not Darken? The 'Final Solution' in History*, New York, 1988.

Mazower, Mark, *Inside Hitler's Greece: The Experience of Occupation, 1941-44*, New Haven, CT, & London, 1993.

Mazower, Mark, *Dark Continent: Europe's Twentieth Century*, London, 1998.

Mazower, Mark, *The Balkans: From the End of Byzantium to the Present Day*, London,

2001.

Mazower, Mark, *Hitler's Empire: Nazi Rule in Occupied Europe*, London, 2008.

McCauley, Martin, *The Origins of the Cold War*, London, 1983.

McCauley, Martin, *The Soviet Union, 1917-1991*, 2nd edition, London, 1993.

McElligott, Anthony, *Rethinking the Weimar Republic*, London, 2014.

McElligott, Anthony (ed.), *Weimar Germany*, Oxford, 2009.

*McLeod, Hugh, *Religion and the People of Western Europe 1789-1970*, Oxford, 1981.

*McMeekin, Sean, *The Russian Origins of the First World War*, Cambridge, MA, &
   London, 2011.

McMillan, Dan, *How Could This Happen? Explaining the Holocaust*, New York, 2014.

McMillan, James F., *Twentieth-Century France: Politics and Society 1898-1991*, London,
   1992.

Meehan, Patricia, *The Unnecessary War: Whitehall and the German Resistance to Hitler*,
   London, 1992.

*Merkl, Peter, *Political Violence under the Swastika*, Princeton, 1975.

*Merridale, Catherine, *Night of Stone: Death and Memory in Russia*, London, 2000.

*Merridale, Catherine, *Ivan's War: The Red Army 1939-1945*, London, 2005.

Merriman, John, *A History of Modern Europe. vol. 2: From the French Revolution to the
   Present*, 2nd edition, New York, 2004.

Michaelis, Meir, *Mussolini and the Jews*, Oxford, 1978.

Michalka, Wolfgang (ed.), *Die nationalsozialistische Machtergreifung*, Paderborn, 1984.

Michmann, Dan, *Angst vor den 'Ostjuden'. Die Entstehung der Ghettos während des
   Holocaust*, Frankfurt am Main, 2011.

Michmann, Dan (ed.), *Belgium and the Holocaust*, Jerusalem, 1998.

*Middlemas, Keith, & Barnes, John, *Baldwin: a Biography*, London, 1969.

Milward, Alan S., *The Economic Effects of the World Wars on Britain*, London, 1970.

Milward, Alan S., *The Reconstruction of Western Europe 1945-51*, London, 1984.

Milward, Alan S., *War, Economy and Society 1939-1945*, Harmondsworth, 1987.

Mitchell, B. R. (ed.), *International Historical Statistics: Europe, 1750-2000*, Basingstoke,
   2003.

*Möll, Marc-Pierre, *Gesellschaft und totalitäre Ordnung*, Baden-Baden, 1998.

Möller, Horst, *Europa zwischen den Weltkriegen*, München, 1998.

*Mombauer, Annika, *The Origins of the First World War: Diplomatic and Military Documents*, Manchester, 2013.

Mommsen, Hans, *From Weimar to Auschwitz: Essays in German History*, London, 1991.

Mommsen, Hans, *The Rise and Fall of Weimar Democracy*, Chapel Hill, NC, & London, 1996.

Mommsen, Hans, *Zur Geschichte Deutschlands im 20. Jahrhundert. Demokratie, Diktatur, Widerstand*, München, 2010.

Mommsen, Hans, *Das NS-Regime und die Auslöschung des Judentums in Europa*, Göttingen, 2014.

Mommsen, Wolfgang J., *Imperial Germany 1867-1918: Politics, Culture and Society in an Authoritarian State*, London, 1995.

Mommsen, Wolfgang & Kettenacker, Lothar (eds.), *The Fascist Challenge and the Policy of Appeasement*, London, 1983.

Montefore, Simon Sebag, *Stalin: The Court of the Red Tsar*, London, 2003.

Moore, Bob, *Refugees from Nazi Germany in the Netherlands 1933-1940*, Dordrecht, 1986.

Moore, Bob, *Victims and Survivors: The Nazi Persecution of the Jews in the Netherlands 1940-1945*, London, 1997.

Moore, Bob, *Survivors: Jewish Self-Help and Rescue in Nazi Occupied Western Europe*, Oxford, 2010.

Moore, Bob (ed.), *Resistance in Western Europe*, Oxford & New York, 2000.

Moorhouse, Roger, *Killing Hitler*, London, 2007.

Moorhouse, Roger, *The Devil's Alliance: Hitler's Pact with Stalin 1939-1941*, New York, 2014.

Morgan, Kenneth O., *Labour in Power 1945-1951*, Oxford, 1985.

Morgan, Philip, *Italian Fascism*, London, 2004.

Morris, Jeremy, *The Church in the Modern Age*, London, 2007.

Mosse, George L., *The Culture of Western Europe: The Nineteenth and Twentieth Centuries*, London, 1963.

Mosse, George L., *The Crisis of German Ideology*, London, 1966.

Mosse, George L., *The Nationalization of the Masses*, New York, 1975.

Mosse, George L., *Fallen Soldiers: Reshaping the Memory of the World Wars*, New York, 1990.

Mosse, George L. (ed.), *International Fascism*, London, 1979.

Mowatt, Charles Loch, *Britain between the Wars 1918-1940*, London, 1955.

Mowatt, C. L. (ed.), *The New Cambridge Modern History. vol. XII: The Era of Violence 1898-1945*, Cambridge, 1968.

Mühlberger, Detlef, *The Social Bases of Nazism 1919-1933*, Cambridge, 2003.

*Münkler, *Der Grosse Krieg. Die Welt 1914-1918*, Berlin, 2013.

Naimark, Norman M., *The Russians in Germany: a History of the Soviet Zone of Occupation, 1945-1949*, Cambridge Mass., 1995.

*Naimark, Norman M., *Fires of Hatred: Ethnic Cleansing in Twentieth-Century Europe*, Cambridge, MA, & London, 2001.

Naimark, Norman M., *Stalin's Genocides*, Princeton, NJ, 2010.

Naimark, Norman M., 'Stalin and Europe in the Postwar Period, 1945-53: Issues and Problems', *Journal of Modern European History*, 2/1 (2004).

Neitzel, Sönke, *Weltkrieg und Revolution 1914-1918/19*, Berlin, 2008.

Newman, Karl J., *European Democracy between the Wars*, London, 1970.

*Nielsen, Frederick, *Ein Emigrant für Deutschland. Tagebuchaufzeichnungen, Aufrufe und Berichte aus den Jahren 1933-1943*, Darmstadt, 1977.

*Niethammer, Lutz, *Die Mitläuferfabrik. Die Entnazifzierung am Beispiel Bayerns*, Berlin, 1982.

*Noakes, Jeremy, 'Nazism and Eugenics', in Bullen, R. J., Strandmann, H. Pogge von & Polonsky, A. B. (eds.), *Ideas into Politics: Aspects of European History 1880-1950*, London, 1984.

Noakes, Jeremy (ed.), *The Civilian in War*, Exeter, 1992.

*Noakes, Jeremy & Pridham, Geoffrey (eds.), *Nazism 1919-1945: A Documentary Reader*, 4 vols., Exeter, 1983, 1984, 1988, 1998.

Nolte, Ernst, *Three Faces of Fascism*, London, 1965.

Nove, Alec, *Stalinism and After*, London, 1975.

Orth, Karin, *Das System der nationalsozialistischen Konzentrationslager. Eine politische Organisationsgeschichte*, Hamburg, 1999.

*Orwell, George, *Down and Out in Paris and London*, London, 1933.

*Orwell, George, *The Road to Wigan Pier*, London, 1937.

*Orwell, George, *Homage to Catalonia*, London, 1938.

*Orwell, George, *Collected Essays*, vol. 2, Harmondsworth, 1970.

Overy, Richard, *War and the Economy in the Third Reich*, Oxford, 1994.

Overy, Richard, *Why the Allies Won*, London, 1995.

Overy, Richard, *The Nazi Economic Recovery 1932-1938*, Cambridge, 1996.

Overy, Richard, *Russia's War 1941-1945*, London, 1999.

Overy, Richard, *The Dictators: Hitler's Germany and Stalin's Russia*, London, 2004.

*Overy, Richard, *The Morbid Age: Britain and the Crisis of Civilization, 1919-1939*, London, 2010.

Overy, Richard, *The Bombing War: Europe 1939-1945*, London, 2013.

Parker, R. A. C., *Struggle for Survival: The History of the Second World War*, Oxford, 1990.

Parker, R. A. C., *Chamberlain and Appeasement: British Policy and the Coming of the Second World War*, London, 1993.

Parker, R. A. C., *Churchill and Appeasement: Could Churchill Have Prevented the Second World War?*, London, 2000.

Passmore, Kevin, *Fascism: A Very Short Introduction*, Oxford, 2002.

Paxton, Robert O., *Vichy France: Old Guard and New Order 1940-1944*, London, 1972.

Paxton, Robert O., *The Anatomy of Fascism*, London, 2004.

Payne, Stanley G., *Falange: A History of Spanish Fascism*, Stanford, CA, 1961.

Payne, Stanley G., *A History of Fascism 1914-1945*, London, 1995.

Petzina, Dietmar, Abelshauser, Werner & Faust, Anselm (eds.), *Sozialgeschichtliches Arbeitsbuch III. Materialien zur Statistik des Deutschen Reiches 1914-1945*, München, 1978.

*Peukert, Detlev J. K., *The Weimar Republic: The Crisis of Classical Modernity*, London, 1991.

Phayer, Michael, *The Catholic Church and the Holocaust*, Bloomington, IN, 2000.

Piketty, Thomas, *Capital in the Twenty-First Century*, Cambridge, MA, & London, 2014.

*Pollard, Sidney & Holmes, Colin (eds.), *Documents in European Economic History. vol.*

3: The End of the Old Europe 1914-1939, London, 1973.

Polonsky, Antony, *The Little Dictators: The History of Eastern Europe since 1918*, London, 1975.

Pope, Stephen & Wheal, Elizabeth-Anne, *Macmillan Dictionary of the First World War*, London, 1995.

Pope, Stephen & Wheal, Elizabeth-Anne, *Macmillan Dictionary of the Second World War*, 2nd edition, London, 1995.

Preston, Paul, *Franco*, London, 1993.

*Preston, Paul, *The Coming of the Spanish Civil War*, 2nd edition, London, 1994.

Preston, Paul, *The Politics of Revenge: Fascism and the Military in 20th Century Spain*, London, 1995.

Preston, Paul, *Comrades: Portraits from the Spanish Civil War*, London, 1999.

Preston, Paul, *The Spanish Civil War: Reaction, Revolution and Revenge*, London, 2006.

*Preston, Paul, *The Spanish Holocaust: Inquisition and Extermination in Twentieth-Century Spain*, London, 2012.

Preston, Paul & Mackenzie, Ann L. (eds.), *The Republic Besieged: Civil War in Spain 1936-1939*, Edinburgh, 1996.

Priestland, David, *Merchant, Soldier, Sage: A New History of Power*, London, 2012.

Pritchard, Gareth, *The Making of the GDR, 1945-1953*, Manchester, 2000.

Pugh, Martin, *We Danced All Night: A Social History of Britain between the Wars*, London, 2009.

Raphael, Lutz, *Imperiale Gewalt und mobilisierte Nation. Europa 1914-1945*, München, 2011.

*Rees, Laurence, *The Nazis: A Warning from History*, London, 1997.

*Rees, Laurence, *War of the Century: When Hitler Fought Stalin*, London, 1999.

*Rees, Laurence, *Auschwitz: The Nazis and the 'Final Solution'*, London, 2005.

*Rees, Laurence, *Behind Closed Doors: Stalin, the Nazis and the West*, London, 2008.

Reich-Ranicki, Marcel, *Mein Leben*, Stuttgart, 1999.

Reynolds, David, *The Long Shadow: The Great War and the Twentieth Century*, London, 2013.

Reynolds, David, 'The Origins of the Two "World Wars": Historical Discourse and International Politics', *Journal of Contemporary History*, 38/1 (2003).

Reynolds, Michael A., *Shattering Empires: The Clash and Collapse of the Ottoman and Russian Empires, 1908-1918*, Cambridge, 2011.

Rhodes, Anthony, *The Vatican in the Age of the Dictators 1922-45*, London, 1973.

Richards, Michael, *A Time of Silence: Civil War and the Culture of Repression in Franco's Spain, 1936-1945*, Cambridge, 1998.

Roberts, Andrew, *Masters and Commanders: How Roosevelt, Churchill, Marshall and Alanbrooke Won the War in the West*, London, 2008.

Roberts, Andrew, *The Storm of War: A New History of the Second World War*, London, 2009.

Roberts, J. M., *A History of Europe*, Oxford, 1996.

Roberts, J. M., *Twentieth Century: A History of the World, 1901 to the Present*, London, 1999.

Robertson, Ritchie, *Kafka: A Very Short Introduction*, Oxford, 2004.

Rodrigue, Aron, 'The Mass Destruction of Armenians and Jews in the 20th Century in Historical Perspective', in Kieser, Hans-Lukas & Schaller, Dominik J. (eds.), *Der Völkermord an den Armeniern und die Shoah*, Zürich, 2002.

Rogger, Hans & Weber, Eugen (eds.), *The European Right*, London, 1965.

Röhl, John C. G, *Wilhelm II. Der Weg in den Abgrund 1900-1941*, München, 2008.

Rose, Richard, *What is Europe?*, New York, 1996.

Roseman, Mark, 'National Socialism and the End of Modernity', *American Historical Review*, 116/3 (2011).

Rosenberg, Emily S. (ed.), *Geschichte der Welt 1870-1945. Weltmärkte und Weltkriege*, München, 2012.

Rothschild, Joseph, *East Central Europe between the Two World Wars*, Seattle, 1977.

Rousso, Henry, *Le syndrome de Vichy de 1944 à nos jours*, Paris, 1990.

Rousso, Henry, *Les années noires: vivre sous l'occupation*, Paris, 1992.

Rousso, Henry, *Vichy, L'événement, la mémoire, l'histoire*, Paris, 2001.

Rousso, Henry (ed.), *Stalinisme et nazisme. Histoire et mémoire comparées*, Paris, 1999.

Sartori, Roland (ed.), *The Ax Within: Italian Fascism in Action*, New York, 1974.

Sassoon, Donald, *The Culture of the Europeans: From 1800 to the Present*, London, 2006.

*Schell, Margarete, *Ein Tagebuch aus Prag 1945-46*, Kassel, 1957.

Schoenbaum, David, *Hitler's Social Revolution: Class and Status in Nazi Germany 1933-1939*, New York, 1967.

Schweitzer, Arthur, *The Age of Charisma*, Chicago, IL, 1984.

Sebestyen, Victor, *1946: The Making of the Modern World*, London, 2014.

Service, Robert, *The Bolshevik Party in Revolution: A Study in Organisational Change 1917-1923*, London, 1979.

Service, Robert, *The Russian Revolution 1900-1927*, London, 1986.

Service, Robert, *A History of Twentieth-Century Russia*, London, 1998.

Service, Robert, *Lenin: A Biography*, London, 2000.

Service, Robert, *Stalin: A Biography*, London, 2004.

*Shapiro, Nat, & Hentoff, Nat (eds.), *The Jazz Makers*, London, 1956.

Sharp, Alan, *The Versailles Settlement: Peacemaking in Paris, 1919*, Basingstoke, 1991.

Sheehan, James, *The Monopoly of Violence: Why Europeans Hate Going to War*, London, 2010.

Sheffeld, Gary, *Forgotten Victory: The First World War - Myths and Realities*, London, 2002.

Shephard, Ben, *The Long Road Home: The Aftermath of the Second World War*, London, 2010.

Sherratt, Yvonne, *Hitler's Philosophers*, New Haven, CT, & London, 2013.

*Shirer, William L., *Berlin Diary 1934-1941*, London, 1941.

*Shirer, William, *This Is Berlin. Reporting from Nazi Germany 1938-40*, London, 1999.

*Shore, Marci, *Caviar and Ashes: A Warsaw Generation's Life and Death in Marxism, 1918-1968*, New Haven, CT, & London, 2006.

Simms, Brendan, *Europe: The Struggle for Supremacy, 1453 to the Present*, London, 2013.

Sirinelli, Jean-François (ed.), *Histoire des droites en France. vol. 1: Politique*, Paris, 1992.

Skidelsky, Robert, *J. M. Keynes: Economist, Philosopher, Statesman*, London, 2003.

*Słomka, Jan, *From Serfdom to Self-Government: Memoirs of a Polish Village Mayor, 1842-1927*, London, 1941.

Smith, L. V., Audoin-Rouzeau, Stephane & Becker, Annette, *France and the Great War, 1914-18*, Cambridge, 2003.

Smith, S. A., *Red Petrograd: Revolution in the Factories 1917-1918*, Cambridge, 1983.

*Snowden, Ethel ['Mrs. Philip'], *A Political Pilgrim in Europe*, London, 1921.

*Snyder, Timothy, *Bloodlands: Europe between Hitler and Stalin*, New York, 2010.

Soucy, Robert, *French Fascism: The First Wave, 1924-1933*, New Haven, CT, & London, 1986.

Soucy, Robert, *French Fascism: The Second Wave, 1933-1939*, New Haven, CT, & London, 1995.

*Sperber, Manès, *Bis man mir Scherben auf die Augen legt. All' das Vergangene...*, Wien, 1977.

Stachura, Peter D., *Poland in the Twentieth Century*, London, 1999.

Stachura, Peter D., *Poland, 1918-1945*, London, 2004.

Stachura, Peter (ed.), *Unemployment and the Great Depression in Weimar Germany*, Basingstoke, 1986.

*Stachura, Peter D. (ed.), *Poland between the Wars, 1918-1939*, London, 1998.

Stargardt, Nicholas, *The German Idea of Militarism: Radical and Socialist Critics 1866-1914*, Cambridge, 1994.

Stargardt, Nicholas, *Witnesses of War: Children's Lives under the Nazis*, London, 2005.

*Stargardt, Nicholas, *The German War: A Nation under Arms, 1939-45*, London, 2015.

Stargardt, Nicholas, 'Wartime Occupation by Germany: Food and Sex', in Richard Bosworth & Joseph Maiolo (eds.), *Cambridge History of the Second World War. vol. 2: Politics and Ideology*, Cambridge, 2015.

Staritz, Dietrich, *Die Gründung der DDR*, München, 1984.

Steinberg, Jonathan, *All or Nothing: The Axis and the Holocaust 1941-43*, London, 1991.

*Steiner, Zara, *The Lights that Failed: European International History 1919-1933*, Oxford, 2005.

*Steiner, Zara, *The Triumph of the Dark: European International History 1933-1939*, Oxford, 2011.

Steinert, Marlis, *Hitlers Krieg und die Deutschen*, Düsseldorf & Wien, 1970.

Stern, Fritz, *Einstein's German World*, London, 2000.

Stern, Fritz, *Five Germanys I Have Known*, New York, 2006.

Stern, Fritz, *Der Westen im 20. Jahrhundert. Selbstzerstörung, Wiederaufbau,*

Gefährdungen der Gegenwart, Göttingen, 2008.

Sternhell, Zeev, *Ni Droite, ni Gauche. L'idéologie fasciste en France*, Paris, 1987.

Stevenson, David, *Armaments and the Coming of War: Europe 1904-14*, Oxford, 1996.

Stevenson, David, *Cataclysm: The First World War as Political Tragedy*, New York, 2004.

Stevenson, John & Cook, Chris, *The Slump: Society and Politics during the Depression*, London, 1977.

Stone, Dan, *Histories of the Holocaust*, Oxford, 2010.

Stone, Norman, *The Eastern Front 1914-1917*, London, 1975.

Stone, Norman, *World War One: A Short History*, London, 2007.

Strachan, Hew, *The First World War. vol. 1: To Arms*, Oxford, 2001.

Strachan, Hew, *The First World War*, London, 2006.

Sugar, Peter F. (ed.), *Fascism in the Successor States 1918-1945*, Santa Barbara, CA, 1971.

Suny, Ronald Grigor, *The Soviet Experiment: Russia, the USSR, and the Successor States*, New York, 1998.

Die Tagebücher von Joseph Goebbels, ed. Elke Fröhlich, I/5, München, 2000.

*Taylor, A. J. P., *English History 1914-1945*, London, 1970.

Taylor, A. J. P., *From Sarajevo to Potsdam: The Years 1914-1945*, London, 1974.

Taylor, Frederick, *Exorcising Hitler: The Occupation and Denazification of Germany*, London, 2011.

Taylor, Frederick, *The Downfall of Money: Germany's Hyperinflation and the Destruction of the Middle Class*, London, 2013.

Thamer, Hans-Ulrich, *Verführung und Gewalt. Deutschland 1933-1945*, Berlin, 1986.

Thomas, Hugh, *The Spanish Civil War*, London, 1961.

Thränhardt, Dietrich, *Geschichte der Bundesrepublik Deutschland*, Frankfurt am Main, 1986.

Thurlow, Richard, *Fascism in Britain: A History, 1918-1985*, London, 1987.

Todorov, Tzvetan, *The Fragility of Goodness: Why Bulgaria's Jews Survived the Holocaust*, London, 2001.

Todorov, Tzvetan, *Hope and Memory: Reflections on the Twentieth Century*, Princeton, NJ, 2003.

*Toller, Ernst, *I Was a German*, London, 1934.

Tomka, Béla, *A Social History of Twentieth-Century Europe*, London, 2013.

Tooze, Adam, *The Wages of Destruction: The Making and Breaking of the Nazi Economy*, London, 2006.

*Tooze, Adam, *The Deluge: The Great War and the Remaking of Global Order 1916-1931*, London, 2014.

Traverso, Enzo, *The Origins of Nazi Violence*, New York, 2003.

Traverso, Enzo, 'Intellectuals & Anti-Fascism: For a Critical Historization', *New Politics*, 9/4 (2004).

Traverso, Enzo (ed.), *Le Totalitarisme. Le XXe siècle en débat*, Paris, 2001.

Trentmann, Frank & Flemming, Just (eds.), *Food and Conflict in Europe in the Age of the Two World Wars*, Basingstoke, 2006.

*Tucker, Robert C., *Stalin in Power: The Revolution from Above, 1928-1941*, New York, 1990.

*Tyrell, Albrecht, *Vom 'Trommler' zum 'Führer'*, München, 1975.

*Ulrich, Bernd & Ziemann, Benjamin (eds.), *German Soldiers in the Great War: Letters and Eyewitness Accounts*, Barnsley, 2010.

Unger, Aryeh L., *The Totalitarian Party: Party and People in Nazi Germany and Soviet Russia*, Cambridge, 1974.

Verhey, Jeffrey, *The Spirit of 1914: Militarism, Myth and Mobilisation in Germany*, Cambridge, 2000.

Vickers, Miranda, *The Albanians: A Modern History*, London, 1995.

Vincent, Mary, *Spain 1833-2002: People and State*, Oxford, 2007.

Vinen, Richard, *A History in Fragments: Europe in the Twentieth Century*, London, 2000.

Volkogonov, Dmitri, *Stalin: Triumph and Tragedy*, London, 1991.

Wachsmann, Nikolaus, *KL: A History of the Nazi Concentration Camps*, New York, 2015.

Waddington, Lorna, *Hitler's Crusade: Bolshevism and the Myth of the International Jewish Conspiracy*, London, 2007.

Walker, Mark, *Nazi Science: Myth, Truth, and the German Atomic Bomb*, New York, 1995.

Waller, Philip & Rowell, John (eds.), *Chronology of the 20th Century*, Oxford, 1995.

Wasserstein, Bernard, *Barbarism and Civilisation: A History of Europe in Our Time*, Oxford, 2007.

Wasserstein, Bernard, *On the Eve: The Jews of Europe before the Second World War*, London, 2012.

Watson, Alexander, *Ring of Steel: Germany and Austria-Hungary at War, 1914-1918*, London, 2014.

Watt, Donald Cameron, *How War Came: The Immediate Origins of the Second World War, 1938-1939*, London, 1990.

*Weber, Eugen, *Varieties of Fascism*, New York, 1964.

*Weber, Eugen, *The Hollow Years: France in the 1930s*, New York, 1996.

Wee, Herman van der, *Prosperity and Upheaval: The World Economy 1945-1980*, Harmondsworth, 1987.

Wehler, Hans-Ulrich, *Deutsche Gesellschaftsgeschichte. vol. 4: 1914-1949*, München, 2003.

The Weimar Republic Source Book, ed. Anton Kaes, Martin Jay & Edward Dimendberg, Berkeley, 1994.

Weinberg, Gerhard, *The Foreign Policy of Hitler's Germany*, 2 vols., Chicago, IL, & London, 1970, 1980.

Weinberg, Gerhard, *A World at Arms*, Cambridge, 1994.

Weindling, Paul, *Health, Race and German Politics between National Unification and Nazism*, Cambridge, 1989.

Weiss-Wendt, Anton, *Murder without Hatred: Estonians and the Holocaust*, Syracuse, NY, 2009.

Welch, David, *Germany, Propaganda and Total War 1914-18*, London, 2000.

Werth, Alexander, *Russia at War 1941-1945*, New York, 1984.

Winkler, Heinrich August, *Geschichte des Westens. Die Zeit der Weltkriege 1914-1945*, München, 2011.

Winkler, Heinrich August, *Geschichte des Westens. Vom Kalten Krieg zum Mauerfall*, München, 2014.

Winstone, Martin, *The Dark Heart of Hitler's Europe: Nazi Rule in Poland under the General Government*, London, 2015.

Winter, Jay, *Sites of Memory, Sites of Mourning: The Great War in European Cultural History*, Cambridge, 1995.

Winter, Jay, *Dreams of Peace and Freedom: Utopian Moments in the 20th Century*, New Haven, CT, & London, 2006.

Winter, Jay & Prost, Antoine, *The Great War in History: Debates and Controversies 1914 to the Present*, Cambridge, 2005.

Winter, Jay, Parker, Geoffrey & Habeck, Mary R. (eds.), *The Great War and the Twentieth Century*, New Haven, CT, & London, 2000.

Wirsching, Andreas, 'Political Violence in France and Italy after 1918', *Journal of Modern European History*, 1/1 (2003).

Woller, Hans, *Die Abrechnung mit dem Faschismus in Italien 1943 bis 1948*, München, 1996.

Woller, Hans, *Geschichte Italiens im 20. Jahrhundert*, München, 2010.

Woolf, S. J. (ed.), *The Nature of Fascism*, London, 1968.

Woolf, S. J. (ed.), *Fascism in Europe*, London, 1981.

*Woodruff, William, *The Road to Nab End: A Lancashire Childhood*, London, 2000.

*Woodruff, William, *Beyond Nab End*, London, 2003.

*Wright, Jonathan, *Gustav Stresemann: Weimar's Greatest Statesman*, Oxford, 2002.

Wrigley, Chris (ed.), *Challenges of Labour: Central and Western Europe 1917-1920*, London, 1993.

Wróbel, Piotr, 'The Seeds of Violence: The Brutalization of an East European Region, 1917-1921', *Journal of Modern European History*, 1/1 (2003).

Ziemann, Benjamin, *Contested Commemorations: Republican War Veterans and Weimar Political Culture*, Cambridge, 2013.

Ziemann, Benjamin, *Gewalt im Ersten Weltkrieg*, Essen, 2013.

Ziemann, Benjamin, 'Germany after the First World War—A Violent Society?', *Journal of Modern European History*, 1/1 (2003).

Zimmermann, Moshe (ed.), *On Germans and Jews under the Nazi Regime*, Jerusalem, 2006.

Zürcher, Erik J., *Turkey: A Modern History*, London, 2004.

Zuckmayer, Carl, *Geheimbericht*, ed. Gunther Nickel & Johanna Schrön, Göttingen, 2002.

Zuckmayer, Carl, *Deutschlandbericht für das Kriegsministeriuim der Vereinigten Staaten von Amerika*, ed. Gunther Nickel, Johanna Schrön & Hans Wagener, Göttingen, 2004.

*Zweig, Stefan, *The World of Yesterday*, 3rd edition, London, 1944.

*Zweig, Stefan, *Tagebücher*, Frankfurt, 1984.

삽화 목록

1. 트리폴리 부근에서 패배한 오스만 군대에게서 빼앗은 무슬림 깃발을 쥔 한 이탈리아 군인, 1911년. (akg-images)
2. 1914년에 전쟁을 벌이는 유럽을 그린 독일의 캐리커처. (akg-images)
3. 1914년 9월에 마른 전투로 가는 도중의 독일군 부대. (akg-images/ullstein bild)
4. 1916년 베르됭 전투, '죽음의 골짜기'. (akg-images)
5. 세르비아 피난민을 위해 돈을 모을 1916년 6월 25일 '세르비아의 날'을 선언하는 프랑스 포스터. (akg-images/Jean-Pierre Verney)
6. '달에서 본 1916년의 지구'. (akg-images)
7. 1918년 12월 29일에 열린 한 장례식에서 군중에게 연설하는 독일 독립사회민주당 연사. (akg-images)
8. 독일이 주장하기에 베르사유조약에서 연합국이 요구하는 바가 독일에 무엇을 뜻할지를 보여주는 포스터. (akg-images)
9. 투표권을 요구하는 1919년 독일의 여성참정권론자. (Fox Photos/Getty Images)
10. 1921년 오버슐레지엔 주민투표 유세 동안의 독일 프로파간다. (Universal History Archive/UIG via Getty images)
11. 쾰른에 있는 영국군 탱크 한 대, 1920년 무렵. (akg-images)
12. 1925년에 로카르노조약을 협상한 이들의 서명. (akg-images/picture-alliance/dpa)
13. 자기 농장에서 쫓겨나는 우크라이나의 쿨라크 가족. (akg-images/RIA Nowosti)
14. 베를린의 빌헬름스할렌암초에 있는 우파팔라스트 영화관을 선전하는 포스터, 1930년 무렵. (akg-images)
15. 빈의 카를마르크스호프. (ullstein bild/ullstein bild via Getty Images)
16. 프랑크푸르트암마인에서 열린 나치 선거 집회, 십중팔구 1932년 7월 28일. (akg-images)
17. 1934년 2월 12일에 사회주의자 봉기가 일어난 뒤 빈의 카를마르크스호프 바깥에 서 있는 한 경비대원. (ullstein bild/ullstein bild via Getty Images)

18. 1934년 3월 26일 이탈리아 '선거'용 파시즘 프로파간다. (Keystone-France/Gamma-Keystone via Getty Images)
19. 나치 독일이 제공한 융커스-52를 타고 본토로 갈 비행을 기다리고 있는 아프리카의 스페인 군대, 1936년 8월. (akg-images/ullstein bild)
20. 1939년 가을에 독일의 경비 아래 있는 폴란드인. (akg-images)
21. 버려진 영국군 전쟁물자를 사진 촬영하는 독일군 선전중대원, 1940년 5월 됭케르크. (akg-images)
22. 공습 동안 지하철 역에서 지내는 런던 시민, 1940년 10월 7일. (akg-images)
23. 무장친위대 노르웨이인 군단 모집 포스터. (akg-images)
24. 1943년 초엽에 붉은 군대에게 사로잡힌 독일 군인, 이탈리아 군인, 헝가리 군인. (akg-images)
25. 1943년에 오스트리아의 마우트하우젠에 있는 강제수용소의 재소자. (akg-images/ullstein bild)
26. 1944년 프랑스의 '의무노동제'(service du travail obligatoire)를 위한 반볼셰비키 선전 포스터. (Art Media/Print Collector/Getty Images)
27. 1944년 6월 4일 로마 해방 뒤에 콜로세움을 지나가는 미군 전차를 지켜보는 이탈리아인. (akg-images/ Universal Images Group/SeM)
28. 제2차 세계대전 말기에 폐허가 된 바르샤바. (akg-images/Universal Images Group/Sovfoto)
29. 체코슬로바키아 리베레츠(라이헨베르크) 근처의 ㅅㅜ데텐 독일인, 1946년 5월 6일. (Sovfoto/UIG via Getty Images)
30. 마셜 플랜을 선전하는 포스터. (Archiv Gerstenberg/ullstein bild via Getty Images)

지도 목록

918

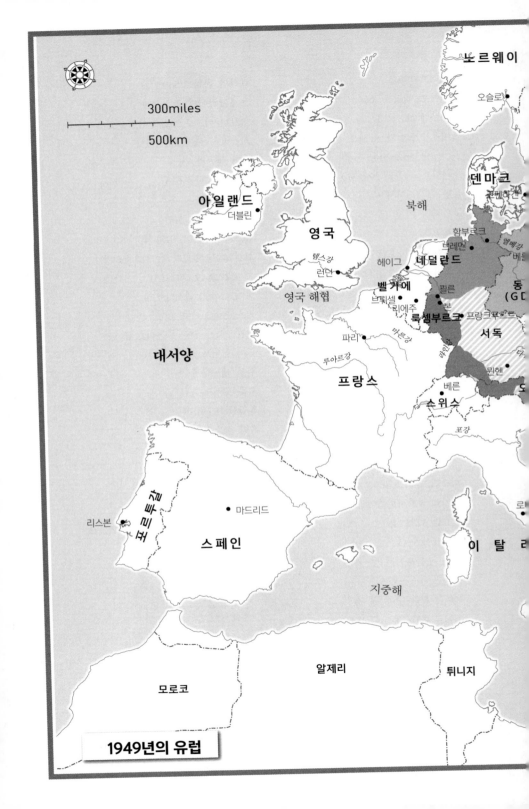

핀란드

헬싱키

레닌그라드

덴

스톡홀름

에스토니아

라트비아

발트해

리투아니아

모스크바

칼리닌그라드

네만강

러 시 아

백러시아

소비에트사회주의공화국 연방

플란드

바르샤바

돈강

키예프

하리코프

도네츠강

비스와강

드네프르강

갈리시아

우크라이나

로바키아

부다페스트

오데사

헝가리

크림

그래노

루마니아

세바스토폴

슬라비아

베오그라드

부쿠레슈티

흑해

불가리아

소피아

이스탄불

몬테네

터

키

그리스

에게해

아테네

키프로스

리비아

아집트

연합국이 점령한 독일 지역
(1945~1955)

영국
미국
프랑스
소련

유럽 1914-1949 죽다 겨우 살아나다

초판 1쇄 발행 | 2020년 12월 28일
초판 3쇄 발행 | 2021년 10월 18일

지은이 | 이언 커쇼
옮긴이 | 류한수

펴낸이 | 한성근
펴낸곳 | 이데아
출판등록 | 2014년 10월 15일 제2015-000133호
주   소 | 서울 마포구 월드컵로28길 6, 3층 (성산동)
전자우편 | idea_book@naver.com
페이스북 | facebook.com/idea.libri
전화번호 | 070-4208-7212
팩   스 | 050-5320-7212

ISBN 979-11-89143-20-6 93920

이 책은 저작권법에 따라 보호받는 저작물입니다. 무단 전제와 무단 복제를 금합니다.
이 책 내용의 일부 또는 전체를 이용하려면 반드시 저작권자와 출판권자의 동의를
얻어야 합니다.

이 도서의 국립중앙도서관 출판예정도서목록(CIP)은 서지정보유통지원시스템
홈페이지(http://seoji.nl.go.kr)와 국가자료종합목록 구축시스템(http://kolis-net.
nl.go.kr)에서 이용하실 수 있습니다.
(CIP 제어번호: CIP2020051316)

책값은 뒤표지에 있습니다. 잘못된 책은 구입하신 곳에서 바꿔드립니다.